李用植 教授 古稀紀念

刑事判例研究

〔32〕

韓國刑事判例研究會 編

博 英 社

Korean Journal of Criminal Case Studies

[32]

Edited by

Korean Association of Criminal Case Studies

Parkyoung Publishing & Company
Seoul, Korea

李用植 敎授 近影

머 리 말

형사판례연구회의 지난 1년간의 연구성과를 모아 『형사판례연구』 제32권을 발간하게 되었습니다. 지난 30여 년 동안 중단 없이 발간된 학술지 『형사판례연구』의 최신판이자 지난 한 해 회원들의 헌신적 수고의 산물을 내놓게 되어 가슴 뿌듯합니다.

형사판례연구회는 학술적·시사적으로 연구가치가 높은 형사판결을 대상으로 학계와 실무계가 한 자리에 모여 치열하게 논증하고 분석하며 그 판결이 지닌 의미와 가치, 나아가 향후 발전방향까지 짚어보는 토론마당입니다. 매월 개최되는 모임에서 대상판결은 분해되고 조립되는 과정을 거치면서 관련 법령이나 법리와의 정합 여부, 종전 판례와의 양립 여부 등이 심도 있게 검토됨은 물론, 그 자체 내에 논리적 결함이나 비약이 있지는 않은지 세밀한 검증을 받게 됩니다. 판결은 법원에서 선고되는 것이지만 그 판결에 의미를 부여하고 생동감을 불어넣는 것은 판결을 비판적으로 검토하는 연구자의 몫입니다. 다양한 배경을 가진 회원들이 참신한 시각으로 제시하는 논증들을 듣다 보면 마치 더운 여름날에 시원한 얼음냉수를 들이키는 듯한 희열을 느끼게 됩니다. 한 가지 아쉬운 점은 학계와 실무계가 균형 있게 토론에 참여하지 못하고 실무계 회원들의 참여가 다소 부족하다는 것입니다. 판결에 담긴 사안을 분석함에 있어 실무계의 경험을 들어보는 것은 큰 도움이 됩니다. 추상적인 법리 이면에 내포되어 있는 구체적 타당성의 문제도 실무계가 많이 고민하는 부분입니다. 물론 현재 법원과 검찰은 자체적으로 내부 연구회들을 운영하면서 형사법 분야에서 제기되는 각종 쟁점들에 관하여 다각도로 연구하고 있는 것으로 알고 있지만 학계와 실무계가 함께 만나는 형사판례연구회야말로 보다 다양한 목소리를 들어봄으로써 사고의 폭을 넓힐 수 있는 곳이라고 감히 자부하며 실무계 회원들의 보다 적극적인 참여를 독려해 봅니다.

종전에 민사판결에 비해 형사판결은 그 숫자에서도, 중요도에서도 주목받지 못하는 경향이 있었습니다. 새로운 설시도 많지 않았습니다. 하지만 최근에는 법원공보 등을 통해 일반에 공개되는 대법원 판결 중에서 형사판결이 상당한 부분을 차지하고 있습니다. 전원합의체 판결을 통해 새로운 설시를 내거나 종전의 대법원 판례를 변경하는 예도 많아졌습니다. 사회 전반에 큰 파급효과를 미치는 각종 사건들이 등장하면서 형사 하급심 판결도 주목을 받게 되었습니다. 특히 전자정보를 포함한 형사증거법 분야에서는 우리나라를 비롯한 세계 각국이 공통적으로 맞닥뜨리는 새로운 쟁점이 많이 등장하고 그 이론도 계속 발전해 가는 과정에 있어 외국 사법기관의 견해를 참고할 필요성도 점점 증대되고 있습니다. 형사판례연구회도 이러한 추세를 반영하여 형사법 분야의 새로운 쟁점들을 담고 있는 최신 판결들을 대상으로 심도 있는 주제발표와 토론을 진행하고 있고, 대법원 판결 이외에 분석 가치가 있는 하급심 판결들을 발굴하기 위해 노력하고 있습니다.

한국형사판례연구회는 2024년에도 예년과 다름없이 다른 연구기관들과의 공동학술대회를 통해 연구활동에 활력을 불어넣고 연구영역의 지평을 넓히기 위해 노력하였습니다. 2024. 5.에 개최된 제8회 학계·실무 공동학술대회에는 한국형사소송법학회, 4차산업혁명융합법학회, 검찰제도·기획전문검사커뮤니티 등과 함께 참석하여 형사사법의 제도개선을 논의하는 시간을 가졌고, 2024. 8.에는 대법원 형사법연구회와 공동학술대회를 개최하여 실무적인 쟁점과 이론적인 논제를 두루 살펴보는 시간을 가졌습니다.

본서는 존경하는 이용식 교수님의 고희 기념호이기도 합니다. 이용식 교수님께서는 퇴직하시기 전까지 이화여자대학교와 서울대학교 교수로 재직하시면서 빛나는 학문적 업적을 이루셨을 뿐 아니라, 후학 양성에도 많은 노력을 기울이셨습니다. 양형위원회 산하 양형연구회 회장을 담당하시면서 실무계에도 많은 기여를 하셨습니다. 무엇보다도 형사판례연구회 회장을 역임하시면서 형사판례연구회 발전에 커다란 족적을 남기셨고 지금도 형사판례연구회 월례모임에 빠짐없이 참석하시면서 남다른 식견으로 토론의 깊이를 더해 주고 계십니다. 형사판례연구회를 향한 교수님의 열정과 헌신에 경의를 표하며, 교수님의 고희를 기념하여 본서를 봉정할 수 있게 된 것을 영광으로 생각합니다.

끝으로 한국형사판례연구회에 아낌없는 성원과 지지를 보내주신 한국형사·법무정책연구원의 전 하태훈 원장님과 현 정웅석 원장님께 깊이 감사드립니다. 한국형사·법무정책연구원의 지속적인 지원은 본서가 발간될 수 있는 기본적 토대가 되었습니다. 월례모임과 저녁식사 장소를 제공해 주신 이원석, 심우정 검찰총장님, 그리고 장준호, 박규형 대검 형사정책담당관님을 비롯한 관계자 여러분께도 감사의 말씀을 올립니다.

본서가 출간될 수 있도록 직접적으로 기여해 주신 많은 분들께도 감사의 인사를 전하고 싶습니다. 무엇보다도 월례모임에서 주제발표와 사회를 맡아주신 회원님들과 토론에 참석해주신 모든 회원님들께 감사드립니다. 논문에 대한 심사와 편집을 맡아주신 분들의 노고에도 감사드립니다. 형사판례연구회 월례모임과 공동학술대회를 포함하여 모든 행정적·재정적·학술적 업무를 능숙하게 처리해주신 총무간사인 경남대학교 법학과의 안정빈 교수님께 감사드립니다. 또한 편집간사인 한국형사·법무정책연구원의 정유나 박사님께도 감사드립니다. 끝으로 『형사판례연구』 창간호부터 본서에 이르기까지 정성스럽게 책자를 출판해주신 박영사의 안종만 회장님, 안상준 대표이사님, 조성호 이사님 그리고 관계자 여러분들께 감사의 말씀을 전합니다.

2024년 7월
한국형사판례연구회 회장
김 우 진

이용식 교수의 고희를 축하하며

오영근
(한양대학교 법학전문대학원 명예교수)

필자가 이용식 교수를 처음 만난 것은 대학교 2학년이던 1976년 2학기였다. 서로 직접 인사를 한 것이 아니라 160여 명의 동기생들 사이에서 오가던 중 이교수를 보게 된 것이었다. 이교수도 같은 방식으로 필자를 처음 보았을 것이다. 당시에는 장발이 유행하였고 이교수도 장발을 하였지만, 곱슬머리에 소녀들의 단발머리 정도의 장발이었기 때문에(조금 멋있다고나 할까) 눈에 잘 띄었다. 그러나 학부생 시절에는 서로 대화를 나눈 적도 없었고, 이후 대학원에서 형법전공을 하면서 어렵지만 인사 정도를 하게 되었다. 이교수와 가까이 지낸 친구들에 의하면 그가 평소 말을 거의 하지 않는다는 이유로 '크레믈린'이라고 불린다고 하였다. 당시는 미소의 냉전시대여서 소련을 '철의 장막'이라고 하였고, 그 중심에 크레믈린이 있었다.

그런데 필자가 이용식 교수의 실체를 제대로 안 것은 대학원에서 이교수와 대화를 하기 이전이었다. 당시 대학원생들은 기말에 200자 원고지에 손글씨로 적은 레포트를 제출하였다. 1980년 2학기라고 기억되는데, 필자가 이수성 교수님의 대학원강의의 성적평가를 도울 기회가 있었다. 2, 30명 정도의 수강생이 레포트를 제출하였다. 필자는 괴발개발(평소 '개발쇠발'이라고 생각하였는데, 이 글을 쓰며 찾아보니 '괴발개발'이 맞는 말이다) 200자 원고지 7, 80매 정도 분량의 레포트를 제출하였고, 다른 수강생들도 대체로 100매 전후의 레포트를 제출하였다.

그런데 500매 정도 되는 레포트가 눈에 띄어 깜짝 놀랐다. 200자 원고지 7, 80매 분량을 쓰려면 내용은 생각하지 않고 오로지 쓰는 데만도 하루가 걸린다. 500매를 쓰려면 적어도 손으로 쓰는 시간만 일주일 이상 걸린다. 석사나 박사학위 논문이 잘못 끼어들어 온 것인가 했으나 수강생이 제출한 레포트였다. 게다가 그 500매의 레포트는 글씨까지 정돈되어 있었다. 여학생의 글씨 같았다. 공부도 열심히 하면서 여자친구도 있는 그 수강생에 비해 공부도 안 하고 여자친구도 없는 내 처지를 생각하니 열등감이 몰려왔다. 여학생의 레포트를 써준 적은 있지만, 여학생이 내 레포트를 써준 적은 없다는 것을 생각하니 좌절감까지 들었다. 그 500매 레포트를 제출한 수강생이 바로 이용식 교수였다. 이후 학교에서 이교수와 레포트를 대신 써줬을 수도 있는 아리따운 여학생이 같이 다니는 것을 먼 발치에서 자주 목격하게 되었는데, 그 아리따운 여학생이 지금의 사모님이시다.

이용식 교수와 필자 모두 교수가 된 이후 자연스럽게 공적, 사적으로 만날 기회가 많아졌다. 예를 들어 이교수가 대학원 제자들에게 술을 사줄 때에 매상관리를 위해 가끔 필자가 불려나간 적도 있고, 서울대와 한양대에서 서로 제자들의 박사논문 심사를 해주면서 만날 기회를 갖게 되었고. 심지어 패키지 해외여행까지 가서 함께 방을 쓰기도 하였다. 놀라운 것은 이교수는 사모님에게도 크레믈린이었다. 사모님이 이교수에게 여행 중 가끔씩 소식을 전하라고 카톡이 가능한 전화기를 쥐어 주셨으나 이교수는 사모님께 카톡을 하지 않았다. 무소식이 희소식이라는 논리였다. 괜히 필자가 초조해져 이교수의 전화기로 살아있음을 알리는 내용의 카톡을 대신 보냈다. 이렇게 40여 년간 여러 가지 이유로 이교수와 함께 할 시간이 있었지만 필자에게는 크레믈린이라는 별명이 여전히 유효하다고 느껴졌다.

그런데 소련의 붕괴와 함께 크레믈린도 개방되듯이, 시기는 일치하지 않지만, 이교수도 크레믈린 밖으로 나오기 시작하였다. 두 개의 문을 통해서였는데, 하나는 그의 형법교과서였다. 파격적으로 적은 분량의 교과서로 그는 한국의 형법 이론과 실무의 문제점을 예리하게 지적하는 사자후를 토해냈다. 서문만 읽어봐도 약간 당황이 되기도 하지만 가슴이 뻥 뚫린다. 다른 하나는 형사판례연구회 월례발표회를 통해서였다. 이교수는 이전의 다른 학회도 거의 다 참석하였지만, 어느 틈엔가 조용히 사라졌고 발언을 하는 것도 거의 본 적이 없었다. 그런데 형사판례연구회 월례발표회에서는 빠짐없이 토론을 한다. 그러나 발표회가 끝나면 역시 예전의 크레믈린으로 돌아가는 경향은 아직도 남아있다. 부적절하지만 '낮퇴계, 밤퇴계'라는 말이 생각난다.

필자는 정년퇴임 후 RISS에서 형법논문들을 자주 검색해 본다. 그런데 어느 주제를 검색해도 거기에 '이용식'이라는 저자의 논문들이 거의 빠짐없이 나타난다. 지긋지긋할 정도이다. 논문의 깊이는 필자보다 독자들이 더 잘 알 것이다. 이것을 보며 이교수가 크레믈린 밖으로 나온 이유를 새삼 깨닫게 되었다. 그동안의 이교수의 학문적 업적을 잡아 놓기에는 크레믈린조차 너무 비좁기 때문일 것이다.

이교수를 볼 때마다 학문적으로는 물론이고 이상하게 인간적으로도 존경심이 우러난다. 나이가 들면 쓸데없는 말을 많이 하여 후배들로부터 미움을 산다고 한다. 그런데 이교수는 생래적으로 쓸데없는 말을 하지 않는 미덕을 지니고 있고 이 미덕을 지금까지도 유지하고 있다. 가중적 미덕이다! 그렇지만 아직도 버릴 수 없는 필자의 소박한 미련 또는 기대가 있다면 이교수가 형사판례연구 발표회 이후의 뒷풀이 모임에서도 좀더 많은 가르침을 주는 것이다. 이교수는 우리들에게 가르쳐줄 것이 너무 많고 이교수가 아무리 말을 많이 해도 지나침이 없을 테니까!

이교수의 미덕을 조금이라도 닮으려면 이 글도 이 정도에서 줄여야 한다. 이교수의 고희를 다시 한번 진심으로 축하하고, 온 가정 위에 건강과 행복이 가득하기를 기원한다.

2024년 7월

존경과 축하의 마음을 담아

오 영 근

李用植 教授 略歷

Professor Dr. Yong-Sik LEE

서울대학교 법과대학 법학과 졸업(법학사)
서울대학교 대학원 법학과 석사과정 졸업(법학석사)
서울대학교 대학원 법학과 박사과정 수료
독일 Freiburg 대학 법학박사(Dr. jur.)

서울대학교 법과대학 법학과 조교
이화여자대학교 법학과 교수
서울대학교 법과대학/법학대학원 교수
서울대학교 법학대학원 명예교수(현)

오로지 형법이론에만 관심이 있는 형법도그마틱커이다. 피고인 개인에게 유리한 형법이론이 아니면 그것은 형법이론이 아니라는 도그마를 가지고 있는 전 세계 유일무이한 학자이다.

저서로는, 『현대형법이론 Ⅰ』, 『현대형법이론 Ⅱ』, 『형법총론』, 『형법각론』, 『과실범과 위법성조각사유』가 있다.

정년퇴임 후 논문으로는 "코로나 팬데믹 상황과 형법상 의무의 충돌 이론의 현대적 전개"(2020), "피해자의 자손행위를 이용한 간접정범의 성부"(2022), "현대형법학 비판 : 에세이 — 형법학은 무엇을 향하고 있는가"(2022), "공동정범과 예견가능성 문제"(2023)가 있다.

목 차

Table of Contents

위법성조각사유의 요건(전제)사실 착오의 효과

— 대법원 2023. 11. 2. 선고 2023도10768 판결 —

오 영 근*

Ⅰ. 사실관계 및 재판의 경과

1. 사실관계

피고인은 M복싱클럽에서 코치로 근무하던 사람이고, D(33세)는 M복싱클럽 관장이며, 피해자 A(17세)는 M복싱클럽 회원등록을 하였던 사람이다. A는 회원등록을 취소하는 과정에서 관장 D로부터 “어른에게 눈 그렇게 뜨고 쳐다보지 말라.”라는 질책을 들었다. A가 “내가 눈을 어떻게 떴냐?”라며 항의하자 D는 A의 멱살을 잡아당기면서 다리를 걸어 넘어뜨리려고 하고, 출입문 밖 복도로 밀고 나간 후 몸통을 양팔로 꽉 껴안아 들어 올리고, 몸을 밀어 바닥에 세게 넘어뜨린 후 목을 조르거나, 누르고, 옆 굴리기를 하였다.

피고인은 D와 A가 몸싸움하던 것을 지켜보던 중 A가 왼손을 주머니에 넣어 휴대용 녹음기를 꺼내어 움켜쥐었다. D가 피고인에게 “야, 이거 뭐냐 뺏어봐라”라고 말하자 피고인은 A가 흉기를 쥐고 있는 것으로 오인하고 A의 왼손 주먹을 강제로 펴게 하였고, 이로 인해 A는 4주간의 치료가 필요한 왼쪽 손가락 골절상을 당하였다.

* 한양대학교 법학전문대학원 명예교수

2. 재판의 경과

제1심인 서울북부지법 단독판사는 위법성조각사유의 전제사실의 착오의 형법적 효과에 관한 학설들을 소개하고 만일 피고인이 인식한 대로 피해자가 손에 흉기를 쥐고 있었다면, D가 피해자의 몸을 누르는 등 서로 근접해 있는 상태여서 D는 생명 또는 신체의 완전성에 대하여 중대한 침해를 당할 위험에 처해있었다고 하였다, 따라서 손을 펴라는 피고인의 요구를 거부하는 피해자로부터 강제로라도 흉기를 빼앗기 위해서는 피해자의 손을 강제로 펼치는 방법 외에 다른 수단이 없었다고 보인다고 하였다. 이러한 사실관계를 근거로 피고인이 위법성조각사유(정당방위)의 전제사실이 있는 것으로 오인한 데에 정당한 이유가 있었으므로 형법 제16조에 의하여 피고인을 처벌할 수 없다고 하였다(서울북부지방법원 2022. 12. 21. 선고 2022고단2161 판결).

항소심판결은 위법성조각사유의 전제사실의 착오라는 용어를 사용하지 않았지만, 피고인에게 형법 제16조를 적용하였다. 다만, 피고인의 행위에 정당한 이유가 없다고 하여 제1심판결을 파기하고 상해죄(제257조 제1항)를 적용하여 피고인에게 벌금 200만원을 선고하였다(서울북부지방법원 2023. 7. 13. 선고 2023노59 판결).

피고인이 상고하였다. 대법원은 항소심판결을 파기하고, 사건을 서울북부지방법원에 환송하였다.

Ⅱ. 판결요지

가. 형법 제20조의 정당행위에 관한 판례의 법리, 즉 사회상규에 의한 정당행위를 인정하려면, 행위의 동기나 목적의 정당성, 행위의 수단이나 방법의 상당성, 보호이익과 침해이익과의 법익균형성, 긴급성, 그 행위 외에 다른 수단이나 방법이 없다는 보충성 등의 요건을 갖추어야 하는데, 위 '목적·동기', '수단', '법익균형', '긴급성', '보충성'

은 불가분적으로 연관되어 하나의 행위를 이루는 요소들로 종합적으로 평가되어야 하고, 그 중 행위의 긴급성과 보충성은 다른 실효성 있는 적법한 수단이 없는 경우를 의미하는 것이지 '일체의 법률적인 적법한 수단이 존재하지 않을 것'을 의미하는 것은 아니라고 하는 법리(대법원 2023. 5. 18. 선고 2017도2760 판결 참조)에 비추어 보아도 그러한바, 이 사건 당시 피고인의 행위는 적어도 주관적으로는 그 정당성에 대한 인식하에 이루어진 것이라고 보기에 충분하다.

나. 그럼에도 원심은 피고인이 공소사실 기재 행위 당시 죄가 되지 않는 것으로 오인한 것에 대해 '정당한 이유'를 부정하여 공소사실을 유죄로 판단하였는바, 이러한 원심의 판단에는 위법성조각사유의 전제사실에 관한 착오, 정당한 이유의 존부에 관한 법리를 오해함으로써 판결에 영향을 미친 잘못이 있다.

[평　　석]

Ⅰ. 서　　론

대상판결은 학계에서 활발하게 논의되고 있는 위법성조각사유의 전제사실의 착오라는 용어를 명시적으로 사용하고 있다.[1] 다만 제1심 판결은 '위법성조각사유의 전제사실(정당화상황)에 관한 착오', '위법성조각사유(정당방위)의 전제사실에 관한 착오'라는 용어를 사용하여 대상판결의 사건을 오상방위의 문제로 다루고 있다. 이에 비해 대상판결은 오상방위가 아닌 오상정당행위의 문제로 다루고 있다.

1) 대법원 2007. 9. 6. 선고 2005도9670 판결과 헌법재판소 2010. 10. 28. 선고 2008헌마629 결정 및 헌법재판소 2021. 12. 23. 선고 2020헌마1620 결정에서도 각각 오상방위, 오상피난 및 위법성조각사유의 전제사실의 착오라는 용어를 사용하였다. 대법원 2006. 4. 27. 선고 2003도4735 판결은 '정당행위의 전제사실', '정당방위의 전제사실', '명예훼손죄의 위법성조각사유의 전제되는 사실'이라는 용어를 사용하였다.

오상방위,[2] 오상피난과 같은 위법성조각사유의 요건(전제)사실의 착오(이하 '오상방위등'이라고 한다)에서 착오에 정당한 이유가 있는 경우 무죄가 된다는 데에는 견해가 일치하고 있다. 그리고 제1심판결이 언급한 것과 같이 대부분의 학설들은 이 경우에도 책임이 조각되지 위법성까지 조각된다고 하지는 않는다. 대상판결도 정당한 이유가 있는 위법성조각사유의 요건(전제)사실의 착오는 무죄라고 하면서 형법 제16조를 적용하고 있는데 이것은 책임이 조각된다는 의미라고 할 수 있다.

이에 대해 이전의 판례들 중에는 정당한 이유가 있는 위법성조각사유의 요건(전제)사실의 착오는 위법성이 조각된다는 입장을 취한 것으로 해석될 수도 있는 표현을 한 판례들이 있었다. 이러한 판례들을 근거로 판례는 정당한 사유가 있는 오상방위등은 위법성이 조각된다는 입장을 분명하게 취해왔다고 하는 견해들이 있다.[3][4] 이러한 견해

2) 오상방위에는 과거의 침해에 대해서도 정당방위가 가능하다고 오인한 경우와 같이 정당방위의 요건 그 자체에 대한 착오를 한 경우가 있고, 현재의 부당한 침해가 없음에도 불구하고 있다고 오인한 경우와 같이 정당방위의 요건을 충족하는 사실이 없음에도 불구하고 있다고 오인한 경우가 있다. 전자는 법률의 착오로 해결하는 데에 이견이 별로 없는 반면, 후자의 형법적 효과에 대해서 다양한 견해가 대립하고 있다. 따라서 오상방위라고 할 때에는 주로 후자의 의미로 사용한다.

3) 이용식, "위법성조각사유의 전제사실의 착오에 대한 대법원판례의 이해구조 -오상을 이유로 하는 위법성조각과 정당방위상황의 인정- -판례의 시각에 대한 학계의 이해부족-", 형사판례연구 제24권, 2016, 170-172면; 이주원, "2023년 분야별 중요판례분석 ⑧ 형법총칙", 법률신문사, 2024. 6. 1. 자; 하태영, "『위법성조각사유의 객관적 전제사실에 대한 착오』 종합 고찰", 동아법학 제96호, 2022, 43-44면; 안성조, "위법성조각사유의 전제사실의 착오에 대한 대법원 판례의 재검토 - 오상을 이유로 위법성을 조각하는 법리의 의의와 한계 -," 형사정책 제34권 제4호, 2023, 220-221면; 하태인, "판례분석을 통한 오상방위의 해석" 형사법연구 제31권 제4호, 2019, 173-175면; 홍영기, "위법성조각사유의 전제사실에 관한 착오 - 체계적 이해와 관련된 몇 가지 문제 -", 고려법학 제81권, 2016, 302면 각주 26). 하민경, "위법성조각사유의 전제사실에 대한 착오 - 고의설의 실천적 의미와 부활 가능성 -", 형사법의 신동향 제68호, 2020, 175면 각주 7).

4) 이렇게 이해하는 하급심판결도 많은데, 그 예로서, 서울중앙지방법원 2021. 8. 12. 선고 2020고합886 판결; 청주지방법원 2016. 12. 2. 선고 2016노391 판결 등.

들에 의하면 판례는 정당방위상황이 존재하지 않는다는 것이 사후적으로 밝혀져 오상방위에 해당한다고 하더라도 행위시를 기준으로 하면 정당방위상황이 존재한다고 할 수 있는 경우에는 위법성이 조각된다는 입장을 취해왔다는 것이다. 그리고 오상방위등에서 정당한 이유와 법률의 착오에서 정당한 이유의 의미를 차원을 달리하여 전자에서는 위법성조각, 후자에서는 책임조각의 문제로 보아 왔다는 것이다.[5]

이하에서는 먼저 이러한 견해들이 그 근거로 제시하는 몇가지 대법원 판결들을 상세히 살펴봄으로써 오상방위등에 대한 대법원의 정확한 입장을 파악하고, 대상판결에 대해 평가해 보기로 한다.

Ⅱ. 판례의 입장에 대한 검토

1. 대법원 1968. 5. 7. 선고 68도370 판결

(1) 사실관계 및 재판의 경과

상병인 피고인은 소속대의 경비병으로 복무를 하고 있는 자로서 초소근무를 하라는 명령을 받고 근무 중, 다음 번 초소로 근무를 하여야 할 상병인 피해자 A와 교대시간이 늦었다는 이유로 언쟁을 하다가 피고인이 A를 구타하여 코피가 나게 하였다. A는 코피를 닦으며 흥분하여 "월남에서는 사람 하나 죽인 것은 파리를 죽인 것이나 같았다. 너 하나 못 죽일 줄 아느냐"라고 하면서 소지하고 있던 카빙소총을 피고인의 등 뒤에 겨누며 실탄을 장전하는 등 발사할 듯이 위협을 하였다. 이에 당황한 피고인은 먼저 A를 사살치 않으면 위험하다고 느끼고 뒤로 돌아서면서 자신의 카빙소총을 A의 복부를 향하여 발사하여 A를 사망케 하였다.

항소심인 육군고등군법회의는 A가 피고인을 살해할 의사가 없었으므로 피고인의 행위가 정당방위에 해당되지 않는다는 이유로 피고인에

5) 판례의 입장을 이렇게 이해하면서, 이러한 입장의 문제점으로 오상방위에 대한 정당방위의 불가능과 오상방위와 정당방위의 구별 불가능을 지적한 것으로, 이용식, 앞의 논문, 172-174면.

게 유죄판결을 하였다(육군고등군법 1968. 1. 26. 선고 67고군형항1031 판결).

피고인이 상고하였고, 대법원은 원판결을 파기하고 사건을 육군고등군법회의에 환송하였다.

(2) 판결요지

피고인과 A와의 사이에 언쟁을 하고, 피고인이 A를 구타하는 등의 싸움을 하였다하여도, 다른 특별한 사정이 없는 한, 구타를 하였음에 불과한 피고인으로서는 A가 실탄이 장전되어 있는(초소 근무인만큼 실탄이 장전되어 있다) 카빙소총을 피고인의 등뒤에 겨누며 발사할 것 같이 위협하는 방위행위는 위와 같은 싸움에서 피고인이 당연히 예상하였던 상대방의 방위행위라고는 인정할 수 없으므로 이는 부당한 침해라고 아니할 수 없고, 원심이 인정한 바와 같이 피고인이 A를 먼저 사살하지 않으면 피고인의 생명이 위험하다고 느낀 나머지 뒤로 돌아서면서 소지중인 카빙총을 발사하였다는 행위는 현재의 급박하고도 부당한 침해를 방위하기 위한 행위로서 상당한 이유가 있는 행위라고 아니할 수 없고, 만일 A가 피고인의 등뒤에서 카빙총의 실탄을 발사하였다면, 이미 그 침해행위는 종료되고 따라서 피고인의 정당방위는 있을 수 없을 것임에도 불구하고, 원심이 위와 같은 사실을 인정하면서 피고인이 발사를 할 때까지는 A가 발사를 하지 아니한 점으로 보아, A에게 피고인을 살해할 의사가 있다고는 볼 수 없으므로 피고인의 생명에 대한 현재의 위험이 있다고는 볼 수 없다는 취지로 판시함으로써, 위와 같은 피고인의 행위를 정당방위가 아니라는 취지로 판시하였음은 정당방위에 관한 법의를 오해한 위법이 있다고 아니할 수 없을 뿐 아니라, 가사 피해자인 A에게 피고인을 상해할 의사가 없고 객관적으로 급박하고 부당한 침해가 없었다고 가정하더라도 원심이 인정한 사실 자체로 보아도 피고인으로서는 현재의 급박하고도 부당한 침해가 있는 것으로 오인하는데 대한 정당한 사유가 있는 경우(기록에 의하면 A은 술에 취하여 초소를 교대하여야 할 시간보다 한시간반 늦게 왔었고, 피고인의 구타로 동인은 코피를 흘렸다는 것이며, 동인은 코피를 닦으며 흥분하여 "월남에서는 사람하나 죽인 것은 파리를 죽인 것이나 같았다. 너하나 못 죽일 줄 아느냐"라고 하면서 피고인의 등뒤에 카빙총을 겨누었다고 한다)에 해당된다고 아니할 수 없음에도 불구하고, 원심이 위와 같은 이유로서 피고인의 정당방위의 주장을 배척하였음은 역시 <u>오상방위에 관한 법리를 오해한 위법이 있다</u>고도 아니할 수 없으므로 원판결은 부당하여 파기하기로 한다.

(3) 검　　토

앞에서도 언급하였듯이 이 판결은 오상방위등을 인정하고 오인에 정당한 이유가 있으면 위법성이 조각된다는 입장이라고 해석하는 견해들이 있다. 즉 정당방위 상황의 판단방법은 행위 후에 판명된 사정을 판단의 대상에서 제외하고, 행위시의 사정에 대한 판단을 철저히 한다는 것이다.[6)]

그런데 이 판결은 오상방위를 인정한 판결이 아니라 정당방위를 인정한 판결이라고 보아야 할 것이다.[7)] 사후에 밝혀진 사실 즉 피해자가 카빈총을 발사할 의사가 있었는지 여부와 상관없이 피해자가 카빈총을 겨누고 있었다는 사정만으로도 정당방위상황이 존재하였다는 것이다. 예를 들어 사후에 a, b, c, d 사실이 존재하였다는 것이 판명되었고, a, b, c 사실은 행위시 행위자가 인식하였지만 d사실[8)]은 행위자가 인식하지 못하였다고 가정하자. 이 경우 a, b, c 사실만으로도 정당방위의 요건이 충족되었다고 할 수 있다면 설사 행위자가 d사실

---

6) 위의 논문, 175-176면.

7) 이 판결이 정당방위를 인정한 것으로 전제하는 견해로, 문정민, "정당방위에 있어서의 상당한 이유에 관한 연구," 사회과학연구, 조선대, 1998, 121면; 조규홍, "정당방위의 상당성의 의미 및 구체적 판단기준", 법조, 통권 제657호, 2011, 96-98면; 김병수, "싸움에 있어서 정당방위의 확대", 형사법연구 제24권 제4호, 2012, 52-53면; 정현미, "유책한 도발과 정당방위", 형사판례연구 제10권, 2002, 101면 등.

8) 이 판결에서는 d사실이 '피해자에게 총을 발사할 의사는 없었다'는 것이라고 할 수 있다.

을 인식하지 못하고 방위행위를 하였더라도 정당방위가 인정된다는 것이다.

그리고 만약 a, b, c, d 사실이 모두 존재해야 정당방위 요건이 갖춰지는데, 행위 당시에는 d사실이 존재하지 않지만 행위자가 d사실까지 존재한다고 오인하고 방위행위를 하였다면 오상방위가 된다는 것이다. 따라서 이 판결이 정당방위 상황만은 행위자의 관점에서 행위시를 기준으로 규범적으로 평가하는 예외적 방법을 사용하였다고 할 수는 없고, 일반적인 경우와 마찬가지로 사후적으로 정당방위 상황의 존재 여부를 판단하는 방법을 사용하였다고 할 수 있다. 대상판결이 오상방위를 언급하고 있지만, 이것은 일정한 사실이 존재한다는 가정하에 이러한 언급을 한 것이지 확정된 사실을 기초로 한 것이 아니다.[9]

또한 위 판결은 피고인의 행위가 오상방위라고 하더라도 정당한 사유가 있으므로 유죄를 인정해서는 안된다고 하지 위법성이 조각된다는 표현은 하지 않고 있다. 이 판결은 '상당한 이유'가 있으므로 정당방위가 된다고 하고 설사 오상방위라고 하더라도 '정당한 사유'가 있다고 함으로써 '상당한 이유'와 '정당한 사유'를 구별하여 사용하고 있다. 이것은 정당한 사유가 있는 오상방위는 정당한 이유가 있는 법률의 착오에 해당한다는 입장이라고 보아야 할 것이다.

2. 대법원 1986. 10. 28. 선고 86도1406 판결

(1) 사실관계 및 재판의 경과

피고인은 소속중대장의 당번병으로서 근무시간 중은 물론 근무시간 후에도 밤늦게까지 수시로 영외에 있는 중대장의 관사에 머물면서 집안일을 도와주고 그 자녀들을 보살피며 중대장 또는 그 처의 심부름으로 관사를 떠나서까지 시키는 일을 해왔다. 피고인은 이 사건 당

9) 같은 취지로 해석하는 견해로, 하태영, 앞의 논문, 46면. 피해자가 사망한 이 사건에서는 피해자가 총을 발사할 의사가 없었다는 것이 사후적으로 밝혀지기도 어려울 것이다.

일 밤에도 중대장의 지시에 따라 관사를 지키고 있던 중 중대장과 함께 외출나간 그 처 W로부터 같은 날 24:00경 비가 오고 밤이 늦어 혼자서는 도저히 여우고개를 넘어 귀가할 수 없으니, 관사로부터 1.5킬로미터 가량 떨어진 여우고개까지 우산을 들고 마중을 나오라는 연락을 받고 당번병으로서 당연히 해야 할 일로 생각하고서 여우고개까지 나가 W를 마중하여 그 다음 날 01:00경 귀가하였다.

피고인은 무단이탈죄로 기소되었는데, 항소심인 육군고등군법회의는 피고인의 행위가 사회상규에 위배되지 않는 행위로서 위법성이 조각되거나 설사 위법성이 조각되지 않는다고 하여도 정당한 이유가 있는 법률의 착오로서 책임이 조각된다고 하였다(육군고등군법회의 1986. 5. 20. 선고 85항403판결).

(2) 판결요지

원심은 … 피고인의 관사이탈 행위가 중대장의 직접적인 허가를 받지 아니하였다 하더라도 피고인은 당번병으로서의 그 임무범위 내에 속하는 일로 오인한 행위로서 그 오인에 정당한 이유가 있으므로 위법성이 없다고 하여 피고인에게 무죄를 선고하였는바, 기록에 의하여 살펴보면, 원심의 위와 같은 사실인정과 판단은 정당하게 수긍되고 거기에 소론 사실오인이나 무단이탈죄에 있어서의 위법성에 대한 법리오해의 위법이 있다할 수 없으므로 논지는 이유없다.

(3) 검　토

학계[10]는 물론 판례[11]에서도 이 판결이 정당한 사유가 있는 위법

10) 하태훈, "상관의 명령에 복종한 행위", 형사판례연구, 제9권, 2001, 179면; 이만종, "상관명령의 위법성에 관한 고찰", 법과정책연구, 제4권 제2호, 2004, 9면.

11) 최근 위 대법원판결을 인용한 하급심판결들이 있지만, 대부분의 판결에서는 "위법성이 조각된다"고 하지 않고 "위법성이 없거나 고의 또는 책임이 조각될 수 있다"고 한다(서울동부지방법원 2023. 12. 21. 선고 2023노600 판결; 부산지방법원 2023. 7. 7. 선고 2023노1431 판결; 대전지방법원 2023. 8. 24. 선고 2021노3127 판결; 서울중앙지방법원 2023. 2. 14. 선고 2022고합468 판결; 창원지방법원 2023. 9. 21. 선고 2022노2894 판결 외 다수판결).

성조각사유의 요건(전제)사실의 착오가 위법성이 조각된다는 입장인 것으로 인용되고 있다.

그런데 이 사건에서 피고인의 착오를 정당행위의 요건(전제)사실의 착오 즉 오상정당행위라고 할 수 있는지 의문이다. 중대장의 지시가 있었다면 피고인의 행위가 위법하지 않다고 가정할 경우, 중대장의 지시가 없었는데 중대장의 지시가 있었다고 피고인이 오인을 해야 오상정당행위라고 할 수 있다. 그런데 이 사건에서 피고인은 중대장의 지시가 없었다는 것을 잘 알고 있었으므로 아무런 착오가 없었다.[12] 피고인은 임무범위 내의 일이 아닌데 임무범위 내의 일로 착오하였는데, 이것은 소위 포섭의 착오로서 전형적인 법률의 착오라고 할 수 있다[13]. 이 때문에 원심판결에서는 피고인의 행위가 위법성이 조각되거나 정당한 이유가 있는 법률의 착오로서 책임이 조각된다고 하였다.

대법원은 "원심은 … 오인에 정당한 이유가 있으므로 위법성이 없다고 하여 피고인에게 무죄를 선고하였는 바"라고 한다. 그러나 원심판결에는 "오인에 정당한 이유가 있으므로 위법성이 없다"라는 표현은 없다. 원심판결은 사회상규에 위배되지 않는 행위로 위법성이 조각되거나 적어도 정당한 이유가 있는 법률의 착오로 책임이 조각된다고 하였다. 즉 대법원은 원심판결을 잘못 인용하였다고 할 수 있다.

대법원이 상고이유의 범위 내에서 원심판결의 당부만을 판단하는 사후심이라는 점을 감안한다면[14] 대법원판결이 원심판결과 다른 법리를 제시한 것이라고 보기는 어렵다.[15] 즉, 대법원이 상고를 기각하면

12) 정준섭, "정당한 이유와 위법성조각 가부", 홍익법학, 제13권 제1호, 2012, 509-511면; 이진국, "상관의 위법한 명령에 따른 행위", 형사법연구 제26권 제2호, 2014, 385-386면.

13) 김신규, "형법 제16조의 '정당한 이유'의 의미와 판례검토," 형사법연구 제15호, 2001, 122-123면.

14) 형사소송법 제384조(심판범위) 상고법원은 상고이유서에 포함된 사유에 관하여 심판하여야 한다. 그러나, 전조 제1호 내지 제3호의 경우에는 상고이유서에 포함되지 아니한 때에도 직권으로 심판할 수 있다. (이 사건은 제383조 제1호 내지 제3호에 해당되지 않는다).

15) 이 사례는 전형적인 법률의 착오사례이고 대법원이 "위법하지 않다."고 판시한 것

서 피고인이 무죄라는 결론을 내린 원심판결의 타당성을 인정한 나머지 원심판결이 위법성이 조각되거나 책임이 조각된다고 한 것을 혼동하여 정당한 이유가 있으므로 책임이 조각된다고 해야 할 것을 위법성이 조각된다고 한 것으로 보아야 할 것이다.[16)]

3. 대법원 2004. 3. 25. 선고 2003도3842 판결[17)]

(1) 사실관계

진주시내 일반부 씨름대회에서 우승할 정도로 힘이 센 피해자 A는 술병으로 타인을 찌른 후 자신의 주거인 꽃집에 가 있었다. 경찰서로부터 지원지시를 받은 경찰관인 피고인은 동료경찰관 P와 함께 2001. 11. 27. 23:50경 피해자 A의 아내 W와 함께 위 꽃집 앞에 도착하여 P는 권총을 허리에 찬 채 꽃집 주위에 있는 막대기를 들고 앞장서고 피고인은 권총을 꺼내어 안전장치를 풀고 P의 뒤에 서서 따라 위 꽃집 안으로 걸어 들어갔다.

그 순간, A가 세면장에서 나오면서 그곳에 미리 와있던 주민 N을 가볍게 넘어뜨리고 P와 몸싸움을 하였다. A는 P로부터 나무막대기를 빼앗고 P를 뒤로 밀어붙여 피고인과 P가 거의 동시에 뒤로 넘어졌고, A는 P의 배 위에 올라탄 자세에서 그를 공격하였고 P는 A로부터 빠져나오기 위하여 발버둥치고 있었다.

피고인은 뒤로 넘어져 있다가 정신을 차리는 순간 A가 손으로 동

은 넓은 의미에서 당번병의 형사책임이 면제된다는 의미로 이해할 수 있다는 견해로, 이진국, 앞의 논문, 386면.

16) 대법원의 구성과 성격, 그리고 사건부담이 과중하다는 것을 감안한다면 모든 대법원판결이 학문적 논리성까지 완벽하게 갖췄을 것이라고 기대하거나 과대평가해서는 안 된다. 굳이 예를 들지 않더라도 대법원판결들 중에는 논리적으로 모순되거나 논리적 일관성이 없는 설시를 하는 판결들도 많기 때문이다. 예를 들어 야간주거침입강도죄의 실행의 착수시기에 대해 폭행·협박시라고 하는 판결(대법원 1991. 11. 22. 선고 91도2296 판결)이 있는가 하면 주거침입시라는 판결(대법원 1992. 7. 28. 선고 92도917 판결)이 있다.

17) 이 판결에 대한 상세한 평석으로, 김태명, “경찰관의 무기사용에 대한 정당방위의 성립여부,” 형사판례연구, 제15권, 2007, 54-71면.

료경찰관 P의 목을 조이는 등 폭행하고 있는 것을 발견하고 이를 제지하기 위하여 넘어졌다가 일어나 앉은 자세로 공포탄 1발을 발사하여 A에게 경고를 하였다. 그럼에도 불구하고 A가 P를 풀어주지 아니한 채 동일한 자세로 몸싸움을 계속하자 피고인은 A를 향하여 실탄 1발을 발사하였고 그 실탄은 A의 흉부를 관통하여 A는 병원에 옮겨져 치료를 받던 중 며칠 후 사망하였다. A가 P와 격투를 할 당시 칼은 소지하지 않았다는 것이 확인되었다.

(2) 재판의 경과

제1심과 항소심인 창원지방법원은 피고인의 행위가 사회통념상 총기 사용의 허용범위를 벗어난 것으로서 상당성을 결하였다고 봄이 상당하므로 정당방위에 해당하지 아니하고, 제21조 제3항은 오상방위에는 적용되지 않는다고 판단하여 피고인에게 업무상과실치사죄를 인정하였다(창원지방법원 진주지원 2003. 1. 8. 선고 2002고단816 판결; 창원지법 2003. 6. 17. 선고 2003노167 판결).

피고인이 상고하였다. 대법원은 원심판결을 파기하고 사건을 원심법원으로 환송하였다. 사건을 환송받은 창원지방법원은 피고인에게 무죄를 선고하였다(창원지방법원 2004. 9. 8. 선고 2004노575 판결).

(3) 판결요지

관할파출소에 근무 중이던 경찰관으로부터 'A가 술집에서 맥주병을 깨 다른 사람의 목을 찌르고 현재 자기 집으로 도주하여 칼로 아들을 위협하고 있다.'는 상황을 고지받고 현장에 도착한 피고인으로서는, <u>A가 칼을 소지하고 있는 것으로 믿었고 또 그렇게 믿은 데에 정당한 이유가 있었다고 할 것이므로</u>, 피고인과 동료경찰관 P가 A와의 몸싸움에 밀려 함께 넘어진 상태에서 칼을 소지한 것으로 믿고 있었던 A와 다시 몸싸움을 벌인다는 것은 피고인 자신의 생명 또는 신체에 위해를 가져올 수도 있는 위험한 행동이라고 판단할 수밖에 없을 것이고, 따라서 피고인이 공포탄 1발을 발사하여 경고를 하였음에도 불구하고 A가 P의 몸 위에 올라탄 채 계속하여 P를 폭행하고 있었고, 또 그가 언제 소지하고 있었을 칼을 꺼내어 P나 피고인을 공격할지 알 수 없다고 피고인이 생각하고 있던 급박한 상황에서 P를 구출하기 위하여 A를 향하여 권총을 발사한 것이므로, 이러한 피고인의 권총 사용이, 경찰관직무집행법 제10조의4 제1항의 허용범위를 벗어난 위법한 행위라거나 피고인에게 업무상과실치사의 죄책을 지울만한 행위라고 선뜻 단정할 수는 없다(다만 민사상으로 공무원인 피고인의 위와 같은 행위에 관하여 국가가 국가배상책임을 질 것인지 여부는 이와 별도의 관점에서 검토되어야 할 것이며, 이 점은 별론으로 한다).

그럼에도 불구하고, 원심은 이와 달리 피고인이 A를 향하여 실탄을 발사한 행위가 경찰관의 무기 사용의 허용범위를 벗어난 위법행위라고 판단하였으니, 거기에는 경찰관직무집행법 제10조의4 제1항 소정의 경찰관 무기 사용의 허용범위 및 정당방위 등에 관한 법리를 오해하여 판결에 영향을 미친 위법이 있다.

(4) 검　　토

이 판결과 관련하여 판례는 피고인이 오신에 의하여 반격행위로 나아간 경우에도 정당방위 상황을 인정하고 있다는 것, 즉 정당한 이유가 있는 오상방위의 경우 위법성이 조각되거나 정당방위가 된다고 하는 입장을 취한다고 해석하는 견해가 있다.[18]

그러나 이 판결은 오상방위[19]를 인정한 것이 아니라 피고인의 행

18) 이용식, 앞의 논문, 178면-187면. 허일태, "오상과잉방위와 형법 제21조 제3항", 형사법연구, 제26호 특집호, 2006, 578-579면. 다만, 전자의 견해는 이러한 판례의 입장이 타당하다고 하고, 후자의 견해는 이러한 판례의 입장이 부당하다고 한다. 또한 후자의 견해는 이 판결이 오상방위와 정당방위의 구별을 모호하게 한다고 비판하는 데에 비해, 전자의 견해는 학계와 구별기준이 다를 뿐 판례도 오상방위와 정당방위를 엄격하게 구별하고 있다고 주장한다. 한편 이 판결이 오상방위와 과잉방위의 성질을 동시에 가지고 있다는 입장이라는 견해로, 김태명, 앞의 논문, 87면.

19) 이 판결이 전형적인 오상방위에 대해 엄격책임설에 따라 해결한 것이라는 견해로, 김종구, "미국 형법상 위법성조각사유의 전제사실의 착오", 형사법연구 제25권 제

위가 경찰관직무집행법 제10조의4 제1항의 허용범위를 넘어서는 위법행위가 아니라 동규정에 따른 적법행위 즉, 법령에 의한 정당행위라고 하고 있다. 이 판결의 취지는 피고인의 착오는 법령에 의한 정당행위가 성립하는 데에 아무런 장애가 되지 않는다는 것으로 보아야 할 것이다.

왜냐하면 피해자 A가 칼을 지니고 있지 않았기 때문에 칼을 지니고 있었다고 생각한 피고인의 착오를 배제하더라도 피해자의 흥분상태와 그가 씨름대회에서 우승할 정도로 힘이 세다는 것을 고려하면 P의 신체 뿐만 아니라 생명에 대한 위험까지도 인정될 수 있을 것이기 때문이다.

이 판결과 관련하여 "공무집행이 적법한지는 행위 당시의 구체적 상황에 기초를 두고 객관적·합리적으로 판단해야 하고, 사후적으로 순수한 객관적 기준에서 판단할 것은 아니다"라고 하는 판례의 입장을 참고해 볼 필요가 있다.[20] 위 대상판결도 이러한 기준에 따라 피고인의 행위의 적법성을 판단하고 있다고 할 수 있다.[21] 이것은 사후에 공무원에게 착오가 있다는 것이 판명되더라도 공무집행의 적법성이 인정될 수 있다고 하는 것으로서 공무집행의 적법상 판단에만 예외적으로 적용되는 원리라고 할 수 있다.[22]

설사 대상판결이 오상방위를 인정하였다고 하더라도 정당한 이유가 있어서 위법성이 조각된다고 한 것이 아니라 정당한 이유가 있는 법률의 착오로 책임이 조각된다고 한 것으로 보아야 할 것이다.[23] 정

3호, 2013, 7-8면. 판례가 위법성조각사유의 전제사실의 착오가 위법성을 조각하는 것으로 보기 때문에 이 판례가 엄격책임설과 유사한 입장으로 보이지만 엄격책임설에 따른 것은 아니라는 견해로, 홍영기, 앞의 논문, 301-302면.

20) 대법원 2021. 10. 14. 선고 2018도2993 판결 외 다수판결.

21) 이에 대해 판례가 정당방위 상황의 존재나 총기사용의 적법성은 객관적(사후적)으로 판단하고, 행위 당시의 사정으로 판단한다고 할 수는 없다고 하는 견해로, 김태명, 앞의 논문, 62-64면.

22) 영국과 미국에서도 이러한 기준에 따라 경찰관의 무기사용의 정당성 여부를 판단한다는 견해로, 박창석, "경찰관의 총기사용규정과 해석에 대한 논의", 한양법학, 제18권, 2005, 233면 참조.

당행위이건 정당방위이건 위법성이 조각되면 국가배상은 인정되지 않는데, 대상판결은 국가배상의 가능성을 언급하고 있는데, 국가배상은 공무원의 고의, 과실에 의한 위법행위가 인정되어야 가능한 것이기 때문이다.[24]

4. 대법원 1993. 6. 22. 선고 92도3160 판결

(1) 판결요지

형법 제310조의 규정은 인격권으로서의 개인의 명예의 보호와 헌법 제21조에 의한 정당한 표현의 자유의 보장이라는 상충되는 두 법익의 조화를 꾀한 것이라고 보아야 할 것이므로, 두 법익간의 조화와 균형을 고려한다면 <u>적시된 사실이 진실한 것이라는 증명이 없더라도</u> 행위자가 진실한 것으로 믿었고 또 그렇게 믿을 만한 상당한 이유가 있는 경우에는 위법성이 없다.

(2) 허위사실을 진실한 사실로 믿은 경우와 위법성조각여부

허위사실을 진실한 사실로 오인하고 적시한 경우 제307조 제1항의 구성요건에 해당되는데, 이 경우 공공의 이익을 위해 적시한 경우 제310조에 의해 위법성이 조각될 수 있는지 문제된다. 통설은 제310조의 진실한 사실은 객관적으로 진실한 사실을 의미하므로 제310조에 의해 위법성이 조각될 수는 없고, 위법성조각사유의 요건(사실)의 착오(오상정당행위)의 문제로 다뤄야 한다고 한다.[25]

이에 비해 허위의 사실을 진실한 사실로 믿은 데에 상당한 이유

---

23) 피고인의 행위가 오상과잉방위이지만, 형법 제21조 제3항에 의한 책임조각을 인정해야 한다는 견해로, 허일태, 위의 논문, 592면. 오상과잉방위에 대해 형법 제21조 제3항을 적용해서는 안되고, 피고인의 행위를 과잉방위의 문제로 보아 제21조 제2항 또는 제3항을 적용해야 한다는 견해로, 김태명, 앞의 논문, 95면.

24) 경찰관의 형사책임이 인정된 경우 민사책임과의 관계에 대한 설명으로, 박창석, 앞의 논문, 228-229면.

25) 제310조는 진실한 사실을 진실한 사실로 인식한 경우에만 적용된다는 견해들을 소개한 것으로, 김재봉, “형법 제310조와 의무합치적 심사”, 형사판례연구, 제8권, 2000, 207-208면 참조. 이와 유사한 견해로, 홍영기, 앞의 논문, 312면.

가 있거나 성실한 검토의무를 다한 경우에는 위법성이 조각된다고 하는 견해도 있다.[26] 이러한 견해들 및 앞에서 언급한 견해들 즉, 판례가 정당한 사유가 있는 위법성조각사유의 요건(전제)사실의 착오는 위법성이 조각된다는 입장을 취한다고 해석하는 견해들은 대상판결도 같은 논리를 따른 것이라고 해석할 가능성이 있다.

(3) 판례의 입장

판례는 허위사실임을 인식하고 허위사실을 적시하여 형법 제307조 제2항에 해당하는 행위는 제310조에 의해 위법성이 조각될 수 없다는 입장을 일관되게 유지하고 있다.[27] 또한 판례는 위 대상판결과 같은 입장을 일관되게 유지해오고 있다.[28] 그런데 위 판결이 허위사실임이 판명되었지만 이를 진실한 사실로 오인하고 적시한 경우 즉 위법성조각사유의 요건(전제)사실의 착오로서 오상정당행위의 문제에 관한 것인지 의문이다, 판례는 '적시된 사실이 허위라고 하더라도'라고 하지 않고 '적시된 사실이 진실한 것이 증명되지 않았더라도'라고 하고 있기 때문이다. 즉, 위 대상판결들은 적시된 사실이 허위임이 입증된 경우가 아니라 적시된 사실이 허위인지 진실인지 입증되지 않은 경우에 관한 것이라고 볼 수도 있다.[29]

---

26) 이러한 입장에서 이 사건 판결과 같은 입장을 취한 대법원 1996. 8. 23. 선고 94도3191 판결을 긍정적으로 평가한 견해로, 김재봉, 위의 논문, 225-226면. 그러나 오상방위에서 정당방위상황이 존재한다고 의무합치적 심사, 혹은 양심적 심사를 하였다고 하더라도 위법성이 조각되지 않는다고 한다면 왜 제310조에서는 위법성이 조각되는지 의문이다. 우리 형법의 해석으로는 오상방위가 정당방위로 위법성이 조각되지는 않지만 사회상규에 위배되지 않는 행위로 위법성이 조각될 수는 있다. 마찬가지로 표현의 자유를 좀 더 넓게 보장하려고 한다면 양심적 심사를 한 경우 제310조가 아니라 사회상규에 위배되지 않는 행위로 위법성이 조각된다고 하는 것이 우리 형법의 해석론으로 더 적절할 것이다.

27) 대법원 2015. 7. 9. 선고 2013도4786 판결 외 다수판결.

28) 이러한 표현은 민사판결(대법원 1988. 10. 11. 선고 85다카29 판결)에서 먼저 나왔고, 이후 같은 표현을 한 형사판결들로, 대법원 1996. 4. 23. 선고 96도519 판결; 대법원 2007. 12. 14. 선고 2006도2074 판결; 대법원 2020. 8. 13. 선고 2019도13404 판결 외 다수판결.

29) 대법원 1996. 8. 23. 선고 94도3191 판결에서도 "피고인이 취재하여 보도하게 한

판례는 “형사재판에서 공소가 제기된 범죄의 구성요건을 이루는 사실은 그것이 주관적 요건이든 객관적 요건이든 그 증명책임이 검사에게 있으므로, … 그런데 위 증명책임을 다하였는지 여부를 결정할 때에는, 어느 사실이 적극적으로 존재한다는 것의 증명은 물론, 그 사실의 부존재의 증명이라도 특정 기간과 특정 장소에서의 특정 행위의 부존재에 관한 것이라면 적극적 당사자인 검사가 이를 합리적 의심의 여지가 없이 증명하여야 한다”고 한다.[30] 다른 한편 판례는 “형법 제310조의 … 진실한 사실로서 오로지 공공의 이익에 관한 때에 해당된다는 점을 행위자가 증명하여야 하는 것이나, 그 증명은 유죄의 인정에 있어 요구되는 것과 같이 법관으로 하여금 의심할 여지가 없을 정도의 확신을 가지게 하는 증명력을 가진 엄격한 증거에 의하여야 하는 것은 아니라고 한다.[31]

여기에서 피고인이 진실한 사실이라는 것에 대한 입증을 다하지 못하였지만 검사 역시 허위사실이라는 것을 합리적 의심이 불가능할 정도로 입증하지 못한 경우가 있을 수 있다. 판례가 다른 위법성조각사유에서와는 달리 피고인에게 진실성에 대한 입증책임을 인정함에 따라 위와 같은 경우가 발생하게 되는데 대상판결은 이러한 경우를 해결하기 위한 논리를 제시하고 있다고 할 수 있다. 즉, 검사도 피고인도 입증을 다하지 못하였을 때에 ‘의심스러울 때에는 피고인에게 유리하게’라는 원칙에 따라 피고인이 진실한 사실을 적시한 것으로 보아 제310조에 따른 위법성조각을 인정한다는 취지라고 볼 수 있다는 것

이 사건 기사의 전체적 취지는 변사체로 발견된 M이 사망 직전에 동행한 일행 중에 안기부 직원 신분인 여자가 있었다는 사실을 보도하고 이에 대하여 강한 의혹을 제기하는 데 불과한 것이지 이를 안기부 직원인 A가 이 정치공작에 의하여 위 M과 동행하다가 살해하였다는 것으로 보기는 어렵다 할 것이므로 이를 전제로 하여 위 기사내용 전체가 허위보도라는 논지는 이유 없다”고 한다.

30) 대법원 2020. 8. 13. 선고 2019도13404 판결 외 다수판결.

31) 대법원 1996. 10. 25. 선고 95도1473 판결 외 다수판결. 그러나 피고인에게 입증책임을 인정하는 것은 검사가 모든 입증책임을 진다고 하는 형사소송법의 일반원칙에는 어긋난다고 할 수 있다.

이다.[32)]

여기에서 진실한 사실이라고 믿은 데에 상당한 이유가 있다는 것은 피고인이 진실이라고 믿은 것에 대한 구체적 소명자료가 있지만, 그럼에도 불구하고 검사가 그 소명자료를 탄핵함으로써 허위사실이라는 점을 합리적 의심이 불가능할 정도로 입증하지 못한 경우[33)]를 의미한다고 할 수 있다.

따라서 허위임이 입증된 사실을 행위자가 진실한 사실이라고 오인한 경우에야 위법성조각사유의 요건(전제)사실의 착오의 문제가 될 것이다.

Ⅲ. 대상판결의 평가

1. 대상판결의 의의

대상판결은 위법성조각사유의 요건(전제)사실의 착오가 형법 제16조의 적용대상이라는 점을 분명히 하고 있다. 또한 정당한 이유가 있는 위법성조각사유의 요건(전제)사실의 착오의 효과가 위법성이 조각이 아니라 책임조각이라는 점을 분명히 하여 판례의 입장에 대한 학계에서의 해석상의 논란을 해소할 수 있게 하였다.

32) 진실한 것이라고 믿은 데에 상당한 이유가 있어야 한다고 한 것은 판례가 피고인에게 진설성에 대한 입증책임을 인정하고 있기 때문이라고 할 수 있다. 만약 판례가 피고인의 입증책임을 인정하지 않는다면 검사가 허위사실임을 합리적 의심이 불가능할 정도로 입증하지 못하였을 때에는 피고인이 객관적으로 진실한 사실을 적시한 것이라고 보아야 한다. 그리고 피고인이 진실한 사실이라고 믿었으면 믿은 데에 상당한 이유가 있느냐는 따질 필요도 없이 제310조를 적용하여야 한다.

33) 판례는 "의혹을 받을 일을 한 사실이 없다고 주장하는 사람에 대하여 의혹을 받을 사실이 존재한다고 적극적으로 주장하는 사람은 그러한 사실의 존재를 수긍할 만한 소명자료를 제시할 부담을 지며 검사는 제시된 자료의 신빙성을 탄핵하는 방법으로 허위사실임을 입증할 수 있을 것인데, 이때 제시하여야 할 소명자료는 단순히 소문을 제시하는 것만으로는 부족하고 적어도 허위임을 검사가 입증하는 것이 가능할 정도의 구체성은 갖추어야 하며, 이러한 소명자료의 제시가 없거나 제시된 소명자료의 신빙성이 탄핵된 때에는 허위사실공표로서의 책임을 져야 한다"고 한다(대법원 2008. 11. 13. 선고 2006도7915 판결 외 다수판결).

대상판결은 정당한 이유가 없는 오상방위등에 대해 언급하고 있지 않지만, 여기에 대해서도 형법 제16조를 적용해야 한다는 취지라고 할 수 있다. 한편 학계에서는 정당방위의 요건(전제)사실의 착오가 제16조의 적용대상이라고 하더라도 그 구체적인 의미에 대해서는 많은 논란이 있다.[34] 이에 따라 대법원이 어떠한 입장을 따르는가에 대해서도 관심이 쏠리고 있다.

대상판결이 엄격책임설을 따른 것이라는 견해도 있다.[35] 그러나 일반적인 법률의 착오에 대해 대법원은 "오인함에 정당한 이유가 있는 경우에 해당한다거나 범의가 없었다고 볼 수는 없다",[36] "이는 법률착오가 범의를 조각하는 경우이다"[37]라고 하는데, 이것은 제한고의설의 입장에 가깝다고 할 수 있다.[38] 그러나 판례가 고의, 과실을 주관적 구성요건요소라고 하고 있는데,[39] 이것은 고의, 과실을 책임요소로 파악하는 제한고의설의 입장과는 조화되지 않는다.

따라서 현재로서는 성급하게 판례가 어떤 학설의 입장을 따랐다고 단정할 것이 아니라 정당한 이유가 없는 위법성조각사유의 요건(전제)사실의 착오를 정면으로 다룬 판결이 나올 때까지 기다려야 할 것이다. 그리고 경우에 따라서는 판례가 특정한 학설을 따르는 것을 밝히지 않는 것도 바람직한 경우가 있다. 학자에게는 결론보다는 그 결론에 이르는 과정의 논리적 일관성이 중요하지만, 판결에서는 결론에 이르는 과정보다는 결론이 더 중요하다. 따라서 법규정에 따른 결론이 내려졌는데 그 결론에 이르는 과정에 학설이 첨예하게 대립하는 경우에는 법원

34) 이에 대한 상세한 설명으로, 오영근/노수환, 형법총론, 제7판, 박영사, 2024, 349-352면.
35) 정승환, "2023년 형법 중요판례평석", 인권과 정의, 제520호, 2013, 94면.
36) 대법원 2000. 8. 18. 선고 2000도2943 판결; 대법원 2008. 3. 13. 선고 2007도7711 판결.
37) 대법원 1974. 11. 12. 선고 74도2676 판결.
38) 판례가 고의설을 취하고 있다는 입장으로, 하민경, 앞의 논문, 181-182면.
39) 예를 들어 대법원 2024. 1. 4. 선고 2022도14571 판결은 "범죄구성요건의 주관적 요소로서 미필적 고의는", 대법원 1975. 5. 13. 선고 75도877 판결은 "버스차장이 승객의 안전승차 여부를 확인하지 아니하고 승강구의 문을 닫지 않은 채 발차신호를 하여 승객에게 상해를 입힌 소위는 업무상과실치상죄의 구성요건을 충족하는 것이다"라고 한다.

역시 학계의 동향을 좀 더 지켜보는 자세도 필요하기 때문이다.

2. 대상판결의 문제점

(1) 오상방위와 오상정당행위의 혼동

제1심과 항소심에서는 피고인의 행위를 오상방위로 다루고 있고, 대상판결도 원심판결을 기각하는 이유로서 "피고인이 피해자의 손에 있는 물건이 흉기라고 오인할 만한 별다른 정황도 보이지 않는다."고 하는 등 오상방위의 문제로 다루고 있다. 그런데 이후 갑자기 형법 제20조의 사회상규에 위배되지 않는 정당행위의 요건을 언급하고 죄가 되지 않는다고 오인한 데에 정당한 이유가 있다고 한다.

우리 형법의 체계상 오상방위나 오상피난 등이 각각 정당방위나 긴급피난으로 위법성이 조각될 수는 없지만, 사회상규에 위배되지 않는 행위로 위법성이 조각될 수는 있다. 예를 들어 대상판결의 사건에서 피고인의 오인에 과실이 인정되지만 피해자에게 상처를 입히지 않았거나 경미한 상해만을 가하였다면 오상방위로서 위법성이 조각될 수는 없지만, 사회상규에 위배되지 않는 정당행위로 인정되어 위법성이 조각될 수는 있다.[40] 대상판결도 피고인의 행위가 정당방위로 인정되지 않으므로 사회상규에 위배되지 않는 정당행위에 해당되는지를 검토하다가 오상정당행위이지만 착오에 정당한 이유가 있다고 판단한 것으로 볼 수도 있다.

그러나 오상방위로서 착오의 존재를 인정하고 그것에 정당한 이유가 있느냐의 여부가 핵심사항이 되는 대상판결의 사건에서 정당행

40) 나아가 오상 사회상규에 위배되지 않는 행위의 경우 오인에 정당한 이유가 있는 경우는 물론 정당한 이유가 없더라도 사회상규에 위배되지 않는 정당행위로 위법성이 조각될 수도 있다. 오인이나 과잉행위 등이 있다고 하여도 전체적으로 보아 사회상규에 위배되지 않는다고 할 수도 있기 때문이다. 이것은 사회상규에 위배되지 않는 행위의 독특한 성격 즉, 법에 규정된 위법성조각사유 뿐만 아니라 법률에 규정되어 있지 않은 위법성조각사유 등 모든 위법성조각사유를 포괄할 수 있는 성격 때문이다. 다만 정당행위라고 하면 그에 대한 정당방위가 불가능하지만, 오상정당행위라고 하면 정당방위가 가능하다는 차이는 있다.

위 혹은 정당한 이유가 있는 오상정당행위까지 살펴볼 필요는 없었을 것이다. 예를 들어 대상판결은 “행위의 긴급성과 보충성은 다른 실효성 있는 적법한 수단이 없는 경우를 의미하는 것이지 ‘일체의 법률적인 적법한 수단이 존재하지 않을 것’을 의미하는 것은 아니라”고 하는 대법원 2023. 5. 18. 선고 2017도2760 판결을 인용하고 있다. 그런데 대상판결의 사건에서는 보충성에 대해서는 굳이 검토해 볼 필요가 없다고 할 수 있다.

(2) 용어의 문제

일반적으로 정당방위의 ‘성립요건’이라는 용어를 사용하지 정당방위의 ‘성립전제’라는 용어를 사용하지는 않는다. 판례도 마찬가지이다.[41] 오상방위는 주로 정당방위의 객관적 성립요건을 충족하는 사실이 없음에도 불구하고 요건을 충족하는 사실이 있는 것으로 착오하는 경우를 말한다. 즉, 정당방위의 성립전제사실이 아니라 성립요건사실, 줄여서 요건사실에 대한 착오를 의미한다.

위법성조각사유의 객관적 전제사실의 착오라는 용어도 사용되는데 여기에서 위법성조각사유의 객관적 전제라는 것은 객관적 성립요건을 의미하는데, 이것을 객관적 성립전제라고 하지는 않는다. 따라서 위법성조각사유의 전제사실의 착오라는 용어보다는 위법성조각사유의 요건사실의 착오라는 용어가 자연스럽고 그 내용을 이해하는 데에도 유리하다.[42]

41) 정당방위 혹은 정당행위의 ‘성립요건’이라는 용어를 사용하는 판례로, 대법원 2023. 6. 29. 선고 2018도1917 판결, 대법원 2017. 3. 15. 선고 2013도2168 판결; 대법원 2007. 4. 26. 선고 2007도1794 판결; 대법원 2005. 9. 30. 선고 2005도3940 판결. 판결문 본문에서 성립요건이라는 용어를 사용하는 판례로, 대법원 1992. 12. 22. 선고 92도2540 판결; 대법원 1985. 9. 10. 선고 85도1370 판결 외 다수판결.

42) 오상방위를 독일어로는 ‘Der Irrtum über die tatsächlichen Voraussetzungen der Notwehr’라고 한다. 여기에서 Voraussetzungen은 ‘전제’가 아니라 ‘요건’이라고 번역하는 것이 자연스럽다. 따라서 ‘정당방위의 전제사실의 착오’라고 번역하기 보다는 ‘정당방위의 요건사실의 착오’라고 번역하는 것이 조금 더 내용을 이해하기 쉬운 번역이다. 이미 이러한 지적을 한 논문들이 다수 있지만, 이러한 논문들에서도 위법성조각사유의

전제사실은 요건사실에 비해 훨씬 광범위한 개념이다. 대상판결에서 정당방위가 문제되었다고 하면 정당방위의 요건사실은 현재의 부당한 침해가 있느냐 등이다. 그러나 피해자 A와 권투클럽관장인 D가 싸움을 했다거나 피고인이 A와 D의 싸움 현장에 있었다는 것은 정당방위를 논할 수 있는 전제사실은 될 수 있어도 정당방위의 객관적 성립요건을 충족하는 사실 즉, 요건사실은 될 수 없다.[43]

[주 제 어]

위법성조각사유의 요건(전제)사실의 착오, 오상방위, 위법성조각사유, 책임조각사유, 사실의 착오, 법률의 착오(금지착오)

[Key words]

Irrtum über Rechtsfertigenden Sachverhalt, Putativnotwehr, Rechtsfertigungsgrund, Entschuldigungsgrund, Irrtum über Tatumstände, Rechtsirrtum(Verbotsirrtum)

전제사실의 착오 혹은 위전착이라는 용어가 일반화되었으므로 불가피하기 이러한 용어를 사용하고 있다. 그러나 학자들은 어떤 용어를 사용해도 무방하지만, 판례에서는 지금이라도 좀 더 정확한 용어를 사용하려는 노력이 필요하다.

43) 전제란 요건보다 훨씬 넓은 개념이다. 예를 들어 대법원 2020. 1. 30. 선고 2018도2236 전원합의체 판결은 "이 사건 공소사실은 그 전제사실에서 문예기금 등 지원배제가 이루어졌다고 적시하면서도, 그 지원을 신청한 문화예술인 등에 대하여 지원배제를 하거나 하게 한 최종행위를 구성요건 사실로 한 것이 아니라 그 지원배제 과정에서 예술위 등 관련기관 직원들에 대하여 명단 송부 등을 하게 한 행위를 구성요건 사실로 하고 있다"고 하여 전제사실과 구성요건사실을 구별하고 있다. 기타 요건사실과는 개념이 다른 전제사실이라는 용어를 쓴 판례로, 대법원 2022. 4. 28. 선고 2021도16719 판결; 대법원 2021. 3. 11. 선고 2018오2 판결; 대법원 2020. 12. 24. 선고 2019도12901 판결 외 다수판결.

[참고문헌]

김병수, “싸움에 있어서 정당방위의 확대”, 형사법연구 제24권 제4호, 2012.

김신규, “형법 제16조의 ‘정당한 이유’의 의미와 판례검토”, 형사법연구 제15호, 2001.

김재봉, “형법 제310조와 의무합치적 심사”, 형사판례연구 제8권, 2000.

김종구, “미국 형법상 위법성조각사유의 전제사실의 착오”, 형사법연구 제25권 제3호, 2013.

김태명, “경찰관의 무기사용에 대한 정당방위의 성립여부”, 형사판례연구 제15권, 2007.

문정민, “정당방위에 있어서의 상당한 이유에 관한 연구”, 사회과학연구, 조선대, 1998.

박창석, “경찰관의 총기사용규정과 해석에 대한 논의”, 한양법학 제18권, 2005.

안성조, “위법성조각사유의 전제사실의 착오에 대한 대법원 판례의 재검토 - 오상을 이유로 위법성을 조각하는 법리의 의의와 한계 -,” 형사정책 제34권 제4호, 2023.

오영근/노수환, 형법총론, 제7판, 박영사, 2024.

이만종, “상관명령의 위법성에 관한 고찰”, 법과정책연구 제4권 제2호, 2004.

이용식, “위법성조각사유의 전제사실의 착오에 대한 대법원판례의 이해구조 -오상을 이유로 하는 위법성조각과 정당방위상황의 인정- -판례의 시각에 대한 학계의 이해부족-”, 형사판례연구 제24권, 2016.

이주원, “2023년 분야별 중요판례분석 ⑧ 형법총칙”, 법률신문사, 2024. 6. 1. 자.

이진국, “상관의 위법한 명령에 따른 행위”, 형사법연구 제26권 제2호, 2014.

정승환, “2023년 형법 중요판례평석”, 인권과 정의 제520호, 2013.

정준섭, “정당한 이유와 위법성조각 가부”, 홍익법학 제13권 제1호, 2012.

정현미, “유책한 도발과 정당방위”, 형사판례연구 제10권, 2002.

조규홍, “정당방위의 상당성의 의미 및 구체적 판단기준”, 법조 통권 제657

호, 2011.
하민경, "위법성조각사유의 전제사실에 대한 착오 - 고의설의 실천적 의미와 부활 가능성 -", 형사법의 신동향 제68호, 2020.
하태영, "『위법성조각사유의 객관적 전제사실에 대한 착오』 종합 고찰", 동아법학 제96호, 2022.
하태인, "판례분석을 통한 오상방위의 해석" 형사법연구 제31권 제4호, 2019.
하태훈, "상관의 명령에 복종한 행위", 형사판례연구 제9권, 2001.
허일태, "오상과잉방위와 형법 제21조 제3항", 형사법연구 제26호 특집호, 2006.
홍영기, "위법성조각사유의 전제사실에 관한 착오 - 체계적 이해와 관련된 몇 가지 문제 -", 고려법학 제81권, 2016.

음주운전 2회 가중처벌 위헌 헌법재판소 결정과 그 이후
— 형법의 헌법합치적 해석과 헌법재판소의 역할 —

최 준 혁*

[대상결정] 헌법재판소 2021. 11. 25. 선고 2019헌바446, 2020헌가17, 2021헌바77(병합) 전원재판부 결정(헌법재판소공보 제302호, 1482면)

【사건개요】 가. 2019헌바446의 청구인 정○○는 도로교통법위반(음주운전)죄로 4회 처벌받은 전력이 있는데, 2019. 8. 17. 혈중알코올농도 0.065%의 술에 취한 상태로 승용차량을 운전함으로써 도로교통법 제44조 제1항을 2회 이상 위반하였다는 등의 공소사실로 기소되어 징역 1년을 선고받았다. 정○○는 위 재판 계속 중 2회 이상 음주운전을 가중처벌하는 구 도로교통법 제148조의2 제1항에 대하여 위헌법률심판제청신청을 하였으나 2019. 11. 7. 각하(도로교통법 제148조의2 제1항 중 '제44조 제2항' 부분) 및 기각(각하된 부분을 제외한 나머지 부분)되자, 2019. 11. 18. 이 사건 헌법소원심판을 청구하였다.

나. 2020헌가17의 피고인은 도로교통법위반(음주운전)죄로 1회 처벌받은 전력이 있는데, 2019. 11. 28. 혈중알코올농도 0.08%의 술에 취한 상태로 승용차를 운전함으로써 음주운전 금지규정을 2회 이상 위

---

* 인하대학교 법학전문대학원 교수. 이 글은 2023. 4. 10. 헌법재판소에서 열린 제359회 형사판례연구회에서의 발표를 수정하면서, 글의 내용은 당시의 형태를 유지하고, 이후의 법률개정은 각주로 반영하고 참고문헌을 추가하였다. 이 글은 2024년 인하대학교 교내연구비의 지원을 받아 작성하였다.

반하였다는 공소사실로 기소되었다. 위 사건을 담당한 법원은 재판 계속 중인 2020. 11. 5. 구 도로교통법 제148조의2 제1항에 대하여 직권으로 위헌법률심판을 제청하였다.

다. 2021헌바77의 청구인 강○○은 도로교통법위반(음주운전)죄로 3회 처벌받은 전력이 있는데, 2019. 11. 7. 혈중알코올농도 0.040%의 술에 취한 상태로 승용차량을 운전하였다는 공소사실로 기소되어 항소심에서 징역 1년을 선고받았다. 강○○은 위 항소심판결에 대하여 상고하고(대법원 2021도1704), 상고심 계속 중 구 도로교통법 제148조의2 제1항에 대하여 위헌법률심판제청신청을 하였으나, 대법원은 2021. 3. 17. 상고와 함께 위헌법률심판제청신청을 기각하였다(대법원 2021초기95). 강○○은 2021. 3. 29. 이 사건 헌법소원심판을 청구하였다.

【결정요지】 가. 심판대상조항의 문언, 입법목적과 연혁, 관련 규정과의 관계 및 법원의 해석 등을 종합하여 볼 때, 심판대상조항에서 '제44조 제1항을 2회 이상 위반한 사람'이란 '2006. 6. 1. 이후 도로교통법 제44조 제1항을 위반하여 술에 취한 상태에서 운전을 하였던 사실이 인정되는 사람으로서, 다시 같은 조 제1항을 위반하여 술에 취한 상태에서 운전한 사람'을 의미함을 충분히 알 수 있으므로, 심판대상조항은 죄형법정주의의 명확성원칙에 위반되지 아니한다.

나. 심판대상조항은 음주운전 금지규정을 반복하여 위반하는 사람에 대한 처벌을 강화하기 위한 규정인데, 가중요건이 되는 과거 위반행위와 처벌대상이 되는 재범 음주운전행위 사이에 아무런 시간적 제한을 두지 않고 있다. 그런데 과거 위반행위가 예컨대 10년 이상 전에 발생한 것이라면 처벌대상이 되는 재범 음주운전이 준법정신이 현저히 부족한 상태에서 이루어진 행위라거나 교통안전 등을 '반복적으로' 위협하는 행위라고 평가하기 어려워 이를 일반적 음주운전 금지규정 위반행위와 구별하여 가중처벌할 필요가 있다고 보기 어렵다. 범죄전력이 있음에도 다시 범행한 경우 가중된 행위책임을 인정할 수 있

다고 하더라도, 전범을 이유로 아무런 시간적 제한 없이 무제한 후범을 가중처벌하는 예는 찾기 어렵고, 공소시효나 형의 실효를 인정하는 취지에도 부합하지 않는다. 또한 심판대상조항은 과거 위반 전력, 혈중알코올농도 수준 등에 비추어, 보호법익에 미치는 위험 정도가 비교적 낮은 유형의 재범 음주운전행위도 일률적으로 그 법정형의 하한인 2년 이상의 징역 또는 1천만 원 이상의 벌금을 기준으로 처벌하도록 하고 있어 책임과 형벌 사이의 비례성을 인정하기 어렵다. 따라서 심판대상조항은 책임과 형벌 간의 비례원칙에 위반된다.

【재판관 이선애, 재판관 문형배의 반대의견】 우리나라에서 발생하는 음주운전 교통사고의 40% 가량은 재범에 의한 교통사고이다. 심판대상조항은 이른바 '윤○○ 사건'을 계기로, 재범 음주운전 범죄를 엄히 처벌하고 예방하고자 입법화된 규정이고, 반복되는 음주운전은 비난가능성이 매우 크다. 과거 위반 전력이 10년 전의 행위라도 만취 음주운전으로 사망사고를 유발한 경우와 같이 죄질이 매우 불량한 경우가 있을 수 있고, 그러한 전력을 가진 운전자가 다시 음주운전하여 교통안전을 해하고 무고한 국민 일반의 생명, 신체 등을 위협한 경우를 초범 음주운전자와 동일한 기준으로 처벌하는 것이 부당하다는 입법자의 평가가 재량 한계를 벗어난 것이라고 볼 수 없다. 심판대상조항에는 벌금형이 선택형으로 규정되어 있고, 구체적 사건에서 집행유예나 선고유예를 하는 것도 가능하므로, 법정형의 하한을 2년 이상의 징역 또는 1천만 원 이상의 벌금으로 정한 것이 위헌으로 선언될 정도로 비례성을 일탈하고 있다고 할 수 없다.

고의에 의한 반복 음주운전행위를 사전에 예방하기 위해 법정형의 하한을 높여 형벌의 경고적 기능을 제고할 수 있으므로, 심판대상조항이 '특정범죄 가중처벌 등에 관한 법률'상 위험운전치상죄보다 법정형의 하한을 높게 정한 데는 수긍할 만한 합리적 이유가 있다. '특정범죄 가중처벌 등에 관한 법률'상 도주치상죄, 교통사고처리법 위반죄 등과는 보호법익, 행위태양, 죄질 등에서 구별되므로, 이러한 범죄들과 비교하여 법정형의 과중을 논할 수 없다. 따라서 심판대상조항이 형벌체계상 균형을 상실하고 있다고 볼 수 없고, 재범 음주운전 예방의 필요성에 비추어 볼 때, 다른 법규위반 재범자와의 관계에서 합리성 없는 차별을 규정하는 것도 아니다.

심판대상조항은 책임과 형벌 간의 비례원칙에 위반되지 않고, 평등원칙에도 위반되지 아니한다.

Ⅰ. 들어가며

형사판례연구회에서는 형법과 형사소송법에 대한 대법원의 판결을 주로 논의하고 있으나, 헌법재판소도 형법에 관한 중요한 결정들을 많이 하고 있다. 최근의 예로 주거침입강제추행과 주거침입준강제추행을 가중처벌하는 성폭력처벌법 제3조 제1항에 관하여 25개 법원의 위헌법률심판과 7개의 헌법소원심판을 하나로 모아서 위헌을 선언한 헌법재판소 2023. 2. 23. 선고 2021헌가9 전원재판부 결정이 그러하며,[1] 이론뿐만 아니라 교육에 도움을 줄 수 있는 사례도 헌법재판소는 종종 다룬다.[2]

형법학이 헌법재판이나 헌법의 해석과 이론에 비교적 무심할 수

1) 법정형 상향에 관한 지적으로 이주원, 특별형법(8판), 홍문사, 2022, 452면. 형법조문의 위헌 여부에 대한 헌법재판소의 판단에서 법정형의 의미에 대하여 최준혁, "특정범죄가중처벌 등에 관한 법률에서의 '부진정가중처벌조문'의 적용에 관한 검토 - 헌법재판소 2014. 4. 24. 선고 2011헌바2 전원재판부결정 [특정범죄 가중처벌 등에 관한 법률 제11조 제1항 위헌소원]의 평석을 겸하여 -", 형사법의 신동향 제45호(2014), 247면 이하.

2) 예를 들어 헌법재판소 2021. 4. 29. 선고 2020헌마1392 전원재판부 결정[기소유예처분취소] 헌법소원을 제기한 청구인은 친구와 술을 마시고 나서 편의점에 들렀다가 다른 사람의 우산을 가져갔다는 혐의를 받았는데, 청구인은 자신의 우산으로 착각하였다고 주장하였기 때문에 헌법재판소는 두 우산의 외형이 유사한지, 청구인이 우산이 자신의 것이 아니라는 점을 인식하고도 이를 용인하였는지 검토한다.

있었던 이유로 형법학의 전통적인 자족성을 생각할 수 있겠으나,[3] 이 글은 2회 이상 음주운전 또는 음주측정불응에 대한 가중처벌이 책임과 형벌 사이의 비례원칙에 위반해 위헌이라는 헌법재판소의 대상결정을 어떻게 이해할 것이며 이 결정이 해석과 입법에 어떠한 영향을 미치는지 논의하려고 한다.[4]

대상결정을 다루는 이유는 크게 두 가지이다. 먼저, 대상결정은 대법원의 여러 판결에 영향을 미쳤기 때문에 검토할 필요성이 있다.[5] 그리고, 대상결정 이후 '음주운전 위반행위의 전범과 후범 간에 시간적 제한을 두는 법률개정이 이루어질 전망'이 일반적[6]이었고 실제로 헌법재판소가 제시한 방향에 따라 법률이 개정되었는데[7] 그에 대한 해명은 형법에 대하여 헌법재판소 또는 법원의 해석이 어떠한 역할을 할 수 있는지에 대한 시사점을 주기 때문이다.

Ⅱ. 도로교통법 제148조의2에 대한 의문점

1. 조문의 제정 및 개정경과

제148조의2는 2009년 10월 2일 시행된 도로교통법[법률 제9580호, 2009. 4. 1, 일부개정]에 신설되었는데, 이 조문을 신설하면서 음주운전

3) 이상돈, 헌법재판과 형법정책, 고려대학교출판부, 2005, 15면.

4) 대상결정에 대한 비판적인 입장으로 이봉림, "윤창호법 위헌 관련 여러 시각과 남은 과제", 법학연구 제23권 제1호(2023), 한국법학회, 7~23면; 이상만·전정환, "헌법재판소의 도로교통법 제148조의2 제1항 위헌소원결정에 대한 비판적 고찰 - 헌법재판소 2021. 11. 25. 2019헌바446 등(병합) 결정을 중심으로 -", 가천법학 제15권 제1호(2022), 41~70면.

5) 2회 이상의 음주운전으로 인해 면허가 취소된 운전자가 대상판결의 취지를 주장에 원용하기도 한다. 도로교통법 제93조 제1항 단서 제2호에 대한 법원의 판단으로 제주지방법원 2022. 8. 16. 선고 2021구합1392 판결 [자동차운전면허취소처분취소].

6) 김정환·김슬기, 형사특별법(2판), 박영사, 2022, 181면; 이주원, 특별형법(8판), 58면.

7) 신상현, "형사법 관련 헌법재판소 위헌결정의 최근 동향과 시사점", 헌법재판연구 제10권 제2호(2023), 335면; 이주원, 특별형법(9판), 홍문사, 2023, 49면.

죄와 측정불응죄의 법정형을 상향한 이유는 음주운전을 근절하여 그에 따른 교통사고를 미연에 방지하기 위해서였다.[8] 도로교통법[법률 제10382호, 2010. 7. 23, 일부개정]은 제3호에 약물운전에 관한 처벌조문을 신설하였다.

제148조의2(벌칙) 다음 각 호의 어느 하나에 해당하는 사람은 3년 이하의 징역이나 1천만원 이하의 벌금에 처한다. 1. 제44조제1항을 위반하여 술에 취한 상태에서 자동차등을 운전한 사람 2. 술에 취한 상태에 있다고 인정할 만한 상당한 이유가 있는 사람으로서 제44조제2항에 따른 경찰공무원의 측정에 응하지 아니한 사람

반복적인 음주운전에 대한 가중처벌은 2011년에 처음 도로교통법에 규정되었다[법률 제10790호, 2011. 6. 8, 일부개정]. 이는 함께 도입된 혈중알코올농도에 따른 가중처벌과 함께 매우 중요한 내용변경임에도 불구하고 당시 왜 개정하였는지를 법제처가 제공하는 개정이유에서는 찾을 수 없다. 하지만, 2회 이상 음주운전 가중처벌에 대한 대법원의 판결[9]이 설시하듯이 "음주운전 금지규정을 반복적으로 위반하는 사람의 반규범적 속성, 즉 교통법규에 대한 준법정신이나 안전의식의 현저한 부족 등을 양형에 반영하여 반복된 음주운전에 대한 처벌을 강화하고, 음주운전으로 발생할 국민의 생명·신체에 대한 위험을 예방하며 교통질서를 확립하기 위한 것"으로 그 이유를 추측하기는 어렵지 않다.

---

8) 2009년까지의 측정불응죄의 개정에 관해서 최준혁, "주취자 문제에 관한 형사소송법적 쟁점", 경찰법연구 제7권 제2호(2009), 99면 이하.

9) 대법원 2018. 11. 15. 선고 2018도11378 판결. 이 판결에 대한 평석으로 한정석, "구 도로교통법 제148조의2 제1항 제1호에서 '제44조 제1항을 2회 이상 위반한 사람'의 의미", 한국형사판례연구회·대법원 형사법연구회, 특별형법 판례100선, 박영사, 2022, 40면 이하.

제148조의2(벌칙) ① 다음 각 호의 어느 하나에 해당하는 사람은 1년 이상 3년 이하의 징역이나 500만원 이상 1천만원 이하의 벌금에 처한다. 1. 제44조제1항을 2회 이상 위반한 사람으로서 다시 같은 조 제1항을 위반하여 술에 취한 상태에서 자동차등을 운전한 사람 2. 술에 취한 상태에 있다고 인정할 만한 상당한 이유가 있는 사람으로서 제44조제2항에 따른 경찰공무원의 측정에 응하지 아니한 사람 ② 제44조제1항을 위반하여 술에 취한 상태에서 자동차등을 운전한 사람은 다음 각 호의 구분에 따라 처벌한다. 1. 혈중알콜농도가 0.2퍼센트 이상인 사람은 1년 이상 3년 이하의 징역이나 500만원 이상 1천만원 이하의 벌금 2. 혈중알콜농도가 0.1퍼센트 이상 0.2퍼센트 미만인 사람은 6개월 이상 1년 이하의 징역이나 300만원 이상 500만원 이하의 벌금 3. 혈중알콜농도가 0.05퍼센트 이상 0.1퍼센트 미만인 사람은 6개월 이하의 징역이나 300만원 이하의 벌금 (하략)

2019년 6월 25일부터 시행된 도로교통법[법률 제16037호, 2018. 12. 24., 일부개정]은 반복된 음주운전의 가중처벌에 필요한 음주운전의 횟수를 3회에서 2회로 낮추었으며 반복된 음주측정불응도 가중처벌하였다.[10] 그리고 음주운전으로 처벌되는 혈중알코올농도를 0.05%에서 0.03%로 하향하였는데, 개정의 이유는 '음주운전으로 인한 사회적 피해가 증가하고 있는 상황임에도 불구하고 현행법상 처벌은 위반행위의 중대성에 비해 가볍다는 지적이 있으며, 최근 부산에서 발생한 음주운전 사건을 계기로 음주운전자에 대한 강력한 처벌을 요구하는 목소리가 커지고 있음. 이에 음주상태의 혈중알코올농도 기준, 법정형 수준, 운전면허 취소 등 행정처분 수준을 강화하고 운전면허 취소 시 재취득이 제한되는 기간을 연장하려는 것'이었다.[11]

10) 개정내용에 관한 자세한 설명으로 이주원, 특별형법(8판), 47면.

11) 운전면허에 관하여는, 음주운전으로 사람을 사망에 이르게 하여 운전면허가 취소된 경우의 운전면허 결격기간을 5년으로 하고, 현행 3회 이상 음주운전 교통사고를 일으켜 운전면허가 취소된 경우의 결격기간을 3년으로 하던 것을 2회 이상 음

> 제148조의2(벌칙) ① 제44조제1항 또는 제2항을 2회 이상 위반한 사람(자동차등 또는 노면전차를 운전한 사람으로 한정한다)은 2년 이상 5년 이하의 징역이나 1천만원 이상 2천만원 이하의 벌금에 처한다.
> ② 술에 취한 상태에 있다고 인정할 만한 상당한 이유가 있는 사람으로서 제44조제2항에 따른 경찰공무원의 측정에 응하지 아니하는 사람(자동차등 또는 노면전차를 운전하는 사람으로 한정한다)은 1년 이상 5년 이하의 징역이나 500만원 이상 2천만원 이하의 벌금에 처한다.
> ③ 제44조제1항을 위반하여 술에 취한 상태에서 자동차등 또는 노면전차를 운전한 사람은 다음 각 호의 구분에 따라 처벌한다.
> 1. 혈중알코올농도가 0.2퍼센트 이상인 사람은 2년 이상 5년 이하의 징역이나 1천만원 이상 2천만원 이하의 벌금
> 2. 혈중알코올농도가 0.08퍼센트 이상 0.2퍼센트 미만인 사람은 1년 이상 2년 이하의 징역이나 500만원 이상 1천만원 이하의 벌금
> 3. 혈중알코올농도가 0.03퍼센트 이상 0.08퍼센트 미만인 사람은 1년 이하의 징역이나 500만원 이하의 벌금 (하략)

2021년 말의 대상판결 이후 헌법재판소의 여러 위헌결정이 있었고 그 내용을 반영하여 도로교통법 제148조의2가 현재의 형태로 개정되었으며, 개정사유도 '헌법재판소의 위헌결정에 따라, 전범과 후범 사이 시간적 제한을 정하고 재범의 기산점을 명시하는 등 위헌 사유를 보완함'이었다. 이 조문은 2023년 4월 4일부터 시행되었으며(부칙 제1조), 제148조의2제1항의 개정규정은 제44조제1항 또는 제2항을 위반하여 벌금 이상의 형을 선고받아 이 법 시행 전에 그 형이 확정된 사람으로서 이 법 시행 이후 다시 같은 조 제1항 또는 제2항을 위반한 사람에 대해서도 적용한다(부칙 제2조).

주운전 교통사고를 일으킨 경우로 강화하였다(제82조 제2항). 그리고 현행 3회 음주운전을 한 경우 운전면허를 취소하던 것을 2회 음주운전을 한 경우 운전면허를 취소하도록 하였다(제93조 제1항 제2호).

2. 다른 법률의 비슷한 규정

(1) 해사안전법

해사안전법 제41조 제1항은 술에 취한 상태에 있는 사람이 운항을 하기 위하여 선박의 조타기를 조작하거나 조작할 것을 지시하는 행위 또는 도선행위를 하는 것을 금지하며, 이때의 혈중알코올농도 기준은 0.03%이다(제5항). 술에 취한 상태에서의 조타기 조작 등은 혈중알코올농도가 0.03~0.08%, 0.08~0.2%, 0.2% 이상인지에 따라 서로 다른 법정형으로 처벌된다(제104조의2 제1항).[12)]

혈중알코올농도의 구별에서 보듯이 해사안전법 제104조의2는 도로교통법 제148조의2와 비슷한 형태이다. 제104조의2는 2020년 2월 18일에 신설되었으며, 2회 이상의 조타기 조작 또는 측정 요구불응을 가중처벌하는 규정을 두고 있었으나 조타기 조작과 측정요구 불응은 서로 다른 조문에 규정하였다. 이렇게 조문이 개정된 직접적인 계기는 2019. 2. 28. 러시아 화물선 OO호 선장이 음주운항을 하다가 광안대교와 충돌한 사건이며, 국회는 이 조문을 개정하면서 도로교통법 제148조의2의 예에 따랐다.[13)]

> 제104조의2 ② 제41조제1항을 위반하여 2회 이상 술에 취한 상태에서 「선박직원법」 제2조제1호에 따른 선박(같은 호 각 목의 어느 하나에 해당하는 외국선박을 포함한다)의 조타기를 조작하거나 그 조작을 지시한 운항자 또는 도선을 한 사람은 2년 이상 5년 이하의 징역이나 2천만원 이상 3천만원 이하의 벌금에 처한다.
> ③ 제41조제2항을 위반하여 해양경찰청 소속 경찰공무원의 측정 요구에 따르지 아니한 「선박직원법」 제2조제1호에 따른 선박(같은 호 각 목의 어느 하나

12) 해사안전관리의 기본법적 지위를 명확하게 하기 위해 해사안전법은 해사안전기본법으로 제명을 변경하였으며[법률 제19572호, 2023. 7. 25. 공포], 해상교통안전법[법률 제19573호, 2023. 7. 25. 제정]이 만들어졌다. 배미란, "「해상교통안전법」제정에 따른 음주운항 등 벌칙 규정 검토", 충남대학교 법학연구 제34권 제4호(2023), 199면.
음주운항의 금지규정은 해상교통안전법 제39조이며 처벌조문은 제113조이다.

13) 헌법재판소 2022. 8. 31. 선고 2022헌가10 전원재판부 결정.

에 해당하는 외국선박을 포함한다)의 조타기를 조작하거나 그 조작을 지시한 운항자 또는 도선을 한 사람은 다음 각 호의 구분에 따라 처벌한다.

1. 측정 요구에 1회 따르지 아니한 사람은 3년 이하의 징역이나 3천만원 이하의 벌금
2. 측정 요구에 2회 이상 따르지 아니한 사람은 2년 이상 5년 이하의 징역이나 2천만원 이상 3천만원 이하의 벌금

(2) 철도안전법과 항공안전법

1) 철도안전법

철도안전법 제41조 제1항은 철도종사자가 술을 마시거나 약물을 사용한 상태에서 업무를 하는 행위를 금지하며 음주의 기준은 철도종사자의 성질에 따라 0.02% 또는 0.03% 이상이다. 제41조 제1항을 위반한 자는 3년 이하의 징역 또는 3천만원 이하의 벌금에 처한다(제79조 제2항제5호). 음주확인 또는 검사(제41조 제2항)를 거부하면 2년 이하의 징역 또는 2천만원 이하의 벌금에 처한다(제79조제3항제15호).[14] 반복적인 음주 또는 음주측정거부에 대한 가중처벌규정은 없다.

2) 항공안전법

항공종사자 및 객실승무원은 주류등의 영향으로 항공업무 또는 객실승무원의 업무를 정상적으로 수행할 수 없는 상태에서는 항공업무 또는 객실승무원의 업무에 종사해서는 아니되며, 항공업무 또는 객실승무원의 업무에 종사하는 동안에는 주류등을 섭취하거나 사용해서는 아니 된다(제57조 제1, 2항). 주류등의 영향으로 항공업무 또는 객실승무원의 업무를 정상적으로 수행할 수 없는 상태의 기준은 혈중알코올농도 0.02% 이상이다(제57조 제5항 제1호). 제57조 제3항은 음주측정에 관하여 규정한다. 제57조 제1항, 제2항, 제3항을 위반한 경우에는 3년 이하의 징역 또는 3천만원 이하의 벌금으로 처벌되는데(제146조),

14) 해석론으로 김태수, “철도안전법상 음주업무에 대한 몇 가지 문제점”, 전남대학교 법학논총 제43권 제1호(2023), 81면.

반복적인 음주 또는 음주측정거부에 대한 가중처벌규정은 없다.

3. 도로교통법 제148조의2 제1항에 대한 과거의 해석론과 문제점

(1) '위반': 행위 그 자체

1) 형의 선고 또는 유죄의 확정판결은 불필요함

'2회 이상 위반한 사람'이라고 규정하고 있으므로 2회 이상 음주운전 금지규정을 위반하여 음주운전을 한 사실이 인정되는 사람을 의미하기 때문에, 위반한 전력의 존재만으로 충분하지 그에 대한 형의 선고나 유죄의 확정판결 등이 있어야 하는 것은 아니라고 대법원은 판단하였다.[15] 이 사건의 피고인은 2008. 3. 12. 제주지방법원에서 도로교통법 위반(음주운전)죄로 벌금 150만 원의 약식명령을 받았고, 2017. 2. 2. 23:30경 혈중알코올농도 0.125%로 술에 취한 상태로 차량을 운전하였다는 이유로 도로교통법 위반(음주운전)으로 단속되었다. 그리고 피고인은 2017. 2. 27. 02:10경 제주시 한경면 저지리에 있는 상호를 알 수 없는 통닭집 앞부터 같은 시 용금로 562에 있는 저지치안센터 앞 도로까지 약 1㎞ 구간에서 혈중알코올농도 0.177%의 술에 취한 상태에서 승용차를 운전하였다. 즉, 피고인은 이미 약식명령이 확정된 도로교통법 위반(음주운전) 전력 1회 외에도, 이 부분 공소사실 기재 음주운전 행위 이전인 2017. 2. 2.자 음주운전 행위에 대하여 동시에 기소가 이루어져 함께 재판을 받게 되었다.

2심법원은 이 사건 조항의 '제44조 제1항을 2회 이상 위반한 사람'을 제44조 제1항을 2회 이상 위반하여 유죄판결이 확정된 경우를 의미한다고 판단하였고, 이에 따라 원심판결 당시 유죄판결이 확정되지 않은 피고인의 2017. 2. 2.자 음주운전 행위를 제외하면, 이 부분 공소사실에 대해 이 사건 조항을 적용할 수 없어, 이 사건 조항을 적용한 이 부분 공소사실은 범죄의 증명이 없다고 보아 이를 유죄로 인정한 제1심판결을 직권으로 파기하고 이유에서 무죄로 판단하였으나 대

15) 대법원 2018. 11. 15. 선고 2018도11378 판결.

법원은 판결을 파기환송하였다.

대법원에 따르면 이 조문은 음주운전 금지규정을 반복적으로 위반하는 사람의 반규범적 속성, 즉 교통법규에 대한 준법정신이나 안전의식의 현저한 부족 등을 양형에 반영하여 반복된 음주운전에 대한 처벌을 강화하고, 음주운전으로 발생할 국민의 생명·신체에 대한 위험을 예방하며 교통질서를 확립하기 위한 것으로 볼 수 있기 때문에, 비록 피고인의 2017. 2. 2.자 음주운전 행위에 대한 유죄판결이 선고되거나 확정되기 이전이더라도 피고인이 이 부분 공소사실 기재 음주운전 행위 당시 이미 음주운전 금지규정을 2회 위반한 사실이 인정되는 이상 이 부분 공소사실 기재 음주운전 행위에 대하여는 이 사건 조항을 적용하여야 한다. 소년보호처분은 소년의 장래 신상에 어떠한 영향도 미치지 아니하지만(소년법 제32조 제6항), 음주운전으로 소년보호처분을 받은 경우는 '2회 이상 위반한 사실'에 포함된다는 판결[16]도 있다.

2) 2회 이상의 유형: 음주운전과 측정불응의 결합

2회 이상의 위반에는 다양한 유형이 가능한데 음주운전/음주측정불응 전과 + 음주운전/음주측정불응행위는 물론 음주운전행위 + 음주운전행위, 음주운전행위 + 음주측정불응행위에서도 2회 이상의 죄가 성립한다고 설명하였다.[17] 특히 마지막의 경우에서 1회의 음주운전 이후 곧이어 음주측정에 불응한 때에 음주운전과 측정불응은 별개의 행위이므로 음주운전죄와 '2회 이상의 죄'가 모두 성립하며 실체적 경합범이라는 설명[18]도 있다.

(2) 위반행위의 기간

1) 실효 또는 일반사면된 전과도 포함됨

대법원 2012. 11. 29. 선고 2012도10269 판결은 형의 실효 등에 관

16) 대법원 2018. 12. 27. 선고 2018도6870 판결.

17) 이주원, 특별형법(8판), 59면.

18) 이주원, 특별형법(8판), 60면.

한 법률 제7조 제1항이 그 각 호의 형을 받은 사람이 자격정지 이상의 형을 받지 아니하고 형의 집행을 종료하거나 그 집행이 면제된 날부터 그 각 호에 정해진 기간이 경과한 때에 그 형은 실효된다고 규정한 취지는 집행유예기간이 경과한 때에는 형의 선고는 효력을 잃는다고 규정한 형법 제65조와 마찬가지로 그저 형의 선고의 법률적 효과가 없어진다는 것일 뿐, 형의 선고가 있었다는 기왕의 사실 자체의 모든 효과까지 소멸한다는 것은 아니고, 또한 사면법 제5조 제1항 제1호가 일반사면으로 형 선고의 효력이 상실된다고 규정한 취지도 형의 선고의 법률적 효과가 없어진다는 것일 뿐, 형의 선고가 있었다는 기왕의 사실 자체의 모든 효과까지 소멸한다는 것은 아니라는 논거로, 형의 실효 등에 관한 법률 제7조 제1항 각 호에 따라 형이 실효되었거나 사면법 제5조 제1항 제1호에 따라 형 선고의 효력이 상실된 구 도로교통법 제44조 제1항 위반 음주운전 전과도 도로교통법 제148조의2 제1항 제1호의 "도로교통법 제44조 제1항을 2회 이상 위반한" 것에 해당된다고 보아야 한다고 판단하였다.

3회 이상 음주운전의 가중처벌을 다루는 이 판결의 내용은 2회 이상의 음주운전 가중처벌에도 적용된다는 설명[19]이 일반적이다.

2) 위반행위 사이의 시간적 간격

도로교통법[법률 제16037호, 2018. 12. 24., 일부개정] 부칙은 제2조(술에 취한 상태에서의 운전금지 등에 관한 적용례)에서 "제82조제2항 및 제93조제1항제2호의 개정규정은 이 법 시행 후 최초로 제44조제1항 또는 제2항을 위반한 사람부터 적용한다. 이 경우 위반행위의 횟수를 산정할 때에는 2001년 6월 30일 이후의 위반행위부터 산정한다"고 규정하였다. 다만 이는 운전면허에 관한 내용이었고 제148조의2 제1항의 위반행위에 대한 규정은 없었다.

그렇다면 제1위반행위와 제2위반행위의 시간적 간격이 아주 큰 경우에도 '2회 이상의 위반'에 해당하는지가 문제가 된다.[20] 앞에서 논

19) 김정환·김슬기, 형사특별법(2판), 181면; 이주원, 특별형법(8판), 59면.

의한 3. (1) 2)의 반대상황이라고 생각할 수도 있는데, 위 규정의 문언과 입법 취지에 비추어 '도로교통법 제44조 제1항 또는 제2항을 2회 이상 위반한 사람'에 위와 같이 개정된 도로교통법이 시행된 2019. 6. 25. 이전에 구 도로교통법 제44조 제1항 또는 제2항을 위반한 전과가 포함된다고 보아야 한다고 법원은 해석하였다.[21]

그러나 음주운전 금지를 제44조에 규정한 도로교통법은 2006년 6월 1일부터 시행되었고 그 이전에는 음주운전 금지는 제41조에 규정되어 있었기 때문에(예를 들어 도로교통법[법률 제7247호, 2004. 12. 23., 타법개정]) '제44조 제1항'의 위반인 음주운전은 2006년 6월 1일 이후만을 의미한다고 보이며[22] 대상결정의 입장도 같다.[23]

(3) 과거의 판결 및 해석론에 대한 의문

1) 법률해석의 방법: 대법원 2018. 11. 15. 선고 2018도11378 판결의 논리

판결은 법의 해석을 전제로 하는 법적용의 결과이다. 그런데 판결이 당해사건에 적용될 조문에 따라 이루어졌다는 사실만으로 법적 결정의 정당성이 확보될 수는 없으며, 그러한 결정이 왜 정당한가의 논거를 밝혀야 한다. 다시 말하면 법관이 판결에서 개별사안의 구체적인 타당성에 따라 직관적으로 결론을 내리는 것이 아니라 법률의 해석과정 그 자체에 민감하게 반응할 때 비로소 헌법이 요청하는 '법관의 법률에의 구속'에 부응한다고 볼 수 있다.[24] 해석방법과 관련하여 전통

20) 이주원, 특별형법(8판), 59면에 의하면 2015년 당시 검찰실무는 개정법률 시행 이전의 전과는 횟수계산에서 고려하지 않았다.

21) 대법원 2020. 8. 20. 선고 2020도7154 판결. 이 판결은 참조판결로 대법원 2012. 11. 29. 선고 2012도10269 판결을 적시한다.

22) 김정환·김슬기, 형사특별법(2판), 180면.

23) 해사안전법 제41조 제1항이 2011. 6. 15. 개정되기 전의 조문인 해상교통안전법 제8조 제1항과의 관계도 동일하게 해석한다. 즉, 해사안전법 제41조 제1항의 위반전력은 해사안전법이 시행된 2011. 12. 16. 이후의 전력만을 말한다. 헌법재판소 2022. 8. 31. 선고 2022헌가10 전원재판부 결정.

24) 최준혁, "'위험한 물건을 휴대하여'의 해석", 경찰법연구 제8권 제1호(2010), 177면.

적으로 논의되는 문리적 해석, 체계적 해석, 역사적 해석, 목적론적 해석 중 무엇이 우선하는지, 즉 해석방법 사이의 순서라는 질문은 법학방법론이 오래 천착하였으나 성공하지 못하였으며, 실무도 자신의 선이해 그리고 올바른 결론에 대한 그럴듯함이 무엇인가 결정한 후 그에 맞는 방법론을 채택하는 것처럼 보인다.[25] 대법원도 가령 실화죄에 대한 94모32 전원합의체 결정에서 '관련조문을 전체적, 종합적으로 해석하는 방법'을 제시한다.[26]

'2회 이상'에 대한 기존의 해석은 이 조문의 의미를 명시적으로 판단한 최초의 판결인 2018도11378 판결에 기반하였다고 보이는데 상당히 간략한 이 판결의 설시는 문리적 해석, 역사적 해석, 목적적 해석과 연결시켜 생각해 볼 수 있다.

가. 문리적 해석

이 조문에서 사용하고 있는 '위반'이라는 표현은 도로교통법을 비롯하여 여러 법령에서 법률을 위반한 행위의 실체적인 측면을 지칭하는데 사용하고 있을 뿐, 그 범죄로 인하여 형을 선고받거나 유죄판결이 확정된 경우까지를 포함하는 개념으로 사용되고 있지 않다.[27] 관련 법령을 위반하여 형을 선고받거나 유죄판결이 확정될 것을 요건으로

25) Puppe, Kleine Schule des juristischen Denkens, 5. Aufl., Vandenhoeck & Ruprecht 2023, S. 174(번역은 푸페(김성룡 옮김), 법적 사고의 작은 입문서(4판), 준커뮤니케이션즈, 2023, 182면). 다만 사비니(Savigny)도 네 가지 해석카논 중 어떤 것이 다른 것에 선행하지 않으며 해석과정에서는 모든 요소를 고려하여 결합하여야 판단하여야 한다고 설명하였다. 최준혁, "'위험한 물건을 휴대하여'의 해석", 185면.

26) "법해석의 목표는 어디까지나 법적 안정성을 저해하지 않는 범위 내에서 구체적 타당성을 찾는 데 두어야 한다. 그리고 그 과정에서 가능한 한 법률에 사용된 문언의 통상적인 의미에 충실하게 해석하는 것을 원칙으로 하고, 나아가 법률의 입법 취지와 목적, 그 제·개정 연혁, 법질서 전체와의 조화, 다른 법령과의 관계 등을 고려하는 체계적·논리적 해석방법을 추가적으로 동원함으로써, 앞서 본 법해석의 요청에 부응하는 타당한 해석이 되도록 하여야 한다"는 대법원 2009. 4. 23. 선고 2006다81035 판결을 이와 대비시키는 설명으로 이계일, "법해석기준의 서열론에 대한 비판적 연구", in: 한국법철학회·이계일 엮음, 법학방법론, 세창출판사, 2017, 479면.

27) 이하의 설명은 한정석, 앞의 글, 41면 이하.

삼는 경우는 특가법 제5조의4 제5항의 '세 번 이상 징역형을 받은 사람이' 또는 같은 조 제6항의 '두 번 이상 실형을 선고받고', 폭처법 제2조 제3항의 '이 법을 위반하여 2회 이상 징역형을 받은 사람이'와 같이 그 내용을 좀더 구체적으로 적시하고 있다.

대상결정도 이 조문이 명확성의 원칙에 반하지 않는지에 대해 판단하면서 동일하게 설명한다.

나. 입법취지(역사적 해석)와 목적적 해석

도로교통법 제148조의2가 개정된 경위에 관하여 국회 의안원문에서는 '음주운전 처벌기준을 혈중알코올농도 및 음주운전 횟수에 따라 차등하여 법정형의 하한을 마련'하기 위한 것이라고 설명한다.[28] 이 사건 규정이 음주운전 금지규정을 2회 이상 위반한 행위자의 반규범적 속성을 양형에 반영하여 반복된 음주운전행위에 대한 처벌기준을 강화하고, 2회 이상 위반자의 경우 혈중알콜농도 수치와 관계없이 혈중알콜농도 0.2% 이상의 음주운전과 동일한 법정형으로 처벌함으로써 음주운전을 억제하기 위한 것이다.

즉 입법자의 주관적 목적 및 법문에서 드러나는 객관적 목적은 모두 음주운전에 대한 처벌의 강화이다. 헌법재판소가 대상결정에서 지적하듯이, 2018. 9. 25. 대학생이던 윤○○가 부산 해운대구에서 횡단보도를 건너기 위해 보도에 서 있다가 혈중알코올농도 0.181%의 만취 상태 운전자가 운전하던 차량에 치어 사망하는 사고(이른바 '윤○○ 사건')가 입법자에게 법률개정의 계기를 제공하였고, 그 이후 위험운전치사상죄의 법정형이 상향되었으며 도로교통법 제148조의2 제1항이 2회 음주운전부터 가중처벌하도록 요건을 강화하면서 법정형도 상향되었다. 그리고 음주운전에 대한 엄한 처벌이 필요하다는 점은 대상결정의 다수의견과 반대의견 모두 인정한다.

다만, 형법의 구성요건에 대한 목적적 해석은 항상 법익보호의 흠

28) 이하의 설명은 한정석, 앞의 글, 42면.

결을 채우기 위해서이지 형벌의 제한범위를 넓혀서 자유를 신장하기 위한 경우는 찾기 어렵다는 점을 부가할 수 있다.

2) '2회 이상'의 해석론

유죄판결의 존재 여부 또는 실효된 전과의 반영 여부에 관한 기존의 해석론은 당시 도로교통법의 문언 그리고 그에 대한 2018도11378 판결을 그 근거로 삼고 있다. 그렇다면 대상판결의 영향으로 도로교통법이 현재의 형태로 개정된 이후 과거의 법문언 및 그에 기반한 과거의 대법원 판결에 기반한 해석론이 유지될 수 있는지는 다시 검토할 필요가 있다.

다음으로, 제1위반행위가 있다고 인정하기 위해 확정판결이 필요하지 않다는 대법원의 해석론은 실제 사례를 해결할 때도 문제를 일으키는데 이는 '2회 이상 위반'의 유형과 관련된다.

명확성의 원칙에 위반되는지 판단하면서 대상결정이 적시하였듯이, 도로교통법 제148조의2 제3항은 도로교통법 제44조 제1항을 위반하여 술에 취한 상태에서 자동차 등을 운전한 사람을 혈중알코올농도 수준에 따라 같은 항 각 호에 정한 형량으로 처벌하도록 하고 있으므로, 도로교통법 제44조 제1항의 최초 위반에 해당하는 음주운전을 하면 도로교통법 제148조의2 제3항 각 호의 구성요건이, 그 후 다시 위반, 즉 2회째 이상 위반에 해당하는 음주운전을 하면 '제44조 제1항을 2회 이상 위반한 사람'이 되어 그 다시 위반한 음주운전행위마다 제148조의2 제1항의 구성요건이 각 충족된다. 위반 횟수를 정하는 데 고려되는 과거 제44조 제1항 위반 전력은 최종 위반행위를 가중처벌하기 위한 가중요건일 뿐 그 자체가 심판대상조항에 의해 처벌대상이 되는 것이 아니기 때문이다.

이 조문이 누범이라는 뜻으로 보이는데[29] 누범가중을 위해서는

29) 미국도 살인, 방화, 강간 등 중대범죄에 관하여 3진아웃법을 채택하는 주가 많이 있다는 설명으로 편집대표 박상옥·김대휘, 주석형법I(3판), 한국사법행정학회, 2020, 247면(김대휘).

전범에 대한 형의 선고를 요하는 반면에 이 조문의 적용을 위해서 제1위반행위에 대한 형의 선고는 필요하지 않으므로, 제1위반행위 당시 음주운전 금지규정의 위반 여부에 관하여 법원의 실체적 심리, 판단을 거치지 않았던 경우라도 이 사건 규정을 심리하는 법원이 검사의 입증을 통해 음주운전 사실이 실제로 존재하였다고 판단하였다면 이 사건 규정을 적용할 수 있다는 설명[30]을 문자 그대로 이해하면 제1위반행위에 대한 공판이 계속중인 상황에서 2회 이상의 위반이 있었다는 이유로 구 도로교통법 제148조의2 제1항에 따른 가중처벌이 가능하다고 판단할 수도 있다.[31]

'2회 이상'이 적용되는 전형적인 상황은 제1위반행위와 제2위반행위 모두가 음주운전인 경우이지만 이 조문의 적용범위는 그에 한정되지 않는다. 기존의 해석론에서 제시하였듯이 '제44조 제1항 또는 제2항의 2회 이상 위반'에는 음주운전 + 음주측정불응도 포함되므로, 2015. 3. 6. 서울중앙지방법원에서 도로교통법 위반(음주운전)죄 등으로 징역 8개월에 집행유예 3년을 선고받았고, 2017. 3. 30. 서울동부지방법원에서 같은 죄 등으로 징역 6개월을 선고받았던 피고인이 2019. 8. 4. 음주측정에 불응하였다면 이 조문은 적용된다.[32]

2020도7154 판결에서는 제1위반행위에 대한 유죄판결이 있었지만, 제1위반행위에 대한 유죄판결이 필요없다고 하면 음주운전죄와 음주측정불응죄가 결합할 때 이상한 상황이 발생한다. 음주운전을 한 운전자가 음주측정에 불응한 때 음주운전죄와 음주측정불응죄는 경합범이라고 대법원 2004. 11. 12. 선고 2004도5257 판결은 판단하고 있으며[33] 음주운전과 음주측정불응이 시간적으로 밀착해 있다고 하더라도 행위

30) 한정석, 앞의 글, 43면.

31) 제1위반행위에 대한 판결에서 경합범에 관한 형법 제39조 제1항의 적용가능성이 남아있을 뿐이다.

32) 대법원 2020. 8. 20. 선고 2020도7154 판결.

33) 이 판결은 이 두 죄가 경합범이라는 대법원의 최초의 판결이라고 한다. 법률신문 2004. 11. 16. "음주운전과 음주측정거부는 실체적 경합"(https://m.lawtimes.co.kr/Content/Article?serial=14704).

자가 서로 다른 행위로 서로 다른 처벌조문을 실현하였기 때문에 이러한 실무의 견해는 타당하다. 하지만 이 판례의 논지를 관철시키면 음주운전(제1위반행위)을 하다가 적발된 운전자가 음주측정불응(제2위반행위)을 하였다고 하더라도 가중처벌된다고 보아야 하는데 이러한 결론은 도저히 따르기 어렵다. 음주운항의 반복과 음주측정거부의 반복을 구별하여 처벌하고 있는 해사안전법과 달리 음주운전 또는 음주측정불응의 반복을 하나의 조문에 규정하면서 제1위반행위의 시간적 제한도 두지 않는 구 도로교통법의 문제점은 여기에서도 드러난다.

Ⅲ. 대상결정의 검토

1. 헌법재판소의 판단 내용

(1) 죄형법정주의 위반(명확성 원칙) 여부

'제44조 제1항을 2회 이상 위반한 사람'은 법원의 통상적인 해석작용을 통하여 '제44조 제1항을 위반한 전력이 있는 사람으로서, 다시 제44조 제1항을 위반한 사람'의 의미로 확인될 수 있으며, 이 조문의 입법목적과 연혁, 관련 규정의 내용, 형식 및 대법원의 해석 등에 비추어 볼 때 법을 해석·적용하는 기관의 자의에 따라 심판대상조항의 해석이 좌우될 가능성이 있다고 보기 어렵다. 따라서 이 조문은 도로교통법 제44조 제1항의 2회째 이상 위반에 해당하는 최종 위반행위를 가중처벌하는 규정임이 분명하고, 위반 횟수를 정하는 데 고려되는 과거 제44조 제1항 위반 전력은 최종 위반행위를 가중처벌하기 위한 가중요건일 뿐 그 자체가 이 조문에 의해 처벌대상이 되는 것이 아니다. 그러므로 이 조문은 과거 위반행위를 다시 처벌하는 규정이 아니어서 일사부재리원칙에 위반되지 아니하고, 나아가 죄의 성립에 관한 구성요건을 누락하고 있는 것도 아니므로 죄형법정주의의 법률주의원칙에 위반된다고도 할 수 없다.

결국 '제44조 제1항을 2회 이상 위반한 사람'이란 '2006. 6. 1. 이후 도로교통법 제44조 제1항을 위반하여 술에 취한 상태에서 운전을 하였던 사실이 인정되는 사람으로서, 다시 같은 조 제1항을 위반하여 술에 취한 상태에서 운전한 사람'을 의미함을 충분히 알 수 있다고 헌법재판소는 판단한다.

(2) 책임과 형벌 사이의 비례원칙

논의의 전제는 이 조문의 성격이다. 이 조문은 도로교통법 제44조 제1항의 음주운전 금지규정을 반복하여 위반한 반규범적 행위에 대한 책임을 형량에 반영하여 재범 음주운전에 대한 처벌을 강화하고자 한 규정인데, 교통안전을 해하며 국민의 생명·신체·재산을 반복하여 위험에 처하게 하는 반복적 음주운전을 엄히 처벌해야 함에는 이견이 있을 수 없다고 헌법재판소는 설명한다.

가. 제1위반행위와 제2위반행위의 시간적 간격

이 조문은 그 구성요건을 '제44조 제1항을 2회 이상 위반'한 경우로 규정함으로써 가중요건이 되는 과거 음주운전 금지규정 위반행위와 처벌대상이 되는 재범 음주운전 금지규정 위반행위 사이에 아무런 시간적 제한이 없고, 과거 위반행위가 형의 선고나 유죄의 확정판결을 받은 전과일 것을 요구하지도 않는다. 과거 위반행위가 예컨대 10년 이상 전에 발생한 것이라면, 처벌대상이 되는 음주운전이 재범에 해당된다고 하더라도 그것이 교통법규에 대한 준법정신이나 안전의식이 현저히 부족한 상태에서 이루어진 반규범적 행위라거나 사회구성원에 대한 생명·신체 등을 '반복적으로' 위협하는 행위라고 평가하기 어려워 이를 일반적 음주운전 금지규정 위반행위와 구별하여 가중처벌할 필요성이 있다고 보기 어렵다.

<u>범죄 전력이 있음에도 다시 범행한 경우 재범인 후범에 대하여 강화된 범죄추진력에 따른 가중된 행위책임을 인정할 수 있고, 이는 누범</u>(형법 제35조)<u>이나, 절도·강도 등 특정범죄의 전력을 가진 사람이 다</u>

시 동종의 범죄를 범한 경우(특정범죄가중법 제5조의4 제5항, 제5조의5, 폭력행위처벌법 제2조 제3항)를 가중처벌할 수 있는 근거를 제공한다(강조: 필자). 그러나 어느 경우이든 전범에 대한 형의 '집행을 종료하거나 면제를 받은 후 3년 내' 또는 '누범로 처벌하는 경우' 등과 같이 정하여 가중요건이 되는 전범으로부터 일정 기간 내에 행해진 후범만을 가중처벌할 뿐, 전범을 이유로 아무런 시간적 제한 없이 무제한 후범을 가중처벌하지는 않는다. 범죄를 범한 경우에도 공소시효 기간이 경과하면 범죄에 대한 사회적 감정 또는 범인의 범죄적 성격이 소멸한 것으로 보아 국가형벌권 행사가 제한되고(형사소송법 제249조 제1항), 범죄로 기소되어 형을 받은 경우에도 형의 집행이 종료된 후 자격정지 이상의 형을 받지 아니하고 2년에서 10년의 기간이 경과하면 그 형이 실효되어(형실효법 제7조 제1항) 형을 받은 사람이 장래 그 전과로 인한 법률상 불이익을 받지 않게 되며, 그 결과 위와 같이 전범을 이유로 후범을 가중처벌하는 특별법에 의한 전과에도 해당하지 않게 된다.

그런데 이 조문은 음주운전 금지규정 위반 전력을 가중요건으로 삼으면서 해당 전력과 관련하여 형의 선고나 유죄의 확정판결을 받을 것을 요구하지 않는데다 아무런 시간적 제한도 두지 않은 채 재범에 해당하는 음주운전행위를 가중처벌하도록 하고 있어, 예컨대 10년 이상의 세월이 지난 과거 위반행위를 근거로 재범으로 분류되는 음주운전 행위자에 대해서는 책임에 비해 과도한 형벌을 규정하고 있다고 하지 않을 수 없다.

나. 과도한 법정형 상향으로 인하여 구체적 타당성의 확보 어려움

도로교통법 제44조 제1항, 제4항은 술에 취한 상태를 인정하는 기준을 운전자의 혈중알코올농도 0.03% 이상이라는 획일적인 수치로 규정하고 이를 초과하는 경우 음주운전으로 금지시키고 있는바, 음주 정도가 운전에 미치는 영향은 사람마다 차이가 있을 수 있으며 특히 최

저 기준치인 0.03%를 약간 상회하는 정도의 혈중알코올농도 수준에서 운전하는 경우 음주운전으로 인한 교통안전의 위험성은 상대적으로 낮다고 할 수 있다. 나아가 이 조문은 원동기장치자전거를 2회 음주운전한 경우나, 앞서 본 바와 같이 과거 위반행위로부터 오랜 세월이 지나 다시 음주운전을 하여 재범으로 가중처벌할 필요성이 의문시 되는 음주운전행위도 적용대상에 포함시키고 있다. 이와 같이 도로교통법 제44조 제1항을 2회 이상 위반한 경우라고 하더라도 죄질을 일률적으로 평가할 수 없고 다양한 행위 유형을 포함하며 그 경중의 폭이 넓으므로, 형사상 책임주의원칙에 따라 그에 대한 법정형의 폭도 법관이 각 행위의 개별성에 맞추어 형을 선고할 수 있도록 설정되어 있어야 한다.

그러나 이 조문은 교통의 안전이나 사람의 생명·신체·재산 등 보호법익에 미치는 위험 정도가 비교적 낮은 유형의 재범 음주운전행위, 예컨대 10년 이상이 지난 과거에 단 1회 음주운전 금지의무를 위반한 전력이 있는 사람이 다시 0.03%의 혈중알코올농도 상태에서 운전한 경우도 법정형의 하한인 2년 이상의 징역 또는 1천만원 이상의 벌금을 기준으로 처벌하도록 하고 있다. 법관이 작량감경을 한다고 하더라도 1년 이상의 징역 또는 500만 원 이상의 벌금이어서 각 행위의 개별성에 맞추어 형을 선고함에는 한계가 있을 수밖에 없고, 집행유예를 선고하는 경우에도 유예되는 형이 피고인의 책임 정도에 비례하지 않을 수 있으며, 집행유예가 실효되는 경우 피고인은 자신의 책임을 초과하는 형벌을 감수하여야 한다. 그리고 집행유예나 선고유예 결격사유에 해당하는 경우에는 이를 선고할 수도 없다.

다. 형벌 이외의 대안을 통한 음주운전의 제한가능성

형벌의 위하적 기능에 비추어 죄질이 비교적 가벼운 범죄라고 하더라도 입법 당시의 시대적 상황이나 범죄예방을 위한 형사정책 요소 등을 고려하여 이에 대한 처벌을 상향하는 입법을 하는 것이 가능할 수 있고, 반복적 음주운전에 대한 강한 처벌이 우리 국민일반의 가치관이나 법감정에 부합하는 면은 있다.

그러나 형사정책면에서 중한 형벌이 일시적으로 범죄 억지력을 발휘할 수 있으나 결국에는 중벌에 대한 면역성과 무감각이 생기게 되어, 범죄예방과 법질서 수호가 아니라 법의 권위를 실추시키고 법질서의 영속성과 안정을 저해하는 요인이 될 수 있다. 특히 음주운전의 경우 적발되거나 사고가 나지 않을 것이라고 전망하는 음주운전자에게 형벌 강화는 효과가 없고 그러한 낙관을 교정할 확실한 단속이나 교정수단이 더 중요하며, 형벌의 강화는 최후의 수단이 되어야 한다. 반복적 음주운전에 대해서는 음주치료와 교육프로그램을 강화하고 혈중알코올농도가 일정 수치 이상이 되면 시동 자체가 걸리지 않도록 하는 음주운전 방지장치를 차량에 부착하게 하는 등의 방안도 형벌 강화에 대한 대안으로 충분히 고려할 수 있고, 형벌의 강화에 앞서 일차적으로 검토되어야 할 수단이다.

위와 같은 비형벌적인 반복 음주운전 방지 수단에 대한 충분한 고려 없이, 가중처벌의 요건이 되는 과거 음주운전 금지규정 위반 전력 등과 관련하여 아무런 제한을 두지 않음으로써 가중처벌할 필요가 없거나 죄질이 비교적 가벼운 유형의 재범 음주운전 행위에 대해서까지 일률적으로 가중처벌하도록 한 이 조문은 형벌 본래의 기능에 필요한 정도를 현저히 일탈하는 과도한 법정형을 정하고 있다.

2. 대상결정 이후의 헌법재판소의 결정들

대상결정 이후 헌법재판소는 여러 결정에서 도로교통법 제148조의2 제1항 및 해사안전법 제41조 제1항에서의 '2회 이상'에 대하여 위헌결정을 하였으며 그 논거는 대상결정과 동일하게 책임과 형벌 사이의 비례원칙에 위반된다는 것이었다.[34)]

34) 그에 대한 검토로 신상현, 앞의 글, 323면 이하.

(1) 도로교통법 제148조의2에 관한 위헌결정

가. 헌법재판소 2022. 5. 26. 선고 2021헌가30, 31, 2022헌가9(병합) 전원재판부 결정

음주측정거부 또는 음주운전의 전력이 있는 사람이 다시 음주운전 금지규정을 위반한 사안으로서, 이 사건 심판대상은 도로교통법(2020. 6. 9. 법률 제17371호로 개정된 것) 제148조의2 제1항 중 '제44조 제1항 또는 제2항을 1회 이상 위반한 사람으로서 다시 같은 조 제1항을 위반한 사람'에 관한 부분이 헌법에 위반되는지 여부였다.

나. 헌법재판소 2022. 5. 26. 선고 2021헌가32, 2022헌가3(병합), 2022헌가5(병합) 전원재판부 결정

2021헌가32 사건 및 2022헌가3 사건의 각 심판대상은 도로교통법(2020. 6. 9. 법률 제17371호로 개정된 것) 제148조의2 제1항 중 '제44조 제1항을 1회 이상 위반한 사람으로서 다시 같은 조 제2항을 위반한 사람'에 관한 부분이 헌법에 위반되는지 여부였으며 2022헌가5 사건의 심판대상은 구 도로교통법(2018. 12. 24. 법률 제16037호로 개정되고, 2020. 6. 9. 법률 제17371호로 개정되기 전의 것) 제148조의2 제1항 중 '제44조 제1항을 1회 이상 위반한 사람으로서 다시 같은 조 제2항을 위반한 사람'에 관한 부분이었다.

다. 헌법재판소 2022. 8. 31. 선고 2022헌가14 전원재판부 결정

피고인은 2006. 11. 15. 도로교통법위반(음주운전)죄로 벌금 100만원의 약식명령을, 2011. 6. 15. 같은 죄 등으로 징역 6개월 및 벌금 30만원, 같은 해 10. 13. 같은 죄 등으로 징역 6개월, 2014. 7. 16. 같은 죄 등으로 징역 8개월, 2018. 11. 22. 도로교통법위반(음주측정거부)죄 등으로 징역 1년 및 벌금 200만원을 각 선고받은 전력이 있다. 이 피고인은 2021. 1. 29. '도로교통법 제44조 제1항 또는 제2항을 위반한 전력이 있는 사람으로서 2020. 11. 5. 약 3.5km 구간에서 원동기장치자전거 운

면면허를 받지 않고 혈중알코올농도 0.177%의 술에 취한 상태로 원동기장치를 운전하였다'는 등의 공소사실로 기소되어 2021. 11. 19. 항소가 기각되어 2021. 11. 27. 항소심에서 징역 1년 6개월이 확정되었다. 그러나 대상판결 이후 피고인이 대상판결의 위헌결정의 효력이 유죄확정판결에도 미친다고 주장하면서 재심을 청구하였고 재심사건을 담당한 법원이 위헌법률심판을 제청하였다.

라. 헌법재판소 2022. 8. 31. 선고 2022헌가 18, 19, 20(병합) 전원재판부결정

심판대상조문은 음주측정거부 전력이 1회 이상 있는 사람이 다시 음주측정거부행위를 한 경우 2년 이상 5년 이하의 징역 또는 1천만원 이상 2천만원 이하의 벌금에 처하도록 규정한 도로교통법 (2020. 6. 9. 법률 제17371호로 개정된 것) 제148조의2 제1항 중 '제44조 제2항을 2회 이상 위반한 사람'에 대한 부분이었다.

(2) 해사안전법 제41조 제1항에 대한 헌법재판소 2022. 8. 31. 선고 2022헌가10 전원재판부 결정

2021. 2. 25. 혈중알코올농도 0.038%의 술에 취한 상태로 선박의 조타기를 조작하여 운항함으로써 해사안전법 제41조 제1항을 위반하여 2회 이상 술에 취한 상태에서 선박의 조타기를 조작하여 운항하였다는 등의 공소사실로 기소된 피고인이 위헌법률심판제청을 하였으며 제청법원은 이를 받아들여 위헌법률심판을 제청하였다. 제청법원의 위헌제청이유는 대상결정에서의 헌법재판소의 판결내용과 동일하였다.

앞에서 보았듯이 이 조문은 도로교통법 제148조의2에 따라 만들어졌기 때문에 제2항 중 '제41조 제1항을 위반하여 2회 이상 술에 취한 상태에서 선박의 조타기를 조작한 운항자' 부분에 대하여 헌법재판소는 대상결정과 같은 논거로 위헌을 선언하였다.

3. 대법원의 판결에 미친 영향

(1) 대법원 2021. 12. 30. 선고 2021도14387 판결 등

피고인의 도로교통법 위반(음주운전) 공소사실에 대하여 사실심법원이 피고인이 구 도로교통법 제148조의2 제1항에서 정한 '제44조 제1항을 2회 이상 위반한 사람'에 해당한다는 이유로 구 도로교통법 제148조의2 제1항, 제44조 제1항을 적용하여 유죄로 인정하였다. 그 이후 헌법재판소가 구 도로교통법 제148조의2 제1항 중 '제44조 제1항을 2회 이상 위반한 사람'에 관한 부분에 대하여 위헌결정을 선고하였다. 위 법률조항 부분은 소급하여 효력을 상실하였으므로 해당 법조를 적용하여 기소한 피고사건은 죄가 되지 아니하는 경우에 해당한다.[35]

(2) 대법원 2022. 2. 10. 선고 2021도17097 판결

2021도14387 판결 등의 설시내용은 헌법재판소의 위헌결정의 효력에 관한 일반적인 논의와 다르지 않지만, 2021도17097 판결의 논의의 방향은 다르다.

이 판결에서 대법원은, 피고인의 도로교통법 위반(음주운전) 공소사실에 대하여 원심은 피고인이 도로교통법 제44조 제1항을 2회 이상 위반한 사람에 해당한다는 이유로 도로교통법 제148조의2 제1항, 제44조 제1항을 적용하여 유죄를 선고한 제1심판결을 유지하였는데, 헌법재판소가 2021. 11. 25. 구 도로교통법 제148조의2 제1항 중 '제44조 제1항을 2회 이상 위반한 사람'에 관한 부분에 대하여 위헌결정을 선고한 사안에서, 원심이 적용한 도로교통법 제148조의2 제1항 중 제44조 제1항을 2회 이상 위반한 사람에 관한 부분은 위 헌법재판소 결정의 심판대상이 되지 않았지만 그 위헌결정 이유와 마찬가지로 책임과 형벌 사이의 비례원칙에 어긋날 수 있으므로, 원심으로서는 위 법률조항 부분의 위헌 여부 또는 공소장 변경절차의 필요 유무 등에 관하여 심

35) 같은 취지로 대법원 2021. 12. 30. 선고 2021도12041 판결; 대법원 2022. 1. 13. 선고 2021도15221 판결; 대법원 2022. 1. 13. 선고 2021도12856 판결 등.

리·판단하였어야 한다는 이유로 파기환송하였다.

대법원이 이렇게 판단한 이유는 대상판결에서 헌법재판소가 위헌이라고 판단한 조문과 사실심법원이 적용한 조문의 실질적 동일성이다. 즉, 대법원이 지적하듯이 2018. 12. 24. 법률 제16037호로 개정되고, 2020. 6. 9. 법률 제17371호로 개정되기 전의 도로교통법(이하 '구 도로교통법'이라 한다) 제148조의2 제1항과 2020. 6. 9. 법률 제17371호로 개정된 도로교통법(이하 '도로교통법'이라 한다) 제148조의2 제1항은 개인형 이동장치를 운전하는 경우에 대한 언급을 제외하면 행위유형이나 법정형이 동일하다. 그렇기 때문에, 비록 헌법재판소가 대상판결에서 '구 도로교통법'을 위헌으로 선언하였으나 위헌판단의 논거는 도로교통법(법률 제17317호) 제148조의2에도 그대로 적용된다고 볼 수 있다.

실제로 이 판결이 선고된 3개월 후 헌법재판소 2022. 5. 26. 선고 2021헌가32, 2022헌가3(병합), 2022헌가5(병합) 전원재판부 결정이 위헌결정을 하였음은 이미 살펴보았다.

4. 조문의 변경 이후

(1) 도로교통법의 개정과 해석의 변경

1) 벌금 이상의 형 선고와 확정의 필요

개정 도로교통법 제148조의2 제1항은 제1위반행위의 요건으로 제44조 제1항 또는 제2항을 위반하여 벌금 이상의 형을 선고받아 형이 확정되었을 것을 요구한다(형의 실효도 포함). 그러므로 형의 선고 또는 유죄의 확정판결은 불필요하는 과거의 해석론은 유지될 수 없다.[36]

누범에서의 전범에 대하여 대법원은, 이미 실효된 형은 누범의 전과가 될 수 없고[37] 일반사면에 의하여 형의 선고의 효력이 상실된 때도 그 범죄는 누범의 전과가 될 수 없다[38]고 판단하고 있다.[39] 개정법

36) 같은 취지로 이주원, 특별형법(9판), 60면.

37) 대법원 2002. 10. 22. 선고 2002감도39 판결. 특가법 제5조의4 제5항과 폭처법 제2조 제3항에 관한 대법원의 판례에 대하여 편집대표 박상옥·김대휘, 주석형법I(3판), 735면(전승수).

이 형의 실효만을 언급하고 있으므로 2012도10269 판결의 판시내용은 유지되기 어렵고, 일반사면에 대한 대법원의 판결은 여기에도 적용된다고 생각한다.

2) 제1위반행위와 제2위반행위의 시간적 간격

제1위반행위와 제2위반행위의 시간적 간격에 관하여 개정법은, 대상판결에서의 헌법재판소의 예시인 10년을 따라 '형이 확정된 날부터 10년 내'라고 규정한다. 그러므로 음주운전+음주측정불응이 연속해서 발생한 경우 이 조문이 적용되는가와 같은 불필요한 질문은 더이상 하지 않아도 좋다고 생각한다.

전범과 후범의 간격이 왜 '10년'인지에 대하여, 입법과정에서 특별한 설명을 찾기는 어려우나 전자장치부착법 제5조를 참고했다고 추측할 수 있다.[40]

3) 제2위반행위의 구별

개정법은 제2위반행위가 음주운전인지 아니면 음주측정불응인지를 구별하여 서로 다른 조문에 규정하고 있다는 점도 입법의 개선이라고 보인다.

---

38) 대법원 1965. 11. 30. 선고 65도910 판결.

39) 편집대표 박상옥·김대휘, 주석형법I(3판), 255면.

40) 제5조(전자장치 부착명령의 청구) ① 검사는 다음 각 호의 어느 하나에 해당하고, 성폭력범죄를 다시 범할 위험성이 있다고 인정되는 사람에 대하여 전자장치를 부착하도록 하는 명령(이하 "부착명령"이라 한다)을 법원에 청구할 수 있다. <개정 2008. 6. 13., 2010. 4. 15., 2012. 12. 18.>

1. 성폭력범죄로 징역형의 실형을 선고받은 사람이 그 집행을 종료한 후 또는 집행이 면제된 후 10년 이내에 성폭력범죄를 저지른 때
2. 성폭력범죄로 이 법에 따른 전자장치를 부착받은 전력이 있는 사람이 다시 성폭력범죄를 저지른 때
3. 성폭력범죄를 2회 이상 범하여(유죄의 확정판결을 받은 경우를 포함한다) 그 습벽이 인정된 때
4. 19세 미만의 사람에 대하여 성폭력범죄를 저지른 때
5. 신체적 또는 정신적 장애가 있는 사람에 대하여 성폭력범죄를 저지른 때

(2) 해석의 방향

1) 2021도17097 **판결과** 2018도11378 **판결의 대비**

구 도로교통법 제148조의2 제1항에 관한 '판례'라고 볼 수 있는 2018도11378 판결이 어떠한 해석방법에 기반하였는지는 이미 살펴보았다. 남는 의문은 '그 판결의 취지는 지금도 관철될 수 있는가?' 다르게 표현하면 '그 판결은 아직도 '판례'인가?'이다. 문리해석의 출발점이 되는 법문언은 변경되었다. 문언이 바뀌었으니 입법자의 의도도 변경되었다고 볼 수 있을 것이며 '위헌사유를 보완함'이 입법자의 의도임은 이미 살펴보았다, 음주운전을 중하게 처벌해야 한다는 목적은 항상 다르지 않다. 형법전의 누범 조문도 책임주의의 합헌적 해석의 요청에 따라 쓰여지지 않은 요건으로 실질적 누범요건을 요구하는 것이 고려되어야 함[41]에도 불구하고, 2018도11378 판결은 이 조문이 누범을 규정하고 있음에도 불구하고 법률문언 및 엄벌의 필요성만을 이유로 — 책임주의에 반한다는 논란이 있는 — 누범의 요건도 적용할 필요가 없다고 판단해버렸다.

반면에 2021도17097 판결은 그 당시에는 아직 2심법원이 적용한 도로교통법 제148조의2 제1항 중 제44조 제1항을 2회 이상 위반한 사람에 관한 부분이 헌법재판소 결정의 심판대상이 되지 않았지만 그 위헌결정 이유와 마찬가지로 책임과 형벌 사이의 비례원칙에 어긋날 수 있다는 이유로 파기환송하였음을 살펴보았다. 대상결정이 존재하며 적용된 조문에 아직 위헌이 선언되지 않았지만 언제든지 헌법재판소가 그렇게 선언할 수 있다는 사실적 측면만이 이 판결에 영향을 미쳤다고 보이지는 않는다.

해석방법과 관련하여, 헌법합치적인 목적론적 축소해석[42]을 통해

41) 이러한 지적으로 편집대표 박상옥·김대휘, 주석형법I(3판), 252면.

42) 이상돈, 헌법재판과 형법정책, 171면. 목적론적 축소해석의 예로 최준혁·조지만, "성폭력범죄의 처벌 등에 관한 특례법에서의 주거침입강간죄의 적용범위", 형사정책 제27권 제3호(2015), 200면.

헌법합치적 해석은 체계적 해석의 특수한 유형에 지나지 않는다는 설명으로 김

구도로교통법 제148조의2 제1항의 적용범위를 제한할 수 있는 가능성은 처음부터 존재하였다고 보이며, 이 죄가 누범이라는 점이 해석에 도움을 줄 수 있을 것임을 대상결정은 잘 보여준다.

2) 대상판결의 의미: 이 죄의 성질(누범)에 기반한 이해

누범을 수죄로 보아 죄수론으로 취급하는 견해도 있으나, 누범에서 전범 그 자체가 심판의 대상이 되지는 않으며 형법이 누범과 경합범을 서로 다른 절에서 규정하고 있다는 점에서 누범은 책임 또는 예방적 관점에서의 양형규정이라고 설명하는 입장이 다수설[43]이다. 전범과 후범이 죄질을 같이 하는 동종의 누범에 대하여 특별히 가중하는 경우를 특별누범이라고 하며, 죄질을 달리하는 이종의 누범에 대하여도 누범을 인정하는 것을 일반누범이라고 하는데[44] 형법 제35조 이하는 일반누범에 관한 규정이며 대상판결에서 다루는 도로교통법 제148조의2 제1항은 특별누범이다.[45]

헌법재판소는 누범가중이 위헌인지에 대하여 반복해서 판단해왔다.[46] 헌법재판소에 의하면 누범가중의 취지는 범인이 전범에 대한 형벌에 의하여 주어진 기왕의 경고에 따르지 아니하고 다시 범죄를 저질렀다는 잘못된 범인의 생활태도 때문에 책임이 가중되어야 하고, 범인이 전범에 대한 형벌의 경고기능을 무시하고 다시 범죄를 저지름으

영환, "법학방법론과 법학교육", in: 한국법철학회·이계일 엮음, 법학방법론, 399면.

43) 김성돈, 형법총론(8판), SKKUP, 2022, 853면; 김일수, 한국형법II(개정판), 박영사, 1996, 639면; 편집대표 박상옥·김대휘, 주석형법I(3판), 248면; 이재상·장영민·강동범, 형법총론(11판), 박영사, 2022, 42/4.

44) 편집대표 박상옥·김대휘, 주석형법I(3판), 246면.

45) 과거의 처벌규정이 상습범가중이라는 논의로 문창위, "누범, 내지 상습범에 대한 형벌 가중체계의 위헌성에 관한 연구 - 도로교통법 제148조의2 제1항 위헌결정을 중심으로 -", 형사법연구 제34권 제3호(2022), 139-160면. 그러나 과거에도 상습성은 요구하지 않았으며, 현재 가중처벌의 요건인 후범은 10년 내의 재범이면 충분하지 상습성은 요건이 아니다. 이주원, 특별형법(9판), 61면.

46) '헌법재판소는 여러 차례 이 사건 형법조항이 일사부재리원칙이나 책임과 형벌간의 비례원칙 및 평등원칙에 위반되지 않아 헌법에 위반되지 않는다고 결정한 바 있는데'(헌법재판소 2019. 11. 28. 선고 2018헌바207 전원재판부 결정 [형법 제35조 등 위헌소원]).

로써 범죄추진력이 새로이 강화되었기 때문에 행위책임이 가중되어야 한다는 데 있으며 또한 재범예방이라는 형사정책이 배려된 바도 있다고 한다.[47] 그리고 누범가중은 일사부재리 원칙에 위반되지 않으며[48] 평등의 원칙에 위배되지도 않으며[49] 책임주의에 반한다고 볼 수도 없다[50]고 한다. 학계에서는 누범을 책임주의와 조화시키기 위한 방법으로 행위자가 전범으로 인한 형벌의 경고기능을 무시하고 다시금 재범을 저지르게 된 데 대해 보다 강한 비난을 행위자에게 가할 수 있는 사정이 있을 때에 한해 형을 가중할 수 있도록 제한할 필요가 있기 때문에, '전판결의 경고를 따르지 않은 것을 비난할 수 있을 때'라는 과거 독일형법 제48조와 같은 실질적 누범조건이 입법[51] 또는 해석을 통해 부가될 필요가 있다고 설명하는데 형법과 같이 형식적 누범조건만 있을 경우에는 형사제재의 과잉을 초래할 염려가 있기 때문이다.[52] 책임형법으로 순화하기 위해 누범가중규정을 삭제하자는 주장[53]도 쉽게 찾을 수 있다.

3) 헌법합치적 법률해석과 법원의 역할

대법원과 헌법재판소는 모두 "어떤 법률의 개념이 다의적이고 그 어의(語義)의 테두리 안에서 여러 가지 해석이 가능할 때, 헌법을 최고법규로 하는 통일적인 법질서의 형성을 위하여 헌법에 합치되는 해석을 택하여야 하며, 이에 의하여 위헌적인 결과가 될 해석은 배제하면

47) 헌법재판소 1995. 2. 23. 선고 93헌바43 전원재판부 결정. 이는 누범의 본질에 대한 행상책임가중설, 행위책임가중설, 형사정책적 가중설을 모두 결합한 입장이라는 신동운, 형법총론(14판), 법문사, 2022, 862면.
48) 헌법재판소 1995. 2. 23. 선고 93헌바43 전원재판부 결정.
49) 헌법재판소 1995. 2. 23. 선고 93헌바43 전원재판부 결정.
50) 헌법재판소 2011. 5. 26. 선고 2009헌바63, 2010헌바364·409, 2010헌마548, 2011헌바6 (병합) 전원재판부 결정.
51) 이재상·장영민·강동범, 형법총론, 42/16.
52) 김일수, 한국형법II(개정판), 640면.
53) 신동운, 형법총론, 866면. 김성돈, 형법총론, 856면도 누범에 대한 형벌을 가중함으로써 달성하고자 하는 특별예방 및 일반예방목적이 얼마나 이루어질 수 있을지도 입증되지 않았고 실무상 누범가중규정의 적용례도 거의 없는 실정이라고 설명한다.

서 합헌적이고 긍정적인 면은 살려야 한다"는 헌법합치적 법률해석 원칙을 받아들이고 있다.[54)]

그런데 헌법합치적 법률해석이란 헌법재판소가 독점하고 있는 권한은 아니며, 법률의 규범력을 유지하고 법적 안정성을 보장하면서 법질서의 통일성 원칙을 기하기 위한 모든 법원의 권한인 동시에 의무이다. 이때 법원은 당해 사건에 적용되는 법률 이외의 법률에 대한 심사를 하지 않아여 하는 임무도 있지만 당해 사건에 적용되는 법률인한 위헌성에 대한 1차적 심사를 해야 할 의무도 있으며, 형벌법규에서는 위헌법률의 소급효로 인하여 해당 사건의 당사자 뿐만 아니라 위헌적 요소가 있는 법률로 인해 기본권침해를 당한 수범자들의 구제에도 기여한다는 점에서 더욱 중요한 의미가 있다.[55)]

비록 대법원이 스스로 위헌법률심판을 제청할 수도 있고 그러한 예도 찾을 수 있으나, 2021도17097 판결은 헌법재판소의 대상결정의 취지를 존중하여 당해 사건에 적용되는 법률조항 부분의 위헌 여부 또는 공소장 변경절차의 필요 유무 등에 관하여 심리·판단하였어야 한다는 이유로 사건을 파기환송하였다는 점에서 합헌적 법률해석의 한 방법을 택하였다고 볼 수 있다고 생각한다.

이와 동일한 입장을 취한 최근의 또다른 대법원 판결[56)]도 찾을 수 있다. 피고인이 위력으로써 12세인 피해자에게 유사성행위와 추행을 하였다는 성폭력처벌법 위반의 공소사실에 대하여, 원심이 피해자의 진술과 조사 과정을 촬영한 영상물과 속기록을 중요한 증거로 삼아 유죄로 인정하였는데, 피고인은 위 영상물과 속기록에 대하여 증거부동의하였고, 조사과정에 동석하였던 신뢰관계인에 대한 증인신문이

54) 조동은, "미국 연방대법원의 위헌 판단 회피원칙(Constitutional Avoidance)과 그 한국적 시사점 – 법원의 헌법합치적 해석 및 위헌법률심판제청의 기준과 관련하여 –", 서울법학 제26권 제3호(2018), 41면; 헌법합치적 법률해석의 의미에 대하여 Puppe, aaO, S. 184.

55) 김혜경, "형사법 영역에서 위헌법률심판제청의 기준과 헌법적 심사 – 법원의 자의적 판단 배제 –", 형사법연구 제35권 제4호(2023), 211면 이하.

56) 대법원 2022. 4. 14. 선고 2021도14530, 2021전도143(병합) 판결.

이루어졌을 뿐 원진술자인 피해자에 대한 증인신문은 이루어지지 않았다. 대법원은 성폭력처벌법상 19세 미만 피해자 진술 영상물의 증거능력 특례조항이 피고인의 반대신문권을 침해한다는 이유로 위헌이라고 판단한 헌법재판소 2021. 12. 23. 선고 2018헌바524전원재판부 결정[57]이 이 사건에 미친다는 전제 아래, 이 사건 공소사실이 청소년성보호법 제26조 제1항의 아동·청소년대상 성범죄에 해당하므로, 청소년성보호법 제26조 제6항에 따라 이 사건 영상물의 증거능력이 인정될 여지가 있으나 청소년성보호법 제26조 제6항 중 이 사건 위헌 법률 조항과 동일한 내용을 규정하고 있는 부분은 이 사건 위헌결정의 심판대상이 되지 않았지만 이 사건 위헌 법률 조항에 대한 위헌결정 이유와 마찬가지로 과잉금지 원칙에 위반될 수 있다고 보았다. 따라서 위 조항이 위헌인지 여부 또는 그 적용에 따른 위헌적 결과를 피하기 위하여 피해자를 증인으로 소환하여 진술을 듣고 피고인에게 반대신문권을 행사할 기회를 부여할 필요가 있는지 여부 등에 관하여 심리·판단했어야 한다는 이유로 2심판결을 파기환송하였다.

Ⅳ. 맺으며

결론에 대신하여 세 가지를 제시한다.

첫째, 대상결정은 비례원칙에 위반하는 처벌조문에 대하여 위헌결정을 하면서 대안을 제시하여 입법적으로 개선할 수 있는 계기가 되었으므로 환영할 수 있다.[58]

둘째, 대상결정에 대한 2021도17097 판결 및 청소년성보호법의 영상녹화물의 증거능력에 관한 2021도14530, 2021전도143(병합) 판결 등은 대법원이 법률해석의 방법 중 합헌적 법률해석을 취하고 있음을

57) 그에 관한 논의로 최준혁, "'범죄지'의 확정 및 그와 관련된 문제들", 연세대학교 법학연구 제34권 제1호(2024), 534면 이하.

58) 위헌법률심판제청의 심사기준으로 입법의도, 문의적 한계, 비례원칙을 구별하면서 예를 들어 설명하는 견해로 김혜경, 앞의 글, 223면 이하.

보여준다.

셋째, 대상결정의 위헌결정과 그 이후 입법의 변화를 통해 도로교통법 제148조의2 제1항이 누범임이 분명해졌음은 대상판결의 또 다른 기여이며, 누범가중규정에 대한 진지한 개정논의도 여기에서 출발할 수 있을 것이다.

[주 제 어]
헌법재판소, 대법원, 합헌적 법률해석, 누범, 도로교통법

[Key words]
Supreme Court, Constitutional Court of Korea, Constitution-conforming Interpretation of Criminal Law, repeated crime, Road Traffic Act

접수일자 : 2024. 5. 5. 심사일자 : 2024. 6. 10. 게재확정일자 : 2024. 6. 25.

[참고문헌]

김성돈, 형법총론(8판), SKKUP, 2022.

김일수, 한국형법 II(개정판), 박영사, 1996.

김정환 · 김슬기, 형사특별법(2판), 박영사, 2022.

편집대표 박상옥 · 김대휘, 주석형법I(3판), 한국사법행정학회, 2020.

신동운, 형법총론(14판), 법문사, 2022.

이상돈, 헌법재판과 형법정책, 고려대학교출판부, 2005.

이재상 · 장영민 · 강동범, 형법총론(11판), 박영사, 2022.

이주원, 특별형법(8판), 홍문사, 2022.

______, 특별형법(9판), 홍문사, 2023.

한국법철학회 · 이계일 엮음, 법학방법론, 세창출판사, 2017.

김태수, “철도안전법상 음주업무에 대한 몇 가지 문제점”, 전남대학교 법학논총 제43권 제1호(2023), 81면.

김혜경, “형사법 영역에서 위헌법률심판제청의 기준과 헌법적 심사 – 법원의 자의적 판단 배제 –”, 형사법연구 제35권 제4호(2023), 209-245면.

문창위, “누범, 내지 상습범에 대한 형벌 가중체계의 위헌성에 관한 연구 –도로교통법 제148조의2 제1항 위헌결정을 중심으로–”, 형사법연구 제34권 제3호(2022), 139-160면.

신상현, “형사법 관련 헌법재판소 위헌결정의 최근 동향과 시사점”, 헌법재판연구 제10권 제2호(2023), 319~349면.

배미란, “「해상교통안전법」 제정에 따른 음주운항 등 벌칙 규정 검토”, 충남대학교 법학연구 제34권 제4호(2023), 199-231면.

손동권, “상습범 및 누범에 대한 형벌가중의 문제점”, 형사판례연구 [4], 박영사, 1996, 105면.

이봉림, “윤창호법 위헌 관련 여러 시각과 남은 과제”, 법학연구 제23권 제1호(2023), 한국법학회, 7~23면.

이상만 · 전정환, “헌법재판소의 도로교통법 제148조의2 제1항 위헌소원결정에 대한 비판적 고찰 – 헌법재판소 2021. 11. 25. 2019헌바446 등(병합) 결정을 중심으로 –", 가천법학 제15권 제1호(2022), 41~70면.

조동은, "미국 연방대법원의 위헌 판단 회피원칙(Constitutional Avoidance)과 그 한국적 시사점 – 법원의 헌법합치적 해석 및 위헌법률심판제청의 기준과 관련하여 –", 서울법학 제26권 제3호(2018), 39~102면.

최준혁, "주취자 문제에 관한 형사소송법적 쟁점", 경찰법연구 제7권 제2호(2009), 94면.

______, "'위험한 물건을 휴대하여'의 해석", 경찰법연구 제8권 제1호(2010), 174면.

______, "특정범죄가중처벌 등에 관한 법률에서의 '부진정가중처벌조문'의 적용에 관한 검토 – 헌법재판소 2014. 4. 24. 선고 2011헌바2 전원재판부 결정[특정범죄 가중처벌 등에 관한 법률 제11조 제1항 위헌소원]의 평석을 겸하여 –", 형사법의 신동향 제45호(2014), 240면.

______, "'범죄지'의 확정 및 그와 관련된 문제들", 연세대학교 법학연구 제34권 제1호(2024), 517~545면.

최준혁·조지만, "성폭력범죄의 처벌 등에 관한 특례법에서의 주거침입강간죄의 적용범위", 형사정책 제27권 제3호(2015), 185면.

한정석, "구 도로교통법 제148조의2 제1항 제1호에서 '제44조 제1항을 2회 이상 위반한 사람'의 의미", 한국형사판례연구회·대법원 형사법연구회, 특별형법 판례100선, 박영사, 2022, 40면.

Puppe, Kleine Schulde des juristischen Denkens, 5. Aufl., Vandenhoeck & Ruprecht 2023(번역은 푸페(김성룡 옮김), 법적 사고의 작은 입문서(4판), 준커뮤니케이션즈, 2023).

[Abstract]

Constitutional Court Decision on the Unconstitutionality of Aggravated Punishment for Repeat DUI Offenders and Its Aftermath

— Constitutional Interpretation of Criminal Law and the Role of the Constitutional Court —

CHOI Jun-Hyouk*

On November 25, 2021, the Constitutional Court of Korea rendered a full bench decision (2019Heonba 446, etc. hereinafter referred to as the 'this decision') that found the aggravated punishment for two or more instances of driving under the influence (DUI) or refusal to take a breathalyzer test unconstitutional for violating the principle of proportionality between responsibility and punishment. This article identifies the issues with the provisions of the former Road Traffic Act reviewed in this decision, examines the contents of this, and, in conclusion, presents the following three points:

1. This decision is commendable as it declared the punitive provisions violating the principle of proportionality unconstitutional and provided alternatives, thus creating an opportunity for legislative improvement.

2. The Supreme Court decisions 2021Do17097 in connection with this decision, and 2021Do14530, 2021JeonDo143 (consolidated), concerning the evidentiary admissibility of video recordings under the Act on the Protection of Children and Juveniles from Sexual Abuse, demonstrate that

---

* Professor, Inha University School of Law. This Work is supported in INHA UNIVERSITY Research Grant.

the Supreme Court is adopting a Constitution-conforming Interpretation of Criminal Law.

3. Through this decision and subsequent legislative changes, it has become clear that Article 148-2 Paragraph 1 of the Road Traffic Act pertains to repeated crime, marking another contribution of thist decision. This may also initiate serious discussions on the amendment of provisions concerning repeated crime aggravation.

형법 제1조 제2항의 적용 관련 변경된 대법원 판례에 대한 비판적 고찰

김 대 원*

【대상판결1 : 대법원 2022. 12. 22. 선고 2020도16420 전원합의체 판결】

1. 공소사실

피고인은 도로교통법 위반(음주운전)죄로 4회 처벌받은 전력이 있음에도 2020. 1. 5. 혈중알코올농도 0.209%의 술에 취한 상태로 전동킥보드를 운전하였다는 사실로 기소되었다.

2. 원심의 판단

이에 대하여 원심은 구 도로교통법(2020. 6. 9. 법률 제17371호로 개정되어 2020. 12. 10. 시행되기 전의 것, 이하 같다) 제148조의2 제1항, 도로교통법 제44조 제1항을 적용하여 이 부분 공소사실을 유죄로 판단하였다.

3. 사건의 쟁점

구 도로교통법이 2020. 6. 9. 법률 제17371호로 개정되어 원심판결

* 성균관대학교 과학수사학과 초빙교수, 법학박사

선고 후인 2020. 12. 10. 개정 도로교통법이 시행되면서 제2조 제19호의2 및 제21호의2에서 이 사건 전동킥보드와 같은 '개인형 이동장치'와 이를 포함하는 '자전거 등'에 관한 정의규정을 신설하였다. 이에 따라 개인형 이동장치는 자전거 등에 해당하게 되었으므로, 자동차 등 음주운전 행위를 처벌하는 제148조의2의 적용 대상에서 개인형 이동장치를 운전하는 경우를 제외하는 한편, 개인형 이동장치 음주운전 행위에 대하여 자전거 등 음주운전 행위를 처벌하는 제156조 제11호를 적용하도록 규정하였다.

그 결과 이 부분 공소사실과 같이 도로교통법 제44조 제1항 위반 전력이 있는 사람이 다시 술에 취한 상태로 전동킥보드를 운전한 행위에 대하여, 이 사건 법률 개정 전에는 구 도로교통법 제148조의2 제1항을 적용하여 2년 이상 5년 이하의 징역이나 1천만 원 이상 2천만 원 이하의 벌금으로 처벌하였으나, 이 사건 법률 개정 후에는 도로교통법 제156조 제11호를 적용하여 20만 원 이하의 벌금이나 구류 또는 과료로 처벌하게 되었다. 이 사건 법률 개정은 이러한 내용의 신법 시행 전에 이루어진 구 도로교통법 제148조의2 제1항 위반행위에 대하여 종전 법령을 그대로 적용할 것인지에 관하여 별도의 경과규정을 두고 있지 아니하다.

이 사건의 쟁점은 이 사건 법률 개정과 같이 범죄 후 법령의 변경에 의하여 그 행위가 범죄를 구성하지 아니하게 되거나 형이 가벼워진 경우 형법 제1조 제2항과 형사소송법 제326조 제4호를 적용하여 피고인에게 유리하게 변경된 신법에 따를 것인지 여부이다.

종래 대법원은 이러한 쟁점의 해결을 위하여 법령의 변경에 관한 입법자의 동기를 고려하여 형법 제1조 제2항과 형사소송법 제326조 제4호의 적용 범위를 제한적으로 해석하는 입장을 견지해 왔다. 즉, 형벌법규 제정의 이유가 된 법률이념의 변경에 따라 종래의 처벌 자체가 부당하였다거나 또는 과형이 과중하였다는 반성적 고려에서 법령을 변경하였을 경우에만 형법 제1조 제2항과 형사소송법 제326조 제4호가 적용된다고 해석하여, 이러한 경우가 아니라 그때그때의 특수한 필요에 대처하기 위하여 법령을 변경한 것에 불과한 때에는 이를 적용하지 아니하고 행위 당시의 형벌법규에 따라 위반행위를 처벌하여야 한다는 판례 법리를 확립하여 오랜 기간 유지하여 왔다.[1] 결국 이 사건의 쟁점은 이와 같은 종래 대법원판례 법리를 그대로 유지할 것인지에 관한 문제이다.

4. 대상판결의 요지

(1) 다수의견의 요지

범죄 후 법률이 변경되어 그 행위가 범죄를 구성하지 아니하게 되거나 형이 구법보다 가벼워진 경우에는 신법에 따라야 하고(형법 제1조 제2항), 범죄 후의 법령 개폐로 형이 폐지되었을 때는 판결로써 면소의 선고를 하여야 한다(형사소송법 제326조 제4호). 이러한 형법 제1조 제2항과 형사소송법 제326조 제4호의 규정은 입법자가 법령의 변경 이후에도 종전 법령 위반행위에 대한 형사처벌을 유지한다는 내용의 경과규정을 따로 두지 않는 한 그대로 적용되어야 한다.

따라서 범죄의 성립과 처벌에 관하여 규정한 형벌법규 자체 또는 그로부터 수권 내지 위임을 받은 법령의 변경에 따라 범죄를 구성하지 아니하게 되거나 형이 가벼워진 경우에는, 종전 법령이 범죄로 정하여 처벌한 것이 부당하였다거나 과형이 과중하였다는 반성적 고려에 따라 변경된 것인지 여부를 따지지 않고 원칙적으로 형법 제1조 제2항과 형사소송법 제326조 제4호가 적용된다. 형벌법규가 대통령령,

1) 이러한 대법원의 견해를 소위 동기설이라고 한다. 이러한 동기설을 취한 대법원의 판결들(대법원 1963. 1. 31. 선고 62도257 판결, 대법원 1978. 2. 28. 선고 77도1280 판결, 대법원 1980. 7. 22. 선고 79도2953 판결, 대법원 1982. 10. 26. 선고 82도1861 판결, 대법원 1984. 12. 11. 선고 84도413 판결, 대법원 1997. 12. 9. 선고 97도2682 판결, 대법원 2003. 10. 10. 선고 2003도2770 판결, 대법원 2010. 3. 11. 선고 2009도12930 판결, 대법원 2013. 7. 11. 선고 2013도4862, 2013전도101 판결, 대법원 2016. 10. 27. 선고 2016도9954 판결 등).

총리령, 부령과 같은 법규명령이 아닌 고시 등 행정규칙·행정명령, 조례 등(이하 '고시 등 규정'이라고 한다)에 구성요건의 일부를 수권 내지 위임한 경우에도 이러한 고시 등 규정이 위임입법의 한계를 벗어나지 않는 한 형벌법규와 결합하여 법령을 보충하는 기능을 하는 것이므로, 그 변경에 따라 범죄를 구성하지 아니하게 되거나 형이 가벼워졌다면 마찬가지로 형법 제1조 제2항과 형사소송법 제326조 제4호가 적용된다.

그러나 해당 형벌법규 자체 또는 그로부터 수권 내지 위임을 받은 법령이 아닌 다른 법령이 변경된 경우 형법 제1조 제2항과 형사소송법 제326조 제4호를 적용하려면, 해당 형벌법규에 따른 범죄의 성립 및 처벌과 직접적으로 관련된 형사법적 관점의 변화를 주된 근거로 하는 법령의 변경에 해당하여야 하므로, 이와 관련이 없는 법령의 변경으로 인하여 해당 형벌법규의 가벌성에 영향을 미치게 되는 경우에는 형법 제1조 제2항과 형사소송법 제326조 제4호가 적용되지 않는다.

한편 법령이 개정 내지 폐지된 경우가 아니라, 스스로 유효기간을 구체적인 일자나 기간으로 특정하여 효력의 상실을 예정하고 있던 법령이 그 유효기간을 경과함으로써 더 이상 효력을 갖지 않게 된 경우도 형법 제1조 제2항과 형사소송법 제326조 제4호에서 말하는 법령의 변경에 해당한다고 볼 수 없다.

(2) 별개의견1(대법관 조재연, 대법관 안철상)의 요지

종래 대법원판례의 법리는 기준이 불명확하고 판단이 자의적일 수 있다는 점에서, 다수의견이 이를 폐기하고 형법 제1조 제2항과 형사소송법 제326조 제4호에서 말하는 '법령의 변경'의 기준으로 '형사법적 관점의 변화'를 제시한 것은 기본적으로 타당하고, 이에 찬동할 수 있다. 그러나 다수의견이 형벌법규가 변경된 경우 원칙적으로 적용할 수 있는 기본 법리를 제시하는 데 그치지 않고 세분화된 유형별 법리를 구성한 후 각 유형별로 일률적인 결론을 정한 것은 다음과 같은

이유로 받아들이기 어렵다.

첫째, 대법원은 형사법적 관점의 변화를 전제로 하는 법령의 변경이라고 해석할 수 있을 때 행위시법주의의 예외로서 형법 제1조 제2항을 적용할 수 있다는 취지로 종래 대법원판례를 대체하는 기본 법리를 제시하고, 이에 따라 사건을 해결할 수 있다면 이로써 충분하다. 이러한 기본 법리는 향후 개별 사건에서 구체적 공방을 거쳐 유형별로 또는 같은 유형이라도 달리 적용 내지 판단하는 등으로 발전하는 것이 바람직하고, 대법원으로서는 당해 사건 해결에 필요한 범위에서 기본 법리를 확인함으로써 새로운 길을 열어주는 역할을 하면 되는 것이다.

둘째, 형사법의 근본적인 기능과 역할은 범죄를 처벌하고 예방함으로써 사회공동체의 질서를 유지하는 것이므로, 이를 지나치게 침해하지 않도록 행위시법주의의 예외를 적절한 범위에서 인정할 수 있는 균형 잡힌 해석이 필요하다. 다수의견은 유형별로 일률적인 결론을 정하고 있으나 형사법적 관점의 변화라는 상대적 가치를 지닌 관념이 특정한 유형에 항상 존재하거나 부존재한다고 볼 근거가 충분하지 않고, 또 구체적 개별 사건에서 균형 잡힌 해석의 가능성을 제한하는 결과가 되어 타당하다고 보기 어렵다.

(3) 별개의견2(대법관 노태악, 대법관 천대엽)의 요지

형법 제1조 제2항과 형사소송법 제326조 제4호에서 말하는 ‘법령의 변경’은 해당 형벌법규에 따른 범죄의 성립 및 처벌에 관한 형사법적 관점의 변화를 전제로 하여야 한다고 보아, 종전 법령에 따른 처벌이 부당하거나 과중하였다는 등 반성적 고려에 따라 변경된 것인지 여부를 따지지 않고, 형사법적 관점의 변화가 인정된다면 원칙적으로 형법 제1조 제2항과 형사소송법 제326조 제4호가 적용되어야 한다는 다수의견의 기본 입장은 타당하다.

그러나 다수의견이 ‘유효기간을 구체적인 일자나 기간으로 특정

하여 효력의 상실을 예정하고 있던 법령이 유효기간을 경과한 경우'를 형법 제1조 제2항과 형사소송법 제326조 제4호에서 말하는 법령의 변경에 해당하지 않는다고 보아 일률적으로 피고인에게 유리한 재판시법의 적용을 배제하고 행위시법의 추급효를 인정하여야 한다는 부분에는 동의할 수 없다.

피고인에게 유리하게 형벌법규가 변경되었다는 관점에서 보면 법령이 개정·폐지된 경우와 법령의 유효기간이 경과된 경우는 본질적으로 차이가 없다. 형법 제1조 제2항과 형사소송법 제326조 제4호에서 말하는 '법령의 변경'이 범죄의 가벌성과 직접적으로 관련된 형사법적 관점의 변화를 전제로 하는 것이라면, 법령의 유효기간이 경과된 경우에도 추급효에 관한 경과규정을 두지 않은 이상 원칙적으로 피고인에게 유리한 재판시법이 적용되어야 한다.

【대상판결2 : 대법원 2023. 2. 23. 선고 2022도4610 판결】

1. 공소사실

법무사인 피고인이 개인파산·회생사건 관련 법률사무를 위임받아 취급하여 비변호사의 법률사무 취급을 금지하고 있는 변호사법 제109조 제1호[2] 위반으로 기소되었다.

---

2) 변호사법 제109조(벌칙) 다음 각 호의 어느 하나에 해당하는 자는 7년 이하의 징역 또는 5천만원 이하의 벌금에 처한다. 이 경우 벌금과 징역은 병과(倂科)할 수 있다.
 1. 변호사가 아니면서 금품·향응 또는 그 밖의 이익을 받거나 받을 것을 약속하고 또는 제3자에게 이를 공여하게 하거나 공여하게 할 것을 약속하고 다음 각 목의 사건에 관하여 감정·대리·중재·화해·청탁·법률상담 또는 법률 관계 문서 작성, 그 밖의 법률사무를 취급하거나 이러한 행위를 알선한 자
  가. 소송 사건, 비송 사건, 가사 조정 또는 심판 사건
  나. 행정심판 또는 심사의 청구나 이의신청, 그 밖에 행정기관에 대한 불복신청 사건
  다. 수사기관에서 취급 중인 수사 사건
  라. 법령에 따라 설치된 조사기관에서 취급 중인 조사 사건
  마. 그 밖에 일반의 법률사건

2. 원심의 판단

이에 대하여 원심은 피고인의 범행 이후인 2020. 2. 4. 법률 제16911호로 개정된 법무사법 제2조 제1항 제6호[3]에 의하여 개인의 파산사건 및 개인회생사건 신청의 대리가 법무사의 업무로 추가되었으므로 범죄 후 법령의 개폐로 형이 폐지된 때로서 면소판결 대상이라는 피고인의 주장을 받아들이지 않고, 변호사법 제109조 제1호 위반의 유죄를 인정하였다.

3. 사건의 쟁점

피고인은 변호사법 제109조 제1호를 위반하였는데, 피고인의 위반행위 이후에 법무사법이 개정되어 법무사의 업무에 '「채무자 회생 및 파산에 관한 법률」에 따른 개인의 파산사건 및 개인회생사건 신청의 대리'가 추가되었다. 이러한 법무사법의 개정이 형법 제1조 제2항에서 규정하고 있는 '법률의 변경'에 해당하는지가 쟁점이다.

---

2. 제33조 또는 제34조(제57조, 제58조의16 또는 제58조의30에 따라 준용되는 경우를 포함한다)를 위반한 자

[전문개정 2008. 3. 28.]

3) 법무사법 제2조(업무) ① 법무사의 업무는 다른 사람이 위임한 다음 각 호의 사무로 한다. <개정 2016. 2. 3., 2020. 2. 4.>

1. 법원과 검찰청에 제출하는 서류의 작성
2. 법원과 검찰청의 업무에 관련된 서류의 작성
3. 등기나 그 밖에 등록신청에 필요한 서류의 작성
4. 등기·공탁사건(供託事件) 신청의 대리(代理)
5. 「민사집행법」에 따른 경매사건과 「국세징수법」이나 그 밖의 법령에 따른 공매사건(公賣事件)에서의 재산취득에 관한 상담, 매수신청 또는 입찰신청의 대리
6. 「채무자 회생 및 파산에 관한 법률」에 따른 개인의 파산사건 및 개인회생사건 신청의 대리. 다만, 각종 기일에서의 진술의 대리는 제외한다.
7. 제1호부터 제3호까지의 규정에 따라 작성된 서류의 제출 대행(代行)
8. 제1호부터 제7호까지의 사무를 처리하기 위하여 필요한 상담·자문 등 부수되는 사무

② 법무사는 제1항제1호부터 제3호까지의 서류라고 하더라도 다른 법률에 따라 제한되어 있는 것은 작성할 수 없다.

4. 대상판결의 요지

[1] 범죄 후 법률이 변경되어 그 행위가 범죄를 구성하지 아니하게 되거나 형이 구법보다 가벼워진 경우에는 신법에 따라야 하고(형법 제1조 제2항), 범죄 후의 법령 개폐로 형이 폐지되었을 때는 판결로써 면소의 선고를 하여야 한다(형사소송법 제326조 제4호). 이러한 형법 제1조 제2항과 형사소송법 제326조 제4호의 규정은 입법자가 법령의 변경 이후에도 종전 법령 위반행위에 대한 형사처벌을 유지한다는 내용의 경과규정을 따로 두지 않는 한 그대로 적용되어야 한다. 따라서 범죄의 성립과 처벌에 관하여 규정한 형벌법규 자체 또는 그로부터 수권 내지 위임을 받은 법령의 변경에 따라 범죄를 구성하지 아니하게 되거나 형이 가벼워진 경우에는, 종전 법령이 범죄로 정하여 처벌한 것이 부당하였다거나 과형이 과중하였다는 반성적 고려에 따라 변경된 것인지 여부를 따지지 않고 원칙적으로 형법 제1조 제2항과 형사소송법 제326조 제4호가 적용된다.

그러나 해당 형벌법규 자체 또는 그로부터 수권 내지 위임을 받은 법령이 아닌 다른 법령이 변경된 경우 형법 제1조 제2항과 형사소송법 제326조 제4호를 적용하려면, 해당 형벌법규에 따른 범죄의 성립 및 처벌과 직접적으로 관련된 형사법적 관점의 변화를 주된 근거로 하는 법령의 변경에 해당하여야 하므로, 이와 관련이 없는 법령의 변경으로 인하여 해당 형벌법규의 가벌성에 영향을 미치게 되는 경우에는 형법 제1조 제2항과 형사소송법 제326조 제4호가 적용되지 않는다. 즉, 해당 형벌법규 자체 또는 그로부터 수권 내지 위임을 받은 법령이 아닌 다른 법령이 변경된 경우에는 해당 형벌법규에 따른 범죄 성립의 요건과 구조, 형벌법규와 변경된 법령과의 관계, 법령 변경의 내용·경위·보호목적·입법 취지 등을 종합적으로 고려하여, 법령의 변경이 해당 형벌법규에 따른 범죄의 성립 및 처벌과 직접적으로 관련된 형사법적 관점의 변화를 주된 근거로 한다고 해석할 수 있을 때 형법 제1조 제2항과 형사소송법 제326조 제4호를 적용할 수 있다.

[2] 법무사인 피고인이 개인파산·회생사건 관련 법률사무를 위임받아 취급하여 변호사법 제109조 제1호 위반으로 기소되었는데, 범행 이후인 2020. 2. 4. 법률 제16911호로 개정된 법무사법 제2조 제1항 제6호에 의하여 '개인의 파산사건 및 개인회생사건 신청의 대리'가 법무사의 업무로 추가된 사안에서, 위 법무사법 개정은 범죄사실의 해당 형벌법규 자체인 변호사법 제109조 제1호 또는 그로부터 수권 내지 위임을 받은 법령이 아닌 별개의 다른 법령의 개정에 불과하고, 변호사법 제109조 제1호 위반죄의 성립 요건과 구조를 살펴보더라도 법무사법 제2조의 규정이 보충규범으로서 기능하고 있다고 보기 어려운 점, 법무사법 제2조는 법무사의 업무범위에 관한 규정으로서 기본적으로 형사법과 무관한 행정적 규율에 관한 내용이므로, 그 변경은 문제 된 형벌법규의 가벌성에 간접적인 영향을 미치는 경우에 해당할 뿐인 점, 법무사법 제2조가 변호사법 제109조 제1호 위반죄와 불가분적으로 결합되어 보호목적과 입법 취지 등을 같이한다고 볼 만한 특별한 사정도 없는 점 등을 종합하면, 위 법무사법 개정은 형사법적 관점의 변화를 주된 근거로 하는 법령의 변경에 해당하지 않는다는 이유로, 원심이 형법 제1조 제2항과 형사소송법 제326조 제4호를 적용하지 아니하고 변호사법 제109조 제1호 위반의 유죄를 인정한 것은 정당하다.

【연 구】

Ⅰ. 들어가는 말

형법은 다른 법률처럼 시행시부터 폐지시까지 효력을 갖는다. 우리 형법은 이와 같은 형법의 시간적 적용범위와 관련하여 제1조 제1

항에서 "범죄의 성립과 처벌은 행위시의 법률에 의한다"고 규정하여 소급효금지의 원칙과 행위시법주의의 원칙을 채택하고 있다. 그러나 소급효금지의 원칙이 언제나 절대적인 것이 아니므로 형의 경중에 변화가 있는 때에는 행위자에게 유리하도록 경한 신법을 적용할 수도 있다.[4)]

그래서 우리 형법은 제1조 제2항에서 "범죄 후 법률이 변경되어 그 행위가 범죄를 구성하지 아니하게 되거나 형이 구법보다 가벼워진 경우에는 신법에 따른다."라고 규정하여 행위시법주의의 예외[5)]를 인정하고 있다.

형법 제1조 제2항의 '법률의 변경'과 관련하여 그 동안 대법원은 입법자가 행한 법률변경의 동기를 물어 형법 제1조 제2항의 '법률의 변경'에 해당하는지를 판단하는 소위 '동기설'[6)]의 입장을 취하고 있었다. 이에 의하면 법률의 변경이 과거의 형벌법규가 부당하다는 반성적 고려에서 이루어진 경우에는 '법적견해의 변경' 내지 '법률이념의 변화'에 의해 법률이 변경된 것이 때문에 그 과거의 형벌법규에 대한 위반행위가 가벌성이 소멸되므로 처벌할 수 없고, 단순한 일시적 형벌법규에 대한 변화 때문에 법률이 변경된 때에는 과거 위반행위의 가벌성이 소멸되지 않는다고 하였다.[7)]

---

4) 이와 같이 경한 신법을 적용하는 것은 죄형법정주의와 무관한 일이라는 견해로 김성돈, 형법총론(제8판), 성균관대학교 출판부, 2022, 101면

5) 이를 재판시법주의라고라고 평가하는 견해도 있지만, 재판시법보다 행위시법과 재판시법 사이의 중간시법이 더 경한 경우도 있을 수 있고, 이러한 경우에는 행위자에게 유리한 중간시법을 적용해야 하기 때문에 재판시법주의보다는 행위시법주의의 예외라고 설명하는 것이 더 타당하다고 판단된다(같은 견해, 김성돈, 형법총론(제8판), 101면).

6) 동기설은 (Motiventheorie) 독일의 실무에서 한시법(Zeitgesetz) 이라는 특정한 영역에서 판례이론으로 발전되어 왔음에도 한국 대법원은 한시법의 문제에 국한하지 않고 형법 제1조 제2항의 '법률의 변경'을 해석하는데 원용하고 있었다(이승호, "형법의 시간적 적용범위에 관한 동기설의 문제점", 형사판례연구(6), 박영사, 1998, 13면 이하; 서보학, "법령의 개폐와 형법 제1조 제2항의 적용", 형사판례연구(13), 박영사, 2005, 13면; 이경렬, "법령의 개폐와 대법원 동기설의 의미", 성균관법학 제20권 제2호, 2008.8., 353~354면).

그런데 '대상판결1'에서 대법원은 그 동안 유지해 온 동기설을 폐기하고 형법 제1조 제2항의 '법률의 변경'과 관련한 새로운 기준을 제시하였다. 즉 형법 제1조 제2항의 '법률의 변경'에 해당하여 행위시법주의의 예외를 인정받기 위하여는 '법률의 변경'이 '형사법적 관점의 변화'를 주된 근거로 법령이 변경되어야 한다는 것이다. 이와 관련하여 대법원은 '범죄의 성립과 처벌에 관하여 규정한 형벌법규 자체 또는 그로부터 수권 내지 위임을 받은 법령의 변경(제1유형)'과 '형벌법규가 대통령령, 총리령, 부령과 같은 법규명령이 아닌 고시 등 행정규칙·행정명령, 조례 등(이하 '고시 등 규정'이라고 한다)에 구성요건의 일부를 수권 내지 위임한 경우 고시 등 규정의 변경(제2유형)'은 '형사법적 관점의 변화'를 주된 근거로 하는 것이므로 바로 형법 제1조 제2항이 적용될 수 있다고 하였다. 그리고 '해당 형벌법규 자체 또는 그로부터 수권 내지 위임을 받은 법령이 아닌 다른 법령이 변경된 경우(제3유형)'에는 해당 형벌법규에 따른 범죄의 성립 및 처벌과 직접적으로 관련된 형사법적 관점의 변화를 주된 근거로 하는 경우만 형법 제1조 제2항을 적용할 수 있고, 이와 직접적 관련이 없는 법령의 변경의 경우에는 시간적 적용범위의 원칙 규정인 형법 제1조 제1항이 적용된다고 하였다. 마지막으로 '법령이 개정 내지 폐지된 경우가 아니라, 스스로 유효기간을 구체적인 일자나 기간으로 특정하여 효력의 상실을 예정하고 있던 법령이 그 유효기간을 경과함으로써 더 이상 효력을 갖지 않게 된 경우(제4유형)'의 경우에는 형법 제1조 제2항이 적용되지 않는다고 하였다.

'대상판결1'에서의 사안은 제1유형에 해당하는 것으로 대법원은 형법 제1조 제2항이 적용된다고 판시하였고, '대상판결2'에서의 사안은 제3유형에 해당하는 것으로 대법원은 범죄의 성립 및 처벌과 직접적으로 관련된 형사법적 관점의 변화를 주된 근거로 하는 경우가 아니므로 형법 제1조 제1항이 적용된다고 판시하였다.

7) 각주 1)의 판례를 참조.

이하에서는 대상판결1과 대상판결2를 통하여 대법원이 동기설을 폐기하면서 제시한 기준을 각 유형별로 검토해보고자 한다.

Ⅱ. 대법원 다수의견에 대한 검토

1. 형법 제1조 제2항과 동기설의 문제점

형법 제1조 제2항은 "범죄 후 법률이 변경되어 그 행위가 범죄를 구성하지 아니하게 되거나 형이 구법보다 가벼워진 경우에는 신법에 따른다."고 규정하고 있고, 이에 대하여 기존의 학계에서는 문언의 의미를 중시해 왔다.

즉 '범죄 후'란 실행행위 종료 후를 의미하며 여기에는 결과발생을 포함하지 않지만,[8] 형법 제1조 제3항과의 관계상 재판확정 전을 의미한다. 또한 '법률의 변경'에서 법률이란 총체적 법률상태 내지 전체로서의 법률을 의미하여 형법은 물론, 형법의 해석에 영향을 미칠 수 있는 다른 법률(예: 민법상 친족규정의 변경), 백지형법의 보충규범도 포함하여 이들의 개정뿐만 아니라 폐지도 포함하여 해석하여 왔다. 그리고 '범죄를 구성하지 않는 경우'란 형벌법규 자체의 폐지, 정당화 사유·면책사유·형사책임연령 등 총칙규정의 변경에 의한 가벌성의 폐지, 구성요건의 변경, 위헌결정 등으로 그 행위가 불가벌로 된 경우를 포함하며, '형이 구법보다 경한 경우'란 경한 형으로 법률이 변경된 경우를 의미하는 것으로, 신법의 형은 구법보다 경하여야 한다고 해석하여 왔다.[9]

이중에서 '법률의 변경'의 의미에 대하여 종래 대법원판례는 형법 제1조 제2항의 적용 범위를 제한적으로 해석하여, 개별 사건에서 해당

8) 결과발생을 포함하지 않는 이유는 행위자에게 유리한 신법의 적용범위를 넓히기 위해서이다. 따라서 실행행위 계속 중에 법률의 변경이 있어서 형이 가볍게 된 경우에는 실행행위 종료시의 법인 신법을 적용해야 한다.

9) 김성돈, 형법총론(제8판), 102면; 이재상·장영민·강동범, 형법총론(제10판), 박영사, 2019, 40~41면; 이주원, 형법총론(제2판), 박영사, 2023, 27~28면.

법령 변경의 동기를 두 가지 유형으로 준별하고 법령 변경의 동기가 종래의 처벌 자체가 부당하였다거나 또는 과형이 과중하였다는 반성적 고려에 따른 경우에만 신법을 적용하여 제한적으로 해석하는 동기설을 취하고 있었다.

그러나 동기설은 다음과 같은 이유에서 학계에서 지속적으로 비판의 대상이 되어왔다. 첫째 구법의 추급효를 인정하는 것은 형법 제1조 제2항의 적용범위를 제한하기 위해 '법률의 변경'이라는 개념에 대한 목적론적 축소해석을 통해 결과적으로 가벌성을 확장하고 있는 문제점이 있다.[10] 두 번째 모든 법률의 폐지와 개정에도 불구하고 행위시에 처벌규정이 있었으므로 예외없이 추급효를 인정해야 한다는 해석태도는 형법 제1조가 규정하는 '행위시법을 적용하되(제1항) 법률의 변경으로 행위자에게 유리하게 형이 변경된 경우에는 법률변경의 동기와 상관없이 신법을 적용하라(제2항)'는 입법자의 명시적 결단에 반한다.[11] 세 번째 법적 견해의 변경과 사실관계의 변화는 그 구별이 상대적일 뿐만 아니라 상호 밀접한 관련을 가지고 있으므로 양자의 구별에 법원의 자의가 개입되어 법적 안정성을 침해할 우려가 높다는 점이다.[12] 네 번째 당해 법령의 제정주체와 변경주체가 다를 경우에는 반성적 조치인지 사태의 변화에 따른 조치인지에 대한 판단이 달라질 수 있다는 문제점이 있다.[13]

2. 동기설을 폐기한 대법원 다수의견에 대한 검토

(1) 다수의견의 내용

대법원은 형법 제1조 제2항 '법률의 변경'에 대하여 그동안 유지해 온 동기설을 폐기하면서 새로운 기준을 제시하였다. 그 기준에 의

10) 장영민, "한시법의 효력", 형사판례연구(1), 박영사, 1993, 5면.
11) 김성돈, 형법총론(제8판), 107면.
12) 이승호, "형법의 시간적 적용범위에 관한 동기설의 문제점", 형사판례연구(6), 박영사, 1998, 24면.
13) 김성돈, 형법총론(제8판), 107면.

하면 앞서 언급한 제1유형과 제2유형은 당연히 형사법적 관점의 변화를 전제로 한 법령의 변경에 해당하므로 형법 제1조 제2항의 '법률의 변경'에 해당한다는 것이다. 그러나 제3유형은 '법률의 변경'이 해당 형벌법규에 따른 범죄의 성립 및 처벌과 '직접' 관련된 것으로 제한된다. 이는 결국 해당 형벌법규의 가벌성에 관한 형사법적 관점의 변화를 전제로 한 법령의 변경을 의미하는 것으로 형벌법규 또는 위임규정, 고시 등이 아닌 다른 법령이 변경된 경우에는 해당 형벌법규와 '직접 관련된' '형사법적 관점의 변화'를 주된 근거로 하는 것인지 여부를 면밀히 따져보아야 한다. 즉 형법 제1조 제2항을 적용하려면, 해당 형벌법규에 따른 범죄의 성립 및 처벌과 '직접적으로 관련된' '형사법적 관점의 변화'를 주된 근거로 하는 법령의 변경에 해당하여야 한다. 이와 관련이 없는 법령의 변경으로 인하여 해당 형벌법규의 가벌성에 영향을 미치게 되는 경우[14]에는 여기서의 법령의 변경에 해당한다고 볼 수 없다.

(2) 다수의견의 근거에 대한 검토

가. 법문언에 따른 정당한 해석

"형법 제1조 제2항은 …… 범죄 후 피고인에게 유리하게 법령이 변경된 경우 행위시법이 아니라 피고인에게 유리한 재판시법을 적용한다는 취지임이 문언상 명백하다. …… 한편 법률의 문언 자체가 비교적 명확한 개념으로 구성되어 있다면 원칙적으로 더 이상 다른 해석방법은 활용할 필요가 없거나 제한될 수밖에 없고, 어떠한 법률의 규정에서 사용된 용어에 관하여 그 법률 및 규정의 입법취지와 목적

14) 대상판결1의 다수의견은 이러한 경우로 '해당 형벌법규와 수권 내지 위임관계에 있지 않고 보호목적과 입법취지를 달리하는 민사적·행정적 규율의 변경', '형사처벌에 관한 규범적 가치판단의 요소가 배제된 극히 기술적인 규율의 변경 등에 따라 간접적인 영향을 받는 것에 불과한 경우'를 제시하고, 이에 따른 구체적 사례로 '미성년자의 기준이나 재물의 소유권 귀속, 친족의 범위 등에 관한 민사법령의 변경으로 인하여 형사범죄의 구성요건 해당여부나 소추조건 등이 달라 지는 경우 등'을 제시하고 있다.

을 중시하여 문언의 통상적 의미와 다르게 해석하려 하더라도 당해 법률 내의 다른 규정들 및 다른 법률과의 체계적 관련성 내지 전체 법체계와의 조화를 무시할 수 없으므로, 거기에는 일정한 한계가 있을 수밖에 없다.[15] …… 따라서 법령 변경의 동기가 반성적 고려에 따른 경우에만 형법 제1조 제2항과 형사소송법 제326조 제4호를 적용하는 해석론은 결국 법문에 없는 추가적인 적용 요건을 설정하는 것으로서 목적론적 축소해석에 해당한다고 볼 수 있다. …… 피고인에게 유리한 형법 제1조 제2항과 형사소송법 제326조 제4호를 축소해석하는 것은 결국 처벌 범위의 확장으로 이어지게 되므로, 목적론적 관점에서 이를 제한적으로 해석하는 것에는 신중을 기하여야 한다. …… 이 사건의 쟁점은 형벌법규의 시적 적용 범위에 관한 것으로서 …… 형사절차의 명확성과 안정성, 예측가능성을 담보하기 위하여 가장 기초가 되는 사항이다. …… 형법 제1조 제2항과 형사소송법 제326조 제4호에 관한 목적론적 축소해석은 법률문언의 가능한 의미를 기초로 하여 불가피하고 합리적인 범위 내로 최대한 제한되어야 한다."[16]

이미 다수의견이 제시하였듯이 법률 문언 자체가 비교적 명확한 개념으로 구성되어 있다면 원칙적으로 더 이상 다른 해석방법은 활용할 필요가 없거나 제한되어야 한다. 형법 제1조 제2항의 '법률의 변경'이라는 개념은 누가 해석하더라도 명확한 개념이라고 할 수 있을 것이다. 이 개념이 불명확하기 때문에 다른 해석방법을 활용해야 한다면 어떤 면에서 불명확한지 그리고 왜 다른 방법을 활용해야 하는지를 주장하는 측에서 제시하여야 한다. 그러나 다수의견은 형사절차의 명확성과 안정성, 예측가능성을 담보하기 위하여 불가피하게 목적론적 축소해석을 사용하되 최대한 제한되어야 한다고 밝히고 있을 뿐이다. 또한 별개의견1에서는 "원칙인 형법 제1조 제1항을 적용하는 경우와 예외인 형법 제1조 제2항을 적용하는 경우를 구별하기 위한 법리를

15) 대법원 2021. 3. 18. 선고 2018두47264 전원합의체 판결 등 참조.
16) 대법원 2022. 12. 22. 선고 2020도16420 전원합의체 판결 다수의견의 요지.

제시할 때에도, 형법 제1조 제2항의 개별적인 문언만을 고려하여 이에 절대적으로 따라야 한다거나 재판시법주의가 적용되는 영역을 무조건 최대로 확장하여야 한다는 취지의 견해는 타당하지 않다. 형벌법규의 시적 적용 범위를 결정하는 중요한 문제에 관하여 형사법의 근본적인 목적인 보호적 기능을 무너뜨리지 않는 범위에서 피고인의 처벌 범위를 최소화할 수 있는 균형 잡힌 해석이 필요하기 때문이다."[17]라고 하면서 형사법의 보호적 기능을 목적론적 축소해석의 근거로 제시하고 있다.

그렇다면 다수의견과 별개의견1에서 제시하고 있는 형사절차의 명확성과 안정성, 예측가능성, 형사법의 보호기능을 위해서 목적론적 축소해석을 하는 것이 타당한 것인지 살펴보아야 한다. 형사절차의 명확성과 안정성은 주로 피고인의 입장에서 살펴보아야 하는데, 피고인의 입장에서는 범죄행위를 하였다면 범죄행위시에 유효한 법률에 의하여 형사처벌 받는다는 것이 명확하게 인식되면 형사절차의 명확성은 확보되는 것이다. 또한 범죄행위 후 법률의 변경에 의하여 면소판결 받을 수 있거나 경한 형으로 처벌 될 수 있다면 그대로 진행되리라고 생각할 것이고 이에 대한 변경을 생각하지 않을 것이다. 즉 이러한 면소판결 또는 경한 형을 기대하는 피고인에게 목적론적 축소해석을 통하여 원래 행위시의 법률을 적용하는 것이 오히려 형사절차의 명확성과 안정성에 반하게 되는 결과를 초래하는 것이다. 물론 범죄행위자가 면소판결 또는 경한 형으로 처벌되는 것이 형사법의 보호적 기능을 저해할 수 있다는 주장도 있을 수 있다. 그러나 경한 형으로 처벌되는 것은 중한 형으로 처벌하지 않는다는 의미이지 아예 처벌하지 않는 것이 아니고, 면소판결을 받은 자도 무죄주장을 할 수는 없는 것이므로 형사법의 보호적 기능을 형해화 시키는 것이 아니라고 생각된다.

결국 대법원 다수의견과 별개의견은 법문언에 따른 정당한 해석

---

17) 대법원 2022. 12. 22. 선고 2020도16420 전원합의체 판결 별개의견1의 요지.

이라고 하지만, 이는 비교적 명확한 법률의 규정을 목적론적 축소해석을 통하여 피고인의 처벌범위를 확대하는 것이며 사법해석을 통하여 처벌범위를 확장시키고 있으므로 '법률과 적법한 절차에 의하지 아니하고는 처벌 받지 않는다'는 헌법정신에도 반하는 것이다. 그러므로 형법 제1조 제2항의 '법률의 변경'의 해석은 가능한 문언 그대로 해석하여야 하며, 목적론적 축소해석을 적용할 영역은 아니라고 생각된다.

나. 입법자의 의사 실현 수단의 확보

다수의견은 종래에 입법자의 의사에 따른 동기설을 취한 배경을 다음과 같이 설명하고 있다. "종래 대법원판례가 형법 제1조 제2항과 형사소송법 제326조 제4호의 적용 범위를 제한적으로 해석한 배경에는 형벌법규의 상당 부분이 하위 법령에 대한 수권 내지 위임을 통하여 규정되는 방대한 형벌법령 체계의 개폐 과정에서 적절한 경과규정이 누락되어 처벌의 공백이 발생할 수 있다는 현실적 고려도 있었다고 보인다.

그러나 종래 대법원판례가 최초 판시된 1960년대 이후로 우리 사회 전반에 걸쳐 상당한 법제도적·기술적 발전이 있었고, 국회 또는 행정부의 입법절차와 입법환경에서 많은 개선과 정비가 이루어졌으며, 입법과정에서 법률전문가가 조력·관여할 수 있는 기회도 크게 확대됨으로써, 입법자가 종전 법령 위반행위에 대한 처벌의 유지 여부를 숙고하여 변경 대상 법령의 취지와 형식에 따라 적법하고 적절한 형태로 경과규정을 둘 수 있는 여건이 충분히 갖추어졌다고 보인다."[18]

이러한 다수의견의 설명은 사법부 구성원들의 우월주의에 의한 판단으로 생각된다. 입법부 구성원들 또는 행정부 구성원들은 복잡한 법률체계를 잘 이해하지 못하여 적절한 경과규정을 누락함으로써 처벌의 공백이 발생할 수 있었다는 것인데, 이를 사법부 구성원들이 입법자의 의사를 추단하는 동기설을 통하여 보충하여 왔다고 하는 것으

18) 대법원 2022. 12. 22. 선고 2020도16420 전원합의체 판결 다수의견의 요지.

로 판단된다. 이는 3권 분립이라는 헌법상 원칙의 내재적 한계를 사법부 스스로 넘어서는 역할을 하였음을 자인하는 것과 다르지 않다고 생각된다.

또한 현재는 이러한 사법부의 역할이 필요 없어졌고 입법자의 의사를 입법자 스스로 결정할 수 있으므로 동기설을 폐기한다는 것인데, 입법부 또는 행정부의 구성원들이 이제는 복잡한 형벌법령 체계를 잘 이해할 수 있다는 것인지 아니면 입법부와 행정부의 구성원들은 그대로인데 입법 시스템이 잘 정비되어 사법부의 역할이 없어졌다는 것인지 불분명하다.

결국 입법자는 형벌법규 자체 또는 그로부터 수권 내지 위임을 받은 법령을 변경하는 과정에서, 이로 인하여 해당 형벌법규에 따른 범죄를 구성하지 아니하게 되거나 형이 가벼워진 경우 형법 제1조 제2항과 형사소송법 제326조 제4호에 따라 피고인에게 유리한 신법이 적용되고, 결국 행위 시 범죄를 구성하는 행위였음에도 처벌을 받지 않게 되거나 가벼운 처벌을 받게 된다는 사정을 충분히 예견할 수 있다. 따라서 입법자는 법령의 변경 과정에서 종전 법령에 따른 처벌을 유지할 필요성이 있는지 여부를 스스로 면밀히 검토하여야 하고, 그러한 필요성이 인정된다면 법령의 변경과 동시에 적절한 경과조치를 취하여야 한다고 하고 있는데, 이는 입법과정 상에서 발생하는 처벌의 공백을 메우는 것은 입법자의 역할이므로 향후에는 이러한 입법자의 역할을 사법부가 대신하지 않겠다는 의견의 표명이라고 판단되고 이러한 다수의견에는 전적으로 동의하는 바이다.

다. '법령의 변경'의 기준으로서 '형사법적 관점의 변화'

다수의견에 의하면 형법 제1조의 문언과 입법취지 등을 종합하여 보면, 형법 제1조 제2항과 형사소송법 제326조 제4호에서 말하는 '법령의 변경'은 해당 형벌법규에 따른 범죄의 성립 및 처벌과 직접 관련된 것이어야 하고, 이는 결국 해당 형벌법규의 가벌성에 관한 '형사법적 관점의 변화'를 전제로 한 법령의 변경을 의미하는 것이다.

그러면서 새로운 기준인 '형사법적 관점의 변화' 여부는 종래 대법원판례가 기준으로 삼은 반성적 고려 유무와는 구별되는 것이라고 한다. 폐기한 동기설의 기준은 입법자에게 과거의 처벌이 부당하였다는 반성적 고려가 있었는지 여부를 추단하는 것이지만, 새로운 기준인 '형사법적 관점의 변화'는 법령의 변경이 향후 문제 된 형사처벌을 더 이상 하지 않겠다는 취지의 규범적 가치판단을 기초로 한 것인지 여부를 판단하는 것이라고 한다. 따라서 새로운 기준인 '형사법적 관점의 변화'는 입법자의 내심의 동기를 탐지하는 것이 아니라, 객관적으로 드러난 사정을 기초로 한 법령해석을 의미한다고 한다.

그러면서 이러한 '형사법적 관점의 변화'를 판단하는 방법으로 "해당 형벌법규에 따른 범죄 성립의 요건과 구조, 형벌법규와 변경된 법령과의 관계, 법령 변경의 내용·경위·보호목적·입법취지 등을 종합적으로 고려"하는 것을 제시한다. 이러한 판단방법은 '대상판결2'에서도 그대로 사용하고 있다.

다수의견이 제시한 새로운 기준인 '형사법적 관점의 변화'는 동기설의 문제점을 개선하기 위하여 도입한 것으로 볼 수 있지만, 형사법적 관점의 변화에 해당하는 법령 개정이 있었는지 여부는 또 다시 법령 변경의 입법취지 등을 종합적으로 고려하지 않을 수 없어, 결국 법령이 변경된 구체적인 경위나 입법취지, 해당 법령을 통한 보호목적 등을 두루 고려해서만 형사법적 관점의 변화가 있었는지 여부를 제대로 탐지할 수 있게 된다고 볼 수 있다. 그러나 종래 동기설에서도 입법자의 의사(입법취지)를 주된 고려요소 중 하나로 삼아 왔었던 점을 고려한다면, 새로운 기준이 기존 동기설의 기준과 분명하게 다른지에 대한 판단을 할 수 없게 된다.[19)]

19) 지은석, "형법 제1조 제2항에서 '법률의 변경'의 해석", 홍익법학(제24권 제1호), 홍익대학교 법학연구소, 2023.3., 219면; 차승민, "형법 제1조 제2항이 적용되는 법령 변경의 기준이 되는 '형사법적 관점의 변화'의 의미", 법학논총(제43권 제3호), 전남대학교 법학연구소, 2023.8., 210면.

Ⅲ. 대법원이 '형사법적 관점의 변화'와 관련된 것으로 제시한 유형별 검토

대상판결1의 다수의견은 대상판결1에서 문제된 형벌법규의 변경에 대한 판단 이외에도 다양한 예외적 유형들에 대한 방론을 설시하고 있고, 이에 대하여는 반대하는 별개의견1[20]과 지지하는 보충의견(대법원 이동원)[21]이 존재한다. 이 글에서는 대상판결1에 대한 검토 차원에서 다수의견이 '형사법적 관점의 변화'의 적용 여부에 대하여 제시한 각 유형을 검토해보고자 한다.

먼저 앞서 검토한 바와 같이 형법 제1조 제2항의 '법률의 변경'은 문언 그대로 해석하여야 하므로 입법자의 의사를 추단하는 동기설이나 동기설과 잘 구분되지 않는 '형사법적 관점의 변경'이라는 기준을 사용하여 목적론적으로 축소해석하는 것은 타당하지 않다고 판단된다. 다만, 제1유형에 있어서는 형벌법규 자체 또는 위임규정의 변경을 바로 '형사법적 관점의 변경'으로 판단하기에 결론에 있어서는 본고의 주장과 동일하므로 검토의 대상에서는 제외하고자 한다.

---

20) 이러한 다수의견의 방론 설시에 대하여 별개의견1은 대법원판례는 기본 법리를 제시하고, 이에 따라 이 사건을 해결할 수 있다면 이로써 충분하고, 이러한 기본 법리는 향후 개별 사건에서 구체적 공방을 거쳐 유형별로 또는 같은 유형이라도 달리 적용 내지 판단하는 등으로 발전하는 것이 바람직하다는 점, 이러한 방론 설시는 향후 해당 쟁점이 문제 된 사건의 재판부가 충분한 심리를 거쳐 판단하여야 할 결론을 대법원이 미리 정하는 결과가 되어 타당하다고 할 수 없다고 한다.

21) 방론설시에 대하여 지지하는 보충의견은 대법원이 종래 대법원판례를 변경하여 새로운 법리를 제시하는 상황에서, 이와 같이 법령의 변경이 문제 되는 대표적인 사안들에 적용될 구체적인 법리에 관한 의견을 밝히는 것은 판례 변경을 함에 있어서 필요한 논의이라는 점, 대법원이 개별 사건 재판부의 판단에 일임한다거나 향후 이에 대한 상소절차를 거쳐야만 판단할 수 있다는 것은 상당 기간에 걸쳐 일어날 형사재판 실무의 혼란과 불안정을 그대로 방치하는 결과가 되므로 타당하지 않다는 점, 대법원이 종래 대법원판례 법리를 변경하게 된 취지를 밝히고 그 과정에서 검토하고 논의한 결과를 토대로 종래 대법원판례를 대체하는 새로운 법리의 구체적인 해석·적용에 관하여 분명한 의견을 밝히는 것이 최고법원인 대법원의 책무에 부합하는 것이라는 점에서 타당하다고 본다.

1. 고시 등 규정의 변경(제2유형)의 타당성

다수의견은 고시 등 규정이 변경되는 제2유형의 경우도 바로 '형사법적 관점의 변경'으로 판단하고 있다. 그러나 '형사법적 관점의 변화'라는 기준을 놓고 보면 고시 등 규정이 피고인에게 유리하게 변경된 모든 사건에서 다수의견이 정한 바와 같은 일률적인 결론에 도달할 수 있는지 의문이다. 즉 복잡하고 방대한 체계로 이루어진 행정법령과 고시 등 규정의 개폐 과정에서 행위시법주의에 대한 예외 영역이 과도하게 확장됨으로써 법질서의 실질적 규범력이 상실되고 사회일반의 법익이 침해될 여지는 없는지 우려된다.

일반적으로 행정형벌은 의무규정이나 금지규정(이하 '의무규정'이라고만 한다)을 별도로 명시한 후 그 위반행위를 처벌하는 벌칙규정을 따로 두는 규정형식을 취하게 되므로, 행위규범인 의무규정과 형사처벌의 근거가 되는 벌칙규정이 분리되는 구조가 된다. 이러한 구조에서 행정상 목적을 달성하기 위하여 부과된 행위규범인 의무규정의 변경은 벌칙규정과 형식적인 법령체계상 위임 내지 수권관계에 놓여 있더라도 형사법적 관점의 변화에 근거하였다고 보기 어려운 경우가 많다. 의무규정이 하위 법령이나 고시 등 규정에 행정목적 달성을 위한 전문적·기술적 세부사항을 위임하여 정책상 필요에 따라 수시로 개폐가 이루어질 수 있도록 규정하였는데, 이러한 하위 법령이나 고시 등 규정이 변경된 경우라면 더욱 그러하다.

행정입법의 구조와 특수성에 비추어 보면, 의무규정의 위임을 받아 세부사항을 규정하는 하위 법령이나 고시 등 규정을 개폐하면서 벌칙규정의 적용과 관련된 경과규정을 일일이 두기 어려운 경우가 많고, 특히 고시 등 규정의 경우에는 일반적인 법령의 형식을 벗어나 다양한 형태로 이루어질 수 있어 일반적인 법령을 전제로 한 경과규정과는 애초부터 친하지 않다. 그럼에도 하위 법령이나 고시 등 규정의 변경과 동시에 경과규정을 두지 않았다는 이유로 일률적으로 재판시법을 적용하여 처벌을 면하게 하거나 가볍게 한다면, 이는 행정형벌의 영역에서 법질서 유지를 위한 형사법의 보호적 기능이 크게 훼손되는 결과로 이어진다.[22]

또한 실무상 형벌법규의 보충규범인 고시 등 규정은 유효기간이 설정되는 경우가 많다. 예를 들어 「감염병의 예방 및 관리에 관한 법률」 제80조 제7호 위반죄는 같은 법 제49조 제1항에 따른 지방자치단체장 등의 조치에 위반하는 행위를 구성요건으로 하고, 이러한 지방자치단체장 등의 조치는 행정명령을 고시하는 형태로 이루어진다. 또한 「물가안정에 관한 법률」 제25조 제1항 위반죄는 같은 법 제6조 제1항에 따른 정부의 긴급수급조정조치에 위반하는 행위를 구성요건으로 하고, 이러한 정부의 조치도 고시의 형태로 이루어진다. 이와 같은 행정명령 내지 행정조치에 관한 고시는 위 각 범죄의 구성요건에 관하여 보충규범으로 작용하는데, 수주일 내지 수개월 정도의 비교적 단기간의 유효기간을 명시하면서도 경과규정을 두지 않는 경우가 대부분이다.[23]

이와 같이 고시 등 규정 변경(제2유형)의 경우에 고시 등 규정에 유효기간이 설정되는 경우는 제2유형으로 판단해서 형법 제1조 제2항의 '법률의 변경'으로 보고 면소판결을 하여야 하는지, 아니면 협의의 한시법(제4유형)으로 판단하여 형법 제1조 제1항을 적용하여 고시 등 규정의 위반 시 형사처벌을 추급해서 해야 하는지 문제가 발생한다.

물론 아래에서 주장하겠지만 협의의 한시법 폐지도 형법 제1조 제2항의 '법률의 변경'에 포함시키면 발생하지 않을 문제이지만, 협의의 한시법을 형법 제1조 제2항의 '법률의 변경'에서 제외하는 다수의견에 의하면 발생할 수 있는 문제이다.

---

22) 대법원 2022. 12. 22. 선고 2020도16420 전원합의체 판결 별개의견1의 요지
23) 최문수, "형법 제1조 제2항과 형사소송법 제326조 제4호의 적용 대상인 '법령의 변경'의 의미와 판단 기준", 사법(63호), 사법발전재단, 2023, 3.,731면.

2. 다른 법률의 변경(제3유형)의 타당성

대상판결1에서는 해당 형벌법규 자체 또는 그로부터 수권 내지 위임을 받은 법령이 아닌 다른 법령이 변경된 경우에 형법 제1조 제2항과 형사소송법 제326조 제4호를 적용하려면, 해당 형벌법규에 따른 범죄의 성립 및 처벌과 '직접적으로' 관련된 형사법적 관점의 변화를 주된 근거로 하는 법령의 변경에 해당하여야 하므로, 이와 관련이 없는 법령의 변경으로 인하여 해당 형벌법규의 가벌성에 영향을 미치게 되는 경우에는 형법 제1조 제2항과 형사소송법 제326조 제4호 가 적용되지 않는다고 하였다. 이는 법령의 변경에는 다양한 경위와 입법 목적 등이 병존할 수 있어 전적으로 해당 형벌법규의 가벌성에 관한 형사법적 관점의 변화에 따른 것일 필요는 없으나 적어도 주된 근거는 되어야 한다는 취지이다.[24)]

이와 관련하여 다른 법령이 변경된 경우를 세분하여 ① 해당 형벌법규가 아닌 다른 법령이라고 하더라도 형사처벌에 일반적으로 적용되는 기본법인 형법 등 개정의 경우, ② 변경된 법령이 일견 비형사적 규율에 관한 것이라도 해당 형벌법규와 불가분적으로 결합되어 보충규범으로 기능하고 있는 경우, ③ 다른 법령의 변경 경위나 내용이 기본적으로 형사법과 무관한 사항인 경우로 구분하고 ①, ②의 경우에는 형법 제1조 제2항이 적용되어 신법이 적용되지만, ③의 경우는 형법 제1조 제1항이 적용되어 행위시법의 추급효를 인정할 수 있으므로 대상판결1에서 제시한 '형사법적 관점의 변화'라는 기준이 제대로 된 역할을 할 수 있다고 한다.[25)]

그러나 ①은 변경된 법령이 '해당 형벌규정'이 아니지만 그 자체가 형법 등이므로 이에 대한 변경은 본래적으로 의미에서 '해당 형벌규정'으로 볼 수 있는 것이므로 제1유형에 해당한다고 볼 수 있고, ②

24) 최문수, "형법 제1조 제2항과 형사소송법 제326조 제4호의 적용 대상인 '법령의 변경'의 의미와 판단 기준", 727면.

25) 자세한 설명으로는 최문수, "형법 제1조 제2항과 형사소송법 제326조 제4호의 적용 대상인 '법령의 변경'의 의미와 판단 기준", 727~729면 참조.

의 경우에는 형식적으로는 다른 법령의 변경이지만 실질적으로는 보충규범으로서의 역할을 하는 것으로서 앞에서 제시한 제3유형에 해당한다고 볼 수 있다. 그러나 ③은 과거 동기설에 의할 때에는 법적 견해의 변경인 경우로 판단될 경우에는 형법 제1조 제2항이 적용되어 신법의 적용가능성이 있었지만, 변경된 새로운 기준에 의하면 무조건 형법 제1조 제1항이 적용되어 행위시법의 적용을 받아야 하므로 새로운 기준이 오히려 행위자의 처벌 가능성을 높이고 있는 문제점과 다른 법령의 변경인 경우에는 모두 행위시법의 적용을 받게 되므로 새로운 기준으로서의 기능을 할 수 없다고 판단된다.

특히 대상판결2와 같이 비변호사의 법률사무 취급을 금지하는 변호사법 제109조는 제1호에서 광범위하게 법률사무(가. 소송 사건, 비송 사건, 가사 조정 또는 심판 사건, 나. 행정심판 또는 심사의 청구나 이의신청, 그 밖에 행정기관에 대한 불복신청 사건, 다. 수사기관에서 취급 중인 수사 사건, 라. 법령에 따라 설치된 조사기관에서 취급 중인 조사 사건, 마. 그 밖에 일반의 법률사건)를 규정하고 있으면서 이러한 법률사무를 비변호사가 취급하는 경우에 형사처벌하고 있는데, 다른 법률에서 각종 자격증 취득자(예를 들면 법무사 자격증 취득자)의 법률사무와 관련된 업무범위를 변경하여 정하는 것은 변호사법 제109조의 보충규정 또는 처벌범위와 관련된 것으로 판단할 수 있음에도 불구하고 단순한 다른 법률의 변경으로 보아 형법 제1조 제1항을 적용하여 행위시법으로 처벌하고 있는데, 이는 새로운 기준이 제대로 된 기능을 못하고 있는 것이며, 과거 동기설과 같이 대법원 판단의 영역을 그대로 남겨둔 것으로 밖에 볼 수 없다.

3. 협의의 한시법(제4유형)의 타당성

대상판결1에서는 “법령이 개정 내지 폐지된 경우가 아니라, 스스로 유효기간을 구체적인 일자나 기간으로 특정하여 효력의 상실을 예정하고 있던 법령이 그 유효기간을 경과함으로써 더 이상 효력을 갖지 않게 된 경우도 형법 제1조 제2항과 형사소송법 제326조 제4호에서 말하는 법령의 변경에 해당한다고 볼 수 없다."고 하여 학계에서 일반적으로 말하는 '협의의 한시법'[26]에 대하여는 형법 제1조 제2항이 아닌 형법 제1조 제1항을 적용하여 추급효를 인정하고 있다. 그리고 다수의견에 대한 보충의견은 유효기간의 경과에 따라 법률이 폐지된 경우에는 입법자의 의사로 유효기간 내의 법령 위반행위에 대해서는 유효기간 종료 이후에도 처벌한다는 기존의 형사법적 관점을 그대로 유지하는 것이 타당하고 한다.

이러한 대상판결1의 태도는 그동안 한시법의 추급효 문제를 형법 제1조 제2항의 적용문제와 무관하게 한시법에 고유한 독자적인 법리로 전개하던 태도에서 벗어나 한시법의 추급효 문제를 형법 제1조 제2항의 적용문제 속에 포함시키는 것으로서 그 방향성은 타당하다고 판단된다.

그러나 이러한 다수의견에 대하여 별개의견2는 법령이 개정·폐지된 경우와 유효기간의 경과로 효력이 상실된 경우를 차별적으로 취급하는 것에 반대하면서 그 이유를 다음과 같이 제시하고 있다. "다수의견은 유효기간을 구체적인 일자·기간으로 특정한 법령의 경우 애초부터 효력의 상실이 예정되어 있었던 점에 주목하여 법령의 변경이 아니라고 본다. 그러나 법령에 유효기간을 특정한 것은 입법기술상 향후 발생할 법령의 변경을 미리 명시한 것에 불과하므로, 이러한 조치가 추급효를 긍정해야 할 근거가 될 수 없다." 또한 "법령이 예정한 유효기간을 경과하여 실효됨에 따라 행위 당시 위반행위를 재판시법으로 처벌할 수 없게 되었다면, 이는 해당 형벌법규에 따른 처벌에 관한 형사법적 관점의 변화를 당연히 전제한 것으로 보아야 한다. 그렇지 않

26) 협의의 한시법이란 미리 유효기간을 정해놓은 법률을 의미하고, 광의의 한시법(임시법)이란 유효기간이 명시되어 있지는 않지만 법령의 목적에 비추어 볼 때 일시적 사정에 대응하기 위한 것이기 때문에 유효기간이 사실상 제한되는 법령을 말한다(김성돈, 형법총론(제8판), 104면)

다면 유효기간이 지나더라도 처벌할 수 있다는 별도의 경과규정을 두는 것이 마땅하다."고 한다. 그리고 "피고인의 입장에서 보더라도, 법령이 개정·폐지된 경우와 예정한 유효기간을 경과한 경우는 피고인이 위반한 형벌법규가 재판 시에 더 이상 적용될 수 없다는 점에서 아무런 차이가 없다. 위반행위 당시 형벌법규에 장래의 효력 상실이 미리 예정되어 있었다고 하여 피고인에 대한 비난가능성이나 행위의 반가치성을 더 무겁게 하는 요소가 될 수도 없다."는 점을 들고 있다.

대상판결1은 '협의의 한시법'에 대하여 사실상 추급효를 긍정하는 입장을 취한 것으로 볼 수 있다. 그러나 이는 명문의 규정도 없이 해석상 형법 제1조 제2항의 예외를 인정하는 것으로, 해석이라는 이름으로 협의의 한시법에 대해 추급효를 인정하는 범위만큼 그 처벌범위를 확장시키는 결과가 된다. 목적론적 축소해석을 인정한다고 하더라도 가벌성의 범위를 확대하는 경우에는 허용될 수 없다고 해야 한다.[27]

결국 한시법의 추급효를 인정하는 명문의 규정이 없는 우리 형법의 해석에서는, 유효기간 경과 전의 위반행위는 적어도 유효기간 경과 후에도 계속 적용한다는 명문의 경과규정이 없는 한,[28] 추급효가 부정되는 것이 죄형법정주의에 부합하는 해석이 된다. 결국 명문규정으로 제1조 제2항의 예외를 인정하는 '입법적 해결'이 바람직하다.[29]

Ⅳ. 나오는 말

대법원은 대상판결1을 통하여 과거 60년 세월동안 굳건히 유지하던 동기설을 폐기하였다. 이에 대하여 "1963년 최초 판시된 동기설이

27) 이주원, 형법총론(제2판), 35면.

28) 대상판결1의 별개의견2에서도 법령이 유효기간을 예정한 경우의 합리적 처리방안으로 입법자는 원칙적으로 유효기간 경과 후에도 그에 따른 처벌을 유지할 것이지 여부에 관한 분명한 경과규정을 두어야 한다고 하여 입법적 해결방안을 제시하고 있다.

29) 이주원, 형법총론(제2판), 35면.

실로 60년 세월이 경과한 후 마침내 폐기된 것이다. 오랜 세월 굳은 판례를 단번에 걷어낸다는 것이 말처럼 쉬운 일은 아니다. 이 판례변경은 죄형법정주의의 확립을 위해 진일보한, 말 그대로 대법원의 용단에 속한다. 그간 학계의 끊임 없는 문제제기와 지속적인 비판이 판례의 변경에 크게 영향을 미친 대표적 사례로 평가된다"고 하는 견해도 있다.[30] 대법원이 동기설을 폐기한 부분에 대하여는 높이 평가하는 것에 동의하는 바이다.

그러나 이번 대법원의 판례변경은 구체적 부분에서는 아쉬움이 남는다. 대법원은 형법 제1조 제2항의 '법률의 변경'에 해당하기 위해서는 새롭게 제시한 '형사법적 관점의 변경'이 전제되어야 한다고 하였지만, 과연 새롭게 제시된 '형사법적 관점의 변경'이 기존의 '동기설'의 문제점을 해결하고 새로운 기준으로 제대로 기능할 수 있을 것인가에는 의문이 남는다. 만약 새로운 기준이 앞에서 지적한 바와 같은 문제를 해결하는 데 기능을 하지 못한다면 이번 대법원의 판례변경은 '구동기설'에서 '신동기설'로의 변경에 불과하다고 할 수 있다.

앞서 언급한 바와 같이 차라리 형법 제1조 제2항의 '법률의 변경'은 총체적 법률상태의 변경을 의미하는 것으로 법률뿐만 아니라 명령도 포함하며, 한시법을 비롯한 다른 법령의 변경도 포함시킨 후, 형법 제1조 제1항의 적용을 위해서는 경과규정을 비롯한 입법적 방법을 사용하는 것이 더 법적 안정성과 형사법의 보호적 기능을 잘 유지하는 것이 아닐까 생각해본다.

30) 이주원, 형법총론(제2판), 34면.

[주 제 어]
형법 제1조 제2항, 법률의 변경, 동기설, 형사법적 관점의 변경, 법무사법

[Key Words]
Article 1 Paragraph 2 of the Criminal Act, changed in law, motivation theory, change in the perspective of criminal law, Certified Judicial Scriveners Act

접수일자 : 2024. 5. 15. 심사일자 : 2024. 6. 10. 게재확정일자 : 2024. 6. 25.

[참고문헌]

김성돈, 형법총론(제8판), 성균관대학교 출판부, 2022.

이재상·장영민·강동범, 형법총론(제10판), 박영사, 2019.

이주원, 형법총론(제2판), 박영사, 2023.

서보학, “법령의 개폐와 형법 제1조 제2항의 적용”, 형사판례연구(13), 박영사, 2005.

이경렬, “법령의 개폐와 대법원 동기설의 의미”, 성균관법학 제20권 제2호, 2008.8.

이승호, “형법의 시간적 적용범위에 관한 동기설의 문제점”, 형사판례연구(6), 박영사, 1998.

장영민, “한시법의 효력”, 형사판례연구(1), 박영사, 1993.

지은석, “형법 제1조 제2항에서 ‘법률의 변경’의 해석”, 홍익법학(제24권 제1호), 홍익대학교 법학연구소, 2023.3.

차승민, “형법 제1조 제2항이 적용되는 법령변경의 기준이 되는 ‘형사법적 관점의 변화’의 의미”, 법학논총(제43권 제3호), 전남대학교 법학연구소, 2023.8.

최문수, “형법 제1조 제2항과 형사소송법 제326조 제4호의 적용 대상인 ‘법령의 변경’의 의미와 판단 기준”, 사법(63호), 사법발전재단, 2023.3.

[Abstract]

A critical review of the changed Supreme Court precedent regarding the application of Article 1, Paragraph 2 of the Criminal Act

Kim, Dae-Won*

The Supreme Court announced '2022. 12. 22. Sentence 2020Do16420 Through the unanimous decision, the motivation theory, which had been firmly maintained for the past 60 years, was abolished. Regarding this, there is a view that highly values the Supreme Court's discarding of the motivation theory, and I agree with this view.

However, this change in the Supreme Court's precedent leaves something to be desired in specific aspects. The Supreme Court stated that in order to qualify as a 'change in law' under Article 1, Paragraph 2 of the Criminal Act, a newly proposed 'change in the perspective of criminal law' must be prerequisite. But, doubts remain as to whether the newly proposed 'change in the perspective of criminal law' will be able to solve the problems of the existing 'the motive theory' and function properly as a new standard. If the new standard does not function in resolving the problems pointed out above, the Supreme Court's change in precedent can be said to be nothing more than a change from the 'old motivation theory' to the 'new motivation theory.'

Therefore, 'change in law' in Article 1, Paragraph 2 of the Criminal Act means a change in the overall legal status and includes not only laws but also orders, and also includes changes to other laws, including the Temporary Act. Therefore, in order to apply Article 1, Paragraph 1 of the

* Visiting professor, Forensic science, Sungkyunkwan University, Ph.D in Law

Criminal Act, it is believed that using legislative methods, including transitional provisions, better maintains legal stability and the protective function of the criminal law.

작위행위와 작위의무의 구별과 과실범의 주의의무
— 대법원 2023. 3. 9. 선고 2022도16120 판결 —

김 혜 경*

【대상판결】

1. 사실관계

피고인들은 경산시 소재 ㈜금강CS에 근무하는 근로자로, 2020. 3. 19. 17:25경 위 회사 공장동 건물 외벽에 설치된 재활용 박스를 모아두는 분리수거장 옆에서 담배를 피우게 되었다. 이들은 사건 당인 화재 직전인 17:22:02경과 17:22:25경 각각 손가락으로 담뱃불을 튕겼다. "당시 바람이 화재가 처음 발생하였던 분리수거장 방향으로 강하게 불고 있었고, 피고인들과 분리수거장의 거리는 1미터에서 3미터 정도였으며, 분리수거장에는 종이류 등 불에 쉽게 탈 수 있는 물건들이 쌓여 있었던 점, 피고인들이 담배를 피고 돌아온 후 약 3-4분 정도 지나 분리수거장 쪽에서 연기가 솟아오르기 시작하였고, 그곳이 최초 발화지점으로 추정되는 점, 그 수 분 내에 제3자가 방화를 할 가능성은 극히 낮고, 그 밖에 전기적·화학적 발화원인도 없었던 점이 판명되었다."[1)]

* 계명대학교 교수, 법학박사

1) 대구지방법원 2022. 11. 18. 선고 2020노3595 판결.

2. 원심판결[2)]

(1) 화재의 발생원인

“원심과 당심이 적법하게 채택하여 조사한 증거들을 종합하여 알 수 있는 다음과 같은 사정들, 즉 CCTV 영상에 의하면 피고인 1이 분리수거장 방향으로 손가락으로 담뱃불을 튕겨서 끄고 피고인 2는 창고동 방향으로 담뱃불을 튕겨서 끄는 모습이 확인되기는 하나, 당시 바람이 분리수거장 방향으로 강하게 불었기 때문에 피고인 2의 담뱃불도 분리수거장으로 날아갔을 가능성을 배제할 수 없는 점, 피고인들 모두 담배꽁초를 분리수거장 또는 그 부근에 버렸는데 당시 담배꽁초에 불씨가 남아 있었을 수도 있고 누구의 담배꽁초에서 발화가 시작되었는지 알 수 없는 점 등에 비추어 보면, 제출된 증거들만으로 이 사건 화재가 피고인들 중 누구의 행위에 의한 것인지 인정하기에 부족하고 달리 이를 인정할 증거가 없다.”

(2) 피고인들의 각 과실범 성립 여부

“바람이 많이 불고 종이류가 근처에 적재되어 있는 곳에서 담뱃재를 털거나 꽁초를 함부로 버릴 경우 화재가 발생할 수 있다는 점은 충분히 예견할 수 있었을 것으로 보이므로, 피고인들은 이 사건 화재 발생의 책임을 면할 수 없다.”

“또한, 원심이 적법하게 채택하여 조사한 증거들을 종합하여 알 수 있는 다음과 같은 사정들, 즉 ① 근로자는 근로계약에 따른 신의칙상의 부수적 의무로서 사용자에 대하여 노무제공 과정에서 사용자의 인적·물적 자원에 손해를 야기하지 않도록 주의할 의무가 있고, 사용자 소유의 건물 등을 안전하게 사용·관리하며 위 건물 등에 위험이 발생하였을 경우에는 가능한 범위에서 그 위험을 제거하여야 할 의무가 있다고 할 것인 점, ② 타기 쉬운 종이상자 등이 쌓여 있는 분리수거장 근처에서 담배꽁초 불씨를 튕기거나 불씨가 완전히 꺼지지 않은

2) 대구지방법원 2022. 11. 18. 선고 2020노3595 판결.

담배꽁초를 분리수거장 쪽으로 던지는 것을 보았거나 알 수 있었던 점, ③ 당시 건조한 날씨에 바람이 심하게 불어 상대방이 튕기거나 버린 위 담배꽁초로 인해 화재가 발생할 수 있음은 충분히 예견이 가능했던 점 등에 비추어 보면, 피고인들에게는 상호 간 그 불씨가 살아있는지를 확인하고 이를 완전히 제거하는 등의 조치를 취하지 아니한 과실을 물을 수 있을 것이다."

(3) 주위적 공소사실에 관한 판단

"과실범의 공동정범은 행위자들 사이에 공동의 목표와 의사연락이 있는 경우에 성립하는 것인바(대법원 1997. 11. 28. 선고 97도1740 판결 등 참조), 함께 담배를 피웠을 뿐인 이 사건의 피고인들에게는 '공동의 목표'가 있었다고 보기 어려워 위와 같은 공동정범의 법리가 적용될 수는 없다고 봄이 타당하므로, 과실범의 공동정범으로 형법 제30조를 적용한 주위적 공소사실에 관한 검사의 주장은 이유 없다."[3)]

3. 대법원 판결요지

(1) "형법상 부작위범 성립요건 및 실화죄에 있어서 공동의 과실이 경합되어 화재가 발생한 경우 적어도 각 과실이 화재의 발생에 대하여 하나의 조건이 된 이상 그 공동적 원인을 제공한 사람들은 각자 실화죄의 책임을 지는지 여부(적극)"

"형법이 금지하고 있는 법익침해의 결과발생을 방지할 법적인 작위의무를 지고 있는 자가 그 의무를 이행함으로써 결과발생을 쉽게 방지할 수 있는데도 결과발생을 용인하고 방관한 채 의무를 이행하지 아니한 것이 범죄의 실행행위로 평가될 만한 것이라면 부작위범으로 처벌할 수 있다. 실화죄에 있어서 공동의 과실이 경합되어 화재가 발생한 경우 적어도 각 과실이 화재의 발생에 대하여 하나의 조건이 된

3) 검사는 변경 전 공소사실에 관하여 형법 제30조를 적용하여 피고인들을 공동정범으로 기소하였으나, 이에 대하여 원심은 형법 제30조를 삭제하고 피고인들에 대해서 각 단독범으로 하여 유죄로 판단하였다.

이상은 그 공동적 원인을 제공한 사람들은 각자 실화죄의 책임을 면할 수 없다."

(2) 실화죄 책임의 인정

"피고인들 각자 본인 및 상대방이 버린 담배꽁초 불씨가 살아 있는지를 확인하고 이를 완전히 제거하는 등 화재를 미리 방지할 주의의무가 있음에도 이를 게을리 한 채 만연히 현장을 떠난 과실이 인정되고 이러한 피고인들 각자의 과실이 경합하여 위 화재를 일으켰다고 보아, 피고인들 각자의 실화죄 책임을 인정한 원심판결을 수긍하는 한편, 원심판단 중 위 화재가 피고인들 중 누구의 행위에 의한 것인지 인정하기에 부족하다는 취지의 부분은 '피고인들 중 누구의 담배꽁초로 인하여 위 화재가 발생하였는지 인정할 증거가 부족하다.'는 의미로 선해할 수 있고, 이는 피고인들의 각 주의의무 위반과 위 화재의 발생 사이에 인과관계가 인정된다는 취지의 부가적 판단이므로, 이와 다른 전제에서 '원인행위가 불명이어서 피고인들은 실화죄의 미수로 불가벌에 해당하거나 적어도 피고인들 중 일방은 실화죄가 인정될 수 없다.'는 취지의 피고인들 주장은 받아들이기 어렵다.[4]"

【연 구】

Ⅰ. 문제의 쟁점

형법은 고의의 단독·작위·기수범을 기본적인 행위형식으로 예정하고 있고 고의범의 예외로 과실범을, 단독범의 예외로 공범을, 작위범의 예외로 부작위범을 그리고 기수범의 예외로서 미수범의 처벌요건을 규정하고 있다. 가장 기본적으로 고의범만이 형벌의 대상인 점은, 형법은 규범에 반하는 심정적 반가치 태도의 형성에 대한 비난을

4) 대법원 2023. 3. 9. 선고 2022도16120 판결.

전제로 하기 때문이다. 따라서 따라서 고의범이 아닌 과실범의 처벌은 행위반가치의 측면보다는 법익침해의 결과발생이라는 결과반가치의 측면에 보다 강하게 평가될 수밖에 없고, 따라서 형법은 개인적 법익의 영역에서는 사람의 생명·신체의 침해 또는 사회적 법익의 영역에서는 공공의 안전에 대한 위협이라는 중대한 법익침해의 결과발생을 국가형벌권발동의 근거로 삼는다. 과실치사상죄(제266조 내지 제268조) 및 기본범죄에 의한 치사상죄(진정결과적 가중범)가 전자의 예라면, 실화죄(제170조), 과실일수죄(제181조), 과실교통방해죄(제189조) 등은 후자의 예이다.

과실범의 처벌은 반드시 주의의무를 전제로 한다. 즉, 행위자에게 법적 의무로서 특정한 주의의무가 요구되고 해당 주의의무의 위반이 고의 없이 결과를 발현시킬 때 비로소 과실범의 성립을 인정한다. 따라서 주의의무는 한편으로는 과실범의 성립요건이지만 다른 한편으로는 과실범 성립의 제한원리로서, 주의의무가 없으면 과실도 없다는 엄격한 형법적 요청을 의미한다. 형법 제14조의 과실범 규정 역시 "정상적으로 기울여야 할 주의"를 과실범의 요건으로 하는 바, 주의의무는 과실범 성립의 제한기능을 수행하면서, 주의의무를 법적 의무로 한정함으로써 동시에 고의의 행위반가치적 의미를 간접적으로 수용한다. 다만 주의의무의 내용을 한정하지 않으면 그 추상성으로 인하여 과실범의 주요한 기능을 발휘할 수 없을 뿐만 아니라 자의적 해석의 우려를 초래하므로 예견가능성과 회피가능성이라는 척도를 제시하고 있다.[5] 그러나 어떠한 정황에서 구체적으로 어떠한 주의의무가 법적으로 발생하는지는 여전히 논쟁 중이다.

그런데 과실범의 경우 법익침해의 결과발생 방지를 위하여 요구되는 특정한 행위를 하지 않음으로 인하여 원치 않는(과실) 결과가 발생할 때 비로소 문제된다는 점에서 부작위 주의의무보다 작위의 주의

5) 주의의무의 기능에 관하여는 안동준, "과실범의 불법요소로서 객관적 주의의무", 법학논총 제34집 제2호, 전남대학교 법학연구소, 2014, 268면 이하.

의무가 문제되는 경우가 많다. 나아가 규범판단의 측면에서는 부작위의 주의의무는 항상적으로 작위의 주의의무를 후발적으로 수반하기도 한다. 예컨대, 졸음운전으로 교통사고를 일으켜 사람을 다치게 한 경우, 운전 중에는 졸지 말아야 한다는 부작위의무 미이행으로 치사상의 결과에 이를 때, 당연히 사람을 친 자는 구호해야 한다는 작위의무가 후발적으로 수반된다. 이는 특히 범죄의 원인된 행위가 작위인지 부작위인지의 문제를 야기하게 된다. 즉, 부작위의무를 위반한 작위행위에 의한 결과발생인지 아니면 작위의무를 위반한 부작위행위에 의한 결과발생인지의 문제이다.

또한 작위의무의 부작위에 의한 과실범의 성립여부는 부작위가 행위가 된다는 점에서 부진정부작위범의 보증의무와 중첩의 문제가 발생한다. 즉, 부작위범은 보증인지위와 보증의무를 전제로 하는 바, 부작위 과실범은 부작위범이라는 측면에서는 보증의무가 요구되고 과실범이라는 측면에서는 주의의무가 요구되기 때문이다. 그러나 판례는 부작위 과실범에 있어서 주의의무만 언급할 뿐 보증의무의 실체에 관하여는 침묵하는 경향이 있다.

대상판결 역시 실화죄라는 과실범으로서, 화재가 발생하지 않도록 하여야 할 주의의무만을 언급할 뿐 부작위범으로서 어떠한 보증의무가 요청되는지는 판시한 바 없다. 다만, 원심판결에서는 근로자의 "근로계약에 따른 신의칙상의 부수적 의무"로서 "사용자의 인적·물적 자원에 손해를 야기하지 않도록 할 주의의무"와 "위험을 제거하여야 할 의무"가 있다고 함으로써, 간접적으로 이를 부작위범의 보증의무로 판단한 것이 아닌가 한다.

나아가 서로 의사연락이나 공동의 목표가 없는 행위자가 두 명이라는 점에서 과실의 경합이 문제되는 바, 최초 공소제기 시에는 이들을 과실범의 공동정범으로 기소하였으나 하급심에서 이를 배척하고 각각 과실범의 단독범으로 판결한 바 있다.[6] 과실범의 공동정범이라

6) 원심 판결문의 내용상 최초 공소제기시에는 주위적 공소사실을 형법 제30조를 적

면 공동의 과실과 결과발생 사이의 단일의 인과성만 판단하면 족하지만, 각각의 과실의 경합으로 보아 단독의 과실범을 각자 인정하기 위해서는 행위자별로 주의의무위반과 결과발생 사이의 인과관계를 분리하여 별도로 판단하여야 한다. 그리고 원심은 담뱃불을 튕긴 작위 행위와 결과 사이에 인과관계를 판명하지 못한 점은 인정하였다. 그러나 담뱃불을 튕긴 이후에 양자 모두 자신의 행위 뿐만 아니라 상대방의 행위를 인지한 이상 튕겨진 담뱃불의 불씨가 꺼졌는지 확인해야 할 주의의무를 위반하였으므로 부작위에 의한 과실범이 성립한다고 보았다. 결론적으로 갑과 을(행위자를 임의로 지칭) 모두 부작위에 의한 과실범의 동시범으로써 불씨가 꺼졌는지 확인해야 할 주의의무 위반과 화재 사이의 인과관계가 인정된다고 본 것이다.

이러한 논리적 쟁점들을 규범적으로 그리고 순차적으로 판단한 후에 비로소 갑과 을의 실화죄 성립여부를 논하여야 함에도 불구하고 대법원은 간략하게 공동의 과실의 경합되어 각자 실화죄가 성립한다고 종결하고 있다. 따라서 여기에서는 우선 과실범의 성립요건으로서 주의의무가 작위인지 부작위인지를 판단하는 기준에 관하여 살펴보고(Ⅱ), 특히 부작위 과실범에 있어서 주의의무와 구별되는 보증의무의 실체가 무엇인지 검토한 후에(Ⅲ), 형법 제18조 부작위범의 성립 요건으로서 선행행위로 인한 보증의무의 발생에 있어서 선행행위가 주의의무위반 또는 위법행위인 경우 그로 인한 보증의무의 발생이 가능한지 여부 및 만일 이를 인정한다면 선행의 주의의무 위반과 이로 인하여 후발되는 부작위범의 보증의무 위반이 어떠한 법적 관계를 가져야 하는지 등을 살펴보고자 한다(Ⅳ). 본 사안에서는 특히 불이 붙은 담뱃불을 던지지 말아야 할 주의의무(부작위의무)의 작위행위로 인한 위반과 버린 담뱃불이 완전히 꺼졌는지를 확인해야 할 주의의무(작위의무)의 부작위행위로 인한 위반 중에서 무엇이 범죄의 원인된 행위이고

용한 과실범의 공동정범으로, 예비적 공소사실을 공동의 과실이 경합된 각자에 대한 단독범으로 기소한 것을 파악된다.

이를 법적으로 어떻게 경합되는 두 과실행위에 귀결시켜야 하는지가 쟁점이기 때문이다.

Ⅱ. 작위범과 부작위범의 구별에 관한 논의

1. 논의의 쟁점

일반적으로 형법상 진정부작위범을 제외하고는 금지규범의 형태로서 작위에 의한 구성요건충족을 예정하지만, 부작위가 범죄로 될 경우에는 통상적인 작위범의 요건보다 더욱 까다로운 성립요건을 요구함으로써 소위 아무것도 하지 않는 무위가 범죄가 된다고 평가함을 제한하기 위한 장치를 두게 된다. 그런데 범죄가 성립함에 있어서 단순일죄와 같이 단일의 행위가 결과와 연결되어 범죄성립요건을 충족시키는 경우도 있겠지만, 시간적 흐름에 따른 일련의 연속된 행위 경과가 결과를 발생시키는 경우에는 해당 결과발생이 작위 또는 부작위에 의한 것인지 판단할 필요가 있다.

범죄론과 죄수론의 차이는 발생된 행위를 분절적으로 법적 평가함으로써 다수의 행위가 단일의 범죄성립요건을 충족시킨다면 일죄가 되겠지만, 다수의 범죄성립요건에 해당한다면 죄수평가의 문제를 야기하게 된다. 따라서 작위와 부작위가 혼재되어 있는 경우에는 일단 구성요건에 해당하는 행위를 확정한 이후에 이에 해당하는 행위가 외형상 다수인 경우에 한해서만 단일범죄로서 법조경합이라든가 다수범죄로서 경합론이 문제된다.

지금까지 형법상 작위와 부작위의 구별을 논함에 있어서 일부는 형법상 작위와 부작위의 구별기준과 형법적으로 이중적 의미를 가지는 행위에 대한 법적 평가로서 작위범과 부작위범의 구별을 분리하여 전자가 선행하여야만 비로소 후자의 판단문제가 후속된다는 견해[7]와

7) 이석배, "형법상 이중적 의미를 가지는 작위·부작위 구별과 형사책임의 귀속", 형사법연구 제25호, 한국형사법학회, 2006, 3면 이하; 이세화, "작위와 부작위의 단계

하나의 범죄성립에 있어서 작위적 요소와 부작위적 요소가 혼재되어 있을 경우 구성요건"행위"가 작위인지 부작위인지를 구별하는 문제로 이해하는 견해[8)]로 구분된다. 그러나 형법상 작위와 부작위의 구별이란 궁극적으로 작위와 부작위의 혼재를 전제로 하여, 그 중 형법상 유의미한 행위가 무엇인지를 판단하는 것으로 이해된다. 예컨대 작위와 부작위 구별기준으로서 자연과학적 기준에 해당하는 신체거동설은 유의적인 신체거동이 있으면 작위이고 그렇지 않으면 부작위라고 하거나, 에너지투입설은 에너지가 일정한 방향으로 투입되면 작위이고 그렇지 않으면 부작위라고 하고, 인과관계설은 인과관계 판단에 관한 합법칙적 조건설을 대입하여 외부세계의 변화를 발생시키거나 구체적으로 결과를 야기하는 행위가 작위이고, 사건의 진행을 그대로 놔두거나 결과발생에 인과성이 없는 것을 부작위라고 한다.

그런데 이들에 의하여 제시되는 사례들은 명백히 작위와 부작위가 구분됨을 전제로 하고 시간적으로 연속되거나 중첩되는 작위와 부작위 중에서 무엇을 형법상의 유의미한 구성요건행위로 볼 것인지를 판단하고 있는 것으로 보인다.

이하에서는 작위와 부작위는 구성요건행위로서의 그것들을 의미한다는 전제 하에, 기존의 논의 중에서 작위와 부작위의 구별은 작위범과 부작위범의 구별과 혼재되어 있음을 고려하여 각 견해에 대하여 간략히 그 중점내용만 검토하고자 한다.

적 고찰", 형사법연구 제19권 제2호, 한국형사법학회, 2007/여름, 23면 이하.

8) 김성돈, "형법상 작위와 부작위의 구별", 성균관법학 제14권 제1호, 성균관대학교 법학연구소, 2002, 75면 이하; 김성룡, "치료행위중단에 있어서 작위와 부작위의 구별", 형사판례연구 제13권, 한국형사판례연구회, 2005, 1면 이하; 한상훈, "치료중단과 작위, 부작위의 구별-대법원 2004. 6. 24, 선고 2002도995판결(보라매병원 사건)-", 법학연구 제15권 제1호, 연세대학교 법학연구원, 2005/6, 249면 이하; 한정환, "작위와 부작위, 진정 부진정 부작위범의 구별", 비교형사법연구 제7권 제1호, 한국비교형사법학회, 2005, 75면 이하.

2. 구별 기준의 검토

(1) 자연과학적 관찰 방법

자연과학적 관찰이란 외부세계에의 변동과의 인과성을 중심으로 판단하는 범주이다. 인과관계설과 에너지투입설이 대표적으로 거론된다. 인과관계설은 작위란 조건설적 입장에서 외부세계에 변화를 일으키거나 구체적으로 결과를 야기하는 행위일 것을 요한다.[9] 반면 부작위란 사건이 진행되는데 있어서 행위자가 이를 그대로 놔두거나 결과발생과 구체적으로 인과관계가 없는 행위라고 한다.

한편 에너지투입설은 결과발생이라는 일정한 방향성을 가지고 에너지를 투입하는 경우에는 작위이지만, 그렇지 않은 때에는 부작위라고 한다. 에너지 투입이라고는 하지만, 단순히 에너지의 물리적 투입만을 의미하는 것이 아니라 이와 인과성이 있는 유의미한 신체의 외적 변동 즉, 거동이 있을 것으로 요한다. 반면 부작위란 에너지의 투입이 없으므로 신체의 외부적 변화가 발생하지 않는 것이라고는 하지만, 부작위란 "아무 것도 하지 않는 것이 아니라 요구된 행위를 하지 않는 것"[10]이라고 한다.

그런데 이러한 자연과학적 관찰법에 관하여는 다음과 같은 점을 주목할 필요가 있어 보인다. 우선 인과관계설과 에너지투입설이 반드시 구분되는 서로 다른 학설인가 의문이다. 인과관계설은 결과발생에 인과적으로 연결된 행위를 의미하고, 작위는 행위자가 에너지를 투입하기 때문에 행위와 결과가 인과적이지만, 부작위는 에너지 투입이 없어서 행위자와 그와 같은 에너지 투입의 결여 간에는 인과관계가 없는 것이라고 본다.[11] 즉, 인과관계설 역시 에너지투입에 의한 외부적 신체변동을 전제로 하고 있다는 점이다.

---

9) 문채규, "부진정 부작위범의 가벌성에 관한 고찰", 고려대학교 박사학위논문, 1993, 21면 이하 참조.

10) 김성돈, 앞의 논문, 82면.

11) Armin Kaufmann, die Dogmatik der Unterlassungsdelikte, Schwartz, 1959, 61면(이석배, 앞의 논문, 61면 재인용).

둘째, 에너지투입설에서의 부작위의 정의 자체가 부작위범의 명령규범 위반을 의미한다는 점에서, 작위·부작위 구별은 결과적으로 작위범과 부작위범의 구별기준과 혼재되어 있거나 또는 이를 대체하고 있다는 점이다.

셋째, 결과적으로 두 이론 모두 인과관계를 중심으로 하고 있으며, 인과관계란 원인과 결과 사이의 시간적 선후관계를 의미한다는 점에서 동시에 존재하는 작위와 부작위의 구별기준이 되기는 어려워 보인다. 또한 양자 모두 조건설 또는 합법칙적 조건설적 관점에서 결과발생과 연결되어 있는 유의미한 신체활동(거동)을 작위로 본다는 점에서, 결과범의 객관적 구성요건으로서 인과관계의 문제와 행위의 형상판단의 문제를 구별하고 있지 않다. 그리고 인과관계란 작위범에서도 부작위범에서도 필요로 하는 성립요건이므로 인과관계가 인정되지 않으면 부작위범도 성립할 수 없다고 보아야 할 것이므로 작위와 부작위의 구별기준으로는 적합하지 않다고 판단된다. 아무것도 하지 않는 무위가 형법적인 의미를 가지는 이유는 바로 그 무위가 결과발생의 원인이어야 하기 때문이다.[12]

(2) 규범적 방법

규범적이란 외적이고 사실적인 변화여부보다는 행위가 가지는 의미를 고려하여 작위와 부작위를 구분하고자 하는 시도를 의미하는 바, 행위의 사회적 의미를 고려하는 관점과 법익침해를 중심으로 파악하려는 견해가 여기에 속한다. 사회적 의미를 고려하는 관점은 행위의 사회적 중요성 또는 인간행위의 사회적인 의미를 고려할 것을 요청한다. 그러나 사회적 중요성 또는 사회적 의미란 행위론 중에서도 사회적 행위론의 관점이기 때문에 작위와 부작위의 상위개념에 대판 해석 문제이고, 또한 사회적 의미라는 기준 자체가 추상적이기 때문에 작위

12) 한편 이석배, 앞의 논문, 5면은 에너지투입설에 대하여 "일정한 방향"이 어떤 의미인지 명확하지 않고 다의적 해석의 가능성이 있다는 점에서 자의적 해석의 우려를 제기한다.

와 부작위 구별의 구체적인 기준을 제시할 수 없다는 비판이 제기되어 왔다.[13)]

법익관련설은 법익침해의 형상이 어떻게 이루어지는지를 파악하는 것으로 이해된다. 법익 존중의 요구가, 법익의 위태화를 야기할 수 있는 침해를 하지 않을 것을 요구함에도 불구하고 침해를 하면 작위가 되고 법익의 개체에 이미 발생한 위험을 제거할 것을 요구하는 형태임에도 불구하고 제거하지 않으면 부작위라고 한다. 이에 관하여도 앞선 사회적 의미라는 기준을 법익으로 대체하여 구체화하려는 시도에는 해당하지만 이 역시도 실질적으로는 작위와 부작위를 구별하는 구체적인 기준은 없는 것과 마찬가지라고 비판한다.[14)]

사회적 의미 또는 유의미한 사회적 행태는 인간행위의 사회적 중요성을 고려하려는 규범적 시도이기는 하지만, 이는 작위와 부작위의 구별기준이 아니라 양자를 포괄하는 상위개념으로 형법상 행위의 의미를 어떻게 파악할 것인가의 문제이다. 즉, 작위나 부작위를 불문하고 사회적으로 외계의 변화를 야기하는 유의적인 행태인지 또는 사실세계에서는 통합될 수 없는 작위와 부작위를 규범적 영역에서 통합하려는 시도라는 점에서 작위와 부작위의 구별기준이라고 할 수 없다. 또한 주관적 관점에서 행위의 사회적 의미를 파악하려는 시도는 부작위에 있어서 법적 행위기대가 무엇인지를 파악할 수 있도록 해 주는 기준은 될 수 있지만, "인간의 의사에 의하여 지배되거나 지배가능한 사회적으로 중요한 행태"라고 할 때에는 인과관계를 완전히 배제하는 것도 아니고 사실상 자연과학적 방법과 규범적 방법을 모두 고려한 전 구성요건적 행위의 의미에 대한 접근이라고 판단된다.

---

13) 양화식, "작위와 부작위의 구별", 성균관법학 제14권 제1호, 성균관대학교 법학연구원, 2002, 17면은 이를 비난중점설이라고 한다.

14) 이석배, 앞의 논문, 10면.

3. 작위와 부작위, 작위범과 부작위범의 구별의 혼재

우선 신체거동설이 예시하는 퇴거불응요구에 줄넘기를 하고 있는 경우에는 퇴거요구 불응과 줄넘기를 부작위와 작위로 대치시키고 이중에서 법익관련성이 있는 행위는 전자이기 때문이라고 한다. 그러나 이때에도 이미 사회적 행위론의 입장에서 줄넘기라는 것이 형법적으로 유의미한 행위가 아님을 선결하고 난 이후에 법적 평가의 대상이 되는 법익관련적 행위는 퇴거요구 불응에 있다고 본다는 점에서 이것이 과연 순수하게 작위와 부작위의 구별이라고 할 수 있는지 의문이다.

에너지 투입설에서도 마찬가지로 환자의 요구에 부응하여 퇴원지시를 한 의사의 행위에 대하여 더 이상 치료를 하지 않겠다는 방향으로의 에너지의 투입이므로 부작위라고 설명[15)]하지만, 이 역시도 의사의 퇴원지시라는 작위와 치료의무 미이행이라는 부작위를 구별함을 전제로 하고 법적 평가로서 "치료의무"를 선결한 후에 그것의 미이행이 부작위라고 본다는 점에서 이미 법익관련적 규범평가를 혼재하고 있는 것이라고 비판할 수 있다.

인과관계설은 이에 더 나아가 합법칙적 조건설적 기준으로 인과성 판단을 하여 작위와 부작위를 구별한다는 것은 이미 이들이 구성요건행위로서 평가될 수 있음을 전제하였다고 할 수밖에 없다. 인과관계의 문제는 행위를 확정하고 난 이후에 비로소 결과와의 사실적 연관성을 판단하기 때문이다.

이러한 점은 형법상 작위와 부작위의 구별이 행위론 중에서도 사회적 행위론 하에서 형법상 유의미한 행위일 것을 전제로 함을 의미하며, 형법상의 행위론을 전제로 한 구성요건행위 여부를 떠나서 순수하게 자연과학적 의미의 작위와 부작위를 논하는 것은 아님을 의미한다. 그렇다면 작위와 부작위의 구별 역시 구성요건해석을 전제로 하

---

15) 이석배, 앞의 논문, 3면은 Karl Engisch, FS-Gallas, De Gruyter, 1973, 170, 176면 이하를 인용하고 있다.

며, 작위와 부작위의 혼재시 작위범과 부작위범의 구별을 목적으로 하므로, 순수하게 작위와 부작위의 구별을 선결해야만 작위범과 부작위범을 구분할 수 있다는 논리는 불필요한 중복을 의미한다고 보여 진다. 물론 작위와 부작위를 구별한다고 해서 반드시 그러한 작위와 부작위가 범죄구성요건과 언제나 관련 있는 것은 아니라고 항변할 수도 있으나, 앞선 이론들은 모두 작위범과 부작위범의 구별기준으로도 중첩적으로 논의되고 있다는 점을 부인하기는 어렵다.

또한 작위와 부작위는 행위의 하위개념으로서, 형법상의 행위론의 무용론을 주장하지 않는 한 순수하게 작위와 부작위라는 사실행위 유형의 구별이 형법상 의미를 가지기는 어렵다. 예컨대 순수거동설에서 제시하는 줄넘기 행위가 그 자체로 형법상 행위로서 수용되겠는가이다. 또한 동일한 내용을 다루면서 작위와 부작위의 구별기준에는 자연과학적 방법과 규범적 방법이 있다고 보면서, 작위를 우선하거나 작위추정설은 작위범과 부작위범이 혼재되는 이중적 의미를 가지는 행위의 형사책임귀속이라고 보는 견해[16]도 있지만, 작위와 부작위의 구별기준으로 작위우선(작위추정)설과 규범적 척도설 및 자연과학적 척도설이 있다고 분류하는 견해도 있다.[17] 이처럼 작위와 부작위, 작위범과 부작위범의 구별은 혼재되어 있을 뿐만 아니라, 그 구별기준에 해당하는 학설들에 대한 분류조차도 서로 상이하다.

정리하자면 형법적 의미를 떠나서 순수한 작위와 부작위의 구별은 무용하며, 형법상 부작위를 논할 때에는 이미 보증의무를 전제하고 해당 요건을 갖춘 자의 부작위만을 평가한다는 점에서 일반적으로 행할 수 있는 작위행위와 규범적으로 특정인에게 의무지워진 작위의무의 불이행으로서 부작위 행위가 범죄성립요건으로서의 행위개념을 충족하는가가 논의의 대상이 되어야 할 것이다. 따라서 작위와 부작위의 구별이라기 보다는 작위범과 부작위범의 구별, 보다 엄밀하게는 규범

16) 이석배, 앞의 논문, 6면 이하 참조.
17) 김성돈, 앞의 논문, 77면 이하 참조.

에 반하는 작위행위와 규범합치적인 작위의무의 존재 및 법익침해 결과발생과의 인과성의 구별 또는 판단이라고 봄이 보다 적절할 것이다.

Ⅲ. 작위행위와 작위의무의 4가지 유형화

1. 규범에 반하는 작위행위와 규범합치적 작위의무에 의한 구분법

지금까지 작위와 부작위 또는 작위범과 부작위범의 구별이라고 하였을 때에는 양자는 해당 구성요건행위를 작위로 할 것인지 부작위로 할 것인지를 기준으로 하였다. 그러나 작위로 인한 구성요건충족은 특별히 부과되는 의무 없이 규범에 반하는 행위의 존재가 범죄로 평가되지만, 후자는 부작위로 인한 구성요건충족이 아니라 특정한 의무부담을 전제로 하여 의무불이행이 구성요건충족으로 판단된 것이지 오로지 부작위가 범죄성립의 요건이 되는 것은 아니다. 따라서 작위와 부작위라고 할 때에는 범죄성립요건을 정확히 비교할 수 없는 난점이 생긴다.

따라서 작위행위와 작위의무, 즉 규범에 반하는 심정적 반가치태도가 작위범은 작위행위의 실행으로, 부작위범은 작위의무의 불이행의 형상으로 드러난다는 점을 범죄성립의 핵심으로 파악할 필요가 있다. 만일 작위행위와 부작위행위라고 비교하게 된다면 작위와 동시에 부작위인 경우, 예컨대 말기암환자의 생명유지장치의 제거라는 작위행위가 동시에 부작위행위로서 치료의무의 불이행이 되는 경우, 전자와 후자는 규범에 반하는 심적 태도를 드러낸다는 점에서는 하등의 차이가 없다. 그러나 전자는 의무 없이 행하는 일반범으로서의 작위적 요소가 여과 없이 범죄가 되므로 누가 그와 같은 행위를 하든지 범죄성립에 영향을 미치지 않는다. 그러나 후자는 부작위 이전에 작위의무를 행할 신분적 요소가 반드시 선결되어야 하므로 부작위의 존재를 행위 그 자체로 평가할 수 없고 그 이전에 부작위로 드러나는 "의무"

의 존재를 확인해야 하므로, 작위와 부작위를 동시에 판단할 수는 없게 된다.

그 결과 작위와 부작위의 구별이 아니라, 문제는 규범에 반하는 작위행위와 규범에의 합치를 요구하는 작위의무의 병존의 문제가 되는 것이다. 이 때의 작위행위와 작위의무의 병존은 시간적으로 중첩될 수도 있고 선후관계로 드러날 수도 있다. 그럼에도 불구하고 이를 작위와 부작위의 구별이라고 할 때에는 양자 중에 선택의 문제인 것처럼 보일 수 있다. 그러나 이를 규범에 반하는 방향으로의 심정적 태도의 표출로서 작위행위와 법익보호를 위하여 요구되는 규범에의 합치를 의미하는 작위의무로 이해한다면 행위와 의무는 시간적으로 중첩되어도 각각 분리하여 별도로 판단할 수 있게 되며, 양자가 동가치로 존재할 때에는 범죄론을 넘어서서 죄수론의 문제까지도 자연스럽게 연결하여 규범적 판단을 할 수 있게 된다.

나아가 작위와 부작위의 구별로 이해하게 된다면, 선행 작위행위로 인하여 발생하는 보호의무가 후행 부작위로 위반된다는 잘못된 평가로부터 자유로울 수 있게 된다. 형법 제18조는 선행행위로 인하여 법익보호의 의무가 발생될 것을 요구하지만, 이것이 이미 선행 작위행위로 법익에 반하는 심적 태도를 형성한 자에게 다시 법익보호의무라는 모순된 의무를 부과하는 법적 오류를 범하는 것을 방지하여 형법 제18조의 부진정부작위범의 성립범위를 제한하는 명확한 기준을 제시할 수 있다. 이에 관하여는 다음에서 후술하기로 한다.

이러한 의미에서는 범죄성립을 4가지로 유형화 함이 가능하다. 첫째, 작위행위와 작위의무의 시간적 병존(중첩)의 경우, 둘째, 작위행위와 작위의무의 순차적 존재, 셋째 선행 작위행위로 인한 후행 작위의무의 발생여부, 넷째, 작위행위와 작위의무의 법익보호방향의 상충이 그것이다.

2. 작위(행위)-부작위(작위의무)의 시간적 병존

(1) 작위와 부작위의 시간적 중첩의 경우

작위행위시점에 이미 부작위범으로서 보증인지위가 인정되는 경우이다. 이 때에는 일반범으로서 행하는 작위에 의한 구성요건충족이 동시에 작위의무의 불이행으로 드러난다. 즉, 규범에 반하는 심적 태도의 표출로서 법익침해의 작위행위가 의무에 반하는 행위로 판단될 경우 해당 행위 자체가 작위의무의 불이행으로 평가되는 것이다.

예컨대 말기암 환자인 남편을 보호해야 할 의무가 있는 부인이 의사 몰래 병상에 누워있는 남편의 생명유지장치를 제거한 경우에는, 생명유지장치의 제거라는 작위행위는 부인의 남편에 대한 민법상 부양의무의 유무와 관계없이 일반 행위자로서 사람의 생명을 해하는 살인죄의 작위범이 성립한다. 그리고 동시에 부양의무자라는 작위의무자가 행하여야 할 작위의무로서 법익보호의무에 위반하는 또는 그에 반대되는 행위로서 생명유지장치의 제거라는 행위는 부양의무의 불이행이라는 심적 태도가 비약적으로 표동하여 외부로 드러남으로써 의무불이행이라는 살인죄의 부작위범이 성립하게 되는 것이다.

이 때에는 법익침해에 대한 직접적인 결과발생은 작위행위에 의한 법익침해와의 인과성판단에 있어서는 작위범의 측면에서는 생명유지장치의 제거라는 작위의 형태로 나타나지만, 부작위범의 측면에서도 부양의무를 이행하지 않겠다는 행위자의 심적 태도가 생명유지장치 제거라는 작위의 형태로 드러나고 있으므로 부작위범으로서 의무불이행의 성립은 작위의무에 반하는 작위행위의 방식으로 표출되고 있는 것이다.

따라서 결과적으로 규범에 반하는 심적 태도의 표출은 작위범에 있어서도 작위형태이고, 부작위범에 있어서도 요구되는 의무에 반하는 작위형태로 드러난다는 점에서 작위범만 성립하면 족하다. 만일 이 경우에도 부양의무의 불이행을 부작위범으로 평가하게 된다면 불법성에 대한 이중평가가 된다. 부작위범으로서 부양의무의 불이행이라는 의무불이행의 부작위가 아무것도 하지 않은 무위로 드러난 것이 아니라, 그와 같은 의무이행에 적합하지 않는, 즉 의무이행에 반하는 작위행위를 통해 의무불이행의 고의가 표출되고 있기 때문이다. 만일 이를 작위범과 부작위범의 동시 존재로 평가한다면 생명유지장치 제거라는 행위에 대한 이중평가가 된다는 점에서 타당하지 않다.

이와 같이 평가함은, 작위 먼저 평가하고 부작위를 나중에 평가한다는 작위우선설과는 다르다. 작위우선설은 작위를 평가하면 부작위를 굳이 평가할 필요가 없다고 보지만, 작위행위와 작위의무가 병존하는 시점에서 행하는 단일 행위로서 작위적 요소가 작위의무의 불이행이라는 심적 태도의 표현으로 드러난다는 점에서 행위에 대한 단일한 평가로서 작위범만 성립한다고 보는 것이기 때문이다. 즉 작위를 우선 또는 먼저 평가하는 것이 아니라 작위행위에 작위의무불이행이 중첩되어 있으므로 단일한 평가를 한다는 의미인 것이다.

(2) 과실범의 결과회피의무

특히 과실범의 경우에는 작위 행위 안에 결과회피의무의 불이행이 포함되는 경우가 문제된다. 과실범의 객관적 주의의무는 구체적으로 결과예견의무와 결과회피의무라고 하는 바, 비록 결과예견의무를 작위적으로 위반하였더라도 결과를 회피해야 한다는 의무의 위반은 부작위적으로 드러나기 때문이다. 즉, 결과를 회피하여야 함에도 불구하고 이를 하지 않았다는 부작위적인 요소가 과실범의 구성요건이라고 한다면 이러한 부작위는 작위적인 요소의 부수적인 현상에 불과하게 된다. 따라서 부진정 부작위 과실범을 논함에 있어서는 결과회피의무를 이행하지 않았다는 점이 부작위적 요소라고 할 수 없고, 일반적으로 요구되는 주의의무 이외에 보증의무위반이 별개로 존재하여야 한다. 즉, 일반적인 과실작위범에 있어서 결과회피를 하지 않았다는 점은 작위 행위 속에 내포되어 있는 망각범의 형태로 이해하여야 할 것이다.

이와는 달리 보증의무위반에 의한 부작위과실범은 첫째, 스스로 보증인지위자임을 과실로 인식하지 못한 경우, 둘째, 보증의무를 이행하여야 하는 객관적 정황이 존재함에도 불구하고 부주의하게 이를 인식하지 못한 경우, 셋째, 보증의무자가 개별적 행위능력(행위가능성)에 관하여 스스로 이를 결여하였다고 오인한 경우, 마지막으로 작위의무를 이행하기는 하였으나 그 행위 자체를 부주의하게 수행하여 결과발생을 방지하지 못한 경우 등으로 구분할 수 있을 것이다.[18]

그리고 이를 판단하기 위한 전제조건은 보증의무의 존재이지 주의의무의 존재가 아니다. 물론 보증인 지위자가 주의의무를 위반하면 보증의무 위반에 대한 심사 없이 바로 과실범이 성립하는 것인지, 즉 주의의무 위반=보증의무 위반인지 여부에 관하여는 견해의 대립이 있다. 긍정설은 보증인이라는 특수한 상황에서의 주의의무는 보증인지위를 고려하여 결정되므로, 법익보호 또는 위험원감독의무 역시 그로부터 출발한다는 점에서는 양자는 실질적으로 동일하다고 본다.[19] 그러나 주의의무는 일정한 정황이나 법적 관계로부터 보편적으로 주어지는 것이고, 보증의무는 비록 보증인지위가 있다고 하더라도 그와 같은 보증의무를 발생시키는 객관적 정황으로부터 의무이행이 요구되는 것이므로 양자가 경우에 따라서는 중첩될 수도 있지만, 반드시 일치한다고는 볼 수 없다.

---

18) 이러한 구분에 관하여는 안동준, "과실범의 불법요소로서 객관적 주의의무", 법학논총 제34집 제2호, 전남대학교 법학연구소, 2014, 275면.

19) 안동준, 앞의 논문, 275면은 긍정설의 입장으로 G. Stratenwerth, Strafrecht Allgemeiner Teil, Carl Heymanns Verlag, 2000, 16/2를 거론한다. 여기에서 든 사례는 모와 이웃집 여자가 차를 마시는 동안 아이가 창문에서 떨어져 사망한 경우, 이웃집 여자는 보증의무가 없으므로 주의의무 위반도 인정되지 않고 과실치사죄가 성립하지 않게 되는 반면에 모는 과실치사죄가 성립하는 이유가 보증의무가 동시에 주의의무이고 양자의 발생근거는 보증인이라는 지위에 있기 때문이라고 한다.

3. 작위(행위)와 부작위(작위의무)의 시간적 연결

(1) 작위행위 이후에도 존재하는 작위의무

작위로 인한 법익침해행위 이후에도 결과발생 전에 여전히 작위의무가 존재하는 경우이다. 예컨대 수영교사가 수영을 전혀 하지 못하는 것을 이미 알고 있는 자신이 가르치는 학생을 살인의 고의로 물에 빠뜨리는 작위행위 이후에도 여전히 허우적대면서 구조요청을 하는 학생을 보면서도 구조의무를 불이행하는 경우 또는 말기암환자를 치료하는 의사가 치료비를 낼 수 없는 형편인 환자의 생명유지장치를 제거한 후에도 여전히 생존해 있는 환자의 치료의무를 불이행하는 경우를 상정할 수 있다.

이때 후행하는 작위의무는 선행하는 작위행위로부터 비로소 발생하는 것이 아니라, 수영교사 또는 의사라는 신분으로 인하여 선행 작위행위 시점 이전부터 존재하는 보증의무에 불과하다. 따라서 선행행위로 인하여 결과가 발생하기 전이라면 여전히 구조의무 또는 치료의무라는 보증의무는 존재하는 것이고, 해당 보증의무의 이행으로 법익침해의 결과발생방지가 가능하므로 보증의무의 미이행은 선행 작위와 별개로 법적으로 부작위행위로서 평가가 가능할 것인지 문제된다.

우선 법익보호의무가 있는 보증인이 작위행위로 법익침해의사를 표출하였다면, 이미 선행의 작위행위 속에는 의무불이행의 의사가 내포되어 있다. 앞서 작위행위와 작위의무의 병존과 유사하게 이 경우 후행 부작위는 선행 작위행위에 의하여 표현된 규범에 반하는 심적 태도의 형성이 유지되고 있을 뿐, 행위자에게 선행행위와 달리 법적 가치가 있는 보다 중한 불법의지라든가 선행 작위행위와 독립된 부작위가 존재한다고 법적인 평가를 함이 타당한지를 검토하여야 하나, 극히 예외적인 경우를 제외하고 통상 이를 긍정할 수 없다.

작위의무자가 의무이행에 반하는 방법으로 법익보호가 아닌 법익침해로의 의사를 실현하였다는 선행 작위행위에 대한 평가로서 이미

법적 평가는 종료된 것으로 보아야 한다. 만일 이후에 구조의무 또는 치료의무를 이행하지 않았다는 부작위에 대하여 별도의 법적 평가를 하게 된다면, 고의의 측면에서는 선행 작위행위시점에 행위자의 내심의 의사방향과 상이한 독립된 불법고의를 분리할 수 없을 뿐만 아니라, 작위 시점에 존재하던 고의와 작위의무 불이행 시점인 부작위를 통해 드러내는 고의가 연속된 고의가 아니라고 하기 어렵고 의사방향은 여전히 법익침해(살인)의 결과발생을 향하여 있는 것으로 평가된다. 다만, 그와 같은 법익침해를 향한 의사를 한편으로는 작위행위로 다른 한편으로는 부작위행위로 드러내는 것이며, 행위를 분절적으로 평가하여 작위와 부작위를 분리하더라도 양자는 법조경합에 해당한다고 판단된다.

(2) 선행 작위와 후행 작위의무불이행의 법조경합 여부

가. 흡수관계 중 불가벌적 사후행위의 타당성

양자의 관계는 법조경합의 불가벌적 사후행위와 유사한 면이 드러난다. 물론 법조경합은 외형상 2개 이상 존재하는 구성요건요소의 충족이 있을 경우 규범적 심사를 통한 법조문 간의 배척 또는 충돌을 해결하기 위한 문제일 뿐이므로 대체로 하나의 행위가 둘 이상의 법적 구성요건을 충족할 때에 비로소 논의되지만, 법조경합 중 불가벌적 사전행위나 불가벌적 수반행위, 그리고 불가벌적 사후행위는 둘 이상의 행위에 대한 법적 평가의 문제가 된다. 이중에서 불가벌적 사후행위는 제1행위와 제2행위가 동일한 법익을 이중적으로 침해해도 제1행위의 법익침해 결과를 넘어서는 제2행위에 의한 법익침해가 존재한다고 평가할 수 없는 경우에 불법성의 이중평가를 방지하기 위한 장치라는 점에서 선행 작위행위에 대한 평가로서 법적 평가가 종료된다는 점이 일치하게 된다. 이처럼 불가벌적 사후행위를 인정함은 외형상으로 분리되어 독자적인 구성요건에 해당하는 행위가 존재하더라도 선행 행위만을 범죄로 인정함으로써 불법성에 대한 정당한 평가를 하고,

단일의 법익침해에 관하여 규범적으로 구성요건 성립에 있어서 불필요한 중복을 피함으로써 해당 법조문의 입법목적을 달성함에 있다.

즉 선행 작위행위로부터 법익침해 결과발생의 직접적 인과성을 판단하게 되면, 후행 작위의무 불이행이 선행 작위와 달리 중첩적인 법익침해의 인과성을 독자적으로 가진다거나 선행 작위행위가 목적하는 결과발생을 초과하는 법익침해를 향한다고 평가할 수 없기 때문이다. 또한 선행 작위와 후행 작위의무 불이행의 주체 및 객체는 당연히 일치하므로 불가벌적 사후행위 성립에 요구되는 일반적인 요건이 충족함에도 불구하고, 이를 달리 평가하여 행위자에게 불리하게 불법성에 대한 과중한 평가를 할 필요는 없을 것이다.

구체적으로는 첫째, 후행행위는 구성요건에 해당하여야 하며, 구성요건을 충족시키지 않는 행위는 법적 평가를 할 필요가 없다. 따라서 후행 의무불이행은 부진정부작위범의 성립요건을 충족하여야 한다.[20] 다만 선행행위의 범죄와 후행행위의 범죄가 완전히 다른 법적 구성요건을 충족하여야 하는가에 대하여, 예컨대 절도행위후 해당 물건을 손괴한다든가(절도죄와 손괴죄) 장물운반을 하는(절도죄와 장물운반죄) 등 서로 다른 범죄에 해당할 수도 있지만 반드시 그런 경우에만 불가벌적 사후행위가 성립한다고 볼 필요는 없다. 예컨대 타인의 그릇에 방뇨를 한 후에 깨뜨린 경우 선행행위도 손괴죄가 되고 후에 깨뜨린 행위 역시 손괴죄가 된다는 점에서 선행행위와 사후행위는 동일한 범죄구성요건에 해당하여도 불가벌적 사후행위는 성립한다.

둘째, 후행행위에 의하여 침해되는 법익은 선행행위의 침해법익을 초과할 수 없다. 선행 작위행위와 후행 작위의무 불이행은 동일한 객체에 대한 동일한 법익침해를 전제로 한다는 점에서 이 요건도 충족된다. 만일 후행 작위의무 불이행에 의하여 침해되는 법익이 선행 작위행위에 의한 법익침해를 초과할 때에는 별도의 법적 평가를 하여야 하며, 이는 여기에서의 구별기준 중 4번째 유형에 해당하게 된다.

20) 각 요건에 관하여는 이형국/김혜경, 형법총론 제7판, 법문사, 2023, 558-559면 참조.

셋째, 후행행위에 의하여 침해되는 법익의 귀속자는 선행행위와 동일하여야 하는 바, 마찬가지로 작위행위에 의하여 침해되는 법익의 귀속자와 후행 보증의무를 져야 할 대상자는 당연히 동일인이어야 함은 물론이다. 만일 양자가 다르다면 이 역시 4번째 유형에 해당한다.

마지막으로 선행행위가 실체법상 요건을 갖추면 족하고, 그 외에 소송법적 요건까지도 완벽히 구비할 필요는 없다. 따라서 선행 작위행위가 공소시효 완성, 소송조건 결여, 인적 처벌조각사유 존재 등으로 처벌되지 않는다면, 후행 작위의무불이행도 처벌의 대상이 될 수 없다. 법조경합이란 실체법상의 규범적 효력만 가지지만, 선행행위가 소송법상 요건결여로 처벌할 수 없을 때에도 이미 후행 작위의무불이행의 실체법상 효력이 선행행위에 귀속되는 결과 선행행위의 소송법상 효력에 종속되는 것으로 보아야 할 것이다.

반면, 선행 작위행위가 범죄의 증명이 없거나 증거불충분으로 처벌되지 않는다면 후행행위는 별도로 성립하고 처벌할 수 있다. 이는 만일 대상판결과 같은 사안이 해당 유형에 해당할 경우에는, 선행 행위가 인과관계 입증 불명으로 인하여 결과귀속을 할 수 없는 경우, 후행행위에 의하여 범죄성립을 별도로 논할 수 있음을 의미한다. 그러나 반대로 후행행위의 범죄성립을 별도로 논하기 위해서는 반드시 본 유형에 해당하는 경우로 한정된다고 보아야 할 것이다. 만일 다음의 세 번째 유형에 해당한다면 선행행위의 인과관계 불분명으로 범죄성립요건의 평가는 완료되며, 후행행위에 대한 법적 평가는 할 수 없다고 보아야 한다.

나. 보충관계 성립의 문제점

한편 이에 관하여 법조경합 중 보충관계를 주장하는 견해[21]가 있다. 일반적으로 작위와 부작위(범)의 구별기준 중에서 작위를 우선 검토하는 이유로서, 부작위는 작위에 대하여 법조경합 중 보충관계에 있

21) 양화식, 앞의 논문, 34면; 이정원, 형법총론, 456면.

으므로 일반법이 보충법에 우선한다는 원리를 적용하여 작위부터 검토해야 한다고 본다. 이에 따르면 선행 작위행위에 의하여 범죄가 성립하는지 판단하고 부정되는 경우에 한하여 보충적으로 부작위범의 성립을 논하게 된다.

그러나 작위범과 부작위범의 구별로서 보충관계설은 몇 가지 해결해야 할 난점이 있다고 판단된다. 우선 법조경합 중 보충관계는 일반법과 보충법이 서로 적용법조가 상이할 때에만 법적 보충 여부의 판단이 가능하다. 작위범죄가 일반법이고 부작위범죄가 보충법이라면, 양자는 묵시적 보충관계로서 기수-미수-예비·음모와 같이 성립단계별 적용법조[22]가 달라지든가 명시적 보충관계로서 단일한 구성요건체계 내에서 조문을 달리함이 일반적이기 때문이다.

둘째, 작위와 부작위라는 행위 판단의 기준을 법조경합이라는 죄수문제로 판단하기 위해서는 일단 양자는 외형상 독립적인 범죄요건을 완전히 충족하여야 한다. 그러므로 작위범과 부작위범의 구별 또는 선택의 문제가 아님에도 불구하고, 보충관계를 주장하는 견해들은 작위와 부작위의 구별기준으로서 이를 제시한다.

셋째, 어느 일방의 인과성 판단이 부정된다고 해서 후순위 적용법조를 사후적으로 개입시킬 수는 없다. 법조경합은 인과성이 인정된 후의 죄수에 관한 규범적 판단이며, 사실관계의 문제가 아니기 때문이다.

넷째, 기본법과 보충법의 관계는 전자가 불법성 및 성립요건이 상대적으로 가중되는 경우이다. 그러나 작위범과 부작위범은 불법성의 면에 있어서 동일한 적용법조의 범죄가 성립하며, 부작위범이 필요적/임의적 감면이 되는 것도 아니다. 또한 작위범보다 부작위범이 보증인지위, 동가치성, 작위의무가 요구되는 행위정황 등 보다 많은 성립요건을 요구한다는 점에서, 성립요건의 면에서는 오히려 부작위범이 보다 가중된 형태이다.

---

22) 형법은 고의기수범을 예정하면서, 미수죄와 예비음모죄는 각칙상 적용법조를 달리한다.

따라서 설령 작위범과 부작위범이 병렬적으로 또는 중첩하여 성립가능한 경우 외형상 분절적으로 존재하는 행위에 대한 범죄성립을 논하여 법조경합을 인정한다고 하더라도 이를 보충관계라고 쉽게 단정할 수 없다.

(3) 작위의무 이행에 의한 중지미수 성립

선행 작위행위로 인하여 법익침해에 대한 직접적 인과성을 드러낸 이후에 후행 작위의무 불이행이라는 부작위가 존재할 경우, 보증인이 후행하는 부작위를 중단하고 작위의무를 이행하였을 때에는 범죄가 불성립하는가의 문제이다.

행위를 분절적으로 평가하였을 때 선행 작위행위와 후행 부작위는 명백히 분리되는 행위이고 행위표출 형태도 서로 다르다. 그런데 보증인이 후행하는 작위의무를 이행하여 법익침해 결과발생을 방지하였을 때라도 선행 작위행위의 성립이 부정되는 것이 아니라 법익침해로 연결된 인과성에 대한 행위자 스스로의 작위의무 이행에 의한 단절이라고 평가할 필요가 있다. 즉, 작위의무 이행에 의하여 중지미수가 되는 것이지, 결과발생 방지로 인하여 범죄가 불성립하는 것은 아니다.

즉, 선행 작위행위자가 그로 인한 법익침해의 결과발생 전에 보증인으로서 후행 작위의무를 이행하였다면, 법익침해 결과발생방지를 위하여 적극적으로 작위의무를 이행한 것이 중지미수에서의 "자의로 그 행위로 인한 결과의 발생을 방지한 때"에 해당한다고 봄이 타당할 것이다. 예컨대, 말기암 환자를 치료하는 의사가 생명유지장치를 제거하는 작위행위 이후에도 여전히 생명침해의 결과발생 전에 존재하는 작위의무를 이행, 즉 치료의무를 이행하여 구조하였다면 후행 작위의무의 이행은 부작위의 중단으로써 중지미수에 해당한다.

4. 선행행위에 의한 후행 작위의무의 인정과 불인정

선행행위로 인하여 후행하는 작위의무가 비로소 발생되는 경우이다. 형법 제18조는 위험을 야기한 자에게 법익침해 결과발생 방지의무를 부과하고 있는 바, 이것이 여기에 해당한다. 그러나 이때에도 선행행위에 제한을 두지 않고 법익을 보호해야 할 의무를 부과한다면 일반인의 적법한 일상생활에 대한 과도한 형법적 개입이 될 수 있다. 따라서 선행 작위행위로 인하여 비로소 발생하는 후행 작위의무는 어떻게 제한할 것인가에 대하여 견해의 대립이 있다. 또한 선행행위가 보호법익에 대한 직접적 위험을 발생시키는 심적 태도를 형성하고 있다면, 그러한 선행행위로 인하여 다시 스스로 법익침해행위를 한 자에게 다시 법익침해 결과발생 방지의무라는 후행 작위의무를 부과하는 것은 내용상 모순이며 서로 배타적인 관계에 있으므로 이를 부정함이 타당하다. 예컨대 고의로 상해를 입혀서 사망에 이르게 한 자에게, 고의의 상해행위를 선행행위로 하여 법익침해 결과발생 방지의무를 부과한다면 치사의 결과는 법익보호의무라는 후행 보증의무의 위반이 되므로 이를 근거로 선행행위와는 분리된 별개의 부작위 살인죄를 인정하는 결과를 초래하기 때문이다. 이에 관하여는 후술하고자 한다.

마지막으로 선행하는 행위가 존재하더라도 그것이 법익침해와 직접적 연관성이 없거나 선행행위로 인하여 발생한 보증의무가 보다 큰 법익침해 결과발생 방지를 요구하는 경우에는 선행의 작위행위와 후행의 부작위는 별개의 범죄가 성립할 수 있다.

Ⅳ. 선행행위에 의하여 발생하는 후행 작위의무

1. 문제의 제기

형법 제18조는 “위험발생의 원인을 야기한 자가 그 위험발생을 방지하지 아니한 때”에는 발생된 결과에 대하여 부진정부작위범이 성립한다고 규정하고 있다. 대상판결의 경우 갑과 을이 각각 불이 꺼지지 않은 담배꽁초를 부주의하게 버려서 이로 인하여 화재의 위험을 발생하게 하는 원인을 야기한 경우에, 그 위험발생을 방지할 의무 즉 버려진 담배꽁초의 불이 꺼졌는지 확인하고 꺼지지 않은 불씨를 꺼야 하는 후행의 작위의무가 발생하고 이를 위반한 경우에 화재라는 결과발생에 대하여 실화죄의 죄책을 지는가의 문제이다.

대법원은 "분리수거장 방향으로 담배꽁초를 던져 버리고" 현장을 떠난 갑과 을에게 "각자 본인 및 상대방이 버린 담배꽁초 불씨가 살아 있는지를 확인하고 이를 완전히 제거하는 등 화재를 미리 방지할 주의의무"를 인정하고 이를 위반하여 화재가 일어났으므로 각자는 실화죄의 책임이 인정된다고 보았다. 즉, 담배꽁초를 버린 선행행위로 인하여 불씨를 제거해서 화재를 방지해야 할 후행의 작위의무가 발생한 것으로 판시한 것으로 해석된다는 점에서 제18조의 선행행위로 인한 부진정 부작위범의 성립여부의 검토가 필요한 것이다.

다만, 각자 본인이 버린 것에 관하여는 선행행위로 인한 후행의 작위의무의 발생여부를 검토할 수 있지만, 상대방이 버린 담배꽁초의 불씨를 완전히 제거해야 하는 주의의무는 선행행위로 인한 것이라고 볼 수는 없다. 즉, 두 가지의 의무는 분리된 것으로 자신이 버린 담배꽁초에 대하여는 선행행위로 인한 부진정 부작위범의 보증의무를 논할 수 있지만, 상대방이 버린 담배꽁초의 불씨 제거의무는 제18조 후단과는 전혀 관련이 없다. 다만, 원심은 "근로자는 근로계약에 따른 신의칙상의 부수적 의무로서 사용자에 대하여 노무제공 과정에서 사용자의 인적·물적 자원에 손해를 야기하지 않도록 주의할 의무가 있고, 사용자 소유의 건물 등을 안전하게 사용·관리하며 위 건물 등에 위험이 발생하였을 경우에는 가능한 범위에서 그 위험을 제거하여야 할 의무가 있다고 할 것인 점"이라고 함으로써, 사용자와의 계약에 의한 보증의무를 적시한 것으로 보인다. 우선 여기에서는 계약상의 보증의무는 별론으로 하고, 선행행위로 인한 위험발생방지의무가 갑과 을에게 각각 발생하는지를 검토하고자 한다.

2. 선행행위의 제한

(1) 후행 보증의무의 의미

법률이나 계약 등으로 보증의무가 발생하는 것과 동등하게 자신의 선행행위로 인한 보증의무의 발생은 형법이 스스로 자신의 행위로부터 비롯된 모든 위험원을 제거할 것을 명령하는 것과 다름없다. 형법 제18조가 명문으로 선행행위를 보증의무 발생근거로 규정한 이상 선행행위로부터 보증의무가 발생함을 부인할 수는 없지만, 모든 스스로의 행위로부터 결과발생을 야기할 위험원을 제거해야 할 작위의무가 발생한다고 하면, 타인의 위법한 침해로부터 스스로를 방위하기 위하여 적법하게 정당행위를 한 자와 같이 규범이 허용한 행위로부터도 법익침해의 결과발생을 방지해야 할 의무가 도출된다는 모순된 논리가 도출된다. 예컨대, 자신의 생명·신체를 공격하는 자를 제압하기 위하여 가격을 한 사람이 타인을 가격하였다는 선행행위로부터 이로 인하여 실신한 자를 구조해야 할 구조의무(보증의무)가 발생하고, 만일 이를 고의 또는 과실로 방치하여 사상에 이른 경우 후행 구조의무 불이행을 근거로 처벌한다면 규범이 선행행위를 허용하면서도 다시 이를 처벌의 근거로 삼는 양립할 수 없는 결과가 초래된다.

이로 인하여 제18조의 선행행위에 대하여는 지속적으로 논란이 제기되어 왔으며,[23] 적법하거나 법적으로 허용된 행위가 선행행위로서 보증의무를 발생시키게 된다면 법이 허용하는 사적인 활동의 영역이 매우 좁아질 뿐만 아니라, 보증의무의 성립범위가 지나치게 넓어져

23) 이에 관한 기존의 연구로서 성낙현, “보증인지위의 성립근거로서의 선행행위의 요건”, 법조 제63권 제1호(통권 688호), 법조협회, 2014/1, 102면 이하; 안동준, “선행행위자의 보증의무”, 법학논총 제20권 제3호, 조선대학교 법학연구원, 2013, 377면 이하; 이세화, “보증의무의 전제로서의 선행 행위에 대한 제한”, 비교형사법연구 제9권 제2호, 한국비교형사법학회, 2007, 231면 이하 등은 이러한 선행행위 개념의 문제점으로 인하여 선행행위를 제한해석하고자 시도하고 있다.

서 범죄성립의 영역이 과도하게 확대된다는 문제점을 지적한다. 그 결과 고전적 범죄론 체계의 인과적 행위론을 전제로 하여 선행하는 행위가 법익침해와 인과성이 있다고 해서 모두 제18조의 선행행위가 된다고 할 수는 없다.[24)]

법익침해의 결과발생의 원인된 선행행위가 적법하든 위법하든 모두 이로 인하여 결과발생방지의무가 발생한다면, 형법의 보장적 기능과도 충돌하게 된다. 형법은 규범에 반하는 행위를 하지 않은 수범자에게 형법의 개입을 저지할 것을 보장하여야 하기 때문이다.

그렇지만 반대로 방어적 긴급피난이나 책임 없는 교통사고 등의 피해자에 대하여 행위자에게 구호의무를 부과하지 않는다면 비록 선행행위가 적법하더라도, 선행행위로 인하여 법익침해를 받은 당사자 역시 스스로에게 위험발생에 하등의 책임이 없음에도 불구하고 법익침해로부터 구호가능성을 법적으로 완전히 차단당할 뿐만 아니라 귀책사유 없는 법익침해를 감수할 것을 형법이 강제하는 결과를 초래하게 된다. 이처럼 선행행위를 어느 범위까지 인정할 것인가의 문제는 이로부터 형법 제18조의 작위의무(보증의무)의 발생 및 작위의무 불이행에 의한 범죄성립과 직결된다는 점에서 보증의무를 발생시키는 선행행위의 형상을 명확히 파악하고 제한할 필요가 있다.

(2) 선행행위에 의한 보증의무의 전제조건

또한 선행행위에 의한 보증의무발생에 관하여 몇 가지 전제조건을 요구해야 할 것이다.

첫째, 선행행위에 근거한 보증의무는 선행행위가 법익침해의 결과발생에 직접적인 인과성이 있음을 전제로 한다. 따라서 법익침해와 무관한 행위는 선행행위에서 당연히 배제됨은 물론이다.

둘째, 선행행위와 무관하게 당해 법익귀속자의 법익침해의 결과발생을 방지해야 할 보증의무자인 경우에는 선행행위자가 자신이든

---

24) 성낙현, 앞의 논문, 108-109면.

타인이든 본래의 보증의무자이므로 선행행위에 근거한 보증의무자라고 할 필요가 없다. 앞서 말기 암환자의 생명연장장치를 제거한 의사가 그 예이다.

셋째, 비록 선행행위를 하였더라고 피해자가 스스로 위험창출에 적극적으로 가담하여 위험을 자의적으로 인수한 것으로 판단되면, 선행행위자에게 이로 인한 작위의무(결과발생 방지의무)를 귀속시킬 수 없다. 예컨대 생명·신체에 위협이 될 수 있음을 알면서도 마약을 판매한 자는 매수자가 이를 알면서도 스스로 이를 과다복용하였더라도 위험원을 판매하였다는 선행행위로 인하여 매수자의 생명을 구호해야 할 후행의 작위의무가 발생한다고 할 수 없다.[25)]

넷째, 고의 또는 과실로 이미 규범에 반하는 심적 태도를 형성하여 범죄로 나아간 자에게 해당 범죄행위를 선행행위로 하여 이로부터 인과적으로 결과발생을 방지하여야 할 보증의무가 발생할 것인가 문제된다. 이는 후술하는 바와 같이 부정되어야 한다. 따라서 고의범 및 과실범의 해당 범죄행위가 법익침해 결과와 인과적으로 연결되어 있는 한, 이를 근거로 하여 결과발생 방지의무라는 작위의무(보증의무)를 법적으로 인정할 수 없다.

3. 선행행위의 위법 여부

(1) 위법성 불요설

형법 제18조에서 요구하는 선행행위에 대하여 아무런 제한없이 이로 인한 결과발생 방지를 위한 작위의무가 발생한다고 하면, 개인의 일상에 대한 법적 제한이 지나치게 넓게 된다. 따라서 선행행위를 어떻게 제약할 것인가에 대한 논의들은 선행행위를 작위로 한정하면서, 그것이 자기책임의 원칙으로부터 벗어나지 않으면서 결과와의 인과성

25) 성낙현, 앞의 논문, 124면; 안동준, 앞의 논문, 386면은 이러한 유형을 책임원칙에 의한 제한으로 설명하고 부작위범의 선행행위에 있어서도 자기책임원칙은 지켜져야 한다고 본다.

을 고려할 것을 요청함이 일반적이라고 평가된다.

우선 선행행위에 관하여 위법성 불요설은 선행행위가 반드시 위법할 필요가 없다고 본다.[26] 이에 따르면 선행행위로부터 직접 위험이 발생되기만 하면, 반드시 위법할 필요없이 적법한 경우라도 작위의무가 인정될 수 있다고 본다. 예컨대 갑이 초등학생 을에게 심부름을 시켰는데 도중에 다쳐서 구조가 필요한 상태가 되면 선행행위가 적법하더라도 작위의무를 인정할 필요가 있다고 본다.[27] 그러나 이는 선행행위의 적법 여부의 문제라기 보다는 신의칙이나 조리에 의한 작위의무의 인정여부의 문제로 이해함이 보다 적절할 것이다. 자신의 이익을 위하여 타인에게 의무 없는 일을 시킨 자는 신의칙상 선행행위로 인한 작위의무가 발생한다는 의미로 해석할 필요가 있으며, 심부름을 시키는 행위의 적법/불법을 논할 필요는 없어 보인다. 그럼에도 불구하고 해당 견해는 선행행위는 적법해도 무방하다고 보면서 신의칙이나 조리로부터는 작위의무가 발생할 수 없다는 모순된 입장을 취한다.

또한 법률에 의하여 허용되는 위험의 범위를 초과하여 행한 선행행위에 대하여는 결과발생을 방지하도록 함이 "합리적"이라고 본다.[28] 그러나 허용된 위험이란 해당 행위의 고유의 특성상 일정한 위험을 내포하고 있지만, 일상생활에서 필요불가결한 행위에 대하여 위험의 감수를 용인하도록 함에 목적이 있고 이로 인하여 구성요건해당성을 배제한다. 그렇다면 허용된 위험의 범위를 초과하였다는 점은 구성요건해당성을 배제할 수 있는 영역을 벗어난 행위라는 의미로서, 이미 이는 적법의 영역이 아니므로 적법한 선행행위의 논거가 되기 어렵다. 또한 행위자에게 "객관적으로 귀속"되는 선행행위와 결과발생 방지의 의무인정은 선행행위의 적법성의 판단이 아닌 인과성을 전제로 한 객관적 귀속이라는 규범적 판단의 문제가 아닌가 한다.

---

26) 신동운, 판례백선 형법총론, 경세원, 1997, 86면; 오영근, 형법총론 제3판, 박영사, 2014, 167-168면; 임웅, 형법총론, 법문사, 2021, 598면.

27) 오영근, 앞의 책, 168면.

28) 이세화, 앞의 논문, 234면.

셋째, 형법 제18조는 '위법한 선행행위로 인하여'라고 규정하지 않고 있으므로, 이를 해석으로 제한 또는 축소해석할 필요가 없다고 주장한다.[29] 그러나 죄형법정주의의 기본원리상 행위자에게 불리한 해석은 금지되지만, 형법 제18조의 선행행위를 제한하는 축소해석은 보증의무의 성립범위를 제한함으로써 행위자에게 유리한 해석이 되므로 반드시 금지할 필요는 없다.

넷째, 반드시 위법하여야만 작위의무가 발생한다는 개인주의적 사고는 현대사회에 부합하지 않는다는 주장이 있다. 따라서 행위가 사회적으로 상당하다고 하더라도 형사정책적인 측면에서 구조의무를 부과함이 타당하다고 본다.[30] 그러나 선행행위라는 법조문의 해석은 법리에 근거하여야 하며 형사정책적이라거나 현대사회의 필요성이라는 모호하고 추상적인 근거를 통해 이를 확대하여서는 안 된다. 또한 개인주의에 치우친 형법해석을 지양해야 한다는 점은, 공동체적 사고에 기인한 것으로 보이지만 이를 통해 위법성을 소멸시키는 것은 타당하지만 범죄성립범위를 확대함은 지양되어야 한다. 만일 선한 사마리아인과 같은 규정이 필요하다면 그것이야 말로 형사정책적 측면에서 입법론적으로 해결하여야 할 것이다.

(2) 의무위배설

의무위배에 해당하지 않는 선행행위로부터는 작위의무가 발생하지 않는다고 보는 견해이다.[31] 불요설에 의하면 의무범위가 지나치게 확대되고, 적법한 행위를 하더라도 작위의무가 발생한다고 본다면 모든 의무를 부작위범의 성립 근거로 보게 되는 결과를 초래하므로 타당하지 않다고 한다. 예컨대 법을 위반하지 않은 운전자에 의한 교통

29) 오영근, 앞의 책, 168면.

30) 류화진, 선행행위에 기한 보증인지위, 부산대학교 박사학위논문, 2004, 160면 이하.

31) 김성돈, 형법총론, 성균관대학교출판부, 2015, 557면; 김일수/서보학, 형법총론, 박영사, 제11판, 2007, 499면; 이재상/장영민/강동범, 형법총론, 박영사, 2015, 131면; 이형국/김혜경, 형법총론, 2023, 384면; 임웅, 형법총론, 법문사, 2021, 598면 등 다수설의 입장이다.

사고의 경우 구호의무는 운전이라는 적법한 선행행위에 기한 것이 아니라 도로교통법이라는 법률에 근거한 의무라고 해석한다.[32]

예컨대 정당방위와 같은 적법행위에 의하여 상대방에게 치상의 결과를 발생시킨 자는 방위행위라는 적법한 선행행위로부터 특별한 구조의무는 발생할 수 없으며, 일반적인 부조의무가 있더라고 그 위반이 부작위범이 되는 것은 아니라고 본다. 다만 이 견해에 의하더라도 반드시 유책한 행위일 것까지 요하는 것은 아니다. 기본적으로는 선행행위를 제한하고 형법의 보장적 기능을 부작위범에서 확증한다는 점에서는 의무위배설이 타당하다고 판단된다. 형법은 적법행위를 한 자에게는 형법의 개입을 저지한다는 점을 보장한다는 점에서 일반인의 마그나카르타로서 기능을 하는 바, 그 어떠한 의무위배도 없는 자에게 형법이 보증의무를 부과하고 의무불이행을 이유로 범죄로 처벌함은 형법의 기능과는 양립할 수 없는 해석이 된다.

다만 이를 지지하는 입장에서, 지하시설물 구축을 위해 구덩이를 깊게 판 자는 그로 인하여 사람이 빠져 치사상의 구성요건결과가 실현되지 않도록 할 보증의무가 있음을 선행행위의 사례로 거론하는 견해가 있다.[33] 그러나 이는 해당 행위 자체로부터 발생하는 물적 위험원에 대한 감독의무일 뿐 그로부터 후행하는 작위의무가 발생한다고 할 수는 없다. 즉, 이는 후행 작위의무를 발생시키는 선행행위가 아니라, 해당 행위를 행하는 자가 행위의 고유 속성으로부터 부담하게 되는 위험원에 대한 보증의무라고 보아야 할 것이다.

(3) 위험부담설

선행하는 행위의 적법이나 불법여부와 관계없이, 일반적인 생활경험칙에 의하면 해당 행위가 법익침해의 결과로 이어질 위험이 있음이 예견가능한 경우, 그와 같은 위험을 스스로 부담한 자에 대하여는 결과발생에 대한 책임을 부과하는 것이 일반적인 법감정에 부합한다

32) 이형국/김혜경, 앞의 책, 384면.
33) 김일수/서보학, 앞의 책, 499면.

는 측면에서 결과발생 방지의무를 부과할 수 있다고 보는 견해이다. 즉, 처음부터 경험칙상 예견가능한 특정한 법익침해의 위험을 내포한 행위를 선택한 자는 행위에 후속하여 결과발생을 방지하여야 할 의무를 지게 된다고 본다.

이에 따르면 위법불요설에서 예시하는 어린 아이에게 심부름을 시키는 행위(선행행위)는 그 행위 자체로는 아이가 도중에 다칠 위험(법익침해 결과발생의 위험)이 경험칙상 예측가능한 것은 아니므로 부진정 부작위범으로서 보증의무가 발생한다고 볼 수 없을 것이다. 반면 위법불요설에서 예시하는 정당방위의 경우에는 정당방위의 방법으로 공격자의 생명·신체에 위해를 가하는 방어행위(선행행위)는 통상적인 경험칙상 치사상(법익침해 결과발생의 위험)이 예측가능하므로 이에 후속하는 구호의무라는 보증의무가 발생하는 것으로 볼 수 있을 것이다.

그러나 예견가능성이란 기준은 보증의무의 발생근거라기 보다는 행위와 결과 간의 객관적 귀속의 관점이 아닌가 한다. 즉, 행위 속에 결과발생의 위험이 내포되어 있는가 여부는 법익침해의 결과를 해당 행위자의 행위로 인한 것이라고 규범적으로 판단할 수 있는가의 문제이지, 행위에 후속되는 작위의무의 근거라고 하기는 어려워 보인다.

또한 법익침해 결과발생의 위험이 있음을 알면서도 행위를 선택하였다는 점은 특별하게 발생하는 보증의무의 문제가 아닌, 일반적인 모든 범죄에 있어서 자기책임의 원칙에 의한 제한원리에 불과한 것이라고 판단된다. 또한 이에 따르면 허용된 위험의 경우 결과발생 위험이 예측가능하면서도 법이 허용하는 영역과 그렇지 않은 영역을 구분하기 어렵게 된다. 따라서 도로 위의 운전이나 건설산업현장과 같이 허용되는 행위가 언제나 결과발생의 위험을 내포하고 있는 경우에도 구성요건해당성 자체를 배제하는 경우와 동일한 정황에서 후속하는 보증의무로 인하여 부작위범이 성립하는 경우를 구별하는 새로운 기준을 제시해야 하는 부담이 따르는 것은 아닌가 한다.

4. 고의범죄 또는 과실범죄에 의한 후행 작위의무 부정

(1) 후행 작위의무의 부정 논거

의무위배설에 따른다고 하더라도, 선행행위가 행위자의 심정적 반가치태도로서 법익침해의 결과발생을 향하고 있는 범죄행위인 경우에는 그로부터 후행하는 법익침해결과발생 방지의무가 생긴다고 볼 수는 없다. 예컨대 상해의 고의로 상해행위를 한 자가 피해자가 구호를 요함을 알면서도 방치하여 사망에 이른 경우, 이는 고의에 의한 상해행위와 사망의 결과사이에 인과성을 인정하여 상해치사죄가 성립한다고 보면 족하다. 만일 상해행위를 형법 제18조의 선행행위로 해석하고, 이로 인하여 법익침해의 결과발생 방지의무라는 후행의 작위의무가 발생한다고 본다면 구호를 요함을 알면서도 방치한 행위가 부작위에 의한 살인죄가 성립하여, 상해죄와 살인죄는 별개의 고의에 의한 별개의 범죄로서 실체적 경합에 해당하는 결론에 이르게 된다.

이에 관하여 규범에 반하는 의무위배적인 선행행위를 실현하는 순간에 규범의 목적으로부터 벗어나기 때문에, 금지규범이 추구하는 목적달성은 실패하게 되지만 그 행위에 의한 위험을 제거하는데 적합한 제2의 행위를 통하여 선행행위에 의해 규범으로부터 이탈한 것을 다시 회복하여 해당 선행행위가 위반한 금지규범의 목적을 달성하게 된다는 점에서, 제2차적인 작위의무, 즉 법규적 명령은 정당하며 이로써 선행행위자는 보증의무자가 된다고 하는 견해가 있다.[34)]

그러나 이러한 견해에 따르면 규범에 위반한 자가 규범위반으로 인한 형벌의 불이익 이외에 왜 추가적인 의무부담을 통해 더 많은 법적 불이익을 받아야 하는지가 명확하지 않다. 금지규범을 위반하는 선행행위를 행하는 순간 이미 그에 관한 형법적 판단은 종료되어야 하는데, 범죄성립 이후에 남아있는 법익의 위태화는 해당 작위와의 인과성을 통해 법적 판단은 선행행위에 귀결되어야 한다. 만일 이를 인정

---

34) Ulrich Stein, Garantenpflichten aufgrund vorsätzlich pflichtwidriger Ingerenz, JR 1999, 270면(안동준, 앞의 논문, 383-384면 재인용).

한다면 모든 범죄행위자는 범죄로 인하여 보다 많은 의무를 부담할 수밖에 없는데, 즉시범처럼 행위와 동시에 결과발생이 완전히 종료하는 범죄는 후행 작위의무가 발생하지 않는 반면 상태범과 같이 행위 종료 이후에도 법익침해 상태가 계속되는 경우에는 법익의 회복의무, 즉 보증의무가 다시 발생한다고 해석하는 것도 무리가 있다. 예컨대, 절도행위를 한 자는 절취행위와 동시에 범죄는 종료되지만 소유권침해상태라는 법익침해상태가 여전히 계속되는 한은 소유권을 회복해야 할 보증의무를 지는가라는 점에 관한 의문이다. 또한 만일 그와 같은 소유권회복의무를 이행하지 않은 자에게 어떠한 범죄성립을 논할 것인가의 문제가 후속됨은 물론, 이미 법익침해로 범죄가 성립된 자에게 회복의무를 이행하지 않음이 다시 법익침해로 평가된다면 이중평가라는 비판을 면할 수 없다.

또한 이미 행위 당시 규범에 반하는 심적 태도로 결과발생을 목적하는 자에게 결과발생방지의무를 부여함은 모순이 된다.[35] 범죄의사로 법익침해 결과를 실현하는 자에게 이와 동시에 결과를 방지할 의무가 있다고 함은 이중평가의 문제가 발생하기 때문이다. 이미 선행의 행위가 완전히 범죄로 평가되었다면, 해당 행위와 결과 사이의 인과관계와 객관적 귀속은 다른 사정의 개입없이 인정되고 이로써 형법적 평가는 종결된다고 보아야 할 것이다.

(2) 선행행위로서 고의범과 과실범

법익을 침해하고자 하는 의사와 해당 법익에 대한 보호의무는 서로 배타적이며, 선행하는 규범에 반하는 의사의 표현이 법익침해로 발현된다면 선행 행위에 의한 작위범만 성립하면 불법성 평가는 충분한 것이고, 여기에 법익보호의무 불이행에 대한 법적 책임을 다시 부과한다면 이중의 평가가 되기 때문이다. 그 결과 규범에 반하는 의사로 행하는 범죄행위는 그와 인과성이 있는 법익침해결과 이외에 제3의 사

35) 안동준, 앞의 논문, 384면.

정이 존재하지 않는 한 제18조에 의하여 보증의무를 발생시키는 선행행위라고 할 수 없게 된다.

이는 과실범에서도 동일한 결론이 된다. 과실에 의하여 결과 발생의 직접 위험을 야기하는 행위자에게는 해당 과실의 작위행위 자체에 결과예견의무뿐만 아니라 결과회피의무가 객관적 주의의무의 내용을 구성하므로 이와는 분리되는, 즉 과실행위 이후에 해당 과실로 인하여 다시 결과회피의무라는 추가적인 보증의무가 발생한다고 평가할 수는 없다. 과실범에서의 주의의무는 과실범 성립요건이 됨과 동시에 과실범 성립을 제한하는 기능을 한다. 또한 이러한 주의의무들은 결과예견가능성과 결과회피가능성을 전제로 하여 부과되는 것이므로 결과예견가능성이 없는 때에는 결과회피가능성도 없다는 점에서, 결과예견가능성이 없는 때에는 결과회피의무도 부정되어 주의의무위반이라고 할 수 없게 된다. 여기에서 결과회피의무가 주의의무의 한 내용이라는 점은, 과실을 이미 행한 자에게 해당 과실행위로 인하여 위반한 결과회피의무위반 이외에 추가적으로 이를 선행행위로 하여서 다시 법익침해 결과회피의무를 보증의무로서 부과하게 된다면 이 역시도 불법성을 이중으로 인정하는 과도한 평가가 된다는 의미이다. 따라서 작위과실에 의하여 법익침해 결과발생의 직접 원인을 야기한 자에게 해당 과실행위로 인하여 법익침해 결과를 방지하여야 하는 후행 작위의무가 추가적으로 발생하는 것은 아니라고 보아야 할 것이다.

5. 사안에의 적용

사안의 경우 불이 붙은 담배꽁초를 부주의하게 버리는 과실행위 속에는 그러한 행위로 인하여 화재가 발생할 지도 모른다는 예견가능성을 전제로 그와 같은 화재위험을 피하기 위하여 불을 붙은 담배꽁초를 버리지 말 것, 즉 불을 끈 상태로 담배꽁초를 버릴 것을 요구하는 결과회피의무가 그 내용을 이루고 있다. 따라서 그와 같은 부주의할 과실행위로 인하여 화재가 발생하였음에도 불구하고, 화재의 발생을 담배꽁초를 버린 작위행위가 아니라 이를 선행행위로 하여 불이 꺼졌는지 확인하여야 할 보증의무를 인정한 후에 이를 과실로 위반하였으므로 실화죄가 성립한다고 본다면 선행행위에 의한 작위 과실범과 후행 보증의무 불이행이라는 부작위 과실범을 동시에 성립시킴으로써 불법성의 이중평가가 되는 것이다.

만일 갑이 단독으로 불이 붙은 담배꽁초를 버려서 화재가 발생하였다면, 제3의 변동사항이 존재하지 않는 한, 단일의 인과관계만 성립하므로 당연히 갑은 불붙은 담배꽁초를 버린 작위에 의한 실화죄가 성립한다고 볼 것이다. 그럼에도 불구하고 갑에게 불이 붙은 담배꽁초를 버린 선행행위로 인하여 불이 꺼졌는지 확인해야 할 보증의무를 부여하고 이를 위반하여 화재가 발생하였다고 판단한다면 화재에 의한 공공의 안전위협이라는 단일의 법익위태화를, 불붙은 담배꽁초를 부주의하게 버린 작위과실범과 불이 꺼졌는지를 부주의하게 확인하지 않은 부작위과실범의 실체적 경합이 되어 버리는 결과를 초래한다.

대법원은 갑과 을의 담배꽁초를 버린 경합되는 두 행위자의 작위 행위에 대하여 법익침해 결과발생의 인과성 판단이 모호해짐에 따라서, 갑과 을에게 선행행위로 인한 결과회피의무가 새로이 발생한 것으로 보아 부진정부작위 과실범을 인정하고 있는 바, 이는 타당하지 않다.

Ⅴ. 보론: 보증의무의 발생근거로서 계약의 신의칙상 부수의무의 한계

1. 문제의 제기

사안에서 갑과 을은 자신이 불붙은 담배꽁초를 버린 행위로 인하여 결과발생방지의 작위의무 뿐만 아니라, 서로 상대방의 불붙은 담배꽁초를 버린 행위로 인하여 결과발생방지의 작위의무가 발생한다고 판시하였다. 이를 “상대방이 버린 담배꽁초 불씨가 살아 있는지를 확인하고 이를 완전히 제거하는 등 화재를 미리 방지할 주의의무”라고 명시하는 바, 특별히 그와 같은 작위의무의 발생근거가 무엇인지는 밝히고 있지 않다. 그러나 이는 형법 제18조의 선행행위로 인한 작위의무와는 전혀 관련이 없다.

한편 해당 판결의 원심은 “근로자는 근로계약에 따른 신의칙상의 부수적 의무로서 사용자에 대하여 노무제공 과정에서 사용자의 인적·물적 자원에 손해를 야기하지 않도록 주의할 의무가 있고, 사용자 소유의 건물 등을 안전하게 사용·관리하며 위 건물 등에 위험이 발생하였을 경우에는 가능한 범위에서 그 위험을 제거하여야 할 의무”가 있다고 본다.[36)]

그렇다면 상대방이 버린 담배꽁초로 인한 화재발생방지의무는 제18조로부터는 찾을 수 없고, 원심이 언급한 바와 같이 계약상 부수적 의무라고 볼 수밖에 없다. 그렇다면 그러한 “신의칙상”의 부수의무라는 것이 과연 존재하는 것인지, 그것이 보증의무의 발생근거가 될 수 있는지를 검토하여야 할 것이다.

2. 신의칙상 보증의무의 제한

판례는 부진정 부작위범의 작위의무 발생근거에 대하여 “단순한 도덕상 또는 종교상의 의무”는 아닌 법적 의무여야 하지만, “법령, 법률행위, 선행행위로 인한 경우는 물론, 신의성실의 원칙이나 사회상규 혹은 조리상 작위의무가 기대되는 경우에도 인정”된다고 일관되게 판시한다.[37)]

부진정 부작위범은 진정신분범으로서 보증인지위가 있는 자만이

36) 대구지방법원 2022. 11. 18. 선고 2020노3595 판결
37) 대법원 2015. 11. 12, 선고 2015도6809 전원합의체 판결; 대법원 1996. 9. 6, 선고95도2551 판결 등.

주체가 될 수 있고, 형법 제18조는 부진정 부작위범의 주체를 한정하는 기능을 한다. 그러나 신분은 통상적으로는 특정되어 있어서 주체 여부에 관한 예측가능성이 명확하지만, 부진정 부작위범의 주체를 한정하는 신분은 "위험의 발생을 방지할 의무"라고 하여서 그 의무가 어떻게 해석되는가에 따라서는 지나치게 광범위하거나 명확성의 원칙에 반할 우려가 있다. 특히 법령, 법률행위, 선행행위 이외에 신의성실의 원칙(신의칙)까지 끌어들이게 되면 마치 선한 사마리안인의 법을 해석상 인정하는 결과까지도 초래할 우려가 있다.

보증인 지위의 발생근거에 관하여 법원설(형식설)과 기능설(실질설)은 작위의무의 구체적인 근거를 도출하기 위한 시도로서, 법원설은 법령, 계약상의 작위의무나 선행행위, 특별한 신뢰관계에서 오는 작위의무를 주체의 근거로 보면서 의무발생 근거를 형식적으로 확정하여 명확하게 하고자 한다. 한편 기능설은 보증의무가 법익에 대하여 어떠한 기능을 하는가에 따라서 법익보호의무와 위험원에 대한 감독의무로 나누어, 법령 계약 이외에도 긴밀하거나 밀접한 생활관계나 위험공동체에 근거하여 법익보호의무를 인정하거나 선행행위 외에 위험원에 대한 감독책임 또는 타자에 대한 감독책임으로 보증인지위가 한정된다고 본다.

어떠한 이론에 의하더라도 계약은 그것이 민사상이든 공법상이든, 주된 계약이든 계약의 일부를 구성하는 부수적 계약이든 보증인 지위의 발생근거임은 물론이다. 다만, 계약으로부터 "파생"되는 "신의칙상의 부수적 의무"도 여기에 해당되는가는 계약상의 부수적인 내용으로서의 의무와는 별개의 문제이다.

이에 관하여는 사회상규, 신의칙, 조리 등에 기하여 인정함은 형법상 행위자의 자격을 문제 삼는 것이 아니라, 행위자의 행위가 사회적으로 용납하거나 허용할 수 있는가를 다투는 문제라고 비판하는 견해가 있다.[38] 즉 행위가 사회적으로 용납할 수 있는 허용한계의 문제

38) 허일태, "부진정부작위범에서 작위의무의 발생근거와 한계 문제"; 한국형사법학회,

이므로 행위 자체의 허용 여부를 다투는 것일 뿐, 그 행위자에 대한 행위귀속의 문제는 아니라는 것이다. 또한 그 개념 자체가 민사상의 해석에 의존하고 있고, 민사법의 법원(法源)은 사적자치의 원칙상 당연히 관습, 조리, 신의칙이 법률에 우선한다는 점에서 국가형벌권의 발동근거인 형법과는 해석의 차원을 달리하고 있다.

즉, 신의성실의 원칙이란 착한 사마리아인법과 같이 공동체의 일원이라면 누구나 지켜야 할 도덕적이고 윤리적인 측면의 접근이며, 연대성의 원리에 기하여 개인이 할 수 있는 행동지침이어야 할 뿐, 범죄성립의 근거로서 작용하는 것이 아니라고 보아야 한다. 예컨대 정당행위에 있어서 사회상규에 위배되지 아니할 것의 요청은 범죄불성립, 즉 적법행위의 인정근거로서 작용한다는 점에서 형법이 수용할 여지가 있으나, 부진정 부작위범의 성립근거로서 형법 개입을 허용하는 원리로서 신의성실의 원칙이 원용됨은 죄형법정주의에 반하는 해석이다.

독일처럼 일반적인 신의칙상의 구조의무를 법률상 의무(독일형법 제323조c, 구조불이행)로 규정하면서, 부진정 부작위범을 형의 임의적 감경사유로 이해하는 경우에는 작위범에 비해 그 불법성을 경하게 평가한다는 의미에서 신의칙이 일견 보증의무의 발생근거로서 정당화될 여지가 있다. 그러나 우리나라 형법과 같이 일반적 구조의무 규정이 없고 부작위범의 불법성을 작위범과 완전히 동등하게 평가하는 입법례에서 아무것도 하지 않는 무위를 신의칙을 근거로 하여 처벌함은 타당하지 않다. 물론 부작위도 작위와의 동가치성이 요구된다고 하나, 실제 판단에 있어서 사기죄나 공갈죄와 같이 행위관련적 결과범이 아닌 통상의 결과범에서 구체적으로 동가치성이 무엇인지 그 실체를 확증하기 어려움에도 불구하고, 부진정 부작위범의 동가치성이라는 제한사유를 근거로 하여 신의칙과 같은 일반적인 연대의무를 보증인지위의 발생근거로 하여서는 안 될 것이다.

죄형법정원칙과 법원, 박영사, 2023, 129면.

Ⅵ. 결론을 대신하여: 갑과 을의 죄책 정리

1. 갑과 을이 화재 직전인 2020. 3. 19, 17:22:02시 및 17:22:25시 경 각각 손가락으로 부주의하게 담뱃불을 튕긴 이후에, 다른 인과적 원인의 개입 없이 발화가 되어 전소되었으므로 각각은 실화죄 성립여부가 문제된다. 1심은 각각 개별적 인과관계 판단을 회피하기 위하여 주위적 공소사실로 과실범의 공동정범으로 기소하였으나 이는 배척되었다. “과실범의 공동정범은 행위자들 사이에 공동의 목표와 의사연락이 있는 경우에 성립하는 것인바,[39] 함께 담배를 피웠을 뿐인 이 사건의 피고인들에게는 ‘공동의 목표’가 있었다고 보기 어려워 위와 같은 공동정범의 법리가 적용될 수는 없”다는 것이 원심의 판단이다.

2. 갑과 을 중 누구의 담배꽁초로 인하여 화재가 발생한 것인지에 관하여는 인과관계가 판명되지 않았으므로 해당 불이 꺼지지 않은 담배꽁초를 버린 작위행위로는 과실범 성립이 부정된다. 이는 독립행위의 경합, 즉 동시범으로서 원인관계가 판명되지 않았으므로 형법 제19조에 의하여 각자를 미수로 하여야 하나 과실범은 미수성립 없기 때문이다.

3. 불이 꺼지지 않은 담배꽁초를 부주의하게 버린 선행행위로부터 갑과 을은 각자 본인이 버린 담배꽁초 불씨가 살아 있는지를 확인하고 이를 완전히 제거하는 등 화재를 미리 방지할 주의의무라는 보증의무가 발생하는가의 문제가 제기된다. 이에 관하여는, 이미 규범에 반하는 심적 태도를 형성하고 결과발생을 고의 또는 과실로 향하고 있는 자에게 동시에 그 결과실현을 저지할 의무를 부과하는 것은 서로 배타적·대립적인 의무부과로서 양립할 수 없다는 점에서 부정되어야 한다. 이는 마치 살인행위를 한 자에게 살해행위라는 자신의 선행행위로 인하여 피해자에 대한 구조의무가 발생한다고 하는 것과 다를 바 없기 때문이다.

39) 대법원 1997. 11. 28. 선고 97도1740 판결 등.

즉, 이미 불씨가 살아 있는 담배꽁초를 고의로 또는 과실로 버리는 작위의 선행행위를 한 자에게는 그 작위행위 저지의무(금지규범) 속에는 결과발생방지의무(결과회피의무)가 내포되어 있고, 이와는 별개로 해당 규범위반행위를 선행행위로 하여 다시 결과발생을 방지할 것을 요구하는 의무(보증의무) 부과는 규범해석상 타당할 수 없으며, 이중의 평가에 해당된다. 따라서 갑과 을에게는 화재방지를 위한 후행의 작위의무(보증의무)는 불성립한다. 따라서 후행 화재방지의무는 부정되므로 이를 근거로 한 부진정 부작위과실범은 부정되어야 한다.

만일 규범에 반하는 작위행위를 선행행위로 하여 다시 결과발생방지의무라는 작위의무를 부과한다면 선행행위의 법익침해 결과발생과의 직접적 인과성과 후행 작위의무 위반의 인과성을 분리하여 판단하게 됨으로써 작위범과 부작위범을 모두 인정하는 이중평가가 된다는 의미이다.

4. 갑과 을이 서로 상호 상대방의 불이 꺼지지 않은 담배꽁초를 버린 행위에 대하여 사용주에 대한 관계에서 해당 행위로부터 재산을 보호해야 할 보증의무가 발생하는가 여부도 문제되었다. 갑과 을은 해당 사업 또는 사업장의 특성상 사용자에 대하여 근로계약상의 사용자의 재산에 손해를 야기하지 않을 주의의무 및 위험을 제거하여야 할 의무라는 법익보호의무(보증의무)가 근로계약의 내용상 그것이 주된 의무이거나 최소한 계약상의 부수의무인 경우에는 인정할 수 있다. 그러나 이를 일반적인 모든 근로계약으로부터 "신의칙상" 부수적으로 발생하는 의무로서의 보증의무라고 하여 무한정 확대할 수는 없다. 따라서 갑과 을이 상호 상대방이 버린 불이 꺼지지 않은 담뱃불의 제거의무가 근로계약에 기한 "신의칙상" 부수하는 의무로서 보증의무가 성립하는 것은 아니다. 따라서 보증의무가 없으므로 부작위범의 주체적격성이 결여되어 범죄가 성립할 수 없고, 결과적으로 갑과 을은 모두 무죄이다.

[주 제 어]
부작위 과실범, 작위의무, 부작위범, 보증의무, 불가벌적 사후행위, 선행행위, 과실범, 보증인 지위, 작위행위와 작위의무 구별, 결과회피의무

[Key Words]
act of conduct, duty of conduct, duty of care of criminal negligence, a concurrent offender, negligence by omission, omission, guarantee obligation

접수일자 : 2024. 5. 14. 심사일자 : 2024. 6. 19. 게재확정일자 : 2024. 6. 25.

[참고문헌]

1. 국내문헌

김성돈, "형법상 작위와 부작위의 구별", 성균관법학 제14권 제1호, 성균관대학교 법학연구소, 2002

김성돈, 형법총론, 성균관대학교출판부, 2015

김성룡, "치료행위중단에 있어서 작위와 부작위의 구별", 형사판례연구 제13권, 한국형사판례연구회, 2005

김일수/서보학, 형법총론, 박영사, 제11판, 2007

류화진, 선행행위에 기한 보증인지위, 부산대학교 박사학위논문, 2004

문채규, "부진정부작위범의 가벌성에 관한 고찰", 고려대학교 박사학위논문, 1993

성낙현, "보증인지위의 성립근거로서의 선행행위의 요건", 법조 제63권 제1호(통권 688호), 법조협회, 2014/1

신동운, 판례백선 형법총론, 경세원, 1997

안동준, "과실범의 불법요소로서 객관적 주의의무", 법학논총 제34집 제2호, 전남대학교 법학연구소, 2014

안동준, "선행행위자의 보증의무", 법학논총 제20권 제3호, 조선대학교 법학연구원, 2013

양화식, "작위와 부작위의 구별", 성균관법학 제14권 제1호, 성균관대학교 법학연구원, 2002

오영근, 형법총론 제3판, 박영사, 2014

이석배, "형법상 이중적 의미를 가지는 작위·부작위 구별과 형사책임의 귀속", 형사법연구 제25호, 한국형사법학회, 2006

이세화, "보증의무의 전제로서의 선행 행위에 대한 제한", 비교형사법연구 제9권 제2호, 한국비교형사법학회, 2007

이세화, "작위와 부작위의 단계적 고찰", 형사법연구 제19권 제2호, 한국형사법학회, 2007/여름

이재상/장영민/강동범, 형법총론, 박영사, 2015

이정원, 형법총론, 신론사, 2012

이형국/김혜경, 형법총론 제7판, 법문사, 2023

임웅, 형법총론, 법문사, 2021

한상훈, “치료중단과 작위, 부작위의 구별-대법원 2004. 6. 24, 선고 2002도995판결(보라매병원 사건)-”, 법학연구 제15권 제1호, 연세대학교 법학연구원, 2005/6

한정환, “작위와 부작위, 진정 부진정 부작위범의 구별”, 비교형사법연구 제7권 제1호, 한국비교형사법학회, 2005

허일태, “부진정부작위범에서 작위의무의 발생근거와 한계”; 한국형사법학회, 죄형법정원칙과 법원 I, 박영사, 2023

2. 국외문헌

Armin Kaufmann, die Dogmatik der Unterlassungsdelikte, Schwartz, 1959

G. Stratenwerth, Strafrecht Allgemeiner Teil, Carl Heymanns Verlag, 2000

Karl Engisch, FS-Gallas, De Gruyter, 1973

Ulrich Stein, Garantenpflichten aufgrund vorsätzlich pflichtwidriger Ingerenz, JR 1999

[Abstract]

Distinction between act of conduct and duty of conduct, and duty of care of criminal negligence

KIM, Hyekyung*

The Supreme Court sentenced on March 9, 2023, 2022 Do 16120 shall examine whether each of the accused criminally charged has established a true crime only after judging the logical issues such as the distinction between the act of conduct and the duty of conduct, and the basis for the occurrence of the duty of conduct, etc. However, the Supreme Court concluded that the common negligence was competed each other and each true crime was established. In other words, it is not a common offense of negligence, but a simultaneous offender in which the single offense of the negligence crime is overlapped and a causal relationship is found.

As a requirement for the establishment of a negligent offender, we will first look at the criteria for determining whether the duty of care is an act or omission, and in particular, examine the substance of the guarantee obligation that is distinct from the duty of care in the offender of omission. As a requirement for the establishment of Article 18 of the Criminal Act, we would like to examine whether it is possible to generate a guarantee obligation if the preceding act is a violation of the duty of care or an offense, and if this is recognized, what legal relationship should be between the violation of the duty of care of the first act and the subsequent violation of the duty of care of the omission offender.

In this case, the issue is which of the violations caused by the act of

* Professor, College of Social Science, Keimyung University, Ph.D. in Law

the duty of care not to throw the lit cigarette or the omission of the duty of care to check whether the discarded cigarette has been completely extinguished.

과실범과 결과책임

— 대법원 2023.3.9. 선고 2022도16120 판결

이 근 우*

[대상판결] 대법원 2023.3.9. 선고 2022도16120 판결 【실화】

【판시사항】

[1] 형법상 부작위범의 성립 요건 / 실화죄에 있어서 공동의 과실이 경합되어 화재가 발생한 경우, 적어도 각 과실이 화재의 발생에 대하여 하나의 조건이 된 이상 그 공동적 원인을 제공한 사람들은 각자 실화죄의 책임을 지는지 여부(적극)

[2] 피고인들이 분리수거장 방향으로 담배꽁초를 던져 버리고 현장을 떠난 후 화재가 발생하여 각각 실화죄로 기소된 사안에서, 피고인들 각자의 실화죄 책임을 인정한 원심판결을 수긍한 사례

【판결요지】

[1] 형법이 금지하고 있는 법익침해의 결과발생을 방지할 법적인 작위의무를 지고 있는 자가 그 의무를 이행함으로써 결과발생을 쉽게 방지할 수 있는데도 결과발생을 용인하고 방관한 채 의무를 이행하지 아니한 것이 범죄의 실행행위로 평가될 만한 것이라면 부작위범으로 처벌할 수 있다. 실화죄에 있어서 공동의 과실이 경합되어 화재가 발생한 경우 적어도 각 과실이 화재의 발생에 대하여 하나의 조건이 된 이상은 그 공동적 원인을 제공한 사람들은 각자 실화죄의 책임을 면

* 가천대학교 법학과 교수, 법학박사.

할 수 없다.

[2] 피고인들이 분리수거장 방향으로 담배꽁초를 던져 버리고 현장을 떠난 후 화재가 발생하여 각각 실화죄로 기소된 사안에서, 피고인들 각자 본인 및 상대방이 버린 담배꽁초 불씨가 살아 있는지를 확인하고 이를 완전히 제거하는 등 화재를 미리 방지할 주의의무가 있음에도 이를 게을리 한 채 만연히 현장을 떠난 과실이 인정되고 이러한 피고인들 각자의 과실이 경합하여 위 화재를 일으켰다고 보아, 피고인들 각자의 실화죄 책임을 인정한 원심판결을 수긍하는 한편, 원심판단 중 위 화재가 피고인들 중 누구의 행위에 의한 것인지 인정하기에 부족하다는 취지의 부분은 '피고인들 중 누구의 담배꽁초로 인하여 위 화재가 발생하였는지 인정할 증거가 부족하다.'는 의미로 선해할 수 있고, 이는 피고인들의 각 주의의무 위반과 위 화재의 발생 사이에 인과관계가 인정된다는 취지의 부가적 판단이므로, 이와 다른 전제에서 '원인행위가 불명이어서 피고인들은 실화죄의 미수로 불가벌에 해당하거나 적어도 피고인들 중 일방은 실화죄가 인정될 수 없다.'는 취지의 피고인들 주장은 받아들이기 어렵다고 한 사례.

【참조조문】 [1] 형법 제18조, 제170조 / [2] 형법 제18조, 제170조 제1항

【참조판례】 [1] 대법원 1983.5.10. 선고 82도2279 판결, 대법원 2016.4.15. 선고 2015도15227 판결

【전문】

【원심판결】 대구지법 2022.11.18. 선고 2020노3595 판결

【주문】 상고를 모두 기각한다.

【이유】 상고이유를 판단한다.

형법이 금지하고 있는 법익침해의 결과발생을 방지할 법적인 작위의무를 지고 있는 자가 그 의무를 이행함으로써 결과발생을 쉽게 방지할 수 있는데도 결과발생을 용인하고 방관한 채 의무를 이행하지 아니한 것이 범죄의 실행행위로 평가될 만한 것이라면 부작위범으로

처벌할 수 있다(대법원 2016.4.15. 선고 2015도15227 판결 등 참조). 실화죄에 있어서 공동의 과실이 경합되어 화재가 발생한 경우 적어도 각 과실이 화재의 발생에 대하여 하나의 조건이 된 이상은 그 공동적 원인을 제공한 사람들은 각자 실화죄의 책임을 면할 수 없다(대법원 1983.5.10. 선고 82도2279 판결 등 참조).

원심은 판시와 같은 이유로 피고인들이 분리수거장 방향으로 담배꽁초를 던져 버리는 한편, 피고인들 각자 본인 및 상대방이 버린 담배꽁초 불씨가 살아 있는지를 확인하고 이를 완전히 제거하는 등 화재를 미리 방지할 주의의무가 있음에도 이를 게을리 한 채 만연히 현장을 떠난 과실이 인정되고 이러한 피고인들 각자의 과실이 경합하여 이 사건 화재를 일으켰다고 보아, 피고인들 각자의 실화죄 책임을 인정하면서 피고인들에 대한 예비적 공소사실을 유죄로 판단하였다.

원심판결 이유를 관련 법리와 적법하게 채택한 증거에 비추어 살펴보면, 원심의 판단에 논리와 경험의 법칙을 위반하여 자유심증주의의 한계를 벗어나거나 실화죄에서 주의의무 위반과 상당인과관계 등에 관한 법리를 오해한 잘못이 없다.

다만 원심판단 중 이 사건 화재가 피고인들 중 누구의 행위에 의한 것인지 인정하기에 부족하다는 취지의 부분은 결과발생의 원인행위가 판명되지 않았다는 뜻으로 오해할 여지가 있기는 하다. 그러나 이는 '피고인들 중 누구의 담배꽁초로 인하여 이 사건 화재가 발생하였는지 인정할 증거가 부족하다.'는 의미로 선해할 수 있고, 이는 피고인들의 근무내용, 화재 발생 시간과 장소 및 경위, 법익침해 방지를 위한 행위의 용이성 등을 고려할 때, 피고인들이 각자 본인 및 상대방의 담뱃불로 인하여 화재가 발생할 수 있음을 충분히 예견할 수 있어 상호 간에 담배꽁초 불씨가 남아 있는지를 확인하고 이를 완전히 제거할 주의의무가 있음에도 이를 위반한 채 분리수거장 부근에서 담배꽁초 불씨를 튕기고 담배꽁초를 던져 버린 후 아무런 조치 없이 현장을 떠났고 이러한 피고인들의 각 주의의무 위반과 이 사건 화재의 발생 사이에 인과관계가 인정된다는 취지의 부가적 판단이므로, 이와 다른 전제에서 '원인행위가 불명이어서 피고인들은 실화죄의 미수로 불가벌에 해당하거나 적어도 피고인들 중 일방은 실화죄가 인정될 수 없다.'는 취지의 피고인들 주장은 받아들이기 어렵다.

그러므로 상고를 모두 기각하기로 하여, 관여 대법관의 일치된 의견으로 주문과 같이 판결한다.

대법관 천대엽(재판장) 조재연 민유숙(주심) 이동원

【항소심판결】 대구지법 2022.11.18. 선고 2020노3595 판결

【원심판결】 대구지방법원 2020.10.29. 선고 2020고정1089 판결

【주 문】 원심판결을 파기한다. (이하 생략 제1심과 동일)

【이 유】

1. 항소이유의 요지(사실오인 및 법리오해)

피고인들의 행위와 화재발생 사이에 상당인과관계가 입증되지 않았고, 더 나아가 피고인들 중 누구의 행위로 인하여 화재가 발생한 것인지 여부도 입증되지 아니한 이상 과실범의 미수에 해당하여 처벌할 수 없다.

2. 당심에서의 공소장 변경

검사는 당심에서 이 사건 공소사실을 아래와 같은 내용으로 변경하되, 적용법조에 관하여 주위적 공소사실은 형법 제170조 제1항 및 제164조, 제30조로 하고, 예비적 공소사실은 위 형법 제30조를 삭제하는 내용의 공소장변경허가신청을 하였는바, 이 법원은 2022. 10. 21. 이를 허가함으로써 그 심판대상이 변경되었으므로 원심판결은 더 이상 유지될 수 없다.

피고인들은 경산시 (주소 생략)에 있는 ㈜금강CS에서 근무하는 사람들이다.

피고인들은 함께 2020.3.19. 17:25경 위 회사 공장동 건물 외벽에 설치된 재활용 박스를 모아두는 분리수거장 옆에서 담배를 피우게 되었다. 당시는 위 분리수거장 방향으로 바람이 상당히 강하게 불고 위 분리수거장에는 불이 붙기 쉬운 종이로 된 재활용 박스 등이 쌓여 있었다. 더욱이, 피고인들은 위 회사 소속으로 평소 위 공장동에서 근무하는 근로자로서 특히 위 회사의 공장동에 화재 등의 위험이 발생하지 않도록 방지하거나 그 위험이 발생한 경우 이를 제거할 의무가 있는 한편, 피고인들은 함께 같은 공간에서 담배를 피우고 담배꽁초를 버린 후 그곳을 떠나게 되었으므로, 피고인들은 본인 및 상대방이 버린 담배꽁초 불씨가 살아있는지 여부를 확인하고 이를 완전히 제거하는 등 화재를 미리 방지하여야 할 주의의무가 있었다.

그럼에도 불구하고 피고인들은 이를 게을리한 채 피고인 1은 위 분리수거장 인근에 담배꽁초 불씨를 손가락으로 튕긴 후 담배꽁초를 위 분리수거장 바로 옆 바닥에 놓여있던 쓰레기봉투에 던져 버리고, 피고인 2도 위 분리수거장 인근에 담배꽁초 불씨를 손가락으로 튕긴 후 담배꽁초를 위 분리수거장을 향해 던져 버리는 한편, 피고인들 상호 간 위와 같이 담배꽁초 불씨를 위 분리수거장 인근에 손가락으로 튕겨 그 불씨가 위 분리수거장으로 바람에 날리게 하거나 담배꽁초 불씨를 손가락으로 튕긴 정도로 그 불씨가 완전히 제거되지 않은 담배꽁초를 불이 붙기 쉬운 위 쓰레기봉투 내지 위 분리수거장에 던져 버리는 것을 보고도 아무런 조치를 취하지 아니하고 그곳을 떠났다.

피고인들은 위와 같은 과실로 인하여 그 직후 피고인들이 버린 담배꽁초 불씨에서 위 분리수거장 안에 쌓여 있던 재활용 박스 등에 불이 붙고 그 불이 위 공장동으로 번져 위 공장동이 전소되게 하는 약 645,500,000원 상당의 수리비가 들 정도로 이를 소훼하였다.

다만, 이와 같은 직권파기사유에도 불구하고 피고인들의 사실오인 및 법리오해 주장은 변경된 공소사실을 판단하는 범위 내에서 여전히 이 법원의 심판대상이 되므로, 이하에서 살펴본다.

3. 판 단

가. 이 사건 화재의 발생 원인

원심은, ① 피고인들은 사건 당일 화재 직전인 2020.3.19.[주1) 17:22:02경과 17:22:25경 각각 손가락으로 담뱃불을 튕겼던 점, ② 당시 바람이 화재가 처음 발생하였던 분리수거장 방향으로 강하게 불고 있었던 점, ③ 피고인들과 분리수거장의 거리는 1미터에서 3미터 정도였던 점, ④ 분리수거장에는 종이류 등 불에 쉽게 탈 수 있는 물건들이 쌓여 있었던 점, ⑤ 피고인들이 담배를 피고 돌아온 후 약 3-4분 정도 지나 분리수거장 쪽에서 연기가 솟아오르기 시작하였고, 그곳이 최초 발화지점으로 추정되는 점, ⑥ 그 수 분 내에 제3자가 방화를 할 가능성은 극히 낮고, 그 밖에 전기적·화학적 발화원인도 없었던 점 등을 종합하면, 피고인들의 각 행위와 이 사건 화재 발생 사이에는 인과관계가 인정된다고 판단하면서 피고인들의 이 부분 주장을 배척하였다. 원심이 그 판시와 같이 인정한 사정들을 이 사건 기록과 대조하여 면밀히 살펴보면 원심의 위와 같은 판단은 정당한 것으로 수긍할 수 있고, 거기에 피고인이 주장하는 바와 같은 사실오인 및 법리오해의 위법이 있다고 볼 수 없다.

다만, 더 나아가 이 사건 화재의 발생이 피고인들 중 누구의 담배꽁초에서 비롯된 것인지 여부에 관하여 살피건대, 원심과 당심이 적법하게 채택하여 조사한 증거들을 종합하여 알 수 있는 다음과 같은 사정들, 즉 CCTV 영상에 의하면 피고인 1이 분리수거장 방향으로 손가락으로 담뱃불을 튕겨서 끄고 피고인 2는 창고동 방향으로 담뱃불을 튕겨서 끄는 모습이 확인되기는 하나, 당시 바람이 분리수거장 방향으로 강하게 불었기 때문에 피고인 2의 담뱃불도 분리수거장으로 날아갔을 가능성을 배제할 수 없는 점, 피고인들 모두 담배꽁초를 분리수거장 또는 그 부근에 버렸는데 당시 담배꽁초에 불씨가 남아 있었을 수도 있고 누구의 담배꽁초에서 발화가 시작되었는지 알 수 없는 점 등에 비추어 보면, 제출된 증거들만으로 이 사건 화재가 피고인들 중 누구의 행위에 의한 것인지 인정하기에 부족하고 달리 이를 인정할 증거가 없다(그러나 아래에서 살피는 바와 같이 피고인들에게는 각 실화죄 과실범의 책임을 물을 수 있다).

나. 피고인들의 각 과실범 성립 여부

살피건대, 바람이 많이 불고 종이류가 근처에 적재되어 있는 곳에서 담뱃재를 털거나 꽁초를 함부로 버릴 경우 화재가 발생할 수 있다는 점은 충분히 예견할 수 있었을 것으로 보이므로, 피고인들은 이 사건 화재 발생의 책임을 면할 수 없다.

또한, 원심이 적법하게 채택하여 조사한 증거들을 종합하여 알 수 있는 다음과 같은 사정들, 즉 ① 근로자는 근로계약에 따른 신의칙상의 부수적 의무로서 사용자에 대하여 노무제공 과정에서 사용자의 인적·물적 자원에 손해를 야기하지 않도록 주의할 의무가 있고, 사용자 소유의 건물 등을 안전하게 사용·관리하며 위 건물 등에 위험이 발생하였을 경우에는 가능한 범위에서 그 위험을 제거하여야 할 의무가 있다고 할 것인 점, ② 타기 쉬운 종이상자 등이 쌓여 있는 분리수거장 근처에서 담배꽁초 불씨를 튕기거나 불씨가 완전히 꺼지지 않은 담배꽁초를 분리수거장 쪽으로 던지는 것을 보았거나 알 수 있었던 점, ③ 당시 건조한 날씨에 바람이 심하게 불어 상대방이 튕기거나 버린 위 담배꽁초로 인해 화재가 발생할 수 있음은 충분히 예견이 가능했던 점 등에 비추어 보면, 피고인들에게는 상호 간 그 불씨가 살아있는지를 확인하고 이를 완전히 제거하는 등의 조치를 취하지 아니한 과실을 물을 수 있을 것이다.

다. 주위적 공소사실에 관한 판단

과실범의 공동정범은 행위자들 사이에 공동의 목표와 의사연락이 있는 경우에 성립하는 것인바(대법원 1997.11.28. 선고 97도1740 판결 등 참조), 함께 담배를 피웠을 뿐인 이 사건의 피고인들에게는 '공동의 목표'가 있었다고 보기 어려워 위와 같은 공동정범의 법리가 적용될 수는 없다고 봄이 타당하므로, 과실범의 공동정범으로 형법 제30조를 적용한 주위적 공소사실에 관한 검사의 주장은 이유 없다.[주2)]

라. 예비적 공소사실에 관한 판단

공동의 과실이 경합되어 화재가 발생한 경우에 적어도 각 과실이 화재의 발생에 대하여 하나의 조건이 된 이상은 그 공동적 원인을 제공한 각자에 대하여 실화죄의 죄책을 물어야 함이 마땅하다(대법원 1983.5.10. 선고 82도2279 판결).

살피건대, 앞서 살핀 바와 같이 누구의 행위로 인한 것인지 밝힐 수는 없지만 피고인들 중 한 명은 이 사건 화재 발생의 직접적 원인이 되는 행위를 한 과실이 있고, 적어도 다른 한 명은 위와 같이 충분히 예견이 가능함에도 불구하고 그 불씨가 살아있는지를 확인하고 이를 완전히 제거하는 등의 조치를 취하지 않은 채 만연히 현장을 떠난 과실이 있으며, 이들 피고인들 각자의 과실이 경합하여 이 사건 화재를 일으켰다고 봄이 상당하므로, 예비적 공소사실에 관한 검사의 주장은 이유 있다.

4. 결 론

그렇다면 원심판결에는 위와 같은 직권파기사유가 있으므로 형사소송법 제364조 제2항에 따라 이를 파기하고 변론을 거쳐 다시 다음과 같이 판결한다.

【다시 쓰는 판결 이유】

【범죄사실】 이 법원이 인정하는 범죄사실이 요지는 앞서 본 제2항과 같다.

【증거의 요지】 (생략, 제1심과 동일)

【법령의 적용】 형법 제18조, 다른 조항은 생략

【양형의 이유】

실화로 인한 재산상 손해액이 적지 않은 점, 주의의무 위반의 정도가 가볍지 아니한 점 등에 비추어 그 죄책이 가볍지 아니하나, 한편, 화재가 발생한 공장에 대하여 화재보험이 가입되어 있어 피해가 다소 회복된 것으로 보이는 점, 피고인들이 반성하고 있고 범죄전력이 없는 초범인 점 등 및 그 밖에 피고인들의 연령, 성행, 환경, 전과관계, 범행의 동기 및 경위, 수단과 결과, 범행 후의 정황 등 양형의 조건이 되는 여러 사정을 참작하여 주문과 같이 형을 정한다.

【무죄 부분】

이 사건 주위적 공소사실의 요지는 앞서 본 제2항 기재와 같고, 위 제3의 다항에서 살펴본 바와 같이 범죄의 증명이 없는 경우에 해당하므로 형사소송법 제325조 후단에 따라 무죄를 선고하여야 한다. 그러나 이와 동일성이 인정되는 예비적 공소사실을 유죄로 인정하는 이상 따로 주문에서 무죄를 선고하지 아니한다.

주1) 원심 판결문 제2쪽 마지막 행의 "2020.3.16."은 "2020.3.19."의 오기로 보인다.

주2) 검사는 변경 전 공소사실에 관하여 형법 제30조를 적용하여 피고인들을 공동정범으로 기소하였으나, 이에 대하여 원심은 형법 제30조를 삭제하고 피고인들에 대해서 각 단독범으로 하여 유죄로 판단하였다.

【제1심판결】 대구지방법원 2020. 10. 29. 선고 2020고정1089 판결

【주 문】

피고인들을 각 벌금 500만 원에 처한다.

피고인들이 위 각 벌금을 납입하지 아니하는 경우 10만 원을 1일로 환산한 기간 피고인들을 노역장에 유치한다.

피고인들에게 위 각 벌금에 상당한 금액의 가납을 명한다.

【이 유】

【범죄사실】

피고인들은 경산시에 있는 주식회사 K 직원들이다.

피고인들은 2020.3.19. 17:25경 위 '주식회사 K' 공장동 앞 재활용 박스를 모아두는 분리수거장 앞에서 담배를 피우고, 각각 담뱃불을 손가락으로 튕긴 후 불씨가 완전꺼지는 것을 확인하지 않은 채 그곳을 떠났다.

피고인들은 이와 같은 과실로 인하여 그 무렵 불씨에서 재활용 박스에 불이 옮겨붙으면서 위 공장동으로 번져 2층 공장동이 전소되는 등 약 645,500,000원 상당의 수리비가 들도록 소훼하였다.

【증거의 요지】

1. 피고인들의 일부 법정진술

1. 피고인들에 대한 각 피의자신문조서

1. 현장감식결과보고서

1. 수사보고(현장 CCTV 확인 관련)

1. 피해견적서

[피고인들 및 변호인은, 제3자의 개입이나 다른 원인에 의하여 화재가 발생하였을 가능성이 있는 점 등을 종합하면 피고인들이 이 사건 담배를 피운 행위가 이 사건 화재 발생의 원인이 되었다는 점에 대한 증명이 부족하다고 주장한다.

그러나 위 거시 증거에 따라 알 수 있는 다음과 같은 사정 즉, ① 피고인들은 사건당일 화재 직전 2023.3.16. 17:22:02경과 17:22:25경 각각 손가락으로 담뱃불을 튕겼던 점, ② 당시 바람이 화재가 처음 발생하였던 분리수거장 방향으로 강하게 불고 있었던 점, ③ 피고인들과 분리수거장의 거리는 1미터에서 3미터 정도였던 점, ④ 분리수거장에는 종이류 등 불에 쉽게 탈 수 있는 물건들이 쌓여 있었던 점, ⑤ 피고인들이 담배를 피고 돌아온 후 약 3-4분 정도 지나 분리수거장 쪽에서 연기가 솟아오르기 시작하였고, 그곳이 최초발화지점으로 추정되는 점, ⑥ 그 수 분 내에 제3자가 방화를 할 가능성은 극히 낮고, 그 밖에 전기적·화학적 발화원인도 없었던 점 등을 종합하면, 피고인들의 각 행위와 이 사건 화재 발생 사이에는 인과관계가 인정되고, 바람이 많이 불고 종이류가 근처에 적재되어 있는 곳에서 담뱃재를 털거나 꽁초를 함부로 버릴 경우 화재가 발생할 수 있다는 점도 예견할 수 있었을 것으로 보인다. 따라서 이 부분 주장은 받아들이지 아니한다.]

【법령의 적용】 형법 제18조 없음. 생략

[평　　석]

Ⅰ. 들어가며

대법원 종합법률정보에서 대상 판결을 '담배꽁초를 버린 공동의 과실이 경합되어 공장에 화재가 발생한 경우 각자 실화죄의 책임을 부담하는지 문제된 사안'이라고 소개하고 있는데, 그 내용을 보면 일상에서 빈번히 발생할 수 있는 실화 사례로 보인다. 하지만 이론적으로는 흥미로운 부분이 많아서 여러 교수님들께서 이미 이 판결을 대상 혹은 소재로 삼아 논문을 쓰셨다. 대상 판결의 결론 자체는 '담배 피우고 꽁초를 함부로 버리면 안 된다'라고 상식적으로 보면 쉬운 사안이고, 6억 이상의 손해를 발생시켰지만, 형량은 벌금 500만원이 선고되어 그 비중이 높지 않은 사안이라고도 할 수 있지만, 형법을 전공하는 사람으로서 몇 마디 더 보태고자 한다.

대학 1학년 때 처음 형법을 배우면서 너무도 힘들었던 부분이 행위론에서 과실과 부작위를 다루는 부분이었다. 또 과실치사상의 법정형을 보고는 같은 결과를 초래한 경우라도 고의와 과실이 형법적으로는 전혀 다르게 취급된다는 점에 놀랐던 기억이 있다. 세월이 지나면서 보니 교과서에서 배웠던 원칙들은 이론적 결론이기도 하지만, 어떤 지향 혹은 신념을 형성시키는 효과도 있는 것 같다. 법학을 접한 사람과 일반 시민들의 법적 판단에서 가장 어긋나는 부분이 그 결론에서 결과 고려, 결과의 비중이 아닐까 한다. 이러한 간극은 구체적 사안에서 반드시 결론을 내려야만 하는 법원에도 딜레마로 작용할 것이다. 연구자들처럼 형법적 책임원칙을 강조한다면 과실범의 성립도 엄격하게 판단되어야 할 것이지만, 사회 일반의 법감정은 고의/과실을 불문하고 그 결과가 중할수록 결과책임[1]에 가까워지고, 이러한 대중의 법인식, 법감정에 반하는 판결이 내려지면, 해당 재판부는 온갖 원색적 비난을 감수해야 하기 때문이다.

대상 판결에서 일반인들의 관심이 가장 많을 형량 부분은 '피고인

---

1) 결과책임 사상에 대해 연혁적으로 깊이 있게 다루고 있는 글을 많이 찾지 못했다. 저의 생각일 뿐이지만, 형벌과 관련된 결과책임 사상에는 조금은 다른 두 가지가 있는 것 같다. 첫째는 어떤 불행한 결과가 발생했을 때, 관련된 누군가는 반드시 (형사)책임을 져야만 한다는 관념과 둘째 일단 불법한 일을 개시한 자는 후속하는 모든 결과에까지 책임져야 한다는 것이다. 전자는 주로 과실범 인정 자체에 관련되고, 후자는 결과적 가중범에 연결되는 것으로 보인다. 후자에 대해서 김혜경, "결과적 가중범의 법정형 정비 기본원리", 형사정책연구, 제19권 제1호, 2008 봄, 39면에서는 Kaufmann, Das Schuldprizip, 2. Aufl., 1977, 246면을 인용하여 '결과적 가중범은 교회법상 '그 자체로서 금지된 부정한 일에 종사한 자는 이로부터 발생한 모든 사안에 대하여 책임을 져야 한다는 원칙(versari in re illicita)'으로부터 유래한다.'고 한다.; 이상수, "책임원칙에 근거한 미국 형법상 Felony Murder 이론의 검토", 안암법학 제51권, 104면에서 소개되는 영미법상 'felony murder'가 이러한 의미의 versari 원칙에 대한 직접적 예로 보인다. "중범죄 살인죄 이론은 일반적으로 중범죄(felony)의 수행 과정에서 발생하는 사망의 결과에 대해서 살인죄의 성립을 인정한다. 즉, 중범죄 살인죄이론의 법리는 중범죄자(felon)가 중범죄의 수행과정(in the furtherance of felony)에서 고의로 사망의 결과를 낳았든 아니면 무모하게, 과실로 또는 심지어 과실없이 사망의 결과를 낳았든 상관없이 살인죄의 형사책임을 부과한다." 또한 109면에서는 "Felony Murder 이론은 중범죄(felony)를 범하는 과정에서 발생한 사망의 결과에 대해서 중범죄 살인죄의 형사책임을 인정하는 이론이다. 중범죄의 실행의 착수 이후에 피고인이나 다른 공범에 의해서 발생한 사망의 결과에 대해서 원칙적으로 고의·과실 여부 혹은 예견가능성 여부를 불문하고 사망의 결과에 대해서 보통법상 살인죄의 성립에 요구되는 사전악의(malice aforethought)를 인정하는 이론"이라고 한다.

들을 각 벌금 500만 원에 처한다.'여서 학문적 관심이나 피해액에도 불구하고 피고인들에게 내려진 형벌은 그리 크지 않다. 그래서 이 정도면 좀 개운치는 않아도 적당하다고 생각했을지 모르겠다.

그러나 "다만 ⓐ 원심판단 중 이 사건 화재가 피고인들 중 누구의 행위에 의한 것인지 인정하기에 부족하다는 취지의 부분은 결과발생의 원인행위가 판명되지 않았다는 뜻으로 오해할 여지가 있기는 하다. 그러나 이는 '피고인들 중 누구의 담배꽁초로 인하여 이 사건 화재가 발생하였는지 인정할 증거가 부족하다.'는 의미로 선해할 수 있고, 이는 피고인들의 근무내용, 화재 발생 시간과 장소 및 경위, 법익침해 방지를 위한 행위의 용이성 등을 고려할 때, 피고인들이 각자 본인 및 상대방의 담뱃불로 인하여 화재가 발생할 수 있음을 충분히 예견할 수 있어 ⓑ 상호 간에 담배꽁초 불씨가 남아 있는지를 확인하고 이를 완전히 제거할 주의의무가 있음에도 이를 위반한 채 분리수거장 부근에서 담배꽁초 불씨를 튕기고 담배꽁초를 던져 버린 후 아무런 조치 없이 현장을 떠났고 이러한 피고인들의 ⓒ 각 주의의무 위반과 이 사건 화재의 발생 사이에 인과관계가 인정된다는 취지의 부가적 판단이므로, 이와 다른 전제에서 '원인행위가 불명이어서 피고인들은 실화죄의 미수로 불가벌에 해당하거나 적어도 ⓓ 피고인들 중 일방은 실화죄가 인정될 수 없다.'는 취지의 피고인들 주장은 받아들이기 어렵다." 는 설시내용은 도무지 이해되지 않는 부분이어서 이 부분을 중심으로 검토하기로 한다. 먼저 ⓐ에서 대법원이 '선해'하였다고 한 부분은 무엇인지 궁금하다. 굳이 풀어본다면, 대법원이 선해하였다고 하는 부분을 '원인행위가 전혀 밝혀지지 않은 것이 아니라', '피고인들 중 누군가의 행위로 화재가 발생한 것은 충분히 인정할 수 있다'는 의미로 이해할 수는 있다. 그러나 피고인 1, 2는 담배를 피는 것이나, 꽁초를 버리는 것, 화재 발생을 공모한 것이 아니므로, '피고인들'로 묶어서 판단해서는 안되고, 피고인 각자의 행위의 인과관계를 각각 별도로 판단하였어야 한다. 이는 전형적인 독립행위이거나, 적어도 인식 있는 평행행위일 뿐이기 때문이다.

그러함에도 ⓑ에서 대법원은 '피고인들이 각자 본인 및 상대방의 담뱃불로 인하여 화재가 발생할 수 있음을 충분히 예견할 수 있어'라고 하여 사전의 의사연락이 없었던 피고인 1, 2에게 같은 회사의 직원이라는 사정을 근거로 상호 간의 행위로 인한 결과발생까지 방지할 의무-소위 보증인적 의무-를 인정한다. 어린이 등이나, 위험한 동물 등을 소유 관리하는 자나 조직체 내의 상하관계에 기초하여 하급자에 대해서 관리감독 의무를 지는 자에게는 그 소유, 관리물에 의한 결과발생을 방지할 의무가 있을 수 있지만, 같은 회사에 근무하면서 우연히 같은 시간에 흡연하게 된 독립된 성인인 피고인 1, 2 상호 간에 이처럼 강한 보증인 의무를 인정할 수 있을지는 의문이다. 그러면서도 ⓒ에서 '각' 주의의무 위반과 인과관계라고 표현하므로, 피고인들을 공동정범으로 파악하고 있는 것은 아니다. 이 판결은 우리에게 도대체 어떤 話頭를 던진 것인가?

판결에 관련된 형법 조문들은 너무도 익숙한 문언으로 구성되어 있지만, 곰곰이 생각해보면 여전히 생각할 여지가 있다. 형법연구자들은 이론의 세례를 받았기 때문에 이 문언들을 교리dogmatics에 따라 문언과 달리 읽는 것에 익숙하지만, 문언 자체만으로서는 이를 다르게 읽어낼 여지가 많기 때문이다. 배열 위치까지도 절묘한 이 조문들에 우리가 모르는 심오한 법리가 숨어 있었던 것일까? 법원이 판결문에서 제시하는 일부 법리는 교과서의 그것과는 다르고, 이는 조문을 달리 읽고 있기 때문일 수도 있다.

Ⅱ. 형법의 문언 체계

제14조(과실) 정상적으로 기울여야 할 주의(注意)를 게을리하여 죄의 성립요소인 사실을 인식하지 못한 행위는 법률에 특별한 규정이 있는 경우에만 처벌한다.

제17조(인과관계) 어떤 행위라도 죄의 요소되는 위험발생에 연결되지 아니한 때에는 그 결과로 인하여 벌하지 아니한다.

제18조(부작위범) 위험의 발생을 방지할 의무가 있거나 자기의 행위로 인하여 위험발생의 원인을 야기한 자가 그 위험발생을 방지하지 아니한 때에는 그 발생된 결과에 의하여 처벌한다.

제19조(독립행위의 경합) 동시 또는 이시의 독립행위가 경합한 경우에 그 결과발생의 원인된 행위가 판명되지 아니한 때에는 각 행위를 미수범으로 처벌한다.

1. 제14조(과실)

우리 형법 제14조는 '정상적으로 기울여야 할 주의(注意)를 게을리하여 죄의 성립요소인 사실을 인식하지 못한 행위는 법률에 특별한 규정이 있는 경우에만 처벌한다.'고 규정하고 있다. 그래서 '과실범'을 벌하겠다는 별도의 명시적 규정이 없다면, 고의범으로 규정된 범죄구성요건을 과실로 범한 자는 해당 조문으로 처벌할 수 없다는 점을 선언한다. 그리고 이러한 취지는 형법 제8조의 취지에 따라 형법 외의 법령에 '특별한 규정이 있는 때'를 제외하면 형벌 일반에 적용되는 것이다. 이처럼 매우 간단하고 명확한 조문이지만, 형법 제8조에도 불구하고 소위 행정형벌과 관련해서는 '해석상 과실범'이라는 개념을 제시한 판결[2]이 나오기도 했다. 이는 형법 제8조 단서의 '그 법령에 특별

2) 과거 이 주제에 대한 논의는 손기식, "행정범에 있어서 고의", 형사판례연구 제4권, 354면 참조. 그리고 판례에 나타나는 이 용어에 대해서는 약간의 오해의 소지가 있다. 대부분 '해석상 과실범' 성립을 인정하는 법리로 소개되는 대법원 1993.9.10. 선고 92도1136[대기환경보전법위반] 사건의 판결요지에서는 이러한 취지가 표현되어 있기는 하다. 【판결요지】 구 대기환경보전법(1992.12.8. 법률 제4535호로 개정되기 전의 것)의 입법목적이나 제반 관계규정의 취지 등을 고려하면, 법정의 배출허용기준을 초과하는 배출가스를 배출하면서 자동차를 운행하는 행위를 처벌하는 위 법 제57조 제6호의 규정은 자동차의 운행자가 그 자동차에서 배출되는 배출가스가 소정의 운행 자동차 배출허용기준을 초과한다는 점을 실제로 인식하면서 운행한 고의범의 경우는 물론 과실로 인하여 그러한 내용을 인식하지 못한 과실범의 경우도 함께 처벌하는 규정이다.

그런데 실제 판결이유를 살펴보면 이러한 법리에도 불구하고, 피고인의 과실(로 인한 인식) 자체를 부정하고 있다. “우선 원심이 든 모든 증거관계에 의하더라도 피고인 A가 위 자동차에서 소정의 허용기준을 초과한 배출가스가 배출된다고 실제로 인식하면서 이를 운행하였다고 인정할 만한 근거는 전혀 찾아 볼 수 없다. 또한 기록에 의하면, 위 자동차는 피고인 한국전기통신공사가 1990.12.3. 그 제작자인 기아자동차주식회사로부터 직접 매수한 것으로 1991.6.14. 현재 총 주행거리가 불과 4,851km밖에 안 된 상태이어서 제작자의 무상보증기간내에 있었던 것이고, 이 사건 직후 위 자동차에 대하여 운행차 검사대행업체에 그 정비·점검을 의뢰한 결과, 인젝션 펌프(Injection Pump)의 송출량을 조정하는 시정조치에 의하여 배출가스 중의 매연농도가 64퍼센트에서 10퍼센트로 대폭 감소되었음을 알 수 있다. 이러한 사정에 비추어 볼 때 피고인 A로서는 특별히 위 자동차의 배출가스와 관련이 있는 장치 내지 부품 등을 임의조작하거나 손상시킨 경우 등이 아닌 한, 위 자동차의 운행 중에 매연이 허용기준을 초과하여 배출된다는 것을 인식하지 못한 데 무슨 과실이 있다고도 볼 수 없을 것이다.

결국 원심이 피고인 A가 피고인 한국전기통신공사의 업무에 관하여 이 사건 자동차를 운행함에 있어 소정의 허용기준을 초과한 매연이 포함된 배출가스를 배출시킨 데 대하여 이를 실제로 인식하였거나 과실로 이를 인식하지 못하였는지 여부를 제대로 심리해 보지도 않은 채, 자동차운전자가 허용기준을 초과한 배출가스를 배출하기만 하면 대기환경보전법 제57조 제6호의 죄에 해당한다는 전제 아래, 피고인들을 유죄로 처벌한 조치는 위 법조 소정의 범죄구성요건에 관한 법리를 오해하거나 필요한 심리를 다하지 아니한 잘못이 있다 할 것이므로, 이 점을 지적하는 취지의 논지는 이유 있다.”

그러므로 원심판결을 파기하고, 사건을 다시 심리판단하게 하기 위하여 원심법원에 환송하기로 하여 관여 법관의 일치된 의견으로 주문과 같이 판결한다.

유사한 취지로 소개되는 대법원 2010.2.11. 선고 2009도9807 판결[업무상과실치사·공중위생관리법위반]도 마찬가지 논리구조를 취한다. “행정상의 단속을 주안으로 하는 법규라 하더라도 명문규정이 있거나 <u>해석상 과실범도 벌할 뜻이 명확한 경우를 제외하고는</u> 형법의 원칙에 따라 고의가 있어야 벌할 수 있다(대법원 1986.7.22. 선고 85도108 판결 참조).”는 설시에서 “형법의 원칙에 따라 고의가 있어야 벌할 수 있다”를 강조할 것인지, “해석상 과실범도 벌할 뜻이 명확한 경우”에는 명문규정 없이도 과실범도 처벌할 수 있는 것으로 새길 것인지 하는 것이다. 참고로 이 사안은 ‘술을 마시고 찜질방에 들어온 갑이 찜질방 직원 몰래 후문으로 나가 술을 더 마시고 들어와 잠을 자다가 사망한 경우에 찜질방 직원 및 영업주에게 손님이 몰래 후문으로 나가 술을 더 마시고 들어올 경우까지 예상하여 직원을 추가로 배치하거나 후문으로 출입하는 모든 자를 통제·관리하여야 할 업무상 주의의무가 있다고 보기 어렵다고 본 사안’이다.

또한 이 판결이 인용하는 대법원 1986.7.22. 선고 85도108 판결도 동일한 취지를 설시하지만, “호텔을 경영하는 주식회사에 대표이사가 따로 있고 동 회사의 실질적인 책임자로서 업무전반을 총괄하는 전무밑에 상무, 지배인, 관리부장, 영업부장한 규정이 있는 때'를 '그 법령을 해석하여 특별한 이유가 있는 때'로 읽어낸 것이어서 부당한 것은 당연하고, 권력분립과 죄형법정원칙에 반하는 법리이다. 비록 어떤 사안에서 그 행위의 처벌 필요성이 인정된다고 해도 기본적으로 이는 형사입법에서의 흠결, 오류를 법원의 적극적 혹은 월권적 해석으로 메우려 했던 것이기 때문에 최근에는 명시적으로 이를 드러낸 판례를 찾아보기 힘들다.[3] 그러나 우리 입법자는 '과실'을 잘 알지 못하는 것인지 아니면, 입법 자체를 꺼리는 것인지 여전히 과실범을 명시한 경우가 매우 드물고 그래서 적용상의 문제가 심심치 않게 발생하는 것으로 보인다.[4]

등을 따로 두어 각 소관업무를 분담처리하도록 하는 한편, 소방법 소정의 방화관리자까지 선정, 당국에 신고하여 동인으로 하여금 소방훈련 및 화기사용 또는 취급에 관한 지도감독 등을 하도록 하고 있다면 위 회사의 업무에 전혀 관여하지 않고 있던 소위 회장에게는 위 회사의 직원들에 대한 <u>일반적, 추상적 지휘감독의 책임은 있을지언정</u> 동 호텔 종업원의 부주의와 호텔구조상의 결함으로 발생, 확대된 화재에 대한 <u>구체적이고도 직접적인 주의의무는 없다고 할 수밖에 없다.</u>"는 판결이다.

3) 그런데 뒤에서 간략하게 언급하지만, 이러한 대법원의 취지를 선해해보면, 개별 법률에서 특정한 법적 주의의무를 규정하고, 그 위반을 형벌로 처벌하면서 별도의 과실범 처벌규정을 두고 있지 않아서 이론적으로는 해당 규정을 고의범으로 해석할 수밖에 없는 경우이지만, 법령의 해석상 그 의무위반 자체를 처벌하려는 것으로 파악하는 것으로 그 취지 자체는 이해할 수 있는 부분도 있다. 실질적으로는 일종의 거동범이지만, 구성요건의 문언이 '매연의 발생'처럼, 그로 인한 결과 발생을 지시하는 경우도 포함된다.

4) 대법원 2004.4.23. 선고 2003도8039 판결은 청소년보호법 위반 사안인데, 【판시사항】만 보면 '[1] 청소년보호법 제51조 제7호, 제24조 제2항 위반죄의 성립에 고의가 요구되는지 여부(적극) [2] 청소년출입금지업소의 업주 및 종사자가 출입자의 연령확인에 필요한 의무의 내용 및 연령확인조치를 취하지 아니하여 청소년이 당해 업소에 출입한 경우, 청소년보호법 위반죄의 미필적 고의가 인정되는지 여부(적극) [3] 청소년출입금지업소의 업주에 대하여 청소년 출입에 관한 미필적 고의가 인정된다고 한 사례'라고 하고 있어서 별 문제가 없어 보이지만, "청소년출입금지업소의 업주 및 종사자에게는 청소년의 보호를 위하여 청소년을 당해 업소에 출입시켜서는 아니될 매우 엄중한 책임이 부여되어 있다 할 것이므로 청소년출입금지업소의 업주 및 종사자는 객관적으로 보아 출입자를 청소년으로 의심하기 어려운 사정이 없는 한 청소년일 개연성이 있는 연령대의 출입자에 대하여 주민등록증이나 이에 유사한 정도로 연령에 관한 공적 증명력이 있는 증거에 의하여 대상자의 연령을 확인하여야 할 것이고(대법원 1994.1.14. 선고 93도2914 판결,

'과실'은 일상적으로도 많이 사용되지만, 그렇게 쉬운 개념은 아니다. 이론적으로는 과실범에서의 과실을 '주의의무 위반' 자체로 이해하지만, 법문언 자체에서는 '정상적으로 기울여야 할 주의(注意)를 게을리하여'는 '사실의 인식'을 못한 원인처럼 표현되어 있다. 이처럼 우리 형법은 '사실의 인식'이 없는 행위를 과실로 보는 것처럼 규정되어 있지만, 과실결과범의 경우에는 사실에 관한 인식은 있지만, 결과에 관한 의지적 요소가 결여된 '인식 있는 과실'을 인정하는 것이 학설과 판례의 입장이고, 당연한 것이어서 향후 형법 개정시에 이 점이 반영되어야 할 것이다. 또한 제17조, 제18조, 제19조에서는 '결과'가 명시되어 있지만, 제14조는 '행위'라고만 표현되어 있다. 과실거동범의 경우

2002.6.28. 선고 2002도2425 판결 등 참조), 업주 및 종사자가 이러한 연령 확인 의무에 위배하여 연령 확인을 위한 아무런 조치를 취하지 아니함으로써 청소년이 당해 업소에 출입한 것이라면, 특별한 사정이 없는 한 업주 및 종사자에게 최소한 위 법률 조항 위반으로 인한 청소년보호법위반죄의 미필적 고의는 인정된다고 할 것이다. 피고인 운영의 판시 유흥주점에 출입한 공소외인이 당시 18세 11개월로서 예술대학 1학년생이며, 같이 온 군복을 입은 친구와 반말을 주고 받았고, 29세인 피고인의 매형도 동행하였다는 등의 사정만으로는, 객관적으로 보아 공소외인을 청소년으로 의심할 수 없는 사정이 있는 경우에 해당한다고 하기 어렵고, 현역군인과 반말을 주고 받는 대학 1학년생인 공소외인이 청소년일 개연성은 있는 것임에도 피고인이 그에 대하여 연령 확인을 위한 아무런 조치를 하지 아니한 이상 청소년보호법 제51조 제7호, 제24조 제2항 위반의 미필적 고의는 인정되는 것"이라고 판시함으로써 이는 법률상 요구되는 '연령확인의무 불이행'을 '청소년 출입에 대한 미필적 고의'와 동일시하는 오류를 범하고 있다. 이러한 해석이 언제나 타당한 것이라면 우리 제364조(업무상과실, 중과실)가 규정한 업무상과실 또는 중과실 장물취득죄는 무의미한 규정이 될 것이다. 우리 형법은 제362조(장물의 취득, 알선 등)에서 고의 장물취득 등은 7년 이하의 징역 또는 1천500만원 이하의 벌금에 처하면서도 경과실장물취득은 벌하지 아니하고, 업무상·중과실 장물취득만 처벌하면서 그 법정형도 고의범보다 훨씬 낮은 1년 이하의 금고 또는 500만원 이하의 벌금으로 규정하고 있다.

이러한 대법원의 해석에 의한 확장 때문인지 청소년 보호법[법률 제19841호, 2023.12.26., 타법개정] 제55조 내지 제65조는 과실범을 처벌하는 특별한 규정을 두고 있지 않다. 현행법에서도 제29조(청소년 고용 금지 및 출입 제한 등) ② 청소년 출입·고용금지업소의 업주와 종사자는 출입자의 나이를 확인하여 청소년이 그 업소에 출입하지 못하게 하여야 한다고 규정하면서도 해당 의무 불이행 자체에는 과태료 등 벌칙을 두고 있지 않다.

형법전에서는 그 예를 찾기 힘들지만,[5] 개별법에서는 과실거동범으로 해석될 수 있는 경우가 다수 발견된다.

형법각칙의 과실범 구성요건에서는 과실을 별도로 규정하지 않고, '과실로', '업무상과실 또는 중대한 과실로', 또는 '과실로 인하여', '업무상과실 또는 중대한 과실로 인하여'로 표현하는데, 이 규정들에서 '인하여'라는 문언이 특히 적극적인 기능을 수행하는 것으로 보이지는 않는다. 과실거동범이 아닌 한, 주의의무 위반과 결과발생 사이에는 당연히 인과관계가 요구되기 때문이다.[6] 그런데 '제266조(과실치상) ① 과실로 인하여 사람의 신체를 상해에 이르게 한 자'나 '제267조(과실치사) 과실로 인하여 사람을 사망에 이르게 한 자' 등에서는 어떤 행위라도 상해, 사망의 결과를 초래할 수 있는 모든 행위가 과실 행위가 될 수 있지만, 우리 형법상 과실범 중에서 과실로 고의범의 죄를 범한 경우를 처벌하는 규정 즉 '제189조(과실, 업무상과실, 중과실) ①과실로 인하여 제185조 내지 제187조의 죄를 범한 자'의 경우에는 고의범인 교통방해죄 규정, '제364조(업무상과실, 중과실) 업무상과실 또는 중대한 과실로 인하여 제362조의 죄를 범한 자'는 고의범인 장물취득 등의 구성요건적 행위에 해당하는 구성요건적 행위로 제한된다고 해석해야 한다. 또 하나 사소한 문제는 '제170조(실화) ① 과실로 제164조 또는 제165조에 기재한 물건 또는 타인 소유인 제166조에 기재한 물건을 불태운 자'이다. 제170조(실화)의 종전 조문에서는 '소훼 燒燬'라고 표현했는데, 어려운 한자어를 한글로 바꾸려는 취지는 이해하나, 이를 '불태운'으로 바꾸는 것이 의미가 과실범으로서 자연스러운 것인지는 모르겠다. 우리말이 피동형을 꺼리는 것은 맞겠지만, '불에 타게 한'이

---

5) 형법 제189조 과실교통방해의 경우 고의범 구성요건인 제185조 내지 제187조를 구성요건으로 하고 있으나, 특히 제185조(일반교통방해)의 '기타 방법으로 교통을 방해'의 해석에 따라서 과실거동범으로 해석될 여지가 있다.

6) 신양균, "과실범에 있어서 의무위반과 결과의 연관", 형사판례연구 제1권, 63면에서는 행위와 결과 사이의 인과관계를 본래적 의미의 인과관계라고 하면서, 주의의무 위반과 결과의 관련이라는 규범적 관련을 구별한다.

라는 표현보다는 어쩌지 고의에 더 가까운 의지적 표현으로 느껴진다.

많은 글들이 죄형법정원칙 중 명확성 원칙에 따라 구성요건에 사용된 언어의 명확성을 치열하게 문제 삼지만, 우리 교과서의 여러 곳에는 '~한 결과를 초래하는 일체의 행위'라고 서술된 경우가 많아서, 특히 행태의존적 결과범 유형에서만 구성요건적 행위정형성이 중요한 문제로 취급된다. 하지만 국회의원과 이들을 지원하는 입법전문가라는 사람들조차 형벌 구성요건을 불명확하게 만들면서도 일단 입법하고, 사건이 터지고 나서 '법원의 판단'을 받아보자는 경향이 여전히 우리 사회에 많이 있는데, 행위자인 수범자의 관점에서 보면, 이는 행위결정규범으로서는 무가치한 규범일 뿐이다. 그 법률 위반에 관한 최초의 유권적 판단이 되는 확정판결이 나오기까지는 무엇을 할 수 있고, 무엇이 금지되는지 누구도 알 수 없는 상태가 되는데, 그 위험을 수범자에게 모두 떠맡기고 있는 것이기 때문이다. 그런데 어쩌면 죄형법정원칙은 고의범에 대해서는 전적으로 타당하지만, 과실범에서 더더욱 그대로 적용되기 힘든 것일지도 모른다. 형법상의 과실범의 경우 '과실'이라는 말 이외에는 이러한 최소한의 행위정형성조차 없고, 우리의 사회적 생활관습이나 특정 직종별 업무지침, 관련 법령에 추상적 언어로 숨어 있다가 어떤 불행한 결과가 발생한 뒤에야, 결과적으로 그러한 행동은 금지되는 과실이라고 판결문을 통해서 법원이 선언하게 되기 때문이다.

그런데 소위 '행정형법'이라고 불리는 형법 밖의 법률상 구성요건에는 이러한 과실범에서의 주의의무가 독립적으로 발전한 것으로 볼 수 있는 예가 많다. 통상적으로는 그 의무 위반의 벌칙으로서 과태료 등이 규정되면 행정벌이라고 불리고, 형벌이 규정되어 있으면, 행정형벌이라고 불릴 뿐이다. 가장 대표적인 것으로 도로교통법, 산업안전보건법 등을 들 수 있다. 많은 법률에 해당 법률의 적용을 받는 자들에 대해 특별한 법률적 작위, 부작위 의무를 부과한 경우는 무수히 많은

데, 거의 대부분은 생명, 신체, 재산 등에 심대한 위험을 발생시킬 수 있는 경우에 적용되는 것이고, 또 다른 유형은 국가 등의 행정적 관리, 감독에 협력할 의무에 해당하여, 그 위반이 있어도 그 자체로서는 혹은 추가적인 중한 결과로서 사상의 결과 등을 발생시키지는 않는다. 이러한 규정 가운데 생명, 신체에 위험을 발생시킬 수 있는 경우에 적용되는 작위, 부작위 의무는 사실상 형법상의 통상과실, 업무상과실, 중과실에서 발전한 것으로 보아야 할 것이다. 해당 법률에 그와 같은 규정이 없었더라도 그 주의의무 위반으로 사상의 결과가 발생하였다면, 형법상 과실치사상죄 등이 적용되어 처벌되었을 것이기 때문이다.

이러한 경우 입법자가 성실하게 입법하였음을 전제로 하면, 그 처벌 수준을 통하여 그 의무의 층위를 구별할 수 있을 것이고, 이는 '통상과실'보다 가중되어 처벌하는 '업무상 과실'이나 '중과실'의 발전형태로 구별할 수 있을 것이다. 아직은 설익은 생각이지만, 각 법률에서 해당 의무 위반을 과태료로라도 벌하는 경우는 업무상과실로 취급하되, 법률상 형벌로 처벌할 것임이 명문으로 규정되어 있는 경우에는 형법상의 (단순)중과실과 구별되는 것으로서 (행위)불법을 달리하는 업무자의 중과실, 즉 '업무상 중과실'로 평가할 수 있을 것이고, 차라리 형법전에 이로 인한 死傷의 결과발생을 7년 이하의 징역 정도로 처벌하는 구성요건[7]을 두는 것이 산업안전보건법 혹은 중대재해처벌법 등 특정 사건을 계기로 그때그때의 분노감에서 입법되거나 지나치게 상향된 법에 의한 무리한 처벌[8]을 대체할 수 있지 않을까 하는 막연한

---

7) 일부에서는 이러한 경우 해당 조문의 형식 때문에 이를 결과적 가중범으로 파악하기도 하지만, 내용적인 측면을 보면, 기본범죄를 고의'결과'범으로 하고 중한 결과에 대한 예견가능성이 있을 때 가중되는 결과적 가중범보다는 '결과범이 아닌' '단순한 법적 의무의 불이행과 그로 인한 사상의 결과 발생'을 가중하는 규정으로서 과실범의 범주에서 다루는 것이 타당하다고 판단된다. 대법원 양형기준에서도 산업안전보건법 위반은 업무상과실치사상과 함께 다루고 있다.

8) 이러한 처벌 규정의 취지는 십분 이해하지만, 의욕이 앞선 탓인지 해당 규정들은 추상적이거나 오히려 행위자의 처벌에 장애가 될 수 있는 생소한 개념을 사용하고 있는 경우가 많다. 예를 들어 지금까지 확인한 바로는 중대재해에 해당하는 사고

구상을 하고 있다.

2. 제17조(인과관계), 제19조(독립행위의 경합), 제263조(동시범)

우리 형법의 문언은 그 자체로서 꽤 오래된 것이기도 하고, 한글의 어법만으로 풀어내는 것이 아니라, 학설에 따라 달리 풀리기도 하는 것이어서 어떤 의미에서는 종교적 '경전'의 해석과도 유사한 경우가 있다. 형법 제17조는 그 표제를 [인과관계]로 하면서 어떤 행위라도 죄의 요소되는 위험발생과 '연결'되지 아니한 때에는 그 결과로 인하여 벌하지 아니한다고 선언하고 있다. 일상적으로도 '인과관계'라는 용어를 쉽게 사용하지만, 법률적 개념이 우리말 사전9)에 이미 수용되어

가 발생한 경우 결합주의에 의하여 가장 중한 처벌을 받게 되는 경우는 아래의 연구실안전법 제43조 제2항 적용의 경우이다. 대학 총장 상당수가 처벌 대상이 될 텐데, 이때 제43조 제1항 제1호 소정의 '성실하게 실시하지 아니함으로써 중대한 손괴를 일으켜'는 매우 독특하게 기능하는 문구가 될 것이다. '안전점검 또는 정밀안전진단을 실시하여도 중대한 손괴가 발생'할 수는 있고, '성실하게 실시하였으나, 중대한 손괴가 발생하였다'는 항변도 가능해지기 때문이다.

연구실 안전환경 조성에 관한 법률(약칭: 연구실안전법[법률 제19785호, 2023. 10. 31., 일부개정]

제43조(벌칙) ① 다음 각 호의 어느 하나에 해당하는 자는 5년 이하의 징역 또는 5천만원 이하의 벌금에 처한다.

1. 제14조 및 제15조에 따른 안전점검 또는 정밀안전진단을 실시하지 아니하거나 성실하게 실시하지 아니함으로써 연구실에 중대한 손괴를 일으켜 공중의 위험을 발생하게 한 자
2. 제25조제1항에 따른 조치를 이행하지 아니하여 공중의 위험을 발생하게 한 자

② 제1항 각 호의 죄를 범하여 사람을 사상에 이르게 한 자는 3년 이상 10년 이하의 징역에 처한다.

9) '표준국어대사전'에서는 이를 1.「법률」 어떤 행위와 그 후에 발생한 사실과의 사이에 원인과 결과의 관계가 있는 일. 민법, 형법에서 행위자에게 책임을 지우는 근거가 된다. 2.「철학」 한 현상은 다른 현상의 원인이 되고, 그 다른 현상은 먼저의 현상의 결과가 되는 관계. '고려대한국어대사전'은 1.「철학」 한 사물 현상은 다른 사물 현상의 원인이 되고, 그 다른 사물 현상은 먼저 사물 현상의 결과가 되는 관계. 2.「법률」 어떤 행위와 그 후에 발생한 사실 사이에 원인과 결과의 관계가 있는 일. 행위자(行爲者)에게 민법상, 형사상의 책임을 지게 하는 근거가 된다. '우리말샘'은 1.「법률」 어떤 행위와 그 후에 발생한 사실과의 사이에 원인과 결과의 관계가 있는 일. 민법, 형법에서 행위자에게 책임을 지우는 근거가 된다. 2.「철학」

있기 때문에 사전적 의미를 찾아봐도 동어반복에 가깝다.

종교적인 인과율(因果律, Causality) 개념도 불교의 사상에서 연원을 찾을 수 있는데, 모든 일이나 행동이 반드시 '모종의 이유나 원인', 즉 '인과(因果)'가 있기에 발생하며 아무런 인과 없이 생기는 일은 있을 수 없다는 사고방식이어서, 이는 뒤집어보면 결과가 발생하면 관련성조차 희박한 무엇이라도 이유나 원인으로 끌어오는 것일 수도 있다. 철학적으로도 인과(Causation, '무언가를 일으키는 것'과 '무언가에 의해 일어난 것', 이 양자가 서로 맺고 있는 관계)의 문제가 주로 '제1원인' 등과 관련하여 깊이 있게 다루어지지만, 이러한 사변적 설명은 특정한 '원인'과 '결과'를 상정하고, 그 둘 사이에 어떠한 '연결'이 있을 때 특정인에게 그 결과를 귀속시킬 것인가를 판단 혹은 결정해야 하는 법학적 인과관계론에서 곧바로 원용될 수 있는 것은 아니다. 자연과학적 의미의 인과관계도 사실상 수학적 의미에서의 완벽한 '증명'이라기보다 반복된 실험에서의 재현성을 통해 강화되는 정도로 보인다. 흥미로운 점으로는 역학적 인과관계의 추론법으로 '힐의 기준'이라는 것이 있다고 하는데, 그 가운데 '비허위성(non-spuriousness)'[10]이 형법적 인과관계에서도 유사하게 작용하는 기준은 아닐까 한다. 다만 여기서 말하는 제3의 변인이 최초에 '원인'이라고 추정한 것과 '함께' 작용한 경우와 제3의 변인이 실제의 원인이었고, 최초에 원인이라고 가정한 것은 전혀 원인이 아니었던 경우를 구별할 필요는 있다. 형법적으로는 이중적 인과관계, 누적적 인과관계라는 개념이 있기 때문이다.

한 현상은 다른 현상의 원인이 되고, 그 다른 현상은 먼저의 현상의 결과가 되는 관계

10) 힐의 기준(Hill's criteria)는 영국의 역학자, 통계학자인 오스틴 브래드포드 힐(Austin Bradford Hill)이 만든 기준으로, 역학(epidemiology)에서 인과성을 밝히기 위하여 검토할 기준들을 나열한 것이라고 한다. 비허위성(non-spuriousness): 두 변인이 공변하고, 시간적 선후관계가 존재함에 더하여, 이러한 변화의 양상이 제3의 다른 변인으로는 설명될 수 없어야 한다. 즉 다른 외생변인이 혼입되어 부지불식간에 거짓 인과관계를 형성했다는 대안적 설명이 불가능해야만 한다. 나무위키에서 '상관관계와 인과관계'라는 표제로 설명된 것임. https://namu.wiki

인과관계 문제에 대해 다르게 접근해 보면, 반대말인 우연(偶然)[11]을 들 수 있는데, 형법적 인과관계론의 1차적인 목표는 형사책임의 귀속에서 이러한 우연을 결과귀속에서 완전히 배제하는 것이라고 할 수 있다. 그런데 인과관계에서 '있다/없다'라는 단정적 판단이 내려지는 경우도 있겠지만, '없다'라고 단정할 수 없어서, 결과를 초래할 수 있는 희박한 가능성 혹은 확률만 있는 경우에도 제17조에서의 '연결', '연결됨'을 인정할 것인가의 문제가 '상당인과관계론'에서의 '상당성' 판단 문제로 보인다. 이는 입증의 문제와 함께 제19조(독립행위의 경합)나 제263조(동시범)에서 '판명'의 문제와도 연결된다.

물론 제19조(독립행위의 경합)은 그 결과발생의 원인된 행위가 판명되지 아니한 때에는 각 행위를 미수범으로 처벌함으로써 원인행위의 입증을 검사의 책임으로 한다는 취지도 있지만, 이를 '미수범'으로 처벌한다는 점에서 미수범을 처벌하지 않는 조문의 경우에는 판명되지 아니한 행위 모두는 '불가벌'이라는 점도 함께 선언되고 있다.[12] 당연히 형법상 과실범인 실화죄에는 미수범 처벌 규정이 없으므로 실화죄에서 제19조의 독립행위의 경합으로 평가되는 경우도 불가벌이다.

반면에 형법상 대표적인 결과책임주의의 잔재로 비난받는 제263조(동시범)는 '독립행위가 경합하여 상해의 결과를 발생하게 한 경우에 있어서 원인된 행위가 판명되지 아니한 때에는 공동정범의 예에 의한

11) 우연(偶然)을 사전에서는 '1. 아무런 인과관계가 없이 뜻하지 아니하게 일어난 일. 2. 철학. 어떤 사물이 인과율에 근거하지 아니하는 성질'이라고 한다.

12) 대법원 2007. 10. 26. 선고 2005도8822 판결. 선행 교통사고와 후행 교통사고 중 어느 쪽이 원인이 되어 피해자가 사망에 이르게 되었는지 밝혀지지 않은 경우 후행 교통사고를 일으킨 사람의 과실과 피해자의 사망 사이에 인과관계가 인정되기 위해서는 후행 교통사고를 일으킨 사람이 주의의무를 게을리하지 않았다면 피해자가 사망에 이르지 않았을 것이라는 사실이 입증되어야 하고(대법원 1990.12.11. 선고 90도694 판결, 대법원 1996.11.8. 선고 95도2710 판결 등 참조), 그 입증책임은 검사에게 있다. 원심은 피고인의 과실행위로 인하여 피해자를 사망에 이르게 하였다고 단정할 증거가 없다는 이유로 이 사건 공소사실에 대하여 피고인에게 무죄를 선고하였는바, 위 법리와 기록에 비추어 보면 원심의 판단은 정당하고, 거기에 과실범의 인과관계에 관한 법리오해 등의 위법은 없다.

다.'고 규정한다. 이 규정은 조문의 체계상 형법 '제25장 상해와 폭행의 죄'에 규정되어 있고, 조문 순서도 제262조(폭행치사상) 뒤에 있다. 또한 그 문언상 '상해의 결과'라고 규정되어 있으므로 이 규정이 상해죄와 폭행치상에 적용된다는 점은 부정하기 힘들지만, 상해의 결과를 초래한 과실치상의 동시범의 경우에도 적용할 수 있을 것인가는 문언상으로나 체계적으로나 불분명하다. 하지만 대법원은 이 규정을 상해치사(대법원 1985.5.14. 선고 84도2118 판결)와 폭행치사(대법원 2000.7.28. 선고 2000도2466 판결)의 경우에도 적용한다. 대법원이 사망이라는 중한 결과를 고려한 것이겠지만, 이는 판결로서 법문언을 넘어 새로운 특별규정을 창설한 것이다. 제19조와 달리 특별히 규정된 제263조라는 조문의 예외적 성격을 고려하면, 제263조의 개정이 없는 한, 죄형법정원칙에 충실한 경우 사망의 결과까지 귀속시킬 수는 없다고 보아야 한다. 지금에 와서 입법자의 의사를 알 수는 없지만, 제262조(폭행치사상)의 뒤에 이 조문을 두면서도 굳이 '사망의 결과'는 제외하고, '상해의 결과'만 규정한 것은 이 규정에 의한 처벌이 부당한 경우가 있더라도 폭행치상의 법정형이 '그 정도면 적당하다'고 생각했던 것은 아닐까? 이러한 점을 상상해보면, 우리 입법자보다 대법원이 더 결과책임을 넓게 인정하고 있는 것은 아닐까 하는 인상을 받게 된다.

대상 판결은 간단히 '피고인들 각자의 과실이 경합하여 이 사건 화재를 일으켰다고 보아, 피고인들 각자의 실화죄 책임을 인정'하고 있는데, 이때의 '경합'이 어떠한 의미인지 불분명하다. 형법 제19조(독립행위의 경합)에서도 '경합'이라는 용어를 쓰고 있지만, 이론적 의미의 경합이라기보다는 독립행위가 '병발'한 상태에서 개별적 행위와 결과 사이의 직접적 인과관계가 입증불능인 상태의 처리방법을 규정하고 있는 것으로 보인다. 인과관계 경합의 종류는 여러 가지여서 독립적(이중적)으로 작용하는 경합도 있고, 서로 상승(누적)하는 경합도 있을 수 있고, 서로 추월(배척)하는 경합도 있을 수 있다. 피고인 1(먼저 버린 자)의 행위로 인하여 발화조건이 만들어지고, 피고인 2(뒤에 버린 자)의 행위에 의해서도 발화조건이 만들어져서 이 사건 화재가 발생하였을 수도 있다. 대상 사례에서도 서로 다른 2개 지점에서 연기나 발화가 확인되는 등의 사실을 통하여 이러한 점이 입증된다면 각자의 원인 기여는 화재발생에 '각각 독립적으로 작용'하였다고 할 수 있으므로, 각자를 실화죄의 정범으로 처벌하는 것은 정당하다. 이 경우에 대상판결의 결론도 그대로 타당하게 된다.

반면에 먼저 버린 자의 불똥에 의하여 충분한 발화 조건이 만들어진 상태라면 뒤에 버린 자의 불똥은 사태 진행에 기여한 바가 없거나 극히 미미할 뿐이고, 먼저 버린 자의 불똥이 아직 미미한 상태에서 뒤의 불똥이 먼저 발화에 충분한 상태가 된 경우에도 마찬가지이다. 잘 타고 있는 모닥불에 담배꽁초를 던져넣은 것을 발화에 기여했다고 평가할 수는 없다. 이러한 경우라면 원인발생에 기여하지 않은 자에게 형사책임을 묻는 것은 부당한 결과책임의 추궁이라는 의심을 피하기 힘들다.

3. 제18조(부작위범)

형법 제18조(부작위범)는 '위험의 발생을 방지할 의무가 있거나 자기의 행위로 인하여 위험발생의 원인을 야기한 자가 그 위험발생을 방지하지 아니한 때에는 그 발생된 결과에 의하여 처벌한다.'고 규정하고 있는데, 이는 모든 부작위범 전반을 규율하는 규정이 아니라, 이는 작위범의 구성요건을 부작위로서 범한 부진정부작위범에 적용되는 것이고, 진정부작위범에 대해서는 적용되지 않는 규정으로 보아야 한다. 제18조에서 말하는 '그 발생된 결과'가 없기 때문이다. 그런데 이 규정 자체는 문언만 보면 고의범뿐만 아니라 과실범에도 적용되는 규정처럼 보인다. 그러나 과실범의 과실을 '(사회적으로 기대되는)주의의무의 위반(불이행)'으로 이해하는 한, 모든 과실에는 부작위적 속성이 있지만 이를 굳이 형법 제18조의 부작위범과 엄밀하게 연결해서 해석할 필요는 없을 것이다. 형법 교과서적으로도 부작위범에서 다루는 내용은 적극적, 외부적 작위가 없는 부작위 결과범을 고의적 작위 결과범과 동일하게 처벌하기 위해서 '추가적으로 요구되는 요건'에 관한 논의이기 때문이다.

또한 제18조의 문언만 보면, '그 발생된 결과에 의하여 처벌한다.'로 되어 있어서 '위험의 발생을 방지할 의무가 있거나 자기의 행위로 인하여 위험발생의 원인을 야기한 자가 그 위험발생을 방지하지 아니한 때'에는 언제나 그 결과에 따라 처벌하는 것처럼 읽을 수도 있지만, 고의든 과실이든 원인행위가 있고, 결과가 발생하였다면, 그 원인행위와 결과 사이에 인과관계가 요구되는 것은 당연한 것이고, 이는 부작위범이라고 해서 달라지는 것이 아니다. 다만 작위범의 인과관계는 과학적, 물리적 인과관계의 입증 문제가 되지만, 부작위범은 외부적, 물리적 행위가 없는 경우이므로, 이러한 인과관계가 아니라, 보증인의 보증인 의무 이행이 있었더라면, 결과는 발생하지 않았을 것이라는 점에 대한 일종의 가설적 인과관계라는 점에 차이가 있다.[13] 대법원 2015.11.12. 선고 2015도6809 전원합의체 판결(세월호 사건)에서도 '작위의무를 이행하였다면 그 결과가 발생하지 않았을 것이라는 관계가 인정될 경우에는 그 작위를 하지 않은 부작위와 사망의 결과 사이에 인과관계가 있는 것으로 보아야 할 것'이라고 판시하고 있어서 부작위범에서도 인과관계가 요구됨, 즉 제19조가 적용됨을 명확하게 판시하고 있다.

대상판결의 소개에서도 볼 수 있듯, 대법원은 이 사안을 부작위의 문제로 접근한다. 그렇다면 피고인 1, 2의 부작위 행위는 구체적으로 무엇인가? 바람에 의하여 빠르게 굴러가는 자신의 불똥을 따라가서

13) 부작위범의 인과성에 대한 이론적, 역사적 논의는 김정현, "부작위범의 인과관계", 형사법연구 제30권 제2호, 2018, 220면 이하 참조, 특히 236-238면에서는 이러한 가설적 인과관계가 본래적 의미의 인과관계와 다르다는 점을 강조하여 이를 '준인과관계' 혹은 '유사인과성'이라고 부르는 이유를 상세하게 설명하고 있다.

끄지 않았다는 것인가? 이는 완전히 꺼지지 않은 담배꽁초를 함부로 버렸다는 작위적 원인행위에 부수하는 일부가 아닌가? 고의적 살인범이 칼로 치명상을 입힌 후 피해자를 구조하지 않아서 사망에 이르게 하였다고 할 때, 칼로 찌른 작위행위를 원인행위로 파악하면 족하지, 굳이 구조하지 아니하였다는 부작위를 원인행위로 끌어올 이유는 없다. 이것이 아니라면, '발화' 후에 즉시 소화하지 않았다는 부작위인가? 그러나 제1심과 원심은 그 이유에서 "⑤피고인들이 담배를 피고 돌아온 후 약 3-4분 정도 지나 분리수거장 쪽에서 연기가 솟아오르기 시작하였고, 그곳이 최초발화지점으로 추정되는 점"이라고 하여 발화시점에는 피고인 1, 2 모두 해당 장소에 없었다고 하고 있으므로, 설사 피고인들의 일반적 작위의무를 인정하더라도 구체적 부작위를 비난할 수 있는 전제로서의 '구성요건적 상황의 인식'이 없으므로 이러한 점을 부작위로 본 것은 아닐 것이다. 이 경우에는 작위의무의 전제로서의 화재발생의 점에 대한 사실인식이 없기 때문이다. 명시적으로 지적된 것은 아니지만, 대법원이 화재발생 후 불을 꺼야 할 작위 의무를 인정하고 그 불이행을 부작위로 파악한 것이라면 문제는 더 심각하게 확대된다. 해당 회사 내에 그러한 작위의무를 지는 자들은 단지 피고인 1, 피고인 2에 그치는 것이 아니기 때문이다.

대상 사건의 경우 원심은 피고인 1, 2의 흡연행위 자체에서는 '과실범의 공동정범'에서의 '공동성'을 인정하지 않았다. 그러면서도 근로자로서 회사 시설물 등에 대한 안전의무의 공통을 근거로 마찬가지의 결론에 이르고 있다. 그러나 이러한 의무는 고의적 부작위범에서도 보증인 지위를 인정할 근거가 될 수 있을지는 몰라도 구체적 보증인 의무까지 발생시키는 것으로 보기는 어렵다. 왜냐하면 피고인 1의 경우에 그가 먼저 꽁초를 버리고 그 흡연장소를 떠났다면, 그가 부재한 상태에서 그 후에 발생한 피고인 2의 투기 행위로 인한 결과발생까지 방지할 의무까지 인정되기 어렵기 때문에 자신의 선행행위로 인한 결과에 대해서 책임질 뿐이다.[14] 피고인 2의 경우 피고인 1의 불똥 및 꽁초 투기를 보았으므로, 법원이 말하는 근로자로서의 일응의 화재 방지의무[15]가 있을 수 있지만, 구체적으로 연기가 피어오른다든지 하는 징후가 없었음에도 통상적 수준에서 남이 버린 불똥과 담배꽁초까지 찾아 완전히 소화시킬 것을 기대할 수 있을까?[16]

14) 그럼에도 원심판결 '나.' ③에서는 '상대방이 튕기거나 버린 위 담배꽁초로 인해 화재가 발생할 수 있음은 충분히 예견이 가능했던 점'이라고 피고인 1, 2의 사정을 섞어서 표현하고 있고, '라.'에서는 '살피건대, 앞서 살핀 바와 같이 누구의 행위로 인한 것인지 밝힐 수는 없지만 피고인들 중 한 명은 이 사건 화재 발생의 직접적 원인이 되는 행위를 한 과실이 있고, 적어도 다른 한 명은 위와 같이 충분히 예견이 가능함에도 불구하고 그 불씨가 살아있는지를 확인하고 이를 완전히 제거하는 등의 조치를 취하지 않은 채 만연히 현장을 떠난 과실이 있으며, 이들 피고인들 각자의 과실이 경합하여 이 사건 화재를 일으켰다고 봄이 상당'하다고 하여 마찬가지로 피고인 1과 2의 과실의 결과기여를 누적적으로 평가하고 있다.

15) 이 의무가 '업무상 과실'에서의 업무에 해당하는 것이라면, 피고인들 혹은 피고인2는 단순실화죄가 아니라, 업무상실화의 죄책을 지게 되었을 수도 있지만, 법원은 그렇게까지 보지는 않았다.

16) 대상 판결 앞 부분에서 인용하고 있는 대법원 2016.4.15.선고 2015도15227 판결(상고 기각)의 사실관계가 유사하기는 하다. A의 담배꽁초 투기를 발화원인으로 삼고, 피고인이 이를 방지할 수 있었음에도 그렇게 하지 않았다는 점을 지적하고 있기 때문이다. 이 사건에서 A의 실화부분은 상고심에서 다투어지지 않은 것으로 보인다. 원심판결 의정부지방법원 2015.9.9. 선고 2014노2551 판결 [이유] 형법이 금지하고 있는 법익침해의 결과발생을 방지할 법적인 작위의무를 지고 있는 자가 그 의무를 이행함으로써 결과발생을 쉽게 방지할 수 있는데도 결과발생을 용인하고 방관한 채 의무를 이행하지 아니한 것이 범죄의 실행행위로 평가될 만한 것이라면 부작위범으로 처벌할 수 있다. 여기서 작위의무는 법령, 법률행위, 선행행위로 인한 경우는 물론, 신의성실의 원칙이나 사회상규 또는 조리상 작위의무가 기대되는 경우에도 인정된다(대법원 2008.2.28. 선고 2007도9354 판결 등 참조).

원심은, 피고인은 이 사건 매장에서 매장을 관리하던 근로자로서 위 매장에 위험이 발생할 경우 가능한 범위에서 이를 즉시 제거할 의무가 있는데, 피고인의 근무 형태상 근무시간과 휴게시간이 명확하게 구분되지 않는 시간에 평소에도 주로, 피고인이 청소 등 관리를 맡았던 이 사건 매장 옆 통로에서 A과 함께 담배를 피우다가, A이 불씨가 완전히 제거되지 않은 담배꽁초를 타기 쉬운 의류 포장용 비닐이 있는 쪽으로 던지고 매장 안으로 들어가는 것을 목격하였으므로, 위 담배꽁초에 불씨가 남았는지 확인하고 위험을 제거할 근로계약상 또는 조리상 작위의무가 있는데도 그 의무를 이행하지 아니한 채 현장을 떠난 과실로, 위 비닐에 불이 붙게 하고 이 사건 매장을 비롯한 현주 건조물에 불이 번지게 하여 실화죄를 물론 대상 판결이 인용하고 있는 대법원 2016.4.15. 선고 2015도 15227 판결의 취지를 고려하면, 피고인 1이 아니라, 피고인 2의 책임을 인정하기 위해서 부작위범의 논리가 나온 것으로 볼 수는 있다. 그러나 만약 이 사건에서 피고인 1, 피고인 2 각자의 행위를 부작위범으로 보려고 했다면 각자 인화성이 높은 구역에서 흡연한 후 완전히 소화하지 않고, 발화력이 남은 불똥과 담배꽁초를 함부로 버렸다는 '선행행위'에서 작위의무의 근거를 찾았어야 하지 않을까? 물론 명시하지는 않지만, 대법원은 원심이 애매하게 표현하였던 것을 피고인 1의 작위적 과실과 피고인 2의 부작위적 과실이 경합하여 이것이 '공동의 원인'이 된 것으로 파악하고 있는 것처럼 보인다. 그리고 피고인 1, 2에게 동일한 액수의 벌금이 선고된 것으로 보면, 법원은 이 사건 발생에 기여한 피고인 1의 작위적 기여, 2의 부작위적 기여를 동일하게 판단한 것으로서 결과발생에 조건적으로 기여한 것으로 판단되는 모든 (부)작위를 등가적으로 보는 조건설의 관점과 흡사하게 보인다.

이 경우에도 각자의 독립행위만으로서는 여전히 인과관계 '연결'의 문제가 남기 때문에 법원의 고민이 있었을 것으로 보인다. 물론 이를 가장 쉽게 회피하는 방법은 '과실범의 공동정범'을 인정하는 것이다. 이렇게 되면 각자의 원인행위와 결과 사이의 인과관계를 따로 입증할 필요가 없기 때문이다. 이 사건 제1심에서 검사의 주위적 공소사

저질렀다고 판단하였다.

원심이 피고인의 근로계약 내용, 이 사건 화재가 발생한 시간과 장소, 피고인의 평소 업무, 화재 발생의 경위, 법익침해 방지를 위한 행위의 용이성 등을 고려하여, 피고인이 이 사건 화재가 발생할 당시 상황에서 근로계약에 따른 신의칙상 의무로서 담배꽁초에 불씨가 남았는지 확인하고 위험을 제거할 작위의무가 있는데도 이를 이행하지 아니하여 실화죄를 저질렀다고 판단한 것은 앞에서 본 법리에 따른 것으로, 거기에 부진정부작위범의 보증인적 지위에 관한 법리를 오해하였다는 상고이유 주장은 받아들일 수 없다.

그러므로 상고를 기각하기로 하여 관여 대법관의 일치된 의견으로 주문과 같이 판결한다.

실이 이러했던 것으로 보인다. 반면에 이 사건 원심과 대법원은 표면적으로는 '과실범의 공동정범'론의 적용을 가급적 회피하기 위하여 노력한 것으로 보인다.

그러나 피고인 1은 작위로서, 피고인 2는 부작위로서 이 사건 화재 발생에 상당한 인과성을 가진다고 보는 것은 그 논리적 전제로서 피고인 1의 작위행위로서의 담배꽁초 투기 행위에 독립적 발화에 충분한 인과성을 인정하는 것을 전제로 하여야만 한다. 피고인 1의 행위의 독자적인 인과성을 부정한다면, 피고인 2의 부작위는 독립적으로서는 당연히 결과발생에 기여할 수 있는 성질의 것이 아니기 때문이다.

화재발생에 대한 기여가 이렇게 상이하게 평가된다면, 피고인 2의 기여는 피고인 1과 동등한 정도의 기여라고 볼 수는 없고, 많이 평가해야 방조에 해당하는 정도[17]는 아니었을까? 같은 회사의 종업원으로 각자가 지는 시설보호의무를 근거로 우연히 같은 시간에 담배를 피웠을 뿐인 자들 중 함부로 꽁초를 불이 나기 쉬운 곳에 버린 자와 이를 보고도 남의 담배꽁초를 찾아 적극적으로 끄지 않은 자에게 사실상 '공동'의 과실을 인정하여 공동정범을 인정한 것과 마찬가지의 결론에 이르는 것은 의아할 뿐이다.

만약 우연히 등산로 옆 쓰레기장에서 담배를 피우던 서로 모르는 등산객 2명에 의해서 발생한 유사한 형태의 실화 사건의 경우에도 법

17) 물론 이전까지 대법원이 부작위에 의한 방조를 인정한 사례들은 모두 고의범에 대한 것이고, 과실범에 대한 것은 찾지 못하였다. 대법원 2006.4.28. 선고 2003도4128 판결[전기통신기본법위반(인정된죄명:전기통신기본법위반방조)]; 대법원 1997.3.14. 선고 96도1639 판결; 대법원 1984.11.27. 선고 84도1906 판결 등; 전지연, "부작위범에서 정범과 공범의 구별", 형사판례연구 제13권에서 이를 상세하게 다루면서, 의무범설의 입장에서 정범과 공범을 구별하여야 한다는 입장을 취하시는데, 평석 대상 사안(대법원 1997.3.14. 선고, 96도1639판결)은 상표법 위반의 고의적 작위범인 점주가 정범이고, 백화점 직원인 피고인은 부작위범으로서 종범을 인정한 사안이어서, 이 글의 평석대상이 작위적 과실과 부작위 과실이 경합하는 것과는 차이가 있다.

원은 '공동'이라고 동일하게 평가할 것인가 아니면 대상 판결이 사실상 '공동'의 전제로 삼은 고용관계에 의한 시설물 보호의무의 공동이 없으므로 각자를 실화죄의 단독범으로 보고, 인과관계의 입증이 없으므로 무죄라고 볼 것인가? 이처럼 피고인 1을 작위범, 피고인 2을 부작위범으로 상정하고 판결한 것이라면, 유사한 사례에서 피고인 1은 지나가던 행인이고, 피고인2가 회사 종업원인 경우에도 피고인 2는 종업원으로서 시설물 보호의무를 인정할 수 있으므로 피고인 2에게 실화죄의 책임을 물어야 할 것이고, 반대로 피고인 1은 회사 종업원이고, 피고인 2는 지나가던 행인이라면, 피고인 2에게는 회사 시설을 보호해야 할 작위의무가 없으므로 당연히 피고인 1만 실화죄의 죄책을 져야 할 것이다.

4. 과실범의 공동정범?

대법원이 '과실범의 공동정범'을 인정한 사건들은 고의범에서와 같은 명시적인 범행결의나 기능적 범행지배라기보다 사실상 일종의 사회적, 잠재적 분업 혹은 협력 관계에 기초한 충실의무를 공동정범 인정의 기초로 삼은 것은 아닐까 한다. 이 이론이 작동하는 경우는 각 기여자의 원인행위가 단독으로는 결과발생에 '상당'하지 않아서, 원인에 관여한 자 모두의 결과 기여를 누적적으로 평가해야 하거나, A의 원인행위가 있었더라도 가설적으로 B가 의무를 다하였다면 결과발생이 없었을 개연성이 높은 경우가 대표적이다. 후자의 경우가 대상판결의 사안과 유사한 경우이고, '성수대교' 판결에서 서울시 교량점검 담당공무원의 책임과도 유사하다.

그런데 대상 사안을 조건설처럼 판단하여 결과방지 의무에 대한 '부작위'의 '조건적 기여'로 해결하려 한다면, '부작위범'으로서의 정범을 논함에 있어서는 회사 시설을 보호할 '법적 의무'를 지는 자 모두의 과실 기여를 함께 등가적으로 검토하였어야 하는 것으로 보인다.

즉 결과발생을 방지하여야 할 자 모두는 단일정범이 되는 셈이다. 공장 시설에서 발화가능성이 높은 구역이라면 시설관리자는 흡연구역을 따로 설치하거나 화기 사용을 금지하고, 소화장치를 설치하고, CCTV 등으로 관찰하였어야 하는 것은 아닌가?[18] 이러한 안전의무를 불이행

18) 후에 상술하겠지만, 대상사건에서 인용하는 1983.5.10. 선고 82도2279 판결(이하에서는 '정미소 사건'이라고 약칭함)의 【판결요지】 '가. 업무상 실화죄에 있어서의 업무에는 그 직무상 화재의 원인이 된 화기를 직접 취급하는 것에 그치지 않고 화재의 발견, 방지 등의 의무가 지워진 경우를 포함한다. (원래의 판결문에는 발견과 방지 사이에 ','가 없다. 그러나 ','를 넣어 읽어야 의미가 통한다.) 이는 직접 화재 원인이 된 화기 취급뿐 아니라, 화재의 발견, 화재의 방지 의무에 대한 불이행도 과실로 인정될 수 있는 것으로 읽힌다.

또한 아래 사건을 '풍등 사건'으로 약칭하고자 함. 이 사건은 전날 사고장소에서 800m 떨어진 인근 초등학교의 아버지의 날 행사에서 날린 후 근무하던 곳에 떨어진 풍등을 발견한 외국인노동자가 이를 주워 다시 날렸는데, 이것이 300m 근처에 있던 고양 저유소 저유시설 잔디밭에 떨어져 연기가 났고, 불길이 저유조 환기구로 이어져 117억원 정도의 손해를 발생시킨 사안이다. 참고로 저 초등학교의 풍등 날리기 행사는 수년 동안 계속 반복된 행사였고, 학생들과 학부형들 200명이 모여서 80개의 풍등을 날렸다고 한다. 800m와 300m의 차이가 있기는 하지만, 풍등을 날렸다는 점은 동일하다. 다만, 외국인 노동자의 경우 저유소 잔디밭에 불이 붙었다는 점은 인지하고서도 별도의 화재 신고 등은 하지 않았다는 점은 차이가 있다. 다음의 기사는 뉴스 패널의 입을 빌어서, 풍등을 날린 자보다 시설관리자의 부주의를 더 강하게 지적하고 있다. YTN, 2018년 10월 10일 22시 57분, '풍등' 외국인 노동자 석방... "안전 부주의가 더 문제!" (https://www.ytn.co.kr/_ln/0103_201810102257127187) 참조, 피고인은 경찰에 의한 '중실화죄' 혐의의 구속영장 신청이 검찰에 의해 2차례 반려된 후 제1심에서 벌금 1천만원을 선고받았고, 최종적으로는 2021.06.15. 11:48 의정부지법 형사2부(재판장 최종진)는 15일 실화 혐의로 기소된 피고인 000(30)씨의 항소를 기각했다고 한다. 한편 연합뉴스, 권숙희 기자, 2019.12.05. 11:25에 따르면 화재로 110억원의 재산 피해가 난 '고양 저유소'의 소유주이자 안전관리의 총 책임자인 대한송유관공사(DOPCO) 측에 1심 법원이 300만원의 벌금형을 선고했다. 의정부지법 고양지원 형사4단독 송효섭 판사는 5일 오전 10시 35분께 선고 공판을 열고 위험물안전관리법 위반 혐의로 기소된 대한송유관공사(대표이사 김운학)에 대해 벌금 300만원을 선고했다. 또 송유관안전관리법 위반 혐의로 기소된 대한송유관공사 경인지사 대표 박모(52)씨와 안전부장 김모(56)씨에 대해서는 모두 벌금 200만원을 선고했다. 허위공문서작성 등의 혐의로 기소된 전 근로감독관 이모(60)씨는 벌금 300만원이 선고됐다. (중략) 2018년 10월 7일 오전 10시 32분께 경기도 고양시 대한송유관공사 경인지사 저유소에서 불이 나 저유탱크 4기와 휘발유 등 110억원의 재산 피해가 났다. 당시 검은 연기가 고양시와 인접한 서울을 비롯한 수도권지역으로 번져 외출 자제 안내가 이뤄졌으

한 부작위도 결과발생에 조건적으로 기여한 것은 아닌가? 물론 조건설이 아닌 경우에는 종업원의 의무와 시설관리자의 의무 중 어느 것이 더 중한가 하는 의무의 경중 혹은 층위에 따라 인과관계의 '상당성' 판단에서 차이가 있을 수는 있다. 만약 이러한 조치가 있었음에도 종업원들이 무단으로 금지된 장소에서 흡연한 후 불똥과 꽁초를 함부로 버린 것이라면 이들의 비난가능성은 더 높아질 것이다. 반면에 시설관리자에 의한 보호조치가 미흡하여 화재가 발생하고, 손해가 확대된 것이라면, 그 모든 중한 결과를 모두 흡연자들에게만 묻는 것은 지나치다. 대상판결의 판시 내용에는 이러한 점에 대한 검토는 없었던 것으로 보인다.

'풍등 사건'에서도 경찰은 저유소의 존재를 인지하고 있었는가의 여부를 집요하게 묻고 신문조서를 작성하여 이 부분의 증거능력이 다투어졌으나, 중과실은 결과의 중함을 의미하는 것이 아니라 주의의무위반의 중함을 의미하는 것이다. 온 사방이 산지인 우리의 특성상 그 풍등이 어느 산에 떨어졌어도 조건만 맞는다면 화재를 발생시킬 수 있었을 것이다. 이러한 산불 사건에서도 이 정도로 책임을 추궁했을지는 의문이다.

며, 17시간 만에야 불이 완전히 꺼졌다. 특히 화재 발생 직후 18분 동안이나 대한송유관공사 경인지사에 모니터링 전담 직원이 없어 누구도 불이 난 사실을 발견하지 못하고 신고가 이뤄지지 않았다는 점에서 여론의 거센 비판을 받았다. 저유소 터널 인근 공사현장에서 일하던 스리랑카 국적의 근로자 D(27)씨는 풍등을 날려 저유소 잔디에 떨어진 풍등의 불씨가 건초에 붙은 뒤 이 불이 저유탱크의 유증기에 옮겨붙어 결국 화재로 이어지게 한 혐의(실화)로 기소됐는데, 경찰에서는 수사 초기 D씨에게 이번 화재의 중대한 책임이 있다며 중실화 혐의로 체포해 논란이 빚어지기도 했다. D씨에 대한 재판은 아직 진행 중이다. 앞서 대한송유관공사 측은 안전부장 김씨 등이 2016~2018년 정기점검을 하지 않거나 정기점검 내용을 허위로 작성했는데도 관리감독의 의무를 다하지 않은 혐의로 기소됐다. 김씨와 대표 박씨는 휘발유 저유탱크에 설치된 인화방지망이 손상되거나 고정되지 않아 교체·보수해야 함에도 이를 하지 않고, 제초작업을 하고 남은 건초를 저유탱크 주변에 방치한 혐의로 기소됐다. 전 근로감독관 이씨는 고양 저유소에 화염방지기를 설치하라는 시정명령을 대한송유관공사가 이행하지 않았음에도 이를 허위로 꾸며낸 보고서를 작성한 혐의를 받는다.

조금 과장되게 말하면 과실범에서 상당한 정도로 결과발생, 확대는 상당 부분 '우연'의 영역에 속한다. 아마도 해당 장소에서는 이러한 흡연 행태가 무수히 반복되었을 것인데, 하필 바람의 세기, 방향, 쓰레기 봉투 내의 가연성 높은 물체의 존부 등 여러 우연 혹은 조건이 맞아떨어진 그날 그 시간에 화재가 발생한 것이고, 이것이 통상적 과실범의 속성으로 보인다. 특정 행위로 인하여 거의 매번 동일한 결과가 발생하는 경우라면 이는 더 이상 과실이 아니라 고의적이라고 평가되고, 고도의 개연성이 있는 경우라면 중과실로 평가되었을 것이기 때문이다.

업무상과실에 해당하는 교통사고 사건에서도 몇 명이 사망하였는가가 그 사건의 사회적인 비중을 좌우하는데, 그러한 사고에서는 자차나 상대방 차량에 탑승한 사람의 숫자, 목격자 등에 의한 신속한 신고와 구조 여부, 사고발생 장소(응급실을 운영하는 종합병원이 가까운 거리에 존재하는가) 등 과실행위자에게만 전적으로 귀속시킬 수 없는 사유로 중한 결과가 발생, 확대되기 때문이다.[19] 이처럼 과실행위자에게만 결과 모두를 귀속시킬 수 없는 사정이 존재하고, 어떤 경우에는 다른 관여자의 결과 기여가 더 크게 판단되어야 하는 경우[20]도 있는 것으로 보인다. 현실적으로는 과실 책임의 경우 결과책임적 요소로부터의 완전한 단절은 어려울 것으로 보인다. 특정한 과실행위자의 과실에 의한 결과발생이라도 그 중한 결과의 야기, 확대는 드러난 행위자뿐만 아니라, 숨겨진 원인 제공자로서 법령 등에 의한 관리시스템, 사회문화적 관행까지도 연결될 수 있기 때문이다.

비극적이었던 '성수대교 사건'에서도 결국 피고인으로서 법정에

19) 이근우, "다중인명피해범죄에 대한 법무부 안에 대한 비판적 검토", 가천법학 제9권 제4호, 가천대학교 법학연구소 2016, 106면 이하 참조.

20) 한 차량은 자기 차선에서 제한속도 위반을 하던 중, 다른 차량은 역주행으로 중앙선침범을 하여 충돌사고가 나서 중앙선침범 차량 운전자가 사망한 경우, 속도위반 차량 운전자의 형사책임.

선 자들은 17년 전의 설계, 시공자와 사고 직전 안전점검을 했던 공무원이었다. 그러나 준공 후 15년 뒤의 다리 붕괴의 遠因으로는 인근 레미콘 공장에 드나들던 과적 차량에 의한 누적된 금속피로와 수년간 무성의하게 이루어진 안전점검도 결과발생에 기여하였을 것이지만, 이 조건 형성에 관련된 자들은 피고인으로 법정에 서지는 않았다. 설치 후 십수년 동안 유지된 교량이라는 점, 교량의 설계수명, 사고 없이 경과된 시간의 비율을 고려하면 설계, 시공자의 결과기여는 그만큼 낮아질 것이고, 반면에 교량 접합부의 용접시공이 설계대로 되었다면, 일부 과적차량의 영향에도 불구하고 성수대교의 안전성은 제대로 유지되었을 수도 있다면 그들의 결과기여의 비중은 감소하지 않는다. 또한 안전점검을 담당하는 서울시의 공무원의 경우에도 그들이 사고 발생시점 혹은 정기적 안전점검 시점에 우연히 그 자리에 발령받아 있었겠지만, 교량의 금속피로는 이미 오래 전부터 서서히 진행되었을 것이고, 그들이 담당하기 이전에 이루어진 그동안 허술했던 정기점검 관행도 결과발생에 기여하였을 것이기 때문이다. 여하튼 사건에 관계된 몇몇 사람들만이 대표적 피고인이 되어 법정에 서게 된 것으로 볼 수 있을 것이다.

최근의 정자교 붕괴 사건[21]의 경우는 제설제(염화물)에 의한 철근

21) CBS노컷뉴스, 정성욱 기자, 2023.10.05. 14:53, 경찰, ‘정자교 붕괴’ 관련 신상진 성남시장 피의자 조사, 정자교 붕괴사고 유족이 중대재해처벌법으로 고소, 지난 4월 1명이 숨지고 1명이 다친 성남 분당구 ‘정자교 붕괴’ 사고를 수사 중인 경찰이 피의자 신분으로 신상진 성남시장을 소환해 조사했다. 5일 경기남부경찰청에 따르면 정자교 붕괴사고 수사팀은 전날 신 시장을 불러 12시간가량 조사했다. 정자교 붕괴사고의 유족은 최근 신 시장을 중대재해처벌법 위반 혐의로 경찰에 고소했다. 중대재해법 제9조는 교량같은 공중이용시설에서 1명 이상 사망하거나 2개월 이상 치료가 필요한 부상자가 10명 이상 발생할 때를 중대시민재해로 규정하고, 사업주나 대표(지자체장 등)에 대한 처벌이 가능하도록 명시하고 있다. 유족 측은 정자교의 관리 주체인 성남시가 교량 유지보수에 소홀했다며, 책임자인 신 시장에 대한 고소장을 접수한 것으로 알려졌다. 이에 따라 경찰은 신 시장을 참고인 신분에서 피의자 신분으로 전환해 수사를 이어오고 있다. 경찰은 지난 6월 참고

손상을 사고 발생의 직접적 원인으로 보고 있다. 이 경우에 겨울철에 제설제를 뿌리는 것 자체를 과실행위로 볼 수는 없으므로, 안전점검 부실을 직접적 원인으로 평가하게 될 것이고, 우리의 관행상 사고 발생시 혹은 직전의 정기점검 당시의 업무담당자 등이 피고인이 될 것이다. 그러나 이러한 유형의 경우 특정 시기에 원인이 직접 발생하였던 것이라기보다, 피고인이 해당 업무를 담당하기 이전부터 오랫동안 누적되어 온 원인이 다른 조건(사고 당시의 기사에 따르면 추가적 하중으로 작용할 수 있는 가로등 설치 등)과 결합하여 사고를 발생시킨 것은 아닐까?

Ⅲ. 대상 판결의 비판적 분석

소위 '과실범의 공동정범' 사례군에 대해서도 '공동정범'을 인정하지 않는 해소 방법이 있을 수 있다. 결과발생에 (가설적인) '조건'으로라도 기여한 자 각자 모두를 독립된 정범으로 보는 방법이다. 이번 판결에서도 모호한 방식으로 이러한 취지를 내비치고 있다. "실화죄에 있어서 공동의 과실이 경합되어 화재가 발생한 경우 적어도 각 과실이 화재의 발생에 대하여 <u>하나의 조건이 된 이상</u>은 그 <u>공동적 원인</u>을

인 신분으로 신 시장을 한 차례 소환해 조사한 바 있다. 현재 경찰은 업무상 과실치사상, 시설물의 안전 및 유지관리에 관한 특별법·건설산업기본법 위반 등 혐의로 성남시·분당구 공무원과 교량 점검업체 관계자 등 20명을 입건하고 조사를 이어가고 있다.

앞서 지난 4월 5일 오전 9시 45분쯤 성남시 분당구 정자교 중 정자역 반대 방향 보행로 부분 50m가량이 무너져 내렸다. 이 사고로 당시 정자교를 건너고 있던 A(40대)씨와 B(20대)씨가 5m 아래 탄천 보행로로 추락했다. 이들은 인근 병원으로 옮겨졌으나 A씨가 숨졌다. 지난 6월 국립과학수사연구원은 "(교량) 콘크리트에 염화물이 유입돼 철근을 부식시켰다"며 "장기적으로 콘크리트의 압축강도를 저하시킨 상태에서 교면 균열에 대한 적절한 유지보수가 이뤄지지 않아 붕괴가 일어난 것으로 판단된다"고 경찰에 감정 결과를 보냈다. 한편 경찰은 중대시민재해 혐의와 관련해 법리 검토를 한 결과, 은수미 전 성남시장에 대해선 형사책임을 묻기 어렵다고 보고, 수사 대상 제외를 검토하는 것으로 알려졌다.

제공한 사람들은 각자 실화죄의 책임을 면할 수 없다(대법원 1983.5.10. 선고 82도2279 판결)"고 설시하고 있어서이다. '공동'이 아니라 '조건'이라는 단어에 강조점이 있다고 본다면, 마치 대법원이 종래의 상당인과관계설에서 벗어나 조건설에 입각[22]한 것으로 보이기도 하고, 객관적 귀속이론 중 '위험창출'이론에 가까워 보이기도 한다. 어떤 의미에서는 그동안 표면적으로는 상당인과관계설을 유지하면서 조건설에 가까운 판결이 내려졌던 점을 고려하면, (합법칙적) 조건설을 채택하면서 과도한 확장을 차단하는 논리를 수용하는 편이 나을지도 모른다.

그런데 여기에 예시된 대법원 1983.5.10. 선고 82도2279 판결(이하에서는 '정미소 사건'이라고 약칭함)의 【판결요지】는 '가. 업무상 실화죄에 있어서의 업무에는 그 직무상 화재의 원인이 된 화기를 직접 취급하는 것에 그치지 않고 화재의 발견, 방지 등의 의무가 지워진 경우를 포함한다. 나. 공동의 과실이 경합되어 화재가 발생한 경우에 적어도 각 과실이 화재의 발생에 대하여 하나의 조건이 된 이상은 그 공동적 원인을 제공한 각자에 대하여 실화죄의 죄책을 물어야 한다. 다. 유죄로 하기 위한 증거의 증명력은 합리적인 의심을 제거할 정도의 확신을 가져올 수 있는 것이어야 하며 단지 반대증거보다 우월한 정도의 증명력으로써는 부족하다'이다.[23] 그런데 이 판결의 강조점은

22) 인과관계에서의 조건설(혹은 합법칙적 조건설)은 너무 희박한 가능성까지 원인관계로 인정하기 때문에 비난받기도 하지만, 우리의 언어습관에서 '萬에 하나' 혹은 '萬全을 기한다.'와 같은 표현을 보면 1/10,000, 즉 0.01% 정도의 희박한 가능성도 상식적 수준에서 원인으로서는 인정하는 것으로 볼 수도 있을 것이다. 또한 법학에서 '증명'이라는 말을 사용하기는 하지만, 코로나 백신 부작용이나, 치료 약물의 개발과정에서 볼 수 있듯, 자연과학적인 의미에서 직접적 인과성을 '증명'하는 일은 쉬운 일이 아니다. 어쩌면 우리가 실제로는 '합법칙적' 혹은 '상식적' 판단을 통하여 원인관계로 일응 수긍되고, 여기에 대해 합리적 의심을 불러일으키기에 충분한 반대증거가 제출되지 않으면, 이를 '증명'되었다고 보고, 인과성을 인정하는 것은 아닐까?

23) 【원심판결】 제주지방법원 1982.8.13 선고 81노245 판결

【주 문】 원심판결을 파기하고, 사건을 제주지방법원 합의부에 환송한다.

【이 유】

원심판결 및 원심이 인용한 제1심 판결이유에 의하면, 원심은 거시증거들을 종

합하여 피고인들이 그 판시와 같은 업무상 과실로 이 사건 도정공장을 소훼케하였다는 공소사실을 유죄로 인정하고 있다.

살피건대, 업무상 실화죄에 있어서의 업무에는 그 직무상 화재의 원인이 된 화기를 직접 취급하는 것에 그치지 않고 화재의 발견, 방지 등의 의무가 지워진 경우를 포함한다 할 것이고 공동의 과실이 경합되어 화재가 발생한 경우에 적어도 각 과실이 화재의 발생에 대하여 하나의 조건이 된 이상은 그 공동적 원인을 제공한 각자에 대하여 실화죄의 죄책을 물어야 함이 마땅하다고 해석할 것인바, 기록에 의하면 피고인들은 각자 위 판시와 같은 업무상 주의의무가 있음에도 불구하고 이를 태만히 하여 도정공장내에 설치되어 있는 백열전구에 종이류로 된 전등갓을 설치하였고 또한 이를 그대로 방치하였다가 뒤늦게 제거한 사실이 정당하게 시인되니 이건 화재가 위 전등갓을 제거하는 과정에서 떨어진 불티로 인하여 발생한 것이라면 피고인들은 각자 업무상 실화죄의 죄책을 면할 수는 없다.

그러나 공소사실은 이건 화재가 전등갓을 제거할 때 떨어진 불티가 미강(쌀겨) 속에 파묻혀 약 10시간의 훈소 끝에 발화되었다고 함에 있으나 기록상 전등갓에서 생긴 불티로 인하여 판시지점에서 판시와 같은 경위로 발화되어 이건 화재가 발생하였다고 단정할 직접 증거는 찾아볼 수 없는바, 위와 같은 경우 피고인들의 위 업무상 과실과 이건 화재와의 사이에 상당인과 관계가 있다고 인정하기 위하여는 첫째 60왓트 백열전구에 종이류로 된 전등갓을 설치하였을 경우 미강가루 및 전등갓이 전구열로 인하여 착화하여 불티가 생길 수 있는가, 둘째 전등갓을 제거할 당시 전등갓에 생긴 불티가 미강가루가 쌓인 바닥에 떨어진 사실이 있는가, 셋째 미강가루 위에 불티가 떨어졌을 경우 그 불티가 미강가루 속에 파묻혀 훈소 끝에 자연 발화가 가능한가의 점이 증거에 의하여 인정되거나 과학적으로 증명이 되어야 할 것이다.

그러므로 살피건대, 원심이 인용하고 있는 증거들을 종합하면 위 첫째점과 둘째점은 정당하게 시인된다.(피고인 2 및 목격자 공소외 1의 진술에 의하면 불티가 떨어지는 것은 보지 못하였고 검은재가 떨어지는 것을 보았다는 것이나 전등갓에서 불티가 생긴 사실이 증명되는 이상 불티가 검은 재속에 묻혀 떨어질 수도 있다 할 것이니 불티가 떨어졌다고 못 볼바 아니다).

그러나 셋째점에 관하여 보건대, 원심이 들고 있는 증거 중 이에 부합되는 증거로는 오로지 치안본부 수사지도과 소속 감식경찰관인 경정 공소외 2 작성의 감정서 기재와 동인의 원심 및 제1심에서의 증언 뿐이고 나머지 증거들은 화재발생의 추상적 상황에 관한 것이지 이건 화인 또는 발화장소, 경위에 관한 직접증거자료는 아니라고 보여지는바 위 공소외 3의 증언에 의하더라도 동인이 이 사건 감정의 결과는 경찰조사 및 관계자(피고인들 및 전등갓 제거당시의 목격자 공소외 1)의 진술을 토대로 미강실의 판시 장소가 발화점일 것이라는 전제하에 화재의 현장의 잔해를 보고 감정하였다는 것이고 그 밖의 발화원인 및 지점에 대한 사항은 전혀 고려한 바 없다는 것이며 그 감정결과를 보면, "위의 각 항을 종합하여 판단할 때 본 화재는 동 공장 미강(쌀겨)실에 가설된 전등 4개 중 좌측(서쪽)통로 천장 전등의 60왓트 백열전구에 보루상자 종이로 만든 갓을 끼워 사용 중 동 종이갓에

'다' 판시사항, 즉 단순한 추론만으로는 실험을 거친 반대증거에 대해 합리적 의심을 제거하기에 부족하다는 취지의 판결이다. 그래서 판결문에서 반대증거라고 할 수 있는 실험내용을 상세하게 소개하고 있다.

쌓인 쌀겨가 전구열로 탄화되어 착화한 불씨가 3센티미터 가량의 쌀겨가 쌓인 바닥에 떨어져 훈소끝에 발화한 것으로 추정된다"는 것이다.

이와 같은 결론은 결국 연기가 나는 듯한 전등갓을 제거할 당시 불티 또는 재가 떨어졌고 그와 같은 말을 들었다는 피고인들 및 위 공소외 1의 진술을 종합하여 추출한 추정적 결론에 불과함을 알 수 있다.

그런데 원심이 채용하지 아니한 원심감정인 공소외 4의 감정결과에 의하면 동 감정인은 미강에 불티가 떨어졌을 경우 발화 여부를 감별하기 위하여 공소장 기재와 같은 화재시의 상황을 모의하고 (1) 담배불을 미강으로 덮은 상태 (2) 엄지손가락크기의 목탄숯불덩이를 미강으로 덮은 상태 (3) 위 보다 조금 작은 숯불덩이를 미강위에 놓아 노출시킨 상태 (4) 이 사건 전등갓과 같은 종류의 골판지를 6-9 평방센티미터 정도로 잘라서 숯불상태로 만들어 미강위에 노출시킨 상태로 놓아 연소 여부에 대한 시험을 행한 결과 최장 10분 이내에 목탄불까지 화기는 모두 완전 소멸된 실험결과를 얻고 위와 같은 실험을 통하여 이건과 같이 "화분편의 국소적인 자연낙하에 의한 미강의 자연발화는 불가능한 것으로 사료되며" 이건 화재는 미강가루에 떨어진 불티로 인하여 일어난 것은 아니고 도리어 실험칙에 의하여 이와는 관계없는 전기관계에 있는 것으로 결론짓고 있다.

무릇 피고인을 유죄로 단죄하기 위한 증거의 증명력은 합리적인 의심을 배제할 정도의 확신을 가져올 수 있는 것이어야 하며 단지 반대증거보다 우월한 정도의 증명력으로서는 부족한 것이다.

그럼에도 불구하고 원심이 더욱 과학적이고 합리적이라고 보여지는 원심감정인 공소외 4의 감정결과를 외면한 채 이보다 결코 우월하다고조차 할 수 없는 위 공소외 2의 실험에 의하지 아니한 추정감정 결과를 그대로 믿어 이건 화재가 전등갓에서 생긴 불티가 미강이 쌓인 바닥에 떨어져 훈소끝에 발화됨으로 비롯되었다고 단정하고 그밖에 피고인들의 판시와 같은 주의의무 태만의 소위와 이건 화재와의 사이에 상당인과 관계가 있다고 인정할 만한 확증이 없음은 물론 기록을 정사하여도 이 사건 화재의 발화지점에 관하여 판시와 같은 불티가 낙하되었다는 지점인지 미강실벽에 설치된 분전판 부근인지도 분간할 확실한 재료가 없음에도 불구하고 피고인들을 유죄로 인정하였음은 필경 증거의 취사에 있어 합리성의 원칙을 혼동하고 채증법칙에 위반하여 충분한 증거없이 사실을 인정한 위법을 범하였다는 비난을 면할 수 없고 위와 같은 위법은 판결결과에 영향을 미쳤음이 분명하니 이 점을 지적하는 논지는 이유있다.

따라서 원심판결을 파기하고, 사건을 원심인 제주지방법원 합의부에 환송하기로 하여 관여법관의 일치된 의견으로 주문과 같이 판결한다.

대법관 강우영(재판장) 김중서 이정우 신정철

그렇다면 대상 사건의 경우에도 필자 나름의 반대가설을 하나 들고자 한다. 최근의 담배는 실화의 위험을 줄이기 위하여 담배 1개피에 담배가루가 헐겁게 채워져서 점화된 후에도 연기를 빨아들이지 않고 그냥 들고만 있다면 저절로 꺼지는 경우가 많다. 물론 휴지 등 가연성이 높은 물체가 바로 옆에 있거나, 산불에서 보는 것처럼 낙엽 속으로 들어가 훈소하는 상태가 유지된다면 비교적 오랫동안 발화력이 있을 수 있다. 사안에서는 피고인 1, 2은 20여초의 시차를 두고 모두 담배꽁초로부터 불똥 부분을 분리한 후 꽁초를 버렸고, 불똥 부분이 바람에 날려 이동한 것으로 보인다. 지극히 개인적으로 몇 회 한 실험이지만, 옥외에 바람이 부는 경우 분리된 불똥이 꽤 멀리, 빠르게 이동할 수 있지만, 그만큼 빨리 연소하게 되어 발화력이 소진되는 것으로 보인다. 빠르게는 5초 안에 손으로 만져도 뜨겁지 않은 정도가 되었다. 바람이 없는 실내의 경우는 길게는 20초 이상 정도까지도 뜨거운 상태를 유지하였다. 그런데 피고인 1은 불똥이 분리된 담배꽁초를 분리수거장 바로 옆 바닥에 놓여있던 쓰레기봉투에 던져 버리고, 피고인 2는 위 분리수거장 인근에 담배꽁초 불씨를 손가락으로 튕긴 후 담배꽁초를 위 분리수거장을 향해 던져 버렸다는 차이가 있다. 만약 담배꽁초에 아직 불씨가 남아 있다고 한다면, 피고인 1의 담배꽁초는 바람의 영향 없이 쓰레기봉투 내부에서 탈 수 있었고, 피고인 2의 담배꽁초의 발화력은 불똥과 마찬가지로 분리수거장 쪽으로 부는 바람의 영향을 받았을 것이다. 이러한 원인관계를 보면 개인적으로는 피고인 1이 쓰레기봉투에 버린 담배꽁초가 발화력을 유지하여 화재의 원인이 되었을 개연성이 조금 더 높아 보인다. 이렇게 되면 피고인 2의 경우 유죄 인정 자체 혹은 유죄로 인정되더라도 피고인 2와 동일한 액수의 벌금형을 선고 받은 점은 부당해 보인다. 하지만, 판결문상으로는 변호인이 형법 제19조에 근거하여 검사의 인과관계 입증 부족에 대한 변론만 강조되어 있으나, 대상 판결의 ⓓ에서 '적어도 피고인들 중 일방은 실화죄가 인정될 수 없다.'는 점을 특히 부정한 것을 보면 상고

이유서에는 이와 같은 점이 지적되었을지 모르겠다.

필자가 몇 해 전 중대재해처벌법의 제정 전후에 여러 차례 불려나가 했던 예시를 반복하자면, 불행한 결과가 발생한 후 우리 사회가 누군가를 반드시 형사처벌하고자 하는 욕구는 과거에 비가 오지 않으면 늙은 왕이나 주술사를 희생제물로 삼아 제의를 올리는 것에 다름없지 않은가 하는 것이다.[24] 왕이나 주술사가 하필 그때 그 자리에 우연히 있었다고 해서 그를 처단하는 것은 집단적 분노의 해소방법으로서 사회심리적 해결책이 될지는 모르지만, 동시에 누군가는 부당하게 혹은 과도하게 처벌받아야 한다는 점에서 이성에 기반한 현대의 법체계가 이를 모두 수용할 수는 없는 것이다.

원칙적으로 과실범에서는 고의범과 달리 결과발생에 지향된 공동의 사전 범행결의는 있을 수 없다. 과실행위자 각자는 독립행위의 경합 관계에 있을 뿐이고, 이 경우 제263조와 같은 예외 규정도 없으므로, 검사가 각 행위들과 결과 사이의 인과성을 입증해야 한다. 대상판결의 원심판결을 보면 제1심이 공동정범성을 부정한 후 항소심에서 공소장을 변경하여 공동정범이 아닌 독립행위로서 예비적 기소를 추

24) 중대재해처벌법의 입법이유는 충분히 이해하고, 일부 사건(삼표산업사건)에서처럼 절대적 지위에 있어서 사업의 운영 전반을 장악한 최고책임자가 위험 발생을 예견하고도 방지조치를 하지 않은 경우 이러한 강한 처벌이 긍정될지도 모른다.(그런데 이런 위치에 있는 최고책임자는 대기업에서보다는 5인을 겨우 넘는 소규모 사업주일 가능성이 크다.) 그러나 이를 형법적으로 파악하는 한, 구체적 사건에서 결과기여에 가장 멀리 있는 자를 최고책임자라는 이유로 곧비로 가장 중한 형벌을 부과하는 것으로 구성하고 있기 때문에, 그리고 이러한 처벌의 근거로서 수범자 스스로 자신이 수범자인지도 알 수 없고, 무슨 의무를 어느 만큼 이행하여야 처벌을 벗어날 수 있을지도 알 수 없는 체계로 구성되어 있기 때문에 이 법률은 전부 위헌으로 보인다. 고의범이 아닌 과실범 유형의 구체적 死傷 사고에서 사고 원인에 근접하고 결과에 직접적 기여가 더 큰 자는 업무상과실치사상 혹은 산안법 위반으로 처벌받고, 최고책임자가 가장 중한 법정형으로 처벌받는 것이기 때문이다. 지금은 중대산업재해 위주로 논의되지만, 중대시민재해 사건은 더 오리무중이다.

가한 것으로 보이는데, 공소장 변경 후 피고인들 각자의 인과관계에 대한 검사의 입증은 합리적 의심이 없을 만큼 충실했던 것일까? 미진했다면 항소심 법원이 석명권을 행사했어야 하는 것은 아닐까? '증거가 부족'하다는 원심 문구와 대상 판결에서 인용한 '정미소 사건'의 판결취지로 보면, 대법원은 이 사건의 원심을 심리미진으로 파기했어야 하는 것은 아닐까 한다. 아니면 피해액수는 6억이 넘고, 그에 대해 각각 겨우 벌금 500만원 정도 선고된 사안이니 별 문제는 없다고 판단한 것일까?

Ⅳ. 맺는 말

이상에서 어쩌면 평범할 수도 있는 실화 사건이지만, 이론적으로는 비상한 관심을 받고 있는 대상판결을 비판적으로 분석하여 보았다. 우리 주변에서 쉽게 발생할 수 있는 사례이면서도 형법이론적으로는 형법총론의 주요한 쟁점이라고 할 수 있는 과실, 인과관계, 부작위범, 독립행위의 경합, 공동정범과 같은 다양한 쟁점에 대해 깊이 있게 생각할 수 있는 계기가 된다. 피고인 각자의 꽁초 투기는 비록 확률은 낮지만, 그 각각이 독립적으로 발화의 조건으로서 기능할 수 있는 행위라고 할 수 있다. 그러나 우연히 거의 같은 시간에 같은 장소에서 담배를 피우다 꽁초를 함부로 버린 두 사람이 있었고, 이러한 사실만으로는 이들을 공동정범으로 볼 수는 없었기 때문에 두 사람의 행위 중 원인된 행위가 판명되지 아니한 때에는 형법 제19조에 따라 각자를 실화죄의 미수로 보아야 하나, 실화죄의 미수는 처벌 규정이 없기 때문에 피고인 모두를 처벌할 수 없는 경우라고 할 수 있다. 즉 이 사안에서 피고인1 혹은 피고인2만이 단독으로 그러한 행위를 한 경우에도 이 사건과 같은 화재가 발생하였을 가능성을 전적으로 배제할 수는 없지만, 형법 제19조(독립행위의 경합)은 '동시 또는 이시의 독립행위가 경합한 경우에 그 결과발생의 원인된 행위가 판명되지 아니한 때에는 각 행위를 미수범으로 처벌한다.'고 규정하여, 각 독립행위 중 원인된 행위를 판명할 것을 규정하고 있으므로, 피고인1과 피고인2의 행위 중 어느 것이 발화원인이었는지를 판명하였어야 하는 것이라고 할 수 있다.

그러나 대법원은 피고인들의 결과기여를 발화의 원인된 작위적 행위자의 결과 기여와 그의 행위로 인하여 발생한 위험을 제거하지 않은 부작위 행위자의 결과 기여로 나눈 후 양자의 기여를 '결합'하여 판단함으로써 사실상 이들에게도 '공동'을 인정한 것과 마찬가지의 결론에 도달하고 있다. 그런데 작위적 기여 외에 부작위적 기여도 결과 발생에 조건이 될 수는 있지만, 이 사건의 경우 부작위적 기여는 선행하는 타인의 작위적 기여를 전제하지 않으면 단독으로는 발화의 조건이 될 수 없는 성질의 것이고, 또 피고인에게 구체적으로 작위의무가 발생함을 인식하였다고 볼 자료-CCTV에서 피고인이 현장에 있을 때 연기가 이미 발생하고 있었다와 같은-도 없다는 점에서 부작위로 기여하였다고 하는 자의 책임을 작위로 기여한 자와 동등하게 평가한 점에도 의문이 있다.

[주 제 어]
과실범, 인과관계, 부작위범, 조건설, 결과책임

[Key Words]
Negligence, Causality, Omission, Bedingungstheorie, Criminal Liability without Fault

접수일자 : 2024. 5. 17. 심사일자 : 2024. 6. 19. 게재확정일자 : 2024. 6. 25.

[참고문헌]

김정현, “부작위범의 인과관계”, 형사법연구 제30권 제2호, 2018

김혜경, “결과적 가중범의 법정형 정비 기본원리”, 형사정책연구 제19권 제1호, 2008 봄

손기식, “행정범에 있어서 고의”, 형사판례연구 제4권

신양균, “과실범에 있어서 의무위반과 결과의 연관”, 형사판례연구 제1권

이근우, “다중인명피해범죄에 대한 법무부 안에 대한 비판적 검토”, 가천법학 제9권 제4호, 가천대학교 법학연구소, 2016

이상수, “책임원칙에 근거한 미국 형법상 Felony Murder 이론의 검토”, 안암법학 제51권

전지연, “부작위범에서 정범과 공범의 구별”, 형사판례연구 제13권

[Abstract]

Negligence and Criminal Liability without Fault — Supreme Court 2023.3.9. Sentence 2022Do16120

Lee, Keun-woo*

In this article, we critically analyzed the ruling, which may be an ordinary true story, but is theoretically receiving extraordinary attention. Although it is a case that can easily occur around us, in criminal law theory, it is an opportunity to think deeply about various issues such as negligence, causality, crimes of omission, conflict of independent acts, and common principals, which can be said to be major issues in the general theory of criminal law. Although the probability of each defendant's butt dumping is low, it can be said that each of them is an act that can independently function as a condition for ignition. However, by chance, there were two people who smoked in the same place at about the same time and carelessly threw away their cigarette butts, and this fact alone did not allow them to be considered co-principals. Therefore, if the cause of the two men's actions was not determined, Article 19 of the Criminal Act Accordingly, each person should be viewed as an attempt to commit a crime of misfire, but since there is no punishment provision for an attempt to commit a crime of misfire, it can be said that it is a case in which all defendants cannot be punished. In other words, in this case, we cannot completely rule out the possibility that a fire like this incident would have occurred even if only defendant 1 or defendant 2 had committed such an act alone. However, Article 19 of the Criminal Act (concurrence of independent acts) stipulates 'simultaneous or simultaneous' In the case where independent acts collide, if the act causing the result is

* Associate Professor of Gachon University, Ph.D in Law

not determined, each act shall be punished as an attempted crime. Since it stipulates that the act causing the result among each independent act must be determined, defendant 1 It can be said that it should have been determined which of the actions of defendant 2 and defendant 2 was the cause of the ignition. However, the Supreme Court divided the defendants' result contributions into the result contributions of the intentional actor who caused the ignition and the result contribution of the omitted actor who did not eliminate the risk arising from his actions, and then judged the contributions of both by 'combining' them, in effect, We are reaching the same conclusion as acknowledging 'jointness'. However, in addition to an intentional contribution, an omitted contribution can also be a condition for the occurrence of a result, but in this case, an omitted contribution cannot be a condition for speech on its own unless it presupposes the intentional contribution of another person who preceded it, and it is also possible for the defendant to Specifically, given that there is no evidence showing that the obligation to act has been recognized - such as CCTV showing that smoke was already occurring when the defendant was at the scene - the responsibility of the person who is said to have contributed by omission is assessed equally as that of the person who contributed by act. There is also a question about one point.

사회상규에 의한 정당행위 판단기준

최 호 진*

【대상 판결】 대법원 2023.5.18. 선고 2017도2760 판결

【사건의 개요】

甲 대학교는 학교법인의 전 이사장 乙이 부정입학과 관련된 금품수수 등의 혐의로 구속되었다가 甲 대학교 총장으로 선임됨에 따라 학내 갈등을 빚던 중, 총학생회 간부인 피고인들이 총장 乙과의 면담을 요구하면서 총장실 입구에서 진입을 시도하거나, 교무위원회 회의실에 들어가 총장의 사퇴를 요구하면서 이를 막는 학교 교직원들과 실랑이를 벌임으로써 위력으로 업무를 방해하였다는 내용으로 기소되었다.

학교법인은 乙이 20여 년 전 구속됨에 따라 교육인적자원부장관이 선임한 임시이사들에 의하여 운영된 이래, 종전 이사 체제 시 학교운영에 관여했던 이른바 '구재단' 측과 임시이사 체제 시 학교 운영에 관여해 온 학내구성원 측의 갈등이 계속되던 중 乙이 총장으로 선임되자 교수협의회와 총학생회는 총장 퇴진 운동을 벌이면서 乙 등 구재단 측과 갈등을 빚게 되었고, 乙의 비위행위 이후로 학교 운영과 관련한 갈등이 약 20년간 봉합되지 않던 중 구재단 측을 상징하는 乙의 복귀로 갈등이 악화되어, 학교 운영의 파행이 학생들의 피해로 돌아가 학생들의 교육받을 권리가 침해될 것이 자명하자, 피고인들은 대학 운영의 정상화를 위하여 乙과 대화를 꾸준히 요구하였으나 학교 측의

* 법학박사, 단국대학교 법학과 교수.

소극적인 태도로 인해 면담이 실질적으로 성사되지 않았다. 피고인들이 분쟁의 중심에 있는 乙을 직접 찾아가 면담하는 이외에는 다른 방도가 없다는 판단 아래 乙과 면담을 추진하는 과정에서 피고인들을 막아서는 사람들과 길지 않은 시간 동안 실랑이를 벌였다.

【판결이유】

형법 제20조는 '사회상규에 위배되지 아니하는 행위'를 정당행위로서 위법성이 조각되는 사유로 규정하고 있다. 위 규정에 따라 사회상규에 의한 정당행위를 인정하려면, 첫째 그 행위의 동기나 목적의 정당성, 둘째 행위의 수단이나 방법의 상당성, 셋째 보호이익과 침해이익과의 법익균형성, 넷째 긴급성, 다섯째로 그 행위 외에 다른 수단이나 방법이 없다는 보충성 등의 요건을 갖추어야 하는데, 위 '목적·동기', '수단', '법익균형', '긴급성', '보충성'은 불가분적으로 연관되어 하나의 행위를 이루는 요소들로 종합적으로 평가되어야 한다.

'목적의 정당성'과 '수단의 상당성' 요건은 행위의 측면에서 사회상규의 판단 기준이 된다. 사회상규에 위배되지 아니하는 행위로 평가되려면 행위의 동기와 목적을 고려하여 그것이 법질서의 정신이나 사회윤리에 비추어 용인될 수 있어야 한다. 수단의 상당성·적합성도 고려되어야 한다. 또한 보호이익과 침해이익 사이의 법익균형은 결과의 측면에서 사회상규에 위배되는지를 판단하기 위한 기준이다. 이에 비하여 행위의 긴급성과 보충성은 수단의 상당성을 판단할 때 고려요소의 하나로 참작하여야 하고 이를 넘어 독립적인 요건으로 요구할 것은 아니다. 또한 그 내용 역시 다른 실효성 있는 적법한 수단이 없는 경우를 의미하고 '일체의 법률적인 적법한 수단이 존재하지 않을 것'을 의미하는 것은 아니라고 보아야 한다.

【연 구】

Ⅰ. 서 설

형법 제20조의 '사회상규에 위배되지 않는 행위'는 우리나라 형법에만 존재하는 독특한 위법성조각사유이다. 사회상규는 규범적·개방적 개념이다. 개념의 범위는 포괄적이고 개념의 의미는 추상적으로 전형적인 '불확정개념'이므로 구체적 사례에 있어서 분명하고 합리적 기준의 역할을 할 수 있을 정도로 구체적 개념을 도출하기 어렵다.[1] 사회상규에 대한 학자들의 개념 정의도 불확실하다. "건전한 사회생활을 하면서 옳다고 승인한 정상적인 행위 규칙",[2] "국민 일반의 건전한 도의감 또는 공정하게 사유하는 일반인의 건전한 윤리 감정"[3] 또는 "법질서 전체의 정신이나 그 배후에 놓여 있는 사회윤리 내지 사회통념에 비추어 용인될 수 있는 행위"[4] 등 다양한 개념 정의가 있지만, 그 어느 것도 성공적이라고 볼 수 없고 사실상 동어반복에 가깝다. 이러한 어려움 때문에 사회상규는 법적용 개념으로 부적합하고, 법률외적 집합개념에 불과하므로 형사입법론상 재고가 필요하다는 주장도 있다.[5] 사회상규의 구체적인 의미는 개별적 사건에서 판단되는 여러 사정을 고려하여야만 그 의미 내용이 확정될 수 있다는 한계점이 존재한다.

사회상규 개념은 해석이나 적용 과정에서 가치 충전을 해야 하는

---

1) 소재용, 형법 제20조의 사회상규에 위배되지 아니하는 행위, 성균관법학 제21권 제1호, 2009, 215면.

2) 김일수, 한국형법 Ⅰ, 박영사, 1996, 623-624면.

3) 이재상/장영민/강동범, 형법총론, 296면; 이 견해는 "합리적이고 공정하게 사유하는 일반인의 윤리감정"(Das Anstandsgefühl aller billig und gerecht Denkenden)이라는 독일연방대법원 판례의 입장과 거의 동일하다.

4) 김성돈, 형법총론, 제7판, 2021, 360면.

5) 배종대, 형법총론, 2021, 232면; 김영환, 형법 제20조 정당행위에 관한 비판적 고찰, 고시계 제36권 5호(1991.5), 60-61면 및 67-71면; 신양균, 소극적 방어행위에 대한 검토, 현대형사법의 쟁점과 과제, 동암 이형국교수 화갑기념논문집, 법문사, 1998, 196-197면.

일반조항의 성격이 있다. 개념의 외연이 불분명하고 자의적 판단의 가능성이 있기에 그 개념이 내포하고 있는 의미를 구체화하는 해석학적 작업이 필요하다. 개념이 불명확하다는 것은 오히려 해석학의 입장에서는 도전적 과제가 되며, 이는 해석학에 있어서 불가피한 임무이다. 우리 형법에 있는 사회상규 개념은 법이론적으로 다양하게 해석될 수 있다. 형법의 체계와 모순이 되지 않으면서 합리적으로 해석하고 이론 구성을 하여 그 독자적 의미와 유형을 구체화하는 작업이 진행될 필요가 있다.

대법원 판례는 사회상규에 의한 정당행위를 판단하는 기준을 점차 변화시키고 있다. 정당행위의 판단 요건을 처음으로 제시한 92도1520 판결에서는 정당행위에 대한 판단 요건으로 행위의 동기·목적의 정당성, 행위의 수단·방법의 상당성, 보호법익과 침해법익의 권형성, 긴급성, 보충성 요건을 제시한 후 이러한 요건을 '모두' 갖추어야 한다고 하였다.[6] 1991년 경남지역 대학가에서 총학생회장 선거 시에 운동권 후보와 비운동권 후보 간의 알력으로 폭력 사태가 빈번하자, 선거 폭력 사태를 방지하기 위하여 쇠파이프, 최루탄 등을 준비하여 대학 강의실에 들어간 사건에 대하여 판례는 "피고인들 34명은 H전문대의 총학생회장에 입후보한 후보를 보호한다는 의도로 쇠파이프, 최루탄 등을 준비하여 위 전문대의 강의실에 들어갔다가 그곳 학생들과 시비가 되어 피해자들에게 상해 및 폭행을 가하였다는 것이어서 위와 같은 폭력행위에 이르게 된 동기나 목적이 무엇이든 간에 위의 요건을 모두 갖추었다고 볼 수 없"다고 판단하였다. 사회상규에 의한 정당행위의 판단 요건을 '모두' 갖추어야 한다는 판례는 이후에도 계속 유지되었다.[7] 2017도15226 판결에서 컴퓨터에 저장되어 있던 직장 동료의

6) 대법원 1992.9.25. 선고 92도1520 판결.

7) 대법원 1995.10.13. 선고 95도1789 판결; 대법원 1999.4.23. 선고 99도636 판결; 대법원 2000.3.10. 선고 99도4273 판결; 대법원 2004.3.26. 선고 2003도7878 판결; 대법원 2005.5.26. 선고 2005도945 판결; 대법원 2007.3.15. 선고 2006도9418 판결; 대법원 2018.12.27. 선고 2017도15226 판결.

사내 메신저 대화 내용을 몰래 열람·복사한 행위에 대해서도 정당행위 판단 요건을 모두 요구하였다.[8]

종전 정당행위에 대한 대법원 판례들은 정당행위에 대한 구체적 판단기준으로 제시하고 있는 행위의 동기나 목적의 정당성, 행위의 수단이나 방법의 상당성, 법익균형성, 긴급성, 보충성의 구체적 의미가 무엇인지 불명확하였으며,[9] 판단기준 상호 간의 관계가 어떠한지에 대하여 전혀 언급이 없었다. 대법원이 사회상규를 판단하는 기준 간의 관계를 느슨하고 모호하게 설정하고 있고, 사회상규 개념의 유동성과 무정형성을 그대로 방치하고 있다. 해석과 적용에 있어서 엄격해야 할 위법성 판단에 있어서 형법의 법치주의를 훼손시키고 법관법으로 역행할 수 있다는 문제점이 있다. 대법원이 구체적 사건에서 정당행위 인정 여부에 대하여 미리 결론을 낸 후 그 결론을 정당화하기 위해 판단기준을 제시하는 것이 아닌가라는 의심의 눈길이 있다.[10] 일반적으로 판단기준을 제시한 후 '종합적으로' 고려한다는 총합판단을 하는 것이 아니라, 5가지 판단기준을 '모두' 충족하여야 한다는 대법원 판례는 위법성조각을 허용하지 않겠다는 의지를 밝힌 것이라고 볼 수 있다.[11] 대법원이 정당행위를 판단하는 기준으로 5가지 판단기준을 제시하였지만, 이를 통하여 개념이 구체화되었다기 보다는 오히려 더욱 불확실성을 강화하였다고 평가할 수 있다.

그런데 평석 대상 판례는 종전 판례와는 달리 판단기준 간의 관계에 대하여 발전적 견해를 제시하였다. ① '목적의 정당성'과 '수단의 상당성' 요건은 행위의 측면에서, ② '보호이익과 침해이익 사이의 법익 균형'은 결과의 측면에서 사회상규의 판단기준이 된다고 판시하였

8) 대법원 2018.12.27. 선고 2017도15226 판결.
9) 정당행위에 대한 대법원 판단기준에 대한 법이론적 분석을 시도한 것으로 최호진, 정당행위에 대한 대법원 판단기준과 법이론적 분석-2011.3.17. 선고 2006도8839 전원합의체 판결을 중심으로- 형사판례연구 제30권(2022), 93면 이하 참조.
10) 김성돈, 한국사법의 근대성과 근대화를 생각한다(2013), 세창출판사, 130면.
11) 최호진, 앞의 논문, 122면.

으며, ③ 행위의 긴급성과 보충성은 수단의 상당성을 판단할 때 고려요소의 하나로 참작하여야 하고 이를 넘어 독립적인 요건으로 보지 않았다. 무엇인가 달라지고 있다는 것을 알 수 있지만, 어떤 법이론적 관점에서 판단기준 간의 관계를 설정한 것인지에 대하여 자세한 설명은 없다. 판례가 기존 형성된 판례를 변화시킬 때 사용하는 전원합의체 판결의 형식이 아니기에 그 법이론적 배경을 알 방법이 없다. 본 논문에서는 대법원이 제시하고 있는 정당행위에 대한 판단기준의 의미를 구체화하고 판단기준 간의 관계가 어떤 것인지 밝힌다. 헌법과 형법의 체계와 모순되지 않고 합리적으로 해석하고 이론구성을 하여 그 독자적 의미와 유형을 구체화하고자 한다.

Ⅱ. 행위의 측면: 목적의 정당성과 수단의 상당성

1. 목적의 정당성

목적의 정당성 심사에 있어서 행위자가 자신의 행위를 통하여 보호하고자 하는 가치가 무엇인지를 확정해야 한다. 이 단계에서 행위자가 목적으로 추구하는 가치가 무엇인지를 식별할 방법과 그렇게 식별된 가치가 행위자의 행위를 정당화할 수 있는 공익인지를 판별할 기준을 확인하는 작업은 중요하다.[12] 자신의 법익을 희생하면서까지 타인의 침해행위를 수인하라고 요구할 수 없기 때문에 개인의 법익을 수호하기 위하여 정당행위로 나아간 것은 자기보호의 원리 또는 자기수호의 원리로 설명할 수 있다.[13] 행위자가 '공익'을 추구하기 위하여 특정한 행위를 한 경우에는 개인적 법익을 추구하기 위하여 행위를 한 경우에 비하여 상대적으로 행위의 동기나 목적의 정당성이 인정될 가능성이 높다.

하지만, '공익'의 의미는 불분명하다. 개념 의미의 폭이 광범위하

12) 최호진, 앞의 논문, 98면.
13) 이런 점에서 정당방위나 긴급피난이 추구하는 위법성조각원리와 유사한 점이 있다.

고 공통된 개념 합의를 끌어내기 쉽지 않다. 공익 개념은 매우 다의적 개념으로 국가의 정치이론에서 발전하였고, 국가철학에 깊이 뿌리내리고 있다.[14] 최대 다수를 이루는 개인들의 이익의 양적인 총합을 공익으로 파악하는 다수결 공익론(preponderance theories),[15] 하나의 정치적 공동체의 모든 구성원이 공통되게 가지는 이익을 공익과 동일시하는 공통이익으로서의 공익론,[16] 최고의 도덕적 근본원리 또는 근본 가치 체계들로부터 공익을 도출하려는 플라톤의 공동선(common good) 등 다양한 의견들이 있다.

행위자의 행위 동기나 목적이 '공익'으로 인정되어 정당화되기 위해서는 행위자의 행위가 국민 일반에 적용될 수 있는 문제와 연결되어 있어야 한다. 행위자의 행위가 공동체로서 사회구성원 모두가 추구하는 이익과 밀접하게 연결되어 있는 경우에는 목적의 정당성이 인정될 수 있다. 공동체의 근본 가치로서 헌법의 객관적 가치질서나 사회구성원들의 보편적 가치로 인정된다면 행위자의 행위는 공익을 추구하기 위한 것으로 목적의 정당성이 인정될 수 있다. 공익이 사익의 단순한 집합체가 아니라, 모든 국민을 공동체로 결합할 수 있는 일반적 이익을 의미한다. 국가가 적극적으로 실현해야 할 적극적 공익을 사인이 대리 수행을 한 경우에는 공익성이 인정될 수 있을 것이다. 물론 이러한 공익은 국민의 일반적 이익 내지 일반의사의 확인을 통해 구체화될 수 있어야 한다.

행위자의 행위는 자신의 이익 외에도 공동체 구성원에게도 귀속될 수 있는 보편적 가치이어야 한다. 행위자 개인에게만 의미가 있고 다른 공동체 구성원에게는 이익이 되지 않는 경우, 즉 보편적 이익이

14) 성왕, 전기통신기본법 제47조 제1항 위헌소원, 헌법재판소 헌재결정해설집 제9집(2010), 559면-583면 참조.

15) 각 이론에 대한 설명으로 최규환, 인간존엄의 형량가능성, 헌법재판소 헌법재판연구원(2017), 53면 이하 참조.

16) 각 이론에 대한 설명으로 김도균, 법원리로서의 공익: 자유공화주의 공익관, 서울대학교 법학, 제47권 제3호(2006), 서울대학교 법학연구소, 174면.

아닌 경우에는 공익으로서 정당화되기 어렵다. 이른바 안기부 X파일 사건 불법감청·녹음사건에서[17] 대법원 판례가 표현하고 있는 "보도의 목적이 불법감청·녹음 등의 범죄가 저질러졌다는 사실 자체를 고발하기 위한 것으로" "불법감청·녹음 등에 의하여 수집된 통신 또는 대화의 내용이 이를 공개하지 아니하면 공중의 생명·신체·재산 기타 공익에 대한 중대한 침해가 발생할 가능성이 현저한 경우" 등과 같이 '비상한 공적 관심의 대상'이 되는 경우는 목적의 정당성이 인정되는 경우라고 할 수 있다.

평석 대상 판례의 경우에도 목적의 정당성 심사를 하였다. 원심은 "피고인들의 행위는 총학생회가 교수협의회와 총장 퇴진 운동을 벌이면서 구재단 측과 갈등을 빚어 온 상황에서 학생들을 대표하여 총장 선임의 위법·부당함에 관한 의견을 개진하고 학사일정을 정상화하며 학생들의 교육받을 권리에 대한 침해를 방지하기 위한 공익적 목적에서 나온 것으로 목적이 정당"하다고 판단하였다. 대법원도 국민의 기본권으로 학습권을 규정한 헌법 제31조 제1항, 국민의 교육받을 권리를 명시한 교육기본법 제3조, 학생을 포함한 학습자의 기본적 인권이 학교 교육 과정에서 존중되고 보호되어야 한다는 교육기본법 제12조 등을 근거로 피고인들의 행위 목적은 정당하다고 판단하였다.

목적의 정당성 심사는 이후 전개되는 다른 판단기준과 관련성이 단절되어 독립적으로 이루어져서는 안된다. 목적 정당성 심사는 행위 수단과 방법의 상당성 등 다른 판단기준과 논리필연적으로 결합되어 '하나의 심사 체계'를 구성한다. 행위자의 행위가 추구하고자 하는 이익이 법률적 한계 내에 있는 정당한 공익인지, 그 공익을 실현하기 위해 선택한 수단이 되는지, 적합하거나 최소한의 피해를 주는 것인지, 보호법익과 침해 법익이 비례적으로 균형을 이루는 것이어서 형법이 정당화할 수 있는지를 판단해야 한다. 목적의 정당성은 다른 판단기준의 연결고리가 되며, 출발점이 된다. 특히 행위 수단과 방법의 상당성

17) 대법원 2011.3.17. 선고 2006도8839 전원합의체 판결.

문제, 법익 균형성의 문제와 연결된다. 목적의 정당성 하나의 기준만으로 행위의 정당성 유무를 판단하는 것은 어려움이 있다.

2. 수단의 상당성

가. 개념의 불명확성

수단의 상당성의 구체적 의미가 무엇인지에 대하여 대법원 판례는 분명히 밝히고 있지 않다. 이른바 싸움과 정당방위와 관련된 판례에서 그 행위가 새로운 적극적 공격이라고 평가되지 아니하는 한, 이는 '사회관념상 허용될 수 있는 상당성"이 있는 것으로서 위법성이 조각된다는 판례,[18] 공적 인물과 명예훼손에 대한 판례에서 "주된 내용으로 하는 발언으로 정책 결정이나 업무수행에 관여한 공직자에 대한 사회적 평가가 다소 저하될 수 있더라도, 발언 내용이 공직자 개인에 대한 악의적이거나 심히 경솔한 공격으로서 현저히 상당성을 잃은 것으로 평가되지 않는 한, 그 발언은 여전히 공공의 이익에 관한 것으로서 공직자 개인에 대한 명예훼손이 된다고 할 수 없다. 이때 그러한 표현이 국가기관에 대한 감시·비판을 벗어나 공직자 개인에 대한 악의적이거나 심히 경솔한 공격으로서 '현저히 상당성을 잃은 것'인지는 표현의 내용이나 방식, 의혹 사항의 내용이나 공익성의 정도, 공직자의 사회적 평가를 저하하는 정도, 사실 확인을 위한 노력의 정도, 그 밖의 주위 여러 사정 등을 종합하여 판단해야 한다는 판례,[19] 제3자가 정당추천 후보자 선출을 위한 당내 경선에서 특정인을 지지하도록 부탁할 목적하에 타인의 술값 40,000원을 지불한 행위

---

18) 대법원 2010.2.11. 선고 2009도12958 판결.

19) 대법원 2021.3.25. 선고 2016도14995 판결: 피고인이 세월호 참사 국민대책회의 공동위원장이자 '4월 16일의 약속 국민연대' 상임운영위원으로서 언론사 기자와 시민 등을 상대로 기자회견을 하던 중 '세월호 참사 당일 7시간 동안 대통령 갑이 마약이나 보톡스를 했다는 의혹이 사실인지 청와대를 압수·수색해서 확인했으면 좋겠다.'는 취지로 발언함으로써 허위사실을 적시하여 갑의 명예를 훼손하였다는 내용으로 기소된 사안이다.

가 사회적 상당성 있는 행위이거나 위법성이 없는 행위가 아니라고 본 판례[20] 등이 있다.

대법원 판례가 말하는 수단의 상당성 의미가 '내용'의 상당성을 말하는 것인지 '효과'의 상당성을 의미하는 것인지가 불분명하다. 내용의 상당성으로 본다면 이는 행위 수단과 방법의 법률 적합성을 의미하는 것으로 볼 수 있고, 효과의 상당성으로 본다면 이는 다시 효과의 '즉시성'을 의미하는 것인지 상대적 우월성을 의미하는 것인지가 문제될 수 있다. 상당성의 의미는 다의적으로 해석할 수밖에 없다. 본 연구에서는 상당성을 2가지 의미로 구분하여 '내용의 상당성'에 대해서는 '수단의 법률 적합성'으로 이해하고, '효과의 상당성'에 대해서는 '최소침해성'으로 이해하고 논의를 전개하고자 한다.

나. 수단의 법률 적합성

수단의 적합성은 행위자가 선택한 수단과 방법이 현행법체계 내에서 허용되는 방법이어야 한다는 것이다. 행위자의 행위 동기나 목적이 공익을 실현하기 위한 것으로 그 정당성이 인정될 여지가 있다고 하더라도 행위자가 선택한 행위 수단에 위헌적 요소가 들어 있다면 그 이익을 실현하는 수단의 공익성은 인정되기 어렵다. 예를 들면 백범 김구의 암살범으로 알려진 안두희를 살해한 행위자의 행위는 범행의 동기나 목적이 주관적으로는 정당성이 인정된다고 하더라도 법률상 허용되지 않는 방법인 살인이라는 방법을 사용하였다면 이는 수단의 적합성이 인정되지 않는 것이다.[21] 행위자가 선택한 수단은 법질서 전체의 관점에서 사회적으로 용인될 수 있는 정당성을 가져야 한다. 이른바 불법감청·녹음사건에서도 마찬가지이다. 언론기관이 불법감청·녹음 등의 결과물을 취득할 때 위법한 방법을 사용하거나 적극적·주도적으로 관여해서는 안된다는 대법원 판례의 내용도 '수단의 적합성'이 있어야 그 행위가 정당화될 수 있다는 것을 의미한다.[22] 얼차려

20) 대법원 1996.6.14. 선고 96도405 판결.
21) 대법원 1997.11.14. 선고 97도2118 판결.

의 결정권자가 아닌 상사 계급의 피고인이 얼차려를 지시하는 행위, 이른바 원산폭격사건에서 원산폭격은 얼차려 지침상 허용되지 않는 방법이므로 수단의 법률 적합성이 없으며,[23] 간통 현장을 직접 목격하고 그 사진을 촬영하기 위하여 주택에 침입하는 행위 수단과 방법에 있어서 상당성이 인정되지 않는다.[24] 인질범에 의하여 납치된 피해자를 구출하기 위하여 범인을 고문한 경우에는 피해자의 생명이라는 법익을 보호하기 위한 것이라고 하더라도 허용되지 않는 반인권적 방법인 고문이라는 불법적 방법을 선택하였다는 점에서 수단의 적합성이 인정되기는 어렵다. 이른바 '강제 채혈사례'[25]의 경우 신체의 일부를 다른 목적을 위한 수단으로 사용하는 것은 인간의 자유로운 자기결정권을 침해 또는 인간의 존엄성에 반하는 것으로 허용될 수 없다.[26]

다. 최소 침해

법이론 판단에 있어서 행위의 수단과 방법의 상당성은 '최소 침해'를 의미하는 것으로 이해한다. 이는 수단이나 방법이 상대방의 법익침해를 가능한 작게 침해하는 것이어야 한다는 의미로 이해한다. 결국 수단과 방법의 상당성은 더 작은 유해한 결과를 수반하면서 자신의 법익을 보호하기 위한 적합한 수단이어야 한다는 의미로 이해할 수밖에 없다.

최소한의 침해가 발생하도록 해야 한다는 침해의 최소성은 선택된 수단과 대안적 수단 상호 간의 비교를 해야 하는 '비교판단'을 통하여 확정될 수 있다. 예를 들면 정당방위에 있어서 행위자가 선택할 수 있는 방어 수단이 칼과 총이 있는 경우 행위자가 총을 선택하여 방어행위를 하였다면 대안적 수단인 칼을 방어 수단으로 한 경우와

---

22) 대법원 2011.3.17. 선고 2006도8839 판결.
23) 대법원 2006.4.27. 선고 2003도4151 판결.
24) 대법원 2003.9.26. 선고 2003도3000 판결.
25) 독일의 형법학자인 Gallas가 낸 사례로 이를 갈라스의 강제채혈사례라고 한다.
26) 손동권/김재윤, 형법총론, 215면; 이재상/장영민/강동범, 형법총론, 267면; 임웅, 형법총론, 235면; 정성근/박광민, 형법총론, 247면; 최호진, 형법총론강의, 280면.

그 효과를 비교하는 것으로 최소 침해에 대한 판단을 해야 한다.

이러한 최소 침해성을 판단할 때 사용되는 '비교판단'은 경험적 관점에서 이루어지는 비교이다. 이 단계에서는 과학적 증거와 경제학적 비용·편익 분석이 활용될 수 있다. 이 경우에 어느 방법이 효과적이고 덜 효과적인가의 문제로 귀착되는 경우가 많을 것이므로 이에 대한 법이 요구하는 규범적 관점이 개입할 가능성은 적다고 생각한다.

최소침해의 공식을 사용하였다면 효과의 비교가 필요하다. 선택수단과 대안적 수단에 따른 법효과의 비교가 필요하다. 대안적 수단으로도 동일한 효과를 거둘 수 있었다면 특정한 법목적에 따라 정당화되지 않는 한, 선택 수단의 상당성은 인정되기 어렵다. 통상적으로 행위자가 선택할 수 있는 대안적 수단에 대해서는 이미 법제도상으로 구축되어 있는 경우가 대부분일 것이며, 법에 의하여 구축된 대안적 수단은 비교적 덜 침해적인 경미한 침해 효과로 설정되어 있는 경우가 대부분일 것이기 때문이다. 목적 달성에 필요한 최소한의 한도 내에서 이루어져야 한다는 것을 의미한다. 예를 들면 이른바 불법감청·녹음사건에서 "보도가 불법감청·녹음 등의 사실을 고발하거나 비상한 공적 관심사항을 알리기 위한 목적을 달성하는데 필요한 부분에 한정되는 등 통신비밀침해를 최소화하는 방법으로 이루어져야 한다"는 대법원 판례의 취지도 이에 관련된 내용이다.[27] 시장번영회 회장이 이사회의 결의와 시장번영회의 관리규정에 따라서 관리비 체납자의 점포에 대하여 실시한 단전조치한 사례에서 2003도4732 판결은 관리 규정의 내용은 시장번영회를 운영하기 위한 '효과적인 규제'로 보았으며,[28] 구성원들의 권리를 과도하게 침해하거나 제한하는 것으로 보지 않았다. 음란물 사진을 블로그에 게시한 사례에서 2012도13352 판결은 "피고인의 블로그가 일반인들이나 청소년들에게 널리 알려진 블로그는 아니"며, "블로그에 게재된 게시물들의 내용이나 주

27) 대법원 2011.3.17. 선고 2006도8839 판결.
28) 대법원 2004.8.20. 선고 2003도4732 판결.

제가 일반인들이나 청소년들에게 친숙한 주제가 아니어서 게시물의 주제를 공유하는 사람들의 범위는 제한적"으로 보았다.[29] 최소침해성과 관련된 판례들이다.

Ⅲ. 결과의 측면: 법익 균형

1. 보호법익과 침해법익의 법익 균형성

법익형량 또는 이익형량이란 충돌하는 이익 중 어느 이익이 더 우월한가를 밝혀내는 것으로 이익형량을 위법성 판단 내지 위법성조각의 원칙으로 내세우는 견해를 이익형량설이라고 한다. 이익형량의 원칙은 전통적으로 우월적 이익의 원칙이다. 법적으로 보호되는 서로 다른 이익 사이에 충돌이 있는 경우 행위를 통하여 보전되는 이익이 침해되는 이익보다 우월하면 위법성이 조각된다는 것이다.

법익형량의 합리성을 도모하고 법익형량의 결과에 대한 객관적 설득력을 높이기 위해서는 법익형량의 대상을 체계적으로 확정하는 것이 필요하다. 법익형량은 일반조항을 매개로 형평을 실현하고 법흠결을 보충하는 법적 사고방식이므로 법학방법론에서 법일반이론적 관점에서 자주 사용되고 있는 방법론적 도구이다. 이 방법론적 도구를 활용한다면 법익형량을 통하여 판단기준에 따른 심사가 자의적 판단으로 흐르지 않고 객관적이고 예견가능한 판단이 될 수 있다.

법익형량이라는 사고 방법이 중요한 법판단의 형식임에도 불구하고 그 내용이 구체적으로 어떤 의미를 가지는지, 최소침해성과 구별될 수 있으며, 이와 차이가 있는 사고 방법인지, 법익균형성을 심사할 경우 규범적 판단이라는 의미가 무엇인지 이러한 사고과정에서 법이론적으로 어떻게 설명되어야 하는지는 여전히 불분명한 상태에 있다. 또한 판단자가 법익을 비교하는 과정에서 비교 대상이 되는 여러 이익을 무분별하게 투입하여 법익형량을 왜곡하는 위험성까지 존재하기

29) 대법원 2017.10.26. 선고 2012도13352 판결.

때문에 법익형량의 문제는 간단하지 않다. 자의적인 가치판단을 객관적 법률용어를 빌어서 포장한 것에 불과하다는 비판도 가능하다. 하지만 이를 법논증적으로 설명하는 것은 간단한 작업이 아니다. 법익형량의 사고 방법을 자주 사용하는 헌법재판소의 경우에도 침해의 최소성과 법익의 균형성은 성질상 구분되어야 함에도 불구하고 양자를 혼합하여 논증하는 경향이 있었다.

법익균형성에 대한 판단은 언제나 '비교'를 통해 이루어지는 논리적 속성을 가질 수밖에 없다. 구체적 사건에 상호 충돌하는 법익 중에서 우선 순위를 결정하는 방법이기 때문이다. 즉 균형성 판단은 'X와 Y 중 어느 것이 이익 주체에게 이득을 줄 것인가'라는 ① 이익판단 주체, ② 현재 문제된 행위·정책, ③ 대안이 될 수 있는 행위·정책의 3가지 변항으로 이루어진 삼가관계(三價關係, triadic relation)의 비교판단으로 이루어진다.[30] 이러한 사고 방법은 개별 사건 안에서 이익형량을 하는 것이며 이를 통하여 규범 충돌을 해결하는 방법이다. 대법원 판례도 정당행위를 판단함에 있어서 법익형량의 방법을 사용하고 있지만 그 정당성뿐만 아니라 내용과 구조에 대하여 여전히 다툼이 많다.

2. 법익형량의 본질

가. 쟁 점

구체적인 사건에 있어서 하나는 어떤 행태를 금지하고 다른 하나는 그 행태를 명령하는 것과 같은 경우가 법익형량이 필요한 경우이다. 하나의 사태 속에서 둘 모두를 만족시킬 수는 없으며 법익형량은 이러한 충돌 시 우선순위를 정하는 방법이 될 수 있다. 이처럼 구체적인 사안에서 상호충돌하는 법익을 비교하여 그 중 어느 하나가 해당

30) 자세한 설명은 Brian Barry, Political Argument: A Reissue with a New Introduction, University of California Press, 1990, pp.173-186, p.193; 김도균, 법원리로서의 공익: 자유공화주의 공익관, 서울대학교 법학, 제48권 제3호, 서울대학교 법학연구소, 2006, 171면.

사안에서 다른 것보다 더 중요하다고 판단하고 이를 선택하는 실천적 법판단의 방법이 '법익형량'이다. 예를 들면 양심적 집총거부 사례의 경우 충돌되는 여러 사항에서 양심 실현의 자유는 헌법적 공익으로서 국가안보보다 후순위에 놓인다고 판단하였으며, 국가안보가 더 중요하다고 판단하고 이를 선택하였다.[31)]

나. Alexy 중요도 공식

법익형량과 관련된 주요한 이론으로는 독일의 법학자인 Alexy 중요도 공식이 있다.[32)] Alexy는 법익형량 방법론을 구체화하였는데, 그에 따르면 중요도 공식을 사용하여 법익형량의 구조를 표현하면서 법익형량에서 고려하여야 할 요소들을 제시한다.

첫째, 형량판단 과정에서는 한편으로는 실현하고자 하는 법원칙의 중요도와 더불어 다른 한편으로는 충돌하는 상대방 법원칙이 침해됨으로써 발생할 해악의 정도가 측정되어야 한다. 양심적 집총거부사례를 예로 들면, 입법 수단이 양심의 자유를 제한하는 정도, 양심의 자유 실현할 경우 국가안보에 미치는 해악의 정도가 측정되어야 한다.

둘째, 이렇게 충돌하는 법원칙이 갖는 추상적 중요도 역시 고려되어야 한다. 통상 헌법적 법익 간에 추상적 중요도에는 차이가 없지만, '추상적' 수준에서 생명권이 갖는 중요성이 재산권보다 우월하다고 말할 수는 있다. 개인의 자유권이 개인의 재산권보다 더 중요하다고 보는 것도 같은 맥락이다.

셋째, 기본권 보호를 요청하는 전제들이나 공익을 실현하려고 하는 전제들에 대한 신뢰도를 판단하여야 한다. 신뢰도는 양심의 자유 비중을 높이 평가하는 논거들과 같은 규범적 전제에 관한 신뢰도와 병역거부를 인정하였을 경우 병역자원 손실이 발생될 개연성과 같은 경험적 전제에 관한 신뢰도로 나뉜다. 공익을 실현하는 것을 지지하는

31) 헌법재판소 2011.8.30. 선고 2008헌가22 결정.
32) Robert Alexy, 정종섭/박진완(역), 중요도 공식, 서울대학교 법학 제3호, 327면 이하 참조.

전제들의 신뢰도가 높을수록 기본권에 강한 제한이 부과될 수 있다.

다. 구체적 사건에서의 사법 판단

Alexy는 이러한 공식을 통하여 법익형량의 합리적 판단기준을 제시하고자 하였으나 이러한 방법론은 모든 법익형량을 판단하기 위한 실질적 척도가 될 수 없다. 충돌되는 법익과 비교판단의 전제들은 규범적 가치를 내포하고 있다. 법가치의 판단을 비율(ratio)이라는 척도에 따라 객관적이고 정확한 결과치로 산출 해내는 것은 사실상 불가능하다. 따라서 법익형량의 비교는 분석적이고 중립적인 외관을 가지고 있다고 하더라도 본질적으로 이는 가치관적·법철학적 배후를 가지게 된다. 결국 구체적 사건에서 법익형량의 비교판단은 법관이 가진 가치판단에 의하여 의존될 수밖에 없으며, 어떤 선택을 하게 될지는 법관의 주관적 판단으로 이어지게 된다.

이에 따르면 법익형량은 척도의 객관성이 결여하고 있으며 법익형량을 행하는 판단자의 주관적인 고려에 의존한다는 비판[33]을 받을 수밖에 없으며, 유사한 사건들이 다른 취급을 받게 되고 사법 판단은 자의적인 것이 되며, 이는 근본적으로 사법 정의를 훼손하는 것이다.[34] 결국 비교 형량 판단은 법관의 주관적 자의에 노출될 수밖에 없으며 합리적인 구조를 갖추지 못한다.

Ⅳ. 수단의 상당성 판단 고려 요소: 긴급성과 보충성

1. 긴급성

가. 의미의 불명확성

대법원 판례는 긴급성의 의미와 내용에 대해서 아무런 방향도 제

33) Bernhard Schlink, “Der Grundsatz der Verhältnismäßigkeit”, in Peter Badura und Horst Dreier(hrsg.), Festschrift 50 Jahre Bundesverfassungsgericht Ⅱ, Mohr Siebeck, 2001, S. 445.

34) 강일신, 과잉금지원칙에서 법익형량, 헌법재판연구원, 2018, 12면-13면 참조.

시하고 있지 않다.[35] 국어사전적 의미로 긴급성은 긴요하고 급한 성질을 의미하지만, 이러한 내용만으로 정당행위에 대한 법적 판단을 함에 있어서는 유용하지 않다. 정당행위에 있어서 긴급성의 의미는 주어진 상황적 맥락에서만 이해할 수 있다. 긴급성이란 행위자의 법익에 대한 구체적 위험이 발생하였을 때 이를 즉시에 효과적으로 제거 또는 방어하지 않고 지체를 한다면 그의 법익이 실질적으로 침해되어 회복할 수 없는 상태가 되는 것을 의미하는 것으로 이해해야 한다. 즉 긴급성은 행위자의 '행위효과에 대한 즉시성'을 의미한다.

나. 긴급성과 절차적 단계

결국 시간적 지체로 인하여 효과적인 방어가 되지 않을 경우에 긴급성을 인정할 수 있을 뿐이다. 기업의 영업비밀을 직원이 누출한다는 합리적 의심이 있는 상황에서 해당 직원의 컴퓨터의 하드디스크를 떼 내어 검색한 경우에는 긴급성을 인정할 수 있다.[36]

국가기관의 행위에 대하여 긴급성이 인정된다는 것은 법령에 의하여 주어진 절차나 방식에 따라 국가의 행위가 이루어져야 하지만, 이러한 절차나 방식을 거치면 의도된 효과가 발생하지 않는 경우를 의미한다. 예를 들면 긴급체포의 경우가 이에 해당한다. 피의자를 체포하는 경우 법관이 발부한 영장에 의하여 체포가 이루어져야 하는 것이 원칙이지만, 사회통념상 체포영장을 청구할 시간적 여유가 없는 경우가 이에 해당한다. 시간적 여유가 없었다는 것은 사후에 밝혀진 사정을 기초로 판단하는 것이 아니라 체포 당시의 상황을 기초로 판

35) 정당방위나 긴급피난의 '현재성'에서 도출된 개념이 아닌가 추측한다. 정당행위와 관련된 판례 중 '회사의 직원이 회사의 이익을 빼돌린다'는 소문을 확인할 목적으로, 비밀번호를 설정함으로써 비밀장치를 한 전자기록인 피해자가 사용하던 '개인용 컴퓨터의 하드디스크'를 떼어내어 다른 컴퓨터에 연결한 다음 의심이 드는 단어로 파일을 검색하여 메신저 대화 내용, 이메일 등을 출력한 사안에서, 피해자의 범죄 혐의를 구체적이고 합리적으로 의심할 수 있는 상황에서 피고인이 긴급히 확인하고 대처할 필요가 있었다는 것을 판시한 적이 있다(대법원 2009.12.24. 선고 2007도6243 판결).

36) 대법원 2009.12.24. 선고 2007도6243 판결.

단하여야 한다는 것이 판례의 입장이다.[37)]

다. 소 결

행위자의 행위에 대한 긴급성이 인정되기 위해서는 주어진 절차나 방식을 따를 경우 효과적인 법익 보호가 되지 않을 뿐만 아니라 정해진 절차와 방식을 따를 시간적 여유가 없을 경우를 의미한다. 행위자가 즉시에 이에 대응하지 않을 경우 중요한 증거가 유실되거나, 범인의 체포·발견 등이 현저히 지체될 경우 또는 자신에 대한 법익침해가 현실화되는 경우에는 긴급성을 인정할 수 있을 것이다. 국가기관에 의한 통신비밀침해에 대해서도 통신비밀보호법에 의한 허가장을 받을 시간적 여유가 없을 경우에 위법성을 조각시킬 수 있는 긴급성이 인정된다고 볼 수 있다. 따라서 대상자의 구체적 범죄혐의가 밝혀진 경우에는 긴급성의 원리에 따라 정당화의 가능성은 있지만, 사전적·예방적 조치로 대상자의 정보처리장치에 프로그램을 설치하는 행위는 정당화되기 어렵다.

2. 보충성

보충성은 그 행위 이외에 다른 수단이나 방법이 없다는 것을 의미한다. 이는 최후 수단성을 의미하는 것으로 행위자의 법익 보호를 위한 다른 대안적 수단이 있는 경우에는 그 수단을 선택하여야 하며, 허용되지 않는 수단을 선택해서는 안 된다는 것을 말한다. 보충성의 원칙은 법치국가에서 시민의 자율성을 최대한 보장하기 위한 기본권 제한의 한계 역할을 담당하는 중요한 이론적 근거가 되고 있다. 특히 국가의 입법 수단 중에서 개인의 자유를 최대한 보장해야 한다는 요구와 공동체의 안전과 평화를 달성하려는 공익적 요청이 가장 첨예하게 충돌하는 법이 형법이라는 점은 누구나 인정할 것으로 생각된다.

보충성의 원칙은 형법투입의 겸억성, 형법의 단편적 성격으로 인

37) 대법원 2002.6.11. 선고 2000도5701 판결.

한 형벌투입의 자제로 표현되는 것이 일반적이다. 하지만 판례는 특정한 행위자의 행위에 대한 정당화사유 또는 정당화 근거로도 보충성의 원칙을 요구하고 있다. 이러한 것은 보충성의 원칙에 대한 소극적 형태의 내용이라고 볼 수 있다. 공동체의 자율성 보호라는 목적으로 하는 보충성의 원칙은 개인이 스스로 문제를 해결할 수 있는 경우에는 개인의 자율성을 보호하고 개인에 대하여 국가의 개입을 적극적으로 자제하라는 의미가 있다. 소극적 형태의 보충성은 국가 개입의 자제를 통하여 시민의 자유가 최대한 보장된다는 것을 의미한다.[38]

하지만, 정당행위에 있어서 보충성의 의미는 형법투입의 최후수단성을 의미하는 보충성의 원칙으로 이해하기 어렵다. 이는 행위자의 행위의 정당화 근거로 사용될 뿐이다. 정당화사유의 판단기준으로 보충성을 인정하게 된다면 행위자는 자신의 행위투입을 결정하기 전에 먼저 자신이 선택한 수단과 방법이 목적의 실현을 위하여 적합하고 유용한 수단인지를 심사할 의무를 부담하게 되고 더불어 선택한 수단 이외에 다른 방법이 없는지를 심사할 의무를 진다고 볼 수밖에 없다.

법익보호의 적합성과 보충성이 분명하지 않을 경우가 충분히 존재할 수 있다. 심사할 의무가 있다고 인정될 수 있다고 하더라도 의무의 엄격성이 불분명하며, 검증될 수 없는 경우가 많을 것으로 생각한다. 이 경우에는 시민의 자유이익이 존중되어야 하므로 이른바 의심스러울 때는 '시민의 자유이익으로(in dubio pro libertate)'의 원칙이 적용되어야 할 것이다. 즉 행위자가 선택한 수단 이외에 다른 수단이 있었다고 하더라도 그러한 보충적 수단을 시민에게 요구하는 것이 가장 적절한 것이며 효과적인 것인지에 대하여 추가적으로 논의할 필요가 있다.

보충성의 원칙에 따라 행위자는 즉각적인 방어 수단을 선택할 것이 아니라 법익보호를 위한 다른 대안적 수단이 있는지를 먼저 심사할 의무를 진다. 행위자가 발견한 다른 대안적 수단이 있을 경우에는

38) 이주일, 형법상 보충성의 원칙에 대한 소고, 비교법학연구 제5집(2005), 187면.

그 수단을 선택하여야 하며, 허용되지 않는 수단을 선택해서는 안된다. 예를 들어서 직장 내 괴롭힘에 대응하기 위하여 행위자는 직장 내에서 마련한 절차 등에서 그 해결 방법을 찾거나 국가가 제공하고 있는 법적 절차를 찾은 후 그에 따른 해결 방법을 모색하여야 한다. 만약 행위자가 선택한 수단이 효과가 없었거나 그러한 효과가 무용하다고 판단될 여지가 있을 경우에는 보충성의 원칙이 어느 정도 양보될 가능성은 있다고 생각한다. 효과성에 대한 판단은 보충성의 원칙이 적용된 이후에 이루어지는 것이기에 먼저 보충성의 원칙은 유지되어야 한다. 보충성의 원칙이 적용되지 않는다면 힘이 있는 자들에 의한 우선적 자력구제를 허용하는 것이기 때문에 근대 법치국가원리에 적합하지 않다.

Ⅴ. 결　론

형법 제20조의 사회상규는 규범적·개방적 개념이다. 포괄적이고 추상적 불확정개념이므로 구체적 사례에 있어서 분명하고 합리적 기준의 역할을 할 수 있을 정도의 구체적 개념을 도출하기 어렵다. 그렇다고 하여 구성요건과 위법성에 순수한 기술적 요소만으로 불법을 구성하는 것은 불가능하며, 바람직하지도 않다. 이미 우리 형법에서 가치충전이 필요한 평가적·규범적 요소는 이미 구성요건과 결합되어 유연화되고 있다. 가치충전적인 규범적 요소와 재판관의 재량 사이에는 피하기 어려운 연관성이 존재할 수밖에 없다. 끊임없이 변화하는 사회생활상에 법이 영향력을 유지하고 행사하기 위하여 가치충전적 요소를 사용하고 적용하는 것이 불가피하다.

이 과정에서 형법의 엄격성이 완화되고, 형법적 판단이 법률에서 판례로 중심이동이 되고 있는 것이 자주 관찰되고 있다. 우리나라 형법에만 존재하는 사회상규는 개념의 포괄적·추상성으로 인하여 법관의 자의적 판단을 초래할 역기능이 있다고 우려하는 입장이 나타나는 것은 지극히 자연스러운 일이다.[39] 사회상규 개념은 가치충전을 해야 하는 일반조항으로서의 성격이 있기 때문에 개념 외연이 불분명한 것은 사실이지만, 가치충전적 요소가 입법과 재판 실무에서 절대적으로 유해하며, 죄형법정주의를 위반하는 것이라고만 볼 수 없다. 이것은 이중적 속성을 가지고 있기 때문이다. 법관의 자의적 판단 가능성이라는 부작용도 있을 수 있지만 첨예하게 대립하고 있는 개별적 사례의 해결을 위한 적응성과 탄력성을 가지고 있다. 구체적 사안에 따라 사회상규의 의미를 분석하고 그 의미를 탐구해 나가는 과정을 거쳐 그것이 내포하고 있는 의미를 구체화하는 작업이 필요하다.

대법원 판례는 사회상규에 의한 정당행위를 판단하는 기준이 점차 변하고 있다. 종전 정당행위에 대한 대법원 판례들은 정당행위에 대한 구체적 판단기준으로 제시하고 있는 행위의 동기나 목적의 정당성, 행위의 수단이나 방법의 상당성, 법익 균형성, 긴급성, 보충성의 구체적 의미가 무엇인지 불명확하였으며, 판단기준 상호 간의 관계가 어떠한지에 대하여 전혀 언급이 없었다. 평석 대상 판례는 종전 판례와는 달리 판단기준 간의 관계에 대하여 발전적 견해를 제시하였다. ① '목적의 정당성'과 '수단의 상당성' 요건은 행위의 측면에서, ② '보호이익과 침해이익 사이의 법익균형'은 결과의 측면에서 사회상규의 판단기준이 된다고 판시하였으며, ③ 행위의 긴급성과 보충성은 수단의 상당성을 판단할 때 고려 요소의 하나로 참작하여야 하고 이를 넘어 독립적인 요건으로 보지 않았다. 대법원이 제시하고 있는 정당행위에 대한 판단기준의 의미를 구체화하고 판단기준 간의 관계에 대하여 헌법과 형법의 체계와 모순되지 않고 합리적으로 해석하고 이론구성을 하여 그 독자적 의미와 유형을 구체화하는 법이론적 탐구는 계속되어야 한다.

---

39) 김봉수, 위법성조각사유의 체계 및 경합에 관한 연구 -특히 정당행위와 피해자의 승낙의 경합에서 나타나는 사회상규의 기능적 모순을 중심으로-, 비교형사법연구 제10권 제2호, 2008, 52면 이하; 천진호, 사회상규에 위배되지 아니하는 행위에 대한 비판적 고찰, 비교형사법연구 제3권 제2호, 2001, 157면-158면.

[주 제 어]
정당행위, 사회상규에 위배되지 않는 행위, 사회상규, 불확정개념, 일반조항, 형법해석

[Key Words]
Act of Justifiable Cause, action not against the social rules, the social rules, Undefined legal term, general clause, Criminal Law Interpretation,

접수일자 : 2024. 5. 26. 심사일자 : 2024. 6. 19. 게재확정일자 : 2024. 6. 25.

[참고문헌]

강일신, 과잉금지원칙에서 법익형량, 헌법재판연구원, 2018.

김도균, 법원리로서의 공익: 자유공화주의 공익관, 서울대학교 법학, 제47권 제3호, 서울대학교 법학연구소, 2006.

김봉수, 위법성조각사유의 체계 및 경합에 관한 연구 — 특히 정당행위와 피해자의 승낙의 경합에서 나타나는 사회상규의 기능적 모순을 중심으로 — , 비교형사법연구 제10권 제2호, 2008.

김성돈, 한국사법의 근대성과 근대화를 생각한다. 2013, 세창출판사.

김영환, 형법 제20조 정당행위에 관한 비판적 고찰, 고시계 제36권 5호, 1991.5.

성왕, 전기통신기본법 제47조 제1항 위헌소원, 헌법재판소 헌재결정해설집 제9집, 2010.

소재용, 형법 제20조의 사회상규에 위배되지 아니하는 행위, 성균관법학 제21권 제1호, 2009.

신양균, 소극적 방어행위에 대한 검토, 현대형사법의 쟁점과 과제, 동암 이형국교수 화갑기념논문집, 법문사, 1998.

이주일, 형법상 보충성의 원칙에 대한 소고, 비교법학연구 제5집, 2005

천진호, 사회상규에 위배되지 아니하는 행위에 대한 비판적 고찰, 비교형사법연구 제3권 제2호, 2001.

최규환, 인간존엄의 형량가능성, 헌법재판연구원, 2017.

최규환, 기본권제한입법의 목적정당성 심사, 헌법재판연구원, 2020.

Bernhard Schlink, “Der Grundsatz der Verhätnismäßigkeit”, in Peter Badura und Horst Dreier(hrsg.), Festschrift 50 Jahre Bundesverfassungsgericht Ⅱ, Mohr Siebeck, 2001.

Brian Barry, Political Argument: A Reissue with a New Introduction, University of Press, 1990.

Joseph M. Boyle, Jr., Toward Understanding the Principle of Double Effect, in: P. A. Woodward(ed.), The Doctrine of Double Effect-Philosophers Debate a

Controversal Moral Principle, University of Notre Dame Press, 2001.
Robert Alexy, 정종섭/박진완(역), 중요도 공식, 서울대학교 법학 제44권 제3호, 2003.

[Abstract]

Criteria for judging justifiable acts according to social norms

CHOI, Ho-jin*

Article 20 of the Korean Criminal Code, which refers to acts not violating social norms, is a unique reason for excluding illegality. Social norms are normative and open concepts. Scholars have various definitions for social norms, but they are often unclear and repetitive. Some argue that social norms are unsuitable for legal application and should be reconsidered in criminal legislation. The specific meaning of social norms can only be determined by considering various circumstances in individual cases.

Legitimacy of Purpose: The value that the actor seeks to protect through their actions must align with the public interest. It's unreasonable to demand that an individual endure the infringement of their rights for the benefit of others. When an act pursues public interest, the legitimacy of the motive or purpose is more likely to be recognized. However, the meaning of 'public interest' is broad and ambiguous, subject to various interpretations. For instance, in conscientious objection cases, freedom of conscience was deemed secondary to national security.

Proportionality of Means: The suitability of means requires that the chosen method is permissible within the legal system. Even if the motive or purpose is justified, if the means involve illegal actions, the public interest of the means is unlikely to be recognized. For example, the killing of the assassin of Kim Gu, even if motivated by a sense of justice, is not

* Ph.D. in Law, Professor, College of Law, Dankook University.

legally permissible. The principle of minimal infringement dictates that the means should cause the least possible harm while achieving the intended protection of rights.

Balancing Legal Interests: Legal interest balancing involves identifying which of the conflicting interests is superior, serving as a principle for determining the legality of an act. This method systematically determines the objects of interest balancing and aims to ensure objective and foreseeable judgments. In conscientious objection cases, the freedom of conscience was weighed against national security, with the latter being prioritized.

Urgency: Urgency is recognized when immediate action is necessary to prevent significant harm to legal interests. For example, the urgent need to prevent the leakage of a company's trade secrets justifies searching a suspect's computer.

Substitutability: Substitutability means that no other means or methods are available. If there are alternative legal measures to protect the actor's interests, those must be chosen over illegal means. This principle supports the protection of individual autonomy and the minimization of state intervention.

In conclusion, Article 20's concept of social norms is normative and open-ended, making it challenging to derive specific standards for practical cases. Despite its abstract nature, value-laden elements and judicial discretion are inherent in its application. The Supreme Court's evolving interpretation of the criteria for justified acts under social norms indicates a progressive perspective, requiring continuous legal and theoretical exploration to clarify its distinct meaning and types.

'합동'의 의미 재구성
— 배후수괴 사례부터 망보기 사례까지 —
— 대상판결 : 대법원 1998.5.21. 선고 98도321 전원합의체판결

손 지 선*

Ⅰ. 대상판결의 소개와 논점의 제시

1. 사건개요와 원심판결 및 대법원판단

대상판결은 특수절도 상고에 대한 대법관 전원일치 기각판결이며, 그 내용은 다음과 같다.

...다. 원심판결 이유에 의하면, 원심은 제1심이 채택한 증거들을 인용하여 피고인에 대하여 1997. 4. 18. 04:08경 ㅁㅁ동 소재 ◇◇마트 편의점에서 범한 특수절도죄를 유죄로 인정하였다. 그런데 원심이 인용한 제1심판결이 채택한 증거들을 기록과 대조하여 검토하여 보면, 속칭 삐끼주점의 지배인인 피고인이 피해자 공소외 1로부터 신용카드를 강취하고 신용카드의 비밀번호를 알아낸 후 현금자동지급기에서 인출한 돈을 삐끼주점의 분배관례에 따라 분배할 것을 전제로 하여 [원심 공동피고인 1(삐끼), 원심 공동피고인 3(삐끼주점 업주) 및 공소외 2(삐끼)와 피고인은][1] 삐끼주점 내에서 공소외 1을 계속 붙잡아 두면

---

* 이화여자대학교 법학박사

1) 삐끼주점 내에서 피해자인 공소외1을 붙잡아 두면서 감시한 자는 삐끼주점업 주인 피고인 1인 뿐이고, 다른 3인이 삐끼주점과 다른 장소에서 합동절도의 범죄를 실행한 상황으로 파악된다.

서 감시하는 동안 [원심 공동피고인 1, 원심 공동피고인 3 및 공소외 2는] 공소외 1의 위 신용카드를 이용하여 현금자동지급기에서 현금을 인출하기로 공모하였고, 그에 따라 원심 공동피고인 1, 원심 공동피고인 3 및 공소외 2가 1997. 4. 18. 04:08경 서울 강남구 ㅁㅁ동 소재 ◇◇마트 편의점에서 합동하여 현금자동지급기에서 현금 4,730,000원을 절취한 사실을 인정하기에 넉넉한바, 비록 피고인이 범행 현장에 간 일이 없다 하더라도 위와 같은 사실관계하에서라면 피고인이 합동절도의 범행을 현장에서 실행한 원심 공동피고인 1, 원심 공동피고인 3 및 공소외 2와 공모한 것만으로서도 그들의 행위를 자기 의사의 수단으로 하여 합동절도의 범행을 하였다고 평가될 수 있는 합동절도 범행의 정범성의 표지를 갖추었다고 할 것이고, 따라서 위 합동절도 범행에 대하여 공동정범으로서의 죄책을 면할 수 없다. 같은 취지의 원심의 판단은 정당하고, 여기에 논하는 바와 같은 법리오해의 위법이 있다고 할 수 없다. 이 점에 관한 논지도 이유가 없다.

2. 대법원 판결요지와 판결이유 및 참조판례

(1) 대법원 판결요지

3인 이상의 범인이 합동절도의 범행을 공모한 후 적어도 2인 이상의 범인이 범행 현장에서 시간적, 장소적으로 협동관계를 이루어 절도의 실행행위를 분담하여 절도 범행을 한 경우에는 공동정범의 일반이론에 비추어 그 공모에는 참여하였으나 현장에서 절도의 실행행위를 직접 분담하지 아니한 다른 범인에 대하여도 그가 현장에서 절도범행을 실행한 위 2인 이상의 범인의 행위를 자기 의사의 수단으로 하여 합동절도의 범행을 하였다고 평가할 수 있는 정범성의 표지를 갖추고 있다고 보여지는 한 그 다른 범인(수괴)에 대하여 합동절도의 공동정범의 성립을 부정할 이유가 없다고 할 것이다. 형법 제331조 제2항 후단의 규정이 위와 같이 3인 이상이 공모하고 적어도 2인 이상이 합동절도의 범행을 실행한 경우에 대하여 공동정범의 성립을 부정하는 취지라고 해석할 이유가 없을 뿐만 아니라, 만일 공동정범의 성립가능성을 제한한다면 직접 실행행위에 참여하지 아니하면서 배후에서 합동절도의 범행을 조종하는 수괴는 그 행위의 기여도가 강력함에도 불구하고 공동정범으로 처벌받지 아니하는 불합리한 현상이 나타날 수 있다. 그러므로 합동절도에서도 공동정범과 교사범·종범의 구별기준은 일반원칙에 따라야 하고, 그 결과 범행현장에 존재하지 아니한 범인도 공동정범이 될 수 있으며, 반대로 상황에 따라서는 장소적으로 협동한 범인도 방조만 한 경우에는 종범으로 처벌될 수도 있다.

[참조조문]
형법 제30조, 제331조 제2항

(2) 대법원 판결이유

합동범의 공동정범의 성립 여부 주장(1997. 4. 18. 04:08경 □□동 소재 ◇◇마트 편의점에서 범하였다는 특수절도죄)에 대하여

가. 형법 제331조 제2항 후단의 '2인 이상이 합동하여 타인의 재물을 절취한 자'(이하 '합동절도'라고 한다)에 관한 규정은 2인 이상의 범인이 범행현장에서 합동하여 절도의 범행을 하는 경우는 범인이 단독으로 절도 범행을 하는 경우에 비하여 그 범행이 조직적이고 집단적이며 대규모적으로 행하여져 그로 인한 피해도 더욱 커지기 쉬운 반면 그 단속이나 검거는 어려워지고, 범인들의 악성도 더욱 강하다고 보아야 할 것이기 때문에 그와 같은 행위를 통상의 단독 절도범행에 비하여 특히 무겁게 처벌하기 위한 것이다.

합동절도가 성립하기 위하여는 주관적 요건으로 2인 이상의 범인의 공모가 있어야 하고, 객관적 요건으로 2인 이상의 범인이 현장에서

절도의 실행행위를 분담하여야 하며, 그 실행 행위는 시간적, 장소적으로 협동관계가 있음을 요한다.

나. 한편 2인 이상이 공동의 의사로서 특정한 범죄행위를 하기 위하여 일체가 되어 서로가 다른 사람의 행위를 이용하여 각자 자기의 의사를 실행에 옮기는 내용의 공모를 하고, 그에 따라 범죄를 실행한 사실이 인정되면 그 공모에 참여한 사람은 직접 실행행위에 관여하지 아니하였더라도 다른 사람의 행위를 자기 의사의 수단으로 하여 범죄를 하였다는 점에서 자기가 직접 실행행위를 분담한 경우와 형사책임의 성립에 차이를 둘 이유가 없는 것인바(형법 제30조), 이와 같은 공동정범 이론을 형법 제331조 제2항 후단의 합동절도와 관련하여 살펴보면, 2인 이상의 범인이 합동절도의 범행을 공모한 후 1인의 범인만이 단독으로 절도의 실행행위를 한 경우에는 합동절도의 객관적 요건을 갖추지 못하여 합동절도가 성립할 여지가 없는 것이지만, [...이하 위 판결요지와 동일하므로 생략...]

이와 다른 견해를 표명하였던 대법원 1976. 7. 27. 선고 75도2720 판결 등은 이를 변경하기로 한다.

[참조판례]
서울고법 1998. 1. 16. 선고 97노2329 판결(원심판결)
대법원 1956. 5. 1. 선고 4289형상35 판결
대법원 1960. 6. 15. 선고 4293형상60 판결
대법원 1976. 7. 27. 선고 75도2720 판결(공1976, 9318)(변경)

(3) 참조판례-대법원 1976. 7. 27. 선고 75도2720 판결

형법 제331조 제2항 후단의 합동절도죄의 구성요건과 “갑”이 공

모한 내용대로 "을" "병"이 절취하여 온 황소를 대기하던 장소에서 트럭에 싣고 운반한 경우의 죄책에 있어서 형법 제331조 2항 후단 소정 합동절도에는 주관적 요건으로서 공모외에 객관적 요건으로서 시간적으로나 장소적으로 협동관계가 있는 실행행위의 분담이 있어야 하므로 "갑"이 공모한 내용대로 국도상에서 "을" "병"등이 당일 마을에서 절취하여 온 황소를 대기하였던 트럭에 싣고 운반한 행위는 시간적으로나 장소적으로 절취행위와 협동관계에 있다고 할 수 없어 합동절도죄로 문의할 수는 없으나 공동정범에 있어서 범죄행위를 공모한 후 그 실행행위에 직접 가담하지 아니하더라도 다른 공범자의 죄책을 면할 수 없으니 "갑"의 소위는 본건 공소사실의 범위에 속한다고 보아지므로 "갑"은 일반 절도죄의 공동정범 또는 합동절도방조로서의 죄책을 면할 수 없다.

3. 논점의 제시

대법원 1998.5.21. 선고 98도321 판결(이하 1998판결)은, 기존의 판례를 변경하여, 범행현장에 존재하지 않은 범인에 대해서도 총칙공범론을 적용해서 합동절도의 공동정범으로 처벌할 수 있다고 판시한다.[2] 그리고 1998판결은 합동범의 공모공동정범 성립에 '현장에서 2인 이상이 실행행위를 할 것'을 요구하는 방법으로, '합동'의 의미에 관해 현장설을 유지한다. 그런데 본고는 1953년 형법이 제정되어 시행된 이후 70여년을 지나는 동안 판례원리로 자리 잡고 형사정책적 정당성을 인정받은 공모공동정범론을 집단범죄의 한 유형인 합동범에도 적용하는 것이 사회실정과 법실무에 부합한다고 판단한다. 그러므로 본고는 1998판결이 현장에서 2인 이상이 범죄를 실행하고 있을 것을 요건으로 합동범에서도 배후수괴를 공모공동정범으로 처벌하는 논리를 전개하는 과정에서 부족한 부분이 무엇인지를 찾고 이를 보충하는 것을

2) 대법원 1956. 5. 1. 선고 4289형상35 판결과 대법원 1960. 6. 15. 선고 4293형상60 판결을 참조하여, 대법원 1976. 7. 27. 선고 75도2720 판결 등을 변경한다.

목표로 한다. 이는 배후수괴를 처벌할 필요성과 당위성이 논증과정에서 드러나는 공백으로 인해 비판받는 것을 방어하기 위해서이기도 하고, '공모공동정범의 본질에 관한 기능적 행위지배설'을 중심으로 '합동범의 공모공동정범론'을 전개하는 과정에서 현장성에 관한 논의가 자칫 기능적 행위지배에 관한 논의로 환원되고 마는 결과, 합동범의 본성이 무색해질 것을 염려하기 때문이기도 하다.

그동안 합동범에 관한 논의가 다각적으로 이루어져왔으므로, 이해를 돕기 위해 본고가 주장하는 논거들을 먼저 제시하면 다음과 같다. ① '합동범의 공모공동정범의 본질론'은 공모공동정범의 본질에 관한 기능적 행위지배설과 합동범의 본질에 관한 현장설이 서로의 본성을 훼손하지 않고 결합하는 모습으로 진행되어야 한다. ② 합동범의 공모공동정범의 본질론에서도 현장설은 유지되므로 '합동범은 여전히 현장성이 강조된 공동정범의 특수한 형태'이다. ③ 그렇지만 합동범을 필요적 공범이라고 하든 공동정범의 특수한 형태라고 하든 합동범도 일종의 집단범이라는 점을 부정할 수 없으므로, 본고는 집단범인 합동범에 관해 사실판단과 가치판단이 동시에 이루어진다는 점을 부각시켜 합동범에서도 배후수괴가 처벌되어야 한다는 당위성을 논증하고자 한다. ④ 공동과 합동 개념을 현장성 요건, 즉 행위자관련적 정범성의 표지만을 잣대로 해서 구별해서는, 총칙공범론이 적용되어 범위가 확장된 '현장존재가 분명한 합동범의 공동정범부터, 현장부재가 분명한 배후수괴 사례를 거쳐, 현장존재 또는 부재가 애매한 망보기 또는 운전자 사례까지'에 이르는데 적합한 합동과 공동 개념이 정립될 수 없다. 그러므로 본고는 1998판결 이후 ['합동'요건에 총칙공범론의 '공동' 개념이 개입되면서 '합동' 개념이 '공동'개념으로 복합적으로 통합되는 '관계']를 정립해보고자 한다.

Ⅱ. 1998판결 요지와 이유 분석

1. 1998판결요지의 요약

(1) 현장성 요건 유지와 배후수괴처벌의 필요성과 당위성

대상판례는 ① 합동범의 정범의 성립에 관한 형법 제331조 제2항 후단의 규정이 합동범의 공동정범 또는 합동범의 공모공동정범의 성립을 부정하는 취지라고 해석할 근거는 없다고 한다. 그리고 ② 합동범의 공모공동정범이 성립하는 현실적 요건으로서 현장에 배후수괴를 제외하고 2인 이상이 있을 것을 요구하는 방법을 따른다면 합동범의 공모공동정범을 처벌하더라도 합동범의 본질에 관한 현장설은 유지된다고 한다. 또한 ③ 만일 합동범은 정범 성립만 가능하고 공동정범 성립은 불가능하다고 한다면, 당해 공동정범들을 배후에서 조종하는 수괴를 공모공동정범으로 처벌하는 것도 불가능하게 되는 결과 오히려 불합리한 사정이 나타날 수 있다는 점을 주지시킴으로써, 배후수괴를 합동범의 공모공동정범으로 처벌할 필요성과 당위성을 설명한다. 결과적으로 ④ 1998판결은 배후수괴를 합동범의 공모공동정범으로 처벌하는 명문의 근거를 '총칙공범론을 합동범에도 적용하는 방법'을 통해 모색한다. 그렇게 함으로써 '총칙공범론에서 형사정책적 정당성을 인정받은 공모공동정범의 처벌이 합동범에도 가능해진다'는 법리적 논증을 완성한다.[3)]

1998판결이전에는 2인 이상이 범행현장에서 시·공간적으로 협동한 사실, 즉 '현장성'만을 기준으로 합동범의 정범 또는 합동범의 방조범이 성립할 뿐이었다. 총칙공범론이 적용되지 않으므로, 엄격히 말하자면 공동정범에 관한 행위공동설도 협의의 공범에 관한 공범의 종속

3) 이재상 교수님은 '판례가 배후거물을 공모공동정범으로 처벌하고자 한 형사정책적 정당성은 긍정해야 한다'는 입장이다(이재상·장영민·강동범, 형법총론 제11판, 박영사, 2022, 475면 참조). 그렇지만 형법각칙 합동범은 공동정범에 대한 특별규정이므로 형법총칙의 공동정범 규정이 적용될 수 없다는 입장이다(이재상·장영민·강동범, 형법각론 제13판, 박영사, 2023, 289면 참조).

성도 적용되지 않는 것이 원칙일 것이다. 그리고 '합동범의 공모공동정범'은 현장성 자체가 인정 안 되므로 합동범 논의의 범주에서 애당초 제외되는 것이 원칙일 것이다. 그러므로 그 대안으로서 일반범의 공모공동정범으로 처벌한다고 할지라도 합동범의 책임이 있는 자를 합동범의 형으로 가중처벌하지 못하는 법실무에 대해 '법문의 가능한 의미에 못 미치는 축소해석도 금지되는 유추에 해당할 수 있다'는 비판이 제기되기도 한다.[4] 또한 합동범의 교사범이나 일반범의 교사범으로 처벌한다는 대안에 대해서는, 공모자가 교사자임을 입증하기가 실무상 쉽지 않아서, 특히 특수교사의 경우 부하가 이미 범행결의를 하고 있을 경우에는 배후거물이 종범으로 처벌되고 말아, 결과적으로 실제로 가장 책임이 무거운 자가 가장 가볍게 처벌되는 불합리가 발행할 수 있어서, 책임원칙 위반이라는 비판이 제기되기도 한다.[5] 그러므로 1998판결이 "...3인 이상의 범인이 합동절도의 범행을 공모한 후 적어도 2인 이상의 범인이 범행 현장에서 시간적, 장소적으로 협동관계를 이루어 절도의 실행행위를 분담하여 절도 범행을 한 경우..."라고 하여 '합동범의 공모공동정범이 성립하기 위한 시간적·장소적 협동관계'를 논란이 없도록 구체적으로 적시한 것은, ['합동범의 공모공동정범'이라는 어휘구성 자체가 가지는 모순]을 근거로 하는 비판론을 원천적으로 차단하는데 유효하다고 할 수 있다.

본고는, 1998판결을 기점으로, 합동범에서도 배후수괴를 처벌한다는 목적을 달성하기 위해 1단계로 사실판단적 관점에서 '현장성' 즉 '현장에 2인 이상이 있었다는 사실'을 확인하고 2단계로 규범평가적 관점에서 기능적 행위지배를 기준으로 '공모공동정범성'을 판단하는 과정을 거쳐, 합동범의 공모공동정범이 성립한다는 원칙이 확립되었다고 판단한다. 이 과정에서 현장성 기준은 결코 완화된 것도 포기된

4) 안성조, "합동범의 공동정범", 연세대학교 법학연구 제31권 제3호(2021), 64면. 원문은 '법문의 가능한 의미를 넘어서는 축소해석'이다. 본고는 이를 문맥에 맞도록 '법문의 가능한 의미에 못 미치는 축소해석'으로 변경하여 서술한다.

5) 안성조, 앞의 논문, 33면 참조.

것도 아니다. 왜냐하면 합동범의 공모공동정범 확정에 필요한 2단계 과정 안에서, 우선적으로 '현장에서 2인 이상의 협동관계'를 인지한 다음에 배후수괴의 정범성의 표지를 판단하는 방식으로 현장성 기준은 그대로 기능하기 때문이다. 다만 배후수괴 처벌의 필요성과 당위성이라는 규범평가적 관점이 추가되었을 뿐이다.

(2) 합동범에 대한 공범일반원칙 적용 선언-'합동이 공동개념에 통합되는 관계'

합동범에 총칙공범론이 적용되지 않는 경우라면 이론적으로 '합동범 정범-합동범 종범' 구도만이 가능하겠지만, 1998판결이 총칙공범론을 각칙 합동범에도 적용한다고 공시하였으므로 이제 합동범 구도는 '합동범 정범-합동범 공동정범-합동범 교사범-합동범 방조범'까지 가능해진다. 그리고 합동범 공동정범이 가능하므로 합동범 공모공동정범 성립도 가능하다. 또한 1998판결이전에는 '합동범 정범-합동범 종범' 구도 아래에서 현장성 요건만 충족하면 합동범 정범으로 처벌될 뿐이었으나, 1998판결이후에는 '합동범 공동정범' 성립이 가능하게 됨으로써 현장성 요건 충족만으로 합동범의 정범과 종범을 구별하는 것이 아니라, 구별기준에 '합동범 공동정범'의 본질에 관한 기능적 행위지배론이 추가된다.

일반적인 이해의 시각에서라면, '합동범의 배후수괴도 공모공동정범으로 처벌할 수 있다'는 내용의 판시는 공모공동정범을 인정하는 일부 학계와는 이론적 타협의 여지가 있을 것이고 공모공동정범을 부정하는 일부 학계와는 그 여지가 없을 것으로 예상된다. 하지만 현실은 이와 달라서 오히려 전자의 입장 중에 더 이상 처벌범위를 확대할 수 없다며 타협이 불가하다는 주장이 있기도 하고, 후자의 입장 중에 합동범의 공모공동정범을 인정하는 방향으로 기능적 행위지배론을 탄력적으로 전개하자는 주장이 있기도 하다. 이와 같이 예상을 벗어나는 반응은 1998판결이 '합동절도에서도 공동정범과 교사범·종범의 구별기준은 일반원칙에 따라야 한다'고 한 부분으로부터 유발되는데, 왜냐하면 1998판결이전에는 '합동' 요건이 총칙공범론의 '공동'과 무관하게 적용되었지만, 동판결 이후 이 부분이 개입되면서 총칙공범론의 '공동' 개념과 '합동' 개념이 복합적으로 통합되는 '관계'가 형성되기 때문이다. 수사든 기소든 또는 재판이든지간에 실무에 이론을 적용해야 하는데 기존에 정립되었던 이론에 틈이 생긴다면, 그로인한 혼란의 양상은 법실무가의 노고로부터 신체의 자유를 침해당한다는 현실에 직면한 당사자들에 이르기까지 광범위할 것이다. 그러므로 본고는 '배후수괴 처벌의 필요성과 당위성'이라는 가치를 실현한다는 목표를 가지고 기존의 논리를 재정립하는 방법으로서 '합동이 공동개념에 통합되는 관계'를 설명하고자 한다.

2. 1998판결이유 "합동범의 공동정범의 성립 여부 주장에 대하여" 분석

(1) 세 가지 논점 분류

판결이유의 세 가지 논점은 '합동범 가중처벌의 필요성', '합동범의 공모공동정범 처벌의 당위성', 그리고 '현장성(행위자관련적 정범성표지)과 공모공동정범성(행위관련적 정범성표지)의 결합'이다. 동판결은 먼저 '형법 제331조 제2항 후단 합동절도를 단독 절도에 비해 가중처벌하는 이유'를 '그 범행이 조직적이고 집단적이며 대규모적으로 행하여져 그로 인한 피해도 더욱 커지기 쉬운 반면 그 단속이나 검거는 어려워지고, 범인들의 악성도 더욱 강하다고 보아야 할 것'을 명시한다('피해와 단속' 모두에서 위험성의 총체적 증가), 그리고 "...공모를 하고, 그에 따라 범죄를 실행한 사실이 인정되면... 직접 실행행위에 관여하지 아니하였더라도 다른 사람의 행위를 자기 의사의 수단으로 하여 범죄를 하였다는 점에서 자기가 직접 실행행위를 분담한 경우와 형사책임의 성립에 차이를 둘 이유가 없는 것..."이라고 하여 배후수괴 처벌의 당위성을 설명한다.

(2) 현장성(행위자관련적 정범성 표지)과 공모공동정범성(행위관련적 정범성표지)의 결합

이어서 "...2인 이상의 범인이 합동절도의 범행을 공모한 후 1인의 범인만이 단독으로 절도의 실행행위를 한 경우에는... 합동절도가 성립할 여지가 없는 것이지만, 3인 이상의 범인이 합동절도의 범행을 공모한 후 적어도 2인 이상의 범인이 범행 현장에서 시간적, 장소적으로 협동관계를 이루어 절도의 실행행위를 분담하여 절도 범행을 한 경우에는...공동정범의 일반 이론에 비추어...합동절도의 범행을 하였다고 평가할 수 있는 정범성의 표지를 갖추고 있다..."라고 하여, 배후수괴를 합동범의 공모공동정범으로 처벌하는 현장성 요건에 해당하지 않는 경우와 해당하는 경우를 논란이 없도록 구분하여 구체적으로 명시한다. 합동범의 행위자관련적 정범성의 표지가 무엇인지를 주지시킨 대목이다. 그리고 총칙공범론을 근거로 합동범의 공모공동정범의 행위관련적 정범성의 표지가 무엇인지도 주지시킨다.

3. 1998판결요지와 이유 분석을 기초로 한 논증의 계획 개요

본고는, III장에서는 형법총칙 제3절 공범론의 일반원칙이 합동범에도 적용되는 과정에서 합동범의 정범성의 표지 및 공범성의 표지 그리고 관계성을 분석하고 정리해보고자 한다. IV장에서는 '현장성과 배후수괴처벌의 당위성을 통합적으로 고려해서 논증한다'는 본고의 목표에 접근하기 위해, 공동과 합동을 동일시하지 않으면서도 완전히 구별하지도 않는 관계, 즉 '합동이 공동개념에 통합되는 관계'를 분석하고 정리해보고자 한다. 그리고 V장에서는 '일반범의 공모공동정범 인정 여부와 합동범의 공모공동정범 인정 여부의 관계'를 형사정책적 일관성이 필요하다는 의견을 가지고 합동범의 본질론과의 관계에서 분석하고 정리해보고자 한다.

Ⅲ. 행위관련적 정범성 표지와 행위자관련적 정범성 표지의 통합

1. 정범성 표지에 관한 개념 정리

본고는 총칙공범론이 요구하는 합동범의 배후수괴의 정범성을 ‘합동범의 행위관련적 정범성의 표지’라고 부르고, 총칙공범론을 적용해서 합동범의 배후수괴를 처벌하기 위해 필요한 현장성 요건을 ‘합동범의 행위자관련적 정범성의 표지’라고 부르고자 한다. 그런데 합동범에서 행위관련적 정범성의 표지를 인정한다는 것은 합동범을 집단범으로 분류한다는 의미로 해석할 수 있고, 그리고 합동범에서 행위자관련적 정범성의 표지를 인정한다는 것은 합동범을 자수범으로 분류한다는 의미로 해석할 수 있기 때문에, 합동범은 집단범이면서 자수범이라는 것이 본고의 입장이다.

본고는 또한 행위자관련적 정범성을 징표하는 ‘현장성 요건’을 합동범에 관한 사실판단적 관점으로 분류하고, 행위관련적 정범성을 징표하는 ‘배후수괴처벌의 필요성과 당위성 요소’를 합동범에 관한 규범평가적 관점’으로 분류하고자 한다. 행위자관련적 정범성의 표지를 총칙의 행위관련적 정범성의 표지와 구분하는 동시에 통합적으로 이해하려는 의도인데, 이를 통해 합동범에서도 배후수괴를 처벌하는 정당성을 모색하려고 한다. 그런데 총칙공범론을 따르면 교사범과 방조범도 규범평가의 대상이 되므로 그리고 이들 요소들 사이의 관계는 단순하지 않으므로, 본장에서 이들 사이의 복잡한 관계들을 분석하고 정리해보려고 한다.

2. ‘총칙공범론’이 합동범에 적용되는 과정에서 변화하는 관계들 – 1998판결 참조조문 ‘형법 제30조’의 ‘행위관련적 정범성의 표지’ 역할 도출과정

본고는 합동범의 공모공동정범의 정범성의 표지를 ‘행위자관련적 정범성의 표지'와 '행위관련적 정범성의 표지' 사이에서 양자택일하지 않는다. 본고는, 대상판례가 합동범 일반의 현장성요건과 합동범의 공모공동정범의 현장성요건을 구별해서 친절하게 설명한다는 점을 고려해서, 우리 형법은 합동범에서 행위자관련적 정범성의 표지를 여전히 우선적으로 고려한다고 판단한다. 그런데 1998판결은 그 이유에서, 먼저 합동범론과 공모공동정범론에 관하여 각 각 설명한 다음, 두 이론을 결합한 합동범의 공모공동정범론이 정당하지 않을 이유가 없다는 결론을 도출한다. 즉 <전반부-219면 밑줄부터 217면 밑줄부분까지>에서는 배후수괴를 합동범의 공모공동정범으로 처벌하는 현장성 요건에 해당하지 않는 경우와 해당하는 경우를 구분하여 논란이 없도록 명시한다. 그리고 <후반부-218면 점선부분>에서는 총칙공범론을 적용하는 방법으로 합동범에서도 공모공동정범을 처벌할 수 있다는 점을 명시한 다음, 이 부분을 "...합동절도의 범행을 하였다고 평가할 수 있는 정범성의 표지...", 다시 말해서 '현장성 요건이 함축하는 행위자관련적 정범성의 표지'에 대응하는 '행위관련적 정범성의 표지'라는 개념으로 설명한다. 이 때 참조조문은 형법 제30조이고, 참조판례는 대법원 1956.5.1. 선고 56형상35 판결, 대법원 1960. 6. 15. 선고 4293형상60 판결 그리고 대법원 1976. 7. 27. 선고 75도2720 판결(변경)이다.

1998판결이 참조한 대법원 1956.5.1. 선고 56형상35 판결(이하 1956판결)은 검사와 피고인들의 주장들을 고려해서 '반드시 범인이 동일한 장소에서 공동으로 범죄를 수행한 경우에 한하여 합동이라고 할 수 있다는 논지는 독단적 견해에 불과하다'는 상식적인 결론에 이를 뿐, 형법이론적으로 공동과 합동이 서로 구별되지 않는다는 논리를 제시하고 있지는 않다.[6] 형법이 1953년 제정된 직후 형법이론이 미처 정립

6) 1956본문을 살펴보면 "...주문...상고를 기각한다...이유..물품의 절취행위에 합동가담하였다는 사실을 인정하였으나...동판시 기재내용만으로서는 ...시일과 협의장소등이 불분명할뿐더러 두 피고인들은 이구동성으로 시종일관한 진술로서...○○의 요구에 의하여 짐차를 운행..하기 위한 것이지 본건 범행에 가담하려는 의도는 없었다...는...공모사실을 부인하고 있고..."로 읽힌다. 한문도 한글도 판독하기 쉽지 않

되지 않은 상황에서 법조문을 판사가 일상의 경험칙에 따라 해석한 결과라고 판단된다.[7] 그런데 대법원1969.7.22.67도1117판결(이하 1969판결)은 현장에 없는 자를 합동범으로 처벌할 수 없다는 판결을 내림으로써 1956판결을 변경한다. 합동범으로 분류되기 위해서는 '...그 실행행위에 있어서는 합동관계가 있다고 볼 수 있어야 한다'는 요건이 추가되어야 한다는 것이다. 이는 그 사이 학계에서 일본을 거쳐 계수된 독일형법의 배경이 되는 도그마에 관한 연구가 진행되면서, 일설이 '합동범을 행위관련적 정범성의 표지가 아니라 행위자관련적 정범성의 표지로 보아야 하므로, 이 두 개념을 혼동하는 것은 언어도단'이라고 주장한데서 비롯되었다고 볼 수 있다.[8] 이 주장에 따르면, 합동범은 '현실로서 시간적·공간적인 상호협력을 요하는'[9] 다시 말해서 '일종의 자수적 성질을 가진'[10] 단순한 행위요소에 그치는 것이 아니라 행위자관련적 정범성의 표지를 가진 범죄인 반면,[11] '총칙상 공동정범은 실행행위의 해석의 문제'이므로 행위관련적 정범성의 표지를 가진

은 필기체였다.

7) 대법원 1960.2.29. 선고 4292형상952 판결 역시 1956판결을 참조하여 공모공동정범을 인정했는데, 이 두 판례는 집단범죄를 가중처벌하는 취지를 가진다는 점에서 유사하다. 현 시점에서는 공모공동정범에 관하여는 공동의사주체설을 취했다고 이론적으로 설명할 수 있지만, 그 당시 판결이유에서 이러한 이론적 배경을 찾을 수는 없었다; 1960판결은 '합동하여'란 그 '주관적 요건으로서 공모와 객관적 요건으로서 실행행위의 분담이 있어야 한다'고 판시한다. '합동'을 정의한 점은 의의가 있지만 '현장설'의 요소가 되는 '현장성'을 언급하지 않은 점에 비추어 볼 때, 이 판결 역시 형법이론을 적용해서 합동과 공동을 서로 구별하고자 시도한 것으로 보이지 않는다.

8) 유기천, "합동범에 관한 판례연구", 서울대 법학 제3권 제2호(1962), 180면, 김봉수, "합동범의 공동정범에 관한 비판적 고찰", 형사정책 제29권 제2호(2017), 148면 재인용.

9) 김봉수, 앞의 논문, 148면 참조.

10) 이재상, "合同犯의 共同正犯", 이화여자대학교 법학논집 제11권 1호(2006), 67면; 강동범, "합동범의 공동정범", 형사법연구 제13호(2000), 92-93면 참조; 합동범의 모태가 되는 독일 집단절도죄의 경우 '집단의 구성원'만이 집단절도죄의 정범이 될 수 있다는 점을 근거로 합동범을 일종의 신분범으로 보는 입장도 있다. 문채규, "합동범의 공동정범", 형사법연구 제22호(2004), 28면 참조.

11) 이재상, 앞의 논문(2006), 70-71면 참조; 김봉수, 앞의 논문, 62면 참조.

범죄이고, 따라서 서로 구별된다. 1969판결을 선례로 해서 대법원 1975.10.7.선고75도2635판결(이하 1975판결)은 '공모에만 가담하고 현장에서 실행행위하기를 포기한 피고인에 대해 특수절도죄 성립을 부정한 원심의 취지는 합동범과 공범의 '법리'를 오해한 위법이 없다', 즉 '원심이 합동과 공동은 법리적으로 다르다는 점을 제대로 이해했다'는 취지의 판시를 이어간다.[12]

이로서 '합동의 의미는 현장성'이라는 기본틀이 완성되었고, 이후 대법원 판례에서 그 논지가 유지되었으며, 1975판결 이후 합동범 사건은, '공모를 함께 하고 포기한 자를 제외하고 현장에 1인이 있건 2인 이상이 있건 간에, 함께 공모한 자 중 1인이 포기할 경우 그 포기자가 합동범 정범이냐 무죄이냐의 문제'이지 '합동범의 공모공동정범이냐 무죄이냐'의 문제가 아니었다.[13] 그리고 총칙공범론이 적용되지 않으므로 원칙적으로 볼 때, 합동범 용어 역시 '합동범의 정범'만 사용이 가능할 뿐 '합동범의 공동정범' 또는 '합동범의 공모공동정범'은 불가한 것이었다.

그런데 1998전원합의체 변경판결은 합동절도의 배후수괴를, 형법 총칙 제3절 공범론 제30조(공동정범) "2이상이 공동하여 죄를 범한 때에는 각자를 그 죄의 정범으로 처벌한다"를 적용해서 공모공동정범으로 처벌한다. 그리고 동판결이 판시한 합동범의 '공모공동정범'은, 형법 제30조를 법률적 근거로 하여 합동범의 '공동정범'을 공식적으로 표면에 드러낸 다음, 판례원리로 확립된 합동범의 '공모공동정범'을 유도해내겠다는 의도를 실현한 결과라고 판단된다.[14] 이 과정에서 사법

12) 대법원은, 1975.10.7.선고75도2635판결에서 "합동절도가 성립하려면 주관적 요건으로서의 공모 외에 실행행위의 분담이 있어야 하고, 그 실행행위에 있어서는 시간적으로나 장소적으로 협동관계가 있다고 볼 수 있어야 한다"고 판시한 이후, 현장설을 유지하고 있다.

13) 현장에 1인이 있는 경우는 대법원1988.11.22.선고88도1557, 대법원1994.11.25.선고94도1622, 대법원1996.7.12.선고95도2655(성폭법제6조제1항의 합동범이 되기 위한 요건); 현장에 2인 이상이 있는 경우는 대법원1989.3.14.선고88도837, 대법원1992.7.28.선고92도917.

부는, 일반범의 공모공동정범 인정 여부에 관해서 조차 학계에서 의견이 분분한 상황에서 결정된 '합동범이라는 경우의 수'가 추가된 합동범의 공모공동정범을 인정한 1998전합변경판결로 인해 학계의 의견이 그 접점을 찾기 어려우리라는 점을 충분히 예상했을 것이다.

3. 형법 제30조를 합동범에 적용하는 경우의 범죄유형 분석-배후수괴 사례부터 망보기 사례까지의 연관관계

(1) 현장성, 형법 제30조, 그리고 배후수괴행위와 망보는 행위의 관련성

1998판결이전에는 망보는 행위 또는 운전만 해주는 행위는 대체로 '현장성'만을 기준으로 유무죄가 달라졌다고 볼 수 있다. 그런데 이 문제를 배후수괴행위와의 관계에서 분석해보면, 만일 망보는 행위 또는 운전행위를 현장성이 인정 안 된다는 이유로 무죄로 한다면 현장부재인 배후수괴행위는 구성요건해당 여부에 관한 논의조차 되지 않거나 논의가 된다고 해도 무죄가 되기 더욱 쉽지만, 거꾸로 현장성이 인정된다는 이유로 유죄로 한다면 배후수괴행위 역시 구성요건해당 여부에 관한 논의가 개시될 수도 있거나 유죄의 책임에 관한 논의가 더욱 가능하다는 '방향' 정도의, '관련성'이 발견될 수 있다. 하지만 1998판결을 기점으로 합동범에서도 배후수괴를 처벌할 방도가 마련되고나서부터 이제 망보기 사례는, 배후수괴 처벌과 ('방향' 정도가 아니라) '직접적으로' 연관된 문제가 된다. 즉 '배후수괴 사례'와 '망보기 또는 운전행위 사례'는 따로 분리되는 문제가 아니라 연결선상에서 적극적으로 논의되는 문제가 된다는 것이고, 형사정책에 따라 그 처벌 여부가 동일한 방향으로 흘러가기 쉽다는 것이다. 그런데 범죄 없으면 형벌 없으므로, 형사정책적 필요는 어떤 형태로든 법적 근거를 모색해

14) 이 판결 직전 대법원1996.12.10.선고96도2529는 폭처법 제2조 제1항에 열거된 죄에 관해, 현장에서 2인 이상이 범죄를 실행한 경우 범행장소에 가지 않은 자를 합동범의 공모공동정범으로 처벌할 수 있다고 판시한다. 김병헌, "합동범의 공동정범 인정문제에 관한 판례의 동향", 숭실대학교 법학논총 제29집(2013), 144면.

야 할 것이다. 따라서 1998판결이 '형법 제30조가 합동범에도 적용된다'는 경로를 거쳐 배후수괴를 합동범의 공모공동정범에 의율한 점은 법리상 합리적이다.

1998판결을 통해 형법 제30조 공동정범론이 합동범에도 적용된다는 판례원리가 실현되었으니, 위에서 예상한 '방향 정도의 관련성 그 이상의 직접성'은 현실이 된다. 이해를 돕기 위해 대법원2011.5.13.선고 2011도2021판결(이하 2011판결)을 예로 들어 설명해보고자 한다. 해당사례는 범행장소에서 100m 떨어져 망을 보는 방법으로 합동하여 재물을 절취한 행위에 대해 원심에서 현장성을 인정할 수 없다는 이유로 무죄를 선고한 것을 파기하고, '합동절도의 공동정범' 의견으로 환송한 사건이며, 원심판단을 파기한 이유는 '범행 후 절취한 현금의 약 1/3을 분배받았다'는 사실관계이다. 그런데 본고는 '망보기 사례와 배후수괴 사례 사이의 처벌방향의 직접성'을 시현하려는 의도를 가지고, [동일사례에 총칙공범론을 적용해서 원심판단을 파기하고 '합동범의 공모공동정범' 의견으로 환송하는 상황]을 '설정'하고자 한다. 즉 '현장성 판단단계'에서 100미터 떨어져 망보는 행위에 대해 현장성을 부정한다고 하더라도 망본 자의 사전공모행위를 '중요한 공모'로 판단해서 결국 해당행위를 합동절도의 공모공동정범으로 귀속하고, 합동절도의 공동정범이 성립하는 경우와 동일한 형량으로 가중처벌하는 상황을 '설정'한다는 것이다.[15] 그리고 이러한 사례실험을 통해 알 수 있는 것

---

15) '공모공동정범에 있어서의 공모는 주관적 요건으로서의 공모(공동의사) 이외에 공모(+α)'를 의미하고, 이는 '기능적 행위지배설에 의할 경우 전체범죄에 있어서 본질적 기여를 인정할만한 중요한 역할에 해당하는 것을 의미한다'는 입장에 대해서는, 이원경, "기능적 행위지배와 공모공동정범의 정범성", 형사법연구 제22권 제2호(2010), 61면 참조; 이원경 교수님은 '망보는 행위는 원칙적으로 방조행위에 해당한다'는 입장에서, 망보기를 실행행위 분담이 있는 것으로 보아 공동정범을 인정하는 경우가 많은 실무를 비판한다. (70면 참조) 하지만 본고는, 공동정범과 방조범을 동일한 형으로 처벌하는 독일의 경우와 달리 우리 형법에서는 방조범을 필요적 감경의 형으로 처벌한다는 점을 고려할 때, '망보는 행위를 원칙적으로 방조범으로 귀속한다'는 입장에 동의하지 않는다.

은, 형법 제30조를 합동범에도 적용하면 합동범을 정범으로 가중처벌하는 선택지가 확장된다는 것이다.

현장성(합동)이라는 행위자관련적 정범성 표지와 형법 제30조 공동정범(공동)이라는 행위관련적 정범성 표지를 기준으로, 배후수괴행위 또는 망보기행위의 합동범 성립에 관한 경우의 수를 분류해보면 다음과 같다.

① 망보기가 현장성 인정 안 되는데 중요한 공모면 배후수괴(합동범의 공모공동정범) 처벌가능(조건부-2인 이상이 현장에서 실행행위 한다는 기준 충족이 조건)

- 현장성 조건 충족하므로 행위자관련적 정범성표지 인정/ 행위관련적 정범성 표지 인정 → 합동범의 공모공동정범

② 망보기가 현장성 인정 안 되고 공모도 실행행위분담도 없지만 교사행위 인정되면 합동범의 교사범(합동범 정범 성립 전제)

- 행위자관련적 정범성표지 부정/ 행위관련적 정범성 표지 부정/ 공범성 표지(공범의 종속성) 인정 → 합동범의 교사범

③ 망보기가 현장성 인정되고 기능적으로 실행행위의 분담 인정되면 합동범의 공동정범

- 행위자관련적 정범성표지 인정/ 행위관련적 정범성 표지 인정 → 합동범의 공동정범

④ 망보기가 현장성 인정되지만 기능적으로 실행행위의 분담 부정되고 가담 정도만 인정되면 합동범의 방조범(합동범 정범 성립 전제)

- 행위자관련적 정범성표지 인정/ 행위관련적 정범성표지 부정/ 공범성표지(공범의 종속성) 인정 → 합동범의 방조범

가능한 확장의 형태를 정리해보면, ① 합동범 정범(합동범의 공동정범 또는 합동범의 공모공동정범)이 성립되려면 행위자와 행위관련적 정범성표지가 모두 인정되어야 한다. ② 합동범 교사범은 일단 행위자와 행위관련적 정범성표지는 모두 부정되지만, 만일 합동범 정범이 성립되었을 때 정범의 행위를 교사한 행위가 입증된다면 합동범의 교사

범 성립이 가능하다. ③ 합동범의 방조범은 행위자와 행위관련적 정범성표지 가운데 하나만 인정되거나 모두 부정되어도 합동범 정범이 성립되었을 때 정범에 대한 가담행위가 입증된다면 합동범의 방조범 성립이 가능하다. 그리고 ④ 행위자와 행위관련적 정범성표지 모두 인정되지 않고 공범성 표지도 없으면 무죄이다.

(2) 기능적 행위지배를 기준으로 추가하는 경우 문제의 복잡성

1998판결요지 가운데 '...합동절도에서도 공동정범과 교사범·종범의 구별기준은 일반원칙에 따라야 하고, 그 결과 ① 범행현장에 존재하지 아니한 범인도 공동정범이 될 수 있으며, 반대로 ② 상황에 따라서는 장소적으로 협동한 범인도 방조만 한 경우에는 종범으로 처벌될 수도 있다'에 관해서는, [현장에 없는 자도 합동범의 공모공동정범으로 가중처벌을 할 수 있고 현장에 있는 자도 합동범의 방조범으로 필요적 감경처벌을 할 수 있다]는 해석이 가능하다. 현장에 없다고 무조건 합동범 무죄가 아니고 현장에 있다고 무조건 합동범 정범이 아니라는 뜻이므로, 총칙공범론이 적용되고 기능적 행위지배론이 적용되면 처벌의 범위가 범죄유형과 양형 모두에 있어서 판단이 다양해진다는 의미라고 할 수 있다. 즉 1975판결 이후부터 1998판결 이전까지 합동범 사건에서 공모를 함께 하고 포기한 자에 관한 논의는 그 포기자가 합동범 (공동정범이 아니라)정범이냐 무죄이냐의 문제였다. 그런데 1998판결 이후 합동범 사건에서 공모를 함께 하고 포기한 자에 관한 논의는 '그 공모의 내용이 중요하냐 아니냐' 즉 '기능적으로 공모공동정범성 표지를 갖추었느냐의 여부'의 문제로 넘어간다.[16] 그러므로 정

16) 1998판결이 '기능적 행위지배'를 전면에 부각시킬 수 있었던 요인 가운데는, 대법원1989.4.11.선고88도1247판결에서 최초로 '분업적 역할분담에 의한 기능적 행위지배'에 공동정범의 본질이 있다고 판결한 이래, 대법원1993.3.9.선고92도3204판결에서는 '주관적 요건'과 '객관적 요건'으로 나누어 보다 세부적으로 공동정범의 성립요건을 제시하는 등, 기능적 행위지배론이 판례원리에서 확립된 사정도 있었을 것이라고 생각한다. 김성룡, "존재론적 공동정범표지". 비교형사법연구 제17권 제2호(2015), 78면 주11) 참조.

범성 표지와 공범성 표지를 판단하는 과정에서, '배후수괴 인정여부에 관한 문제'부터 '내부관여자가 아닌 교사범의 교사행위를 입증하는 문제'를 거쳐 '방조범이 합동범의 내부관여자인지 외부가담자인지 여부의 문제'까지 그 복잡한 관계가 드러나게 된다.

(3) 내부관여자와 외부가담자 개념과 범위—현장성 및 기능적 행위지배 기준

본고는 현장성을 기준으로 해서 일단 대략적으로, 합동범에서 '내부관여자'란 합동범의 정범, 합동범의 공동정범 또는 합동범의 공모공동정범을 의미한다고 정의내리고, '외부가담자'란 '합동범의 교사범과 합동범의 방조범'(즉 합동범의 공범)을 의미한다고 정의내리고자 한다.[17] 하지만 좀 더 분석해 들어가보면, [외부가담자=합동범의 공범] 즉 [공모든 실행행위든 스스로 행위지배에 관여하지 않고 다만 정범을 교사한 교사범과 역시 스스로 범죄를 실행하는 것이 아니라 정범의 실행행위에 가담한 방조범을 의미하고, 이 경우 정범은 합동범의 정범을 의미한다]라고 단순하게 말할 수 없다는 것을 알게 되는데, 왜냐하면 [합동범의 공범은 합동범의 정범에 대해 종속적이라는 관계] 안에서, 행위의 기능성 판단이 정범과 경계선상에 있는 경우에는 내부관여자와 외부가담자 어느 쪽으로든 포섭이 가능하기 때문이다. 다시 말하면, 1998판결 이전에는 총칙공범론이 합동범 처벌에 영향을 미치지 않았으므로 현장성과 기능적 행위지배 중 현장성에 초점을 두었으니, 정범과의 경계선 판단이 수월했지만, 1998판결 이후에는 총칙공범론이 합동범 처벌에 영향을 미치므로 '공동'으로 이루어지는 '집단범'에서 전체 범죄에 대해 각 행위자가 어떤 행위를 기능적으로 수행하였는지에 관한 논점이 중요해질 수밖에 없으니, 정범과의 경계선 판단이 복잡해졌다는 것이다.[18] 이는 앞서 언급한 것처럼 내부관여자와 외

---

17) 외부가담자 논의에 대해서는 안성조, 앞의 논문, 58면 참조.

18) 본고는 IV장에서 '집단범이라는 교차점을 중심으로...필요적 공범과 합동범을 엄격하게 구별할 당위성이 없어졌다'는 논증을 이어갈 것이다. 그러므로 본고는, 합동

부가담자 사이 중간영역의 문제가 복잡해졌다는 의미이고, 또한 '공모'와 '현장'이 기능적 행위지배 판단의 대상으로 포섭되어 합동범 공모공동정범, 합동범 정범과 합동범 공범까지 처벌이 확대된다는 것이다.[19] 그러므로 학계는 그 처벌의 범위와 양의 확대를 우려한다는 것이다.[20]

4. 배후수괴 사례부터 망보기 사례까지 '합동'의 의미 재구성

(1) 합동범 공범과 '내부관여자 또는 외부가담자'와의 관계성 일반

여기에서는 위에서 지적한 '내부관여자와 외부가담자 사이 중간영역의 문제가 복잡해졌다'는 의미를 합동범의 교사범과 합동범의 방조범의 경우로 나누어 분석해보고자 한다. 우선 합동범의 방조범이 내부관여자와 외부가담자 사이를 오가는 중간영역에 있는 이유는, '합동범에서 어떤 방조자가 현장성 요건을 갖춘 경우'를 예로 설정해서 설명할 수가 있다. 이 경우 즉각적으로는 '합동범의 본질은 현장설이지만, 현장성 요건을 충족하였음에도 불구하고 합동범의 방조범이니까 외부가담자다'라는 단순론에 근거한 대답이 가능하다. 게다가 '공동성' 판단단계에서 기능적으로 실행행위 분담이 아니라 가담 정도라는 결

범을 필요적 공범과 구별하는 일설(신동운, 형법총론 제15판, 법문사(2023) 778면 참조)이 ① '합동범을 필요적 공범으로 보게 되면 합동범의 외부에 위치하는 사람은 합동범의 공동정범이 될 수 없다'는 점을 근거로, 합동범의 공동정범 또는 합동범의 공모공동정범을 부정하는 설명을, 따르지 않는다. 또한 ② '...그렇지만 필요적 공범의 범죄실현에 대하여 외부자가 교사범 또는 방조범으로 관여하는 것은 얼마든지 가능하다'는 점을 근거로 동일 사안을 합동범의 교사범 또는 방조범으로 처벌하는 것이 타당하다는 설명을, 따르지 않는다.

19) 일설은 '합동범은 필요적 공범의 한 유형'이라는 입장을 취하면서도, '현장성이 없는 외부자에 대한 일반 공동정범의 성립을 부정할 이유가 없다'는 입장을 취한다. 따라서 합동범의 공동정범, 합동범의 교사범 또는 합동범의 방조범 성립이 모두 가능하다는 것이다. 이형국·김혜경, 형법총론 제7판, 법문사(2023), 494-495면 참조.

20) '처벌확장은 법치주의 이념에 반하고', "일부실행·전부책임의 인정은 '책임의 확장' 문제를 발생시킴으로써 책임주의 원칙을 부정하게 된다"는 우려에 대해서는, 주용기, "집단범죄대책으로서 공모공동정범이론에 관한 고찰", 法과 政策硏究 제7집 제2호(2007), 21면 참조.

론에 이르면 합동범의 방조범이 성립하고 그는 그대로 외부가담자로 분류되므로, 앞서 내린 외부가담자에 관한 일반정의에 위배되지 않는다. 반면 2011판결처럼 현장에서 100미터 정도 멀리 있어 원심에서는 현장성 결여로 외부가담자로 분류되어 무죄였으나 대법원에서는 정범기능을 수행했다는 이유로 합동범의 공동정범 즉 내부관여자가 된 사례는, '합동범의 방조범이 내부관여자와 외부가담자 사이를 오가는 중간영역에 있다'는 실제사례가 될 것이다.

'합동범의 교사범 역시 내부관여자와 외부가담자 사이를 오가는 중간영역에 있다'는 설명이 가능하다. 합동범의 교사범은, '스스로 행위지배를 했다는 방향으로 판단되면 합동범의 공모공동정범이 되어 내부관여자가 되는 반면, 그러한 판단에 이르지 못하면 합동범의 교사범이 되어 외부가담자가 되는 관계에 있기 때문이다. 즉 일견 현장성 결여로 외부가담자라고 분류되는 합동범의 교사범도 교사를 중요한 공모로 판단하고 현장에 2인 이상이 범죄를 실행하고 있다면 합동범의 공모공동정범이 성립하므로, 결과적으로는 내부관여자가 된다는 것이다. 그리고 이 지점에서 어느 경우든 성립만 하면 가중처벌이 되는 관계에 착안해서, 1998판결을 비판하는 입장에서 합동범의 경우 배후수괴는 교사범으로 처벌하면 충분하다는 주장이 나오는 것이다.[21]

(2) '배후수괴사례'－합동범의 교사범부터 합동범의 공모공동정범까지

배후수괴의 사례에 대해서는, 중요한 공모에 참여한 배후수괴의 행위를 두고 합동범으로 가중처벌하지 않는 것은 불합리하다는 비판

21) 합동범의 공범에 대해서는 형법 제34조 특수한 교사 또는 방조 규정을 적용해서, "단순절도의 공동정범과 특수절도의 교사범 또는 종범의 상상적 경합으로 처벌한다고 하여 양형에 있어서 피고인에게 부당하게 경하게 될 우려가 있는 것도 아니다"라는 점을 근거로, 1998판결을 비판한다. 이재상, "合同犯의 共謀共同正犯", 이화여자대학교 법학논집 제4권(1999), 226면 참조; 유사한 입장으로는, 배종대, 형법각론 제14판, 홍문사(2023), 305면; 신동운, 형법각론 제3판, 법문사(2023), 1068-1069면; 최호진, 형법총론 제2판, 박영사(2024), 694면.

이 대두될 가능성이 크기 때문에 분석하고 정리하는 작업이 필요하다. 그런데 1998판결 이후 배후수괴의 사례에서 '배후수괴를 제외하고 현장이 2인 이상이 있다'는 '현장성 요건'을 우선 충족한 다음 본질적으로 중요한 공모행위지배가 있으면 합동범의 공모공동정범이 된다는 논리에 대해 제기되는 의문은, 그렇다면 단순한 공모인 경우에는 바로 무죄가 되느냐의 문제이다. 답변은 '더 이상 그렇지 않다'이다. 왜냐하면 합동범에도 총칙공범론이 적용된다는 것은 '형법 제30조에서 제34조에 이르는 공동정범, 교사범, 종범, 공범과 신분, 간접정범과 특수한 교사 및 방조에 관한 규정' 모두가 합동범에서도 문의된다는 의미를 가지기 때문이다. 즉 1998판결 이전에는 단순하게 '합동범 정범이냐 무죄이냐'의 문제였지만 1998판결 이후의 문제는, 일반범의 배후수괴 사례부터 합동범의 배후수괴사례까지, 배후수괴사례부터 망보기사례까지,[22] 현장성부터 총칙공범론까지, 내부관여자부터 외부가담자까지 그리고 현장에 없는 공모자를 교사자로 의율하는 문제까지에 걸쳐서 책임을 빈틈없이 제대로 문의하는 문제가 된다는 것이다. 그리고 그 방법은 다음과 같다.

① 우선 배후수괴사례에서는 중요한 공모가 인정되는데 현장에 1인 뿐이라면 일반범의 공모공동정범 성립이 가능할 뿐이다. 중요한 공모가 인정되고 현장에 2인 이상이면 합동범의 공모공동정범 성립이 가능하다. 만일 중요한 공모가 부정된다면, 합동범이든 일반범이든, 공모공동정범 성립은 배제된다.

② 단순한 공모가 인정된다면 이제부터는 총칙공범론의 순서에 따라 공동정범, 교사범, 방조범, 간접정범 및 특수한 교사 및 방조범에 관한 문의가 시작된다. 우선 현장성을 인정하는 방향으로 판단하면 내부관여자로 분류되고 이들 행위에 대해 합동범의 '공동정범, 방조범 또는 특수한 방조범'이 문의된다. 그러나 현장성을 인정하지 않는 방

22) 망본 사람의 중요한 공모가 인정되고 현장성이 부정되면 배후수괴로 처벌될 수 있다.

향으로 판단하면 외부가담자로 분류되고 이들 행위에 대해 합동범 정범 성립을 전제로 합동범의 '교사범, 방조범 또는 특수한 교사 및 방조범'이 문의된다.

③ '어느 행위로 인하여 처벌되지 아니하는 자 또는 과실범으로 처벌되는 자를 이용'하는 형법 제34조 간접정범의 사안은 합동범과 무관하다. 왜냐하면 합동범의 공동정범은 사전공모 적어도 승계적으로 공모한 경우까지만 인정이 가능하고, 공모행위에 관여하지 않은 경우 또는 과실범의 공동정범의 경우는 배제되기 때문이다. 그렇지만 대상판례가 합동범에도 총칙공범론이 적용된다고 한 의미는, 공범론 제33조 '공범과 신분' "신분이 있어야 성립되는 범죄에 신분 없는 사람이 가담한 경우에는 그 신분 없는 사람에게도 제30조부터 제32조까지의 규정을 적용한다"는 내용 역시 합동범에 적용된다는 의미이다. 그렇다면 '현장에 있어야 성립되는 합동범에 현장에 없는 사람이 가담한 경우 그 현장에 없는 외부가담자에게도 '공동정범, 교사범과 방조범'규정이 적용된다는 해석이 가능하다. "다만, 신분 때문에 형의 경중이 달라지는 경우에 신분이 없는 사람은 무거운 형으로 벌하지 아니한다" 하였으므로 외부가담자를 가중처벌할 수는 없다는 해석이 가능할 것이다.

(3) '망보기사례'– 합동범의 방조범부터 합동범의 공동정범까지

망보기 사례는 합동범 정범과 방조범의 경계가 배후수괴 사례보다 더욱 불확실해보인다. 왜냐하면 망보기 사례의 경우 현장부재판단이 배후수괴 사례보다 까다로울 것이 예상되기 때문이다. 게다가 망보기 사례는 현장부재판단이 애매하다보니 기능적 행위지배 판단에 의존하는 정도가 강해질테고, 따라서 만일 합동범의 방조범이 되어서 필요적 감경에 이르면, 합동범 정범이 될 행위를 종범으로 처벌해서 책임귀속이 완전하게 이루어지지 않았다는 논란에 직면할 가능성이 크다.[23] 그리고 실제로, 1998판결 이전 부산고법1994.4.20.선고94노39제2

형사부판결은 하급심에서는 현장성을 인정해서 합동범 정범이라고 판결했던 것을 상급심에서는 '...실행행위를 분담한 합동범의 그것이라기보다는 사장의 범행의도를 인식하고도 그 지시에 따름으로써 결과적으로 이를 도와준 방조행위에 그친다고 봄이 상당하다'고 판시하는데, 이는 현장성을 인정했다고 또는 부정했다고 보기는 애매모호하고,[24] 기능적 행위지배 판단단계에서 실행행위 분담이 아니라 가담으로 결론을 내린 것으로 보인다.[25] 그리고 앞에서 분석한 2011판결의 '범행현장에서 100미터 떨어져 망을 본 행위 사례'를 통해 본고는, '망보는 행위'에 대해 합동범의 공동정범, 합동범의 방조범 그리고 무죄는 물론 합동범의 공모공동정범에 이르기까지 여러 가지 책임을 귀속시킬 수 있다는 점을 제시하고 있다.[26]

---

23) 간첩방조(형법 제98조1항)나 관세법위반(관세법 제271조1항)처럼 종범에게 정범과 동일한 형을 과하도록 규정하고 있지도 않으므로, 그리고 특가법상 가중처벌하는 법률위반의 경우 종범에 대한 감경을 하지 않는 경우에 해당하지도 않으므로, 합동범 방조범으로 변경되면 양형에 있어서 불합리하다는 비판이 대두될 가능성이 크다.

24) 부산고법1994.4.20.선고94노39판결은 '...헬스크럽 사장의 지시에 따라 그 종업원이 승용차를 대기시켜 놓고 있다가...강간하려는 정을 알면서도...자리를 비켜줌으로써...'의 상황이다.

25) 유사하게 처벌이 약화된 예로서, 합동범 정범을 인정한 원심을 파기하고 일반범 공동정범 또는 합동범 방조범을 인정한 사례-서울고법1987.6.4.선고87노1162제5형사부판결.

26) 처벌이 강화된 예로는, ① 대법원2011.5.13.선고2011도2021판결에서는(특가법) 범행장소에서 100m 떨어져 망을 보는 방법으로 합동하여 재물을 절취한 행위에 대해 원심이 무죄 선고한 것을, 합동절도의 공동정범 의견으로 파기환송했다. 특이사항은 범행 후 절취한 현금의 약 1/3을 분배받은 점이다; 이 경우 가령 100미터 떨어진 사정을 현장성 부정으로 보더라도 공모를 중요한 공모로 판단하면 합동범의 공모공동정범이 성립한다고 판단할 수도 있는 것이다. 그러므로 형법 제30조를 적용하면 합동범 정범으로 처벌범위가 확장될 가능성은 크다고 할 수 있다; ② 합동범 방조범에서 합동범 정범으로 변경된 예로, 상고심인 서울고법1986.10.30.선고86노206판결(사촌동생이 피해자 사촌형에 대한 합동강도에 실행행위 분담한 사건)이, [원심86고합72,111(병합)이 특수강도의 방조범으로 의율하고 1년 4월을 선고한 판결에 관해 형이 너무 무거워서 부당하다는 피고인 변호인의 항소이유]와 [오히려 특수강도의 정범으로 처벌할 행위를 그 방조범으로 처벌하여 오히려 선고형은 너무 가볍다는 검사의 항소이유] 사이에서, 검사의 항소이유를 받아들여 특수

Ⅳ. 합동범에서의 '총칙공범론 요건 충족과 현장성 요건 충족' 사이의 관계

1. '배후수괴처벌의 당위성'과 '공동과 합동개념' 사이의 관계

(1) 합동범의 공모공동정범에서 '공동과 합동' 개념 및 그 관계

III장에서 형법총칙 제3절 공범론의 일반원칙이 합동범에도 적용되는 과정에서 확인되는 합동범의 정범성의 표지 및 공범성의 표지, 그리고 두 표지 사이의 관계성을 검토해보았다. 본장에서는 현장성과 배후수괴처벌의 당위성을 통합적으로 고려해서 논증한다는 본고의 목표에 접근하기 위해 공동과 합동을 동일시하지 않으면서도 완전히 구별하지도 않는 관계, 즉 '합동이 공동개념에 통합되는 관계'를 분석하고 정리해보고자 한다.

수사실무에서라면, 우선 현장에 2인 이상이 공동으로 합세한 절도, 강도 또는 도주사건인지 여부를 인지 및 확인할 것이고, 다음으로 2인인 경우라도 합동범 정범이든 합동범 방조범이든 합동범은 일단 성립할 것이다(현장설 적용).[27] 이 때 현장에 없는 배후수괴의 존재가 의심되는 상황에 이르면 배후수괴의 공모행위에 관한 기능적 행위지배를 판단하기 전에 먼저 배후수괴처벌이 필요한지를 의심하고,[28] 다음으로 중요한 공모를 기능적으로 수행했다고 판단하면 배후수괴 처벌의 당위성을 확신할 것이다. 그리고 개념적으로 보면, '공동'이라는 개념은 ① 주관적 요건인 '공동가담의 의사'와 ② 객관적 요건인 '실행행위의 분담'으로 구성되고, '합동'이라는 개념은 '공동의 ① ②요건'에 ③범행현장 내지 현장부근에서의 '현실적 협동관계' 즉 '현장성'이 추

강도의 정범으로 징역 2년 6월을 선고한 사건이 있다.

27) 이 경우 현장적 공동정범설은 합동범이 아니라는 입장이다. 현장적 공동정범설은 현장에 있는 2인 모두 정범이어야 합동범이 성립하고, 1인은 정범 1인은 방조범이면 일반범이 성립한다는 입장이기 때문이다. 주57) 참조.

28) 1998판결이유에서 밝힌 합동범의 가중처벌의 필요성, 즉 '피해와 단속에서 위험성의 총체적 증가'는 합동범 포착단계에서 먼저 확인된다.

가된다고 말할 수 있다.[29)]

(2) 합동개념의 공동개념으로의 편입과정 논증-집단범론

개념들을 따라가 보면, 보통의 구성요건은 한 사람이 실현할 것을 예상하고 규정되며, 이러한 보통의 구성요건을 수인이 협력 가공하여 실현한 형태의 집단범을 임의적 공범이라고 한다.[30)] 그리고 형법총론의 공범론은 임의적 공범만을 의미하고 형법 제3절 공범편 제30조는 임의적 공범 가운데 공동정범을 '2인 이상 공동하여 죄를 범한 때...'라고 규정한다. 반면 필요적 공범이란 '2인 이상이 공동하여...'를 구성요건에 규정하지 않았을지라도 각론 구성요건의 내용상 본래적으로 2인 이상의 가담이 요구되는 공범형태이며, 총론공범론이 적용되지 않는다고 해석되는 것이 일반적이다. 그리고 필요적 공범 중 대향범은 행위자의 행위가 상호 반대되는 방향으로 결합하여 범죄구성요건을 충족한다는 점에서,[31)] 구성요건상 다수 행위자들의 동일한 방향의 행위가 요구되는 (필요한 공범 중) 집단범과 구별된다고 이해된다.

일설은, 필요적 공범은 구성요건상 본래적으로 다수인이 가담하는 모든 범죄행위를 포함하는데 반해서, 개별 구성요건상 '2인 이상' 행위주체를 요구하는 합동범은 형법이 3개의 구성요건만 정하고 있다는 점을 근거로 필요적 공범과 합동범을 구별한 다음, 이러한 이유로 합동범을 '공동정범의 특수한 경우'라고 분류한다.[32)] 다른 일설은, 합동범이 필요적 공범과 구별될지라도 합동범도 다수 행위자들의 동일한 방향에서 동일한 목표를 실현하는 행위가 요구되므로 필요적 공범의 한 유형인 집단범과 유사하며, 이러한 이유로 합동범도 필요적 공

29) 김성돈, 형법총론, 제8판, 성균관대학교출판부, 667면 참조.

30) 형법 제30조 임의적 공범규정은 범행에 대한 구체적인 관련성을 요구한다는 점에서 필요적 공범, 합동범, 특수범 그리고 공모공동정범 등에 적용하기 어렵다는 입장이 있다. 주용기, 앞의 논문, 10면 참조.

31) 도박죄, 수뢰증뢰죄, 배임수재죄배임증재죄 등. 서로 다른 방향에서 동일 목표를 실현하는 범죄로서 양쪽 모두 처벌한다.

32) 이재상, 앞의 논문(2006), 71면.

범이라고 분류한다.[33] 그런데 합동범을 특수범과의 관계에서 검토하면, 집단범이라는 교차점을 중심으로 필요적 공범, 합동범 그리고 특수범이 하나의 카테고리에 포함된다는 점을 알 수 있다.[34] 왜냐하면 [특수범은, 어떠한 범죄를 2인 이상 공동으로 행하거나 흉기 기타 위험한 물건을 소지하고 범하였을 때 그러하지 않은 경우보다 2분의 1이 가중되는 규정이다.[35] 그리고 형법상 각 죄에서 특수범을 처벌하는 구성요건으로서는 폭처법 제3조 12,3호에 열거된 특수공무방해, 특수공무집행방해치사상, 특수강도, 특수상해, 특수중상해, 특수폭행. 특수절도...등이 있다. 그런데 이 가운데 특수절도와 특수강도가 형법각론이 정한 세 가지 합동범의 구성요건에 포함된다는 것은, '2인 이상 공동하여'의 특수범 안에 '2인 이상 합동하여'의 합동범이 포함되는 관계를 보여주기] 때문이다.[36]

---

33) 정영일, "합동범에 관한 판례연구", 형사판례연구 제7권(1999), 117면 참조.

34) 본고는 독일 집단절도죄도 우리 폭처법도 그리고 합동범도 모두 집단범의 한 유형에 해당한다는 입장이다.

35) 폭처법의 특수범은 특수간접정범과 구별된다. 특수간접정범, 특수교사범 그리고 특수방조범은, 형법총론 제34조에 규정되어 '타인을 지휘·감독할 지위에 있는 자가 그 지위를 이용하여 피지휘·감독자를 교사·방조한 행위를 비난가능성이 더욱 크다는 이유로 그러하지 않은 경우보다 형을 2분의 1 가중'하는 범죄이다. 이재상, 형법각론, 453면; 다만 특수도주죄의 경우 폭처법의 특수범에는 포함되지 않고 합동범에만 포함되는데, 이는 합동범의 유래를 보아도 특수도주죄가 독일과 일본에서 없던 구성요건이라는 점에서. 우리 형법만 특수도주죄를 합동범으로 규정한 입법사를 추적해볼만 하다. 다만 수사실무에서 떼도적 또는 떼강도들이 역시 떼를 이루어 도주하는 과정에서, 추적하는 실무가들 또는 일반 시민들에게 주는 위험성이 증가하기 때문일 수 있다는 짐작이 가능하다.

36) 이상돈 교수님은 ① '합동범'의 행위수행방식을 '협동적 실행'이라고 규정하여, 형법총칙 제30조 공동정범의 '분업적 실행' 보다는 한 단계 더 불법을 가중시키는 행위수행방식이라고 서로 구분하여 설명한다. 다음으로 ② (형법각칙 성폭력처벌법과 폭력행위처벌법, 이하 '폭력법')이라는 '공동범'의 행위수행방식을 '공동실행'이라고 규정하여, '합동범'의 '협동적 실행'보다 한 단계 더 큰 행위반가치를 지닌 실행방식이라고 서로 구분하여 설명한다. 이상돈 교수님의 설명에 따라 포함관계를 나타낸다면 [폭력법의 '공동'∈합동범의 '합동'∈형법 제30조 공동정범의 '공동'] 이라는 도식이 가능하다고 생각한다. 이상돈, 형법강론 제4판, 박영사(2023), 284-288면 참조; 그런데 본고는 '한 단계 더 큰 행위반가치'와 '한 단계 더 불법을

그런데 집단범이라는 교차점을 중심으로 필요적 공범, 합동범 그리고 특수범이 하나의 범주에 포함될 수 있다는 것은, 필요적 공범과 합동범을 엄격하게 구별할 당위성이 없어졌으니 '합동범을 공범의 특수한 형태라고 분류한 다음, 총론의 공범론이 적용되지 않아 합동범의 공모공동정범도 성립불가하다'는 논리 역시 당위성이 사라졌다는 해석을 가능하게 한다.[37] 그리고 1998판결이 '범죄 배후의 수괴를 정범으로 처벌할 필요성은 합동범의 경우에도 다른 범죄와 동일하게 적용된다'고 선언한 것은, 범죄의 수괴는 필요적 공범, 임의적 공범 또는 공범의 특수한 형태 등을 불문한 모든 공동정범의 사안에서 발굴하여 처벌한다는 사법부의 의지를 표명한 것이다. 본고는 사법부가, 비열하게 숨어 또는 당당하게 드러내 범죄를 조종하는 수괴를 처벌하는 논리를 완성함으로써 법치국가가 지향하는 정의를 현실적으로 실현하는 모습을 국민에게 보여주는 과정은, 형법의 본래적 임무인 일반예방이라는 목적을 효과적으로 달성하는 사법부의 고유하고 중대한 업무라고 판단한다.

(3) 1998판결요지의 본질－현장성 요건 유지와 배후수괴처벌요건의 추가

1998판결에 대한 논란은 '공동에 현장성 요소가 추가된 개념이 합동이라는 관계'를 단순하게 산술적으로 이해함으로써 '이론과 현실의

가중'이라는 표현 모두 '실질적으로는 불법론'에 관한 내용이라는 점에서 다를 바가 없다는 입장이다. 따라서 이러한 입장을 포함관계로 나타낸다면 [폭력법의 '공동'≒합동범의 '합동'∈형법 제30조 공동정범의 '공동'] 정도가 가능할 것이다; 형법 총칙 제30조의 '공동'은 '전구성요건적 행위이면 족한 정도'이고 '구성요건적 행위 인지에 대한 평가는 공동정범으로 평가되어질 수 있는 죄를 범한 자들의 행위에 대한 개별 범죄에서 정할 것'을 제안한 입장은, 손지영, "형법 제30조「공동」의 의미와 공동정범의 본질", 숭실대학교 법학논총 제24집(2010), 22-23면 참조.

37) 상대적으로, '합동범을 (공범의 특수한 형태가 아니라)필요적 공범의 한 유형이라고 분류한 다음, 총론의 공범론이 적용되므로 합동범의 공동정범, 합동범의 교사범 또는 합동범의 방조범의 성립을 부정할 이유가 없다'는 논리를 배제할 근거도 사라졌다는 해석이 가능하다는 것이다. 주 19) 참조.

괴리라는 부조리'가 발생하면서 비롯된다. 다시 말하면, 이론적으로는 합동범의 본질은 현장성이므로 현장에 없는 배후거물을 현장에 있는 공동정범과 동일하게 합동범으로 가중처벌하는 것은 불가능한 반면, 현실적으로는 배후수괴를 현장에 있는 공동정범과 동일하게 가중처벌하지 않는 것이 오히려 불합리하다는 데에서, 그 논란이 비롯된다는 것이다. 이 난제를 해결하기 위해 본고는 배후수괴가 현장에 없었는지 또는 배후수괴를 제외하고 현장에 수인이 있었는지에 관한 '사실관계 판단의 영역'을, '규범평가의 영역' 즉 '규범적인 관점에서 정범성을 인정할 만한 행위지배가 있었는지에 관한 평가의 영역'과 구별해 이해하는 방법을 제안한다. 그리고 그 이론적 근거는 존재와 당위 사이에 긴장관계가 있을지언정 존재와 당위는 서로 다른 차원의 문제이므로, 기능적 행위지배라는 규범적 평가적 개념으로 사실관계에 관한 현장성 개념을 확대한다거나 훼손한다고 비판하는 것은 타당하지 않다는 데 있다.[38]

---

38) 해석학적 현장설은 '합동범의 공동정범'이라는 개념을 부정한다. '합동범의 공동정범'을 인정하면 기능적 행위지배만으로 합동범의 (공동)정범이 되고, 결국 공동정범과 합동범에 차이가 없게 되므로 (공동정범과 구별되는) 합동범의 형벌가중의 근거를 설명할 수 없게 된다는 것이다.(김종구, "합동범에 관한 연구: 독일형법상 집단절도죄와 비교법적 관점에서", 비교형사법연구 제5권 제1호(2003), 169면)...(그리고)합동범의 공동정범 개념으로 우회할 것이 아니라 바로 합동범이 성립하는 것으로 보는 이론구성이 필요하다는 시각에서, '현장성'을 사실상의(actually) 의미로 좁게 해석할 것이 아니라 해석학상(constructively) 현장에 있는 것으로 취급할 것을 제안한다. 이해를 돕는 예로서는 3인이 절도를 모의하고 2인이 빈집에 들어가 금고를 털고 1인은 자신의 집에서 범행현장에 있는 2인에게 침입경로와 금고를 여는 방법을 계속적으로 알려주고 지시하는 경우를 제시한다.(172-173면)...(해석학적 현장설은) 현장설적 관점을 유지하면서 '현장'의 의미를 탄력적으로 해석하는 방법으로서 '시간적 동시성이 있으면서, 현장에서 공동하여 실행행위를 한 경우라고 평가될 수 있는 경우라면 합동하여 범죄를 실현한 것으로 볼 수 있다'는 것이다.(189-190) 본고는 이 입장을 '현장성'을 '사실적' 현장개념에서 '평가적' 현장개념으로 확장한 시도라고 생각한다. 그리고 이 입장 역시 기본적으로 '배후수괴의 필요성과 당위성'이라는 규범평가적인 관점에 기초한다고 생각한다. 다만 현장성에 관해서는, '현장성'을 확대한다고 볼 수는 있지만 훼손한다고 볼 수는 없다는 생각이다.

기술적인 시각에서 스마트기기들을 사용한 시청각적 연락망의 확대가 '현장성' 개념을 시공간적으로 확대해석하는 기준이 된 것은 아닌가 하는 의문도 가질 만하므로, 이 부분도 살펴보고자 한다. 그런데 우리나라 스마트폰 보급률이 2010년대 초반에나 급격히 증가한 사실에 비추어볼 때, 1998판결이 당시 통신기기의 역할을 고려해서 현장성 요건을 시공간적으로 확대한 것이라고 해석하기는 어려워 보인다. 하지만 시기적으로 볼 때, IMF 국가경제위기 상황에서 '떼강도' 사건이 증가하므로 합동범의 수괴까지 처벌할 필요가 1998전합변경판결에 결정적 작용을 한 것이라는 해석은 개연성이 있다고 생각한다.[39] 이는 응보적 관점에서 배후수괴에게 합당한 책임을 귀속시킨다는 의미도 있겠지만, 예방적 관점에서 배후수괴가 처벌받지 않는 한 그에 의해 조종되는 또 다른 수하들을 동원하는 방식으로 합동범이 재발할 수 있기에 이에 대처해야 할 필요도 있다는 점을,[40] 실무가들이 고려한 결과라고 볼 수 있기 때문이다. 1998년 당시의 이른바 '떼도둑'에 관한 언론보도기록은 찾을 수 없었지만, 코로나19사태 이후 경기침체에 따

39) 이해하기 쉽도록, 합동범을 사회적으로 혼란한 시기에 발생하는 '떼도둑' 또는 '떼강도' 사건으로 설명하는 입장에 대해서는, 박찬걸, "형법각칙의 합동범 개념 폐지에 관한 시론", 홍익법학 제19권 제1호(2018), 297면 참조; 박찬걸 교수님은 '대부분의 국가에서 도적떼가 사라진지 오래이지만, 도적떼를 처벌하기 위하여 마련되었던 형벌법규는 변함없이 유지되고 있는 모순적인 상황...'이라는 입장이다. 그리고 '절도, 강도, 도주 등의 범죄에서만 합동범을 인정할 근거가 박약하기 때문에 입법론적으로는 합동범의 삭제가 바람직하다는 입장'도 있다.(오영근·노수환, 형법총론 제7판, 박영사(2024), 512면 참조) 그렇지만 본고는 '사회시스템이란 일순간에 붕괴될 수 있다는 점', '그 혼란을 틈타 떼도적과 떼강도가 바로 기승을 부리는 전 세계의 상황을 각종의 스마트기기를 통해 실시간으로 목도하고 있다는 점' 그리고 절도와 강도범죄는 국민의 일상과 밀접하게 연관된 범죄인 동시에 현실적으로 두 범죄의 합동범을 단속하는 과정 또한 일반시민과 일선경찰 모두에게 위험한 상황을 초래할 수 있다는 점에 비추어 볼 때, 합동범 자체를 형법에서 삭제할 것을 제안하는 입장에 동의하지 않는다.

40) 1998판결이유 2. 다. "...현금자동지급기에서 인출한 돈을 삐끼주점의 분배관례에 따라 분배할 것을 전제로 하여..."라는 내용은, '분배관례'가 생길 정도로 이 사건과 유사한 유형의 떼도둑 사건이 다수 발생하는 현실을 보여주는 사례라고 할 수 있을 것이다.

른 실업률 증가, 40여년만의 최악의 인플레이션과 그로인한 빈곤의 확대로 미국 전역에서 발생하는 떼강도 사건 소식이나,41) 2021년 6월 15일자 일간신문의 '서울서 떼강도 연달아 검거' 소식 등은, 1997년 아시아 금융 위기로 불리는 외환유동성위기의 파급효과로 1998년 대한민국은 탄생이후 최초로 IMF에 구제금융을 요청하는 경제위기 사태를 맞이했고 유래를 찾을 수 없는 대량해고가 발생했다는 사실과의 연관관계에서, 선진국일지라도 급격한 경제위기로 인해 법치국가시스템이 한 순간에 얼마나 허무하게 붕괴될 수 있을지를 보여준다.42) 그러므로 1998전합변경판결은 떼도적 사건들에 대응한 사법부의 결단으로서, 현장성 요건을 확대한 것이 아니라 '수괴처벌요건을 추가'한 것이라고 해석하는 것이 보다 더 타당하다고 생각한다.

합동범의 공모공동정범은 현장성 요건 완화의 문제가 아니라 '수괴처벌요건 추가'의 문제이며, 처벌의 범위와 양의 확대의 문제가 아니라 '제대로 처벌하느냐'의 문제이다. 공모공동정범에 관한 기능적 행위지배설은 '불처벌을 처벌'한다는 의도이고, 합동범에 관한 기능적 행위지배설은 '처벌을 가중처벌'한다는 의도이며, 합동범의 공모공동정범에 관한 기능적 행위지배설은 '처벌을 가중처벌하는 대상에 공모공동정범도 포함한다'는 의미를 가진다는 것이다.

2. 수괴처벌요건 추가와 현장성 사이의 관계–공동과 합동의 접점

(1) 수괴처벌의 '당위성'과 현장 '존재성'–공동과 합동의 접점

1998전합변경판결은 '두 가지 정범성의 표지(행위자관련적 정범성

41) 2024.1.2. Jtbc사건반장에서는 미국에 100여 명에 이르는 떼강도(도둑군단)들이 한 상점을 휩쓸고 간 사건을 보도했다. 그리고 그 많은 강도범들이 동시에 사방으로 도주하는 긴박한 상황에서 결국 단 한 명의 신원도 확보하지 못했다는 보도내용은, 절도죄와 강도죄만을 합동범으로 가중처벌하는 독일이나 일본형법과 다르게 특수도주죄까지 합동범으로 가중처벌하는 우리형법의 입법방향이 보다 더 법실무에 적합하다는 판단을 가능하게 한다.

42) 대한민국은 1994년 일인당 GDP가 일만달러를 넘은 후 적어도 통계적으로는 2021년 유엔무역개발회의(UNCTAD)에 의해 선진국에 진입했다. 네이버 나무위키 참조.

의 표지와 행위관련적 정범성의 표지)'를 충족한 합동범의 수괴를 처벌한다는 사법부의 의지를 반영한 판결이다. 그러므로 [합동범에서 '수괴로 의심되는 자가 수괴로서 전체 범죄행위에 걸쳐 기능했는지 여부를 판단하는 요건', 즉 ① 주관적 요건인 '공동가담의 의사' ② 객관적 요건인 '실행행위의 분담' 그리고 ③ 현장성요건을 모두 충족해야(동시판단원칙) 합동범의 공모공동정범으로 처벌할 수 있다]는 '판례원리'를 창출했다는 의의를 가진다. 수괴처벌의 당위성이 공동과 합동에 공통으로 필요한 '①+②'의 요건, 즉 '기능적 행위지배'를 기준으로 인정되면, 합동에 고유한 ③현장성요건도 확인하므로, 이 판례원리는 '공동정범' 개념도 '현장에서의 합동' 개념도 유지한다.

이 판례원리에 따르면 공동과 합동은 다음과 같이 의미에서 서로 접점을 이루는 관계에 있다. '형법이 공동의 개념과 달리 합동이라는 개념을 사용하면서까지 합동범에 가중처벌로 대응하는 것은, 그 범행방법이나 범행의 강도가 공동정범의 공동의 방법과 다르기 때문이다. 합동개념에는 공동개념에 비해 '현실적 협동관계(존재)'라는 요소가 추가되는데, 이는 '시간적인 밀착성 및 장소적 근접성'의 의미한다. 다시 말해서 '가담자가 범행현장 내지 적어도 범행현장 부근에는 현존(존재)하고 있을 것의 요구'라는 의미를 가진다.[43] 그러므로 전체적으로는 일견 [공동의 두 가지 요건, 즉 주관적 요건인 '공동가담의 의사'와 객관적 요건인 '실행행위의 분담' 이외에도 범행현장 내지 현장부근에서의 '현실적 협동관계'라는 세 번째 요건을 추가하면 '합동']이라는 간단한 산술적 도식만 보이지만, 개별적으로는 '현장성 여부에 따라 그리고 기능적 행위지배 여부에 따라' 합동범의 공동정범인지, 합동범의 공모공동정범인지 또는 합동범의 정범에 종속하는 합동범의 공범인지 여부가 판단되기 때문에, 결과적으로 '합동'은 기능적 행위지배 판단의 영역에서 '공동' 개념과 접점을 이루게 된다.

---

43) 김성돈, 형법총론, 666-667면 참조.

(2) 현장성 요건의 유지－독일 집단절도죄와 비교 검토

1998판결이 현장성 요건의 유무에 따라 공동과 합동 개념을 구별한다는 원칙을 유지한다는 점에서, 1998전합변경판결이후에도 합동범은 변함없이 '현장성이 강조된 공동정범의 특수형태'이며, 합동범의 현장성 요건이 개념상 확대된 것도 포기된 것도 아니다. 그런데 현장성에 관한 이러한 논의는 독일 집단절도죄의 현장성 요건에 관한 대응과 연계해서 논의될 필요가 있는데, 왜냐하면 형법의 합동범이 독일 집단범죄로부터 일본형법을 통해 계수되었기 때문이다. 그런데 독일 연방법원 1999.12.29(BGH NStZ 200, 255)와 2000.8.9(BGH NStZ 2000.641)이 "2인 이상의 집단구성원이 시간적·장소적 협동에 의하여 범죄를 범하는 이상 다른 구성원은 현장에서 직접 협동하지 않은 때에도 정범이 될 수 있다"고 판시한 것은 '현장에서 2인 이상의 집단구성원이 시간적·장소적으로 협동할 것'을 합동범이 성립하는 요건으로 명시했으므로, 현장성을 포기한 것은 아니었다.[44] 하지만 2001년 판결이 조직범죄에 대처한다는 목적을 가지고 "집단절도죄의 구성요건은 2인 이상의 집단구성원이 시간적·장소적으로 협동할 것을 요하지 아니하고, 1인의 집단구성원이 정범으로 또 다른 집단구성원은 어떤 방법으로든 절도에 협동하면 족하다"라고 판시한 것은, 현장성을 포기한 것이다.[45] 그러므로 2001년 독일연방법원과 다르게 1998판결이 합동범의 공모공동정범 성립에 수괴를 제외하고 현장에 2인 이상이 있을 것을 요구한 것은, 합동범의 공모공동정범에 '수괴를 포함해서 2인 이상이어서 현장에 1인만이 있는 사안'을 배제하도록 단속한 것으로 해석되며, 이는 현장성을 포기하지 않은 것으로 해석된다.[46]

---

44) 이재상, 앞의 논문(2006), 62-63면 독일형법의 집단절도죄 개정과정 참조.

45) 독일 집단절도죄는 '집단'을 선택하여 집중한 결과 현장성을 포기하기에까지 이른다. "한 사람의 집단구성원이 정범으로 다른 집단구성원과 절도에 어떤 방법으로든 공동하면 족하다"고, 설상가상으로 "절취행위는 한 사람의 집단구성원에 의하여 실행될 수도 있다"고 하기까지 판시하였으므로 현장성 '포기'이다.

46) 이재상, 앞의 논문(2006), 56면.

독일과 일본형법은 집단범죄로 분류하는 요건으로서 집단을 구성하고 자격을 갖출 것 그리고 계속성 또는 상습성을 요구한다. 우리의 경우 이러한 집단범죄에 대응하는 특별법은, 특수범을 가중처벌하는 폭처법이라고 할 수 있을 것이다. 그리고 독일이 조직범죄에 대응하기 위해 현장성 포기했다는 것은 합동개념을 포기하고 공동개념으로 가중처벌한다는 의미로 해석할 수 있다는 점에서, 이는 우리 폭처법이 공동개념으로 가중처벌하는 것과 입법의도가 유사하다고 볼 수 있다.[47] 독일집단절도죄의 입법목적이 조직범죄 대처이고 우리 폭처법의 입법목적이 집단범 또는 상습범을 포함하는 조직폭력범죄 대처인 상황에서, 우리 합동범 가운데 특수절도죄와 특수강도죄가 독일집단절도죄로부터 계수되었고 또 우리 형법의 합동범 가운데 특수절도죄와 특수강도죄가 우리 폭처법에도 포함된다는 사실을 고려할 때, 독일조직범죄 또는 집단범죄와 우리 합동범을 필요이상으로까지 구별하면서, '독일에서 합동범의 공모공동정범이 인정된다고 할지라도 우리 합동범과는 별개문제'라는 논리를 펼치는 것은 무리라고 생각한다. 그리고 특수절도죄와 특수강도죄를 포함하는 우리 폭처법이 상습범에 대처하기 위한 입법목적을 가지고 있고, 누범과의 관계에서 누범 중에서 특히 사회적 위험성이 큰 경우를 의미하는 상습범을 각칙에서 개별적인 규정을 두고 처벌하는 동시에 각칙의 상습범 가중에 더하여 총칙 제35조의 누범가중을 병과할 수 있다는 점을 고려할 때,[48] '합동범은 공동정범의 특수한 형태이니 다시 총칙 공모공동정범을 적용할 수 없다'는 방식으로 원칙을 고수하는 논리 역시 '무리'라고 생각한다.

47) 일설은 폭처법 제2조2항의 '2인 이상이 공동하여'를 가중적 공동정범에 관한 규정이라고 설명한다. 그리고 합동범의 본질에 관해 가중적 공동정범설을 따르게 되면 합동범이 가중적 공동정범과 동일시되므로, 가중적 공동정범은 타당하지 않다고 한다. 이재상, 앞의 논문(1999), 213면 참조.

48) 누범이 행위책임의 측면에서 초범자보다 책임을 가중하여 처벌한다는 의미를 가지는 반면, 상습범은 행위자책임의 측면에서 동일죄명 또는 동일죄질의 범죄의 반복을 요건으로 총칙이 아니라 각칙에서 개별적인 규정을 두고 처벌한다.

Ⅴ. 공모공동정범에 관한 형사정책적 일관성 요구–'합동'의 의미(합동범 본질론)와의 관계

본장에서는 일반범의 공모공동정범 인정 여부와 합동범의 공모공동정범 인정 여부의 관계에 관한 문제를 형사정책적 일관성을 가지고 풀어나갈 필요가 있다는 입장을 '합동'의 의미에 관한 논의, 즉 합동범의 본질론과의 관계에서 분석하고 정리해보고자 한다.

1. 일반범의 공모공동정범론과 합동범의 공모공동정범론의 관계

(1) 일반범의 공모공동정범론과 합동범의 공모공동정범론을 분리하지 않는 입장

판례와 일부 학설은 일반범의 공모공동정범도 합동범의 공모공동정범도 인정한다. 그리고 공모공동정범의 본질에 대해서는 공동의사주체설, 간접정범유사설 그리고 기능적 행위지배설이 시기와는 무관하게 사건의 유형에 따라 각각 적용되고 있다. 그런데 1998판결은 합동범에서 배후수괴가 '...현장에서 절도범행을 실행한 2인 이상의 행위를 수단으로 하여 합동절도의 범행을 하였다고 평가할 수 있는...' 경우 공모공동정범으로 처벌할 수 있다고 하여, 합동범에서 배후수괴를 처벌하는 근거로서 간접정범유사설을 제시한다. 그런데 공동의사주체설은 '공동의사주체로서의 집단 전체의 하나의 범죄행위의 실행'에 초점을 맞추는 반면,[49] 간접정범유사설은 '이용행위' 즉 '간접정범처럼 공모자에 의하여 실행자가 일방적으로 이용되는 것이 아니라 실행자 또한 공모자의 존재에 의하여 지원을 받고 실행을 고무받음으로써 공동하여 범죄를 실행하는 행위'에 초점을 맞춘다.[50] 결국 1998판결이

49) 공동의사주체설에 근거한 대법원1983.3.8.82.도3248은 '공모공동정범은...공동의사주체로서의 집단 전체의 하나의 범죄행위의 실행이 있음으로써 성립하고...실행행위를 분담하지 않아도...공동의사주체로서 정범의 책임을 면할 수 없다'라고 판시한다.

50) 이재상·장영민·강동범, 형법총론, 503면; 대법원 1988.4.12.87도2368판결은 '공모공

'합동범의 공모공동정범'에 '공모공동정범의 간접정범유사설'을 원용했다는 점은 이 경우 집단범죄라는 점에 초점을 두기보다 서로 이용한 점에 초점을 두었다는 점을 알 수 있고, 그러한 경로를 선택한 이유는 '서로 이용하여'를 통해 현장에 없는 공모자를 현장에 있는 행위자들과 연결시키는 논리를 설정하기 위해서라고 할 수 있다.

그런데 1998판결은 '3인 이상의 범인이 합동절도의 범행을 공모한 후 ① 적어도 2인 이상의 범인이 '범행 현장에서 시간적, 장소적으로 협동관계'를 이루어 ② '절도의 실행행위를 분담'할 것 역시 요구한다. 이는 합동범에 특유한 '현장에서의 합동'요건도 포기하지 않겠다는 의지를 판시한 것이라고 할 수 있다. 결과적으로 1998판결은 간접정범유사설이 '중요한' 공모를 가려내지 못한다는 학계의 지적을 인정하고 기능적 행위지배설로 그 약점을 보완하는 법리를 근거로 합동범의 공모공동정범을 처벌한 것으로 판단된다.

(2) 일반범의 공모공동정범론과 합동범의 공모공동정범론을 분리하는 입장

공모공동정범을 인정하는 입장은 위험성이 큰 집단범에서 수괴처벌이 불가피하다는 입장이므로 현실적으로 합동범에서도 수괴처벌이 불가피하다는 논리를 전개할 것이 예상될 것이다. 하지만 가중처벌하는 합동범에 공모공동정범까지 인정하면 처벌이 지나치게 확대될 것이라는 우려도 있다. 즉 일단 공모공동정범론에 관해서는 판례와 절충하는 지점을 모색한 다음 판례원리를 따라 공모공동정범론을 인정하지만, '합동성'요건을 충족하는 경우 가중처벌하는 '공동정범의 특수한 형태'로 분류되는 합동범에서까지 공모공동정범론을 적용하는 것은 처벌의 범위를 지나치게 확대하므로 반대한다는 입장이다.[51)]

동정범이 성립되려면...일체가 되어 서로가 다른 사람의 행위를 이용하여 각자 자기의 의사를 실행에 옮기는 것을 내용으로 하는 모의를 하여...'라고 하여, 간접정범유사설을 근거로 공모공동정범을 인정한다.

51) 이재상, 앞의 논문(1999), 227면 참조.

그런데 본고는 합동범에서 배후의 수괴를 처벌하는 것은 필요하고 또 당연하며, 이 작업을 수행하는 것이 사법부의 임무라는 입장이다. 그러므로 다음에서는 '공동정범의 특수한 형태'라는 분류가 특별히 무엇을 의미하는지 이해하기 위해 합동범의 본질을 검토해본 다음, 집단범이라는 큰 범주 안에서 볼 때 '공동정범의 특수한 형태'라는 조건이 배후수괴를 처벌할 필요성과 당위성을 상쇄할 수는 없다는 논리를 전개하고자 한다.

2. 합동범의 본질론과 '공동정범의 특수한 형태의 이해' 재구성

(1) '공동과 합동 개념의 구별' 그리고 '공동정범으로의 환원 경계'

본고는 IV장에서 합동이 공동개념에 통합되는 관계를 검토해 보았다. 그러므로 본장에서는 이 관계로 인해 혹시 합동과 공동이 구별되는 개념이라는 점이 간과될 가능성을 우려해서, '합동'의 의미를 기준으로 이 두 개념을 구별하는 현장설과 현장적 공동정범설을 실제사례를 통해 구별해서 합동과 공동의 차이를 논증해보고자 한다. 이 논의는 두 가지 관점에서 진행될 수 있다. 첫 번째는 <현장성요건을 요구하지 않는 '공동'과 현장성 요건을 요구하는 '합동'을 구별하는 현장설과 현장적 공동정범설/ 그리고 '공동'과 '합동'을 구별하지 않는 공동정범설과 가중적 공동정범설>에 관한 논의이다. 두 번째는 <합동범의 합동성을 공동정범으로 환원하는 공모공동정범설, 가중적 공동정범설 그리고 공동정범설/ 그리고 합동범의 합동성을 공동정범으로 환원하지 않는 현장설>에 관한 논의이다. 그런데 본고는 공동과 합동을 개념적으로 구별하며, 1998판결이 현장성을 요구한 것에 동의한다. 그러므로 본고는 첫 번째 관점과 관련해서는 공동과 합동을 구별하는 현장설과 현장적 공동정범설을 중심으로 합동범의 본질론을 전개하고자 한다. 그리고 1998판결이 현장성 요건을 충족하지 않으면 합동범의 공모공동정범이 아니라는 취지를 가진다는 점을 근거로, 두 번째 관점과 관련해서는 합동범을 공동정범으로 환원하지 않는 현장설을 중심으로 합동범의 본질론을 전개하고자 한다. 따라서 본고는 첫 번째 관점에서 제외된 공동정범설과 가중적 공동정범설은 공동과 합동을 구별하는 현장설과 현장적 공동정범설의 이해를 돕는 정도로만 부수적으로 논하고자 한다.52)

본고는 특히 현장적 공동정범설이 포함하는 부조리한 결론을 경계한다. 왜냐하면 이 입장에 따르면 합동성이 공동정범성으로 환원되고 마는 부조리한 결론에 도달한다는 점, 다시 말해서 합동성을 요구한다고 하면서도 합동범의 공모공동정범을 처벌하는 근거를 제시하는 단계에서는 합동범을 벗어나 일반범의 공모공동정범론으로 이탈하고 마는 자체모순이 발생한다는 점을 경계하므로. 이 부분을 비판적으로 분석하고자 한다. 재확인하자면, 본고는 [합동범의 공모공동정범을 처벌하는 이론적 근거는, 합동범을 공동정범으로 환원하는 방식이 아니라 배후수괴처벌의 필요성과 당위성을 추가하는 방식에 기초한다]는 입장을 견지한다.

(2) 합동범의 공모공동정범의 본질론과 '공동정범의 특수한 형태'의 이해

가. 현장설과 '공동정범의 특수한 형태'의 이해

현장설은 "합동범 구성요건이 '2인 이상이 합동하여'라고 규정하여 무겁게 벌하는 것은 한 장소에서 다수인이 동시에 죄를 범할 때에

52) 공모공동정범설과 가중적 공동정범설은 공동과 합동 개념을 구별하지 않는다. 그러므로 두 입장 모두 현장에 있는 정범이든 공범이든 현장에 없는 수괴든 합동범의 공동정범이 성립할 수 있다는 입장이다. 그런데 공모공동정범설은 '합동범에서 합동이 공동의 상위개념'이라는 논리(상하개념)로, 다시 말해서 '하위개념의 요건(공동)을 충족하면 상위개념(합동)은 논할 필요 없이' 또는 '합동 개념이 공동 개념을 포함하므로', 합동범의 공모공동정범이 성립한다는 논리이다. 반면 가중적 공동정범설은 '합동 개념과 공동 개념에 차이를 두지 않는다'는 논리(등가개념)로, 다시 말해서 '합동요건이든 공동요건이든 충족하면 합동범이든 합동범의 공동정범이든 그리고 합동범의 공모공동정범까지지도 성립한다'는 논리이다. 안성조, 앞의 논문, 32면 참조.

는 범행의 효율성이 증가한다는 특수한 실행위험에 그 이유가 있다"는 입장이다.[53] 그리고 현장설은 '합동범에서 합동이 공동의 하위개념'이라는 논리를 취한다. 다시 말해서 '하위개념인 현장성 요건을 통과하지 못하면 상위개념인 공동개념으로 거슬러 올라가 합동범의 공모공동정범에 관한 논의 자체를 진행하지 못한다'는 논리를 취한다는 것이다. 그리고 현장설에 의하면, 일단 합동 또는 협동의 의미 즉 '2인 이상의 시간적·장소적 협력'이라는 요건 또는 '2인 이상이 현장에서 공동하여'라는 요건이 충족되면, 그 행위로부터 특별한 범죄위험성은 발현한 것이고, 따라서 처벌은 가중된다. 또한 현장설은 합동범을 '현장성이 강조된 공동정범의 특수한 형태'라고 부르는데, 여기에서 '특수'의 의미는 '현장성이 인정 안 되면 합동범의 공동정범도 공모공동정범도 인정 안 되고, 결국 합동범이 성립하는 범위가 축소된다'는 의미에서 '특수'라고 할 수 있다.

나. 현장설에 대한 문제 제기와 현장적 공동정범설의 문제 해결방법

현장설에 대해서는 합동범의 입법연혁과 관련된 비판이 있다. 즉 현장설은 독일형법 제244조 제1항 3호의 집단절도죄 '집단의 다른 구성원과 협동하여 절도한 자'가 구법시대 절도등의방지및처분에관한법률 제2조 '2인 이상이 현장에서 공동하여 범한 때'를 통해 현행 특수절도죄로 변형되어 입법화되었다는 것이다. 그리고 형법의 합동범 규정은 특수절도에만 국한되지 않고 특수강도죄와 특수도주죄가 포함된다는 점을 근거로 독일의 현장설이 우리 형법에 그대로 타당할 수 없다는 비판이다.[54] 그렇지만 통설도 판례도 '현장설을 합동범의 본질로서 인정하고, 합동범은 현장성이 강조된 공동정범의 특수형태이므로 합동범을 가중처벌하는 것이 합당하다'는 입장인 것에는 차이가 없어 보인다.

그런데 문제는, 현장설이 '합동범은 현장성이 강조된 공동정범의

53) 이재상, 앞의 논문(2006), 59면.

54) 안성조, 앞의 논문, 35면 참조.

특수형태'라는 관점을 고수한다면 합동범의 공모공동정범을 인정할 여지가 없게 된다는 데에서 발생한다. 이와 다르게 현장적 공동정범설은, '합동하여의 의미를 현장설과 동일하게 해석하면서도, 정범으로 가담하지만 현장에 부재한 수괴를 기능적 행위지배를 기준으로 합동범의 공모공동정범으로 처벌할 수 있다'는 입장이므로,[55] 현장적 공동정범설에 따르면 현장설에 의해서는 인정이 불가한 합동범의 공모공동정범을 인정할 수 있게 되는 것처럼 보인다.

다. 현장적 공동정범설 비판-공동정범론으로의 환원 비판

그런데 만일 현장적 공동정범설이 합동범의 본질이라면 '총칙공범론을 합동범에도 적용한다'는 공식은 1998판결 이전부터 적용되어 왔다는 이야기가 성립되어야 할 것이다. 하지만 1998판결이 분명히 선언적 태도로 총칙공범론을 1998사례에서부터 적용한다고 밝혔으니, 이는 판례 스스로가 적어도 1998판결 이전에는 현장적 공동정범설을 합동범의 본질로 다루지 않았다는 점을 밝혔다는 반증이 되고, 따라서 현장적 공동정범설이 주장하는 합동범의 공모공동정범에 관한 근거론은 논거력을 상실할 수밖에 없다. 더군다나 이미 언급한 것처럼 현장적 공동정범설에 대해서는, 이 이론에 의하면 '기능적 행위지배'를 기준으로 수괴를 합동범의 공모공동정범으로 처벌하는 것도, 망보는 자를 합동범의 공동정범으로 처벌하는 것도 그리고 합동범의 방조범 성립도 당연히 가능하므로, 합동범론을 공동정범론으로 환원한다는 비판도 가능하다.[56]

일설은 [현장설이 '합동범은 현장성이 강조된 공동정범의 특수형태'라는 관점을 고수한다면 합동범의 공모공동정범을 인정할 여지가 없게 된다]는 내용의 흠결과 관련해서, 1998전합변경판결을 '현장설을 제한적으로만 수용한다'는 사법부의 의도를 나타낸 것이라고 평가할 수 있다고 주장한다.[57] 이 입장은 또한 '현장적 공동정범설이 1998판

55) 이재상, 앞의 논문(2006), 60면 참조.
56) 김성돈, 형법총론, 650면 참조.

결의 입장과 그 실질에 있어서 유사하며 대법원이 합동범의 공동정범을 긍정하는 법리적·도그마틱적 토대가 무엇인지 일정부분 해명해 줄 수 있다는 점에서 그 의의를 찾아볼 수 있다'고도 한다. 그런데 이러한 논리는 받아들이기 어려운데, 왜냐하면 이 주장은, 기본적으로 현장적 공동정범설은 [2인이 현장에서 합동하여 실행행위를 하는 경우 2인 모두 정범이어야 합동범이 성립한다]는 입장을 취하는데,[58] 이 논거를 가지고는 어느 경우에도 합동범론을 제대로 설명하는 것이 불가능하다는 점을, 간과하고 있기 때문이다.[59]

예를 들어 보자면, ① 절도범 갑과 을이 함께 절도하면서 갑은 정범으로 을은 방조범으로 기여하는 경우, 갑과 을은 모두 현장성의 표지를 갖추고 있어도, 현장적 공동정범설은 '2인 모두 정범이어야 합동범이 성립한다'는 조건을 기초로 하므로, 이 사례의 경우 합동범 자체가 성립하지 않는다는 불합리한 결론에 이른다. 그리고 ② 현장적 공동정범설은, 갑은 현장에서 정범의 행위를 실현하고 을은 배후수괴로서 전체범죄의 실현에 기능적 행위지배를 하는 경우 갑과 을 모두 합동범의 공동정범이 된다고 주장하는데, 이미 IV장에서 독일집단절도죄와 연관해서 검토한 것처럼 현장에 1인만이 있는 경우에도 합동범의 공동정범 또는 합동범의 공모공동정범이 성립한다고 하는 것은 곧

57) 안성조, 앞의 논문, 34면 참조.

58) 이러한 내용의 현장적 공동정범설에 대해 '범행현장에 2명 이상이 있어야만 배후의 두목 등이 합동범이 될 수 있는 근거가 모호하다는 비판이 있다'는 점에 대해서는, 오영근, 형법각론 제8판, 박영사, 2023, 269면 참조.

59) 위 일설은 '현장설을 제한적으로만 수용한다'는 사법부의 의도를 '현장적 공동정범설'을 긍정하는 입장을 표명하는 것이라고 해석하는 것으로 보인다. 그런데 다른 일설이(오영근·노수환, 형법총론, 435면, 511-512면 참조) '...현장설을 취하다가 이를 부분적으로 포기하고...'라고 해석하는 부분의 경우는, 일견 위 일설과 유사한 설명으로 보인다. 하지만 다른 일설의 경우에는, 대법원이 '...실행행위를 한 자가 1명인 경우...'와 '...그 중 2인 이상이 범행장소에서 실제 범죄의 실행에 이르른 경우...'를 구별하여 판시한 부분을, 적시한다는 점에서, '1998판결이 현장설을 부분적으로 포기한 것은 곧 현장적 공동정범설을 취한 것'으로 보는 위 일설과는 구분된다고 생각한다.

현장설을 포기한다는 의미를 가지므로, 이 역시 불합리한 결론에 이른다. 결국 위 일설이 시도하는 '1998판결을 현장설을 제한적으로만 수용한다는 사법부의 의도를 피력한 것'이라는 해석은, 사실 그 실체는 현장설을 포기한 것이었다는 증명과정을 통해서 그 모순이 드러난다. 그리고 '현장적 공동정범설'에서 '현장적'은 탈락하고 '공동정범설'만 남는 결과, 위 일설은 그리도 우려했던 '공동정범론으로의 환원'에 이르고 말았다는 비판을 마주하지 않을 수 없을 것이다.[60)]

라. 1998판결 시각에서 본 현장적 공동정범설 비판

현장적 공동정범설에 대해서는 1998판결을 근거로 다음과 같은 비판이 가능하다. 첫 번째 비판은, 만일 1998판결이 '현장에 2인 이상이 있을 것'을 조건으로 요구하지 않았다면, 동판결은 1인만 있어도 수괴를 처벌할 수 있다고 하여 현장성을 포기한 것으로 인정받는 2001년 독일판결로도 해석될 수 있고, 또한 위의 일설의 주장처럼 현장적 공동정범설을 택한 것으로 해석될 수도 있을 것이다. 그렇지만 1998판결은 명백하게 현장에 2인 이상이 있을 것을 합동범의 공모공동정범이 성립하는 요건으로 제시함으로써, 일설로부터 제기되는 논란을 원천적으로 방어하고 있다. 본고는 만일 1998판결이 동조건을 판결의 이유로서 제시하지 않았다면 일설을 포함한 여러 논란의 실마리를 제공한 결과, 합동범의 가중처벌의 본질을 놓칠 뿐만 아니라 유추해석을 금지하는 헌법에 위반한다는 비판을 받을 수도 있다고 생각한다.

두 번째 비판은, '현장적 공동정범설이 합동범의 본질을 기능적 행위지배의 문제로 환원하고 있기 때문에 현장성의 고유한 의미를 간

---

60) 현장적 공동정범설에 의한다면 '합동범의 정범과 공범의 성립범위는 축소되는 반면 합동범의 공모공동정범 성립범위는 확대된다'는 불합리한 결론에 이른다. 또한 이 일설이 '1998판결에 의해 현장설이 제한적으로만 수용된다'고 한 부분은 서로 일부 긍정 또는 일부 부정되는 관계로 학설을 적용하거나 배제하는 방식이라고 판단되며, 이는 '분석과 종합이 필수인 법리적 논증'에 부합하지 않으므로 합당하지 않다고 생각한다.

과한다'는 점이다.[61] 이러한 비판 역시 1998판결이 '현장에 2인 이상이 있을 것'을 조건으로 요구함으로써 이 사건을 기능적 행위지배의 시각에서만 바라보지 않았다는 해석을 근거로 한다.

3. 일반범의 공모공동정범론의 일반화를 우려하면서도 합동범의 공모공동정범론을 인정하는 입장에 대한 의문

이 입장은 일반범의 공모공동정범론에 대하여는 원칙적으로는 '판례의 공모공동정범론이 일반화되는 것'을 거부한다. 다만 '공모자가 공모과정에서 실질적으로 주도적 역할을 하고 형식적으로도 주도적 지위에 있는 경우'에는 공모공동정범을 인정할 수 있다는 입장이다.[62] 판례가 취하는 공동의사주체설이나 간접정범유사설로는 공모공동정범을 인정할 근거가 부족하고, 따라서 이 논리로 '공모공동정범론을 일반화하는데는 반대하지만' 기능적 행위지배설을 근거로 한다면 '공모공동정범을 공동정범의 도그마틱 속으로 넣으려는 태도의 변화'로 인정해서 찬성한다는 입장으로 보인다.

그런데 본고는 이 입장이 분명하게 '현장성요건을 포함하는 합동'을 '공동'과 구별하면서도 "1998판결의 태도가 범행현장 내지 현장부근에서의 현실적 협동관계라는 합동의 세 번째 요건에 대해 비중을 두지 않은 것처럼 보인 것은 합동개념을 확대하거나 합동개념에서의 세 번째 요건을 포기하는 태도를 취한 것이 아니라 공동정범의 법리를 합동범에 적용함으로써 나타난 이론적 귀결"이라고 해석하는데 대해서는 의문이 생긴다.[63] 왜냐하면 1998판결은 요지의 서두에서부터 '수괴이외에 현장에 2인 이상의 정범이 있을 것'을 못 박아 두고 있고, 이는 합동의 세 번째 요건에 대해 비중을 둔다는 의도를 오해의 여지 없이 전달하려는 의도로 생각되는데, 왜 '비중을 두지 않는 것처럼 보

61) 이재상, 앞의 논문(2006), 60면 참조.
62) 김성돈, 형법총론, 652-653면 참조.
63) 김성돈, 형법총론, 668면 참조.

인 것'이라고 해석했는지 쉽게 이해되지 않기 때문이다.

Ⅵ. 결 론

형법총칙 제3절 제30조 공동정범 규정은, '정범이란 단독정범만을 의미한다'는 원칙이 당연하게 받아들여지던 시대에 그 예외에 해당하는 임의적 공범, 즉 한 사람이 실현할 것을 예상하고 규정한 보통의 구성요건을 수인이 협력 가공하여 실현한 '임의적 공범'을 처벌할 목적으로 규정되었으므로, 그 시대에는 부응했다. 그렇지만 거의 모든 국민들이 스마트기기로 소통하는 이 초연결사회에도 이 원칙을 유지한다는 것은 시대착오적이며, 동시에 이 원칙에 대해 예외규정인 총칙 제3절 공범론도 시대착오적이다. 그리고 개념 그대로 '공범론'이라고 한다면 그 제목 아래 '교사범과 종범'에 관해서만 규정하는 것이 당연할텐데 '공동정범과 간접정범'까지 함께 규정한 다음, 이를 설명하기 위해 '공동정범, 간접정범, 교사범과 종범'을 '광의의 공범'이라고 분류하는 과정을 추가하니, 공범론은 이론상으로도 실무상으로도 비현실적이니 복잡하고, 복잡하니 비실용적이라고 말하지 않을 없다.[64] 그러므로 본고는 형법총칙 제3절을 다수인이 참가하는 모든 경우를 포함한다는 의미를 가지도록 '정범과 공범'으로 변경해야 한다는 주장에 동의한다.[65] 그렇게 하면 '공동정범과 간접정범'이 제3절에 포함되는 것도 자연스럽게 받아들여지므로 굳이 '광의의 공범'이라는 분류기준을 만들 필요도 없을 것이다. 그리고 더 이상 정범이 단독정범만을 의미하는 것이 아닌 것이 된 조문관계 안에서, 굳이 '임의적 공범'이라는 개념을 만든 다음 이를 '필요적 공범'이라는 개념과 엄격하게 구별하는 논의에 얽매이지 않아도 될 것이다. 궁극적으로 본고는, [총칙공범

64) 공범의 유형이 그 구별잣대를 막론하고 필요적 공범, 임의적 공범, 광의의 공범, 협의의 공범, 공범의 특수한 형태(합동범), 집합범 그리고 집단범...까지 열거되는 사정에 이른다.

65) 이재상·장영민·강동범, 형법총론, 448면 참조.

론이 적용되는 임의적 공범과 그렇지 않은 필요적 공범이라는 식의 이분론] 또는 [다수인이 참가하는 모든 경우를 의미하는 필요적 공범과 그렇지 않기에 '특수한' 합동범이라는 식의 이분론]에 집중하다가 [온전히 처벌되어야 할 행위를 처벌하지 못하는 결과가 발생하는 현실]을 우려한다. 그리고 이러한 부조리한 현실을 인지한 연구자들이, ['합동범의 공모공동정범'이라는 결합어가 그 자체로 모순을 포함하므로 '합동범에서 배후수괴를 처벌하는 것은 도그마에 반한다'는 도그마론을 펴야한다는 의무감][66]으로부터 자유로워지기를 바란다.

[주 제 어]

합동범, 현장설, 집단범, 공동정범, 배후수괴처벌의 당위성

[Key Words]

collaboration crime, the field theory, collective crime, joint principal, Justification for the punishment of the hidden criminal

접수일자 : 2024. 5. 14. 심사일자 : 2024. 6. 19. 게재확정일자 : 2024. 6. 25.

66) '법률언어의 일상언어적 의미에 따라서도 그 구별이 쉽지 않은 합동과 공동의 의미를 반드시 구별해야 한다는 명제에 집착해, 합동의 의미를 지나치게 엄격하고 물리적으로 파악한 결과 입법의 실질적 취지를 몰각시킬 뿐만 아니라 형사정책적으로도 바람직하지 못한 결과를 이끌어 낸다'는 입장에 대해서는, 서보학, "합동범의 공동정범", 志松李在相敎授華甲紀念 刑事判例의 硏究 I, 박영사(2002), 648면 참조.

[참고문헌]

〈단행본〉

김성돈, 형법총론, 성균관대학교출판부, 2022.

배종대, 형법각론 제14판, 홍문사, 2023.

신동운, 형법총론 제15판, 법문사, 2023.

신동운, 형법각론 제3판, 법문사, 2023.

오영근, 형법각론 제8판, 박영사, 2023.

오영근·노수환, 형법총론 제7판, 박영사, 2024.

이상돈, 형법강론 제4판, 박영사, 2023.

이재상·장영민·강동범, 형법총론 제11판, 2022.

이재상·장영민·강동범, 형법각론 제13판, 2023.

이형국·김혜경, 형법총론 제7판, 법문사, 2023.

최호진, 형법총론 제2판, 박영사, 2024.

〈논문〉

강동범, "합동범의 공동정범", 형사법연구 제13호, 2000.

김병헌, "합동범의 공동정범 인정문제에 관한 판례의 동향", 숭실대학교 법학논총 제29집, 2013.

김봉수, "합동범의 공동정범에 관한 비판적 고찰", 형사정책 제29권 제2호, 2017.

김성룡, "존재론적 공동정범표지", 비교형사법연구 제17권 제2호, 2015.

김종구, "합동범에 관한 연구", 비교형사법연구 제5권 제1호, 2002.

문채규, "합동범의 공동정범", 형사법연구 제22호, 2004.

박찬걸, "형법각칙의 합동범 개념 폐지에 관한 시론", 홍익법학 제19권 제1호, 2018.

서보학, "합동범의 공동정범", 志松李在相教授華甲紀念 刑事判例의 研究 I, 박영사, 2002.

손지영, "형법 제30조 「공동」의 의미와 공동정범의 본질", 숭실대학교 법학논총 제24집, 2010.
안성조, “합동범의 공동정범”, 연세대학교 법학연구 제31권 제3호, 2021.
이원경, “기능적 행위지배와 공모공동정범의 정범성”, 형사법연구 제22권 제2호, 2010.
이재상, “合同犯의 共謀共同正犯”, 이화여자대학교 법학논집 제4권, 1999.
이재상, “合同犯의 共同正犯”, 이화여자대학교 법학논집 제11권 1호, 2006.
정영일, “합동범에 관한 판례연구”, 형사판례연구 제7권, 1999.
주용기, “집단범죄대책으로서 공모공동정범이론에 관한 고찰”, 法과 政策研究 제7집 제2호, 2007.

[Abstract]

Reorganization of the Meaning of 'Collaboration'
— from Hidden Criminal Case to Watchful Criminal Case —
— Subject Judgement: Supreme Court Ruling 98Do321 Decided in May 21, 1998 —

Son Jee-seon*

This thesis takes the positive stance that the application of 'the theory of joint principal through conspiracy', which has established itself as a precedent principle in our criminal law and has been recognized for criminal policy legitimacy, to collaboration crime as a type of collective crime, is in line with social circumstances and legal practice. Therefore this paper approves that the Supreme Court Ruling 98Do321 decided in May 21,1998 changing the existing precedents applies the general rule of Criminal Law to the criminal who didn't exist at the crime scene and reaches the conclusion of punishing the criminal for collaboration theft. By the way, the 1998 Ruling, as the way of maintaining 'the field theory' about the meaning of 'collaboraion' here as elsewhere, acknowledges the establishment of a joint principal conviction through conspiracy on condition that two or more persons perform their acts of execution on the spot. Thus this thesis aims to find out what's missing in the process of developing such logic that a hidden criminal, even in the case of a collaboration, may be punished as a joint principal through conspiracy, and make up for the lack of logic. This work is to defend the necessity and justification for punishing background bullies against being criticized for the gaps revealed in the argumentation process. Furthermore, it is concerned that the discussion of 'the field theory' in the collaboration

* Ph. D in Law, Ewha Womans University

crime turns out completely to be 'the functional act-domination theory' in the joint principal.

부진정결과적 가중범이 성립하는 경우의 죄수
— 대법원 1996. 4. 26. 선고 96도485 판결 —*

이 진 수**

[사실관계]

甲은 1995. 8. 6. 17:00경 같은 마을에 거주하는 사람과 다툰 것에 대해 甲의 아버지인 피해자 A(39세)가 甲에게 돌을 던지며 꾸중을 할 때, A의 얼굴을 주먹으로 1회 때려 기절하게 하였다. 甲은 그러한 행위로 인해 그날 밤 24:00가 조금 넘은 시간에 A로부터 몽둥이로 허벅지를 수회 얻어맞으면서, 몇 년 전에 약을 먹고 자살한 甲의 어머니의 사인에 대해 A로부터 "네가 어머니를 죽였잖아."라고 질책을 받게 되었다. 이에 甲은 평소 A가 술만 취하면 자신에게 어머니를 죽였다고 술주정하며 자신을 때리고, 甲의 동생인 피해자 B(15세)를 편애하였던 것을 생각해내고, A와 B가 잠든 틈을 타 이들을 살해할 것을 마음먹었다. 甲은 다음 날인 8. 7. 03:15경 위 방 안에서 그곳에 있던 두루마리 화장지를 말아 장롱 뒷면에 나 있는 구멍을 통하여 장롱 안으로 집어넣은 다음, 평소 소지하고 다니던 1회용 라이터로 화장지에 불을 붙여 장롱으로 불이 번지자 그곳을 빠져 나왔다. 그로 인하여 그곳에

* 이 글은 2024년 4월 1일 제369회 한국형사판례연구회에서 발표한 글을 상당부분 수정, 보완한 것입니다. 토론 및 심사를 통하여 고견을 주신 모든 분들께 감사드립니다.

** 강원대학교 법학전문대학원 조교수.

서 잠을 자던 A와 B는 연기로 인해 질식사하였다.

[사건경과 및 판결이유]

제1심법원은 甲의 행위에 대해 존속살해죄, 살인죄, 각 현주건조물방화치사죄 등을 적용법조로 하고, 이들 상호간을 상상적 경합으로 인정하면서, 형이 가장 무거운 존속살해죄에 정한 형으로 처벌하기로 하고 무기징역형을 선택하였다. 다만 소년법에 따라 법률상 감경을 하였고, 甲에게 징역 10년을 선고하였다.[1)]

이 판결에 대해 甲이 항소하였다. 항소심법원은, 범행 당시 甲이 17세의 소년이었음을 감안하더라도 심신장애 상태에 있었다고 인정되지 않으며, 그 밖에 양형부당의 주장도 받아들일 수 없다고 보아 항소를 기각하였다.[2)]

항소심판결에 대해 다시 甲이 상고하였다. 대법원도 심신장애 상태 등 甲의 다른 상고이유는 모두 배척하였다. 다만 대법원은 동생 B에 대한 살해 부분에 대하여 원심법원의 판단에 잘못이 있었음을 지적하였다.

살피건대, 형법 제164조 후단이 규정하는 현주건조물방화치사상죄는 그 전단이 규정하는 죄에 대한 일종의 가중처벌 규정으로서 과실이 있는 경우뿐만 아니라, 고의가 있는 경우에도 포함된다고 볼 것이므로 사람을 살해할 목적으로 현주건조물에 방화하여 사망에 이르게 한 경우에는 현주건조물방화치사죄로 의율하여야 하고 이와 더불어 살인죄와의 상상적 경합범으로 의율할 것은 아니라고 할 것이고(대법원 1983. 1. 18. 선고 82도2341 판결 참조), 다만 존속살인죄와 현주건조물방화치사죄는 상상적 경합범 관계에 있으므로, 법정형이 중한 존속

1) 수원지법 성남지원 1995. 10. 17. 선고 95고합165 판결 (미간행).
2) 서울고법 1996. 1. 23. 선고 95노2859 판결 (미간행).

살인죄로 의율함이 타당하다고 할 것이다.

따라서 이 사건에 있어 동생의 살해에 대하여는 현주건조물방화치사죄만으로 의율하였어야 함에도 불구하고, 위와 같이 동생의 살해에 대하여 살인죄와 현주건조물방화치사죄의 상상적 경합범으로 의율한 제1심을 유지한 원심은 필경 형법 제164조 후단의 현주건조물방화치사죄의 법리나 상상적 경합범의 법리를 오해하였다고 아니할 수 없다.

그러나, 피고인의 소위는 1개의 방화행위로 인하여 아버지와 동생을 동시에 사망하게 한 것으로서 이는 상상적 경합범에 해당되므로 어차피 현주건조물방화치사죄보다 형이 더 무거운 존속살인죄의 정한 형으로 처벌할 수밖에 없고, 원심도 피고인을 형이 가장 무거운 존속살인죄의 정한 형으로 처벌하였으므로 원심의 위와 같은 잘못은 판결에 영향이 없다 할 것이니, 이 점을 지적하는 상고이유의 주장은 결국 이유 없음에 귀착한다고 할 것이다.

[평　　석]

Ⅰ. 평석을 위한 문제의 제기

대상판결은 고의범과 현주건조물방화치사죄가 1개의 행위로 인해 성립할 수 있는 경우에 대한 리딩케이스이다. 1995년 12월 29일 형법 개정 이전에 일어난 사건을 대상으로 하는 본 판결에서, 대법원은 존속살해죄와 현주건조물방화치사죄는 상상적 경합관계에 있지만(A에 대한 부분), 살인죄와 현주건조물방화치사죄는 후자의 범죄만 성립한다(B에 대한 부분)는 결론을 도출하고 있다. 후자의 결론은 부진정결과적 가중범을 인정한 대법원 1983. 1. 18. 선고 82도2341 판결[3]에 의한

3) 집 31(1) 형, 21. 이 판결에 대한 평석으로, 김성룡, "부진정결과적 가중범의 성립범위와 죄수", 한국형사판례연구회 편, 형사판례연구 제15권, 박영사, 2007, 1면 이하

것이다.

대상판결을 보고 지금의 시점에서 첫 번째로 드는 의문은, 1995년 형법개정 이후에 동일한 사안이 발생한 경우 행위자를 어떻게 처단할 것인가 하는 점이다. 이것은 특히 부진정결과적 가중범과 중한 결과의 고의범 사이의 죄수에 대한 해결책을 명시한 대법원 2008. 11. 27. 선고 2008도7311 판결[4]과의 관계에서 발생하는 궁금증이다.

논의의 편의를 위하여 먼저 두 범죄의 법정형에 관한 내용을 개관하면 다음과 같다. 제정형법 당시 존속살해죄의 법정형은 사형 또는 무기징역이었지만, 1995년 12월 29일의 형법개정에 의해 현재는 사형, 무기 또는 7년 이상의 징역으로 변경되었다(형법 제250조 제2항). 현주건조물방화치사죄의 법정형은 사형, 무기 또는 7년 이상의 징역이다(형법 제164조 제2항 후단). 한편 존속살해죄에 대해서는 유기징역형에 처할 경우에 자격정지형을 병과할 수 있다(형법 제256조). 이 자격정지형은 법정형이 아니라 유기징역형을 처단형으로 정한 경우에 문제되는 임의적 병과형이다.[5] 또한 존속살해죄는 미수범이 처벌되지만(형법 제254조, 제250조 제2항), 현주건조물방화치사죄에는 미수범 처벌규정이 없다(형법 제174조 참조).

한편 대법원 2008도7311 판결의 결론을 여기에 다시 소개하면 다음과 같다. 대법원은 중한 결과의 고의범의 형이 부진정결과적 가중범의 형보다 높은 경우에는 형이 더 낮은 부진정결과적 가중범 이외에도 중한 결과의 고의범이 성립하고 이들은 상상적 경합관계에 있지만, 반대로 부진정결과적 가중범의 형이 중한 결과의 고의범의 형보다 높거나 같은 경우에는, 부진정결과적 가중범이 고의범에 대하여 특별관계에 있기 때문에 법조경합으로서 부진정결과적 가중범만이 성립한다고 본다. 그리하여 이 경우에는 양죄가 상상적 경합관계에 서는 것이

참조.

4) 공 2008하, 1849.

5) 김영태 집필부분, 조균석 등 편, 형법주해[Ⅷ] 각칙(5), 박영사, 2023, 184면 각주 430.

아니라고 한다.

대법원 2008도7311 판결 이전에도 그 판시사항의 전반부, 다시 말해 중한 결과의 고의범의 형이 부진정결과적 가중범의 형보다 높은 경우에는, 부진정결과적 가중범의 존재 때문에 오히려 가볍게 처벌되는 것은 타당하지 않다는 근거(형량의 확보)를 이유로 상상적 경합관계에 있다는 것은 인정되고 있었다.[6] 이에 비하여 부진정결과적 가중범의 형이 중한 결과의 고의범의 형보다 높거나 같은 때에 대한 해결책은 대법원 2008도7311 판결에서 비로소 판시된 내용이다.

그런데 대법원 2008도7311 판결의 이 후반부 판시가 정확히 어떠한 의미인지는 그다지 간단하지 않다. 겉으로 볼 때에는, 주어진 두 범죄의 법정형만을 단순히 비교하기만 하면 부진정결과적 가중범과 중한 결과의 고의범 중 어느 것이 성립하는지가 도식적으로 결정될 수 있다는 논리로 이해될 수 있다. 그러나 과연 그것만일까? 1995년 형법 개정 이후의 변화된 법정형을 전제로, 대법원 2008도7311 판결의 논리가 결합될 때 대법원 96도485 판결의 결론은 유지될 수 있을까? 본 평석자의 의문은 바로 여기에서부터 출발한다.

Ⅱ. 선행분석: 대법원 2008도7311 판결의 의미와 해명되어야 할 과제들

1. 대법원 2008도7311 판결의 의미

본격적인 논의에 들어가기 이전에, 대법원 2008도7311 판결을 살펴보기로 한다. 이 판결의 사실관계는 다음과 같다. 甲은 2008. 3. 24. 21:30경 고양시 덕양구에 있는 철길 건널목 앞 노상에서, 자동차운전면허 없이 승용차를 운전하고 있던 중, 고양경찰서 소속 경찰관인 경사 A와 다른 경찰관들로부터 음주단속을 당하게 되었다. 그런데 위 경찰관들이 음주단속을 하기 위하여 甲의 차량을 세우자, 甲은 위 차

6) 대법원 1995. 1. 20. 선고 94도2842 판결 (공 1995, 947).

량을 운전하면서 그대로 도주하였다. A는 甲의 차량을 12km 가량 순찰차를 타고 추격하여 같은 날 21:50경 고양시 덕양구 노상에서 甲의 차량을 따라잡았고, 순찰차에서 내려 甲에게 하차할 것을 요구하였다. 그러나 甲은 이에 불응하고, 위험한 물건인 위 승용차를 운전하여 A가 서 있는 방향으로 진행하면서 A의 오른쪽 무릎을 위 차량 앞범퍼 오른쪽 부분으로 들이받았다. 그로 인해 A는 약 6주간의 치료를 요하는 상해를 입었다.

이에 대해 제1심법원은, 무죄부분을 설시하면서, "… 특수공무집행방해치상죄만이 성립하는 것이고 이와 더불어 법정형이 더 무겁지도 않은 폭력행위등처벌에관한법률위반(집단·흉기등상해)죄와의 상상적 경합범으로 의율할 것은 아니므로(대법원 1995. 1. 20. 선고 94도2842 판결 등 참조), …"라고 설시하여 죄수판단에 관한 논의의 단초를 제시하였다.[7]

제1심법원의 생각은 항소심판결에서 보다 정교하게 등장하였다. 항소심법원은, 당해 사건에서 문제된 폭처법위반(집단·흉기등상해)죄와 특수공무집행방해치상죄의 관계에 대해, 구성요건요소, 보호법익, 법정형 등의 세 가지 측면에서 검토하고 있다.[8] 이를 상술하면 다음과 같다. 첫째, 특수공무집행방해치상죄의 구성요건요소인 "위험한 물건을 휴대하여 직무를 집행하는 공무원을 폭행 또는 협박하여 상해를 가하거나 상해를 입게 한 경우"는 폭처법위반죄의 구성요건요소를 모두 포함하면서 그 피해자가 직무집행 중인 공무원인 것을 요구하므로, 특수공무집행방해치상죄는 폭처법위반죄에 대해 특별구성요건으로 볼 수 있다. 둘째, 특수공무집행방해치상죄의 보호법익에는 공무 외에도 공무원 개인의 신체 안전성이 포함된다. 셋째, 과거 폭처법위반죄가 야간에 행해진 경우를 가중처벌하였던 때(5년 이상의 유기징역)에는 그 법정형을 상상적 경합을 인정하는 형태로 확보할 실익이 있었지만, 법

7) 의정부지법 고양지원 2008. 5. 23. 선고 2008고합68 판결 (미간행).
8) 서울고법 2008. 7. 24. 선고 2008노1478 판결 (미간행).

정형이 같은 경우에는 처벌의 형평성 차원에서도 문제가 없다.

이렇게 볼 때 서울고법 2008노1478 판결은 법정형만 가지고 형의 경중을 판단한 것이 아니고, 문제되는 범죄들의 구성요건요소, 보호법익까지 두루 고려한 결과 특수공무집행방해치상죄쪽이 특별관계에 있다는 결론을 이끌어낸 것이다. 그렇다면 대법원의 결론도 이와 마찬가지로 법정형만이 아니라 구성요건요소, 보호법익 등에서 부진정결과적 가중범 일죄로 보아도 무리가 없는 사안에서 적용되어야 할 것이라고 생각된다. 여기에서 대법원이 법조경합 중 특별관계라는 용어를 부가적으로 명시한 점을 중요하게 보는 관점을 생각해 볼 수 있다.[9] 즉 부진정결과적 가중범의 형이 중한 결과의 고의범의 형보다 높은 것은(심지어 두 범죄의 형이 같더라도), 두 범죄가 특별관계에 서 있다고 볼 수 있는 하나의 표상일 뿐이다. 부진정결과적 가중범과 고의범이 어떠한 관계에 있는지를 따져보고, 부진정결과적 가중범이 중한 결과의 고의범에 대해 특별관계에 있다고 판단되는 경우에만 그 당연한 귀결상 부진정결과적 가중범만 성립한다. 그렇다면 부진정결과적 가중범이 중한 결과의 고의범에 대해 특별관계에 있다고 할 수 없는 경우에는 원칙으로 돌아가 상상적 경합관계에 있다고 보아야 타당한 결론이 될 것이다.

2. 해명되어야 할 과제들

이제까지 분석한 대법원 2008도7311 판결의 의미가 타당하다면, 존속살해죄와 현주건조물방화치사죄의 죄수는 법정형의 비교만으로 도식적으로 결정될 수 없다. 한편 현주건조물방화치사죄는 개정형법가안 제254조 후단에서 유래한 규정으로, 이 범죄의 입법과정을 살펴보는 것은 죄수 판단의 실마리를 제시해 줄 수 있다고 생각된다. 나아가 우리 형법은 제50조 제3항에서 "죄질"과 "범정"을 형의 경중에 관

---

9) 대법원 96도485 판결에 대한 생각으로, 마용주 집필부분, 박상옥/김대휘 편, 주석형법[총칙 1](제3판), 한국사법행정학회, 2020, 300면 참조.

한 최종적 판단기준으로 규정하고 있는데, 우리의 문제에서 이 조항이 적용될 수 있는지에 대해서도 살펴볼 필요가 있다. 아래에서는 현주건조물방화치사죄와 형의 경중에 관한 조문의 연혁에 초점을 두고 차례대로 살펴보기로 한다.

Ⅲ. 현주건조물방화치사죄에 관한 연혁적 고찰

1. 1907년 일본형법상 기차 등 전복·파괴치사죄의 해석론

현주건조물방화치사죄를 보기에 앞서, 1907년 일본형법에서 규정하고 있는 기차 등 전복·파괴죄와 기차 등 전복·파괴치사죄[10]의 해석론을 개관할 필요가 있다. 기차 등 전복·파괴죄는 고의범으로서 법정형은 무기 또는 3년 이상의 징역형이고 미수범이 처벌되지만, 기차 등 전복·파괴치사죄는 결과적 가중범으로서 법정형은 사형 또는 무기 징역이며 미수범은 처벌되지 않는다. 이로 미루어 알 수 있듯이, 두 범죄 사이의 관계는 우리 형법의 현주건조물방화죄 및 현주건조물방화치사죄의 그것과 대단히 닮아 있다.[11]

이러한 조문체계 아래에서 일본의 대심원은 살인의 고의로 기차 등 전복·파괴치사죄를 범한 경우 기차 등 전복·파괴치사죄와 살인죄

10) 1907년 일본형법 제126조 [제1항] 사람이 현재하는 기차 또는 전차를 전복(顚覆) 또는 파괴한 자는 무기 또는 3년 이상의 징역에 처한다.
[제2항] 사람이 현재하는 함선을 복몰(覆沒) 또는 파괴한 자 또한 같다.
[제3항] 전2항의 죄를 범함으로 인하여 사람을 사망에 이르게 한 자는 사형 또는 무기징역에 처한다.
제128조 제124조 제1항, 제125조 및 제126조 제1항, 제2항의 미수죄는 이를 벌한다.

11) 우리 제정형법의 교통방해치사상죄(제188조)는 사형, 무기 또는 3년 이상의 징역형을 규정하고 있었으므로, 사망 부분에 대해서는 일본에서의 문제 상황과 다르다. 한편 법정형의 측면에서 보면, 제187조가 무기 또는 3년 이상의 징역형으로 규정되어 있음에 비추어 볼 때 사상에 이르게 한 경우에도 (사형이 추가되어 있기는 하지만) 3년 이상의 징역형을 하한으로 한 것은 균형에 맞지 않는다고 생각된다. 이 점은 사형을 삭제하면서 치사죄의 형만 5년 이상으로 조정한 1995년 형법개정 이후에도 그러하다.

가 별개로 성립하고 이들은 상상적 경합관계에 있다고 하였다. 즉 대심원 제2형사부는 "(일본)형법 제126조 제3항은 같은 조 제1, 2항의 죄를 범함으로 인하여 사람을 사망에 이르게 한 행위를 처벌하는 규정으로서 그 살의에서 나온 것인지 여부를 묻지 아니하는 것이므로 원판결이 살인의 의사로 선박을 복몰하여 사람을 사망에 이르게 한 원판시 피고[인]의 행위에 대해 같은 조 제2항, 제3항, 같은 법 제199조[=살인죄] 및 제54조[=상상적 경합][12]를 적용·처단하였음은 정당하므로 본 논지는 상고이유 없다."[13]고 판시하였다. "기차 등 전복·파괴죄와 살인죄의 상상적 경합"에 의한 형과 "기차 등 전복·파괴치사죄"의 형을 고려할 때, 살인의 고의가 있는 경우에도 기차 등 전복·파괴치사죄가 성립한다고 보아야 형의 권형(權衡)에 맞지만, 기차 등 전복·파괴치사죄는 교통방해죄의 하나이므로 그 이외에도 살인죄가 별개로 성립한다는 취지일 것이다.[14]

이 판결에 대해 찬성하는 견해도 있었다.[15] 그러나 대심원판결에 반대하여 기차 등 전복·파괴치사죄만 성립한다는 반론이 유력하게 제기되었다. 모토지 신구마(泉二新熊, もとじ しんくま) 박사에 의하면, 기차 등 전복·파괴치사죄에서 살의가 있는 경우를 포함하지 않으면 형의 권형(權衡)을 잃으므로, 사망의 결과가 발생한 때는 이에 대한 인식의 유무와 관계없이 기차 등 전복·파괴치사죄만을 인정하여야 한다.[16] 이러한 견해는 부진정결과적 가중범이라는 법형상을 인정하여

12) 1907년 일본형법 제54조 제1항: 1개의 행위로 수개의 죄명에 저촉하거나 또는 범죄의 수단이나 결과인 행위로서 다른 죄명에 저촉한 때는 그 가장 중한 형으로 처단한다.

13) 大判大7·11·25錄24輯1425頁.

14) 牧野英一, 刑法各論上卷, 有斐閣, 1955, 112-113頁.

15) 小野清一郎, 全訂刑法講義, 有斐閣, 1945, 470頁.

16) 泉二新熊, 日本刑法論下卷(各論)[訂正第44版], 有斐閣, 1939, 183-184頁. 이에 비해 사망의 결과가 발생하지 않은 경우는 기차 등 전복·파괴치사죄에 미수범 처벌규정이 없으므로, 원칙으로 돌아가 기차 등 전복·파괴죄와 살인미수죄가 상상적으로 경합한다고 하였다. 木村龜二, 刑法各論, 日本評論社, 1940, 221頁도 모토지 박사와 같은 견해를 택하고 있다. 최근의 견해로는, 西田典之/橋爪 隆 補訂, 刑法各論(第7版),

도 무리가 없다는 사고방식에서 나온 것으로 생각된다.

2. 일본에서의 현주건조물방화치사죄 입법논의

1907년 일본형법은 현주건조물방화죄를 규정하고 있을 뿐(제108조, 법정형은 사형 또는 무기 내지 5년 이상의 징역), 현주건조물방화치사상죄에 대해서는 따로 조문을 마련해 두지 않고 있다. 그에 따라 일본의 대심원은 살인의 수단으로 현주건조물에 방화한 경우에는 두 범죄의 견련범(1907년 일본형법 제54조 제1항 후단)을 인정하였다.[17]

한편 1927년 모토지 박사의 주도로 성안된 형법개정예비초안은 현주건조물방화치사죄를 신설한다. 그 조문은 다음과 같다.

예비초안 제181조 [제1항] 현재 사람이 주거로 사용하거나 또는 사람이 현재하는 건조물, 기차, 전차, 함선 내지 광갱을 소훼하여 화재를 야기한 자는 무기 또는 5년 이상의 징치(懲治)에 처한다. [제2항] 전항의 죄를 범함에 인하여 사람을 사망에 이르게 한 자는 살의의 유무를 묻지 아니하고 사형 또는 무기징치에 처한다.

이 조문에 대해 1932년 5월 24일에 열린 형법개정기초위원회 제172회에서 논의된 내용을 소개하면 다음과 같다.

마키노 (에이)[牧野英一, まきの えいいち] 위원 제2항에 「살의의 유무를 묻지 아니하고」라고 규정한 이유를 듣고 싶습니다.

모토지 위원 본항을 가령 「사망에 이르게 한 자」로 하는 때는 현행법

弘文堂, 2018, 342頁; 井田 良, 講義刑法學·各論(第3版), 有斐閣, 2023, 467頁 등. 山口 厚, 刑法各論(第2版), 有斐閣, 2010, 410頁은, 두 범죄의 상상적 경합을 인정하면 사망이 이중으로 평가되므로 부당하다는 점을 근거로 제시한다.

17) 大判昭7·6·20新聞3443號11頁. 다만 이후의 일본의 재판례는 상상적 경합을 인정하고 있다고 한다. 仙台高秋田支判昭32·5·21裁特4卷11=12號267頁. 村瀬 均 집필부분, 大塚 仁/河上和雄/中山善房/古田佑紀 編, 大コンメンタール刑法(第3版) 第7卷, 青林書院, 2014, 62頁 참조.

제126조 제3항과 마찬가지로 해석상 의문의 여지가 있습니다. 판례는 살의가 있는 경우도 포함하는 것으로 해석하고 있지만 혹은 치사의 결과에 대한 인식 없는 경우에만 적용이 있는 것으로 해석될 우려가 있습니다. 고로 적어도 치사의 결과를 발생시킨 때는 이에 대한 인식의 유무를 묻지 아니하고 본항만을 적용하는 것에 있다는 주된 뜻을 명확하게 하기 위해 「살의의 유무를 묻지 아니하고」라고 규정한 것입니다. 또한 본항과 같은 형태의 입법형식으로는 제201조,[18] 제331조[19] 등의 규정이 있습니다. 연구를 바랍니다.

미야기[宮城長五郎, みやぎ ちょうごろう] 위원 사람을 죽음에 이르게 한 경우를 문제로 한다면 치명의 위험 있는 중대한 상해의 결과가 발생된 경우에 대해서도 규정할 필요는 없습니까?

모토지 위원 상해의 경우는 본조 제1항이[,] 상해의 규정이 있습니다. 중하게 규정되었으므로 같은 항에 흡수될 것입니다.

마키노 (에이) 위원 본항은 살인의 목적으로 방화한 경우와 살의 없이 사망의 결과를 발생시킨 경우를 아울러 규정하므로 입법기술로서는 타당을 결하였습니다. 뒤의 규정에 영향을 끼치는 것이 크므로 논의를 요합니다.

(간 담)

고야마[小山松吉, こやま まつきち] 위원장 협의의 결과 제2항은 「살의의 유무를 묻지 아니하고」를 삭제하고[,] 제1항의 말미에 추가하는 것으로 하였습니다. 결국 본조는 다음과 같이 수정되었습니다. 이의 없습니까? 또 「인하여」 이하의 후단은 결과적 가중범이지만 행위자가 살의로 한 경우에는 살인죄와 경합하는 것으로 합니다. 그리고

---

18) 예비초안 제201조 제3항: 「전2항(기차 등의 교통에 사용하는 시설의 손괴 등, 사람이 현재하는 기차 등의 전복 등)의 죄를 범함으로 인하여 사람을 사망에 이르게 한 자는 살의의 유무를 묻지 아니하고 사형 또는 무기징치(懲治)에 처한다.」

19) 예비초안 제331조: 「강도가 사람을 상해한 때는 무기 또는 10년 이하의 징치(懲治)에 처한다. 사망에 이르게 한 때는 살의의 유무를 묻지 아니하고 사형 또는 무기징치에 처한다.」 그런데 강도상해죄의 규정 중 「10년 이하」는 「10년 이상」의 잘못으로 생각된다. 형법개정기초위원회 제210회에 상정된 규정은 징치를 징역으로 수정한 외에, 「10년 이상」으로 되어 있다. 刑法改正起草委員會議事日誌(自第170回至第219回), 제210회, 9丁.

후단의 규정은 살의 없는 경우이므로 단기를 6년으로 하였습니다.

제181조 불을 놓아 현재 사람이 주거로 사용하거나 또는 사람이 현재하는 건조물, 기차, 전차, 함선 또는 광갱을 소훼한 자는 무기 또는 5년 이상의 징역에 처한다. 인하여 사람을 사망에 이르게 한 자는 사형 또는 무기징역 내지 6년 이상의 징역에 처한다.
각 원 이의 없음 (가 결)[20]

간담에서 논의되었던 내용이 사실상의 입법이유였을 것이지만, 지금으로서는 이 부분을 확인할 수 없다. 그러나 간담의 결과 도출된 규정이 예비초안의 그것과 현저히 달라진 점은 확인할 수 있다. 즉 예비초안 제181조 제2항은 — 아마도 모토지 박사 자신의 견해에 의해 — 부진정결과적 가중범만 성립한다는 취지를 명확히 하였지만, 형법개정기초위원회는 제2항을 삭제하면서 그 법정형을 사형 또는 무기징역 내지 6년 이상의 징역으로 수정하였다. 그 법정형은 예비초안의 살인죄(제257조)와 같다. 고야마 위원장의 발언에 의하면, 가결된 안의 현주건조물방화치사죄는 진정결과적 가중범으로, 살인의 고의가 있는 경우에는 살인죄와 현주건조물방화치사죄의 (상상적)[21] 경합으로 처리된다는 취지의 규정으로 보인다.[22]

그리고 이 조문은 마키노 위원의 지적과 같이 다른 부진정결과적 가중범 조문들의 성안에도 영향을 끼친다.[23] 현주건조물방화치사죄(개

20) 刑法改正起草委員會議事日誌(自第170回至第219回), 제172회, 4-5丁. 조문에 대한 강조는 인용자의 것이다.

21) 개정형법가안 제90조 제1항은 상상적 경합을 실체적 경합과 동일하게 다루고 있다.

22) 그런데 이러한 설명과 달리, 마키노 박사는 자신의 체계서에서 개정형법가안 제276조 제2항, 제277조 제2항에 따를 때 왕래방해로 인하여 치사의 결과가 발생된 경우에는 단지 결과적 책임(=결과적 가중범)으로서 논하게 된다고 적고 있다. 牧野英一, 앞의 책, 113頁.

23) 이들 조문과 달리, 예비초안의 강도치사죄(제331조 후단)에서 규정되어 있던 「살의의 유무를 묻지 아니하고」 부분에 대해, 모토지 위원은 전례에 따라 삭제할 것이라고 하였는데, 마키노 에이이치 위원은 살의가 있는지 여부에 의해 법정형을 구

정형법가안 제254조 후단), 현주건조물일수치사죄(가안 제268조 후단), 기차 등 전복·파괴치사죄(가안 제277조 제2항) 등은 모두 살인죄(가안 제335조)의 법정형과 동일하게 "사형 또는 무기 내지 6년 이상의 징역"의 법정형으로 규정되었다.24)

3. 일본에서의 현주건조물방화치사죄 입법론과 관련한 시사점

이제까지 살펴본 일본에서의 현주건조물방화치사죄에 관련된 연혁적 고찰로부터 얻을 수 있는 시사점은 다음과 같다. 먼저 현주건조물방화치사죄를 부진정결과적 가중범으로 해석하는 대법원판례는, 일본 대심원의 기차 등 전복·파괴치사죄의 해석론이 아니라, 그에 대한 유력한 반대견해와 상통한다는 점이다. 다음으로, 일본 개정형법가안의 입안자는 현주건조물방화치사죄 등의 형을 살인죄와 동일하게 규정하여 부진정결과적 가중범을 인정하지 않도록 배려하였다는 점이다. 성안된 안에 대한 설명을 받아들인다면, 현주건조물방화치사죄는 진정결과적 가중범으로 규정되었고, 만일 살인의 고의가 있는 경우라면 살인죄와의 상상적 경합이 인정될 것이다. 이러한 언명은 중한 결과의 고의범과 결과적 가중범 사이의 죄수는 상상적 경합이 원칙이라는 점을 확인시켜준다는 점에서 중요한 의미를 가진다고 생각된다. 그런데 우리 입법자는 개정형법가안의 규정을 받아들이면서도 법정형에서 살인죄와 차이를 둔 결과, 새로운 해석론이 전개될 수밖에 없게 되었다.

분하는 방식을 제안하였다. 반면 우자와(鵜澤總明, うざわ ふさあき) 위원은 「[제1항] 강도가 사람을 상해한 때는 무기 또는 10년 이상의 징역에 처한다. 사망에 이르게 한 때는 사형 또는 무기징역에 처한다. [제2항] 강도가 사람을 살해한 때는 사형 또는 무기징역에 처한다.」는 조문을 제안하였다. 刑法改正起草委員會議事日誌(自第170回至第219回), 제210회, 9-10丁. 우자와 위원의 제안이 개정형법가안 제427조, 제428조의 원형이 되었다.

24) 1934년 3월 13일에 열린 형법개정기초위원회 제233회에서는, 후단의 형기 부분을 살인죄를 심의할 때 비교하여 고려하기로 하였다. 刑法改正起草委員會議事日誌(自第220回至第259回), 제233회, 3丁. 그러나 이후의 회의록에서 이와 관련된 내용은 보이지 않는다.

Ⅳ. 「형법」 제50조 제3항의 개관

1. 일본형법 제10조 제3항의 입법연혁과 해석론

1877년 11월 사법경에게 상신된 "확정 일본형법초안 완(完)"에는 법정형이 같을 때 형의 경중을 판단하는 규정이 보이지 않는다. 그것은 아마도 당시 프랑스형법에 이에 관한 규정이 없었기 때문이었을 것으로 추정된다. 그런데 이후 "형법초안심사국 2회 형법초안" 제100조로 「경죄의 형은 각조에서 구별이 있더라도 그 장단경중(長短輕重)이 균일하지 아니한 것에 대해서 두 죄 이상이 일시에 발각된 때는 그 범한 죄[所犯] 정상(情狀)이 가장 중한 것에 좇아 처단한다.」는 내용이 추가되었다.[25] 그리고 "형법초안심사국 3회 형법초안"은 그 형태를 다듬어 제100조 제3항에서, 「경죄의 형은 그 범한 죄 정상이 가장 중한 것에 좇아 처단한다.」고 규정하였다.[26] 이 문언은 계속되는 초안에서 특별한 변경 없이 유지되었다. 최종 공포된 1880년 일본형법 제100조는 다음과 같다.[27]

제100조 [제1항] 중죄[,] 경죄를 범하고 아직 판결을 거치지 아니한 두 죄 이상이 일시에 발각된 때는 가장 중함에 좇아 처단한다. [제2항] 중죄의 형은 형기가 긴 것을 중하다고 한다. 형기가 같은 것은 정역(定役)이 있는 것을 중하다고 한다. [제3항] 경죄의 형은 그 범한 죄 정상이 가장 중한 것에 좇아 처단한다.

25) 西原春夫/吉井蒼生夫/藤田 正/新倉 修 編, 舊刑法[明治13年](4)-Ⅰ, 信山社, 2016, 239頁. 刑法草案修正稿本에서는 붉은 글씨로 쓴 정정(朱書訂正)의 형태로, "第何條"로 표기되었다. 西原春夫/吉井蒼生夫/藤田 正/新倉 修 編, 舊刑法[明治13年](4)-Ⅱ, 信山社, 2016, 73頁.

26) 西原春夫/吉井蒼生夫/藤田 正/新倉 修 編, 舊刑法[明治13年](4)-Ⅰ, 276頁. 刑法審査修正第二稿에서도 제100조 제3항으로 규정되었다. 西原春夫/吉井蒼生夫/藤田 正/新倉 修 編, 舊刑法[明治13年](4)-Ⅱ, 168頁.

27) 西原春夫/吉井蒼生夫/藤田 正/新倉 修 編, 舊刑法[明治13年](4)-Ⅱ, 451頁.

이후 1907년 일본형법은 제10조에서 형의 경중을 판단하는 기준을 규정하였다. 그 내용은 다음과 같다. 규정의 형태로 볼 때 1907년 일본형법 제10조 제3항은 1880년 형법 제100조 제3항에서 유래한 것임을 알 수 있다.

> 제10조 [제1항] 주형의 경중은 전조 기재의 순서[=제9조, 사형, 징역, 금고, 벌금, 구류 또는 과료]에 의한다. 단 무기금고와 유기징역과는 금고를 중하다고 하고 유기금고의 장기가 유기징역의 장기의 2배를 초과한 때는 금고를 중하다고 한다.[28]
> [제2항] 동종의 형은 장기가 긴 것 또는 다액이 많은 것을 중하다고 한다. 장기 또는 다액이 동일한 것은 그 단기가 긴 것 또는 과액(寡額)이 많은 것을 중하다고 한다.
> [제3항] 2개 이상의 사형 또는 장기나 다액 및 단기나 과액이 같은 동종의 형은 범정(犯情)에 의하여 그 경중을 정한다.

일본의 개정이유서는 제10조 제3항 부분에 대하여, "제2항 및 제3항은 동종의 형에 대해 규정한 것으로 다시 형기의 장단, 금액의 다과에 차이가 있는 동종의 형과 그러하지 않은 동종의 형을 구별하여 그 차이가 있는 것에 대해서는 제2항에 기재한 표준에 의해[,] 그 차이가 없는 것에 대해서는 제3항에 기재한 표준에 의해 그 경중을 정하는 것으로 하였다."[29]고 적고 있다.

일본형법 제10조의 원론적인 의미는, 죄의 경중을 결정하는 기준은 법정형이며, 법정형을 도외시하고 구체적인 죄상에 의해서 결정하는 것이 아니라는 것이다.[30] 일본의 실무는 범죄 후 법령의 개정이 있

28) 이와 관련하여 독일제국형법 제21조는, 「8월의 중징역형(Zuchthausstrafe)은 1년의 경징역형(Gefängnißstrafe)과 같고 8월의 경징역형은 1년의 성채금고형(Festungshaft)과 같이 본다.」고 규정하고 있었다.

29) 松尾浩也 增補解題, 倉富勇三郎/平沼騏一郎/花井卓蔵 監修, 高橋治俊/小谷二郎 共編, 增補刑法沿革綜覧(增補復刻版), 信山社, 1990, 2127頁.

30) 大判大8・3・8錄25輯298頁.

는 경우(일본형법 제6조),[31] 상상적 경합, 실체적 경합 등 법정형 및 처단형이 문제되는 곳에서 일본형법 제10조를 적용하여 왔다.[32]

그중 일본형법 제10조 제3항이 적용되는 구체적 예를 들어보면 다음과 같다. 일본형법에서 유가증권 허위기입죄는 제162조 제2항, 제1항에 해당하고(3월 이상 10년 이하의 징역), 허위기입을 한 유가증권행사죄는 제163조 제1항에 해당하며(3월 이상 10년 이하의 징역), 사기죄는 제246조 제1항에 해당하는데(10년 이하의 징역), 이들이 순차적으로 수단·결과의 관계에 있어서 견련범(제54조 제1항 후단)에 해당한다면, 제10조 제3항에 의해 범정이 가장 중한 "허위기입을 한 유가증권행사죄"에 정한 형으로 행위자를 처단하여야 한다는 것이다.[33]

문제는 바로 그 "범정"이 어떠한 의미를 가지는가 하는 것이다. 일본의 재판례 중에서 범정의 의미를 밝힌 것에는 도쿄고등재판소의 두 가지 판결이 있다. 먼저 도쿄고등재판소 1954년 12월 27일 선고 제6형사부 판결은, 경합범에 관한 사안에서 "범정"의 의미에 대해, "개개의 범죄사실에서의 구체적인 제반정상을 비교대조하여 상호간의 경중을 결정한다는 취지이므로, 어느 범죄에 대해서 미수범을 처벌하는지 여부와 같은 것은 범정의 경중을 판정한다는 것에 참작할 사항이 아니다."고 하였다.[34] 다음으로 도쿄고등재판소 1957년 10월 3일 선고 제8형사부 판결은, "범정"을 "당해 범죄의 성질, 범행의 수법, 피해의 정도 그밖에 일체의 정상을 지칭하는 것으로 해석하여야 할 것"이라는 전제 하에, 재산죄에서의 범정의 경중도 실질적인 피해

---

31) 大判大11·9·12集1卷437頁.

32) 川出敏裕 집필부분, 西田典之/山口 厚/佐伯仁志 編, 註釋刑法 第1卷 (總論 §§1~72), 有斐閣, 2010, 62-63頁.

33) 大判大13·10·10集3卷651頁.

34) 東京高判昭29·12·27裁特1卷13號756頁. 일본형법에서 업무상 횡령죄(제253조)와 사기죄(제246조)는 모두 10년 이하의 징역으로 처벌되는데, 사기죄에서와 달리(제250조) 업무상 횡령죄에는 미수범 처벌규정이 없다. 동경고등재판소는 미수범 처벌규정을 근거로 업무상 횡령죄가 사기죄보다 항상 범정이 경하다는 변호인의 논지는 이유 없다고 판시하였다.

액의 다과만을 기준으로 결정되어야 할 것이 아니라고 하였다.[35] 여기에서 제시된 기준 중 "당해 범죄의 성질"은 다름 아닌 죄질을 말하는 것으로 보인다.

2. 일본형법 제10조 제3항에 대한 개정논의

그런데 일본형법 제10조 제3항에 대해서는, 입법론적 관점에서 여러 학자들에 의해 비판이 제기되었다.

먼저 모토지 신구마(泉二新熊) 박사는 본 조항에 대해 형식적인 관점에서는 적당하지 않은 규정이므로, 실체적 경합범이나 상상적 경합범을 처리하는 경우에서 한정적으로 적용된다는 견해를 제시하였다.

> [일본형법 제10조 제3항은] 형식으로부터 보면 적당하지 않은 규정이다. 왜냐하면 2개 이상의 사형의 경중을 정함에, 2개 이상의 무기징역의 경중 및 2개 이상의 무기금고의 경중에 미치지 않기 때문이다. 이들 경우도 이 규정에 준하여 그 경중을 결정한다는 취지로 되어야 한다. 이를 다른 방면으로부터 관찰하면 2개의 사형이 범정에 의해 경중을 달리한다고 하는 것은 기괴한 느낌이 들지 않을 수 없다. 마찬가지로 사형에 처해야 할 2개 이상의 죄가 있는 경우에 그 죄의 경중을 정함에는 범정의 경중에 의한다고 할 수 있어도, 집행방법에서도 또 그 밖의 점에서도 다르지 아니한 유일한 성질을 가지는 사형 그 자체에 경중이 있다고 하는 것은 가능하지 아니하다. 장기나 다액, 단기나 과액이 같은 동종의 형에 경중이 있다고 하는 것 역시 같다. 그렇지만 법률은 죄 그 자체의 경중을 정하여야 할 경우(제47조, 제49조, 제51조 등 참조)[36]에 처할 별단의 규정을 마련하지 않았으므로, 법정

35) 東京高判昭32·10·3高集10卷9號708頁. 당시 일본형법이 절도죄(제235조)와 사기죄(제246조)에 대해 모두 10년 이하의 징역으로 처벌하고 있었는데, 범정이 중한 절도죄의 법정형을 기준으로 경합범 가중을 한 제1심법원의 판단(東京地判昭32·6·18高集10卷9號710頁)을 유지한 사안이다.

36) 1907년 일본형법 제47조: 병합죄 중 2개 이상의 유기의 징역 또는 금고에 처할 죄

형의 경중에 의해 간접적으로 죄의 경중을 결정하게 하는 취지이고, 또 어느 경우에는 죄는 1개로서 경중의 구별 없지만 형 그 자체만이 경중의 문제를 발생시키는 것(예, 제54조[=상상적 경합범 및 견련범]) 이 있음에 따라 부득이하게 나온 규정이라고 하여야 할 것이다.[37)]

다음으로 오노 세이이치로(小野清一郎, おの せいいちろう) 교수는, 본 조항은 형의 경중이 없는 경우에 무리하게 그 경중을 정하려고 하는 것이며, 따라서 "법정형의 비교"라는 문제를 해결해 줄 수 없다고 비판하였다.[38)] 그는 1907년 일본형법 제10조 제3항을 모방한 1928년 중화민국형법 제51조 제2항 및 제4항을 해설하면서 그 근거를 상술하고 있다.[39)] 즉 일본형법 제10조는 본래 법정형을 비교한다는 점에 취지가 있는 것이지 구체적인 범죄나 선고형의 경중을 규정하려는 것이 아니며, 중화민국형법에서도 사형 또는 무기도형(徒刑)의 경우나 유기도형 또는 벌금형에서 상한과 하한이 같은 경우 등에는 경중이 없고 모두 중하다고 보는 것이 타당하다는 것이다.[40)]

또한 우에마쓰 다다시(植松 正, うえまつ ただし) 교수도, 범정은 구

가 있는 때는 그 가장 중한 죄에 대해 정한 형의 장기에 그 반수를 가한 것을 장기로 한다. 단 각죄에 대해 정한 형의 장기를 합산한 것을 초과할 수 없다.

제49조 제1항: 병합죄 중 중한 죄에 몰수가 없더라도 다른 죄에 몰수가 있는 때는 이를 부가할 수 있다.

제51조: 병합죄에 대해 2개 이상의 재판이 있는 때는 그 형을 아울러 이를 집행한다. 단 사형을 집행할 때는 몰수를 제외하고 다른 형을 집행하지 아니한다. 무기의 징역 또는 금고를 집행할 때는 벌금, 과료 및 몰수를 제외하고 다른 형을 집행하지 아니한다. 유기의 징역 또는 금고의 집행은 그 가장 중한 죄에 대해 정한 형의 장기에 그 반수를 가한 것을 초과할 수 없다.

37) 泉二新熊, 日本刑法論上卷(總論)[訂正第40版], 有斐閣, 1927, 771-772頁.

38) 小野清一郎, 新訂刑法講義總論, 有斐閣, 1948, 253頁.

39) 1928년 중화민국형법은 1928년 3월 10일 공포되고 같은 해 9월 1일부터 시행된 것으로, 현행 중화민국형법과는 다르다. 1928년 중화민국형법 제51조 제2항 및 제4항은, 사형 또는 무기도형(徒刑)의 경우(제2항)와 최고도 및 최저도가 같은 경우(제4항)를 나누고, 이 경우 "범죄의 정상에 의해 그 경중을 정한다."고 규정하였다. 小野清一郎, 中華民國刑法總論, 中央大學, 1933, 206-207頁.

40) 위의 책, 207-208頁.

체적 사실에 대해 논하여져야 할 것이어서 법정형에 관한 규정과 부합하지 않으며, 범정이 나쁘면 중한 형이 부과된다는 것이지 범정이 나빠서 형이 중하다고 하는 것은 형벌의 문제와 범죄의 문제를 혼동한 것이므로 논리상 모순이라는 점을 지적하였다.[41]

이에 비하여 마키노 에이이치 교수는 이 규정에 대해 "재판소가 정하는 바에 의한다는 뜻으로 귀착할 것"이라고 하면서, 개정형법가안 제31조 제3항을 인용하고 있다.[42]

3. 개정형법가안 제31조 제3항의 성안

모토지 박사가 주도하여 작성된 1927년 일본의 형법개정예비초안 제32조 제3항은, 「전2항의 규정에 의한 외 형의 경중은 전항의 취지에 준하여 이를 정한다.」고 하고, 제4항에서 「전3항에 의해 형의 경중을 정할 수 없는 때는 범정에 의한다.」고 규정하였다.

이후 형법개정기초위원회에서는 형의 경중에 관한 조문을 성안하기 위해 예비(초)안 외에,[43] 마키노(牧野菊之助, まきの きくのすけ) 위원, 와니(和仁貞吉, わに ていきち) 위원, 우자와(鵜澤總明) 위원이 작성한 제2대안,[44] 도요시마(豊島直通, とよしま なおみち) 위원의 대안,[45] 마키노

41) 植松 正, 增訂刑法概論 I 總論, 勁草書房, 1959, 333頁. 이 책에서는 개정형법가안 제31조에서 1907년 일본형법 제10조 제3항에 해당하는 부분이 삭제되었음이 부기되어 있었는데, 이후의 판본에서는 개정형법가안의 내용 대신 "재판의 실제에서는, 구체적 사정에 대응하여, 범정을 판정하여 경중을 정하고 있다."라는 서술로 대체되었다. 植松 正, 再訂刑法概論 I 總論, 勁草書房, 1974, 395頁.

42) 牧野英一, 日本刑法上卷總論(重訂版), 有斐閣, 1937, 583頁.

43) 모토지 신구마 위원은 예비안 제3항에 대해 "예비안 중 전2항의 규정에 의한 외 형의 경중은 전항의 취지에 준하여 이를 정한다고 한 것은 1, 2항에서 바로 그 경중을 결정할 수 없는 경우가 있습니다. 예를 들면 절도의 형과 장물죄의 형을 비교하는 경우와 같은 그러한 경우를 고려함에 의합니다."고 발언하였다. 刑法改正起草委員會議事日誌(自第60回至第99回), 제96회, 10丁.

44) 「제2대안 제34조 제3항: 전2항의 규정에 의한 외 형의 경중은 전항의 취지에 준하여 이를 정한다. 제4항: 전3항의 규정에 의해 형의 경중을 정할 수 없는 때는 범정에 의한다.」 제2대안 제34조는 예비초안과 비교할 때 제1항 및 제2항의 표현만 다르다.

에이이치 위원의 대안,[46] 고야마(小山松吉) 위원의 대안[47] 등을 심의하였다.[48] 그중 제2대안이 가결되었는데, 그 이유 등은 회의록에서도 언급되지 않는다.[49]

그런데 이후 형법개정기초위원회는 일응 심의를 마친 총칙편을 다시 검토하면서, 1931년 7월 28일의 제148회 회의에서 가결안 제31조 마지막 항 중 「범정에 의한다.」 부분을 다시 심의에 올렸고, 모토지 위원의 제안으로 마지막 항은 삭제되었다.[50] 형법개정기초위원회에서 성안된 총칙 규정은 다시금 형법 및 감옥법 개정조사위원회에서 심의를 받게 되었다. 1931년 10월 20일에 열린 제4회 회의에 제출된 심의용 초안 제31조 제3항은 제2대안 제34조 제3항과 마찬가지로, 「전2항의 규정에 의한 외 형의 경중은 전항의 취지에 준하여 이를 정한다.」는 문언을 가지고 있다. 이 안에 대한 이유서는 다음과 같다.

본조[=심의용 초안 제31조] 제3항은 본조 제1항 및 제2항의 규정

45) 도요시마 위원 대안 제32조는 제2대안 제34조와 같다.

46) 「제31조 제3항: 전2항에 의해 형의 경중을 정할 수 없는 때는 재판소가 그 경중을 정한다.」 마키노 에이이치 위원은 자신의 대안에 대해 형법개정기초위원회 제66회(1929년 10월 15일)에서 "… 최후에 형의 경중을 정할 수 없는 때는 범정에 의하지 아니하고 재판소의 재정(裁定)에 의하는 것으로 하였습니다."고 하였다. 刑法改正起草委員會議事日誌(自第60回至第99回), 제66회, 3丁. 이후 제96회(1930년 6월 4일)에서는 "형의 경중은 법률에서 정할 것이 아니라고 하여 범정에 의한다는 것이므로 그 범정의 유무가 재판관에 의해 결정되어야 할 것이라면 이렇게 규정하는 것이 가하다고 생각하였습니다."고 발언하였다. 刑法改正起草委員會議事日誌(自第60回至第99回), 제96회, 10丁.

47) 「제30조 제3항: 전2항에 의해 형의 경중을 정할 수 없는 때는 범정에 의한다.」 고야마 위원은 자신의 대안에 대해 형법개정기초위원회 제65회(1929년 10월 10일)에서 "… 제32조에 대해서는 예비초안 같은 조 제3항은 불필요하다고 생각하여 삭제하는 취지입니다."고 하였다. 刑法改正起草委員會議事日誌(自第60回至第99回), 제65회, 8丁. 이후 제69회(1929년 11월 5일)에서는 "초안 제32조 중 제3항을 삭제하고 마지막 항 중 「전3항에 의해」를 「전2항에 의해」로 고쳤습니다."고 발언하였다. 刑法改正起草委員會議事日誌(自第60回至第99回), 제69회, 2丁.

48) 刑法改正起草委員會議事日誌(自第60回至第99回), 제96회, 8-10丁.

49) 刑法改正起草委員會議事日誌(自第60回至第99回), 제96회, 10丁.

50) 刑法改正起草委員會議事日誌(自第120回至第169回), 제148회, 5丁.

만에 의하여 형의 경중을 정함에 대해 의문이 생기는 경우가 없지 않으므로 이를 보충하는 규정이다. 예를 들면 현행형법에서 절도죄는 10년 이하의 징역에 처한다고 규정하고 또 장물의 유상매수[故買]죄는 10년 이하의 징역 및 천 엔 이하의 벌금에 처한다고 규정한다. 이러한 경우는 장물의 유상매수죄에 대한 형을 중한 것으로 인정함을 상당하다고 하지만 본조의 규정이 없는 때는 그 경중을 정함에 대해 의문이 생길 우려가 있기 때문이다. 본조에서는 현행형법 제10조 제3항의 규정을 삭제하였다. 이것은 본조 제1항 내지 제3항의 규정에 의해 형의 경중을 정하기 어려운 때는 구체적인 범정 등에 의해 이를 정할 것이 당연한 이치일 뿐만 아니라 이를 법문에 나타내는 것은 도리어 논리상 형식에서 체재(體裁)를 잃은 것이기 때문이다.[51]

심의용 초안 제31조 제3항에 대해 형법 및 감옥법 개정조사위원회 회의에서 모토지 박사는 다음과 같이 발언하였다.

○ 모토지 위원: (전략) 그리고 [제31조] 제3항입니다만, 이는 현행법 제10조 제3항 및 그 밖의 경우, 이에 적합하지 않은 경우를 대개 전2항의 취지로 해석하여 갈 것이다, 이쪽이 융통성이 있을 것이다, 라는 것에서 이러한 형태로 고친 것입니다. (후략)[52]

그런데 마키노 에이이치(牧野英一) 위원은 심사용 초안의 "준한다"는 문구가 적합하지 않다는 견해를 제시하였다. 법정형이 같은 경우에는 준하여 판단한다는 것보다 "참작한다"는 용어가 더 적합하다는 것이다.

○ 마키노 (에이) 위원: 좀 더 그러면 고려하여 주시기를 바라기

51) 岩村通世 집필부분, (刑法改正起草委員會 編), 刑法改正案理由書, (1931), 22頁.
52) 法務省大臣官房調査課 編, 法務資料別冊23號刑法並びに監獄法改正調査委員會議事速記錄, 1957, 92頁.

> 때문에, 제가 생각하고 있는 점을 말씀 올립니다. 제31조 제[3]항입니다. 전2항의 규정에 의하는 외 형의 경중은 전항의 취지에 준하여 이를 정한다고 되어 있습니다만, 현행법에서는 잘 아시는 바와 같이 최상한과 최하한이 같은 때는 범정에 의해 그 경중을 정한다고 되어 있습니다. 범죄의 경중을 논하는 때 형의 인정에 의하여 형이 동일한 때는 범정에 의한다고 하는 것으로 순환논법에 의하여 여러 번인가 이것이 반복된다, 이러한 것으로 되어 있습니다. 그런데 최상한과 최하한이 같은 때는 전항의 규정에 준한다는 것으로 되어 있습니다만, 이는 완전히 같은 경우에 준한다는 것은 과연 말할 수 있겠습니까, 어떻습니까. 오히려 이는 참작이라고 하는 것 같은 단어를 사용하여, 전조의 취지를 참작하여 이를 정한다와 같은 것은 어떻겠습니까. 어쨌든 현행법의 규정을 고쳐 썼던 우리의 협의 취지는 그러했습니다만, 하나 더 이 준한다는 단어 정도의 것입니다만, 이는 어떻겠습니까?[53]

이와 같은 마키노 위원의 의견이 반영되어, 심의용 초안 제31조 제3항 중 「전항의 취지에 준하여」는 「전항의 취지를 참작하여」로 수정되었다. 1931년 10월 23일에 열린 형법 및 감옥법 개정조사위원회 제5회 회의의 의사속기록은 이러한 수정이 기초위원의 제안으로 이루어진 것임을 밝히고 있다.[54] 결과적으로 개정형법가안 제31조 제3항은, 「전2항의 규정에 의한 외 형의 경중은 전항[=제2항]의 취지를 참작하여 이를 정한다.」로 규정되었다.

4. 우리 「형법」 제50조 제3항의 의미

이상에서 우리 형법제정 이전까지 일본형법 제10조 제3항과 관련된 조문들의 연혁을 개관하여 보았다. 그런데 유의하여야 할 점은, 우리 입법자가 개정형법가안의 규정을 받아들이지 않았다는 것이다.

---

53) 위의 책, 95頁.

54) 위의 책, 107頁. 여기에서 언급되는 "기초위원"이 누구인지 명시되어 있지 않지만, 맥락상 모토지 위원일 것으로 추측된다.

1949년 완성된 법전편찬위원회 초안은 장명(章名) 및 그 순서에서 현행형법과 크게 다르지 않다. 초안 제49조 제3항은 제정형법 제50조 제3항의 문언과 같다.[55] 국회 심의과정에서도 이 제50조는 특별한 논의 없이 그대로 통과되었다.[56] 이러한 사정은 이미 우리 형법의 초안 작성단계에서부터 그 입안자가 개정형법가안 제31조 제3항에서의 의도와는 다른 결단을 내렸다는 것을 의미한다. 그렇다고 의용형법 제10조 제3항을 그대로 옮겨온 것도 아니다. “범정”을 그대로 두는 것에 그치지 않고, 오히려 거기에 “죄질”을 추가하고 있기 때문이다. 이와 같은 입법자의 결단은, 우리 입법자가 “죄질”을 추가하여야 할 이유를 가지고 있었음을 간접적으로 나타내주고 있다.

형법 제정 이후에 발간된 문헌들은, 대개 형법 제50조 제3항에 대해, 형의 경중을 정할 수 없는 경우에는 법관의 재량에 맡기는 것이라는 취지로 해석하고 있다.[57] 이러한 설명은 아마도 마키노 에이이치 교수의 교과서를 참조한 것으로 추측된다. 그는 일본형법 제10조 제3항에 대해 “요컨대, 재판소가 정하는 바에 의한다는 뜻으로 귀착한다.”고 하면서, 개정형법가안 제31조 제3항을 부기하고 있다.[58] 그러나 이러한 설명은 우리 형법의 해석으로는 받아들이기 어려운 측면이 있다. 앞서 본 입법연혁을 고려하면, 우리 입법자는 오히려 법원의 재량을 그만큼 축소시킨 것이 아닌가 하는 의문이 생기기 때문이다.

형법과 특별형법에는 법정형이 같은 범죄들이 종종 보인다. 그리고 그러한 범죄들이 상상적 경합관계에 있는 경우, 법관은 형을 정하기 위해 먼저 “가장 무거운 죄”가 어느 것인지를 판단하여야 한다. 법정형이 같은 범죄들이 실체적 경합관계에 있는 경우에도 유사한 문제

55) 초안 제49조가 제정형법에서 제50조로 된 것은, 국회 심의과정에서 법제사법위원회가 몰수에 관한 제49조를 신설할 것을 제안한 수정안이 통과되었기 때문이다. 이와 관련하여 자세한 것은, 신동운, “형법 제49조 단서의 독립몰수에 대하여”, 학술원논문집(인문·사회과학편) 제62집 제2호, 2023, 240면 이하 참조.

56) 신동운 편, 형법 제·개정 자료집, 한국형사정책연구원, 2009, 164면.

57) 예컨대, 강서룡, 신형법요의, 법제신보사, 1954, 135면.

58) 牧野英一, 日本刑法上卷總論(重訂版), 583頁.

가 생길 수 있다(형법 제38조 제1항 제2호 참조). 이러한 점에서 보면 형법 제50조 제3항은 형사재판의 실무에서 특히 법관이 마주치게 될 문제를 해결할 수 있는 기준을 마련해 준 것으로 생각된다.

그런데 과거 일본에서의 재판례 중에는, 순수하게 "범정"에 의해 형의 경중을 결정하였다고 하기 어려운 것이 보인다. 예를 들어, 행위자가 자산가인 피해자에게 기망과 공갈의 수단을 함께 써서 재물인 어음을 교부받은 사례를 생각해 볼 수 있다. 일본형법에 의하면 재물의 교부와 관련한 사기죄(제246조 제1항)와 공갈죄(제249조 제1항)는 모두 10년 이하의 징역형에 처해지는 범죄이다. 이러한 경우 행위자에게 어떠한 범죄의 성립을 인정할 것인가를 판단하게 된 일본의 대심원은, 먼저 사기죄와 강도죄, 사기죄와 공갈죄를 서로 비교하는 것에서 논의를 시작하였다. 그에 의하면, 사기의 수단인 기망과 강도의 수단 중 하나인 협박은 피해자의 의사자유가 상실되었는지 여부라는 측면에서 볼 때 전혀 다른 성질의 것이므로, 그 모두가 같이 효과가 발생되어 재물의 교부가 이루어졌다고 할 수는 없다. 그러나 기망으로 인한 오신과 공갈로 인한 외포는 모두 피해자의 의사표시에 하자를 일으키게 하는 정도의 것이기 때문에 양립할 수 있다. 그러한 전제 위에서, 대심원은 이 경우 사기죄와 공갈죄가 상상적 경합관계에 있고, 범정이 더 중한 공갈죄의 형에 좇아 피고인을 처단한 나가사키 항소원의 결론을 유지하였다.[59)][60)]

59) 大判昭5·5·17集9卷303頁.

60) 대심원은 이후의 판결에서, 공갈과 기망 중 공갈의 요소가 더 강하다면 공갈죄가 성립한다는 견해를 표명하였다. 즉 제3자를 이용하여 허위의 해악을 고지한 사례에서, "제3자의 행위로 인한 해악을 고지하여 하는 공갈에는 범인이 제3자의 해악행위의 결의에 대하여 영향을 줄 수 있는 입장에 있다는 것을 상대방이 알게 하든가 또는 상대방이 사태상 이를 추측할 수 있는 경우일 것을 필요로 한다."고 하면서, "상대방이 허위의 해악고지를 오신하였다고 하더라도 재물교부의 결의가 외포에 기한 경우에는 공갈죄로 논하여야지 사기죄로 논할 것이 아니다."고 하였다. 大判昭5·7·10集9卷497頁. 이 판결에 의할 때, 본문의 사례는 공갈과 기망의 요소 중 어느 것이 강하게 작용하였는지 판단하기 곤란한 경우로 볼 수 있다. 이 점에 대해서는, 유기천, 형법학(각론강의 상)[전정신판] 영인본, 법문사, 2012, 230-231면.

대심원은 왜 공갈죄가 사기죄에 비해 "범정"이 더 중한 것인지에 대해서는 언급하지 않고 있다. 그러나 공갈죄와 사기죄를 비교해 보면, 공갈죄는 폭행 또는 협박을 수단으로 타인의 의사결정 및 의사실행의 자유를 침해하는 측면이 있으므로, 사람의 자유권도 이차적인 보호법익이 된다고 할 수 있다.[61] 이를 달리 말하면 범죄 그 자체의 성질, 즉 "죄질"의 측면에서 공갈죄가 더 무거운 것으로 인정할 수 있다. 그렇게 보면, 대심원판결이 "범정"이 공갈죄가 더 무겁다고 한 것은 실질상 "죄질"이 더 무겁다는 의미로 이해될 수 있다. 유기천 교수는 이미 1960년에 발간한 교과서에서, 이 대심원판결이 말하자면 우리 형법 제50조 제3항 중 "죄질"에 따른 결론이라고 보고 있다.[62] 그야말로 탁견이라고 생각된다. 우리 형법의 제정 이후에 나온 것이기는 하지만, 도쿄고등재판소 1957년 10월 3일의 판결이 "범정" 안에 "죄질"이 포함되어 있음을 인정하고 있다는 점을 상기해 보더라도, 죄질은 범정에서 분리되어 독자적인 판단기준이 될 수 있는 성질의 것이다.

이러한 결론을 수긍한다면, 뒤이어 제정형법 제50조 제3항의 규정이 어떠한 입법례를 참고로 한 것인가, 아니면 우리 입법자의 독자적인 창안인가 하는 궁금증이 생긴다. 최근의 연구에 의해 제정형법의 인과관계에 관한 조문(제17조)이 이탈리아형법을 참고로 한 것이라는 점이 밝혀진바 있다.[63] 그러나 형법의 제정당시 참고로 했다고 추측되는 당시의 여러 외국입법례들을 살펴보더라도, 위에서 언급한 일본에서의 예를 제외하면, 형법 제50조 제3항에 꼭 들어맞는 예를 찾기는 어렵다.

다만 "죄질"과 "범정"의 두 가지 요소로 판단하는 형법 제50조 제3항과 유사한 형태로 형사관련법제에 규정된 것이 발견된다.[64] 대표적

61) 신동운, 형법각론(제3판), 법문사, 2023, 1256면.

62) 유기천, 형법학(총론강의), 박영사, 1960, 408면. 유기천 교수는 大判昭5·5·17集9卷303頁과 大判昭5·7·10集9卷497頁을 모두 그 예로 들고 있다.

63) 한상훈, "형법 제17조(인과관계)의 유래와 "위험발생" 및 "연결"에 대한 재해석", 형사법연구 제35권 제3호, 2023, 98면 이하 참조.

인 것이 미국의 소년법제를 모방하여 1948년 전면개정된 일본의 「소년법」(少年法, 1948년 법률 제168호) 제20조 제1항이다. 1922년 제정된 다이쇼(大正) 「소년법」(1922년 법률 제42호)이 검찰선의(檢察先議)제도를 인정하였던 것과 달리, 개정 「소년법」은 전건송치주의와 가정재판소선의(家庭裁判所先議)주의를 채택하였다.[65] 이러한 변화와 관련하여 1948년 일본 「소년법」 제20조 제1항은, 「가정재판소는, 사형, 징역 또는 금고에 해당하는 죄의 사건에 대해서, 조사의 결과, 그 죄질(罪質) 및 정상(情狀)에 비추어 형사처분을 상당하다고 인정하는 때는, 결정으로, 이를 관할지방재판소에 대응하는 검찰청의 검찰관에 송치하여야 한다. (단서 생략)」[66]고 규정하였다.[67] 가정재판소의 다른 종국결정이 소년의 인격을 중심으로 내려지는 것과 다르게, 검찰관 송치결정에서의 "죄질"과 "정상"은 형사처분을 할 상당성이 있는 경우를 판단하는 기준이므로 형사법적 개념이며, 범죄라는 행위가 중심이 될 수밖에 없다. 여기에서 죄질이란 범죄행위 자체의 당벌적 특징을 말하고, 정상이란 내심적·외계적 행위환경의 당벌적 특징을 말한다.[68] 그리고 "죄질"과 "정상"이 범죄행위에 관련된 개념으로 이해되는 점에서, 행위자를 기본으로 하는 소년법에서 이질적 요소로 평가된다고 한다.[69]

한편 죄질과 범정의 의미에 대한 우리 학계에서의 설명은 찾아보기 어렵다. 실무의 해석론에 의하면, 죄질은 행위반가치와 결과반가치를 종합한 불법유형, 다시 말해 구성요건의 유형적 본질을 의미하며 추상적 구성요건에 따라 결정된다. 또한 실무에서는 장물취득죄가 장

64) 田原義衛, "刑法第10條第3項にいわゆる「犯情」の意義", 判例タイムズ 88號, 1959, 40頁.

65) 田宮 裕/廣瀨健二 編, 註釋少年法(第4版), 有斐閣, 2017, 224-225頁; 齊藤豊治 집필부분, 守屋克彦/齊藤豊治 編, コンメンタール 少年法, 現代人文社, 2012, 240-241頁.

66) 현행 일본 「소년법」은 특정소년(特定少年)에 대한 제62조 제1항에서도 제20조 제1항과 유사한 규정을 두고 있다.

67) 1958년 7월 24일 법률 제489호로 제정된 우리 「소년법」 제7조 제1항은 「… 그 동기와 죄질이 형사처분의 필요가 있다고 인정한 때」라고 규정하여 일본 「소년법」 제20조 제1항과 차이를 보인다.

68) 裁判所職員總合硏修所 監修, 少年法實務講義案(三訂補訂版), 司法協會, 2018, 223頁.

69) 齊藤豊治 집필부분, 앞의 책, 244頁.

물보관죄보다, 뇌물수수죄가 뇌물요구(약속)죄보다, 위조공(사)문서행사죄가 공(사)문서위조죄보다 죄질이 무겁다고 본다고 한다. 그리고 범정은 구체적으로 행해진 당해 범죄의 정상(情狀)을 의미하며, 구체적으로 실행된 범죄를 전제로 피해액이나 피해정도, 범행방법 등이 고려된다고 한다.[70)]

Ⅴ. 결론에 갈음하여

지금까지의 내용을 바탕으로 하여, 이제 우리의 과제로 돌아가 보기로 한다.

1. 재판례의 개관

1995년 형법개정 이후 현주건조물방화치사죄의 형태로 존속살해죄를 범한 경우에 대한 재판례는 크게 다음의 두 가지로 나눌 수 있다.

(1) 상상적 경합을 인정한 사례

첫 번째로 발견되는 결론은 두 범죄의 상상적 경합을 인정하는 것이다. 그에 의하면, 존속살해죄와 현주건조물방화치사죄가 모두 성립하고 두 범죄는 상상적 경합관계에 있으며, "죄질"이 더 중한 존속살해죄에 정한 형으로 처벌한다는 것이다.

예컨대 인천지법 부천지원 2019. 2. 1. 선고 2018고합242 판결의 사실관계는 다음과 같다. 甲은 신용카드를 무분별하게 사용하고 신용카드 결제대금을 변제하기 위하여 사채, 금융기관 대출 등으로 돌려막기 형식으로 변제를 하였는데, 그 채무가 약 8,000만 원 상당에 이르게 되었다. 甲은 2018. 10. 1. 부천시 소재 자신의 집에서 모친인 피해자 A에게 위 채무에 관하여 이야기를 하였는데, 그 이야기를 들은 A

70) 이상원 집필부분, 박상옥/김대휘 편, 주석 형법[총칙 2](제3판), 한국사법행정학회, 2020, 463-464면; 사법연수원 편, 2023년도 법학전문대학원 형사재판실무Ⅱ 형사판결서, 사법발전재단, 2023, 167면.

는 甲에게 "함께 죽자"라는 등의 이야기를 하면서 화를 내었다. A가 10. 4.까지 지속적으로 甲을 질책하자, 甲은 A를 살해하고 자신도 함께 죽기로 마음먹었다. 이에 甲은 2018. 10. 4. 시너 2통을 구입한 다음, 같은 날 19:36경 A가 화장실에서 샤워를 하는 사이에 시너 1통을 화장실 입구에서부터 주방, 거실 바닥까지 뿌린 다음 라이터로 종이에 불을 붙여 그 종이를 시너가 뿌려진 화장실 입구 쪽에 던졌다. 이에 3층 주택 전체가 소훼되었고, A는 전신에 화상을 입고 병원에서 치료를 받던 중 2018. 10. 13. 06:54경 화염화상, 패혈증 쇼크 등으로 사망하였다.

제1심법원은 甲에게 존속살해죄와 현주건조물방화치사죄의 상상적 경합을 인정하면서, 죄질이 더 무거운 존속살해죄에 정한 형으로 처벌한다고 하고 징역 22년을 선고하였다.[71] 항소심법원은 甲에 대한 다른 양형조건을 고려하여 제1심판결을 파기하고 징역 17년을 선고하였지만, 법령의 적용은 그대로 유지하였다.[72] 대법원은 양형이 부당하지 않음을 이유로 甲의 상고를 기각하였다.[73]

이와 같은 취지의 판결로는 서울고법 2015. 3. 19. 2014노3451 판결이 있다.[74] 그 외에 제1심법원이 현주건조물방화치사죄만을 유죄로 선고하면서 존속살해죄 부분을 무죄로 인정한 것에 대하여,[75] 항소심법원이 이를 파기하면서, 두 범죄는 주체, 행위의 내용 등 구체적인 구성요건에서 차이가 있고, 보호법익도 완전히 동일하다고 볼 수 없으며, 법조경합 관계에 있다고 보기도 어려우므로 상상적 경합관계에 있다고 하면서, 죄질이 더 무거운 존속살해죄에 정한 형으로 처벌한 예도 보인다.[76] 또한 상상적 경합을 인정하면서 죄질이 무거운 존속살해

71) 인천지법 부천지원 2019. 2. 1. 선고 2018고합242 판결 (미간행).

72) 서울고법 2019. 7. 17. 선고 2019노569 판결 (미간행).

73) 대법원 2019. 9. 26. 선고 2019도10982 판결 (미간행).

74) 미간행. 징역 10년이 확정되었다. 원심판결은, 수원지법 2014. 10. 22. 선고 2014고합317 판결 (미간행).

75) 제주지법 2015. 1. 29. 선고 2014고합150, 2015감고1(병합) 판결 (미간행). 대법원 2008도7311 판결 등을 기초로 법정형이 동일하다는 점을 근거로 하였다.

죄의 형으로 처벌한 원심판결에 대하여,[77] 소송법적 이유로 이에 대해 더 이상 판단하지 않고 그대로 확정시킨 사례도 있다.[78][79]

(2) 현주건조물방화치사죄만 성립한다고 한 사례

다음으로 현주건조물방화치사죄만 성립한다고 한 예도 보인다. 서울중앙지법 2010. 1. 8. 선고 2009고합1269 판결[80]의 사실관계는 다음과 같다. A가 B와 재혼한 이후에 A와 전남편 사이에서 출생한 아들 甲을 양자로 입양신고를 하였는데, 얼마 되지 않아 A와 B 사이에 아들 C가 출생하였다. 甲은, A와 B가 C를 편애하고 교회 일에만 전념하면서 자신의 음식점 창업 문제 등에는 별다른 관심을 보이지 않자, 자신을 무시한다고 생각하여 그들에 대해 소외감과 불만을 가지게 되었

76) 광주고법(제주) 2015. 4. 29. 선고 2015노27, 2015감노1(병합) 판결 (미간행). 징역 12년 및 치료감호가 확정되었다.

77) 제1심판결은 청주지법 제천지원 2017. 1. 12. 선고 2016고합38 판결 (미간행), 항소심판결은 대전고법(청주) 2017. 9. 14. 선고 2017노11 판결 (미간행)이다. 존속인 아버지를 사망하게 한 외에 같은 아파트에 거주하는 사람에게 연기 흡입으로 인한 호흡곤란 등의 상해를 입히고, 베란다 창틀과 깨진 유리조각을 아파트 주차장에 떨어지게 하여 4인의 차량을 손괴한 사안이다.

78) 대법원 2017. 12. 5. 선고 2017도15612 판결 (미간행). 대법원은 "원심판결에 현주건조물방화치사죄와 상상적 경합범에 관한 법리를 오해한 잘못이 있다는 취지의 주장은 피고인이 이를 항소이유로 삼거나 원심이 직권으로 심판대상으로 삼지 않은 것을 상고심에 이르러 비로소 주장하는 것으로서 적법한 상고이유가 되지 못한다."고 판시하였다. 징역 15년이 확정되었다.

79) 그 외에도 대전고법(청주) 2009. 9. 17. 선고 2009노52 판결(미간행)[부모에 대한 존속살해죄 및 현주건조물방화치사죄와 별개로 처와 딸을 살해한 사안으로, 청주지법 영동지원 2009. 4. 8. 선고 2008고합32 판결(미간행)이 사형을 선고한 것을 파기하고 무기징역을 선고하였다.], 광주고법 2006. 7. 13. 선고 2006노171 판결(미간행)[평소 아버지가 술에 취하면 가족들에게 심한 욕을 하는 등으로 괴롭혀온 것에 불만을 품고 있던 중, 어머니와 자신에게 심한 욕설을 계속하였다는 이유로 불을 질러 잠이 든 아버지를 숨지게 한 사안이다. 광주지법 목포지원 2006. 5. 11. 선고 2006고합14 판결(미간행)은 징역 10년을 선고하였으나, 본 판결은 이를 파기하고 징역 8년을 선고하였다. 대법원 2006. 9. 8. 선고 2006도4953 판결(미간행)은 죄수에 관한 특별한 설시 없이 피고인의 상고를 기각하였다.] 등이 있다. 김승주 집필부분, 김대휘/김신 편, 주석 형법[각칙 3](제5판), 한국사법행정학회, 2017, 257면 각주 250 참조.

80) 미간행.

다. 그래서 甲은 A, B, C가 모두 잠든 것을 확인한 다음, 그들이 사망할 수 있다는 인식을 하면서 구입해 두었던 휘발유를 뿌린 뒤 일회용 가스라이터로 불을 붙였다. 그 결과 A, B, C가 주거로 사용하고 있던 다세대주택 3층이 소훼되었고, A와 B는 질식사하였으며, C는 약 10주간의 치료를 요하는 화상을 입게 되었다.

이와 같은 사안에서, 제1심법원은 A와 B에게는 각 현주건조물방화치사죄(이들 사이는 상상적 경합), C에게는 현주건조물방화치상죄와 살인미수죄의 상상적 경합을 인정하였다.[81] 반면 A와 B에 대한 존속살해죄는 무죄취지로 판단하면서, 동일한 공소사실 범위 내에 있는 각 현주건조물방화치사죄를 유죄로 인정한 이상 따로 무죄를 선고하지 않는다고 하였다. 제1심법원은, 앞서 본 대법원 2008도7311 판결을 거시하면서, 존속살해죄의 법정형이 현주건조물방화치사죄의 법정형보다 중하지 않음을 근거로 하였다.

이에 검사는 존속살해죄와 현주건조물방화치사죄가 상상적 경합관계에 있고, 법정형이 중한 존속살해죄로 의율하여야 한다는 이유로 항소를 제기하였다. 그러나 항소심법원은 제1심법원의 결론을 유지하면서, 현행 형법으로는 두 범죄의 법정형이 같고 존속살해죄가 더 중한 경우가 아니므로, 현주건조물방화치사죄만 성립하고 그와 법조경합 관계에 있는 존속살해죄는 별죄를 구성하지 아니한다는 점을 확인

---

81) 이 부분은 항소심 단계에서 문제되지 않았지만, 현주건조물방화죄와 살인미수죄의 상상적 경합을 인정하는 것이 타당하다고 생각한다. 부진정결과적 가중범으로서의 현주건조물방화치상죄는 상해의 고의를 전제로 하기 때문이다. 부산지법 2014. 8. 29. 선고 2014고합355, 2014고합458(병합), 2014초기2394 판결 (미간행)은, A를 살해하기 위해 A가 거주하던 다세대 주택의 방 현관문에 시너를 뿌렸는데, A의 동생 B가 현관문을 열자 라이터로 현관문에 불을 붙이고(다만 불길이 번지지 않았음) 시너를 B의 얼굴을 향해 뿌리면서 라이터로 불을 붙여 B에게 약 6주 이상의 치료가 필요한 상해를 입힌 사안에서, 현주건조물방화미수죄와 살인미수죄의 상상적 경합을 인정하였다. 통설도 현주건조물방화치사죄의 미수범 처벌 규정이 없으므로 사람을 살해하기 위해 방화를 하였으나 사망하지 않은 경우 현주건조물방화죄와 살인미수죄의 상상적 경합을 인정한다. 박찬 집필부분, 김대휘/김신 편, 주석 형법[각칙 2](제5판), 한국사법행정학회, 2017, 210면.

하였다.[82] 이 판결은 그대로 확정된 것으로 보인다.[83]

2. 학설의 개관

다음으로, 이 문제의 해결책에 관한 우리의 학설은 크게 네 가지로 나누어지고 있다.

첫 번째는, 현주건조물방화치사죄만 성립한다는 견해이다. 그 근거로는, 대법원 2008도7311 판결이 법정형이 동일한 경우 결과적 가중범만 성립한다는 점을 명시하였다는 점이 제시된다.[84] 그 외에 현주건조물방화치사죄는 사회적 법익에 속하는 범죄로서 다수의 사람이 죽거나 다칠 수 있다는 것이 경험칙상 고도로 예견되는 범죄이므로, 사망에 대해 고의가 있는 경우를 여기에 포함시키는 것이 부당하지 않다는 점도 근거가 된다.[85] 현주건조물방화치사죄의 사람에는 존속이 포함되고, 현주건조물방화치사죄는 특정된 살인 방법을 규정한 것으로 볼 수 있으므로 본죄의 성립만으로 충분하다고 보는 견해도 이와 유사한 취지일 것이다.[86]

두 번째는, 두 범죄의 상상적 경합을 인정하는 견해이다. 형법은 고의범 처벌을 원칙으로 하고 부진정결과적 가중범은 이례적이고 예외적인 것이므로, 동일한 형이 확보된다고 하더라도 존속살해죄는 독립성을 유지하여 별도의 범죄로 파악되어야 한다는 것을 근거로 한다.[87] 고의범과 부진정결과적 가중범의 상상적 경합을 인정하고, 중한 죄로 처벌하면 된다고 보는 견해도 같은 취지로 생각된다.[88] 이와 논거를 달리하여, 현주건조물방화치사죄의 객체는 사람이지만 존속살해

82) 서울고법 2010. 6. 3. 선고 2010노252 판결 (미간행). 제1심법원은 甲에게 무기징역을 선고하였고, 검사와 피고인의 항소가 모두 기각되었다.
83) 김승주 집필부분, 앞의 책, 257면.
84) 김영태 집필부분, 앞의 책, 184면.
85) 형사판례연구회 토론 이후 표명된 김영태 검사님의 견해를 정리한 것이다.
86) 안성수 집필부분, 조균석 등 편, 형법주해[VI] 각칙(3), 박영사, 2023, 108면.
87) 신동운, 형법총론(제15판), 법문사, 2023, 281면.
88) 이용식, 형법총론(제2판), 박영사, 2020, 68면.

죄의 객체는 자기 또는 배우자의 직계존속이므로, 현주건조물방화치사죄의 구성요건을 충족하더라도 존속살해죄의 구성요건이 충족되지 않는 경우가 있음에 비추어 볼 때 법조경합이라고 할 수 없으므로 상상적 경합을 인정하는 것이 타당하다는 견해도 있다.89)

세 번째는, 존속살해죄에는 자격정지형이 병과될 수 있으므로 형법이 개정된 이후에도 존속살해죄의 법정형이 더 무겁지만,90) 현주건조물방화죄와 존속살해죄의 상상적 경합이 성립하고 중한 죄인 존속살해죄로 처벌된다는 견해이다.91) 부진정결과적 가중범은 중한 결과에 대한 고의범을 포함하는 개념인데, 현주건조물방화치사죄와 존속살해죄의 상상적 경합을 인정하면 사망에 대한 고의가 이중평가된다는 것을 근거로 한다.92)

마지막으로 네 번째는, 양자의 법정형이 동일하므로 상상적 경합으로 할 필요가 없고, 어느 죄명으로 처벌하더라도 무관하다는 견해이다.93)

3. 해결책의 제안

존속살해죄는 존속의 생명이라는 개인적 법익을 보호하는 범죄이고, 현주건조물방화치사죄는 공중의 생명, 신체, 재산 등과 관련된 공공의 안전과 함께, 사람의 생명을 보호하려는 범죄이다. 이와 같이 두 범죄가 보호하려는 법익에 차이가 있고, 편성되어 있는 장(章) 또한 서로 다르다면, 실체법적으로 하나의 죄라고 말하기 곤란하다. 게다가 현주건조물방화치사죄가 존속살해죄에 대해 특별관계에 있다고 말하기도 어렵다. 존속살해죄의 객체가 더 한정되어 있기 때문이다. 여기에 대법원 2008도7311 판결은 중한 결과에 대한 고의범과 부진정결과적 가중범 사이의 죄수를 일반적으로 해결해 줄 수 있는 것이 아니고,

89) 마용주 집필부분, 앞의 책, 300면 참조.
90) 오영근/노수환, 형법총론(제7판), 박영사, 2024, 182면.
91) 오영근, 형법각론(제8판), 박영사, 2023, 30면 각주 2.
92) 오영근/노수환, 앞의 책, 182-183면 참조.
93) 배종대, 형법총론(제17판), 홍문사, 2023, 517면.

부진정결과적 가중범이 특별관계에 있는 경우에 한하여 적용될 수 있다는 점까지 고려하여야 한다. 이러한 점들에서 볼 때, 두 범죄는 상상적 경합관계에 있다고 보는 것이 타당하다고 생각된다.

현주건조물방화치사죄와 존속살해죄의 상상적 경합을 인정하는 결론에 대한 비판은, 부진정결과적 가중범이라는 법형상이 함부로 인정되어서는 안 된다는 점과, 상상적 경합을 인정하면 사망에 대한 고의가 이중으로 평가된다는 점 등으로 집약된다. 그렇지만 아무래도 형의 불균형이 문제되는 극히 예외적인 몇 가지 사례에서 부진정결과적 가중범을 인정하는 것은 부당하지 않다고 생각된다. 또한 행위자가 실현한 불법의 내용을 명확하게 나타내기 위하여 상상적 경합의 명시기능을 활용하더라도, 중복되는 요소를 양형평가에서 배제한다면 반드시 이중평가금지 원칙과 상충된다고 할 수는 없다.[94)]

그렇다면 이제 문제는 법정형이 같은 상상적 경합관계에 있는 범죄들 중 가장 무거운 죄가 무엇인가에 대한 물음으로 돌아간다. 우리 형법 제50조 제3항은 이 경우에 죄질과 범정에 따라 결정하라고 명시하고 있다. 다른 입법례와 같이 이러한 규정이 없다면 모르지만, 조문이 있다면 이를 적용하지 않을 수 없다.

죄질은 구성요건의 유형적 본질을 의미하며, 그 경중은 구체적으로 발생한 범죄를 놓고 판단하는 것이 아니라 입법자가 규정한 추상적인 구성요건에 의해서 판단하여야 한다.[95)]

그 기준 중 하나로 보호법익과의 관계를 생각해 볼 수 있다. 예컨대 위조사문서행사죄가 사문서위조죄보다 죄질이 무겁다고 보는 것은, 문서에 관한 죄의 보호법익, 즉 "문서의 진정에 대한 공공의 신용"이라는 측면에서 볼 때 이해될 수 있다. 또한 우리 실무는 하나의 행위로 범한 뇌물공여죄(형법 제133조 제1항)와 제3자뇌물교부죄(형법

94) 한상훈, "상상적 경합의 명시기능과 이중평가금지의 상충 여부", 비교형사법연구 제9권 제1호, 2007, 114-116면 참조.

95) 이상원 집필부분, 앞의 책, 463-464면.

제133조 제2항 전단) 사이는 전자가 더 죄질이 무겁다고 판단하고 있는데, 실제로 공무원에게 전달된 경우가 뇌물죄의 보호법익과의 관계에서 죄질이 더 무겁다고 할 것은 다툼의 여지가 없을 것이다.[96]

그러나 존속살해죄와 현주건조물방화치사죄 중 어느 범죄가 죄질이 무거운가에 대한 물음에 대해 답하기는 쉽지 않다. 이 경우는 위의 예들과 달리 동일한 장(章) 내에서 규정된 범죄들이 아니므로, 보호법익과의 관계에서 죄질의 경중을 따지기 어렵기 때문이다. 여기에서 「특정범죄 가중처벌 등에 관한 법률」 제5조의9 제2항에 따라 똑같이 1년 이상의 유기징역형으로 처벌되는 특가법위반(보복폭행등)죄와 특가법위반(보복협박등)죄가 상상적 경합관계에 있는 경우를 다루고 있는 대법원 2013. 6. 14. 선고 2009도12055 판결[97]을 생각해 볼 수 있다. 이 판결의 원심판결인 서울고법 2009. 10. 22. 선고 2009노1944 판결[98]은, 구체적 사실관계를 고려할 때 두 범죄가 상상적 경합관계에 있다고 판단하면서, “죄질이 더 무거운 특가법위반(보복협박등)죄에 정한 형으로 처벌”한다고 판시하였다. 같은 판결은 그 근거에 대해 서술하지 않고 있지만, 형법상 폭행죄(제260조 제1항, 2년 이하의 징역 등)보다 협박죄(제283조 제1항, 3년 이하의 징역 등)의 법정형이 더 무겁기 때문이라고 추측해 볼 수 있다. 그리고 이와 같이 특별법에 규정되어 있는 범죄라도, 다른 구성요건요소가 같다면 형법에 규정되어 있는 기본범죄의 법정형을 비교하여 죄질을 논하는 것은 부당하지 않을 것이다.

그러한 생각을 이어나가면, 제정형법 당시 사형 또는 무기징역형으로 규정되어 약 40여 년간 일반인들에게 강한 규범력을 유지하고

---

96) 피고인들이 제3자에게 뇌물을 공여할 목적으로 공무원에게 전달할 현금 2,000만 원을 교부하였는데, 제3자가 받은 금원 중 500만 원만 공무원에게 전달한 사안이다. 대전지법 천안지원 2018. 10. 17. 선고 2017고합261 판결 (미간행) 및 대전고법 2019. 5. 3. 선고 2018노460 판결 (미간행)은 두 범죄 사이의 상상적 경합을 인정하면서 죄질이 더 무거운 뇌물공여죄에 정한 형으로 처벌한다고 판시하였다. 대법원 2019. 8. 14. 선고 2019도6896 판결 (미간행)로 확정되었다.

97) 공 2013하, 1284.

98) 미간행.

있었고, 더욱이 유기징역형으로 처단할 때 자격정지형을 병과할 수 있는 존속살해죄가 현주건조물방화치사죄보다 죄질이 무겁다는 것은 충분히 받아들일 수 있는 결론으로 여겨진다.

이상에서 논의한 내용을 바탕으로 할 때, 두 범죄의 상상적 경합을 인정한 대상판결의 결론은 지금도 정당하다. 1995년 형법 개정 이후 현주건조물방화치사의 형태로 존속살해죄를 범한 경우에도, 존속살해죄와 현주건조물방화치사죄는 상상적 경합관계에 있고, 죄질이 더 무거운 존속살해죄의 형으로 처벌하여야 할 것이라고 생각한다.

[주 제 어]

존속살해죄, 현주건조물방화치사죄, 상상적 경합, 형의 경중, 죄질

[Key Words]

Killing Ascendant, Death caused by Setting Fire to Present Living Building, Compound Crimes, Severity of Punishments, the Nature of the Crime

접수일자 : 2024. 5. 15. 심사일자 : 2024. 6. 14. 게재확정일자 : 2024. 6. 25.

[참고문헌]

강서룡, 신형법요의, 법제신보사, 1954.
김대휘/김신 편, 주석 형법[각칙 2](제5판), 한국사법행정학회, 2017.
______________, 주석 형법[각칙 3](제5판), 한국사법행정학회, 2017.
박상옥/김대휘 편, 주석 형법[총칙 1](제3판), 한국사법행정학회, 2020.
________________, 주석 형법[총칙 2](제3판), 한국사법행정학회, 2020.
배종대, 형법총론(제17판), 홍문사, 2023.
사법연수원 편, 2023년도 법학전문대학원 형사재판실무Ⅱ 형사판결서, 사법발전재단, 2023.
신동운, 형법각론(제3판), 법문사, 2023.
______, 형법총론(제15판), 법문사, 2023.
신동운 편, 형법 제·개정 자료집, 한국형사정책연구원, 2009.
오영근, 형법각론(제8판), 박영사, 2023.
오영근/노수환, 형법총론(제7판), 박영사, 2024.
유기천, 형법학(총론강의), 박영사, 1960.
______, 형법학(각론강의 상)[전정신판] 영인본, 법문사, 2012.
이용식, 형법총론(제2판), 박영사, 2020.
조균석 등 편, 형법주해[Ⅵ] 각칙(3), 박영사, 2023.
____________, 형법주해[Ⅷ] 각칙(5), 박영사, 2023.

김성룡, "부진정결과적 가중범의 성립범위와 죄수", 한국형사판례연구회 편, 형사판례연구 제15권, 박영사, 2007.
신동운, "형법 제49조 단서의 독립몰수에 대하여", 학술원논문집(인문·사회과학편) 제62집 제2호, 2023.
한상훈, "상상적 경합의 명시기능과 이중평가금지의 상충 여부", 비교형사법연구 제9권 제1호, 2007.
______, "형법 제17조(인과관계)의 유래와 "위험발생" 및 "연결"에 대한 재해석", 형사법연구 제35권 제3호, 2023.
大塚 仁/河上和雄/中山善房/古田佑紀 編, 大コンメンタール刑法(第3版) 第7

卷, 青林書院, 2014.
牧野英一, 日本刑法上卷總論(重訂版), 有斐閣, 1937.
________, 刑法各論上卷, 有斐閣, 1955.
木村龜二, 刑法各論, 日本評論社, 1940.
法務省大臣官房調査課 編, 法務資料別册23號刑法並びに監獄法改正調査委員會議事速記錄, 1957.
山口 厚, 刑法各論(第2版), 有斐閣, 2010.
西原春夫/吉井蒼生夫/藤田 正/新倉 修 編, 舊刑法[明治13年](4)-Ⅰ, 信山社, 2016.
____, 舊刑法[明治13年](4)-Ⅱ, 信山社, 2016.
西田典之/橋爪 隆 補訂, 刑法各論(第7版), 弘文堂, 2018.
西田典之/山口 厚/佐伯仁志 編, 註釋刑法 第1卷 (總論 §§1~72), 有斐閣, 2010.
小野清一郎, 中華民國刑法總論, 中央大學, 1933.
__________, 全訂刑法講義, 有斐閣, 1945.
__________, 新訂刑法講義總論, 有斐閣, 1948.
松尾浩也 增補解題, 倉富勇三郎/平沼騏一郎/花井卓蔵 監修, 高橋治俊/小谷二郎 共編, 增補刑法沿革綜覧(增補復刻版), 信山社, 1990.
植松 正, 增訂刑法概論Ⅰ總論, 勁草書房, 1959.
_______, 再訂刑法概論Ⅰ總論, 勁草書房, 1974.
守屋克彦/齊藤豊治 編, コンメンタ-ル 少年法, 現代人文社, 2012.
裁判所職員總合研修所 監修, 少年法實務講義案(三訂補訂版), 司法協會, 2018.
田宮 裕/廣瀨健二 編, 註釋少年法(第4版), 有斐閣, 2017.
井田 良, 講義刑法學·各論(第3版), 有斐閣, 2023.
泉二新熊, 日本刑法論上卷(總論)[訂正第40版], 有斐閣, 1927.
________, 日本刑法論下卷(各論)[訂正第44版], 有斐閣, 1939.

田原義衛, "刑法第10條第3項にいわゆる「犯情」の意義", 判例タイムズ 88號, 1959.
(刑法改正起草委員會 編), 刑法改正案理由書, (1931).

刑法改正起草委員會議事日誌(自第60回至第99回).
刑法改正起草委員會議事日誌(自第120回至第169回).
刑法改正起草委員會議事日誌(自第170回至第219回).
刑法改正起草委員會議事日誌(自第220回至第259回).

[Abstract]

The Number of Crimes for Unreal Offense Aggravated by Consequence

Lee, Jin-Soo*

Before the amendment of the Criminal Act in 1995, the Supreme Court recognized that killing an ascendant by setting fire to a present living building constituted a compound crime and ruled that the perpetrator shall be punished for killing an ascendant in accordance with the severity of the statutory penalty. However, after the 1995 amendment of the Criminal Act, the statutory penalty for the two crimes became the same. The Supreme Court now rules that the severity of the punishment shall be determined through the relationship between the intentional crime and the offense aggravated by consequence regarding the severity of consequence. According to this decision, if the statutory penalties for both offenses are the same, then only the offense aggravated by consequence constitutes a crime. The Supreme Court based its decision on the fact that the offense aggravated by consequence is in a special relationship. These precedents raise the question of how the two offenses are related.

The lower court decisions on this issue are divided into those that recognize the offenses as a compound crime and punish the offense with a more severe sentence for the killing of an ascendant and those that recognize only the offense of death caused by setting fire to a present living building. The former decision is more valid as the interpretation aligns with the Criminal Act's history and the legislators' intentions. It is difficult to establish a special relationship between death caused by setting fire to a present living building and killing an ascendant. Furthermore,

* Assistant professor, Kangwon National University School of Law.

Article 50 (3) of the Korean Criminal Act stipulates that the nature and circumstances of the crime determine the severity of the penalty.

과실범에서의 가벌성 제한을 위한 형사법적 쟁점*

— 의료과실 판례비교를 중심으로 —

— 대상판결1 : 대법원 2017. 9. 7. 선고 2017도8989 판결 —

— 대상판결2 : 대법원 2022. 12. 1. 선고 2022도1499 판결 —

안 정 빈**

Ⅰ. 문제의 제기

현대사회의 많은 대형 참사 사건들은 고의범보다는 업무상 과실치사상 등 과실범과 관련된 경우가 많다. 따라서 과실범에 대한 처벌 논의를 하는 것은 필요하다.

과실범은 예외적인 것이므로 원칙적으로 처벌하지 않아야 하고, 과실범으로 처벌하려면 반드시 따로 규정을 두어야 할 것이다. 가령 사람을 살해한 경우 고의가 있었다면 형법 제250조로 의율하고 과실치사는 형법 제267조 규정을 두어 처벌하고 있다. 특정 공간에서의 대형참사라든지 실화죄 등도 과실범의 범주 안에 들어가고 의료사고도 예외가 아니다.

본고는 과실범 중에서도 의료과실과 관련한 '대법원 2022. 12. 1.

---

* 본 논문은 2024년 1월 8일 서울 서초구 대검찰청 포렌식센터 2층 베리타스홀에서 한국형사·법무정책연구원과 공동개최한 제366회 한국형사판례연구회 월례학술회에서 제1주제로 발표한 글을 수정·보완한 것이다.

** 경남대학교 법학과 조교수

선고 2022도1499 판결' 및 '대법원 2017. 9. 7. 선고 2017도8989 판결'에 대한 판례평석이다. 판결에 대한 내용과 의미를 서술한 뒤 그와 관련된 이론적인 부분(특히 과실부작위범)을 검토하였다. 또한 판례의 내용에 관한 파악과 이론적 검토를 토대로 대상판결에 대한 비교 판례들을 통해 비교/분석하며 최종적인 평가를 하였다.

과실부작위는 부진정부작위가 아니라 각칙조문 자체에 부작위가 포함되어 있는 의무범적 부작위범이다. 이 점에는 과실부작위범 쟁점은 일반적인 부진정부작위범에 있어서의 정범과 공범의 구별과는 다른 쟁점이라고 할 수 있다.

Ⅱ. 대상판결1 및 대상판결2 요약

1. 대상판결1 (의사 간호조무사 업무상과실치상 판결[1])

(1) 1심 : 서울남부지방법원 2016. 10. 18. 선고 2016고단2201 판결 사건의 경과(업무상과실치상)

甲은 의사로서, 乙은 간호조무사이자 甲의 업무보조자로서 환자들의 생명과 신체를 보호하고 관리하는 업무를 담당하고 있었으므로, 甲과 乙은 주사치료행위를 함에 있어서 환자들의 상태를 잘 살피고 1개의 일회용주사기를 1명의 환자에게만 사용하고 폐기하는 등 일회용주사기를 통한 질병의 감염을 미리 방지하여야 할 업무상 주의의무가 있었다.

그럼에도 불구하고, 甲과 乙은 위와 같은 주의의무를 게을리 한 채, 甲은 2008년 5월경부터 환자들마다 새로운 일회용주사기에 혼합주사액을 넣는 것이 번거롭다는 이유로 1개의 일회용주사기에 2~3명의 환자에게 사용할 혼합 주사액을 넣어 증상이 유사한 환자 2~3명을 상대로 '사이드 주사'를 하면서 1개의 일회용주사기를 여러 환자들에게 재사용하고, 환자들을 상대로 '스크래치 요법'을 시행하면서 1개의

1) 대법원 2017. 9. 7. 선고 2017도8989 판결.

일회용주사기를 여러 환자들에게 재사용하였다.[2)]

乙은 甲이 위와 같이 환자 치료를 하면서 일회용주사기를 재사용한다는 사실을 알면서도 甲이 혼합 주사액을 조제하고 환자들에게 '사이드 주사' 및 '스크래치 요법'을 시행하는 과정을 보조하면서 위 병원에 고용된 다른 간호조무사가 일을 하지 못하는 경우 환자들에게 수액 주사를 놓고, 甲이 건강상 이유로 진료를 하지 못할 경우 직접 환자들에게 '사이드 주사'를 하면서 일회용주사기를 재사용하였다.

이로써 甲과 乙은 공동하여 위와 같은 업무상 과실로 M 등 피해자 54명으로 하여금 상해를 입게 하였다.[3)]

2. 대상판결2(대학병원 소화기내과 전문의·전공의 업무상과실치사 판결[4)])

(1) 대상판결2 요약

장폐색이 있는 피해자의 치료를 담당하였던 대학병원 내과 임상교수의 대장내시경 준비지시를 받은 내과 전공의 2년차가 대장내시

---

2) 2016고단2201 판결문에 따르면 甲과 乙은 개인병원에서 환자들을 상대로 다이어트, 갱년기치료, 피로회복, 감기치료 등의 명목으로 환자들의 정맥에 수액 주사바늘을 꽂고, 그 주사 줄에 연결된 고무튜브에 환자들의 증상에 따라 이뇨제, 진통제, 스테로이드제, 항히스타민제 등을 혼합한 주사액이 들어있는 일회용주사기를 꽂아 주사액을 투여하는 치료 방법(이하 '사이드 주사'라고 함) 및 혼합 주사액이 들어있는 일회용주사기를 환자들의 피부에 긁으면서 주사액을 흘려보내는 치료 방법(이하 '스크래치 요법'이라고 함)을 사용하였다.

3) 2016고단2201 판결문에 따르면 甲과 乙은 2015년 4월경 위 병원에서 치료받은 환자 J가, 같은 해 5월경 환자 K가 C형 간염에 감염된 사실을 위 환자들로부터 전해 듣고, 같은 해 9월경 환자 L이 C형 간염에 감염된 사실을 위 병원에서 의뢰한 피검사 결과를 통하여 직접 확인함으로써 위 병원에서 일회용주사기를 재사용하여 치료받은 다른 환자들도 C형 간염에 감염될 위험이 있음을 예견할 수 있었음에도 C형 간염 감염을 방지하기 위한 별다른 조치를 취하지 아니하고 환자들에게 '사이드 주사' 및 '스크래치 요법'을 시행하여 치료하면서 계속해서 일회용주사기를 재사용한 업무상 과실로, 2015. 11. 25. 피해자 M로 하여금 C형 간염에 감염되게 한 것을 비롯하여, 그 무렵 피해자 54명으로 하여금 C형 간염(1a형)에 감염되게 하였다.

4) 대법원 2022. 12. 1. 선고 2022도1499 판결.

경을 위해 투여하는 장정결제를 감량하지 않고 일반적인 용법으로 투여하며 별도로 배변양상을 관찰할 것을 지시하지 않고 관련 설명을 제대로 하지 않은 업무상과실로 피해자의 장이 파열되고 결국 사망하였다.

전공의가 분담한 의료행위에 관하여 내과 임상교수에게도 주의의무 위반에 따른 책임을 인정하려면, 부분 장폐색 환자에 대한 장정결 시행의 빈도와 처방 내용의 의학적 난이도, 내과 2년차 전공의임에도 소화기내과 위장관 부분 업무를 담당한 경험이 미흡하였거나 기존 경력에 비추어 보아 적절한 업무수행을 기대하기 어렵다는 등의 특별한 사정이 있었는지 여부 등을 구체적으로 심리하여 전공의에게 장정결 처방 및 그에 관한 설명을 위임한 것이 합리적이지 않았다는 사실에 대한 증명이 있었는지를 판단하였어야 한다.

대법원은 내과 임상교수가 전공의를 지휘·감독하는 지위에 있다는 사정만으로 직접 수행하지 않은 장정결제 처방과 장정결로 발생할 수 있는 위험성에 관한 설명에 대하여 책임이 있다고 단정한 원심에 의사의 의료행위 분담에 관한 법리를 오해하고 필요한 심리를 제대로 하지 아니함으로써 판결에 영향을 미친 잘못이 있다는 취지로 파기·환송하였다.

(2) 대상판결2 결과

전문의(임상교수)는 최종 무죄, 전공의는 금고형 집행유예를 선고받았다.

Ⅲ. 주의의무 위반과 설명의무 위반

1. 주의의무 위반

대상판결1은 의사와 간호조무사를 주의의무를 게을리한 공동의 업무상 과실로 피해자를 상해에 이르게 하였다는 취지로 과실범의 공동정범으로 공소제기한 사안이고, 대상판결2는 전문의(임상교수)와 전공의가 주의의무를 게을리한 공동의 업무상 과실로 피해자를 사망에 이르게 하였다는 취지로 과실범의 공동정범으로 공소제기한 사안이다.

공동의 주의의무 위반으로 과실치사상의 공동정범으로 공소제기했다는 점에서 구조는 같다.

(1) 상하위 직급의 의사간 위계(Hierarchie)와 의사와 간호(조무)사 간의 위계 차이

가. 전공의의 독자적 책임 인정

대상판결2에서는 전문의와 전공의 2년차 사이의 수직적 분업관계에 대한 비교적 덜 엄격한 적용에 대해서 살펴보았다. 전문의는 무죄가 되었고 전공의만 유죄가 확정되었다. 전공의 2년차의 독자적 의사로서의 전문성 측면에 대한 부분이 많이 강조된 것이다.

대상판결2에서의 전문의와 2년차 전공의 간에서는 2년차 전공의의 전문성을 인정하여 전문의까지 유죄로 끌어들이지 않았다.

나. 간호(조무)사의 독자적 책임 불인정

반면에 대상판결1에서는 의사와 간호(조무)사의 관계에 있어서는 의사에게도 책임이 여전히 있다고 보아 의사와 간호(조무)사가 모두 유죄가 된 사안이다.

즉, 대상판결1에서는 의사와 간호(조무)사 간의 수직적 분업관계에 대해 엄격하게 판단하여 의사는 파기환송심에서까지 금고형을 선고받았다.

간호사와 간호조무사는 의료법적으로 의료행위를 할 수 있는 업무 자체의 범위가 달라질 수 있다.[5] 그런데 수직적 분업관계는 비단 의사와 간호사의 관계만 있는 것은 아니고 의사와 방사선기사, 물리치료사, 치위생사 등 para-medical로 볼 수 있는 직군들과의 관계를 포괄

5) 이는 간호사법 등과 연계지어 생각할 문제이다.

적으로 수직적 분업관계의 범주 안에 넣어 생각할 수는 있을 것이다.

(2) 수평적 분업관계와 수직적 분업관계 이론

가. 수평적 분업관계와 신뢰이익 보호

수평적 분업관계에 해당하는 내과의사와 신경과 전문의 사이 협진 관련하여 신경과 전문의의 이상 없다는 회신을 신뢰하여 내과의사의 업무를 계속하다 환자가 지주막하출혈로 사망한 경우에 내과의사에게 업무상과실치상을 부정했다.[6] 세부분야가 다른 전문의 간에는 서로 상대방에 대한 '신뢰의 이익'을 보호한다.

나. 수직적 분업관계와 신뢰이익 보호

그러나 대상판결1과 같이 의사와 간호(조무)사 간에는 서로 상대방에 대한 '신뢰의 이익'을 인정하기가 용이하지 않다. 결국 의사와 간호(조무)사는 대등한 지위가 아닌 지도/감독 관계이기 때문에 의사의 책임하에 의료과실 사고가 발생하였을 경우에는 감독자인 의사에게도 책임을 묻는 것이다.

다. 전공의 연차에 따른 책임인정 여부 차이

통상적으로 1년차 전공의와 전문의의 관계[7] 또는 의사와 간호(조무)사의 관계[8]는 - 2년차 이상 전공의와 전문의와의 관계[9]와는 달리 - 수직적 분업관계에 엄격한 적용이 유지된다고 판단된다.

(3) 기존 판례이론의 변동 여부

대법원 2022도1449 판결 및 파기환송심 서울중앙지법 2022노3159 판결에 대한 본 평석의 주된 요지 중 하나는 '대상판결이 전공의의 과

6) 대법원 2003. 1. 10. 선고 2001도3292 판결.

7) 1년차 전공의는 전공의 시점에 따라 실질적으로 전공의 1개월차 또는 전공의 3개월차이다. 가령 기관절개술을 할 수 없는 전공의 1년차에 대한 아래의 기사 참조. "기관절개술 할 수 없는 전공의 1년차, 형사처벌 과하다", 청년의사 2022.7.20. 기사. https://www.docdocdoc.co.kr/news/articleView.html?idxno=2025253

8) 대상판결1.

9) 대상판결2.

실로 인한 부분에 대해서는 전문의까지 책임을 진다는 기존의 의료과실에 적용되던 원칙이 변동된 것으로 판단된다'는 것이다.[10)]

가. 수직적 분업관계 이론 변동가능성에 대한 측면에서

수직적 분업관계 이론은 있어서는 하급자가 잘못할 경우에 상급자도 책임을 진다는 의미이다. 정범 배후 정범이론이라든지, 의무범 이론[11)]이 다 그러한 맥락이다. 그럼에도 불구하고 전문의는 무죄가 됐다. 그렇기 때문에 기존 관점의 변화가 생겼다고 판단하는 것이 옳을 것이다.[12)] 상급자 의사에게 항상 철저한 감독을 요구하는 것은 기

---

10) 그런데 대상판결은 "대장 내시경 검사를 앞둔 환자에게 장정결을 시행하는 것 자체가 이례적이거나 내과 전공의가 통상적으로 담당·경험하기 어려운 경우 또는 장정결의 세부 시행방법이 전문의의 구체적·개별적·직접적인 지시를 필요로 할 정도로 고도의 의학적 지식·경험이 필요한 의료행위에 해당한다고 볼 수 없다"고 설시한 바, 이를 두고 기존의 의료과실 이론(전공의의 과실에 대해 전문의까지 책임을 지도록 하는 것을 기존의 의료과실 이론이라고 칭할 때)이 변동된 것으로 볼 수 있는지 다소 의문이 들 수도 있다.

오히려, 수술 자체가 이례적이거나, 전공의가 통상적으로 알기 어려워 전문의의 구체적인 지시를 필요로 한 사안에 대해서는 수직적 분업관계에 따라 전문의가 책임을 진다는 의미가 아닌지, 개별적인 사안에서 주의의무 유무에 따라 구체적 타당성을 발견하여야 하는 것은 아닌지에 관한 의문이 들기도 한다.

즉, 대상판결2의 관점은 전문의 책임에 관한 전면적 파기가 아니라 이 판례의 경우에는 특수한 상황을 고려하여 전공의에게 그 개별적 책임을 전적으로 인정한 것이 아닌가 생각되기도 한다. 그 이유는 ①~⑤의 사실이다.

대상판결2의 사건의 경과 부분을 보면 ① 고령의 중증 환자에 대한 진료를 함에 있어 각별한 주의가 필요함에도 불구하고 ② "영상의학과 판독소견을 무시하면서" 또한 약물 투여 부작용의 ③ 위험성을 피해자 등에게 알리지 않고 시술을 한 것은 단순한 주의의무 위반으로 보기에는 어려움이 있어 보이는 측면도 없지 않다.

더욱이 전공의는 ④ 전문의(임상교수)에게 일부 보고누락을 한 바 있으며 ⑤ 퇴근 후 가족들의 항의를 받고서도 2차적으로는 피해자와 가족들에게 대장 내시경 시술을 하지 않는다고 하였다.

이러한 다수의 사실들은 전공의의 상해 내지는 살해고의를 인정할 수 있는 사실로 평가될 수 있는가? 따라서 전공의의 행위는 과실행위가 아니라 (미필적) 고의에 의한 살해행위 내지는 상해치사행위로 보여질 여지도 있다.

11) 의무범이란 형법 이전의 특별한 의무의 위반을 본질로 하는 범죄를 말한다. 이상주, 「주석형법」[총칙1] 제3판, 한국사법행정학회, 2020, 95면.

대가능성이 없는 행위를 강요하는 것으로, 현실과 처벌법 간의 간극을 발생시키고 의료인 간 혹은 의료인과 환자 간 갈등을 심화시킬 수 있다.13)

나. 전문의에게 '신뢰의 원칙' 인정

수직적 분업관계 이론이 다소 변화되었다고 판단하는 취지는 수술 자체가 이례적이거나, 전공의가 통상적으로 알기 어려워 전문의의 구체적인 지시를 필요로 한 사안에 대해서는 수직적 분업관계에 따라 전문의가 책임을 진다는 의미를 부정한다는 차원에서 '기존의 의료과실 이론(전공의의 과실에 대해 전문의까지 책임을 지도록 하는 것을 기존의 의료과실 이론이라고 칭할 때)'이 변동되었다는 의미라기보다는 기존에 수직적 분업관계라 하면 전문의와 전공의, 전문의와 인턴, 의사와 간호사를 아울러서 수직적 분업관계라고 보는 것이 일반적인 수직적 분업관계 이론이었다면 점차로 전문의와 전공의 사이의 관계에 있어서는 전문의에게 '신뢰의 보호' 측면으로 판례가 조금씩 견해를 변경하고 있는 게 아닌가 하는 취지이다.14) 전공의도 인턴을 마친 상태인데다가 의사자격증을 소지하고 있기 때문이다.

의학전문대학원 체제 출범 이후로 전문의까지 하는 경우보다 일

---

12) 물론 파기환송심 전까지는 전문의가 일부 보고누락을 받았음에도 불구하고 유죄가 되었다.

허위보고를 받은 상급자에게 금고형을 선고했던 것은 수직적 분업관계라서 유죄를 선고했던 게 아닌가? 그런데 파기환송심에서 무죄가 됐다면 수직적 분업관계임에도 무죄가 선고된 것이라고 판단된다.

13) 김성은, "수직적 의료분업과 합리적 형사책임귀속에 대한 소고(小考)", 「입법과 정책」 제10권 제2호, 국회입법조사처, 2018, 337면.

14) 전공의는 수련의 과정인 인턴 1년까지 마치고 전공의로 진입하기 때문에 전공의에 대해서는 특별히 수직적 분업관계를 엄격히 적용하지는 않는 것 같다. 다만 인턴에 대해서는 여전히 수직적 분업관계를 엄격히 적용한다.

인턴의 경우 산소호흡기를 떼어냈음에도 불구하고 무죄를 받은 보라매병원 판결이 있다. 여기서는 인턴은 무죄였다.

인턴과 전공의 혹은 인턴과 전문의 간에는 수직적 분업관계 이론이 잘 지켜질 것이다.

반의(GP)체제에서 개원이나 활동하는 의사가 상대적으로 증가하고 있는[15] 경향과도 일맥상통한다.[16]

최근 2022년 6월 16일 이비인후과 전공의는 1년차 즉 전공의 3개월차인데 급성후두개염 환자의 응급실 이동에 동행하지 않았다는 이유로 업무상 과실치사 혐의로 금고 6개월, 집행유예 2년을 선고받았다.[17] 하급심 판결이지만 이러한 판단을 하는 이유는 전공의는 인턴과 달리 독자적으로 판단을 할 수 있는 지위에 있다고 판단하는 것 같다.[18]

반면 간호(조무)사가 사이드 인젝션(Side injection)을 하다가 과실치상에 이른 대상판결2(대법원 2017. 9. 7. 선고 2017도8989 판결)에서는 의사와 간호(조무)사 간에 여전히 수직적 분업관계가 지켜지는 것으로 보았다. 그러므로 의사는 파기환송심에서도 여전히 유죄판결을 받았다.

전공의와 전문의 간 신뢰의 원칙 관련해서 병원에 위임규정이 있고 위임범위 내라고 판결에 혹시 기재되어 있다고 할지라도, 원칙적인 경우에는 그러한 측면이 옳을 수 있지만 어떠한 사항에 대한 '위임규정'이 있더라도 특별한 사정이 있으면 - 특단의 사정이 있는 경우에는 - 신뢰의 원칙 적용이 배제된다 할 것이다.

다. 개별적인 사안에서 주의의무 유무에 따라 구체적 타당성을 발견하여야 하는 것은 아닌지에 대해서

개별적인 사안에서 주의의무 유무에 따라 구체적 타당성을 발견

---

15) [신동아] 의전원 출신이 '전문의' 포기하는 이유, 동아일보 2019. 9. 24. 기사. https://www.donga.com/news/Society/article/all/20190924/97556061/1

16) 의사자격증을 가지면 진료과목을 달고서 어떤 과(科) 진료든 다 볼 수 있도록 되어 있다. 그래서 보통 홍길동 의원 이라고 쓰고, 작은 글씨로 "진료과목" 이라고 적고 그 뒤에 성형외과 또는 피부과라고 적힌 간판들을 많이 볼 수 있다.

17) [단독] 의사가 응급실 혼자 보낸 뒤 기도 막혀 사망했다면... 법원 "의료과실", 2022.7.3. 한국일보 기사. https://m.hankookilbo.com/News/Read/A2022070312140000380

18) 개원가에 전문의 없는 의사들이 급속도로 증가하고 이들은 의사로서 처벌을 받는데, 유독 대학병원에 있다는 이유로 전공의들에게는 책임을 적게 지우는 것이 형평성에 어긋난다는 인식과 관련이 있을 것이다.

하여야 한다면 구태여 수직적 분업관계 수평적 분업관계로 나눌 의의도 없어진다.

수평적 분업관계도 마찬가지이다. 내과 바이탈 검사 결과를 믿고, 마취과 전문의의 마취 관련 소견을 믿은 신경외과 전문의는 수술 후 환자가 사망하더라도 책임을 지지 않는다.[19] 각각의 영역에서 본인이 맡은 부분에는 이상이 없다고 주장한다. 그러면 협진체계라는 수평적 분업관계에서 결국 의료과실에 대한 책임을 지는 의사 또는 병원은 없게 된다. 그래서 더더욱 공동정범으로 공소제기를 하게 되는 게 아닌가 하는 우려가 있다.

2. 설명의무 위반 혹은 불이행을 통한 의사의 치료행위와 고의범 성립여부

(1) 고의 상해죄에 해당하는지 여부

가. 긴급피난 또는 피해자의 승낙에 따른 위법성 조각사유

의사의 치료행위, 특히 수술 혹은 시술 등과 같은 것이 신체의 생리적 기능훼손을 야기한다면 그것은 기본적으로 상해행위에 해당하고 구성요건해당성을 충족하게 된다. 다만, 그 행위는 치료방법과 그 의미 등에 대한 담당 의사의 (환자 혹은 보호자 등이 이해할 수 있을 정도로) 충분한 설명의무의 이행과 그에 따른 피해자의 승낙(형법 제24조)에 의해 위법성이 조각될 수 있을 뿐이다. 또한 경우에 따라 이러한 의사의 치료행위는 긴급피난[20] 등에 의해 위법성이 조각될 수도 있다.

나. 허용된 위험 법리 충족에 따른 구성요건해당성 배제사유

물론 허용된 위험의 법리를 충족하는 경우는 구성요건해당성이 배제될 수도 있을 것이다.

---

19) 내과와 신경과 의사 간에도 같은 취지의 판결이 있다. 대법원 2003. 1. 10. 선고 2001도3292 판결.

20) 임상규, "의료행위의 정당화와 면책가능성", 「법학논고」 제64집, 경북대학교 법학연구원, 2019, 140-141면.

다. 불충분한 설명의무에도 불구하고 정당화 사유 확장

그러나 이와 같은 충분한 설명의무를 이행하지 않은 치료행위는 기본적으로 '과실이 아닌 고의에 의한' 상해의 불법을 충족시킬 여지 자체가 없는 것은 아니다. 그러나 의료행위는 다른 유형에 비하여 허용된 위험행위로서 정당화될 범위가 넓다고 할 수 있는데 그 이유는 의료행위가 개개의 구체적 행위 자체가 환자의 생명·신체를 지키기 위한 높은 가치를 가지는 것이기 때문이다.[21]

라. '신뢰의 원칙' 확대 적용으로 해결

그러나 의료과실에 대해 비범죄화 작업에도 고려해야 할 요소가 있다.

도로교통의 비범죄화 작업은 형법적 방법인 신뢰원칙 확대적용으로도 얼마든지 달성할 수 있음에도 불구하고, 형법 과실범 문제와 민법 손해배상 문제를 구별하지 않은 채 대체로 보험으로 처리하고 있어서 결국 교통사고처리특례법이 형법 과실법이론을 공동화시킨다.[22] 의료과실에 있어서도 마찬가지의 상황이라 판단된다.[23]

그리고 검찰에서 과실비율 입증곤란을 이유로 '과실범의 공동정

21) 박강우, "허용된 위험의 법리와 과실범구조의 변화", 「법학연구」 제19권 2호, 충북대학교 법학연구소, 2008, 54면.

22) 배종대, 「형법총론」 제17판, 홍문사, 2023, 504면.

23) 의료분쟁조정법 제51조 제1항 본문에 따르면 조정이 성립하거나 조정절차 중 합의로 조정조서가 작성된 경우 피해자의 명시한 의사에 반하여 공소제기를 할 수가 없게 되어 있다. 일종의 반의사불벌죄 조항이다. 나아가 의료계에서는 형사처벌 특례제도로서 의료사고특례법을 추진하고 있는데 교통사고처리특례법과 같은 양상으로 될 경우 이 또한 문제될 소지가 없지 않을 것이다.

의사들의 의료과실을 마구 형사처벌하는 것도 문제이지만 의료사고는 과실범이라는 이유로 형사처벌을 어지간해서는 할 수 없도록 하는 것도 재고를 요한다.

의료분쟁조정법은 피해자인 환자와 합의가 될 경우 어지간해서는 판결선고까지 가지 않게 된다.

그럼에도 불구하고 의료사고특례법까지 성급히 제정되어야 하는지는 의문이다. 의료사고로 형사기소될 경우 과실범에서의 '신뢰의 원칙'을 확대하는 방안을 우선적으로 고려하는 것이 적절할 것이다.

범'으로 기소하거나 법원에서 과실범의 공동정범으로 판단하는 대신에 정범과 공범(방조범)을 엄격히 구분해서 판결을 해 주고, 방조범 적격으로 판단되는 피고인에 대해서는 과실 방조는 처벌하지 않으므로 무죄판결을 하는 것이 필요하다고 생각된다.

(2) 단순 주의의무 위반으로 보기의 난해함?

가. 과실과 고의의 경계

전공의의 환자에 대한 상해의 고의가 있는지 여부에 있어서도, 치료행위에 있어서 예전에는 정당행위였다가 최근에는 피해자의 승낙 쪽으로 바뀐 부분이 있는 점[24]을 고려한다면 피해자의 승낙이 없는 부분에 대해서는 유죄가 성립될 여지가 있다.

나. 합법적 대체행위 이론

의료과실사건에 있어서는 의사의 과실이 결과발생 예견가능성과 연계하여 검토된다. 결과발생을 예견하지 못하였고 결과발생 회피할 수 있었음에도 불구하고 회피못한 과실을 검토해야 한다.[25] 그러나 의사가 특정 진료방법을 선택하여 진료를 하였다면 해당 진료방법 선택 과정에 합리성이 결여되어 있다고 볼 만한 사정이 없는 이상 진료의 결과만을 근거로 하여 그 중 어느 진료방법만이 더 적절하고 다른 진료방법을 선택한 것은 과실에 해당한다고 말할 수 없다.[26]

형법총칙의 규정은 각칙에 적용된다. 형법총칙 제13조에는 죄의 성립요소인 사실을 인식하지 못한 행위는 벌하지 아니하고 단 법률에 특별한 규정이 있는 경우에는 예외로 한다고 되어 있다. 기본적으로는 고의가 있어야 벌할 수 있다.

대상판결2의 경우 전문의와 전공의는 과실로 환자를 사망케 하였으므로 위법하다고 할 수 있으나 적법한 행위를 했더라도 환자가 사

24) 이재상/장영민/강동범, 「형법총론」 제11판, 박영사, 2022, 307-308면.
25) 대법원 1984. 6. 12. 선고 82도3199 판결.
26) 대법원 2015. 6. 24. 선고 2014도11315 판결.

망할 수밖에 없는 상황이라면 사정이 달라지게 된다. 만약 과실이 없었더라도 어차피 사망할 수밖에 없었다고 판단이 될 수 있었다면 의사들은 합법적 대체행위이론에 따라 무죄로 볼 수도 있을 것이다.

형법 교과서에 자주 등장하는 잘 알려진 트럭왼쪽바퀴중앙선사례[27]에서도 그러하고 할로테인마취사례[28]에서도 그러하다. 대상판결2에서 장정결제를 환자에게 투여하지 않았더라도 환자는 다른 이유로 사망했을 것이라면 의사들을 과실범으로 처벌할 수 없게 될 것이다.

클레오신 사건[29]에서도 농배양을 하지 않고 클레오신을 처방하여 치과에서 사랑니를 빼던 환자가 사망한 사건에서 만약 농배양을 했었더라도 클레오신을 처방하였을 것이고 따라서 환자가 사망하였을 것이라는 규범적인 판단을 하여 의료진이 무죄가 되었다.

규범적으로 보면 처벌하는 것이 부당하다는 것인데 사실적으로 보면 농배양을 하지 않아서 사망한 것이 아닌가 하는 의구심이 들기는 한다. 합법적 대체행위가 판례에 의해서 인정이 되고 객관적 귀속의 관점을 사실상 받아들이고 있는 것이다.

다른 처치법을 통해 환자에게 접근했으면 과연 사망했을지 생존했을지 확실치 않은 사건들에 있어서 무죄로 판단하게 해주는 입장을 통설과 판례가 취하고 있는 것으로 보인다.

3. 대상판결과 과실부작위범

(1) 과실부작위범 상황 여부

대상판결2에서는 과실로 인하여 보증인의무를 파악하지 못하거나 그 의무가 발생한 '상황(사실)'임을 파악하지 못하여 작위의무(설명의무)를 이행하지 못한 경우가 될 수 있기 때문에 과실부작위범 상황이 된다.

27) 대법원 1991. 2. 26. 선고 90도2856 판결.
28) 대법원 1990. 12. 11. 선고 90도694 판결.
29) 대법원 1996. 11. 8. 선고 95도2710 판결.

대상판결2 사안과 관련해서는 의사들은 설명의무가 있고 그러한 설명의무를 통해 결과발생 방지의무인 보증인의무가 발생한다 할 것이다. 또한 그 의무위반을 정상의 주의의무 태만을 통하여 하게 된 이중의 의무위반이 있었다고 볼 수 있는가?

설명의무 위반이 과실범인데 이를 작위의무 위반으로도 볼 수 있다고 하면 모든 과실범은 부작위범이 되는 상황이 될 것이다. 이는 적절하지는 않을 것이다.

(2) 부작위범은 예외적으로만 인정되는 개념이 아니다.

지은석 교수는 어떠한 행위가 작위해당성을 갖는지를 우선적으로 검토해보고 작위해당성이 없을 경우 부작위범 요건을 갖추었는지를 비로소 검토해야 한다는 견해를 제시한다.[30] 그래서 어떠한 행위가 작위범의 요건을 갖추었으면 부작위범으로 볼 수 없다는 것이다.

그런데 보라매병원 사건의 전문의와 전공의의 경우 1심에서는 부작위 살인죄 공동정범으로 보았다가 2심부터는 작위 살인방조죄로 보았다. 부작위에서 작위로 바뀌었다. 1심에서는 평가적 고찰방법을 취해서 계속 적절한 치료를 하지 않은 부분에서 부작위로 보았고 2심부터는 산소호흡기를 뗀 자연적 고찰방법을 취해서 작위범으로 보았다. 의료사고에서만 그러한 것은 아닌 것 같고 일반적으로 사안을 바라보는 관점에 있어서 부작위가 작위에 비해 반드시 예외적으로만 인정될 수 있는 개념인지는 의문이다.

가령 이은해 사건[31]의 경우에도 보험사기죄 같은 작위범으로 볼 수 있을 텐데 부작위 살인죄로 보았다.

---

30) 지은석, “부작위에 의한 기망행위 - 대법원 2018. 8. 1. 선고 2017도20682 판결 -”, 「동북아법연구」 제13권 제3호, 전북대학교 동북아법학연구소, 2020, 616-617면. 고지의무와 관련된 부작위 사기죄 쟁점 판례에서 이러한 견해를 제시하고 있다.

31) 대법원 2023. 9. 21. 선고 2023도6086 판결.

4. 설명의무 불이행과 과실부작위 쟁점의 의의

(1) 이론적 해결의 필요성

본고에서 과실부작위를 거론하는 이유는 이행해야 할 설명의무가 있는 치료에 있어 그 설명의 불이행이 고의가 아닌 과실로 이루어졌다는 점에 대한 이론적 해결의 필요성에 기인한다.

이러한 설명의무를 작위의무 즉 보증인의무로 간주함으로써 의사의 설명의무 위반성립을 보다 어렵게 함으로써 그 범죄성립의 범위를 최대한 축소하려는 취지의 일환인 것이다.

그렇기 때문에 대상사안에 있어서의 보증인의무 발생 여부에 관한 보다 정밀한 추가적 논의가 추가적으로 필요할 것이다.

(2) 치료계약에 따른 보증의무 발생

의사는 치료계약을 맺게 되면 환자에 대해서 법령, 계약, 선행행위, 조리 중 계약에 의해 보증인의무가 발생한다. 따라서 보증인의무 발생 여부는 당연한 것이라서 논의가 많이 필요하지는 않다고 판단된다.

슈미트(Schmidt)도 의료과실과 관련하여 '부진정부작위범의 이론'을 적용하며 의사는 객관적 의무와 능력에 따라 신체침해를 회피하여야 한다는 입장이다.[32]

5. 부작위 논의의 필요성 여부

(1) 논의 불필요 근거

그러나 의사는 치료를 하기 전에 그 치료에 대한 설명의무를 당연히 이행해야 하고 의사들은 이러한 의무에 대해 당연히 알고 있어야 한다(법률의 부지는 용서되지 않는다). 이에 대한 착오는 일반적인 사실의 착오(설명의무가 발생하는 상황 - 치료가 예정된 상황 - 인지 여부에 대한 착오)나 법률의 착오(설명의무 이행의 의미나 그 범위에 대한 착

---

32) E. Schmidt, Der Arzt im Strafrecht, Leipzig, 1939, S. 77f.(김혁돈, "의료행위의 형사법적 의의", 「법학논고」 제30집, 경북대학교 법학연구원, 2009, 170면에서 재인용).

오)로 해결하면 족하고 부작위에 관하여 논의할 필요는 없어 보일 수 있다.

(2) 논의 필요 근거

결과예견가능성을 전제로 한 결과예견의무와 결과회피의무 또는 '위험한 행위를 부작위할 의무(Unterlassung gefährlicher Handlungen)'가 주의의무의 내용이기도 하다.[33] 결국 과실범에서의 주의의무는 부작위 쟁점과 밀접분가분의 관계에 있다.

대상판결2 판례를 보면 전공의는 설명의무를 이행하지 않아서 금고형이 확정되었다. 위의 김성돈 교수 교과서 내용을 적용한다면, 주의의무위반과 작위의무위반이 동시에 있는 과실부작위범의 적용례라 볼 수 있을 것이다.

그러므로 과실범을 논함에 있어서 작위의무를 행하지 않은 것에 대해서는 부작위범도 함께 논할 수 있고 이것이 과실부작위범이다. 다시 말하자면 보증인의무에 대해서 상세하게 언급하지 않아도 이는 과실부작위범의 성질상 당연한 차원이다.

Ⅳ. 과실범의 공동정범 및 정범과 공범의 구별

1. 과실범의 정범과 공범(방조)로 나누어 기소하는 것에 대하여

(1) 통설과 판례

대상판결2의 경우 검사가 애초에 전문의와 전공의를 공동정범으로 기소할 것이 아니라, 과실범의 정범과 공범(방조)으로 나누어 기소하는 것이 타당하였을 것이라고 생각한다.

우선, 통설에 따르면 교사와 방조는 고의성을 본질로 하므로 과실에 의한 교사 내지 방조는 성립할 수 없는 것으로 보인다. 유사한 취지로 과실범의 공동정범도 성립할 수 없고 '동시범'이 성립할 수 있을

33) 김성돈, 「형법총론」 제2판, SKKUP, 2009, 455면.

뿐이라는 견해가 다수인 것으로 보이나, 우리 판례는 과실범의 공동정범을 인정하고 있다.

위와 같은 이유 등으로 검사는 의료과실 사고에 있어서 주의의무 위반이 있는 것으로 판단된 행위자들을 업무상과실치사·상죄의 공동정범으로 기소하는 것으로 판단된다.

다만, 주의의무 위반은 각 행위자가 지닌 주의의무에 따라 개별적으로 판단하는 것이 논리적으로 타당하다고 생각되므로, 그 방안에 관한 후속 연구는 필요할 것이다.

(2) 검 토

판례가 과실범 공동정범 인정하는 것에 대해서는 학설에서는 대체로 부정적이다.[34] 그럼에도 불구하고 과실범 공동정범 판례 쟁점은 성수대교, 삼풍백화점 사건등 뿐만 아니라 의료사고 등에서 많이 활용되고 있다.

왜냐하면 우리 판례는 과실범의 공동정범을 인정하고 있어서 검사가 과실범의 공동정범으로 공소제기를 하는 경우가 많지 않은가 의문이 든다. 의료사고에서 형사책임을 인정하기 어려운 것은 의료행위의 특수성으로 인해 의료과실과 의료사고 결과 간의 인과관계 입증이 어렵기 때문이다.[35] 과실 비율 입증이 곤란한 경우 공동정범으로 공소제기를 활용하는 측면이 없지는 않은 것 같다. 물론 형사사건에서는 과실범의 공동정범이 성립하는 경우에 각각의 과실정도(비율)는 법원이 양형에서 고려할 요소일 뿐 검사의 증명책임이 있는 부분이 아니므로 과실 비율 입증이 곤란해서 공동정범으로 기소하는 것이라고 단정하기 어렵다고 생각할 여지도 있다.

가령 일본에서는 실무적으로 공범의 98%가 공동정범으로 처리되고 있는 실정이다.[36]

---

34) 그 이유는 과실 공동성이나 과실범 간 의사연락을 인정하기 어렵기 때문이다.

35) 최민영·이석배, "의료사고에 대한 분쟁조정과 형사책임", 연구보고서, 한국형사정책연구원, 2015, 30면.

대상판결2의 전공의의 행위는 과실이지 고의인 것으로 생각되지는 않는다. 그러므로 과실부작위 논의가 필요한 것이다. 본고에서 과실범의 공동정범 이론을 부정할지 인정할지에 대한 논의에 앞서 정범/공범 구별설을 논의하고 있는데, 대상판결2 사안에서 공범의 성립이 가능한지가 다소 어려운 쟁점이다. 또한 대상판결2가 기존이론을 변동하고 있는지 여부도 쉽지 않은 쟁점이다.

전공의가 살해의 의도가 있다고 보려면 의사가 고의로 환자를 살해하려고 하는 이유가 있어야 한다. 대상판결2의 판결문 어디에도 고의라는 언급이 없는데 이 사안을 고의 살해 목적 사안이라고 바꾸어서 판례평석을 할 수는 없을 것이다. 고의가 아니라 과실이라면 과실범을 논해야 하는 것이고 주의의무위반 외에 작위의무 위반도 있다고 판단되면 과실부작위범을 논해야 할 것이다. 전문의에게까지 공범의 성립이 불가능하기 때문에 무죄가 되었다.

결론적으로 의료행위에 있어서 신뢰의 원칙은 타인의 의료행위를 신뢰한다는 것은 결과가 발생하지 않을 것이라는 기대, 즉 결과를 예견하지 않는 것이다. 따라서 결과예견의무를 제한하는 기준으로 봄이 타당하다. 결과예견의무가 제한되기 때문에 결과회피의무도 부차적으로 제한되는 것이다.[37]

2. 의료과실과 비의료과실의 차이점

의료과실에서는 협진체제를 통해 본인의 과실만 없다면 아무도 처벌받지 않는 구조를 만들어가는 형국으로 판단된다.[38] 의료과실 여부를 판단함에 있어서 같은 업무와 직종에 종사하는 일반적 보통인의 주의정도를 표준으로 하고 사고 당시의 일반적인 의학의 수준과 의료환경 및 조건, 의료행위의 특수성 등을 고려하여야 한다[39]는 점 자체

36) 長井　圓, "日本における過失犯の正犯 · 共犯の基礎理論", 中央大学 · 漢陽大学校合同シンポジウム報告 (2),「比較法雑誌」제50권 제3호, 日本比較法研究所, 2016, 32면.

37) 권오걸, "의료과실범의 주요 쟁점",「법학연구」제19권 제2호, 한국법학회, 2019, 74면.

38) 대법원 2022. 12. 1. 선고 2022도1499 판결.

가 한편으로는 전문가로서 일반인보다는 더 높은 주의의무를 부과하는 측면으로 보일 수도 있겠으나 다른 한편으로는 전문가집단에서는 그 정도는 용인할 수 있는 업무재량 하에 있다는 구실로 작용하기도 하는 것 같다. 가령 대상판결2에서도 장정결제를 사용할지 아니면 수술을 할지 여부는 의사의 재량이므로 이는 주의의무 위반이 아니라는 의견개진이 나오는 부분도 그러한 관점의 일환이다.

(1) 과실범의 미수와 과실범의 방조

과실범은 대표적인 결과범에 속한다. 물론 대부분의 범죄는 결과범에 속하고 있다. 그래서 인과관계를 논할 실익이 많을 것이다. 기수와 미수를 나눌 때 인과관계 검토가 필요하기 때문이다. 어떠한 행위가 존재하고 그 결과가 해당 행위에서 비롯된 것이 아니라면 과실범의 미수가 된다. 과실범의 미수처벌 규정이 없으므로 과실범의 미수는 처벌되지 않는다. 그렇다면 과실범의 경우에는 기수인지 미수인지에 따라 유무죄가 갈리게 되므로 여러모로 의미가 크다고 할 수 있다. 과실범의 방조도 마찬가지로 처벌규정이 없으므로 유무죄가 나눠는 지점이므로 정범인지 방조범인지를 구별해 주는 것이 의미가 클 것이다.

(2) 과실범의 정범과 공범의 구별과 관련하여 추가적으로 생각할 쟁점들

기존의 작위와 부작위 구별 또는 작위범과 부작위범의 구별에 관한 자연과학적 관찰방법이나 규범적 방법에는 한계가 있는가?

작위와 부작위 또는 작위범과 부작위범과 관련하여 보라매병원사건의 처에게 치료를 해야 하는 - 민법상 부부간 부양의무로부터 파생되는 - 형법상 보증인의무가 있다.

치료를 하지 않고 호흡기를 제거한 것은 결과적으로 생명연장장치를 제거하는 작위로 평가하면 될 것이지 부양의무를 이행하지 않은 부작위범을 언급할 필요가 없을 것이라는 입장을 취한다면, 과실부작

39) 대법원 1999. 12. 10. 선고 99도3711 판결.

위범의 경우 결국 주의의무와 작위의무가 중첩이 되는 부분에서 이를 어떻게 해결할 것인가 하는 난관에 봉착하게 될 것이다.

가. 과실범의 공범 성립 가능성

일단 과실의 교사는 개념상 불가능하다. 그렇다면 방조는 가능한가? 방조는 정범의 범죄를 돕는 행위이다. 그에 의하면 전공의가 과실행위를 하도록 전문의가 방조한다(돕는다)는 것은 전공의가 과실행위를 하도록(환자에게 피해를 야기하도록 혹은 환자에게 피해를 입히기 위해) 전공의를 함정에 빠뜨리는(혹은 이용하는) 행위로 평가될 수 있다. 이는 과실범을 도구로 이용한 간접정범(형법 제34조)으로 평가될 수 있게 된다. 그렇다면 과실범의 방조가 별개로 성립될 수 있는 경우는 어떤 경우인지 의문이 제기될 수 있다. 그리하여 과실범의 방조는 성립할 수 없고 다 무죄가 되는 게 옳다고 본다. 그래서 전문의도 무죄가 되는 것이 옳을 것이다. 적어도 공동정범에 비해서는 가벌성을 억제하는 데 적절한 게 아닌가 생각된다.

구조적으로 복수의 가해자가 있을 때 한 명은 무죄가 되는 쪽으로 이론구성을 할 필요가 있지 않을까 하는 생각이다.

나. 형법 제34조 문제

간접정범은 명칭은 정범으로 되어 있으나 간접정범과 교사범의 구별이 수월한 것은 아니다. 고의범에서도 고의범의 간접정범과 고의범의 교사범의 구별이 쉽지 않은데, 과실범에서의 간접정범과 교사범의 구별은 더 어려울 것이다. 또한 이상돈 교수 등 몇몇을 제외한 대부분의 학자들은 과실범에서의 교사범을 인정하지 않고 있다.[40] 간접정범은 교사범과 비슷한 성격이고, 우리 형법은 교사범과 방조범을 '종범'이라는 카테고리 안에 넣어 정범보다 형을 감한다.[41] 아래의 사

---

40) 이상돈, 「형법강론」 제4판, 박영사, 2023.

41) 간접정범이라 함은 처벌되지 않거나 또는 과실범으로 처벌되는 타인을 도구로 하여 범죄를 실행시키는 것을 말한다. 즉, 타인을 도구로 하여 범죄를 실행시키는 것 즉 책임무능력자 또는 고의가 없는 자를 이용하여 범죄를 실행시키는 것을 말

례를 보자.

3. 의료과실 관련 사례와 검토

〈사례1〉[42]

개인병원장인 의사 甲이 평소 자기 아내를 살해하고 싶어 했다. 그래서 자기 의원에 입원한 아내를 돌보는 간호사에게 혈액순환을 위한 치료제라고 하면서 인체에 빠르게 작용하는 독약을 간호사를 통해 아내에게 건네주었다. 간호사는 독약이 들어있는지 알지 못하고 약을 원장의 아내에게 건네주어 아내는 사망에 이르렀다.

(1) 〈사례1〉의 검토

만약 甲이 직접 주사를 놓거나 약을 건네주었다면 살인죄의 직접정범이 의사에게 성립할 것인데 직접 주사를 놓거나 약을 건네주는 등의 구성요건적 행위를 하지 않았기 때문에 甲은 원칙적으로는 무죄가 되어야 할 것이지만 처벌규정을 두어 처벌하기 위해 제34조를 두었다.

그렇다면 독약을 건네주거나 혹은 독약이 들어있는 주사기를 간

한다. 간접정범은 과실범에서 논할 영역이 맞다. 그런데 간접'정범'이라는 명칭이 들어감에도 불구하고 형법 제34조 1항에 따르면 교사범 또는 방조범의 형량으로 처벌하는 구조가 이상하다. 정범인데 방조범의 형량으로도 처벌할 수 있게 열려 있다.

간접정범은 정범만큼 혹은 정범보다 불법이 가중되어야 할 것 같은데 방조의 예에 의해 처벌이 될 경우에는 정범보다 약하게 처벌하는 게 현재 우리 형법의 실정이다. 정범과 공범을 세세하게 분리해야 하는 이유는 가벌성의 정도가 다르기 때문에 처벌의 정도도 달라지기 때문이다.

형법 제34조 1항에 따르면 과실범으로 처벌되는 자를 교사 또는 방조하여 범죄행위의 결과를 발생하게 한 자는 교사 또는 방조의 예에 의하여 처벌한다고 되어 있다. 제34조는 간접정범 조문인데 가령 甲이 A를 살해하려고 乙을 도구로 이용했다고 가정하자. 타인을 이용하여 자기 범죄를 실현하는 것이 간접정범이고 과실범으로 처벌되는 자를 교사 또는 방조해서 범죄를 범하게 되면 교사죄의 간접정범 혹은 방조죄의 간접정범이 된다.

42) Sabine Tofahrn, 「Strarecht Allgemeiner Teil II」, 5.Auflage, C.F. Müller, 2022, 111면.

접적으로 주사한 간호사 乙은 처벌이 될 것인가? 독이 들어있는지 몰랐기 때문에 간호조무사는 살인의 고의가 없어서 불가벌이다. 물론 크로스체크(Cross-check)할 상황이었다면 과실은 있을 수 있다. 처벌되지 않는 간호사를 이용한 의사는 비록 간호사를 이용해서 환자를 살해하였지만 간접정범으로 처벌받아야 할 것이다.

가. 각자 정범

따라서 과실범은 각자 정범일 뿐이라고 해야 한다고 본다. 그러한 관점에서 대상판결2에서의 과실을 개별적 행위자를 중심으로 살핀다면 다음과 같다.

먼저 전문의의 과실은 전공의의 진실성과 그 진단 및 시술 능력 등에 대한 정확한 평가를 함에 있어 담당 교수로서 기울여야 할 업무상 주의의무 위반 여부에서 찾을 수 있을 것으로 보인다.

그리고 전공의의 과실은 자신의 의학적 판단과 의학적 시술을 함에 있어 주의를 기울여야 할 업무상 주의의무 위반 여부에 있을 수 있다.

나. 대상판결2 사안과의 비교

이러한 점을 고려한다면 대상판결2와 관련한 '(3) 기존 판례이론의 변동 여부' 목차 각주에 전술한 이유(①~⑤)로 인하여 전공의에게는 최소한 상해고의가 인정될 것인가?

각자 정범이 될 수도 있겠지만, 만약 전문의가 전공의로부터 일부 사실이 누락된 보고를 받았다면 보고자인 의료인과 동일하게 정범이 되는 것은 가혹하다. 각자 정범이 아니라 한 명은 정범이고 한 명은 방조범이 될 수 있어야 할 것이다. 그리고 과실 방조는 처벌하지 않기 때문에 한 명은 무죄가 되는 것이다.

〈사례2〉

가령 암환자가 내원하였는데 병원교수가 MRI 판독지를 보고 방광 내 단순종양이라고 진단하였다. 그리고 간단한 수면마취 수술 후에 방광 내 양성종양을 긁어내고 퇴원이 가능하다고 하여 환자는 수술날짜를 잡고 수면마취를 하였으나 수술 도중 교수는 보호자들을 불러 수술하다보니 환자는 악성종양이고 방광, 요도, 요관 및 한쪽 신장 그리고 소장 일부까지 절제를 하여 암을 제거하고 체외에 방광주머니를 차야 한다고 말을 바꾼다. 그리고 절제 수술은 자신의 제자인 전공의가 담당할 것이라고 말한다. 그리고 어차피 모두 절제를 해야 한다는 이유로 방광을 따로 긁어내지 않은 상태에서 수술을 종료한다. 그리고 교수로부터 설명의무를 위탁받은 전공의는 절제 수술의 불가피성만을 강조한다.

(2) 〈사례2〉의 검토

<사례2>은 오진이 문제가 된 경우로 보여진다. 만일 그렇다면 오진을 함에 있어 주의의무 위반이 인정될 수 있는지가 쟁점이 될 것으로 보여진다.

오진 사례이다. 그런데 이러한 경우는 다반사인데 따로 의료소송을 하지 않는다. 구조적으로 쉽지가 않다. 다니던 병원에서 계속 치료를 받아야 하기 때문이다.

앞의 <사례2>과 같은 경우에는 전문의가 직접 환자를 문진하고, 차트도 보고 수술 집도도 하였기에 전임의 본인에게 주의의무 위반 혹은 작위의무 위반이 전형적으로 적용되는 사례가 될 것이다.

〈사례3〉

대학병원 산부인과 교수는 전공의들을 데리고 수술실에 들어갔다. 수면마취 상태에서 자궁 내 양성종양을 절제하는 수술인데 전공의1에게 메스를 건네며 직접 수술을 할 기회를 주었다. 그리고 전공의2에게는 코카(KOCHER)로 동맥을 고정하여 혈관의 출혈을 조정하게 하였다. 그런데 전공의2가 코카(겸자)를 잡은 손이 미끄러지면서 환자의 대장 부분을 찢었다. 산부인과 수술팀은 수술이 끝나고 환자와 보호자에게 개복하여 자궁 내 종양 제거를 하는 도중에 대장 부위에서도 용종이 발견되어 절제를 하였다고 설명한다. 다행히 수술실 CCTV는 없어서 의료진과 병원 측은 무난히 넘어갈 수 있었다.

(3) 〈사례3〉의 검토

<사례3>의 경우는 과실치상 행위가 발생했으나 그 과실을 은폐한 사안이다. 이 또한 수술실 CCTV 설치 의무화가 되지 않으면 쉽지 않다. CCTV가 설치되더라도 음성까지 녹음이 되어야 한다.

만약 <사례3>의 경우에 환자와 환자보호자가 기존에 찍었던 MRI에는 종양이 없었는데 갑자기 종양이 생겼다고 의사가 말하는 것을 믿을 수 없다고 항변하거나 혹은 종양이 발견되었다면 수술 도중에라도 환자보호자를 불러서 종양이 발견되었는데 수술을 진행해야 한다고 수술의 불가피성에 대한 설명이라도 해야 하는데 그러한 설명의무를 이행하지 않고 수술진행한 데 대한 부작위범 혹은 과실범의 (과실부작위범이 되겠다) 책임을 물어서 고소를 한다면 어떻게 될 것인가? 혹은 수술실 내 CCTV가 있어서 이러한 의료과실의 과정이 고스란히 녹화가 될 경우에는 어떻게 할 것인가?

이는 산부인과 교수가 수술 집도 과정에서 전공의들에 대해 <수직적 분업관계>에 있는 전형적인 사례이다. 이러한 경우에는 전공의2가 과실치상죄로 처벌을 받게 되는 경우 산부인과 교수는 과실치상죄의 정범이 될 것이고 전공의2는 과실치상죄 방조범이 될 것인가?

실제로 환자의 대장부분을 찢어서 그 부분을 잘라내야 하게 만든 전공의2가 정범으로 의율되어야 할지 아니면 책임자인 산부인과 교수가 정범으로 의율되어야 할지는 수직적 분업관계 원리를 감안하더라도 해결이 결코 쉽지 않은 문제이다. 대상판결2도 <사례3>에서와 마찬가지로 과실범에 있어서의 정범과 공범의 구별이 쉽지 않은 상황이다. 대상판결2에서도 검사는 임상교수를 사실상 죄질이 더 중한 – 인과관계의 판단의 어려움 때문에 무죄판결이 날 것을 염려하여 공동정범으로 기소하였으나 – 1심 법원에서는 사실상 임상교수를 정범으로 보았고 전공의를 방조범으로 보아 임상교수는 구속되어 서울구치소에 있게 되었고 전공의는 불구속상태였다.

〈사례4〉

흉부에 다발성 피지낭종이 있는 환자가 그중 하나의 피지낭종이 터지면서 피지선에서 피지가 계속 묻어 나왔다. 손으로 짜면 치즈처럼 피지가 끊임없이 밖으로 배출됐다. 그러나 피지낭종을 수술하지 않고 고약을 붙이거나 손으로 짜는 등으로 그대로 두다가 피지낭종에 화농성 염증이 생겨 부피가 커졌다.

피지낭종은 수술적 요법으로 제거하여야 하나 수술을 하지 않으니 염증이 썩고 피지낭종의 부피가 커졌다. 대학병원 피부과에 내원하였더니 피부과 교수는 수술의 범위는 전신마취 후 환부를 열고 결정한다고 하였다. 2차병원에 내원하여 외과 전문의에게 문의하니 바로 국소마취 후 수술이 가능하고 당일퇴원이 가능하다고 한다. 2cm정도 메스로 환부를 절제한 뒤 피지낭종을 끄집어내어 절제 후 상처치료용 약을 바르고 반창고를 덧댄 뒤 1주마다 소독과 반창고 교체를 하면 된다고 한다.

그러나 아무래도 대학병원 피부과 전문의가 더 잘 수술을 할 수 있을 거라 생각한 환자는 대학병원에 가서 전신마취 후 환부를 가른 뒤 피지낭종 주변의 동맥혈관까지 건드렸다가 과다실혈로 급하게 일반외과에 협진을 요청하나 수혈을 하는 시간보다 빠르게 피가 뿜어져 나가고 흉부에 피가 흥건히 고인 채 사망에 이른다.

(4) 〈사례4〉의 검토

<사례4>의 경우에는 진료를 행하는 의사는 당시의 의료기술과 의료지식에 기초하여 필요 타당한 의료기법을 선택하여 진료를 실시할 수 있고, 선택 가능한 대안이 복수로 존재하는 경우에 의사가 위와 같은 기준에 따라 의료기법과 진료를 선택하였다면 이를 최대한 존중하여야 하고 외부인이 함부로 비판할 수는 없다고 할 것이다. 그런데 대학병원의 피부과 교수는 위와 같이 2차병원 일반외과에서 단순히

비수면 국소마취로 당일 퇴원이 가능한 환자를 상대로 전신마취와 환부 절제 후 수술의 범위를 결정하는 과정에서 나름의 임상진단결과를 종합하여 이를 실시하기로 결정하였음에도 불구하고, 그 시행 과정에서 일반적인 타 병원에서의 수술방법에 비해 주의의무위반이 있었다. 그렇다고 하더라도 특별한 사정이 없는 한 그 결정 자체는 존중함이 타당하다. 마찬가지로 대상판결2에서의 의사들이 장정결제를 사용하든 수술적 요법을 사용하든 그 판단은 의사 고유의 권한이므로 이는 존중함이 마땅하다 할 것이다.

<사례4>의 경우는 대학병원 수술에서 동맥혈관을 잘못 건드린 과실이 인정될 수 있을 것으로 보인다. 그렇다면 사례3의 대학병원에 주의의무 위반이 인정될 수 있겠는가? 만약 대학병원의 주의의무 위반이 인정된다는 취지로 이해하게 될 경우 그것은 '국소마취 후 수술이 가능하다는 2차병원 견해가 타당함을 전제'로 하는 것이 된다. 그러나 실제 실행되지도 않은 2차병원의 수술을 전제로 그러한 결론이 도출될 수 있는지는 의문이다.

만일 대학병원의 과실이 인정되어야 한다면, 2차병원의 진단에서 근거를 찾을 것이 아니라 수술 도중 동맥혈관을 잘못 건드린 잘못을 살펴야 할 것으로 생각된다.

Ⅴ. 결 론

대법원 2023. 3. 9. 선고 2022도16120 실화죄 판결[43]의 경우 과실부작위범과 관련되어 있지만 크게 과실범의 주의의무 위반 부분과 부작위범에서의 작위의무 위반 부분을 나눌 수도 있을 것이다. 과실범의 주의의무 위반 관련된 부분은 자기 담배꽁초가 제대로 꺼졌는지를 확

43) 이와 관련하여서는 안정빈, "과실범 공동정범 및 과실범에서의 정범과 공범의 구별 - 실화죄 과실경합 등 비의료영역에서의 과실범과 의료과실의 비교를 중심으로 -, 「중앙법학」 제25권 제4호, 중앙법학회, 2023 참조.

인할 주의의무와 관련되고, 부작위범에서의 작위의무와 관련된 부분은 타인의 담배꽁초가 제대로 꺼졌는지 확인해야 하는 의무와 관련될 것이다. 그런데 이러한 작위의무는 근로자의 근로계약에서 파생된다. 일반 행인이었다면 공장 내에서 타인의 담배꽁초가 제대로 꺼졌는지 확인할 작위의무는 파생되지 않는다. 결국 근로자이기 때문에 부진정부작위범에서의 작위의무 관련성이 있었던 것이다. 근로자로서의 작위의무는 업무상과실과도 어느 정도 연관성이 있다고 볼 여지도 있을 것이다. 업무상과실에서의 업무상주의의무는 근로자라는 보증인지위와 연관된 부진정부작위범과도 연계된다. 실화죄 관련하여 세 가지 논점은 불을 제대로 끄지 않은 것, 자신의 불이 제대로 꺼졌는지 확인하지 않은 것, 타인의 불이 제대로 꺼졌는지 확인하지 않은 것 등으로 분류할 수 있다. 자신의 불이 제대로 꺼졌는지 확인하지 않은 것은 주의의무위반관련성, 타인의 불이 제대로 꺼졌는지 확인하지 않은 것은 (근로자 지위에 기한) 작위의무 위반 관련성이다.

의료사고 관련한 수직적 분업관계에 있어서도 같은 의사자격을 가진 경우에는 하급의사의 과실에 대해 상급의사까지 지도/감독 책임을 물어 처벌하는 것에 조심스럽게 변화하는 것으로 판단된다. 하지만 여전히 의사와 간호(조무)사 등의 관계에서는 수직적 분업관계로 인하여 의사가 책임을 지는 부분이 존재한다고 보인다. 수평적 분업관계에 있어서는 협진 체계를 통한 진료에 있어서 '신뢰의 이익'을 광범위하게 보장하는 추세이다.

행위공동설을 근거로 과실범 공동정범의 성립이 인정된 '그대로 가자' 판결[44] 이후로 국내에서 과실범의 공동정범은 의료사고, 건축사고 등 각종 과실범 영역에서 광범위하게 적용되고 있다.

그러나 과실범에 있어서도 공동정범을 인정할 때 인정한다 할지라도 가급적이면 정범과 공범의 구별을 해서 가벌성을 낮추는 것은 필요할 것이다. 논의구조상 과실범의 공범(방조범)을 설정하고 공범(방

44) 대법원 1962.3.29. 선고 4294형상598 판결.

조범)에 해당하는 형국이면 과실 방조는 불처벌하는 결론에 따라 다수의 실행자 중에 무죄를 받는 실행자가 나오는 구조로의 논의가 필요하다는 판단에서 본 논문을 작성하였다.

논의하고자 하는 바를 요약하자면 여러 과실행위자들의 행위가 경합하여 구성요건에 해당하는 일정한 결과를 발생시켰을 때, 의료사고사건의 경우에 국한하여 엄격한 과실범 성립요건을 적용함으로써 발생할지도 모르는 과도한 형사처벌을 방지하고자 '공동'의 개념을 제한하고 정범과 공범의 구별론을 적극적으로 적용하여 정범불법을 야기한 자와 공범(방조범)불법을 야기한 자를 구별하여 처벌개별화를 꾀하자는 것이다.

[주 제 어]
의료과실, 신뢰의 원칙, 과실의 경합, 과실공동정범, 주의의무, 설명의무

[Key Words]
Medical negligence, The principle of trust, Concurrence of of negligence, Negligence joint principal offender, Duty of care, Duty of explanation

접수일자 : 2024. 4. 18. 심사일자 : 2024. 6. 14. 게재확정일자 : 2024. 6. 25.

[참고문헌]

<단행본>

Sabine Tofahrn, 「Strarecht Allgemeiner Teil II」, 5.Auflage, C.F. Müller, 2022.

김성돈, 「형법총론」 제2판, SKKUP, 2009.

배종대, 「형법총론」 제17판, 홍문사, 2023.

이상돈, 「형법강론」 제4판, 박영사, 2023.

이상주, 「주석형법」[총칙1] 제3판, 한국사법행정학회, 2020.

최민영·이석배, 「의료사고에 대한 분쟁조정과 형사책임」, 연구보고서, 한국형사정책연구원, 2015.

<논문>

長井 圓, "日本における過失犯の正犯·共犯の基礎理論", 中央大学·漢陽大学校合同シンポジウム報告 (2),「比較法雑誌」제50권 제3호, 日本比較法研究所, 2016.

권오걸, "의료과실범의 주요 쟁점", 「법학연구」 제19권 제2호, 한국법학회, 2019.

김성은, "수직적 의료분업과 합리적 형사책임귀속에 대한 소고(小考)", 「입법과 정책」 제10권 제2호, 국회입법조사처, 2018.

김혁돈, "의료행위의 형사법적 의의", 「법학논고」 제30집, 경북대학교 법학연구원, 2009.

박강우, "허용된 위험의 법리와 과실범구조의 변화", 「법학연구」 제19권 2호, 충북대학교 법학연구소, 2008.

안정빈, "과실범 공동정범 및 과실범에서의 정범과 공범의 구별 - 실화죄 과실경합 등 비의료영역에서의 과실범과 의료과실의 비교를 중심으로 -, 「중앙법학」 제25권 제4호, 중앙법학회, 2023.

임상규, "의료행위의 정당화와 면책가능성", 「법학논고」 제64집, 경북대학교 법학연구원, 2019.

정규원, "피해자의 승낙에 관한 연구", 서울대학교 박사학위논문, 1999.

지은석, “부작위에 의한 기망행위 -대법원 2018. 8. 1. 선고 2017도20682 판결-”, 「동북아법연구」 제13권 제3호, 전북대학교 동북아법학연구소, 2020.

[Abstract]

Criminal Law issues in negligence offenders regarding the restriction of punishment

— Focusing on the comparison of the negligence offenders in Medical accidents —

AHN JEONGBIN*

Negligence refers to the negligence of the legal community - although it is not clear whether the occurrence of consequences will be prevented even if it is observed - that neglects the attention expected to be observed by all members of society, through which the duty of care acts as a general limiting criterion for an individual's free behavior.

Since negligence offenders are exceptional, they should not be punished in principle, and in order to punish them as negligence offenders, separate regulations must be established. For example, if a person dies, it is stipulated in Article 250 of the Criminal Act, and manslaughter is punished by the provisions of Article 267 of the Criminal Act.

The provisions of the General Criminal Law apply to each rule. Article 13 of the General Criminal Law states that an act of not recognizing the fact that is an element of crime is not punished, but exceptions are made when there are special provisions in the law. Basically, punishment can be done only when there is intention.

This paper is a review of precedents for the 'Supreme Court Sentence 2022Do1499 Judgment' and the 'Supreme Court Sentence 2017Do8989 Judgment on September 7, 2017'. After describing the

* Assistant Professor / Department of Law, Kyungnam University

content and meaning of the judgment, the theoretical parts related to it (especially negligence omission) were reviewed. In addition, based on the understanding of the contents of the precedent and the theoretical review, the final evaluation was made by comparing/analyzing the target judgment through comparative precedents.

In this article, it was pointed out that the reason for prosecuting as a joint criminal of negligence is to avoid the difficulty of proving a causal relationship, and rather, it was intended to express the purpose that the criminal and accomplice should be prosecuted separately. This paper mainly tried to develop the article based on the expected issues.

미성년자 약취, 유인죄 규율 범위
— 대상 판결 : 대법원 2022도2236 판결 —

조 인 현*

[대상 판결 소개]

[대상 판결] : 대법원 2022. 6. 16. 선고 2022도2236 판결[1)]

사실관계는 다음과 같다. 피고인은 2021. 2. 9.경 딸의 주거지인 경북 구미시 소재 빌라에서 3세 여아가 숨져 있는 것을 발견하였다. 그녀는 경찰에 신고하기에 앞서 숨진 아이를 박스에 담아 매장하려고 하였다. 피고인의 딸은, 전 남편과의 사이에 2018. 3. 30. 12:56경 구미시 소재 산부인과의원에서 자신의 여아(출생 당시 몸무게 3.485kg)를 제왕절개 수술을 통해 출산한 후 2018. 4. 8.경까지 위 의원에 입원하였다. 위 산부인과의원에서 2018. 3. 31. 00:00경 측정한 아기의 몸무게는 3.460kg인데, 2018. 4. 1. 00:00경 측정된 몸무게가 3.235kg이었다. 위 3세 여아에게서 2018. 4. 2. 00:00경부터 00:30경 사이에 채혈한 혈액형은 피고인의 딸의 혈액형(BB type)로부터 나올 수 없는 A형(AO type)이었고, 피고인의 혈액형(AO type)으로부터 나올 수 있었다. 2018. 4. 1. 17:12경 촬영된 사진에서 아기의 우측 발목에 착용되어 있던 식별 띠가 벗겨져 있었다. 피고인의 딸이 2018. 4. 8. 위 산부인과의원에서 퇴

* 서울대 법학박사(전 서울대학교 법학연구소 객원연구원)

1) 대법원 2022. 6. 16. 선고 2022도2236 판결[공2022하,1412]; 대구지방법원 2022. 1. 26. 선고 2021노2979 판결: 종합법률정보 판례 참조.

원하면서 데리고 나온 아이의 배꼽에서 이 사건 여아의 유전자가 검출되었다. 이 사건 여아의 유전자는 피고인의 유전자와 일치하였다.

사건 경과는 다음과 같다. 검사는 피고인을 미성년자약취, 사체은닉미수죄로 공소제기하였다. 공소사실에 다르면, 피고인은 2018. 3. 7. 이 사건 여아를 출산하고, 같은 해 3. 31. 20:30경 이후 4. 1. 08:17경까지 사이에 자신이 낳은 이 사건 여아를 데리고 산부인과의원으로 가서 신생아실에 있던 자신의 외손녀인 이 사건 여아를 놓아두고, 그 자리에 있던 피해자를 몰래 데리고 가 약취하였다. 원심법원은 2022. 1. 26. 이 사건 공소사실을 모두 유죄로 판단하면서 피고인에게 징역 8년을 선고하였다. 피고인은 유전자 검사결과의 오류가능성을 이유로 상고를 제기하였다. 상고심은 2022. 6. 16. 피고인의 상고를 인용하고 원심을 파기환송하였다. 파기환송심은 2023. 2. 2. 선고된 대구지방법원 2022노2100 판결에서 원심판결을 파기하고 피고인에게 미성년자약취죄에 대해 무죄를 선고하였다.[2)]

판결논지는 다음과 같다. "형법상 미성년자약취죄의 '약취'란 폭행, 협박 또는 불법적인 사실상의 힘을 수단으로 사용하여 피해자를 그 의사에 반하여 자유로운 생활관계 또는 보호관계로부터 이탈시켜 자기 또는 제3자의 사실상 지배하에 옮기는 행위를 의미한다. 피해자의 외할머니가 피해자를 이 사건 여아와 바꿔치기한 후 데리고 간 사실관계가 인정된다고 하더라도, 그러한 행위가 피해자의 친권자들의 의사에 반하지 않고, 피해자의 자유와 안전을 침해하는 것으로 볼 수 없는 어떤 사정이 있다면, 이는 약취행위로 평가되지 않을 가능성도 있다. 따라서 약취죄 구성요건 해당성은 피고인의 목적과 의도, 행위 당시의 정황, 행위의 태양과 종류, 수단과 방법, 피해자의 상태 등을 종합적으로 심리하여 판단되는 것이다.(대법원 2013. 6. 20. 선고 2010도14328 전원합의체 판결 참조)"

2) 이 사건 피고인에게 사체은닉미수죄 만의 징역 2년형 및 집행유예 3년이 선고되었다.: 2023. 2. 2. 선고 대구지방법원 2022노2100 판결 참조.

다만, 이 사건 피고인은 범죄사실에 대해 합리적 의심을 초월하는 증명에 이르지 아니하여 무죄로 판시되었다. 즉 "유전자 검사는 친자 여부의 사실 확인에 불과하고, 피고인이 이 사건 여아를 피해자와 바꾸는 방법으로 약취하였다는 사실이 아니다. 법관은 과학적 증거방법이 증명하는 대상이 무엇인지, 즉 증거방법과 쟁점이 어떠한 관련성을 갖는지를 면밀히 살펴 신중하게 사실인정을 하여야 한다."

그리고, 대상 판결에서 대법원은 아래의 전원합의체판결을 참조하였다.

[참조판례] : 대법원 2013. 6. 20. 선고 2010도14328 전원합의체 판결3)

베트남 국적 여성 피고인은 남편의 의사에 반하여 생후 약 13개월 된 자녀를 데리고 나와 약취하고 베트남에 함께 입국함으로써 국외에 이송하였다. 이 사건에 관한 대법원의 논지는 다음과 같다. : 첫째, 자녀의 생활관계 또는 보호관계에 변경을 가져왔다는 이유에서 부모에 대한 국외이송약취죄 등의 성립을 넓게 긍정하려는 해석론에는 동의할 수 없다. 둘째, '국제적 아동탈취의 민사적 측면에 관한 협약'에서 아동에 대한 보호·양육 상태를 침해하는 행위를 아동탈취행위로 규정하고 있다고 하여, 그러한 행위가 형법상 약취죄라는 범죄를 구성하는 것은 아니다. 다만, 부모의 일방이 상대방의 동의나 가정법원의 결정이 없는 상태에서 미성년 자녀를 국외로 데리고 나간 경우에 대해서는 그 행위에 합당한 처벌규정4)을 제정하여야 할 것이다.

소수의견은 다음과 같다.: 피해자인 유아를 자유로운 생활관계 또는 보호관계로부터 이탈시켜 그의 이익을 침해하였는지를 따져 볼 필

3) 대법원 2013. 6. 20. 선고 2010도14328 전원합의체 판결: 종합법률정보 판례 참조.

4) "비형사법 입법" 주장은 하태훈, 미성년자약취죄와 국외이송약취죄의 '약취'의 의미 - 대법원 2013.6.20. 선고 2010도14328 전원합의체 판결에 대한 평석 - , 고려법학, 제71호, 2013, 121면 참조.

요가 있다. 모의 행위는 국제법적인 아동 보호 기준에 위배된다. 아동보호 협약에 따르면, 부모 중 일방이 아동에 대하여 공동으로 행사되는 양육권을 배제하고 다른 국가로 아동을 이동하는 행위는 아동의 복리에 대한 침해행위로 간주된다. 더욱이 모는 그 후 남아를 베트남 외가에 맡겨두고 홀로 대한민국에 귀국하였다. 위 모의 행위는 형법 제288조 제3항(구 형법 제289조 제1항, 제2항에 해당한다)의 국외이송약취죄와 피약취자국외이송죄의 구성요건에 해당한다. 다수의견은 "국가의 자국민 보호라는 기본적인 책무를 소홀히 하는 해석론"으로서 자국민 보호에 충실하지 아니하다.

[연 구]

Ⅰ. 들어가며

우리 주변에서 영유아의 행방불명 사고가 흔히 발생하고 있다.[5] 이러한 아동 실종 사건은 어제와 오늘 만의 일이라고 할 수 없다. 미성년자 약취, 유인 행위 역시 동서고금을 막론하고 끊임없이 저질러지고 있다.[6] 미성년자 약취, 유인죄는 미성년자를 약취하거나 유인하여 피해자의 생활관계를 침해하고 자기 또는 제3자의 사실상의 지배에 두는 범죄이다.[7] 대상 판결에서 행방불명된 영아에 대하여 저질러진 범죄사실과 관련한 실체적 진실 규명은 도외시되었다. 사망한 영아와 이 영아를 보호하고 있는 상태에 있었던 모친으로부터 취득한 혈액형과 유전자 검사결과는 모두 불일치하였다. 실종된 영아는 경찰과 검찰

5) 병원의 영유아 행방불명 사고는 전체의 68%임은 강은영·박지선, 아동 실종 및 유괴범죄의 실태와 대책, 한국형사정책연구원, 2009, 60면 참조.

6) 매년 120만명 인신매매는 E. Van Doore, Kathryn, Orphanage trafficking in international law, Cambridge University Press, 2022, p. 109.

7) "생활환경 이탈죄"로는 이영란, 형법학 – 각론강의 –, 형설출판사, 2013, 151면; 권문택, 주석 형법각칙(下), 한국사법행정학회, 1981, 61면.

단계의 수사진행 이후 공소사실의 핵심 피해자로 적시되어 있었다. 그런데, 범행을 입증할 것으로 기대를 모았던 혈액형과 유전자 증거의 증거능력은, 합리적 의심을 초월하는 엄격한 증명의 법리에 따라 배척되었다.[8)]

약취, 유인의 행위는 미성년 피해자를 생활근거지로부터 이탈시켜 해외로 데려가는 행위의 단초를 이루기도 한다. 약취, 유인이라는 기본적인 범행으로부터 한 단계 더 나아가서 저질러지는 해외 이송 행위는 별도의 구성요건에 의하여 처벌된다. 행위자는 설령 그러한 이송 목적이 없더라도 객관적으로 해외 이송 행위가 인정되었을 때 그리고 수수나 은닉 행위를 저질렀을 때에도 처벌될 수 있다.[9)] 특히, 미성년자 약취, 유인죄를 방지하기 위하여, 국제조약이 지속적으로 체결되었다.[10)] 감호권자 때문에 생명을 잃은 영아에 대해서도[11)] 감호권자의 의사는 미성년자 약취, 유인죄의 구성요건 해당성에 절대적으로 영향을 미치고 있다. 대상 판결에서도 감호권자 의사는 약취, 유인죄의 성립 여부와 관련하여 피해자 개인의 자유 보다 큰 비중을 차지하고 있다.[12)] [참조판례]에서도 생후 13개월 정도의 남아에 대해 해외 이송 약취, 유인죄는 모친의 감호권을 존중하여 무죄로 판단되었다.[13)]

---

8) 대법원 2022. 6. 16. 선고 2022도2236 판결[공2022하,1412] 참조.

9) Sander, Günter M, Münchener Kommentar zum Strafgesetzbuch Band 4 §§185-262(3. auflage), C.H.BECK(2017), S. 1266, 1367ff. 山室惠, 大コンメンタール刑法(第三版, 第11卷), 青林書院, 2014, 521, 569頁 이하 참조.

10) 1989. 11. 20. 미국 뉴욕에서 채택된「아동의 권리에 관한조약」: 다자조약집 제10권, 외무부 조약국 국제협약과, 1995, 763면 이하; 2000. 5. 25. 미국 뉴욕에서 채택된「아동의 매매·성매매 및 아동 음란물에 관한 아동권리협약 의정서」: 대한민국 조약집 다자조약 제17권, 외교통상부 국제협약과, 2005, 973면 이하; 2000. 11. 15. 미국 뉴욕에서 채택된「국제연합 초국가적 조직범죄 방지 협약을 보충하는 인신매매, 특히 여성과 아동의 인신매매 방지, 억제 및 처벌을 위한 의정서」: 대한민국 조약집 다자조약 제24권, 외교부 조약과, 2017, 701면 참조.

11) 가족, 비가족, 양육권 합의 위반 유형의 실종사례들은 강은영·박지선, 주 5)의 책, 2009, 40면 참조.

12) 대법원 2022. 6. 16. 선고 2022도2236 판결[공2022하,1412] 참조.

13) 대법원 2013. 6. 20. 선고 2010도14328 전원합의체 판결: 종합법률정보 판례 참조.

특히, 일본형법개정가안(이하 '가안'이라 한다.)에서 미성년자 약취, 유인죄는 국제조약의 체결에 영향을 받았다. 그 후 대한민국은 국제적으로 채택된 인신매매 방지 국제조약을 비준하였다. 동 조약의 이행에 따라 미성년자 약취, 유인죄는 세계주의로 규정되었다. 입법자는 아동약취, 유인죄에 대해 엄격히 대처하고자 하였지만, 대상 판결의 논지는 실체적 진실의 핵심에 이르지 못하였다. 이는 입법상 처벌공백의 문제에 기인하는 것이라고 생각된다. [참조판례]에서도 다수의견은 미성년자를 해외로 이송하는 행위를 처벌하는 문제와 관련하여 입법 미비의 점을 지적하였다. 따라서, 미성년자 약취, 유인죄의 입법 의도는 어떠한지 궁금하다. 여기서, 미성년자 약취, 유인죄에 대해 보호주의를 규정한 독일형법의 입법 배경은 어떠한지, 미성년자 약취, 유인죄의 처벌범위를 사실상 제한하고 있는 판례의 논지에 대하여 살펴보기로 한다.

Ⅱ. 미성년자 약취, 유인죄의 해석론적 한계

형법은 개인의 생명, 신체 이외에도 자유 보호와 관련하여 미성년자 약취, 유인죄라는 형벌법규로서 대처하고 있다. 미성년자 약취, 유인죄에 관한 논의는 통상적으로 개인의 의사 능력에 있어서 성년보다 미숙한 미성년자의 특성에 주목한다. 그리하여, 미성년자 약취, 유인행위를 어떻게 규율하여야 할 것인지, 미성년자 약취, 유인죄에 대해 그 법적성질과 보호법익은 어떠한지에 대하여 견해들이 서로 대립하고 있다.

1. 법적 성질에 관한 학설 검토

미성년자 약취, 유인죄의 법적성질에 대해 상태범설[14]과 계속범

14) 신동운, 형법각론(제3판), 법문사, 2023, 757면. "시간 계속" 부정은 이강원, 주석형법, 형법각칙 4(제4판), 한국사법행정학회, 2005, 169면 참조. 판례의 입장임은 1998.

설[15]이 주장되고 있다. 대상 판결에서 “사라진 딸”에 대해 저질러진 범죄행위와 관련하여, 감호권자들의 개입 여부는 사실확인에 이르지 못하였다. 이러한 사안에 있어서, 미성년자 약취, 유인죄의 법적성질과 관련하여 주장되고 있는 상태범설과 계속범설의 실익은 어떠한지 살펴보기로 한다.

(1) 상태범설

상태범설은 약취, 유인된 미성년자에 대해 새로운 사실적 지배관계를 설정하는데 주목한다. 이 견해는 미성년자 약취, 유인죄에 대하여 체포, 감금으로 인하여 자유를 침해당하는 것과 같은 형태의 계속범적 성격을 그대로 인정하지 아니한다. 이는 미성년자 약취, 유인죄를 계속범설에 국한하여 해석하는 것만으로는 형법 제31장에 규정된 약취, 유인 및 인신매매의 죄의 복합적, 동태적, 발전적 범죄발생 유형에 효과적으로 대처할 수 없기 때문이라고 생각된다. 이러한 해석론은 죄형법정주의 원칙에 상응할 뿐만 아니라 입법 의도에도 부합한다.[16] 미성년자 약취, 유인죄는 피해자의 자유 침해 뿐만 아니라 감호권도 침해하는 범죄이다. 약취, 유인죄에서 사후에 관여하는 피인취자 수수 또는 은닉죄는 형식상 방조범과 비슷하지만 이에 구애받지 아니하고 독립하여 처벌할 수 있는 규정들이다. 이 때문에 피인취자 국외이송이라든가 수수 은닉행위는 계속범설에 따라 사후에 저질러진 종범이라는 것으로 해석될 수 없다.[17] 대상 판결의 “사라진 딸”사안에 대해 상태범설에 따르면, 기본적으로 약취, 유인죄 성립에 지장은 없다. 그 이

---

5. 26. 선고 대법원 98도1036 판결: 신동운, 위의 책, 757면.

15) 이재상 외 2인 공저, 형법각론(제13판), 박영사, 2023, 138면; 오영근, 형법각론(제8판), 박영사, 2023, 121면; 김일수·서보학, 새로쓴 형법각론(제9판), 박영사, 2018, 122면; 배종대, 형법각론(제13판), 홍문사, 2022, 155면; 김성돈, 형법각론(제8판), 성균관대학교출판부, 2022, 176면; 정성근·박광민, 형법각론(제3판), 성균관대학교출판부, 2019, 152면.

16) 이 같은 맥락은 刑法並びに監獄法改正調査委員會議事速記錄, 法務資料 別冊 第23號, 法務大臣 官房調査課, 1957, 400頁 참조.

17) 신동운, 주 14)의 책, 777면.

후 형법 제288조 제3항에 의하여 약취, 유인된 미성년자 국외이송행위나 동법 제291조 제1항에 의하여 약취, 유인된 미성년자 살해행위가 논의될 수 있다.[18] 이와 같은 후속 범행 처벌근거는 대상 판결에서 실종 아동에 대한 범행에 대해서도 해당한다. 특히, 입법자가 실종 아동 피해자의 자유 보호법익을 강화하고자 한다면, 약취, 유인죄에 해당하는 사실적 지배관계 설정 유형과 별도의 처벌근거[19]도 자연스럽게 도입될 수 있다. 예컨대, 아동 실종 사건의 범죄와 관련하여, 범행의 준비단계에서 사전에 행하여지는 피인취 대상자 모집죄라든가 예비 음모죄의 구성요건 해당성 여부도 그러하다.

(2) 계속범설

계속범설은 미성년자에 대한 사실적 지배는 어느 정도 시간적 계속성을 지녀야 할 것이라고 주장한다. 이 견해는 상태범설과 비교하여 내세울 수 있는 이점으로서 정방방위라든가 공소시효 진행의 저지라고 주장한다.[20] 그런데, 계속범설은 피해자에 대해 약취, 유인된 시간의 계속을 구성요건의 충족 사유로 파악한다. “사라진 딸의 친자”사안에 대해 계속범설에 따르면, 약취, 유인 행위는 형사절차의 종결을 전제하지 아니하는 한 지금도 지속되고 있다. 대상 판례에서 피해자에 대한 범행은 실체적 진실의 발견을 저해하고 있다. 피고인은 공소사실을 입증할 수 있는 유전자증거에 대해서도 증명력을 인정할 수 없음으로 인하여 무죄로 판시되었기 때문이다. 계속범설은 사실적 지배의 시간적 계속성에도 불구하고 이 사건 피해자에 대한 범죄사실의 확인에 이르지 못하고 있다. 이처럼 계속범설은 이 사건 실종 아동의 가해자에 대해 한없이 미성년자 약취, 유인죄 조항의 법규범에 의존할 수 밖에 없다는 해석론적 난점을 안고 있다. 이 때문에 계속범설의 결함

18) 신동운, 주 14)의 책, 757면 참조.
19) “지배관계” 유형은 최인섭 / 최영신, 어린이 유괴범죄에 관한 연구, 한국형사정책연구원, 1996, 110면 참조.
20) 김성돈, 주 15)의 책, 176면. 배종대, 주 15)의 책, 155면. 김일수·서보학, 주 15)의 책, 122면. 정성근·박광민, 주 15)의 책, 152면 참조.

은 미성년자 약취, 유인죄로부터 구해 올 수 있는 처벌근거의 불완전성으로 인하여 더욱 뚜렷하게 드러나고 있다.

2. 자유 보호와 감호권 보호 논란

(1) 해석론적 이견

연혁적으로 미성년자 약취, 유인죄의 보호법익으로서 미성년자의 자유 보호설과 감호권 보호설이 주장되어 왔다.[21] 학계의 통설은 자유권 이외에 감호권을 미성년자 약취, 유인죄의 보호법익으로서 인정한다.[22] 판례의 태도는 피해자의 자유로운 생활관계 또는 보호관계로부터 이탈이라는 측면에 주목한다. 즉 미성년자 약취죄의 보호법익은 미성년자의 생활관계 이탈에 관한 자유 보호와 보호관계 이탈에 관한 감호권 보호까지도 포함한다.[23] 대법원은 자유 보호와 감호권 보호의 의미에 대해 각각 미성년자의 자유와 안전 이외에 보호·양육자의 보호·양육권을 인정하는 것이라고 판시하였다.[24] 또한, 감호권 보호 개념은 "보호·양육권"으로 확대되었다. 미성년자 "보호·양육권"이란, 감호권자가 더 이상 권리만을 가지는 것으로 파악되지 아니하고 보호·양육권자는 권리와 의무를 동시에 가지는 의미로 새겨진다. 친권자의 보호·양육권은 남용될 수도 있는 것이라고 파악된다. 그리고, 친권자의 보호·양육권 남용은[25] 피해자의 자유와 안전을 침해하는 것이라고 여겨진다. 그리하여, 국외 이송된 생후 약 13개월의 남아의 부모는 형법상 미성년자에 대한 자유와 안전을 보장할 의무를 가지고 있

21) 자유 보호관점은 이강원, 주 14)의 책, 164면 참조. 감호권 보호 관점은 하태훈, 주 4)의 글, 111면 참조.
22) 신동운, 주 14)의 책, 754면. 김일수·서보학, 주 15)의 책, 118면. 김성돈, 주 15)의 책, 173면. 이재상 외 2인 공저, 형법각론(제13판), 박영사, 2023, 134면. 배종대, 주 15)의 책, 152면. 정성근·박광민, 주 15)의 책, 151면.
23) 대법원 2003. 2. 11. 선고 2002도7115 판결[공2003하,870]: 신동운, 판례분석 형법각론[증보판], 법문사, 2014, 137면.
24) 대법원 2013. 6. 20. 선고 2010도14328 전원합의체 판결[공2013하,1399]
25) 신동운, 주 23)의 책, 137면. 권문택, 주 7)의 책, 62면.

는 것이라고 판시되었다.[26]

그런데, 미성년자 자유 보호의 관점에 대해 학계의 견해가 일치되지 아니하여 혼란을 겪고 있다.[27] 우선 미성년자 약취, 유인죄의 보호법익을 피해자의 자유와 안전 보호라고 주장하는 견해가 있다.[28] 판례의 자유와 안전이라는 관점은 보호·양육권 보호와 결부되고 있다. [참조판례]의 전원합의체 판결에서 모친에 의한 생후 13개월 된 남아의 베트남 이송은 어머니의 손길이 더 필요했던 시기에 있었던 피해아동을 양육하기 위한 조치로 판시되었다.[29] 이 때문에 판례의 태도는 일부 학계의 순수한 자유와 안전 보호설과도 차별화되고 있다.

다음으로, 일부 학계는 판례의 태도처럼 미성년자 약취, 유인죄의 보호법익을 개인의 자유와 안전 이외에 감호권이라고 주장한다.[30] 그런가 하면, 미성년자의 자유 보호의 관점은, 거주 이전의 자유라고 주장된다. 즉 일부 학계는 피해자의 자유 보호와 관련하여 자유권을 거주 이전의 자유로 한정할 것을 주장하고 있다.[31] 피해자의 신체활동의 자유 가운데 거처나 장소선택의 자유는 약취, 유인 및 인신매매의 죄의 주된 보호법익이라고 한다. 하지만, 이 견해는 다음과 같은 사유들로 인하여 적절하지 아니하다고 생각된다. 첫째, 의사능력이나 활동능력 없는 사람을 대상으로 범죄가 저질러질 수 있다. 미성년자인 영아나 수면 중인 자는 의사능력이나 활동능력을 결여한다. 둘째, 피해자의 거처에 변동이 없을 수도 있다. 미성년자 약취죄는 장소적 이동 여부와 상관 없이 성립할 수 있다. 이때 장소 이전은 기대할 수 없다.[32]

26) 신동운, 주 14)의 책, 755면 참조.

27) 감호권만이 보호법익임은 하태훈, 주 4)의 글, 111면 참조.

28) 이강원, 주 14)의 책, 164면.

29) 대법원 2013. 6. 20. 선고 2010도14328 판결[공2013하,1339]: 신동운, 주 23)의 책, 141면.

30) "복지" 지칭은 오영근, 주 15)의 책, 116면 참조

31) 김일수·서보학, 주 15)의 책, 118면; 김성돈, 주 15)의 책, 173면.

32) 대법원 2008. 1. 17. 선고 2007도8485 판결[공2008,267]: 신동운, 주 23)의 책, 147면. 배종대, 주 15)의 책, 155면.

셋째, 거주 이전의 자유에 근거를 두고, 미성년자의 생활관계[33]를 장소적 이동과 결부시키는 것은 지나친 확장해석이다. 넷째, 미성년자의 자유 보호에 있어서 "자유"라는 개념은 거주 이전의 자유에 국한할 것은 아니라고 생각된다. 미성년자 자유 보호라는 법익은 구체적으로 피해자를 폭넓게 보호할 수 있는 "자유로운 생활관계"를 뜻하는 것이라고 보여진다.[34]

또한, 미성년자 약취, 유인죄를 생활환경과 결부시키는 견해도 있다. 이러한 견해들은 제각기 미성년자 약취, 유인죄를 생활환경 침해죄라고 주장하거나[35], 보호법익과 관련하여 "생활환경을 생활관계 또는 보호관계"와 동일하게 파악한다.[36] 이러한 입장들에 있어서 미성년자 약취, 유인죄의 개념에 생활환경이라는 형법규범을 끌어들이는 이유는 알려지고 있지 아니하다. 다만, 가안의 성안 과정에서 초안에 등장한 "환경"이라는 표지를 미도입한 사실은 분명하다.[37]

(2) 처벌공백 문제

[참조판례]에서 미성년자국외이송 약취행위에 대하여 다수의견과 소수의견이 대립하였다. 전자는 처벌 공백에 기인하여 처벌할 수 없다는 입장이었고, 후자는 국외이송약취 행위의 불법성을 긍정하였다.[38] 그런데, 형법 제288조 제3항 후단은 피약취 또는 피유인자 국외 이송 행위를 처벌하는 규정이다. 전자는 "부모의 일방이 상대방의 동의나 가정법원의 결정이 없는 상태에서 미성년 자녀를 국외로 데리고 나간 경우에 대해서는 입법론적으로 그 행위에 합당한 처벌규정을 제정할

33) 오영근, 주 15)의 책, 119면 참조.
34) 신동운, 주 14)의 책, 754면.
35) 이영란, 주 7)의 책, 151면; 권문택, 주 7)의 책, 62, 70면.
36) 정성근·박광민, 주 15)의 책, 151면; 진성규, 주석형법(Ⅳ)[각칙(Ⅱ)], 한국사법행정학회, 2001, 443면 참조.
37) 小野淸一郎編, 刑事法規集 第一卷, 日本評論社, 1944, 231頁 참조. 日本 法務圖書館·刑法起草委員會議事日誌, 第199回, 1933.4.4., 219-220頁 참조.
38) 단순 반환 관점은 석광현, 국제아동탈취의 민사적 측면에 관한 헤이그협약과 한국의 가입, 서울대학교 법학, 제54권 제2호, 2013, 80-81면 참조.

것"을 설시하고 있다. 이러한 전제 아래 형법 제288조 제3항 후단이 적용되지 아니하고 있다.[39]

판례에서 처벌공백 논지는 다음과 같이 적시되었다. 첫째, 국제결혼에 의한 다문화가정이 증가하고 있는 상황에서 부모 중 일방이 정당한 절차와 방법에 반하여 상대방 몰래 자녀를 데리고 출국해버리는 행위를 처벌할 수 없다고 한다면 형사정책적인 측면에서 중대한 문제가 발생할 수 있다. 이와 같은 국외이송에서 자녀는 언어, 풍습, 문화, 생활환경 등이 전혀 다른 외국에서 상당한 정신적·심리적 충격을 겪으면서 성장하게 된다. 부모의 일방이 상대방의 동의나 가정법원의 결정이 없는 상태에서 미성년 자녀를 국외로 데리고 나간 경우에 대해서는 입법론적으로 그 행위에 합당한 처벌규정을 제정하고, 행정조치로서 여권의 발급·제한과 출입국관리 등 관계되는 제도를 개선하며, 국제결혼 관련 국가와의 외교적 해결방안을 마련해 두기를 촉구하고자 한다. 이는 "자국민 보호"를 위하여 이루어져야 할 현행 형법의 개정 필요성을 의미한다.

둘째, 가정법원의 결정 등 가족관계 법령에서 정한 절차와 방법을 거치지 아니한 채 자녀를 국외로 데리고 가는 행위가 민사적 측면에서 그 적법성을 인정받을 수 없다는 점은 '국제적 아동탈취의 민사적 측면에 관한 협약'이라는 국제조약의 성립 또는 발효와 관계없이 우리 민사법 체계 자체에서도 당연하다. 이와 같은 행위에 대해 형법이 적용되어야 한다.

셋째, 미성년자 관련 약취, 유인죄의 보호법익으로서 미성년자의 자유와 안전 이외에 보호·양육자의 보호·양육권을 인정하는 것 또한 그와 같은 보호·양육자에 의한 보호·양육 상태의 유지가 미성년자의 자유와 안전 보장을 위하여 중요하고 필요한 조치이다. [참조판례]에서 감호권설에 기반하여 베트남 모의 약취행위는 무죄로 판시되었다.

39) 민사적 구제는 1980. 10. 24. 네덜란드 헤이그에서 체결된 「국제적인 아동탈위의 민사상 측면에 관한 조약」 참조.

대상 판결에서도 파기환송심 법원은 선판례에 기초하여 실종된 아동에 대한 범죄행위를 무죄로 판시하였다. 이는 부차적인 보호법익으로서 감호권 보호법익을 적극 인용하였기 때문이라고 생각된다.[40)]

3. 세계주의 실효성 문제

(1) 세계주의 특징

미성년자 약취, 유인죄는 외국인의 국외범도 처벌된다. 형법 각칙의 약취, 유인 및 인신매매의 죄에 대해 세계주의가 도입되었기 때문이다. 형법 제287조는 미성년자 약취, 유인죄에 대해 10년 이하의 징역형을 규정하고 있고, 형법 제288조 제3항은 국외 이송목적 약취, 유인죄 또는 피약취, 피유인자를 국외이송한 죄에 대해 2년 이상 15년 이하의 징역형을 규정하고 있다. 대한민국은 1991. 11. 20. 「아동의 권리에 관한 협약」을 비준하였다. 특히, 미성년자 약취, 유인죄에 대해 2013. 4. 5. 세계주의가 도입되었다. 그 후 2개월을 경과하여 선고된 [참조판례]에서 남아를 국외이송한 피고인의 행위에 대해 전원합의체에 의한 판례변경이 이루어졌다. 종전 판례에서 유죄로 판시되었던 사안은 위 판례변경에 의하여 무죄로 선고됨으로써 사실상 미성년자 약취, 유인죄 처벌범위가 축소되었다. 이와 같은 판례변경은 미성년자 약취, 유인죄의 보호법익에 관한 감호권설에 바탕을 두었다. 그런데, [참조판례]의 대법원 판결이 내려지기 전에 미성년자 약취, 유인죄의 처벌범위는 형법 각칙에 의한 세계주의 도입에 의하여 확장되어 있었다. [참조판례]의 취지는 미성년자 약취, 유인죄에 세계주의를 과도하게 적용하지 아니하고자 하였던 것이라고 생각된다.

(2) 처벌범위 제한

해석론적으로 대상 판결에서 세계주의 대상 범죄인 미성년자 약

40) 감호권 중심 입장은 박상기·전지연, 형법학[총론·각론 강의, 제5판], 집현재, 2021, 483면 참조. 감호권설 주장은 하태훈, 주 4)의 글, 111면 참조.

취죄의 구성요건 해당성 여부는 제한 해석되고 있다. [참조판례]의 다수의견은 미성년자 약취죄에 대해 기타 방법에 의한 약취 목적 결여에 착안하여 제한 해석함으로써 구성요건 해당성을 부정하였다. 소수의견은 피고인을 처벌할 것을 주장하였다. 이와 관련하여 피해자의 생명·안전은 소수의견에 의하여 더 위험하다고도 주장된다.[41] [참조판례]에서 감호권을 가지는 일방 당사자의 권리침해에 대해, 13개월된 남아의 국외이송은 적법한 것이라고 판시되었다. 이와 같은 [참조판례]를 근거로 하여 내려진 대상 판결에서는 미성년자 약취, 유인죄 사안의 판단에 임하여 다시 합리적인 의심을 초월하는 증명 법리가 동원되고 있다. 이 사건 대상 판결에서 실종된 여아와 관련한 실체적 진실 발견은 외면되었다. 형법 제287조의 보호법익 해석과 관련하여, 대법원은 "피해자의 자유와 안전을 침해하지 아니하는 것으로 볼 수 있는 사정"에 대해 입장을 분명하게 밝히지 아니하고 있다.

4. 결 어

형법 제287조의 미성년자 약취, 유인죄는 형법 제31장의 기본적 범죄 유형이다. 미성년자 약취, 유인죄 이외의 파생 범죄 유형들은 형법 제31장의 약취, 유인 및 인신매매죄 가운데 제각기 다른 구성요건들로서 입법되어 있다. 이 때문에 미성년자 약취, 유인죄의 법적 성질은 상태범으로 해석하는 것이 계속범설 보다 적절하다고 생각된다.

그리고, 대상 판결에서, "유전자 검사는 친자 여부의 사실 확인에 불과"한 것이라고 판시되고 있고, 피해자에 대하여 외할머니의 딸의 친자성은 부정되기에 이른다. 즉 유전자 검사에 따르면 사망한 여아는 딸의 친자는 아니었다. 다만, 유전자 검사는 피고인인 생모의 약취죄 증명에 이르지 못한다. 이처럼 감호권자에 의하여 뒤바뀐 아이(실종된 딸의 친자)의 자유는 형법상 해석론적으로 보호받지 못하고 있다. 특히, 대법원은 미성년자 약취죄로 처벌되지 않을 수 있는 사유를 적시

41) 하태훈, 주 4)의 글, 119면.

하고 있다. 즉 피고인의 행위가 피해자의 친권자들의 의사에 반하지도 않고, 피해자의 자유와 안전을 침해하지 않을 수도 있다고 판시되었다. 그런데, 가안에서 논의되었던 "환경으로부터 이탈" 문언은, 영유아를 환경으로부터 이탈시키는 행위를 처벌할 수 있는 근거이었다.

또한, [참조판례]에서는 세계주의도 논란되고 있다. [참조판례]의 소수의견 취지에 따르면, 베트남으로 국외이송된 남아에 대해 베트남인의 불법 억류행위는 외국인의 국외범이기 때문이다. 여기에서, 감호권 보호설의 취지에 상응하게 이루어지는 베트남인의 미성년자 이동이나 유치 행위까지 처벌하는 것은 적절하지 아니하다는 흠을 지닌다. 이처럼 미성년자 약취, 유인죄는 세계주의 대상 규정임에도 불구하고, 외국인의 국외범을 처벌하는 데 있어서 실효성을 결여하고 있다. 이 사건 판례에서도 미성년자 약취, 유인죄와 관련한 외국인의 국외범의 처벌범위는 사실상 제한되고 있다. 이와 같은 제한 해석론은 [참조판례]의 다수의견과 동일한 맥락이라고 생각된다. 요컨대, 대상 판결과 유사한 사안들에 있어서 형법상 처벌 공백을 메울 수 없는 부분이 존재하고 있다

Ⅲ. 미성년자 약취, 유인죄 입법경위와 개선방안

1. 미성년자 약취, 유인죄 입법경위

미성년자 약취, 유인죄는 로마법 이래 처벌되어 왔다. 가족에 대한 지배권을 행사하는 가장은[42] 자신의 소유물인 처 및 딸을 타락시키지 않고 관리할 권한을 지니고 있었다. 가장의 미성년자 관리권은 감호권을 의미하였다.[43] 그리하여, 피해자가 약취 유인에 동의를 하였다면, 피해자도 처벌될 수 있었다. 그 후 미성년자 관리권은 가장으로부터 양 부모, 친족이나 후견인 및 양육자로 확대되었다. 그리고, 감호

42) 배종대, 주 15)의 책, 152면.

43) 이미선, 주석형법, 형법각칙 4(제5판), 한국사법행정학회, 2007, 157면.

권 남용 문제도 발생하였다. 이에 따라, 미성년자 약취, 유인죄에 개인의 자유보호 관념이 도입되었다. 미성년자의 자유 의사에 반하여 저질러지는 약취, 유인죄에 있어서 피해자의 동의는 "심신의 발달이 충분하지 아니하고 생각과 경험이 부족한 미성년자"에 한하여[44] 부정되었다. 이 무렵 동 범죄에서 피해자 개인의 품성은 보호하여야 할 것이라는 가치를 부여받게 되었다. 즉 미성년자 약취, 유인죄에 대해 프로이센 일반란트법[45] 및 동법을 계승한 프로이센 형법전은 자유권설과 감호권설을 인정하였다.[46] 1871년 독일 제국형법 역시 그러하였다. 동법 이래 미성년자 약취, 유인죄에 대해 처벌을 강화할 필요성은 국제적인 아동매매 행위의 성행에 기인하였다. 국제 아동매매로 인하여 아동은 자유 의사에 반하여 감호권자의 보호 조차 받지 못하고 본국을 떠나 외국으로 이송되었다. 아동은 상업적 이윤추구의 대상으로 이용되었다. 국제적인 아동 매매 범죄에 기인하여 아동의 생활환경 이탈의 범위는 내국의 주소지를 떠나 외국으로 넓게 확장되었다. 이 무렵 1921. 9. 30. 아동매매를 방지하고 아동의 자유권을 보호하기 위해 「부인 및 아동의 매매방지에 관한 국제조약」(이하 '부인 및 아동 매매방지 조약')이 체결되었다. 이는 당사국들에게 아동보호 국제규범의 이행 필요성을 제기하였다. 아동 보호 국제규범의 이행입법 문제는 제정형법의 대본으로서 활용된 가안의 심의 당시 폭넓게 논의되었다.

(1) 가안의 국제조약 이행 특징

가. 보호법익 확장

가안 심의 당시 외국인의 국외범 형태로 저질러진 미성년자 약취, 유인죄에 대해 처벌공백 문제가 다루어졌다. 여기에서 재판권 행사 문제가 다음과 같이 제기되었다. "이 경우에 있어서, 조약은 아국(일본)도 역시 재판을 하여야 할 취지를 규정하더라도 현행형법(일본형법)은

44) 대법원 2013. 6. 20. 선고 2010도14328 전원합의체 판결: 종합법률정보 판례 참조.

45) 자유권 규정은 이미선, 주 43)의 책, 157면 참조.

46) 권문택, 주 7)의 책, 64면.

이를 허용하지 않는 것으로서 이 점에 있어서 개정을 할 필요가 있어야 할 것입니다.(일본형법 제2조 및 제3조)"[47]

위 문제와 관련하여 당시 일본이 체결한 '부인 및 아동 매매방지 조약'이 소개되었다. 동 조약은 1921. 9. 30. 스위스 제네바에서 작성 체결되었다. 당사국은 독일, 영국, 스위스, 중국, 일본 등 27개국이었다. 동 조약 제2조는 "아동매매행위의 처벌"을 규정하였다. 특히, 동 조약 제3조는 "아동매매행위의 미수와 예비의 처벌"을 규정하였다. 그리고, 동 조약은 제정형법과 가안의 미성년자 약취, 유인죄의 객체에 있어서 "미성년자" 요건 도입에 중요한 단초를 제공하였다.

> 하나이 타쿠조(花井卓藏) 위원장: 「부인 및 아동의 매매금지에 관한 국제조약」을 체결한 결과 아국(일본)에 있어서 처벌하지 않으면 안 되는 범죄행위에 대해 의제로 제공합니다.
>
> 첫째, 체약국에서 조약상 처벌하여야 할 범죄행위의 태양을 열거하면 다음과 같습니다.
>
> 제1, 타인의 정욕을 만족하게 하기 위해 추행을 목적으로 하여 만21세 미만의 부인 아동을 권유하여 유인하거나 또는 괴거하는 행위. 단, 본인의 승낙이 있는가 여부를 묻지 아니한다.[48]
>
> 제2. (만21세 이상자에 대한 행위, 생략)
>
> 제3. 전 2항의 범죄는 미수 및 체약국 국내법규의 범위내에 있어서 그 범죄의 예비[49]

---

47) 모토지 신쿠마(泉二新熊) 위원 제언은 日本 法務圖書館·刑法起草委員會議事日誌, 第238回, 1934.5.8., 112頁 참조. 이하 인명은 대표성을 기재한다.

48) 이는 「International Convention for the Suppression of the "White Slave Traffic," May 4, 1910」 제1조와 같은 취지이다.: http://hrlibrary.umn.edu/instree/whiteslavetraffic1910.html 참조. 「International Convention for the Suppression of the Traffic in Women and Children Geneva, 30 September 1921」 제2조도 동일하다. 동 조약 제2조는 당사국들에게 1910. 5. 4. 체결된 위 조약의 이행을 강제하는 규정이다.: https://www.legal-tools.org/doc/9d9c4q/pdf 참조.

49) 이는 「International Convention for the Suppression of the Traffic in Women and Children Geneva, 30 September 1921」 제3조와 같은 취지이다.: https://www.legal-tools.

둘째, 본 조약 소정의 범죄는 범죄의 구성요소인 행위가 다른 국가에 걸쳐 수행된 경우를 가리키는 것입니다.[50)]

제1, 본 조약을 체결한 결과 아형법(일본형법)상 고려하여야 할 것은 제226조의 규정이 되는 것으로 합니다.

제2, 형법 제226조 제1항은 "제국외로 이송할 목적으로서 사람을 약취 유괴한 자"를 처벌하지만 본 조약이 요구하는 바에 따르면 제국내로 들여올 목적으로서 약취 유괴를 도모한 자도 처벌하지 않아서는 안 됩니다.

제3, 본 조약에 있어서 권유행위, 유인행위 및 괴거행위를 처벌하여야 할 것을 요구하였습니다. 이들의 행위는 아형법(일본형법)의 약취 유괴와는 그 의의를 달리 하는 것과 같습니다. 그러면, 형법 제226조에서 단지 이입의 목적으로 하는 경우를 규정하더라도 여전히 조약이 요구하는 바를 충족할 수 없는 것과 같습니다.

모토지(泉二) 위원: 예비안은 조약보다도 넓게 규정하고 있습니다. 참조하여 주시기 바랍니다.[51)]

권유, 유인 및 괴거 행위 처벌 문제와 관련하여 모토지(泉二) 위원에 따르면, 심의 대상 조문인 예비초안은 국제규범 이행상 지나치게 부족한 점은 없었다. 예비초안은 조약보다 넓게 처벌하고 있기 때문이었다. 예컨대, 예비초안 제292조[52)]와 제295조[53)]는 각각 "사람을 권유

---

org/doc/9d9c4q/pdf 참조.

50) 이는 「International Convention for the Suppression of the "White Slave Traffic," May 4, 1910」 제1조와 같은 취지이다.: http://hrlibrary.umn.edu/instree/whiteslavetraffic1910.html 참조.

51) 모토지(泉二) 발언은 日本 法務圖書館·刑法起草委員會議事日誌, 第21回, 1927.12.27., 382頁 참조.

52) 예비초안 제292조 - 거주국외로 이송할 목적으로서 사람을 약취하거나 유괴하거나 또는 매매한 자는 2년 이상의 유기징치에 처한다. 외설의 목적으로서 거주국외로 이송하기 위하여 사람을 권유하여 그 환경으로부터 이탈하게 한 자는 전항의 유괴로서 논한다.

53) 예비초안 제295조 - 미성년자를 약취 또는 유괴한 자는 5년 이하의 징치에 처한다. 미성년자를 권유하여 그 환경으로부터 이탈하게 한 자도 역시 같다.

하거나, 미성년자를 권유하여" 환경으로부터 이탈하게 한 자를 처벌하는 규정을 두었다. 또한, 예비초안의 약취, 유괴죄는 제2조의 보호주의 대상 범죄로서 신설되었다. 이는 국제조약의 이행과 관련하여 미성년자 약취, 유인죄에 대한 처벌공백의 문제점에 기인하였다. 모토지(泉二) 위원에 따르면, 일본형법과 달리 그 당시 약취 및 유괴와 관련한 국제조약을 이행할 필요가 있었다.[54] 그리고, 1930. 2. 25. 개최된 제82회차 회의에서 기초위원회는 처벌공백을 방지하고 재판권을 확보하기 위하여 약취 및 유괴의 죄의 장을 예비초안 제2조의 보호주의 대상으로 다루었다. 이와 같은 입법안에 대해 위원들의 견해가 일치하였다.[55]

나. 구성요건 확정

① 미성년자 약취, 유괴죄의 입법 의미

가안의 미성년자 약취, 유인죄 심의에 있어서 구성요건 확정문제는 연령 범위와 국제 간 이동 행위에 대한 처벌범위에 초점을 두었다. 이 과정에서 독일형법초안들이[56] 참고되었다. 우선 1880. 7. 17. 제정된 일본 구(舊) 형법 제341조, 제342조, 제345조는 미성년자에 해당하는 어린이를 대상으로 하는 약취 유괴죄를 처벌하였다.[57] 동법은 어린이를 유자(幼者)라고 칭하였다. 그리고, 위와 같은 유자를 12세 미만자, 12세 이상 20세 미만자인 어린이라는 형태로서 2가지로 구별하여 규정하였다. 그리고, 20세 미만의 어린이를 외국인에게 교부한 행위에 대해 처벌하였다. 1907. 4. 24. 제정된 일본형법은 어린이의 구별 형태를 단일한 미성년자로 규정하였다. 이처럼 미성년자의 연령 구별 규정

54) 日本 法務圖書館·刑法起草委員會議事日誌, 第25回, 1928.2.7., 430頁 참조.
55) 日本 法務圖書館·刑法起草委員會議事日誌, 第82回, 1930.2.25., 252頁 이하 참조.
56) 이는 독일형법초안과 같은 맥락의 발언이었다. "범죄구성사실 현저히 확장"은 Amtlicher Entwurf eines Allgemeinen Deutschen Strafgesetzbuchs (1925), Quellen zur Reform des Straf- und Strafprozeßrechts, Walter de Gruyter·Berlin·New York, 1995, S. 139 이하 참조; 본고의 Ⅲ. 2.. 독일형법초안의 영향 참조.
57) 小野清一郎編, 주 37)의 책, 147頁 참조.

을 삭제한 것은, 실제상 단속 실무의 어려움에 기인하였다.[58] 그 후 이러한 어린이나 미성년자 또는 아동에 대해 국제조약상 보호하여야 할 국제규범이 형성됨에 따라 당사국은 아동에 관한 법규범을 국내형법에 도입하게 되었다. 이러한 차원으로부터 기초위원회는 미성년자의 대상 범위나 국제적 이송 행위에 관한 심의를 진행하였다.

> 토시마 나오미치(豊島直通) 위원: 부인 및 아동 매매금지에 관한 조약은 만 21세 미만의 자로 되는 것 같습니다만, 준비안 제295조로는 미성년으로 되어 있습니다. 이래서는 마땅하지 아니하지 않는지. 작년의 독일안에서도 그것이 288조에서 18세 미만으로 줄여서 하고 있습니다. 조약에 반하지 않는지요.
>
> 이와무라(岩村) 간사: 그것은 준비안 292조[59]가 관계가 없지 않다고 생각합니다. 준비안에서는 국내적인 것과 국제적인 것을 규정하고 292조가 국제적으로 작용이 조약에 배치하지 아니하는 것이 되어야 할 것입니다.
>
> 토시마(豊島) 위원: 조약의 취지는 국내에서도 거주로부터 유인괴거를 의미한다고 생각하기 때문에 예컨대 동경에 거주하는 외국의 부녀를 큐슈로 유괴하는 것 같은 것은 금지하는 취지로서 당연히 295조에서도 규정하지 않으면 철저하지 아니한 것으로 알고 있습니다. 보호하게 되는 객체로부터 보더라도 295조에 규정하지 않으면 안 된다는 취지인 것처럼 생각합니다. 독일안 308조도 조약의 취지로 인하여 규정하게 된 것이 아닌지.
>
> 모토지(泉二) 위원: (예비안은) 295조의 것처럼 연령에 제한없이 넓게 규정.[60]

58) 平沼騏一郎 外, 增補 刑法沿革綜覽, 信山社, 1990, 1976頁 참조. 판사의 재량은 위의 책 2206頁 참조.

59) 예비초안 제292조를 말한다. 小野清一郎編, 주 37)의 책, 231頁 참조.

60) 小野清一郎編, 주 37)의 책, 231頁. 日本 法務圖書館·刑法起草委員會議事日誌, 第22回, 1928.1.10., 395頁 참조.

당시 가안에 참작된 독일형법초안에서는[61] 미성년자의 연령 범위는 피교육연령에 초점을 두고 규정되었다. 이와 같은 독일형법초안의 연령제한은 1921. 9. 30. 제네바 국제조약의 성인 연령 변동에 상응하였다. 동 국제조약은 성인연령을 "만 21세"로 규정하였다. 하지만 가안에서 미성년자 요건은 독일형법초안에서와 같은 연령 제한에 구애받지 아니하였다.

그리고, 피해자의 국제적 이송과 관련한 별도의 처벌규정 도입 여부가 심의과정에서 논의되었다. 이는 예비초안 제295조 제2항에 기인하였다. 특히, 예비초안 제295조는 미성년자를 그 환경으로부터 이탈하게 한 행위를 피해자의 승낙 여부에 구애받지 아니하고 처벌할 수 있었다. 여기서 토시마(豊島) 위원의 입장과 예비초안을 기초한 모토지(泉二) 위원 그리고 이와무라(岩村) 간사의 견해가 대립하였다. 전자는 아동매매를 방지하기 위한 국제조약을 온전하게 이행하여 국내법을 규정하여야 할 것이라고 보았다. 후자는 초안 295조를 국내적인 것으로 파악하고, 이와 독립하여 292조에 국제조약을 수용하고자 하였다. 이 때문에 295조는 국제조약보다 넓게 규정하여, 국제조약에서처럼 연령에 구애받거나 거주를 기준으로 유인괴거를 해석하는 식으로 규정하지도 아니하였다.

② **"환경으로부터 이탈" 요건 심의**

가안은 미성년자 약취, 유인죄의 파생 유형의 범죄행위에 대한 처벌을 규정하였다. 특히, 예비초안 제295조는 그 파생 유형의 범죄행위로서 "환경으로부터 이탈하게 한 자"라는 요건을 두고 있었다. 이러한 파생 유형은 생활환경이탈죄, 국외이송죄나 외설, 영리 또는 결혼 목적 약취죄 등을 들 수 있다. "환경으로부터 이탈하게 한 자"라는 요건은, 예비초안 제292조 제2항에도 "거주국외로 이송하기 위하여 사람을 권유하여 그 환경으로부터 이탈하게 한 자"로서 포함되어 있었다. 이

61) 자세히는 본고의 Ⅲ. 1. "독일형법초안의 영향"; 1921. 9. 30.「부인 및 아동의 매매 금지에 관한 국제조약」 참조.

처럼 "환경으로부터 이탈" 요건의 표지는 가안의 축조심의 과정에서 예비초안의 여러 조문에 걸쳐 등장하였다. 예비초안 수정안 제291조, 예비초안 제292조, 동 초안 제295조가 그러하였다. 이에 대해, 기초위원회는 다음과 같은 심의를 진행하였다.

> 모토지(泉二) 위원: (예비안) 295조와 같이 연령에 제한 없이 넓은 규정은 외국법에 없습니다. 그러나, 제291조에 「환경으로부터 이탈하게 하는」 경우를 넣는 것은 고려의 여지가 있습니다.
>
> 모토지(泉二) 위원: 독일의 308조 제2항은 18세 미만으로 해 놓았습니다. 준비안의 295조는 이것보다도 넓게 되어 있습니다.
>
> 토시마(豊島) 위원: 독안(獨案)에서는 결의하게 하면 충분한 것이 됩니다. 거기까지 갈 필요가 있는지 여부는 문제입니다.
>
> 모토지(泉二) 위원: 이 안은 조약상의 의무 이상으로 된다는 것은 틀림없습니다.[62)]

위와 같은 모토지(泉二) 위원의 지적에 따라, 1928. 1. 19. 제23회차 가안 기초위원회에서 그 환경으로부터 이탈하게 한 자에 대해 처벌규정이 수정안으로 제안되었다. 특히, 「환경으로부터 이탈」이라는 문언은 조약의 이행과 관련되어 있었다. 위 문언은 환경이탈죄를 구성하는 국제협약의 시안에 도입되어 있었다. 미성년자에 대한 환경이탈방지 취지는 오늘의 국제조약의 채택과정에서도 변함 없이 전승되었다. 가안에서 논의된 환경이탈죄는, 일본 제국주의 정책의 영향 아래 심의되었다는 시대적 한계를 안고 있었다.[63)] 토시마(豊島) 위원은, 약취 유괴죄의 처벌공백을 방지하고자[64)] 국내 원격지에서 행하여지는 환경이탈죄를 제291조 제2항에 도입할 것을 수정 제안하였다. 기초위원회에서

62) 日本 法務圖書館·刑法起草委員會議事日誌, 第22回, 1928.1.10., 396頁 참조.

63) 환경이탈 국제규범 성립배경은 조인현, 정치적 약취, 유인 행위 처벌방안, 인권과 정의, 제517호, 2023, 138면 이하 참조.

64) 日本 法務圖書館·刑法起草委員會議事日誌, 第23回, 1928.1.19., 408頁 참조.

다루어진 환경이탈죄 조문은 3가지 형태이었다. 첫째는 당시 일본의 점령지로서 내국에 속하였던 조선, 대만, 기타 원격지에서 저질러지는 유형이었다.[65] 이는 제291조 제2항에 환경이탈죄를 추가하기 위한 토시마(豊島) 위원의 수정안[66]이었다. 둘째는 국제적으로 범해지는 것으로서 제292조 제2항에 도입되어 있었다. 셋째는 미성년자를 권유하여 범해지는 형태로서 제295조에 도입되어 있었다. 후자의 2개 조문에 도입된 위 문언은 원래부터 가안을 만들기 위하여 초안 작성의 기초작업으로서 준비된 예비초안에 규정되어 있었다. 위 문언의 작성에는 미국의 뉴욕 형법도 참고되었다. 모토지(泉二) 위원은 기초위원회에 뉴욕 형법을 예비초안을 심의하기 위한 참고자료로서 제출하였다. 동법은 감호권자나 이와 유사한 지위에 있는 자들의 아동에 대한 학대행위들을 금지하였다.[67]

> 동법 제483조(아동의 생명 또는 건강을 위험하게 하는 죄)는 “① 18세 미만이나 18세 미만으로 보이는 아동의 생명 또는 신체를 고의로 위험하게 하거나 또는 그 건강을 해치거나 그 덕성을 타락하게 하는 것, ② 고의로 위 아동을 그 생명이나 신체를 위험하게 하고 또는 그 건강을 해롭게 하거나 그 덕성을 해할 염려가 있는 경우에 이를 두거나 또는 이와 같은 직업에 취업하게 하는 것 등을 경죄로 처벌할 것”을 규정하였다.[68]

이처럼 동법은 아동의 생존과 정상적인 성장, 발육에 필요한 환경으로부터 아동을 이탈시켜 그 생명과 신체에 위해로운 상황에 처하게 하는 행위들을 금지하였다. 이와 같은 아동 학대죄의 행위 주체는 오직 감호권자만으로 한정되어 있는 것은 아니었다.[69] 1928. 6. 19. 개최

65) 日本評論社, 1944, 231頁. 日本 法務圖書館·刑法起草委員會議事日誌, 第23回, 1928.1.19., 407頁 참조. 환경이탈 요건 삭제 의도는 조인현, 주 63)의 글, 138면 이하 참조.
66) 日本 法務圖書館·刑法起草委員會議事日誌, 第23回, 1928.1.19., 408頁 참조.
67) 자세히는 日本 法務圖書館·刑法起草委員會議事日誌, 第199回, 1933.4.4., 217頁 참조.
68) 泉二新熊 編, 刑法改正委員會關係書類, 法務圖書館, 1927, 345-346頁 참조.

된 제45회차 기초위원회는 미성년자 약취죄 보호법익을 다루었다. 부모를 감호권자로 볼 것인지, 미성년자의 권리도 보호법익으로서 보호되어야 할 것인지가 그러하였다. 이는 감호권설과 미성년자의 자유보호설의 관점에서 심의되었다는 의미를 지녔다.[70)]

그리고 199회차 기초위원회 심의중 하야시(林) 위원장의 명확성 결여 의문점과 관련하여, 마키노(牧野) 위원은 「환경으로부터 이탈」 문자에 대해 보통을 넘어 상당히 운용하고 있다는 취지의 답변을 하였다. 특히, 그 당시 체결된 아동 매매방지 조약 그 자체에는 환경이라는 문자는 없었다.[71)] 하지만, 동 조약 제1조 및 제4조에 따라 당사국들에게 이행을 강제하였던 1910. 5. 4. 체결된 「백인 노예매매의 억제를 위한 국제조약」 제1조는 "범죄의 구성요소인 각 행위가 다른 나라에 걸쳐 수행"될 것을 금지하였다. 가안 심의 이후 체결된 '국제 아동탈취조약'에는 피해자가 환경에 적응하였을 것을 조건으로 면책조항을 두었다. 이처럼 국제조약은 피해자에게 저질러지는 환경이탈 행위를 금지하고 있다.

(2) 수정안, 정리안과 최종결의안 심의

가. 기초위원회의 축조심의 경과

1928. 2. 7. 개최된 제25회차 기초위원회는 예비초안에 대한 축조심의를 시작하였다. 예비초안의 각칙 축조심의는 1928. 4. 21. 개최된 제36회차 기초위원회부터 시작하였다. 기초위원회는 미성년자 약취, 유인죄 피약취자 해외 이송죄, 피약취자 수수나 은닉죄 등과 관련한 초안과 대안 및 수정안을 심의하였다. 그 후 5년을 경과하여, 1933. 4. 4. 개최된 제199회차 회의와 1933. 4. 11. 개최된 제200회차의 양차 회의일정에서 기초위원회는 미성년자 약취, 유인죄를 본격적으로 심의하였다. 이에 따른 심의 성과로서, 새로운 조문번호에 의하여 정렬된

69) 자세히는 위의 책, 345頁 이하 참조.

70) 日本 法務圖書館·刑法起草委員會議事日誌, 第45回, 1928.6.19., 185頁 참조.

71) 자세히는 日本 法務圖書館·刑法起草委員會議事日誌, 第199回, 1933.4.4., 220頁 참조.

제2차 정리안이 탄생하였다. 제2차 정리안은 1935. 9. 17. 제288회차 회의에서 심의되었다. 그 후 제5차 정리안에 의하여 정렬된 약취 및 유괴의 죄가 재심의 되었다. 이와 같은 심의 결과를 반영한 것이 1938년 기초위원회 최종안이었다. 이와 같이 최종 성안된 기초위원회 결의안은 본 위원회에 상정되었다.[72]

특히, 제199회차 회의에서 기초위원회는 미성년자를 권유하여 범해지는 환경이탈죄를 심의하였다. 하야시(林) 위원장은 미성년자 약취 유괴죄의 처벌범위가 너무 넓어질 것이라고 발언한 후 직권으로 이의 유무를 확인하고 제295조 제2항을 삭제하였다.[73]

하야시(林) 위원장: 제295조를 의제로 제공합니다.

[예비초안 제295조] 미성년자를 약취 또는 유괴한 자는 5년 이하의 징역에 처한다. 미성년자를 권유하여 그 환경으로부터 이탈하게 한 자도 역시 같다.

하야시(林) 위원장: 미성년자에 대해서는 권유하여 환경으로부터 이탈하게 한 경우는 목적의 여하를 묻지 아니하고 처벌하는 것으로 되는지

마키노 에이이치(牧野英一) 위원: 그렇습니다. 목적의 여하를 묻지 아니합니다. 위법성을 조각하는 경우는 특별히 불법이기 때문인 경우는 해당하지 않습니다.

하야시(林) 위원장: 그렇다면 너무 지나치게 넓다는 염려가 있다고 생각합니다. 본조(제295조를 지칭함)는 「미성년자를 권유하여 그 환경으로부터 이탈하게 한 자도 역시 같다.」를 삭제하여 이의 없는지

각 위원: 이의가 없습니다.(수정가결)[74]

---

72) 신동운, 형법상 외환의 죄에 관한 연혁적 고찰, 서울대학교 법학, 제56권 제4호, 2015, 45면 이하 참조.

73) 小野淸一郎編, 주 37)의 책, 231頁. 日本 法務圖書館·刑法起草委員會議事日誌, 第199回, 1933.4.4., 220頁 참조.

74) 小野淸一郎編, 주 37)의 책, 231頁. 日本 法務圖書館·刑法起草委員會議事日誌, 第199回, 1933.4.4., 221頁 참조.

약취, 유괴죄를 포함한 제2차 정리안은 1934. 9. 18. 제250회차 기초위원회에서 확정되었다. 제2차 정리안에서 예비초안 제295조의 미성년자 약취, 유괴죄에 도입된 "환경으로 이탈하게 한 자"에 대한 처벌 근거는 삭제되었다.[75] 그 밖에 미성년자 약취 유괴죄가 기본범죄(제290조의 3)로 변동하였고, 미성년자 약취 유괴죄를 규정한 예비초안 제295조의 조문은 삭제되었다. 전체 조문 수는 3개 조항 증가하였다. 일부 조문의 형량(밑줄 표시 부분)은 가안에서 수정되었다.[76] 제2차 정리안의 재심의 단계에서나 제3차 정리안과 제4차 정리안 심의를 거치는 과정에서도 별다른 이의는 없었다.

[제2차 정리안 성립]

제290조의 3 – 미성년자를 약취하거나 또는 유괴한 자는 5년 이하의 징역에 처한다.(예비초안의 환경이탈죄는 삭제되었다.)

제291조 – 영리의 목적으로서 사람을 약취 또는 유괴한 자는 1년 이상 10년 이하의 징역에 처한다. 외설의 목적으로서 사람을 약취 또는 유괴한 자도 역시 전항과 동일하다.

제291조의 2 – 상습으로서 전조의 죄를 범한 자는 <u>2년 이상</u>의 유기징역에 처한다.

제292조 – 거주국외로 이송할 목적으로서 사람을 약취하거나 유괴하거나 또는 매매한 자는 <u>2년 이상</u>의 유기징역에 처한다.(예비초안의 환경이탈죄는 삭제되었다.)

제293조 – 피유괴약취자 또는 피매매자를 거주국외로 이송한 자는 5년 이상의 유기징역에 처한다.

제294조 – 전2조의 죄를 범할 목적으로서 그 예비 또는 통모를 한 자는 <u>2년 이하</u>의 징역에 처한다.

제294조의 2 – 결혼의 목적으로서 사람을 약취 또는 유괴한 자는

75) 자세히는 국제조약상 환경이탈죄 도입경위는 조인현, 주 63)의 글, 2023, 140면 이하 참조.

76) 자세히는 小野淸一郎編, 주 37)의 책, 282頁 이하 참조.

7년 이하의 징역에 처한다.

제295조 – 삭제

제296조 – 제291조 내지 제293조의 죄를 범한 자를 방조할 목적으로서 피유괴납치자 또는 피매매자를 수수하거나 장닉하거나 또는 은피하게 한 자는 7년 이하의 징역에 처한다.

제290조의 3 또는 제294조의 2의 죄를 범한 자를 방조할 목적으로서 피유괴납치자를 수수하거나 장닉하거나 또는 은피하게 한 자는 5년 이하의 징역에 처한다.

제297조 – 영리의 목적으로서 피유괴납치자 또는 피매매자를 수수한 자는 10년 이하의 징역에 처한다. 외설의 목적으로서 피유괴납치자 또는 피매매자를 수수한 자도 역시 전항과 동일하다.

제297조의 2 – 상습으로서 전조의 죄를 범한 자는 1년 이상의 유기징역에 처한다.

제298조 – 제290조의 3 내지 제293조의 죄 및 제294조의 2 내지 전조의 죄의 미수범은 이를 벌한다.

제299조 – 제290조의 3의 죄, 제291조 제2항의 죄, 제294조의 2의 죄, 외설의 목적으로서 약취 또는 유괴하게 된 자에 관한 제296조 제1항의 죄, 제296조 제2항의 죄 및 제297조의 죄 또 이들의 죄의 미수범은 고소를 기다려 이를 논한다.

그 후 기초위원회는 1938. 3. 22.부터 제5차 정리안을 축조심의하였다. 1938. 6. 7. 개최된 제352회차 기초위원회에서 모토지(泉二) 위원은 "생활환경으로부터 이탈"요건을 제외한 후 채택된 제2차 정리안에 대해 입법상 의문을 제기하였다. 모토지(泉二) 위원은 위원장에 의하여 직권으로 삭제된 「환경으로부터 이탈하게 한 자」라는 요건으로 인하여 처벌 곤란에 이르게 될 것을 우려하였다. 이러한 처벌 곤란 문제는 분만직후의 영아를 산모로부터 이탈하게 한 자에 대한 처벌공백도 포함하였던 것이라고 생각된다. 산모의 하자(瑕疵) 있는 의사표시를 이용하거나 승낙 없이 그 영아를 산모로부터 이탈하게 하는 행위가 저질러질 수 있었다. 이러한 행위에 대해, 처벌가능성 근거를 외면한 제5차 정리안은 이를 대체할 수 있는 어떠한 입법 보완도 없이 가안에 채용되어 그대로 제정형법에 들어왔다. 당시 기초위원회에서 모토지(泉二) 위원은 미성년자 약취 및 유괴죄 조문을 다시 심의하고자 하였다.

> 코야마 마쓰키치(小山松吉) 위원장: 오늘은 제34장 약취 및 유괴의 죄를 의제로 합니다.(이 밖에 조문 변동사항을 고지함)
>
> 모토지(泉二) 위원: 이전에 조약상의 의무가 있는 것으로서 「환경으로부터 이탈하게 한 자」에 관한 규정을 둘 필요가 있다고 생각하고 규정을 하였습니다만 전회 이것을 삭제하였지만 지장은 없는지.
>
> 마키노(牧野) 위원: 그 점에 관해서는 다시 일응 조약을 조사해 주시기를 바라는 것으로 하겠습니다.[77]

[기초위원회 결의안의 특징]

1938. 6. 7. 개최된 제352회차 기초위원회의 제5차정리안 심의과정에서 기초위원회는 "생활환경으로부터 이탈"요건을 다시 논의하기로 결정하였지만, 위 요건은 더 이상 기초위원회의 최종결의안에 들어올 수 없었다. 아동을 생활환경으로부터 이탈시키는 행위는 영유아의 생명과 신체에 위험을 초래하였다. 가안 심의 당시 뉴욕형법도 위와 같은 행위를 방지하기 위한 형벌법규를 규정하고 있었다. 기초위원회 최종결의안은 사소한 법안 수정에 그쳤다.[78] 미성년자 약취, 유괴죄는 법정형이 10년 이하로 2배 늘어났다. 상습범과 국외이송죄의 형도 3년 이하로 증가하였다. 약취되거나 유괴된 자에 대한 국외이송죄 규정은 동일하였다. 특히, 미성년자 약취, 유괴죄와 관련하여, 수수, 장닉, 은피 표지는 "방조할 목적"이라는 문언을 삭제함으로서 독립된 범죄의

77) 자세히는 日本 法務圖書館·刑法起草委員會議事日誌, 第352回, 1938.6.7., 297頁 참조.
78) 刑法並びに監獄法改正調査委員會議事速記錄, 주 16)의 책, 397頁.

성격을 명확하게 규정하였다. 미수범이나 친고죄 규정도 동일하였다.

나. 본 위원회의 최종결의안 성안

[제34장 약취 및 유괴의 죄]

제376조 - 미성년자를 약취 또는 유괴한 자는 10년 이하의 징역에 처한다.

제379조 - 거주국 외에 이송할 목적으로서 사람을 약취하거나 유괴하거나 또는 매매한 자는 3년 이상의 유기징역에 처한다.

제380조 - 피유괴약취자 또는 피매매자를 거주국 외에 이송한 자는 5년 이상의 유기징역에 처한다.

제381조 - 전2조의 죄를 범할 목적으로서 그 예비 또는 통모를 한 자는 3년 이하의 징역에 처한다.

제383조 - 제377조 내지 제380조의 피유괴약취자, 피매매자 또는 피이송자를 수수하거나 장닉 또는 은피하게 한 자는 7년 이하의 징역에 처한다.

제376조 또는 제332조의 피유괴약취자를 수수하거나 장닉하거나 또는 은피하게 한 자는 5년 이하의 징역에 처한다.

본 위원회는 1938. 11. 22.부터 1939. 7. 18.까지 가안 각칙을 심의하였다. 미성년자 약취, 유인죄 피약취자 해외 이송죄, 피약취자 수수나 은닉죄 등에 대한 본 위원회의 심의는 종반부에 이루어졌다. 이는 1939. 6. 27. 개최된 제25회차 본 위원회 심의일정을 말한다.[79] 미성년자를 약취, 유괴하는 행위를 단초로 하여 제34장에 규정된 여타의 범죄들도 저질러질 수 있었다. 제347조에 의하여 미성년자 약취, 유괴죄는 제34장 약취 및 유괴죄의 기본범죄로서 확정되었다. 제351조는 유괴약취되거나 또는 매매된 미성년자를 거주국 외에 이송하는 행위에 대한 처벌규정이었다. 제354조 제2항은 유괴약취된 미성년자를 수수하거나 장닉하거나 또는 은피하게 하는 행위에 대한 처벌규정이었다.

79) 신동운, 주 72)의 글, 31면 이하 참조.

제357조는 미성년자 약취, 유괴죄의 미수범을 규정하였다. 제358조는 미성년자 약취, 유괴죄와 그 미수범에 대해 친고죄를 규정하였다. 가안은 제34장 약취 및 유괴의 죄의 전체 조문에 있어서 기초위원회 최종결의안이나 제2차 정리안과 거의 대동소이하였다. 제2차 정리안과 달라진 부분으로서, 예비초안 작성과정에서 심의에 참고하기 위하여 임시적으로 삽입해 둔 "방조할 목적" 문구를 바로잡은 것 이외에 형량 변화가 미미한 정도이었다. 모토지(泉二) 위원은 입법취지에 대해 다음과 같이 발언하였다.[80)]

> 제347조는 외국의 입법례로 해서는 미성년자라는 식으로 한정하지 않는 것도 있습니다만, 대부분은 역시 미성년자로 한정하고 있습니다. 또는 어떤 경우에 있어서는 미성년 처녀, 여자만을 대상으로 하고 있는 것같은 입법례가 있는 것입니다만, 일반의 경우에 대해서 보면, 대체로 348조 이하 특별한 목적으로 행하여지는 경우에 해당한다고 생각되므로, 본조에서는 역시 현행법대로 미성년자라는 것으로 좋을 것입니다. 또한 부녀만이 아니고 요즈음에는 상당히 남자 소년에 대한 약취라는 것도 주의해야 할 현상이므로, 현행 대로 좋을 것이라고 했던 것입니다. 형은 현행법의 5년에 비해 배로 되어 있습니다. 그리고 354조입니다만, 형을 상당히 무겁게 하고 있는 것입니다. 그리고 357조가 미수범으로, 358조는, 친고죄로 하고 있습니다. 본안에서도 전부를 친고죄로 하는 것이 아닙니다, 그 안에 경한 경우를 친고죄로 합니다.[81)]

본 위원회에서 미성년자 약취, 유괴죄는 위원들 간에 커다란 이론의 제기나 수정사항은 없었다. 그리고, 미성년자 약취, 유괴죄의 수수, 장닉 또는 은피 행위를 독립된 범죄로 처벌하는 규정이 도입되었다. 제2차 정리안 제296조 제1항은 "거주국외로 이송한 자를 방조할 목적

80) 刑法並びに監獄法改正調査委員會議事速記錄, 주 16)의 책, 398頁.
81) 刑法並びに監獄法改正調査委員會議事速記錄, 주 16)의 책, 398頁.

으로서 국외이송된 피해자를 수수, 장닉 또는 은피하게 한 자"를 처벌하였다. 동 정리안 제2항은 "방조할 목적으로서 미성년의 피해자를 수수, 장닉 또는 은피하게 한 자"로 규정되어 있었다. 여기에서, 모토지(泉二) 위원은 "현행법상의 방조라는 것은 종범에 대해서만 방조라는 것이므로, 그러한 단어를 삭제한다면 좋을 것이라는 것이므로, 그렇게 해 둔 것"이라고 입안취지를 밝혔다. 이들 "방조할 목적"단어는 나중에 삭제하기로 하여 편의상 적어 둔 것에 불과하였다. 사후 종범 취지는 아니었다.[82] 따라서, 제2차 정리안에 들어있었던 "방조할 목적으로서"라는 문언은 기초위원회 최종결의안 제354조에 의하여 삭제되었다.

2. 독일형법의 입법변천과 우리형법의 입법경위

일본형법은 1871년 독일 제국형법의 영향을 받았다. 그럼에도 불구하고, 미성년자 규율범위는 독일형법과 다소 상이하다. 예컨대, 독일형법은 미성년자의 구체적인 연령을 규정하였지만, 일본형법은 미성년자의 연령을 명시하고 있지 않기 때문이다. 가안의 약취 및 유괴죄는 1925년과 1927년 독일형법초안의 영향을 받았다.[83] 1925년 독일형법초안은 1871년 독일 제국형법 이후 체결된 국제조약을 이행하고 실무의 해석론을 반영하였다. 아래에서는 독일형법의 입법변천에 대해 살펴보기로 한다.

(1) 독일형법의 입법변천

가. 감호권 개선

1851년 프로이센형법전은 미성년자 약취, 유인죄를 자유를 침해하는 죄로 규정하였다. 동법 제205조는 "16세 이하인 자를 위계 또는 폭력으로 유괴한 자는 5년 이하의 중징역에 처할 것"(16세 미만자)을 규정하였다. 동법 제206조는 "미성년자를 위계 또는 폭력으로 그의 부모 또는 후견인으로부터 유괴한 자는 1년 이상의 경징역에 처할 것"을

82) 刑法並びに監獄法改正調査委員會議事速記錄, 주 16)의 책, 402頁.
83) 日本 法務圖書館·刑法起草委員會議事日誌, 第22回, 1928.1.10., 395頁 참조.

규정하였다. 1871년 독일 제국형법은 "위계, 협박 또는 폭력으로서 미성년자를 부모, 후견인 또는 그 보좌인으로부터 탈취한 자는 경징역에 처할 것"을 규정하였다. 이처럼 독일형법은 보호감독관계를 명확하게 규정하고 있다.[84] 독일 제국법원은 미성년자 약취, 유인죄의 입법 의도를 감호권의 보호라고 보았다. 독일 제국법원 판례에 따르면, 1871년 독일 제국형법 제235조의 입법 의도는 양육권 보호에 있었다. 1925년 독일형법초안은 독일 제국법원 판례의 입장을 반영하였다.[85] 그리하여, 독일형법초안 역시 미성년자 약취죄의 보호법익을 감호권설에 기초하였다. 독일 실무의 감호권 보호설은 가안과 제정형법에 영향을 주었다.

1925년 독일형법초안 제281조에 규정된 미성년자 약취, 유인죄에서 감호권자는 양 부모, 후견인, 보좌인 등을 포함하는 것으로 이해되었다.[86] 1871년 독일 제국형법은 "위계, 협박 또는 폭력"요건을 규정하였었다. 현행 독일형법 역시 위계 또는 폭행이나 협박 요건을 규정하고 있다. 그런데, 1925년 독일형법초안은 미성년자 약취, 유인죄에서 감호권을 침해하는 행위에 대해 폭행 협박이나 위계라고 하는 추가적인 요건들을 도입하지 아니하였다. 더욱이, 행위자는 미성년자의 승낙 여부와 관계 없이 처벌되는 것으로 규정되었다. 요컨대, 동 초안의 입법이유는 다음과 같은 점들에 기인하였다. 첫째, 동 초안의 미성년자 약취, 유인죄에서 미성년자의 의사 여부는 묻지 아니하는 것으로 수정되었다. 동 범죄는 궁극적으로 양육권 침해로 파악되었기 때문이다. 둘째, 단지 피해자의 동의는 결혼 목적 약취, 유인죄에 있어서 범죄의 성립여부에 대한 판단기준이었다. 결혼 목적이 아닌 사유로 저지른 범

84) 신동운, 주 14)의 책, 754면. 이재상 외 2인 공저, 주 22)의 책, 133면 참조.

85) Amtlicher Entwurf eines Allgemeinen Deutschen Strafgesetzbuchs (1925), 주 56)의 책, S. 143 참조.

86) 제281조(친권으로부터 미성년자의 탈취) 제1항 - 미성년자의 일신에 대해 보호를 하는 권한을 가지는 자의 장악으로부터 그 미성년자를 탈취한 자는 경징역에 처한다.

죄는 미성년자의 승낙 여부와 관계 없이 처벌되는 것으로 수정되었다.[87] 동 초안은 "탈취", "유괴"의 요건들을 직접 명시하였다. 그리고, 미성년자를 대상으로 행하여지는 납치, 유괴죄를 적극적으로 규정하였다. 이러한 입법례는 아동실종범죄를 방지하기 위한 해결책으로서, 1871년 독일 제국형법보다 더욱 진취적이었던 것이라고 생각된다. 요컨대, 1925년 독일형법초안은 미성년자 약취, 유인죄에 있어서 미성년자에 대한 감호권을 더욱 두텁게 보호하는 입법형식을 갖추었다.[88]

최근 독일에서는 독일형법 제235조에 도입된 감호권 규정과 관련하여, 환경이탈죄와 유사한 행위가 다투어졌다. 아동의 생활환경을 독일에서 루마니아로 이탈시킨 자의 처벌가능성과 관련하여, 유럽연합법원은 다음과 같이 판시하였다.[89]

> 사실관계와 사건경과는 다음과 같다. R.V.는 루마니아 국적의 여성으로서 루마니아에서 태어난 2명의 미성년 아이들의 모친이다. 그녀는 미상 일시 이래 2명의 미성년 아이들과 함께 독일에서 살고 있

87) 자세히는 Amtlicher Entwurf eines Allgemeinen Deutschen Strafgesetzbuchs (1925), 주 56)의 책, S. 143 참조.

88) 이런 취지는 Amtlicher Entwurf eines Allgemeinen Deutschen Strafgesetzbuchs (1925), 주 56)의 책, S. 143 참조.

89) EuGH, 8. Kammer, Beschl. v. 16.05.2022 – C-724/21: StV, 42 Heft 10, 2022, S. 638-639.
독일형법 제235조 제1항 - 다음의 행위를 한 자는 5년 이하의 자유형 또는 벌금에 처한다.
1. 폭행, 공포심을 느끼게 하는 해악의 고지를 통한 협박 또는 위계로 18세 미만의 사람을 양 부모, 부모의 일방, 후견인 또는 보호자로부터 데려가거나 자신이 데리고 있는 것
2. 자신의 친족이 아닌 아동[14세 미만자]을 양 부모, 부모의 일방, 후견인 또는 보호자로부터 데려가거나 자신이 데리고 있는 것

제2항 - 아동을 양 부모, 부모의 일방, 후견인 또는 보호자로부터 다음의 행위를 한 자도 제1항과 마찬가지의 형에 처한다.
1. 외국으로 이송하기 위하여 데려가거나 또는
2. 외국으로 이송된 후 또는 외국에 간 후에 외국에서 데리고 있는 것. 번역은 신동운, 주 14)의 책, 754면 참조.

었다. 2018. 9. 28. 독일 쾰른 구법원은 R.V.에게서 그녀의 아이들에 대한 체류 지정권(거주 지정권)을 박탈하고, 거주 지정권을 후견인(여성 양육자)에게 이관하였다. R.V.는 2020.7.부터 같은 해 10.15.까지의 기간에 위 후견인에게 통보하지 않고 아이들을 루마니아로 데려갔다. 2021. 4. 11. R.V.는 아이들 중 1명을 데리고 독일로 되돌아왔고, 다른 아이는 루마니아에 남았다. 위 후견인은 독일 쾰른 구법원에 R.V.를 고소하였다. 독일 쾰른 구법원은 2021. 4. 19. R.V.에게 독일형법 제235조 제2항 제1호(외국 이송목적 약취행위)에 적합한 미성년자 유인죄를 이유로 (집행을 유예하고 보호관찰이 있는) 1년의 자유형에 처하였다. R.V.는 본 판결에 대해 항소하였다. 이 사건 항소심은 유럽연합법원에 사전결정을 요청하였다.

유럽연합법원 결정논지는 다음과 같다. 자유로운 여행의 자유와 합치하지 아니하는 것은, 다른 유럽연합의 회원국으로 아동을 약취하는 것에 대해 - 국내에서의 약취에 대해서와 달리 - 심지어 폭력이나, 공포심을 느끼는 해악의 고지를 통한 협박이나 또는 위계에 의하지 아니하였을 때에도 구성요건을 실현한다는 것이 그러하다.[90]

독일 쾰른 시(市) 소재 노르트라인-베스트팔렌 주(州) 지방법원은, 독일형법 제235조 제2항 제1호가 「유럽연합의 업무방식에 관한 조약」에 합치하는지에 대해 유럽연합법원에 사전심리절차를 제기하였다. 2022. 5. 16. 내려진 유럽연합법원 결정취지에 따르면, 독일형법 제235조 제2항 제1호의 적용은 자유로운 여행의 자유에 반하지 아니하여야 할 것이다. 「유럽연합의 업무방식에 관한 조약」 제21조[91]와 합치하는 것은, 단지 폭력, 해악의 고지를 통한 협박 또는 위계에 의하여 그 아

90) EuGH, 8. Kammer, Beschl. v. 16.05.2022 – C-724/21: StV, 42 Heft 10, 2022, S. 638.

91) 「유럽연합의 업무방식에 관한 조약」 제21조 제1항 - 모든 연합 시민은 회원국 고권영역에서 자유롭게 이동하고 체류할 권리를 가지는데 그것은 당해 조약에서 그리고 집행규정에서 예견되는 제한과 조건에 따라(을 유보하여) 그러하다.

위 조약은 초기의 '유럽공동체설립조약'을 개편하여, 유럽연합의 관할권 등에 관한 사항을 전문과 총7부의 358개 조항으로 규정하였다. 2007. 12. 13. 체결된 리스본조약은 '유럽공동체'를 '유럽연합'으로 바꾸어 개칭하였다.

이를 다른 유럽연합 회원국으로 데려가는 행위에 대해 이를 처벌하는 독일형법의 적용이다. 유럽연합 회원국 간에는 독일형법 제235조 제1항 제1호의 적용가능성[92]이 여전히 중요한 의의를 지니고 있다. 유럽연합 회원국들은 사실상 유럽의 단일한 공동체 내에서 제각기 동등한 법적 기능을 인정받고 있다. 특히, 이 사건 판례에 의하여 설시된 "위계" 요건에 있어서, 행위자가 주관적으로 속임수를 쓰는 행태와 무관하게 아동을 데리고 루마니아로 여행을 떠났다면, 처벌공백의 흠이 발생할 수 있다. 독일형법 제235조 제1항 제1호에 있어서, 순수한 유아절취가 처벌공백의 대표적인 사례라고 할 수 있다.[93] 따라서, 이 사건에서 독일을 떠나 다른 유럽연합 회원국인 루마니아에 남아 있는 아동은 감호권의 보호법익에 비해 상대적으로 개인의 피해 방지로부터 취약한 처지에 이르고 있다고 생각된다. 위 판례에서 독일형법 제235조 제1항 제1호는, 아동의 생명이나 신체와 자유를 보호하기 위한 법규정으로서 충분하지 아니하다는 것을 시사해 주고 있다.

나. 미성년자 보호범위 확장

1897. 6. 9. 제정된 독일 「이주제도에 관한 법률」 제48조는 행위자가 이주 때문에 부녀를 유혹하거나 장려하는 것을 금지하였다.[94] 동법은 타국이나 원격지로 이주를 위해 부녀를 유혹하거나 장려하는 행위를 금지하였다. 동법은 이주를 위해 부녀를 유혹한 자는 5년 이하의 중징역형에 부가하여 150 마르크 이상 6천 마르크 이하의 벌금형에 처할 수 있게 규정하였다. 또한, 동법은 부녀에게 이주를 장려한 자에

---

92) Hecker, Bernd, Europäisches Strafrecht, Springer, 2021, S. 358. Krehl, Christoph, Strafgesetzbuch Leipziger Kommentar(13., neu bearbeitete Auflage), DE GRUYTER, 2023, S. 124. EuGH, 8. Kammer, Beschl. v. 16.05.2022 – C-724/21: StV, 42 Heft 10, 2022, S. 638f.

93) 같은 맥락은 Krehl, Christoph, 위의 책, S. 128f.

94) Alsberg, Max, Strafgesetzbuch für das Deutsche Reich und der amtliche Entwurf zu einem Allgemeinen deutschen Strafgesetzbuch, T. Bensheimer / Mannheim, Berlin, Leipzig, 1926, S. 139 이하 참조.

게도 역시 그러하였다. 동법에 의한 구성요건 해당성은 감호권의 침해 여부와 상관 없이 객관적으로 피해자를 생활환경으로부터 이탈시키기 위한 행위에 의하여 성립하였다. 동법의 취지는 1925년과 1927년 독일 형법초안에도 도입되었다. 동 초안들은 부녀나 아동 매매죄에 있어서, 그 부녀에게 그 고향을 떠날 결의를 생기게 하거나 또는 그와 같은 행위를 방조한 자도 처벌할 것을 규정하였다. 또는, 그 여성을 그녀의 고향으로부터 다른 곳으로 데려가는 것도 구성요건 해당성을 충족하는 것으로 규정되었다.[95)]

특히, 독일「이주제도에 관한 법률」제48조에 근거한 피해자의 생활환경의 범위는 가안에서 논의된 격지범 처벌 문제와 관련되어 있었다. 이와 같은 생활환경은 피해자의 주소나 일상의 거소를 말하는 것이라고 예시되고 있다.[96)] 판례에서도 생소한 환경에서 당하는 피해자의 정신적, 심리적 충격은 격지범이나 국외이송 범죄에 기인하여 겪는 것이 더욱 중대한 것이라고 여겨졌다. 또한, 동법은 1921. 9. 30. 체결된 '부인 및 아동 매매방지 조약'에 따라, 1925년 독일형법초안 이후 부녀 및 아동매매죄가 도입되기 전까지 부녀와 아동을 약취, 유인하는 행위를 규율하였다.[97)] 그 후 독일은 부녀와 아동을 약취, 유인하는 행위를 위와 같은「이주제도에 관한 법률」에 의존하여 단속하는 데 그치지 아니하고 국제조약을 적극적으로 이행하기 위하여 독일형법을 개정하였다. 1962년「독일형법 정부초안」제229조는 아동매매죄에서의 "아동"을 21세 이하인 자로 수정하여 피해자의 범위를 넓히고, 그 밖의 인신매매 행위를 포함하는 일반적인 인신매매죄를 규정하였다.[98)]

---

95) 이런 취지는 Amtlicher Entwurf eines Allgemeinen Deutschen Strafgesetzbuchs (1925), 주 56)의 책, S. 139 이하 참조.

96) Werle, Gerhard / Jeßberger, Florian, Strafgesetzbuch Leipziger Kommentar(13. Auflage), DE GRUYTER, 2020, S. 594 참조.

97) 자세히는 Alsberg, Max, 주 94)의 책, S. 139 이하 참조.

98) Entwurf eines Strafgesetzbuches(StGB, E 1962, mit Begründung), Bundestagsvorlage, S. 394f.; Laufhütte, Heinrich, Strafgesetzbuch Leipziger Kommentar(11. Auflage), Walter de Gruyter · Berlin · New York, 1995, S. 138 참조.

현행 독일형법 제235조 제1항 제2호는 14세 미만인 아동에 대해 그 의사 여부를 묻지 아니하는 것으로 규정하고 있다. 또한, 독일형법 제235조 제2항 제2호는 아동 해외 이송죄를 규정하고 있다.

다. 보호주의 도입 배경

독일에서는 인신매매와 관련한 범죄에 대하여 도입된 세계주의는 1940년 개정된 독일 제국형법 이래 현재까지 유지되고 있다. 1925년 독일형법초안 제5조 제5호와 1927년 독일형법초안 제6조 제5호는 "부녀 및 아동매매의 죄"를 보호주의로 규정하였다. 그리고, 1940년 당시 독일형법의 세계주의에 속하는 범죄는 "아동 및 부녀매매죄"이었지만, 그 후 개정된 독일형법들의 조문에 있어서 "아동매매"라는 문구는 삭제되어 있다.[99] 그럼에도 불구하고, 독일형법에 의하여 규율되는 인신매매 행위는 사실상 아동매매 행위도 포함하는 것으로 해석되었다. 동법은 대표적으로 1921년 스위스 제네바에서 체결된 '부인 및 아동 매매방지 조약'과 2000. 11. 15. 미국 뉴욕에서 채택된「국제연합 초국가적 조직범죄 방지 협약을 보충하는 인신매매, 특히 여성과 아동의 인신매매 방지, 억제 및 처벌을 위한 의정서」에 근거를 두고 있다.[100]

---

99) Petzsche, Anneke, Soll die Ausbeutung der Opfer von Menschenhandel(§§232a ff. StGB) weltweit nicht mehr durch Deutschland verfolgt werden?, JR, 2018, S. 376f. 참조.
1940. 5. 6.「독일 형법적용범위에 관한 법률」에 따라 개정된 독일 제국형법 제4조 - 독일형법은 외국인이 외국에서 저지른 아래 범죄들에 대해 행위지법과 독립하여 적용한다. 제4호 아동 및 부녀매매
1925년 초안 제5조 - 독일의 형벌법규는 행위지의 법률이 어떠한지에 관계없이 외국에서 범한 아래의 행위에 적용한다. 제5호 부녀 및 아동매매의 죄
1927년 초안 제6조 - 독일의 형벌법규는 행위지의 법률이 어떠한지에 관계없이 외국에서 범한 아래의 행위에 적용한다. 제5호 부녀 및 아동매매의 죄.

100) Werle, Gerhard / Jeßberger, Florian, 주 96)의 책, S. 646f. Basak, Denis, Strafgesetzbuch Kommentar: Matt, Holger / Renzikowski, Joachim(2. Auflage), Verlag Franz Vahlen München, 2020, S. 67. Ambos, Kai, Münchener Kommentar zum Strafgesetzbuch Band 1 §§1-37(4. Auflage), C.H.BECK, 2020, S. 275. Renzikowski, Joachim, Münchener Kommentar zum Strafgesetzbuch Band 4 §§185-262(3. Auflage), C.H.BECK, 2017, S. 1275f. 참조.

동법은 여러 차례의 입법변천을 겪어왔다. 1992. 7. 14.「제26차 형법일부개정법률」에 의하여 같은 해 7. 22. 시행된 독일형법 제6조 제4호는 제180조의 b의 인신매매죄[101]와 제181조의 중인신매매죄[102]에 대해 세계주의를 규정하였다. 이들 법규정의 입법 의도는 국제범죄 퇴치에 있었다. 2005. 2. 11.「제37차 형법일부개정법률」에 의하여 개정된 독일형법은 제180조의 b와 제181조를 폐기하고, 폐기된 법률을 대신하여 제232조 내지 제233조의 a에 의한 3개 조문을 도입하였다. 그리고, 동법 제6조 제4호는 새로 도입한 성적, 노동착취 목적 인신매매죄와 인신매매조장죄의 3개 조문에 대해 세계주의를 규정하였다. 2008. 11. 5. 개정된 독일형법은 제232조의 a와 제232조의 b의 2개 조문을 추가로 신설하였다. 동법은 이전의 2005년에 개정된 독일형법보다 제232조의 a와 제232조의 b의 2개 조문을 추가하여, 제232조(인신매매), 제232조의 a[103], 제232조의 b[104], 제233조[105], 제233조의 a[106]의 5개 조문을 세계주의로 규율하였다. 하지만, 2016. 10. 15. 개정된 현행 독일형법 제6조 제4호에는 삭제된 세계주의 대상 조문들이 많다. 이들 조문은 "성적, 노동력 착취 목적 그리고 다른 방법의 착취 목적의 인신매매 및 인신매매의 촉진" 행위에 대한 처벌 규정들이다. 즉 독일형법 제232조의 a, 제232조의 b, 제233조, 제233조의 a에 의하여 규율되고 있는 인신매매 피해자를 착취하는 중한 범죄들은 더 이상 세계주의에

101) 동법 제180조의 b는 "영리목적으로 타인을 매춘행위에 사용하는 행위"를 처벌하는 규정이다.

102) 동법 제181조는 "폭행, 협박, 위계에 의하여 타인을 매춘이나 성행위를 하게 하는 행위"를 처벌한다.

103) 동법 제232조의 a는 "타인을 개인적이거나 경제적인 궁박이나 또는 곤궁을 이용하여 강제 매춘이나 성행위를 하게 하는 행위"를 처벌한다.

104) 동법 제232조의 b는 "타인을 개인적이거나 경제적인 궁박이나 또는 곤궁을 이용하여 강제노동을 하게 하는 행위"를 처벌한다.

105) 동법 제233조는 "타인을 개인적이거나 경제적인 궁박이나 또는 곤궁을 이용하여 노동력을 착취하는 행위나 그러한 행위를 저지르는 동안 신체적으로 가혹하게 학대하여 사망이나 중상해에 이르게 하는 행위"를 처벌하는 규정이다.

106) 동법 제233조의 a는 "타인의 자유를 박탈하여 매춘 등을 하게 하여 착취하는 행위에 대하여 처벌할 것"을 규정하였다.

속하지 아니한다.

특히, 독일형법은 1998. 1. 26.「제6차 형법개정법률」 도입 이후 미성년자 약취, 유인죄와 관련한 법규정을 개정하고, 미성년자 약취, 유인죄의 보호법익에 개인의 자유보호를 추가하였다. 그리고, 독일형법은 제5조에 제6호의 a 조항을[107] 신설하였다.[108] 이러한 입법례는 피해아동의 권리를 보장하기 위한 것이라고 생각된다. 그리하여, 독일형법상 미성년자 약취, 유인죄에 대해 보호주의 규정은 국제조약에 상응한 것이라고 생각된다. 더욱이, 독일형법은 인신매매죄 이외에 별도의 독립된 규정으로서 제236조의 아동매매죄[109]를 신설하였다. 이는 아동매매에 대해 아동의 형법적인 보호를 개선하고 독일통일 이후 독일의「통일조약」에 상응하도록 형법규정을 단일화하기 위한 입법의도에 기인하였다.[110] 이처럼 독일형법은 미성년자 약취, 유인죄와 관련한 범죄들에 대하여 세계주의와 보호주의를 규정하고 있지만, 우리형법의 세계주의 규정과 다르다.

(2) 우리형법의 입법경위

제정형법은 가안의 최종결의안과 마찬가지로 기본범죄인 미성년자 약취, 유인죄를 가장 먼저 규정하였다. 다음은 제정형법과 가안의 차이점이다. 국회에서 미성년자 약취, 유인죄는 가안의 "유괴"라는 문언을 "유인"으로 수정하여 통과하였다. 이로써 1871년 독일 제국형법에서처럼 폭행과 협박이나 위계에 의하여 저질러지는 행위는, 제정형법에 규정된 "약취, 유인"이라는 문언을 근거로 하여 판례의 해석에 따를 수 있게 되었다.[111] 정부안의 약취, 유인, 매매된 자의 수수 또는

107) 독일형법 제5조(국내법익에 대한 국외범, 보호주의) 제6호의 a – 국내에 주소 또는 거소를 두고 있는 자에 대한 독일형법 제235조 제2항 제2호에서의 아동약취.

108) Ambos, Kai, 주 100)의 책, S. 271, 274 참조.

109) 독일형법 제236조는 "18세 이하의 아동을 영구히 양도하거나 중개하여 대가를 받는 행위에 대하여 처벌할 것"을 규정하였다.

110) 자세히는 Wieck-Noodt, Münchener Kommentar zum Strafgesetzbuch Band 4 §§185-262 (3. Auflage), C.H.BECK, 2017, S. 1384-1385. 참조.

111) 실무 해석은 대법원 1996. 2. 27. 선고 95도2980 판결[공1996,1186]; 대법원 2008. 1.

은닉죄는 가안의 "수수하거나 장닉 또는 은피하게 한 자"라는 문언을 "수수 또는 은닉한 자"로 변경하여 규정하였다. 가안 제384조는 제정 형법 제288조의 "추행, 간음 또는 영리의 목적"의 행위유형으로 포함되었다. 기타의 범죄 유형 역시 가안의 일부 문구만을 바꾸고, 영리 목적 상습범의 형을 2년으로 낮추고 국외이송죄 상습범의 형을 2년 이상 10년 이하로 낮추었다. 자격정지와 벌금형은 정부안 대로 규정되었다.[112)]

그 후 제정형법은 "국제 인신매매방지 의정서"의 비준을 앞두고 2013. 4. 5. 대폭 개정되었다. 이 인신매매방지 의정서는 2015. 12. 5. 체택된 「국제연합 초국가적범죄 방지 협약을 보충하는 인신매매, 특히 여성과 아동의 인신매매방지, 억제 및 처벌을 위한 의정서」를 말한다. 동 의정서는 2015. 12. 5. 대한민국에 발효되었다. 2013년 개정된 제31장은 약취와 유인의 죄를 약취와 유인 및 인신매매의 죄로 장명을 바꾸고, 미성년자의 약취, 유인죄 처벌 유형을 추가하였다. 형법 제287조의 미성년자의 약취, 유인죄에서 그 범행의 준비단계에서 사전에 행하여지는 피인취 대상자 모집죄가 추가로 신설되었다. 사후에 관여하는 피인취자 수수 또는 은닉행위 역시, 형법 제287조 미성년자 약취, 유인죄와 마찬가지로 세계주의 대상범죄로서 규정됨으로써 처벌 범위를 확장하였다.[113)]

3. 개선방안 고찰

가안의 심의 과정과 그 이후 체결된 국제조약들은 생활환경 이탈 행위를 불법한 것이라고 규정하고 있다. 국제연맹에서 1924. 9. 26. 채택된 「아동의 권리에 관한 제네바 선언」, 국제연합에서 1959. 11. 20. 채택된 「아동의 권리 선언」, 1989. 11. 20. 체결된 「아동의 권리에 관한

31. 선고 2007도8011 판결[공2008하,34]: 신동운, 주 23)의 책, 148면 참조.
112) 신동운 편, 형법 제·개정 자료집, 한국형사정책연구원, 2009, 322면 이하 참조.
113) 신동운, 주 14)의 책, 752, 776면. 이와 같이 대상 판결의 한계는 신동운 교수님께서 제시하신 '형법제정 이유서' 노고로 인하여 판단 가능한 일이었습니다.

국제조약」에서도 당사국은 아동의 성장 환경을 보호할 것을 의무지우고 있다. 동 국제조약은 전문에서 아동에 대해 성장 환경이라든지 출생 전후에 법적보호를 포함하여 특별히 보호하여야 할 것이라고 밝히고 있다. 동 조약 제11조는 아동의 불법한 해외이송을 방지할 것을 규정하고 있다. 동 조약 제20조는 당사국들에게 아동에 대해 가정환경을 보호할 것과 가정환경을 박탈당하여 가정환경에 있지 아니한 아동에 대해서도 특별한 보호와 원조를 제공하여야 할 것이라고 규정하고 있다.[114] 이러한 의미의 생활환경은 아동에게 생존과 발육 그리고 가족적인 분위기 속에서 성장할 것을 보장하는 것이라고 생각된다. 가안을 채택하지 못한 현행 일본형법에 있어서도 미성년자의 생활환경 이탈행위를 범죄성립요소라고 주장하는 해석론이 지배적이다.[115] 독일형법 역시 위계에 의한 감호권 침해 방지를 규정한 독일형법 제235조 제1항 제1호만으로는 아동의 권리 보호에 관한 국제규범을 효과적으로 이행하지 못하고 있다.[116]

다음으로, 1980. 10. 25. 네덜란드 헤이그에서 채택된 「국제적 아동탈취의 민사적 측면에 관한 협약」은, 아동을 생활환경으로부터 이탈시키는 행위를 불법한 것이라고 규정하고 있다. 동 협약 제12조는 "(불법한 이동 또는 유치일부터 1년이 경과하지 아니한 경우 아동의 반환을 명하고, 1년의 기간이 경과한 후에라도) 사법 또는 행정 당국은 아동

114) 대한민국조약집 다자조약 제17권(2003~2004), 외교통상부 국제협약과, 2005, 763면 이하 참조.

115) 별도의 보호법익임은 井田良, 講義刑法學·各論[第4版], 有斐閣, 2020, 148頁. 특히 미성년자에 대해 중요함은 山口厚, 刑法各論[補訂版], 有斐閣, 2015, 88頁. "생활환경이탈"은 약취, 유괴의 중요 요소임은 高橋則夫, 刑法各論[第4版], 成文堂, 2022, 113頁. 모든 약취, 유괴 종류에 전제됨은 山室惠, 주 9)의 책, 521頁; 山中敬一, 刑法各論[第3版], 成文堂, 2015, 143頁; 大谷實, 刑法講義各論[新版第5版], 成文堂, 2019, 99頁; 松原芳博, 刑法各論, 日本評論社, 2016, 99頁. 판례로는 最決平成 15年 3月 18日刑集 57卷 3号 371頁: 西田典之 外 3人 共著, 判例刑法各論[第7版], 有斐閣, 2018, 73, 79頁; 最高裁平成 17年 12月 6日刑集 59卷 10号 1901頁. 山口厚·左伯仁志 編, 刑法判例百選刑Ⅱ各論[第7版], 別冊 Jurist, 2014.8, 26頁.

116) 본고의 Ⅲ. 2. 참조.

이 현재 새로운 환경에 적응하였다고 증명되지 않는 한 아동의 반환을 역시 명한다"라고 규정하고 있다. 하지만, 이 협약은 생활환경 이탈행위를 감호권 침해 방지에 국한할 뿐이다. 동 협약 제3조는 "아동의 이동 또는 유치는, (특히 법의 작용 또는 사법적 또는 행정적 결정 또는 해당 국가의 법에 따라 법적 효력을 가지는 합의에 의하여 발생하는) 양육권을 침해하는 경우에 불법으로 본다"고 규정하고 있다.[117]

특히, 미성년자 약취, 유인죄는 세계주의 대상이다. [참조판례]에서 유아를 국외이송하거나 베트남에서 아동을 수수한 행위에 대해 세계주의는 적용되지 아니하였다. 독일 입법례에서 세계주의는 인신매매죄로 한정되어 있다. 그리고, 독일형법은 [참조판례]와 유사한 사안에 대해 이를 보호주의로 대처하고 있다. 행위자가 부모 일방으로부터 아동을 북한으로 데려 간 후 그곳에 억류한다면, 그러한 행위는 장소적으로 대한민국 영역 내에서 저질러지는 것이다. 이와 같은 격지범 유형의 미성년자 약취, 유인죄에 대해서도 처벌근거가 도입되어야 할 것이라고 생각된다. 북한은 외국이라고 여겨지지 아니한다. 그리하여, 아동을 외국인 베트남으로 데려가는 것보다 내국에 속하는 북한으로 데려가는 행위에 대해 비난가능성을 낮추어야 할 것은 아니기 때문이다. 또한, 미성년자 약취, 유인죄에 대하여 세계주의로 대처하고자 할 정도로 입법자의 엄벌 의지가 강하더라도, 실무의 세계주의 적용에는 한계가 있다.

따라서, 미성년자 약취, 유인죄는 "미성년자에게 생활환경을 이탈시키는 행위"를 처벌하기 위한 요건을 도입하여야 할 것이라고 생각된다.[118] "생활환경 이탈" 표지는 범죄의 성립에 있어서 행위자의 고의와 같은 주관적 성립요건의 충족을 완화할 것이기 때문이다. 그리고, 동법은 14세 미만의 아동과 미성년자를 구분하여 규정하는 것이

117) 김현진, 면접교섭권의 남용과 미성년자 약취죄, 가족법연구, 제36권 1호, 2022, 223면 참조.

118) "생활환경" 해석은 이영란, 주 7)의 책, 151면; 권문택, 주 7)의 책, 61면 참조. 독일형법 제235조 제2항 도입론은 김현진, 주 117)의 글, 236면 참조.

타당하다고 생각된다. 아동은 일반적인 미성년자보다 사물을 변별하거나 의사를 결정할 능력에 결함을 지니고 있다. 형법 제9조 역시 형사미성년자를 별도로 규정하고 있다. 여기에서 국내에 주소나 일상의 거소를 두고 있는 14세 미만의 아동을 국외이송하는 행위에 대한 처벌 규정은 자국민 보호주의와 관련하여 중요한 의미를 지닌다. 따라서, 형법 제288조는 제4항을 신설하고, "대한민국에 주소를 두거나 일상의 거소를 가지고 있는 자"를 보호하기 위한 특칙을 도입하여야 할 것이라고 생각된다.

> 형법 제287조 제2항 - 14세 미만자를 생활환경으로부터 이탈시키는 자도 전항의 형과 같다. 단, 본인의 이익이나 복리를 침해하지 아니하였을 때에는 그러하지 아니하다.
>
> 제289조 제4항 - 약취 또는 유인된 미성년자를 국외에 이송한 자도 전항의 형과 같다. 단, 14세 미만자가 대한민국에 주소를 두거나 일상의 거소를 가지고 있을 때에는, 양 부모 또는 일방의 부모 이외의 감호권은 그 침해 여부를 묻지 아니하고 이 규정을 적용한다.

Ⅳ. 평석 및 결론

제정형법은 미성년자 약취, 유인죄를 규정하였다. 미성년자 약취, 유인죄는 가안과 마찬가지로 형법 제31장에서 기본적인 범죄형태로 규정되었다. 독일형법과 달리 우리형법의 미성년자 약취, 유인죄는 세계주의를 적용할 수 있음에도 불구하고, 대상 판결에서 미성년자 약취죄의 처벌범위는 제한되고 있다. 독일에서는 미성년자 약취, 유인죄와 관련되어 있는 일부 해외이송 행위에는 보호주의가 도입되어 있다. 독일형법은 인신매매와 같은 중한 범죄에 한하여 세계주의를 규정하고 있다.

대상 판결에서, 혈액형과 유전자 검사 결과에 따르면, 사망한 여아는 딸의 친생자로 볼 수 없는 것이라고 밝혀지고 있다. 실종된 피해자를 출산한 딸과 그녀의 모는 피해자의 감호권자들로서, 이들은 작위나 부작위에 의하여 또는 감호권을 남용하여 실종된 피해자를 가정의 생활환경으로부터 이탈시킬 수도 있을 것이라고 생각된다.

유럽연합 법원의 결정취지에 따르면, 유럽연합회원국들 사이에서 아동이 박해당하지 아니하는 영역이나, 인간의 존엄성 또는 인격권을 침해당하지 아니하는 영역으로 이송되더라도, 그러한 행위가 항상 구성요건을 충족하는 것이라고 할 수 없다. 이러한 판단은 「유럽연합의 업무방식에 관한 조약」 제21조에 의하여 보장되는 자유로운 여행의 자유에 근거하는 것이라고 보여진다. 이와 같은 유아 약취, 유인행위에 대한 처벌공백의 흠은 감호권의 보호법익에 치중하는 독일형법에서도 찾아볼 수 있었다.

생각건대, 형법 제287조의 미성년자 약취, 유인죄는 "생활환경"를 침해하는 자를 처벌하는 구성요건을 규정하여야 할 것이다. 동법에 가정의 생활환경으로부터 이탈시키는 행위를 처벌할 수 있는 요건이 도입된다면, 감호권자는 자신의 지위를 남용한 점에 대해 비난가능성을 면할 수 없을 것이다. 실종된 아동의 생존 또는 성장이나 발육은 위험한 상태에 처하기 때문이다. 미성년자 약취, 유인죄 판단법리에 대한 실무의 부담도 감소될 수 있다. 대상 판결의 사안에서도 피해자를 약취한 행위는 보다 용이하게 입증될 수 있을 뿐만 아니라, 영유아의 생명이나 신체는 더욱 효율적으로 보호될 수 있다. 그리하여, 미성년자의 자유 보호를 위하여, 형법 제287조 제2항과 제289조 제4항이 새로 도입되어야 할 것이라고 생각된다.

[주 제 어]
미성년자 약취, 유인죄, 일본개정형법가안, 독일형법초안, 유럽연합법원판결, 생활환경이탈죄.

[Key Words]
the crimes of kidnapping or abduction of minors, infant trafficking, the Japanese Draft for Revising Criminal Act, family environment, de lege ferenda.

접수일자 : 2024. 5. 4. 심사일자 : 2024. 6. 17. 게재확정일자 : 2024. 6. 25.

[참고문헌]

Ⅰ. 단행본

강구진, 주석형법, 형법강의 각론 Ⅰ, 박영사, 1983
강은영·박지선, 아동 실종 및 유괴범죄의 실태와 대책, 한국형사정책연구원, 2009
권문택, 주석 형법각칙(下), 한국사법행정학회, 1981
김성돈, 형법각론(제8판), 성균관대학교출판부, 2022
김일수·서보학, 새로쓴 형법각론(제8판 증보판), 박영사, 2016
박상기·전지연, 형법학[총론·각론 강의, 제5판], 집현재, 2021
배종대, 형법각론(제13판), 홍문사, 2022
신동운, 형법각론(제3판), 법문사, 2023
신동운, 판례분석 형법각론[증보판], 법문사, 2014
신동운 편, 형법 제·개정 자료집, 한국형사정책연구원, 2009
오영근, 「형법각론」(제7판), 박영사, 2022
이강원, 주석형법, 형법각칙 4(제4판), 한국사법행정학회, 2005
이미선, 주석형법, 형법각칙 4(제5판), 한국사법행정학회, 2007
이영란, 형법학 - 각론강의 - , 형설출판사, 2013
이재상 외 2인 공저, 형법각론(제10판 보정판), 박영사, 2017
정성근·박광민, 「형법각론」(전정3판), 성균관대학교출판부, 2019
진성규, 주석형법(Ⅳ)[각칙(Ⅱ)], 한국사법행정학회(2001)
최인섭·최영신, 어린이 유괴범죄에 관한 연구, 한국형사정책연구원, 1996

다자조약집 제10권, 외무부 조약국 국제협약과, 1995
대한민국 조약집 다자조약 제17권(2003~2004), 외교통상부 국제협약과, 2005
대한민국 조약집 다자조약 제24권, 외교부 조약과, 2017

高橋則夫, 刑法各論[第4版], 成文堂, 2022

大谷實, 刑法講義各論[新版第5版], 成文堂, 2019
山口厚, 刑法各論[補訂版], 有斐閣, 2015
山口厚·左伯仁志 編, 刑法判例百選刑Ⅱ各論[第7版], 別册 Jurist, 2014.8
山室惠, 大コンメンタール刑法(第三版, 第11卷), 青林書院, 2014
山中敬一, 刑法各論[第3版], 成文堂, 2015
西田典之 外 3人 共著, 判例刑法各論[第7版], 有斐閣, 2018
小野清一郎編, 刑事法規集 第一卷, 日本評論社, 1944
松原芳博, 刑法各論, 日本評論社, 2016
井田良, 講義刑法學·各論[第4版], 有斐閣, 2020
泉二新熊 編, 刑法改正委員會關係書類, 法務圖書館, 1927
平沼騏一郎 外, 增補 刑法沿革綜覽, 信山社, 1990

日本 法務圖書館·刑法起草委員會議事日誌, 第21回, 1927.12.27.
日本 法務圖書館·刑法起草委員會議事日誌, 第22回, 1928.1.10.
日本 法務圖書館·刑法起草委員會議事日誌, 第23回, 1928.1.19.
日本 法務圖書館·刑法起草委員會議事日誌, 第25回, 1928.2.7.
日本 法務圖書館·刑法起草委員會議事日誌, 第45回, 1928.6.19.
日本 法務圖書館·刑法起草委員會議事日誌, 第82回, 1930.2.25.
日本 法務圖書館·刑法起草委員會議事日誌, 第199回, 1933.4.4.
日本 法務圖書館·刑法起草委員會議事日誌, 第238回, 1934.5.8.
日本 法務圖書館·刑法起草委員會議事日誌, 第352回, 1938.6.7.
刑法並びに監獄法改正調査委員會議事速記錄, 法務資料 別册 第23號, 法務大臣 官房調查課, 1957

Ambos, Kai, Münchener Kommentar zum Strafgesetzbuch Band 1 §§1-37(4. Auflage), C.H.BECK, 2020
Basak, Denis, Strafgesetzbuch Kommentar: Matt, Holger / Renzikowski, Joachim(2. Auflage), Verlag Franz Vahlen München, 2020
E. Van Doore, Kathryn, Orphanage trafficking in international law, Cambridge

University Press, 2022

Hecker, Bernd, Europäisches Strafrecht, Springer, 2021

Krehl, Christoph, Strafgesetzbuch Leipziger Kommentar(13., neu bearbeitete Auflage), DE GRUYTER, 2023

Laufhütte, Heinrich, Strafgesetzbuch Leipziger Kommentar(11. Auflage), Walter de Gruyter · Berlin · New York, 1995

Müller, Christian Friedrich, Das Strafgesetzbuch für die Preußischen Staaten vom 14. April 1851, Halle: C. A. Schwetschke und Sohn, 1852

Renzikowski, Joachim, Münchener Kommentar zum Strafgesetzbuch Band 4 §§185-262(3. Auflage), C.H.BECK, 2017

Sander, Günter M, Münchener Kommentar zum Strafgesetzbuch Band 4 §§185-262(3. auflage), C.H.BECK, 2017

Werle, Gerhard / Jeßberger, Florian, Strafgesetzbuch Leipziger Kommentar(13. Auflage), DE GRUYTER, 2020

Wieck-Noodt, Münchener Kommentar zum Strafgesetzbuch Band 4 §§185-262(3. Auflage), C.H.BECK, 2017

Amtlicher Entwurf eines Allgemeinen Deutschen Strafgesetzbuchs (1925), Quellen zur Reform des Straf- und Strafprozeßrechts, Walter de Gruyter · Berlin · New York, 1995

Entwurf eines Strafgesetzbuches(StGB, E 1962, mit Begründung), Bundestagsvorlage

「Gesetz über das Auswanderungswesen」(1897. 6. 9.): Deutsches Reichsgesetzblatt Band(1897, Nr. 26.)

EuGH, 8. Kammer, Beschl. v. 16.05.2022 – C-724/21: StV, 42 Heft 10, 2022

II. 논문

김현진, 면접교섭권의 남용과 미성년자 약취죄, 가족법연구, 제36권 1호, 2022

석광현, 국제아동탈취의 민사적 측면에 관한 헤이그협약과 한국의 가입, 서울대학교 법학, 제54권 제2호, 2013

신동운, 형법상 외환의 죄에 관한 연혁적 고찰, 서울대학교 법학, 제56권 제4호, 2015

하태훈, 미성년자약취죄와 국외이송약취죄의 '약취'의 의미 - 대법원 2013. 6.20. 선고 2010도14328 전원합의체 판결에 대한 평석 - , 고려법학, 제71호, 2013

Bock, Dennis, Zur Strafbarkeit des allein sorgeberechtigten Elternteils nach §235 Ⅱ StGB zu Lasten des umgangsberechtigten anderen Elernteils(§1684BGB), JR, 2016

Maurach, Reinhart, Das Gesetz zum Schutz der persönlichen Freiheit(§§234 a, 241 a StGB), NJW, Heft 5, 1952

Petzsche, Anneke, Soll die Ausbeutung der Opfer von Menschenhandel(§§232a ff. StGB) weltweit nicht mehr durch Deutschland verfolgt werden?, JR, 2018

[Abstract]

A study on regulating the crimes of kidnapping person under age of majority
— related to the Supreme Court 2022. 6. 16. Decision 2022Do2236 —

Cho, In-Hyun*

Nowadays the crimes of kidnapping or abduction of infant are used to be committed. The article 287 of Korean Criminal Act regulates that any person who has committed the crimes of kidnapping or abduction of a minor shall be punished. However, the article 287 of Korean Criminal Act lacks on punishing the crimes of infant trafficking in today's society. Actually the family integrity has long been protected as a core interest of minors. Nevertheless, in light of infant's side, there is an intrinsic limitation in applying the article 287. Thus, the author argues that the article has a lack of possibility in punishing the crimes of infant trafficking.

As a result, this thesis would like to research the provision of the article 287 as followes: Firstly, this research might discuss defects that of the article whilst comparing the purposes of our criminal law and the Japanese Draft for Revising Criminal Act and the german penal code.

Secondly, this thesis argues that minors should be protected and their basic human rights are to be respected. Moreover, minors, especially in infancy, should be entitled to grow up in the care and, in any case, in an atmosphere of parental responsibilities and could not be deprived of his

* Ph. D. in Law at SNU and Former Visiting Researcher of the SNU Law Research Institute.

family environment for any reason.

Lastly, the author suggests that as de lege ferenda criminal constituent factors to protect infants from kidnapping should be introduced in the Korean Criminal Act and the universal principle in the Article 296-2 of Korean Criminal Act should be restricted.

사업장 내 CCTV 설치·운영에 대한 방해행위와 업무방해죄

이 상 한*

[대상판결] 대법원 2023. 6. 29. 선고 2018도1917 판결

[사실관계]

중·대형 트럭, 버스의 개발, 제조 등을 업으로 하는 A 회사는 2013~2015년 전북 군산 공장에서 도난 사건과 화재 사고가 일어나자 2015년 10월 CCTV 51대를 설치했다. 그런데 CCTV 카메라(총 51대) 중 공장부지 내 주요 시설물을 촬영하는 16대의 경우 근로자들의 직·간접적인 근로 현장이 촬영대상에 포함되고, 출입구에 설치된 3대의 경우 근로자들의 출퇴근 장면을 촬영하며, 줌 기능을 사용하지 않는 경우 작게 보이기는 하지만 그 사람을 아는 경우 누구인지 식별할 수 있을 정도의 개인 영상정보가 수집되었다. 이에 노조는 2015. 10. 14. 회사 측에 근로자들의 동의 및 노조와의 어떠한 협의도 없이 공사를 진행하는 것은 부당하다는 취지로 항의하며 공사 중지를 요구했으나, 회사는 근로자들의 동의나 협의가 필요한 사항이 아니라고 주장하며 CCTV 설치공사를 계속하여 2015. 10. 말경 설치공사를 완료했다. A 회사 노조 간부 甲, 乙, 丙은 2015. 11. 12. 회사 공장의 주요시설물에 설치한 CCTV 카메라 51대에 검정색 비닐봉지를 씌워 5일 동안 촬영

* 충북대학교 강사, 법학박사.

하지 못하도록 하고, 2015. 12. 18.경 같은 장소에서 위 CCTV 카메라 51대에 검정색 비닐봉지를 씌워 5일 동안 촬영하지 못하도록 하고, 2015. 12. 28.경 같은 장소에서 위 CCTV 카메라 중 12대에 검정색 비닐봉지를 씌워 9일 동안 촬영하지 못하도록 하고, 2016. 1. 4.경 같은 장소에서 위 CCTV 카메라 중 14대에 검정색 비닐봉지를 씌워 22일 동안 촬영하지 못하도록 함으로써 위력으로 피해자의 회사 운영과 관련된 시설물 관리 업무를 방해하였다.

[원심 판단] 전주지방법원 2018. 1. 12. 선고 2017노881 판결

원심은 다음과 같은 이유로 피고인들에 대한 공소사실을 유죄로 판단한 제1심판결을 그대로 유지하였다.

회사가 피고인들이 근무하는 사업장에 개인영상정보를 처리할 수 있는 CCTV를 설치하면서 동의를 받거나 협의를 거치지 않아 「개인정보 보호법」 내지 「근로자참여 및 협력증진에 관한 법률」에 위배되는 면이 있다고 볼 여지는 있다. 그러나 CCTV를 설치한 목적에 시설물 보안, 화재 감시 등이 포함된 것으로 보이는 점에 비추어, 위 사정만으로는 사회생활상 도저히 용인될 수 없는 정도로 반사회성을 띠는 데까지 이르렀다거나, 법적 보호라는 측면에서 그와 동등한 평가를 받을 정도에까지 이르렀다고 하기는 어려우므로, 피해자의 업무는 업무방해죄의 보호대상이 된다. 피고인들의 행위는 업무방해죄의 위력에 해당하고, 시설물 관리 업무를 방해할 위험성도 인정된다. 피고인들의 행위가 개인정보자기결정권에 대한 침해를 방어하기 위한 것으로서 그 행위의 동기나 목적이 정당하다고 보더라도, 피해자의 CCTV 설치·운영을 통한 이익, 피고인들의 행위 내용, 다른 구제수단의 존재 등을 고려하면, 수단과 방법의 상당성, 법익균형성, 긴급성, 보충성 등과 같은 정당행위의 나머지 요건을 충족한다고 보기 어렵다. 피고인들이 피해자가 일방적으로 CCTV를 설치한 것이 위법하다고 확신하였다 하더라도, 나아가 그 CCTV를 비닐봉지로 가려 피해자의 업무를 방해하는 행위까지 법령에 의하여 허용된다고 오인한 데에 정당한 이유가 있다고 보기는 어렵다.

[대법원 판단]

당해 사건 CCTV의 설치 및 운영을 통한 시설물 관리 업무는 업무방해죄의 보호대상에 해당한다. 피고인들의 공소사실 기재 각 행위는 당해 사건 CCTV 카메라의 촬영을 불가능하게 하는 물적 상태를 만든 것으로 위력에 해당하고, 시설물 관리 업무를 방해할 위험성도 인정되므로, 구성요건해당성을 인정한 원심판결은 정당하다고 수긍했다. 또 실질적으로 근로자를 감시하는 효과를 가진다고 보기 어려운 32대의 카메라를 포함하여 전체 CCTV의 설치 및 운영을 중단하라는 무리한 요구를 하고, 위 32대의 카메라에까지 검정색 비닐봉지를 씌웠던 점 등에 비추어 볼 때, 위 각 행위가 정당행위에 해당하지 않는다고 본 원심판단에 법리오해의 잘못이 있다고 보기 어렵고, 그 밖에 정당방위, 법률의 착오 등에 관한 법리오해의 잘못도 없다고 인정했다. 하지만 32대를 제외한 나머지 CCTV 카메라(근로자들의 작업 모습 등 촬영, 12대, 14대)에 검정색 비닐봉지를 씌운 행위는 형법 제20조 사회상규에 위배되지 않는 행위라고 볼 여지가 있다고 판단했다. ① 다수 근로자들의 직·간접적인 근로 현장과 출퇴근 장면을 찍고 있어 권리가 제한되는 정보주체가 다수인 점, ② 직·간접적인 근로 공간과 출퇴근 장면을 촬영당하는 것은 정보주체의 개인정보자기결정권에 대한 중대한 제한이 될 수 있는 점, ③ CCTV 설치공사를 시작할 당시 근로자들의 동의가 없었던 점, ④ 이 사건 회사가 근로자들이 현장에서 작업을 하고 있는 주간에는 시설물 보안 및 화재 감시 목적을 달성하기 위하여 다른 방법을 강구하는 노력을 기울였다는 자료가 없는 점 등을 종합하여 보면, 이 사건 회사의 정당한 이익을 달성하기 위하여 필요한 경우로서 명백하게 정보주체의 권리보다 우선하는 경우에 해당한다고 보기 어렵다. 근로자참여 및 협력증진에 관한 법률 제20조

제1항 제14호는 협의회가 협의하여야 할 사항으로 '사업장 내 근로자 감시 설비의 설치'를 규정하는데, 여기서 말하는 '근로자 감시 설비'라 함은 사업장 내에 설치되어 실질적으로 근로자를 감시하는 효과를 갖는 설비를 의미하고, 설치의 주된 목적이 근로자를 감시하기 위한 것이 아니더라도 여기에 해당할 수 있다. 그러면서 위법한 CCTV 설치에 따른 기본권 침해를 방어하기 위한 목적에서 이루어진 것일 뿐, 피해자의 시설물 보호를 방해하는 것을 주된 목적으로 했다고 보기 어려우므로 목적의 정당성을 인정할 수 있다. 이런 검정색 비닐봉지를 씌우는 임시조치를 통해 부당한 침해에 대응하는 한편, 회사와 협의를 계속하려고 했던 것으로 보이므로 수단과 방법의 상당성도 인정할 수 있고 보호이익과 침해이익 사이의 법익균형성도 갖추었다고 볼 수 있다. 이 사건 회사가 근로자 대부분의 반대에도 불구하고 CCTV의 정식 가동을 강행함으로써 피고인들의 의사에 반하여 근로행위나 출퇴근 장면 등 개인정보가 위법하게 수집되는 상황이 현실화되고 있었던 점, 개인정보자기결정권은 일반적 인격권 및 사생활의 비밀과 자유에서 도출된 헌법상 기본권으로 일단 그에 대한 침해가 발생하면 사후적으로 이를 전보하거나 원상회복을 하는 것이 쉽지 않은 점 등을 고려하면, 피고인들이 다른 구제수단을 강구하기 전에 임시조치로써 검정색 비닐봉지를 씌워 촬영을 막은 것은 행위의 동기나 목적, 수단이나 방법 및 법익의 균형성 등에 비추어 그 긴급성과 보충성의 요건도 갖추었다고 볼 여지가 있다.

[연　　구]

Ⅰ. 문제 제기

사업장 내 안전사고에 대한 사업주의 주의의무 강화, 범죄예방 및 외부침입방지 등의 목적으로 CCTV 촬영하여 활용할 필요성이 점차 증가하고 있다. 이러한 사업장 내 작업상황 및 근로자 행동의 모니터링 또는 감시를 목적으로 한 CCTV의 설치·운영이 확산되면서, 근로자에 대한 인권침해 우려가 또한 높아지고 있다. 특히 사업장 내 CCTV는 근로자의 개인정보를 수집함으로써 개인정보자기결정권이나 인격권, 사생활의 비밀과 자유를 침해할 여지가 크므로 이에 대한 적절한 보호가 요구된다. CCTV를 이용한 시설관리는 범죄 및 화재예방 등을 위해 필요성이 충분히 인정되지만, 전자감시수단을 이용하여 수집되는 정보를 포함하여 근로자의 개인정보가 사용자의 정당한 노무지휘권과 시설관리권의 행사 범위를 벗어나 오남용될 가능성도 높기 때문이다. 최근 대법원은 사용자의 CCTV 설치·운용과 관련하여 중요한 판결을 선고하였는데, 해당 판결은 보안 및 화재 감시 목적으로 설치하였지만 근로자에 대한 실질적인 감시 효과가 있는 사업장 내 CCTV에 검정색 비닐봉지를 씌워 촬영을 방해한 사안에서 근로자들의 행위가 정당행위로 볼 수 있다는 판단을 하고 있다. 그런데 대법원의 판단 법리는 노동관계 당사자 간의 수평적이지 않은 특수성을 간과하고 있는 문제가 있는 것으로 보인다. 이하에서는 이러한 문제의식에 기인하여 노동관계에서 형법상 업무방해죄 적용의 특수성 고려의 필요성에 대해 살펴본다. 특히, 노동관계에서 사용자의 재산권 보호를 위한 CCTV 설치와 그로 인해 근로자들의 사생활 침해에 대한 보호차원으로 이를 방해한 행위를 통하여 업무방해죄에서 보호되는 업무의 범위에 대해 살펴본다.

Ⅱ. 업무방해죄 일반론

1. 개념 및 보호법익

형법상 업무방해죄는 '허위의 사실을 유포하거나 위계 또는 위력으로써 사람의 업무를 방해한' 경우에 성립하는 범죄이다. 이 범죄의 성격이 재산범죄라는 견해[1]와 사람의 사회적 활동의 자유에 대한 범죄라는 견해가 있으나 업무방해죄는 자유에 대한 범죄와 재산범죄의 성격을 동시에 지닌 것이라고 생각된다. 재산범죄로 파악하게 되면 업무방해죄에서의 업무는 재산적·경제적 업무에 국한되어야 한다. 업무는 사람의 경제활동과 밀접한 관련이 있지만, 업무가 방해되어도 바로 재산에 대한 침해가 있다고 할 수 없고, 업무는 그 사람의 인격활동과 밀접하게 관련되어 있다. 또한 업무방해죄로 보호되는 업무는 경제적 업무에 국한하지 않는다. 본죄가 자유, 명예에 대한 죄와 재산범죄 사이에 위치하고 있는 것도 자유에 대한 범죄와 재산범죄의 중간적 성격을 띠고 있다는 것을 나타내 주고 있다.[2] 재산적 이익은 개인의 경제적·사회적 활동의 안전과 자유에 대한 보호의 반사이익에 불과하기 때문이다.

본죄의 보호법익은 업무이다. 일반적으로 업무란 '사람이 직업 또는 사회생활상 지위에서 계속적으로 종사하는 사무 또는 사업'을 말한다.[3] 따라서 업무라고 하기 위해서는 사회적 지위와 계속성이라는 두 가지 요소를 갖추어야 한다. 사회생활상 지위에서 나오는 것이어야 하기 때문에 사회적으로 용인되고 형법적으로 보호할 만한 가치가 있는 업무여야 한다. 그러나 사회적으로 용인되어 형법적으로 보호할 가치가 있는 업무이면 족하고 그 업무의 기초가 된 계약 또는 행정행위 등이 반드시 적법하여야 하는 것은 아니다. 그리고 업무는 계속성이 있어야 하므로 단 1회적인 사무 또는 일시적인 행위를 방해하였다는 것만으로는 업무방해가 될 수 없다.

업무방해죄에서 실행행위는 '허위의 사실을 유포'하거나 '위계' 또는 '위력'으로써 사람의 업무를 방해하는 것이다. 허위의 사실을 유포한다고 함은 실제의 객관적 사실과 서로 다른 사항을 내용으로 하는

1) 유기천, 형법학(각론강의), 일호각, 1995, 169면; 백형구, 형법각론, 청림출판, 1999, 362면.
2) 오영근, 형법각론, 박영사, 2023, 228면.
3) 대법원 1995. 10. 12. 선고 95도1589 판결.

사실을 불특정 다수인에게 전파시키는 것을 말하고, 위계라 함은 행위자의 행위목적을 달성하기 위하여 상대방에게 오인·착각 또는 부지를 일으키게 하여 이를 이용하는 것을 말한다. 위력이라 함은 사람의 자유의사를 제압·혼란케 할 만한 일체의 세력 내지 억압적 방법을 말한다.[4] 그리고 업무방해죄에 있어 업무를 '방해한다' 함은 업무의 집행 자체를 방해하는 것은 물론이고 널리 업무의 경영을 저해하는 것도 포함한다고 할 것이다.[5] 본죄의 성립을 위한 법익침해 정도에 있어서 판례는 "업무방해의 결과가 실제로 발생함을 요하는 것은 아니고 업무방해의 결과를 초래할 위험이 발생하면 족하다"고[6] 하여 추상적 위험범으로 보고, 업무방해의 현실적 결과를 요하지 않고 업무방해의 위험이 있으면 족하다고 한다.

2. 연혁 및 입법례

업무방해죄는 1864년 개정된 프랑스 형법 제414조에서 유래하였고, 일본을 거쳐 우리나라에 계수되었다.[7] 미국이나 유럽국가에서는 포괄적인 업무방해죄를 규정하고 있지 않다. 우리나라와 일본에서만 포괄적인 업무방해죄를 규정하고 있지만,[8] 일본과 우리나라는 조문 배치상에서 차이점이 있다. 현행 일본형법은 신용 및 업무에 대한 죄의 장(제35장)에서 제233조는 "허위의 소문을 유포하거나 위계를 이용하여 사람의 신용을 훼손하거나 그 업무를 방해한 자"로, 제234조는 "위력을 이용하여 사람의 업무를 방해한 자"로 규정하여 우리 형법과

4) 대법원 1999. 5. 28. 선고 99도495 판결; 대법원 1995. 10. 12. 선고 95도1589 판결; 대법원 1987. 4. 28. 선고 87도453 판결.
5) 대법원 1999. 5. 14. 선고 98도3767 판결.
6) 대법원 2004. 3. 26. 선고 2003도7927 판결.
7) 신동운, "일본 개정형법가안과 문서위조죄", 법학 제58권 제2호, 서울대학교 법학연구소, 2017, 58면.
8) 일본개정형법가안 제415조는 "전조의 방법에 의하거나 위력을 사용하여 공사의 업무를 방해한 자 …"라고 규정하고, 제414조는 "허위의 풍설을 유포하거나 위계를 사용하여 사람의 신용을 훼손한 자 …"라고 규정하고 있다.

같은 내용으로 구성하고 있다. 현재 우리나라 형법상 업무방해죄는 1953년 제정형법 제314조(업무방해)를 거의 그대로 이어받고 있으며, 1995년 12월 형법개정을 통해 컴퓨터 등 업무방해죄를 신설하고, 업무방해죄의 벌금형을 1천 5백만 원으로 현실화한 이후 지금까지 그대로 유지되고 있다.

3. 업무방해죄의 보호대상으로서 '업무'

업무방해죄의 보호대상이 되는 '업무'라 함은 직업 또는 계속적으로 종사하는 사무나 사업을 말하는 것으로서 타인의 위법한 행위에 의한 침해로부터 보호할 가치가 있는 것이면 되고, 그 업무의 기초가 된 계약 또는 행정행위 등이 반드시 적법하여야 하는 것은 아니며, 다만 어떤 사무나 활동 자체가 위법의 정도가 중하여 사회생활상 도저히 용인될 수 없는 정도로 반사회성을 띠는 경우에는 업무방해죄의 보호대상이 되는 '업무'에 해당한다고 볼 수 없다.[9] 업무방해죄의 보호대상이 되는 업무에 해당 여부는 첫째, 정당한 업무수행이어야 한다. 사회상규에 위배되지 아니하는 행위로서 사회 일반의 관점에서 사회 통념상 도저히 용인할 수 없을 정도의 반사회성을 띠지 않는 업무는 정당한 업무수행이라고 할 수 있다.[10] 둘째, 업무수행자가 외관상 업무를 수행하고 있는 표시를 나타내고, 또한 사회 일반의 구성원들이 신뢰하면서 지속적으로 거래를 하는 등 사회 보통인 기준으로서 사회생활의 기반을 이루고 있는 업무라고 믿고 있다면 형법상 보호할 가치가 있는 업무라고 판단할 수 있다.[11] 셋째, 국가에서 허가 및 신고와 등록 등 허용하는 업무는 일응 보호할 가치가 있는 업무라고 추정된다. 그래서 허가 및 신고와 등록 등이 형식상 무효이거나 취소되는 등 허가 및 신고와 등록 등이 행정상 처분에 의해 효

9) 대법원 2002. 8. 23. 선고 2001도5592 판결.
10) 대법원 2001. 11. 30. 선고 2001도2015 판결.
11) 대법원 2004. 10. 28. 선고 2004도1256 판결.

력이 없더라도 법적인 절차에 의해서 최종적으로 무효나 취소의 효력이 확정될 때까지는 형법상 보호할 가치가 있는 업무로서 보호되어야 할 업무이다.[12]

Ⅲ. 사용자의 사업장 내 CCTV 설치·운영의 정당성

1. 사용자의 사업장 내 CCTV 설치·운영에 대한 법적근거

(1) 개 관

사용자가 사업장 내 시설안전과 재산권 보호를 위하여 출입구와 외벽, 현관과 계단, 복도, 엘리베이터 등에 CCTV를 설치·운영하고 왕래하는 근로자와 외부인의 영상정보인 개인정보를 수집하여야 한다고 할 때 CCTV를 설치하는 것은 사용자 재산권 보호와 근로자 안전을 위하여 필요하다고 볼 수 있다. 하지만 이러한 CCTV 촬영은 근로자 자신에 관한 개인정보 침해 또는 사생활 침해가 일어날 우려가 있다는 점에서 개인정보의 처리 및 보호도 필요할 것이다. 이와 관련하여 개인정보 보호법이 제정되어 있고, 이 법은 필요 최소한의 수집, 목적 외 활용 금지, 정보주체의 권리보장 등의 개인정보 보호 원칙을 규정하고 있다. 결국 개인정보에 대한 필요 최소한의 수집과 목적 외 활용 금지 원칙은 CCTV 등 첨단 기술을 활용하여 근로자의 세밀하고 사적인 영역까지 전자감시가 가능한 현실에서 반드시 지켜야 할 원칙이라 할 수 있다. 사업장 내 CCTV 설치 및 운영을 통하여 수집되는 정보는 근로자 개인을 식별될 수 있기 때문에 근로자의 개인정보에 해당한다고 볼 수 있다. 따라서 개인정보에 대한 보호를 위한 일반법인 개인정보 보호법을 준수하여야 할 것이다.

12) 대법원 1996. 11. 12. 선고 96도2214 판결; 대법원 1991. 6. 28. 선고 91도944 판결.

(2) 「개인정보 보호법」상 고정형 영상정보처리기기 규정의 근거

가. 공개된 장소에서의 고정형 영상정보처리기기의 설치·운영 근거 및 한계

개인정보 보호법은 제2조 제7호에서 '고정형 영상정보처리기기'를 "일정한 공간에 설치되어 지속적 또는 주기적으로 사람 또는 사물의 영상 등을 촬영하거나 이를 유·무선망을 통하여 전송하는 장치로서 대통령령으로 정하는 장치"라고 정의하고, 시행령에서 구체적으로 폐쇄회로 텔레비전(CCTV)을 열거하고 있다. 이러한 CCTV는 일정한 공간에 설치된 카메라를 통하여 지속적 또는 주기적으로 영상 등을 촬영하거나 촬영한 영상정보를 유무선 폐쇄회로 등의 전송로를 통하여 특정 장소에 전송하는 장치 또는 녹화·기록할 수 있도록 하는 장치를 말한다. 그리고 개인정보 보호법은 제25조에서 CCTV 등 고정형 영상정보처리기기를 설치·운영하기 위한 요건을 규정하고 있다.[13] 먼저 제1항에서 영상정보처리기기의 설치 목적을 ① 법령에서 구체적으로 허용하고 있는 경우, ② 범죄의 예방 및 수사를 위하여 필요한 경우, ③ 시설의 안전 및 관리, 화재 예방을 위하여 정당한 권한을 가진 자가 설치·운영하는 경우, ④ 교통단속을 위하여 정당한 권한을 가진 자가 설치·운영하는 경우, ⑤ 교통정보의 수집·분석 및 제공을 위하여 정당한 권한을 가진 자가 설치·운영하는 경우로 한정하고 그 외의

---

13) 개인정보 보호법 제25조(고정형 영상정보처리기기의 설치·운영 제한) ① 누구든지 다음 각 호의 경우를 제외하고는 공개된 장소에 고정형 영상정보처리기기를 설치·운영하여서는 아니 된다. <개정 2023. 3. 14.>

1. 법령에서 구체적으로 허용하고 있는 경우
2. 범죄의 예방 및 수사를 위하여 필요한 경우
3. 시설의 안전 및 관리, 화재 예방을 위하여 정당한 권한을 가진 자가 설치·운영하는 경우
4. 교통단속을 위하여 정당한 권한을 가진 자가 설치·운영하는 경우
5. 교통정보의 수집·분석 및 제공을 위하여 정당한 권한을 가진 자가 설치·운영하는 경우
6. 촬영된 영상정보를 저장하지 아니하는 경우로서 대통령령으로 정하는 경우

목적으로는 '공개된 장소'에서 고정형 영상정보처리기기를 설치·운영하여서는 아니 된다고 한다. 사용자는 주로 사업장 내 범죄 예방과 시설안전 및 화재 예방을 위해 CCTV 등을 설치하기 때문에 동법 제25조 제1항에 따라 사용자는 공개된 장소에서 노동감시의 목적으로 영상정보처리기기를 설치할 수 없다.

나. 비공개된 장소에서의 적용 요건

개인정보 보호법 제25조 제1항은 제1호 내지 제5호의 요건에 해당하지 않는다면 '공개된 장소'에 고정형 영상정보처리기기를 설치·운영하여서는 아니 된다고 규정하고 있다. 따라서 동법 제25조 제1항은 공개된 장소에만 적용이 되고 비공개된 장소에는 적용이 되지 않는다. 비공개된 장소의 경우 원칙적으로 동법 제15조의 적용을 받는데, 비공개된 장소로서 직원만 출입이 가능한 사무실, 권한이 있는 자만 접근 가능한 통제구역, 학생, 교사 등 학교 관계자만 출입이 가능한 학교시설(교실, 실험실 등) 등의 장소가 해당할 것이다. 동법 제15조는 개인정보처리자(사용자)와 정보주체(근로자)의 개인정보를 수집할 수 있는 요건을 규정하고 있다.[14] 이 중 현실적으로 사용자의 사업장 내 CCTV 설치를 정당화할 수 있는 요건으로 동법 제15조 제1항 제1호와 제6호

---

14) 개인정보 보호법 제15조(개인정보의 수집·이용) ① 개인정보처리자는 다음 각 호의 어느 하나에 해당하는 경우에는 개인정보를 수집할 수 있으며 그 수집 목적의 범위에서 이용할 수 있다.

1. 정보주체의 동의를 받은 경우
2. 법률에 특별한 규정이 있거나 법령상 의무를 준수하기 위하여 불가피한 경우
3. 공공기관이 법령 등에서 정하는 소관 업무의 수행을 위하여 불가피한 경우
4. 정보주체와 체결한 계약을 이행하거나 계약을 체결하는 과정에서 정보주체의 요청에 따른 조치를 이행하기 위하여 필요한 경우
5. 명백히 정보주체 또는 제3자의 급박한 생명, 신체, 재산의 이익을 위하여 필요하다고 인정되는 경우
6. 개인정보처리자의 정당한 이익을 달성하기 위하여 필요한 경우로서 명백하게 정보주체의 권리보다 우선하는 경우. 이 경우 개인정보처리자의 정당한 이익과 상당한 관련이 있고 합리적인 범위를 초과하지 아니하는 경우에 한한다.
7. 공중위생 등 공공의 안전과 안녕을 위하여 긴급히 필요한 경우

를 꼽을 수 있다. 우선, 제1호의 '정보주체의 동의를 받은 경우'는 개인정보의 제3자 이전 및 목적 외 사용과 민감한 개인정보처리까지도 가능하게 한다는 점에서 정보처리에 관한 일종의 '만능열쇠'라고 할 수 있고, 이에 따르면 근로자의 동의를 받게 된다면 문제없이 사업장 내 CCTV 설치가 가능할 것이다. 다음으로 제6호는 '개인정보처리자의 정당한 이익을 달성하기 위하여 필요한 경우로서 명백하게 정보주체의 권리보다 우선하는 경우'로 개인정보의 수집과 이용은 정당하다. 단서로 '이 경우 개인정보처리자의 정당한 이익과 상당한 관련이 있고 합리적인 범위를 초과하지 아니하는 경우에 한한다'라고 규정하고 있다. 즉, 개인정보처리자인 사용자와 정보주체인 근로자 간의 이익형량을 하되 개인정보수집은 사용자의 이익과 상당한 관련이 있고 합리적인 범위를 초과하지 않아야 하는 것이다.[15] 이는 비공개된 사무실에 비치된 자료가 기밀이 요구되어 도난 방지 및 화재 예방이 각별히 요구될 경우 사용자는 근로자의 동의 없이도 CCTV를 설치할 수 있는 것이다. 그런데 사용자의 이익이 어디까지가 '정당'하며, '명백'하게 우월한지 그 기준이 추상적이어서 해석이 자의적으로 흐를 염려가 있다는 점에서 개인정보처리자의 정당한 이익을 앞세운 남용을 막기 위해 제6호는 본문 외 단서로서 규정하고 있다. 즉, 사용자에게 정당한 이익이 인정되고, 그것이 근로자의 개인정보자기결정권보다 명백하게 우월하다고 하더라도, 수집되는 근로자의 개인정보는 사용자의 정당한 이익과 상당한 '관련'이 있어야 하고, '합리적'인 범위를 초과하지 않아야 한다. 제6호의 본문이 이익형량의 관점에서 사용자의 근로자 개인정보처리를 정당화할 때, 단서로써 형량의 한계를 규정한 것이다.

(3) 「근로자참여 및 협력증진에 관한 법률」 상 협의사항에 따른 근거

근로자참여법상 협의사항(제20조 제1항 제14호) 중에는 '사업장 내

15) 양승엽, "사용자의 업무상 근로자 개인정보수집의 한계", 노동법학 제62호, 2017, 207~208면.

근로자 감시 설비의 설치'가 있고, 여기서 말하는 '근로자 감시 설비'라 함은 사업장 내에 설치되어 실질적으로 근로자를 감시하는 효과를 갖는 설비를 의미하고, 설치의 주된 목적이 근로자를 감시하기 위한 것이 아니더라도 여기에 해당할 수 있다.[16] 따라서 근로 모니터링 목적의 CCTV 설치 범위 및 사생활 침해 방지 조치 등에 대해 노사협의를 거칠 필요가 있다. 그러나 이는 개인정보의 수단으로서 감시설비에 한정되어 있고 협의사항일 뿐 사용자를 구속하지 못한다는 점에서 한계가 있다.

(4) 단체협약에 따른 사용자의 CCTV 사용 제한

사용자와 노동조합이 단체협약으로 근로자의 개인정보처리에 관한 사항을 정할 수 있는지를 다툴 수 있다. 근로자의 이익을 대변하는 집단적 노사자치를 통해 근로자는 사용자에 대한 힘의 열위를 극복할 수 있기 때문에 이를 긍정하여야 할 것이다. 「노동조합 및 노동관계조정법」 제31조에 따라 노사가 체결한 단체협약에 근거를 마련하여야 한다. 서울행정법원에서 CCTV 등의 설치에 대해서 근로자를 감시하는 목적으로는 사용하지 않도록 한 단체협약을 사용자가 위반하여 노동조합과의 사전합의 없이 일방적으로 어린이집 내 CCTV를 설치하고 철거하지 아니하자 그에 항의하기 위하여 CCTV에 비닐을 씌운 행위를 어린이집 내에서 발생한 원아 체벌 사건으로 인한 학부모들의 요청에 의하여 이루어진 것이라는 사정을 고려하더라도 단체협약 위배로 근로자에게 내린 징계를 무효로 한 바가 있다.[17]

(5) 검　　토

개인정보 보호법 및 근로자참여법의 규정에 관하여 살펴보면, 회사의 공장부지는 불특정 다수인이 자유롭게 출입할 수 있는 공간이 아니므로, 회사가 공장부지에 고정형 영상정보처리기기인 CCTV 카메

16) 대법원 2023. 6. 29. 선고 2018도1917 판결.
17) 서울행정법원 2014. 9. 25 선고 2013구합61364 판결.

라를 설치하여 영상을 통하여 개인을 식별할 수 있는 정보를 수집하는 경우에는 개인정보 보호법 제15조 제1항의 일반적인 개인정보 수집 요건을 갖추어야 한다. 그런데 CCTV 카메라 중 공장부지 내부를 촬영하는 19대의 설치는 정보주체인 근로자들의 동의를 받은 바 없어 동법 제15조 제1항 제1호의 요건을 갖추지 못하였고, 같은 항 제2호 내지 제5호의 요건에도 해당할 여지가 없으므로 제6호의 요건에 해당하는지가 문제 된다. 개인정보의 수집, 이용에 관한 규정은 정보주체의 개인정보자기결정권 제한에 대한 근거가 되므로, 개인정보처리자가 개인정보를 수집함에 있어서는 어디까지나 동법 제15조 제1항 제1호에 따른 정보주체의 동의를 받는 경우가 원칙적인 모습이 되어야 하고, 정보주체의 동의가 없는 개인정보의 수집은 예외적으로만 인정되어야 하므로 그 요건 또한 가급적 엄격히 해석되어야 한다. 따라서 제15조 제1항 제6호의 개인정보처리자의 정당한 이익을 달성하기 위하여 필요한 경우로서 '명백하게 정보주체의 권리보다 우선하는 경우'에 해당하는지 여부는, 개인정보처리자의 정당한 이익의 구체적인 내용과 성격, 권리가 제한되는 정보주체의 규모, 수집되는 정보의 종류와 범위, 정보주체의 동의를 받지 못한 이유, 개인정보처리자의 이익을 달성하기 위해 대체가능한 적절한 수단이 있는지 등을 종합적으로 고려하여 신중하게 판단하여야 할 것이다. 그런데 시설물 보안 및 화재 감시를 위하여 설치된 CCTV 카메라는 사용자의 정당한 이익을 인정할 수 있다 하더라도, 권리가 제한되는 정보주체가 다수인 점, 정보주체의 개인정보자기결정권에 대한 중대한 제한이 될 수 있다는 점, 근로자들의 동의가 없었던 점, 보안 및 화재 감시 목적을 달성하기 위하여 다른 방법을 강구하는 노력을 기울이지 않았다는 점 등을 고려하여 회사의 정당한 이익을 달성하기 위하여 필요한 경우로서 명백하게 정보주체의 권리보다 우선하는 경우에 해당한다고 보기 어렵다. 나아가 근로자참여법 제20조 제1항 제14호는 노사협의회가 협의하여야 할 사항으로 '사업장 내 근로자 감시 설비의 설치'를 규정하는데, 여기서 말하는 '근로자 감시 설비'라 함은 사업장 내에 설치되어 실질적으로 근로자를 감시하는 효과를 갖는 설비를 의미하고, 설치의 주된 목적이 근로자를 감시하기 위한 것이 아니더라도 여기에 해당할 수 있다. 따라서 CCTV를 설치하는 것은 근로자참여법이 정한 노사협의회의 협의를 거쳐야 하는 것으로 볼 수 있다. 그런데 회사가 사업장에 개인영상정보를 처리할 수 있는 CCTV를 설치하면서 동의를 받거나 협의를 거치지 않아 개인정보 보호법 내지 근로자참여법에 위배되는 면이 있다고 보인다.

2. 개인정보 보호와 재산권 보호의 이익형량

(1) 근로자의 개인정보자기결정권

사용자의 CCTV 촬영에 의해 근로자가 침해받는 기본권이 무엇인지 밝혀야 하는 이유는 결국 사용자의 기본권과 근로자의 기본권 간의 충돌 현상이 일어나기 때문이다. 근로자는 '정보주체가 개인정보의 공개와 이용에 관하여 스스로 결정할 권리'인 개인정보자기결정권을 가지고 있다. 이러한 개인정보자기결정권은 헌법 제17조의 사생활의 비밀과 자유, 헌법 제10조의 인간의 존엄과 가치 및 행복추구권, 그 밖에 헌법상의 국민주권의 원리, 자유민주적 기본질서 등을 이념적 기초로 하는 독자적 기본권으로서 헌법에 명시되지 아니한 기본권이다.[18] 개인정보자기결정권의 보호대상이 되는 개인정보는 개인의 신체, 신념, 사회적 지위 등과 같이 개인의 인격 주체성을 특징짓는 사항으로써 그 개인의 동일성을 식별할 수 있게 하는 일체의 정보라고 할 수 있다. 또한 그러한 개인정보를 대상으로 한 조사·수집·보관·처리·이용 등의 행위는 모두 원칙적으로 개인정보자기결정권에 대한 제한에 해당한다.[19] 화재 예방 등 시설관리를 위해 설치된 CCTV를

18) 헌법재판소 2005. 5. 26. 선고 99헌마513, 5004헌마190(병합) 결정; 헌법재판소 2009. 10. 29. 선고 2008헌마257 결정 등 참조.
19) 헌법재판소 2005. 5. 26. 선고 99헌마513, 5004헌마190(병합) 결정.

통해 수집된 영상정보를 바탕으로 근로자를 감시하여 개인정보를 침해한다면 근로자는 상당한 정신적 압박감을 느낄 수밖에 없고 또한 개인정보자기결정권이 침해될 것이다.[20]

(2) 사용자의 재산권 보호와 이익형량의 필요성

헌법 제23조 제1항 '모든 국민의 재산권은 보장된다'는 내용과 제119조 제1항의 '대한민국의 경제 질서는 개인과 기업의 경제상 자유와 창의를 존중함을 기본으로 한다'는 규정 역시 우리 헌법이 사유재산제도와 경제활동에 관한 사적자치의 원칙을 기초로 하는 자본주의 시장경제질서를 기본으로 하고 있음을 선언하는 것이고, 이를 통하여 사용자의 재산권이 보장된다고 할 것이다.[21] CCTV 촬영에 의해 근로자가 침해받는 기본권이 사용자의 재산권 보호와 충돌할 경우의 해결방법을 생각해 보면 일차적으로는 헌법 제37조 제2항에 따라 법률의 규정이 있다면 해당 법률에 따르면 된다. 그러나 개인정보보호법제의 많은 규정이 추상적이어서 개방적인 해석이 가능하므로 개인정보보호라는 규범적 목적을 위한 해석론이 필요하며, 입법이 부재하거나 법률에 흠결이 있다면 역시 사용자와 근로자의 기본권 충돌을 해결할 해석론이 필요하다.[22] 따라서 사용자가 사업장 내 시설안전과 재산권 보호를 위하여 출입구와 외벽, 현관과 계단, 복도, 엘리베이터 등에 CCTV를 설치하고 왕래하는 근로자와 외부인의 영상정보인 개인정보를 수집하여야 한다고 할 경우 기본적으로 카메라를 설치하는 것은 사용자의 재산권 보호와 근로자의 안전을 위하여 목적이 정당하다고 볼 수 있지만, 이를 통하여 CCTV 촬영으로 근로자의 인격권 및 사생활 자유 침해가 일어날 수 있다면 결국 설치할 것인지 말 것인지 둘 중 한 가지를 선택해야 할 것이다. 이때에는 두 이익을 비교

20) 양승엽, 근로자의 개인정보보호에 관한 연구, 서울대 박사학위논문, 2016, 55면.
21) 이상원, "채용비리는 업무방해인가", 형사법의 신동향 제70호, 2021, 261면.
22) 양승엽, "사용자의 업무상 근로자 개인정보수집의 한계", 노동법학 제62호, 2017, 206면.

형량하여야 하는데, 이러한 이익형량의 기준에 대해 우선은 CCTV를 설치하여 감시하는 대상이 무엇인지를 파악하고 감시의 목적과 감시당하지 않을 이익이 무엇인지를 특정해야 하며, 양자 각각의 중요성을 평가해서 어느 쪽의 이익이 더 큰지, 대체수단은 있는지, 대체수단의 도입시 경제적 비용부담은 어느 정도인지, 새로운 감시장비에 대한 보안성과 신뢰성 검토 등의 절차 역시 필요하다고 할 것이다. 이에 대하여 우선 이러한 CCTV의 설치가 근로자들이 상시 일상적으로 근무하는 장소에 대한 집중 감시 목적이 아니라 평소에는 근로자들의 출입이 드문 외곽, 사각지대, 담장 등이나 이동에 필요한 출입구, 현관, 엘리베이터 등에 설치하여 외부인의 접근이나 출입이 있는지 등을 살펴 도난이나 재산권 침해를 방지하는 경우는 사용자의 사업장 내 CCTV 설치의 필요성이 근로자의 개인정보자기결정권에 대한 제한의 불이익보다 더 크기 때문에 CCTV 설치에 문제가 없을 것이다.[23] 반면에 근로자들의 작업 모습 등을 찍는 CCTV 촬영은 목적이 근로자를 감시하기 위한 것이 아니더라도 사업장 내에 설치되어 실질적으로 근로자를 감시하는 효과를 갖기 때문에 근로자의 개인정보자기결정권에 대한 제한의 불이익이 사용자의 CCTV 설치의 필요성보다 크다면 설치할 수 없을 것이다.

Ⅳ. 대상판결에 대한 분석과 검토

1. 대상판결 분석

(1) 업무방해죄의 구성요건해당성 여부

가. 업무방해죄의 보호대상 업무

회사의 공장부지는 불특정 다수인이 자유롭게 출입할 수 있는 공간이 아니므로, 회사가 공장부지에 고정형 영상정보처리기기인 CCTV 카메라를 설치하여 영상을 통하여 개인을 식별할 수 있는 정보를 수

23) 개인정보보호위원회, 개인정보 보호 법령 및 지침·고시 해설, 2020, 185~186면.

집하는 경우에는 개인정보 보호법 제15조 제1항의 일반적인 개인정보 수집 요건을 갖추어야 한다. 그런데 CCTV 카메라 중 공장부지 내부를 촬영하는 19대의 설치는 정보주체인 근로자들의 동의를 받은 바 없어 동법 제15조 제1항 제1호의 요건을 갖추지 못하였고, 같은 항 제2호 내지 제5호의 요건에도 해당할 여지가 없으므로 제6호의 요건에 해당하는지가 문제 된다. CCTV 카메라 중 공장부지 내 주요 시설물에 설치된 16대와 출입구에 설치된 3대의 경우 시설물 보안 및 화재 감시를 위하여 설치된 것으로 개인정보처리자의 정당한 이익을 인정할 수 있다 하더라도, 권리가 침해되는 정보주체가 다수이고, 그 정보주체의 개인정보자기결정권에 대한 중대한 제한이 될 수 있다는 점, CCTV 설치공사를 시작할 당시 근로자들의 동의가 없었던 점, 시설물 보안 및 화재 감시 목적을 달성하기 위하여 다른 방법을 강구하는 노력을 기울였다는 자료가 없는 점 등을 고려하여, 회사의 정당한 이익을 달성하기 위하여 필요한 경우로서 명백하게 정보주체의 권리보다 우선하는 경우에 해당한다고 보기 어렵다고 보았다. 나아가 근로자참여법 제20조 제1항 제14호는 노사협의회가 협의하여야 할 사항으로 '사업장 내 근로자 감시 설비의 설치'를 규정하는데, 여기서 말하는 '근로자 감시 설비'라 함은 사업장 내에 설치되어 실질적으로 근로자를 감시하는 효과를 갖는 설비를 의미하고, 설치의 주된 목적이 근로자를 감시하기 위한 것이 아니더라도 여기에 해당할 수 있다. 따라서 위 CCTV를 설치하는 것은 근로자참여법이 정한 노사협의회의 협의를 거쳐야 하는 것으로 볼 수 있다. 회사가 사업장에 개인영상정보를 처리할 수 있는 CCTV를 설치하면서 동의를 받거나 협의를 거치지 않아 개인정보 보호법 내지 근로자참여법에 위배되는 면이 있다고 보아도 CCTV를 설치한 목적에 시설물 보안, 화재 감시 등이 포함된 것으로 보이는 점에 비추어, 위 사정만으로는 사회생활상 도저히 용인될 수 없는 정도로 반사회성을 띠는 데까지 이르렀다거나, 법적 보호라는 측면에서 그와 동등한 평가를 받을 정도에까지 이르렀다고 하기는 어렵다고 보아 사업장 내 CCTV 설치·운영은 본죄의 보호대상에 해당한다고 보았다.

나. '위력' 인정 여부

대상판결의 사안은 실질적으로 근로자를 감시하는 효과를 가진다고 보기 어려운 32대의 카메라를 포함하여 전체 CCTV 카메라에 대한 근로자들의 검정색 비닐봉지를 씌운 행위는 CCTV 카메라의 촬영을 불가능하게 하는 물적 상태를 만든 것으로 보아 사람의 자유의사를 제압·혼란케 할 만한 일체의 세력인 '위력'에 해당하고, 시설물 관리업무를 방해할 위험성도 인정된다고 본다.

(2) 정당행위 성립 가능성

형법 제20조가 정한 '사회상규에 위배되지 아니하는 행위'라 함은 법질서 전체의 정신이나 그 배후에 놓여 있는 사회윤리 내지 사회통념에 비추어 용인될 수 있는 행위를 말한다. 판례는 '사회상규'를 인정하는 개별적 기준으로 "행위의 동기나 목적의 정당성, 행위의 수단이나 방법의 상당성, 보호법익과 침해법익과의 법익균형성, 긴급성, 그 행위 외에 다른 수단이나 방법이 없다는 보충성"을 제시하고 있다.[24]

대상판결의 경우에서 우선, 피고인들의 행위는 사용자의 시설물 보호를 방해하는 것을 주목적으로 했다고 보기보다 위법한 CCTV 설치에 따른 기본권 침해를 방어하기 위한 목적에서 이루어진 것으로 보이기 때문에 목적의 정당성을 인정할 수 있다고 본다. 또한 피고인들의 검정색 비닐봉지를 씌우는 임시조치를 통해 부당한 침해에 대응하는 한편, 회사와 협의를 계속하려고 했던 것으로 보이므로 수단과 방법의 상당성도 인정할 수 있고 보호이익과 침해이익 사이의 법익균형성도 갖추었다고 본다. 회사가 근로자의 반대에도 불구하고 회사의 사업장 내 CCTV 설치·운영을 강행함으로써 피고인들의 의사에 반하여 근로 행위 등 개인정보가 위법하게 수집되는 상황이 현실화되었고,

24) 대법원 2000. 4. 25. 선고 98도2389 판결 참조.

일반적 인격권 및 사생활의 비밀과 자유에서 도출된 헌법상 기본권인 개인정보자기결정권은 침해가 발생하면 사후적으로 회복을 하는 것이 쉽지 않다는 점에서 다른 구제수단을 강구하기 전에 임시조치로서 피고인들의 검정 비닐봉지를 씌워 촬영을 막은 행위는 긴급성과 보충성의 요건도 갖추었다고 볼 여지가 있다고 판단하였다. 따라서 근로자들의 검정색 비닐봉지를 씌운 행위는 형법 제20조 사회상규에 위배되지 않는 행위라고 볼 여지가 있다는 것이다.

2. 대상판결 검토

(1) 업무방해죄에서 '업무'의 상대적 보호

사업장 내 CCTV 설치 및 운영으로 인해 취득되는 근로자 개인을 식별할 수 있는 정보는 근로자의 개인정보에 해당하기 때문에 개인정보 보호에 관한 법률인 개인정보 보호법을 준수하여야 한다.[25] 그런데 개인정보 보호법은 개인과 개인이라는 사인(私人) 간의 개인정보'거래'에 기반한 것으로 사용자와 근로자 간의 노동관계의 특수성을 고려하지 않고 있다. 즉, 개인정보 보호법은 정보주체인 개인의 자유와 권리를 보호하는 데 목적이 있지만 그 내용에 있어 개인정보의 자유로운 교환(거래) 또한 보장하고 있는데, 정보의 처리·이용·제공에 있어 정보주체의 '동의'를 기본 요건으로 하는 것은 정보주체와 정보처리자 간의 대등한 관계를 전제로 하고 있기 때문이다. 따라서 사용자와 근로자 간 지위의 비대칭성을 특징으로 하는 노동관계에서 이러한 개인정보 보호법의 규정들은 정보주체의 자유와 권리를 보호한다는 목적을 달성할 수 없는 한계가 있다. 개인정보의 수집 및 이용을 정당화하는 것은 정보주체와 정보처리자 상호 간에 대등한 지위를 기반으로 한 자유로운 의사결정을 전제로 한 것이기 때문에, 근로자의 사용자에 대한 종속성을 토대로 하는 노동관계에서 근로자의 사용자에 대한 동

25) 양승엽, "전자노동감시에 대한 현행 법제의 해석과 한계", 노동법논총 제35호, 2015, 406면.

의의 진의는 허구일 수밖에 없다. 이렇듯 사용자와 근로자 간 지위의 비대칭성을 특징으로 하는 노동관계는 개인정보 보호법상 규정들이 정보주체의 자유와 권리를 보호한다는 목적을 달성할 수 없다는 한계가 있을 것이므로, 업무방해죄 적용에서 해석론적 보충 혹은 축소를 통하여 '업무' 개념의 적용영역을 제한하려는 시도가 필요하다고 생각된다. 종래의 형법상 '업무' 개념에서 사용자의 직장운영이 업무에 해당한다는 점은 당연하지만, 이러한 추상적인 '업무'에 관한 설명만으로 노동관계에 대한 업무방해 성립을 곧바로 인정할 수 없고, 개별적 노동관계 사안에서는 구체적으로 보호되어야 할 업무가 있는가는 별도로 판단되어야 할 필요가 있다.[26] 업무방해죄에서 '업무'는 보호객체로서만 기능하는 것이 아니라, 구성요건적 행위인 '위력에 의한 업무방해행위'로서, 결과로써의 '업무방해'로서도 기능한다고 보아야 한다. 이때의 업무 개념은 형법의 다른 규정과 달리 해석되거나, 보다 구체화될 수 있다고 판단된다.[27]

먼저 보호객체로서와 결과로써의 업무에서 추상적으로는 업무로 인정되는 경우에도 특정 상대방에 대해서는 상대적으로 업무성을 인정받을 수 없는 부분으로 나누어 파악할 수 있을 것이다. 업무방해죄에서의 '업무'는 '사회생활상 도저히 용인될 수 없을 정도로 반사회성을 띠는 경우'가 아니라면, 법령상 정당한 권한에 기한 것이 아니더라도 업무가 사실상 평온하게 이루어져 사람의 사회활동 기반을 이루고 있다면 본죄의 대상이 된다.[28] 일반적, 추상적으로 '업무성'이 인정되더라도, 특정 상황에서 당해 법익소지자가 당연히 침해·제약·방해를 수인해야 하는 의무가 존재한다면, 보호대상으로서 '구체적 업무'가 인정될 수 없기 때문에 법익침해의 추상적 위험조차 인정될 수 없는 것으로 보아야 할 것이다.[29]

26) 이근우, "노동쟁의에 대한 업무방해죄 적용의 축소 가능성", 비교형사법연구 제12권 제2호, 2010, 41~43면 참조.

27) 이근우, 앞의 논문, 42면.

28) 박상기, 형법각론, 박영사, 2008, 205면; 이근우, 앞의 논문, 42면.

회사의 사업장 내 CCTV 설치·운영으로 침해받는 근로자의 인격권이 사용자의 재산권보다 우선하기 때문에 사용자의 이익과 비교형량하여 인격권의 침해가 더 크다면 사용자의 전자노동감시는 제한받아야 하며 만일 사용자의 이익이 더 크다면 근로자는 전자노동감시를 받아들일 수인의무가 발생할 것이다.[30] 이와 같이 업무의 상대적 개념으로 파악하여 회사의 정당한 사업장 내 CCTV 설치·운영은 근로자의 수인의무가 있기 때문에 업무방해죄의 보호객체로서 '업무'의 존재를 인정할 수 있지만, 회사의 위법한 사업장 내 CCTV 설치·운영은 근로자의 개인정보자기결정권 침해에 대한 수인할 의무가 있지 않기 때문에 이 경우 근로자의 방해행위로 방해될 가능성이 있는 업무는 없다고 보아야 할 것이다.

대상판결에서 근로자의 사업장 내 CCTV 촬영을 방해하는 행위가 언제나 업무방해죄의 구성요건에 해당하고 일정한 요건을 갖춘 경우에만 위법성이 조각된다고 보는 것은 옳지 않다고 생각된다. 근로자의 개인정보자기결정권으로서 기본권의 성격을 가지고 있는 이상, 기본권의 남용 내지 일탈이라 할 수 있는 행위유형을 특정하여 그것을 범죄화하여야지 기본권의 행사 자체를 범죄구성요건으로 분류하는 것 자체가 헌법상 기본권의 측면을 지나치게 경시하는 태도이기 때문이다. 이러한 점에서 근로자의 사업장 내 CCTV 설치·운영 방해행위를 모두 업무방해죄의 구성요건에 해당한다고 볼 것이 아니라 이익형량의 방법으로 사용자의 이익과 비교형량하여 근로자의 개인정보자기결정권 침해가 더 크다면 사용자의 위법한 CCTV 설치·운영행위를 업무방해죄의 보호되는 업무 범위에 포함하지 않음으로써 업무방해죄의 구성요건해당성이 배제된다고 해야 할 것이다. 그리고 사용자의 정당한 CCTV 설치에 대한 근로자의 방해행위의 경우에는 구성요건에는

29) 이근우, 앞의 논문, 42면.

30) 전윤구, "근로감시의 한계에 대한 법적 규율에 관한 연구", 노동법학 제49호, 2014, 266~267면.

해당하지만 위법성이 조각되는지 고려하여야 할 것이다.

따라서 업무방해죄의 보호되는 업무는 사업장에서의 모든 CCTV 설치행위에 대하여 무조건 적용되는 것이 아니라, 사용자의 이익과 비교형량하여 근로자의 인격권 침해가 크지 않는 경우에만 적용하는 것이 옳을 것이다. 즉, 사업장 내 CCTV 설치가 근로자들이 상시 일상적으로 근무하는 장소에 대한 집중 감시 목적이 아니라 평소에는 근로자들의 출입이 드문 외곽, 사각지대, 담장 등이나 이동에 필요한 출입구, 현관, 엘리베이터 등에 설치하여 외부인의 접근이나 출입이 있는지 등을 살펴 도난이나 재산권 침해를 방지하는 경우는 근로자들의 프라이버시 침해가능성은 거의 없다고 볼 것이고, 그러한 경우에 CCTV 설치에 대한 업무방해죄의 '업무'로 인정할 수 있을 것이다. 반면에 근로자들의 작업 모습 등을 촬영하는 CCTV는 목적이 근로자를 감시하기 위한 것이 아니더라도 사업장 내에 설치되어 실질적으로 근로자를 감시하는 효과를 갖기 때문에 근로자의 인격권 및 사생활의 비밀과 자유 등 기본권을 침해가 사용자의 재산권 침해보다 크기 때문에 본죄의 '업무'에 해당하지 않는다고 볼 수 있다.

(2) 검 토

대상판결은 회사가 시설물 보안 및 화재 감시라는 정당한 이익을 위하여 CCTV를 설치한 것으로 볼 수 있으므로, 비록 그 설치 과정에서 근로자들의 동의 절차나 노사협의회의 협의를 거치지 아니하였다 하더라도 그 업무가 법률상 보호할 가치가 있다고 평가하면서 회사의 CCTV 설치 및 운영을 통한 시설물 관리 업무는 업무방해죄의 보호대상이 된다고 판단하였다. 따라서 근로자의 개인정보자기결정권을 침해하는 회사의 위법한 CCTV 설치 및 운영을 업무방해죄에서 보호되는 업무로, 근로자들의 CCTV 촬영을 불가능하게 하는 방해행위를 위력으로 보고, 시설물 관리 업무를 방해할 위험성도 인정하여 업무방해죄의 구성요건해당성을 인정하면서 일부 방해행위를 형법 제20조 사회상규에 위배되지 않는 행위라고 볼 여지가 있다고 보았다. 이는 업무의 개시나 수행 과정에서 절차상의 하자가 있다고 하더라도 사실상 평온하게 이루어지고 있다면 업무방해죄의 보호대상이 되는 업무라는 입장이다. 본죄의 업무를 형법상 보호할 가치가 있고, 사회적으로 용인된 업무라고 판단하면서 그 업무 자체의 보호가치 유무만을 판단하고 있다. 하지만 노동관계의 특수성을 고려하여 보호되는 업무의 범위를 상대적으로 파악하여 사용자의 재산권 보호와 근로자의 개인정보자기결정권 침해를 비교형량하여 침해 정도에 따라 본죄의 업무로 인정 여부를 결정하여야 할 것이다. 즉, 회사의 정당한 CCTV 설치는 근로자의 수인의무가 있기 때문에 형법상 업무방해죄의 보호객체로서 '업무'의 존재를 인정할 수 있지만, 회사의 위법한 CCTV 설치·운영은 근로자의 인격권 침해에 대한 수인할 의무가 있지 않기 때문에 이 경우 근로자의 행위로 방해될 가능성이 있는 업무는 없다고 보아야 할 것이다. 따라서 대상판결 사안과 같이 근로자들의 작업 모습 등을 촬영하여 근로자의 개인정보자기결정권 및 인격권을 과도하게 침해하는 회사의 위법한 사업장 내 CCTV 설치 및 운영은 업무방해죄의 보호대상이 되는 업무에 해당하지 않기 때문에 업무방해죄의 구성요건에 해당하지 않는다는 것이 타당할 것이다.

[주 제 어]

업무방해, 개인정보 보호법, CCTV, 정당행위, 개인정보

[Key Words]

Interference with Business, Personal Information Protection Act, CCTV, Justifiable Act, Personal Information

접수일자 : 2024. 5. 15. 심사일자 : 2024. 6. 19. 게재확정일자 : 2024. 6. 25.

[참고문헌]

김성돈, 형법각론, SKKUP, 2016.

유기천, 형법학(각론강의), 일호각, 1995.

백형구, 형법각론, 청림출판, 1999.

오영근, 형법각론, 박영사, 2023.

박상기, 형법각론, 박영사, 2008.

개인정보보호위원회, 개인정보 보호 법령 및 지침·고시 해설, 2020.

김태정, "근로자 사생활의 의미와 보호범위", 노동법학 제22호, 한국노동법학회, 2006.

김형율, "업무방해죄에 있어서 업무의 개념 -위력에 의한 공무집행방해시 업무방해죄 성립여부-", 경찰학연구 제11권 제2호, 경찰대학, 2011.

나광주, 업무방해죄에 관한 연구 - 불법쟁의행위를 중심으로 -, 성균관대학교 박사학위논문, 2012.

문창위, 형법 제20조 사회상규에 위배되지 아니하는 행위에 관한 연구, 창원대학교 박사학위논문, 2021.

박웅신, 개인정보 보호에 관한 형사법적 연구, 성균관대학교 박사학위논문, 2015.

박찬걸, "업무방해죄에 있어서 업무의 보호가치에 대한 검토 -대법원 2011. 10. 13. 선고 2011도7081 판결을 중심으로-", 형사판례연구 제21권, 박영사, 2013.

변종필, "업무방해죄에서 업무의 개념과 범위 -회사의 공장이전사무가 업무방해죄에서의 업무에 해당하는지 여부-", 형사판례연구 제16권, 박영사, 2008.

신동운, "일본 개정형법가안과 문서위조죄", 법학 제58권 제2호, 서울대학교 법학연구소, 2017.

양승엽, 근로자의 개인정보보호에 관한 연구, 서울대 박사학위논문, 2016.

______, "사용자의 업무상 근로자 개인정보수집의 한계", 노동법학 제62호, 한국노동법학회, 2017.

______, “전자노동감시에 대한 현행 법제의 해석과 한계”, 노동법논총 제35호, 한국비교노동법학회, 2015.

이근우, “노동쟁의에 대한 업무방해죄 적용의 축소 가능성”, 비교형사법연구 제12권 제2호, 한국비교형사법학회, 2010.

이상원, “채용비리는 업무방해인가”, 형사법의 신동향 제70호, 대검찰청, 2021.

이종수, “상급자의 강압적 업무지시와 업무방해죄의 성립여부”, 형사법의 신동향 제63호, 대검찰청, 2019.

이희성, “작업장내에서의 전자메일 및 CCTV의 감시와 근로자의 프라이버시 보호”, 비교사법 제10권 제1호, 한국비교사법학회, 2003.

장 윤, 업무방해죄에 대한 판례 연구, 계명대학교 박사학위논문, 2022.

전윤구, “근로감시의 한계에 대한 법적 규율에 관한 연구”, 노동법학 제49호, 한국노동법학회, 2014.

정희경, 사용자의 근로자 개인정보 이용의 법적 근거와 한계에 관한 연구, 고려대학교 박사학위논문, 2021.

표성수, “업무방해죄의 보호대상으로서의 업무의 범위에 관한 연구 -‘반사회성’에 대한 법원의 판례를 중심으로-”, 법조 제63권 제4호, 법조협회, 2014.

[Abstract]

Acts of Hindering the Installation and Operation of CCTV in the Workplace and the Crime of Interference with Business

Lee, Sang-han*

The target ruling affirmed that the company's facility management's installation and operation of CCTV did not constitute a protection from the crime of interference with business, evaluating that since the company could be viewed as having installed CCTV for the legitimate interests of facility security and fire monitoring, the work was worthy of legal protection even if it did not go through the workers' consent process or consultation with the labor-management council during the installation process. This position means that even if there are procedural defects in the process of commencement or performance of a work, if it is in fact carried out peacefully, it is subject to protection from the crime of interference with business. However, considering the specificity of labor relations, it is necessary to relatively understand the scope of protected works and compare the infringement of the employer's property rights protection and the worker's right to self-determination on the use of personal information to decide whether or not to recognize the work as a crime of interference with business, depending on the degree of infringement. That is, it would be reasonable to say that a company's illegal installation and operation of CCTV in the workplace to excessively violate workers' right to self-determination on the use of personal information and personal rights by filming workers' work, etc., does not

* Lecturer, Chungbuk National University, Ph. D. in law.

fall under the works subject to protection from the crime of interference with business.

전자(디지털) 증거 수색의 제한
대법원 2021. 10. 14. 선고 2021도2485 판결

김 영 미*

〈대상 판결〉

1. 사건 개요

피고인은 2014. 2. 13.경부터 2017. 2. 8.경까지 대법원 선임재판연구관, 수석재판연구관으로 근무하면서 대법원 사건의 심리 및 재판에 관한 조사 연구 업무 등을 위해 대법원장의 위임에 따라 대법원 재판연구관들을 지휘하고 근무평정, 사무분담에 관여하였다.

의료기기 운영 업체인 A 주식회사를 운영하는 갑, 을 부부는 2013. 12.경부터 대통령 관저를 비공식적으로 드나들며 대통령의 미용성형 시술을 해 주는 과정에서 대통령과 친분을 맺게 되었는데, '시술용 실 삽입장치' 특허권을 보유하고 있던 A 주식회사는 2014. 4. 8.경 다른 의료기기 업체(B)가 제기한 위 특허권 관련 특허등록무효심판 청구로 특허분쟁에 휘말리게 되었다. 위 사건은 2014. 9. 23. 특허심판원의 심판청구 기각 결정(A 주식회사는 피고), 2014. 10. 8. B의 A에 대한 특허법원에 등록무효 소송 제기, 2015. 11. 19. 특허법원의 청구 기각, 2015. 12. 14. 대법원에 상고 접수, 2016. 3. 24. 대법원 상고기각으로 진행되었다.

법원행정처 차장 임00은 2016. 2. 중순경 청와대 법무비서관 곽00

* 법무연수원 용인분원 검사교수(부장검사)

으로부터 '현재 대법원 재판 중인 1234후5678호 [1] 특허등록무효 사건이 대통령 관심사건이니 챙겨봐 달라'는 요청을 받고, 이를 피고인에게 전달, 사건 진행경과 및 처리 계획을 알려달라는 지시를 하였다.

피고인은 2016. 3. 2.경 대법원 지식재산권조 총괄 재판연구관 박00으로부터 위 특허등록무효 사건의 내용, 처리계획, 당사자들 간 쟁송 중이던 다수의 관련 사건에 대한 진행경과 및 사건처리 계획 등 재판부 내부의 검토방향이 정리되어 있는 '사안요약' 문건을 보고받고 (위 문건에는 이 사건이 2016. 1. 21. 공동조인 지식재산권조에 배당된 사실, 주심 대법관이 000인 사실(대법관 실명 기재되어 있음), 000 특허조사관이 기술 검토 중인 사실(특허조사관 실명 기재되어 있음), 2016. 3. 중순경 보고연구관이 주심 대법관에게 보고할 예정인 사실, 특허조사관의 기술검토 내용이 기재되어 있음), 이를 전달받은 임00은 그 무렵 청와대에 이를 전달하였다.

검사는 위와 같은 사실에 대해 '피고인이 임00과 공모하여 직권을 남용하여 대법원 재판연구관 박00에게 위와 같은 보고를 하도록 하였고, 이를 청와대 법무비서관 곽00에게 전달하였으므로 직권남용권리행사방해, 공무상비밀누설'이라고 하여 공소제기하였다.

검사는 임00이 청와대 법무비서관 곽00에게 전달한 것이 아닌 성명불상자에게 전달한 것으로 예비적으로 공소사실을 추가하였다.

이외에도 검사는 피고인에 대해 절도, 공공기록물관리에관한법률위반, 개인정보보호법위반, 변호사법위반으로도 기소했다. 그 요지는 피고인이 2018. 2. 13. 퇴임하면서 대법원 '재판연구관 검토보고서 및 의견서' 전자 정보 및 출력물을 무단으로 반출하였고, 위 보고서 등에 개인정보가 기재되어 있는 부분 또한 무단으로 반출하여 공공기록물관리에관한법률위반(전자정보 무단반출), 절도(출력물 무단반출), 개인정보보호법위반이며, 피고인이 대법원 선임재판연구관 및 수석재판연구

---

1) 사건번호는 본고에서 임의로 기재한 것이다. 1234후5678호는 실제 이 사건의 사건번호가 아니다.

관으로 재직하면서 취급했던 사건을 수임하여 변호사법위반이라고 하였다.

2. 판결 요지

이 사건은 제1심 전부 무죄, 항소심 전부 무죄, 대법원 전부 무죄 선고가 되었다.

(1) 수사 진행 경과[2)]

사법행정권남용 의혹에 대한 검찰 수사가 진행 중이던 2018. 7. 21.경 법원행정처 차장이던 임00을 피의자로 하여 발부된 압수수색영장 집행 결과 임00의 명함형 이동식 저장장치(USB)에서 이 사건 사안요약문건 파일이 발견되었다. (파일명: 1234후5678요약보고(피고인).hwp)[3)4)]

위 사안요약문건에는 앞서 설명한 바와 같은 내용이 담겨져 있었다.

이에 검사는 2018. 8. 23. 서울중앙지방법원에 '피고인이 임00에게 이 사건 사안요약문건을 제공함으로써 대법원 재판연구관으로서 직무상 비밀을 누설하였다'는 것을 혐의사실로 하여 혐의사실과 관련된 서류 및 물건을 포함하여 주식회사 A가 당사자인 사건 관련 자료, 이와 관련성이 인정되는 범위 내의 파일 또는 그 출력물에 대해 압수수색영장을 청구하였으나 서울중앙지방법원 영장담당판사는 '검찰이 이미 이 사건 사안요약 문건을 취득하였고, 피고인 역시 이를 작성하여 송부한 사실을 다투지는 않을 것으로 보이는 점, 피고인이 위 문건을 소

2) 수사진행 경과는 1심, 항소심 판결문에 상세하게 기재되어 있고 오히려 항소심에서 더 구체적으로 기재되어 있어 1심, 항소심 판결문을 모두 참고하여 기술한 것이다.

3) 위 파일명에는 피고인 실명이 기재되어 있었다.

4) 임00은 본건 관련 포함 2018. 11. 14. 구속 기소되었으나 2020. 3. 13. 보석으로 석방되었고, 2024. 2. 26. 1심에서 일부 유죄 선고되었으며 현재 항소심 재판 계속 중이다. https://www.lawtimes.co.kr/news/190728 (2023. 11. 2. 최종 방문)

지하고 있을 개연성이나 다른 압수수색청구 문건에 대한 압수수색의 필요성에 대한 소명이 부족한 점 등에 비추어 현 단계에서 포괄적 압수수색을 허용할 필요성과 상당성을 인정하기 어려움'을 이유로 기각하였다.

검사는 이 사건 특허등록무효 사건 관련자들 추가 조사, 피고인과 변호인 비공식 면담을 통해 '관련 자료 제출 의사 없음 및 재판 연구관 재직시 법원행정처의 요구로 특정 사건의 진행경과나 처리 계획 등에 관한 별도 자료를 만들어 주거나 그에 관한 정보를 제공한 기억이 없다'고 진술한 것을 확인한 후 다시 같은 혐의사실로 압수수색영장을 청구하였고 2018. 9. 4. 서울중앙지방법원 영장담당판사는 다음과 같이 압수수색영장을 발부하였다.

> 압수할 물건
> 본 영장 범죄사실란 기재 문건인 "사안요약"(문서정보 상 최종수정일 2016. 3. 8.)의 원본파일과 그 출력물 및 위 파일의 사본파일과 그 출력물로 한정함.
>
> 압수·수색의 방법 제한
> 위 압수할 물건에 대한 압수수색의 경우, 피의자 본인의 참여 하에서 [별지] 기재 내용을 준수하여 집행할 수 있음.
>
> [별지]
> 1. 문서에 대한 압수
> - 생략 -
> 2. 컴퓨터용 하드디스크 등 정보저장매체(휴대전화기 제외)에 저장된 전자정보에 대한 압수·수색
> 가. 전자정보의 수색
> (1) 수색만으로 수사의 목적을 달성할 수 있는 경우, 압수 없이 수색만 함.
> (2) 수색은 검색어 "1234후5678" 또는 "34후5678"를 입력하여 해당 전자정보를 탐색하는 방법에 의해서 실시함.

나. 전자정보의 압수

(1) 전자정보의 소재지에서 위 방법에 의해 수색된 전자정보 중 2016. 2. 17.부터 2016. 3. 8.까지 사이에 작성된 전자정보를 선별하여 문서로 출력하거나 수사기관이 휴대한 저장매체에 복사하는 방법으로 압수할 수 있음.

(2) 저장매체의 하드카피·이미징 및 저장매체 원본 반출은 허용되지 않음.

(3) 압수시 준수사항

(가) 피의자에게 압수한 전자정보의 목록을 교부하여야 함.

(나) 압수·수색의 전체 과정을 통하여 피의자의 참여권이 보장되어야 하며, 참여를 거부하는 경우에는 신뢰성과 전문성을 담보할 수 있는 방법으로 압수·수색이 이루어져야 함.

검사는 2018. 9. 5. 압수수색영장을 집행하면서 위 제한된 검색어 2개로 검색하였으나 압수할 물건을 찾을 수 없었다.

검사, 수사관은 이에 *1234*, *후*, *5678*를 검색어로 입력하는 제목 기반 검색을 한 결과, 대법원 사건번호 중 '1234', '후', '5678'가 포함된 사건들의 기초보고 등 파일 리스트가 나타났다. 검사는 이 리스트가 나타난 컴퓨터 모니터 화면을 촬영하였고(이하 이 사건 모니터 화면 사진) 이를 공공기록물관리에관한법률위반, 개인정보보호법위반의 증거로 제출하였다.

(2) 제1심의 판단

제1심은 컴퓨터 모니터 화면을 촬영한 사진 및 관련 증거들은 위법수집증거여서 증거능력이 인정되지 않고, 그에 기반한 2차적 증거 또한 증거능력을 예외적으로 인정할 수 있는 경우에도 해당하지 아니하여 증거능력이 없다고 하였다. 또한 그 이외에 증거능력이 인정되는 다른 증거들로는 공소사실이 입증되었다고 보기 어렵다고 하면서 무죄를 선고하였다.

제1심은 영장담당판사가 1차로 압수수색영장을 전부 기각했던 점

(재판 문건과 정보를 수사기관이 취득하는 것은 재판의 본질적인 부분을 침해할 수 있어 극히 신중을 기할 필요가 있다는 등의 이유), 2차로 발부한 압수수색영장의 경우 압수할 물건을 오로지 사안요약문건에 한정하여, 검색방법을 매우 엄격하게 제한하면서 나머지 부분은 전부 기각한 점, 그 과정에서 검사는 피고인에게 임의제출을 계속 요구하였고, 영장 집행 종료 즈음 피고인으로부터 현장보전조치 약속 확인서를 요구했던 점, 실제 검사가 이 사건 영장 집행 도중 추가 범죄혐의가 확인되었다면서 압수할 물건을 대법원에 계류 중인 특정 사건의 재판연구관 보고서 등으로 하여 당일 다시 청구한 압수수색영장을 법원에서 기각한 점, 이 사건 모니터 화면 사진의 해당 파일과 관련될 것으로 보이는 맹00의 외장하드에 저장된 대법원 재판연구관 검토보고서 파일에 대한 압수수색영장 청구도 2018. 9. 10. 법원에서 기각한 점, 이 사건 영장 집행 후 피고인에게 '압수물없음' 증명서를 검사가 교부한 점 등에 비추어 보면 검사가 이 사건 영장 집행으로써 압수할 물건이 없었음을 인식하고 있었고, 법원으로부터 추가 영장을 청구해도 기각될 것임을 예상했던 것으로 보인다고 하였다. 또한 원심은 <한국일보 2018. 9. 5.자 기사가 인용한 검찰관계자가 '압수수색 범위를 비합리적으로 제한했다'고 지적했다면 그 검찰 관계자도 이 사건 영장의 집행방법이 일반적인 영장보다 훨씬 제한되고 있음을 인식하고 있었던 것으로 볼 수 있다>는 점을 지적하였다.

제1심은 <헌법과 형사소송법이 구현하고자 하는 적법절차와 영장주의의 정신에 비추어 볼 때, 법관이 압수수색영장을 발부하면서 '압수할 물건'을 특정하기 위하여 기재한 문언은 이를 엄격하게 해석하여야 하고 함부로 피압수자 등에게 불리한 내용으로 확장 또는 유추해석하는 것은 허용될 수 없다. 이 사건 영장이 제한하는 문언 그대로의 수색방법으로만 집행했을 때 아무런 검색결과가 없었다는 사실은 당사자 사이에 다툼이 없다. 이 사건 영장이 수색방법을 위와 같이 특별히 제한한 것은 광범위한 정보가 저장되어 있는 정보저장매체의 특성

상 압수할 물건을 수색하는 과정에서 개인의 사생활 등 인격적 이익을 침해할 가능성이 있는 정보나 혐의사실과 무관한 다른 내용이 발견되는 피해를 최소화하기 위한 것이라 할 것이다>라고 하였다.

또한 2차적 증거(각 관련자 진술 등)의 증거능력 관련, 수차례 검사의 압수수색영장 청구가 기각되었고, 피고인이 일관되게 이 사건 영장 집행이 위법하다고 주장하면서 실체적 진실이 2차적 증거의 내용과 일치한다고 인정하지 않고 있는 상황에서 어떤 결과가 형사사법 정의를 실현하려는 것인지 자체부터 다투어질 수 있는 점, 수사기관이 의도적으로 위법하게 압수절차에 나아간 것으로 볼 수 있는 점, 이 사건 모니터 화면 사진의 해당 파일과 관련될 것으로 보이는 맹00의 외장하드에 저장된 대법원 재판연구관 검토보고서 파일에 대한 압수수색영장 청구도 2018. 9. 10. 법원에서 기각한 점, 이미 2018. 8. 26. 피고인에 대한 압수수색 영장 청구가 기각된 바 있고 이 사건 영장 집행 당시 피고인 측 항의에도 불구하고 장시간 수색을 계속한 점, 이 사건 영장 집행 직후 아시아경제기사에서 인용한 검찰 관계자가 '재판 관련 자료나 보고서는 압수수색영장을 발부받을 수도 없는 금단의 영역'이라고 말했다면 그 검찰관계자는 이 사건 모니터 화면 사진과 관련된 자료 역시 피고인이 임의제출하지 않는 이상 압수하기 어려웠을 것임을 인식하고 있었을 것으로 보이는 점, 이 사건 영장이 발부되기까지 경과에 비추어 보면 영장담당판사는 이 사건 영장을 발부함에 있어 수색 방법 제한에 특별한 의미를 두었다고 봄이 상당한데, 압수수색 과정에서 피고인 측 반대에도 불구하고 이러한 특별한 제한을 위반한 것을 두고 가벼운 절차위반이라고 평가하기는 어려운 점, 이 부분 공소사실과 관련하여 그 증거가치가 1차적 증거에 비하여 결코 적지 않은 2차적 증거의 증거능력을 인정하게 되면 수사기관으로 하여금 법관이 발부한 영장의 요건을 위반하여 1차적 증거를 수집하더라도 이를 근거로 수집하는 2차적 증거는 나중에 증거능력이 인정될 수도 있으니 그대로 영장을 집행해보자는 잘못된 생각을 갖게 할 우려가 있는 점 등에 비추어 2차적 증거의 증거능력을 배제하는 것이 적법절차의 원칙과 실체적 진실 규명의 조화를 도모하고 이를 통하여 형사 사법 정의를 실현하려 한 취지에 반하는 결과를 초래하는 것으로 평가되는 예외적 경우라고 보기 어렵다고 판시하였다.

이 사건 직권남용권리행사방해, 공무상비밀누설 관련, 원심은 이 사건 사안요약문건 작성자 및 전달자가 누구인지에 대한 증거가 없고(피고인은 부인, 박00, 임00은 누구로부터 지시 받거나 전달받았는지 기억나지 않는다고 진술, 대법원 내부 또는 피고인 소지 문건에서 발견되지 않았으며, 피고인 통한 전달 과정이 이메일 등 객관적 자료로 확인되지 아니함), 이 사건 사안요약문건의 당사자인 을은 본인의 주된 관심사는 이 사건 특허등록무효 사건이 아니라 형사고소 사건이었다고만 진술하고 있는 점 등을 근거로 증거 부족으로 판단하였다. 즉 이 사건 사안요약문건을 누가 작성한 것인지, 어떤 경로로 임00에게 전달되었는지, 임00이 청와대 누구에게 전달하였는지에 대한 증거가 부족하다고 보았다.

또한 공공기록물관리에관한법률위반, 개인정보보호법위반, 절도에 대한 부분은 피고인이 대법원 내부 자료를 유출하였다고 압수한 증거가 증거능력이 없고(유출한 자료에 대한 모니터 화면 증거능력 배척), 진술만으로는 부족하며, 법리상으로도 인정되기 어렵다고 하였다. 즉 이는 공공기록물이라 보기도 어렵고, 범의가 있다고 보기도 어려우며, 개인정보를 '유출'했다고 보기도 어려우며, 그 개인정보 침해의 범의가 있다고 보기도 어렵고, 절도의 범의가 있다고 보기도 어렵다고 하였다. 또한 변호사법위반 관련 피고인이 수석 재판 연구관 지위에 있었다는 이유만으로 상고심 계속 중인 모든 사건을 취급하게 된 것으로 보아 변호사법위반 적용이 된다고 보기 어렵고, 이 사건 상고심 사건을 피고인이 직무상 취급하거나 취급하게 된 것임을 전제로 하는 공소사실은 인정할 수 없다고 보았다.

(3) 항소심의 판단

항소심은 위와 같은 제1심 판단에서 더 나아가 <검사가 이 사건 영장에 기재된 수색방법을 위반하여 수색한 결과 이 사건 영장 기재 혐의사실인 공무상비밀누설과 관계없는 새로운 별건 자료를 발견하고, 이를 촬영한 사진을 별건 공소사실에 대한 증거로 제출하는 것은, 수사기관의 자의적인 강제처분에 대한 법관의 사법적 통제를 무시하는 행위로서 그 절차 위반행위가 중대하여 적법절차의 실질적인 내용을 침해하는 경우에 해당한다>고 하였다.

(항소심은 사안요약문건이 사법부 외부에 제공된 사실을 인정할 수 없는 이유 설시 중에 청와대 측의 요청으로 특허등록무효 사건 접수 통계, 특허법인 수임현황, A 회사 특허분쟁 사건 진행내역 자료를 취합하여 청와대 측에 제공해왔던 박00 법원행정처 심의관도 이 사건 사안요약 문건을 본 적이 없다고 진술하고 있다는 점도 지적하였다)

(4) 대법원의 판단

대법원 또한 원심의 판단을 그대로 인정한다고 간단히 설시하여 검사의 상고를 기각하였다.

Ⅰ. 들어가며

이 사건은 대법원 소속 판사가 대통령과 사적인 친분이 있는 자들의 소송 진행 경과, 처리 방향 등을 알아봐 준 의혹에 대한 이른바 사법농단 사건 중 하나이다.

여기서는 이 사건의 쟁점 중 하나인 법원의 수색 영장 제한에 대해 한정하여 살펴보고자 한다.

디지털 증거('디지털 증거'와 '전자 증거'를 엄격히 다르게 해석하여 사용하기도 하고 같은 의미로 해석하여 혼용해서 사용하기도 하는바, 여기서는 혼용해서 사용하기로 하겠다)에 대한 압수수색은 일반 유체물의 압수수색과 상당히 다르다고 볼 수밖에 없다. 아주 작은 매체에도 너무나 많은 정보가 담겨져 있기 때문에 사생활의 비밀과 자유, 별건 수사의 문제점이 부각될 수밖에 없다.

그런데 디지털 증거의 특성상 일일이 파일을 열어 확인하지 않고는 그 내용이 영장 범죄사실과 관련된 것인지 여부를 알 수 없는 경우가 많다. 은닉어를 사용하는 경우가 대표적이다.

기술이 발달할수록 수색과 압수는 점점 더 어려워지고, 광범위한 수색이 될 우려 또한 커지는 것이 현실이다.

범죄의 증거를 제대로 찾아 실체진실을 밝혀 정의를 구현하면서도 동시에 피압수자의 사생활의 비밀과 자유를 보호하고, 별건 수사로 악용되는 것을 방지하기 위해 그 조화로운 방향을 어떻게 할 것인가는 매우 어려운 문제임이 분명하다.

그동안 법원은 영장 별지를 통해 범죄사실과 관련된 것만을 압수해야 하며, 일단 압수한 것이라 할지라도 범죄사실과 관련되지 아니한 것은 삭제, 반환 등을 하여야 한다는 것을 명시하고, 참여권 보장을 통해 광범위한 수색과 압수가 이루어질 것에 대한 제한을 하였다.

여기서 한발 더 나아가 2023년 법원이 제시한 (현재는 시행 여부가 불분명해진 상태이나, 언제든 다시 논의가 이루어질 가능성이 높은) 형사소송규칙 개정안에 의하면 '분석에 사용할 검색어, 검색대상기간 등 집행계획'을 압수수색영장에 기재하도록 하였다.

대상 판결은 여기서 더 나아가 '법원에서 직접 검색어를 지정하여' 수색을 제한한 것으로 볼 수 있다.

여기서는 디지털 증거의 압수수색을 유체물 압수수색과 달리 다루어야 하는 이유를 그 특징과 함께 고찰해보고, 현재 우리 법원의 입장과 형사소송규칙 개정안을 살펴보고, 이와 관련한 학계의 논의를 살펴보기로 하겠다.

현재 논의되고 있는 법원이 수사기관으로부터 집행계획서를 받는 것과 법원에서 직접 검색어를 제한하는 것에 대하여도 논의해보고 바람직한 방향이 무엇인지 미국에서의 논의와 함께 고찰해보고자 한다.

Ⅱ. 전자 증거 수색과 그 제한

1. 전자 증거 압수수색의 특징과 압수수색 제한 근거 - 최근 형사소송규칙 개정안과 판례, 학설의 입장

전자증거, 디지털 증거는 이제 형사 재판에 있어서 때로는 결정적인, 그리고 대부분 사건에서 다수 비중을 차지하는 증거가 되었다.

전자증거의 특징에 대해 여러 의견이 존재한다. 전자증거는 이진수로 구성되는 데이터로서, 복제가 용이하고 원본과 사본의 구별이 무의미하며, 오히려 현장에서 확보된 증거가 법정에 제출된 바로 그 증거인지 확인하는 무결성, 동일성 확인이 중요하다. 또한 쉽게 삭제, 변경할 수 있기 때문에 더더욱 무결성, 동일성 확보가 중요하다 할 것이다.

또한 작은 크기의 저장매체에도 방대한 분량의 정보를 저장할 수 있으며, 네트워크로 연결되어 국경을 넘어서 확인할 수 있다는 특징도 있다.

이로써 기존 유체물 압수보다 상상하지 못 했던 더 많은 정보를 수사기관이 확보하여 별건수사의 폐해가 발생할 위험성이 더 크다 할 것이다.

전자증거에 대한 비중이 커지고, 그 기술의 발달이 하루가 다르게 발전하고 있어 전자증거 압수로 인해 혐의사실과 관련된 범죄사실과는 무관한, 본인의 개인정보나 또 다른 범죄사실이 우연히 발견되는 문제점에 대한 인식 또한 높아지고 있다. 이것은 수사기관이 먼지떨이식 수사를 하여 본말이 전도된 수사결과를 내놓거나, 내밀한 개인 정보로 심리적으로 압박하여 수사를 한다는 우려가 높아지는 데에도 있다할 것이다.

전자 증거 압수수색관련 형사소송법은 1개의 조항만 규정되어 있을 뿐이다.[5] 즉 형사소송법 제106조 제3항에 의해 전자정보의 경우 사본 압수가 원칙이며, 예외의 경우 원본(매체) 압수가 인정될 뿐이다.

전자증거에 관한 한 획을 그었다 볼 수 있는 종근당 사건(대법원 2015. 7. 16.자 2011모1839 전원합의체 결정)에서 법원은 그동안 압수물 분석의 과정이라 볼 수 있었던 과정을 수색의 연장선으로 보면서 그 논리를 기반으로 참여권의 범위를 확대하였다.

이러한 법원의 입장에 대하여, '저장매체의 탐색, 복사, 출력이라는 일련의 과정에서 참여권이 보장되지 않으면 압수수색 절차 전부가 무효라고 판단함으로써 참여권에 막강한 규범력을 부여하였다'라고 보는 입장이 있으며,[6] 여기서 더 나아가 '당사자 참여권은 진술거부권에 버금가는 의미를 가지게 되었으므로 이 전원합의체 결정이 디지털 미란다 원칙을 정립한 것으로 평가할 수 있다'고까지 하는 입장도 있다.[7]

---

5) 형사소송법 제106조

① 법원은 필요한 때에는 피고 사건과 관계가 있다고 인정할 수 있는 것에 한정하여 증거물 또는 몰수할 것으로 사료하는 물건을 압수할 수 있다. 단, 법률에 다른 규정이 있는 때에는 예외로 한다. <개정 2011. 7. 18.>

② 법원은 압수할 물건을 지정하여 소유자, 소지자 또는 보관자에게 제출을 명할 수 있다.

③ 법원은 압수의 목적물이 컴퓨터용디스크, 그 밖에 이와 비슷한 정보저장매체(이하 이 항에서 "정보저장매체등"이라 한다)인 경우에는 기억된 정보의 범위를 정하여 출력하거나 복제하여 제출받아야 한다. 다만, 범위를 정하여 출력 또는 복제하는 방법이 불가능하거나 압수의 목적을 달성하기에 현저히 곤란하다고 인정되는 때에는 정보저장매체등을 압수할 수 있다. <신설 2011. 7. 18.>

④ 법원은 제3항에 따라 정보를 제공받은 경우「개인정보 보호법」제2조 제3호에 따른 정보주체에게 해당 사실을 지체 없이 알려야 한다. <신설 2011. 7. 18.>

6) 박병민, 서용성, 디지털 증거 압수수색 개선방안에 관한 연구 - 법률 개정에 관한 논의를 중심으로, 사법정책연구원, 2021. 3., p182.

7) 조성훈, 디지털 미란다 원칙-전자정보에 대한 압수수색과 당사자의 참여권, 사법 제36호, 사법발전재단 2016, <박병민, 서용성, 디지털 증거 압수수색 개선방안에 관한 연구 - 법률 개정에 관한 논의를 중심으로, 사법정책연구원, 2021. 3., p182>에서 재인용.

법원은 참여권 인정에 대하여 최근에는 '실질적 피압수자'라는 개념을 들고 나오면서 확대해석하고 있다(대법원 2021. 11. 18. 선고 2016도348 전원합의체 판결, 대법원 2022. 1. 27. 선고 2021도11170 판결 등).

또한 법원은 압수수색 영장을 발부하면서 이러한 판례의 취지에 따른 별지를 첨부하고 있다. 그 별지에는 사본에 대한 원칙적 압수, 참여권 보장, 범죄사실과 관련된 것에 대한 압수 원칙 등을 기재하고 있다.

그러나 이러한 법원의 태도에 대해 법률 해석 범위를 벗어나고, 선진 법제에서도 볼 수 없는 것이라는 비판적 견해도 있다. 현행 형사소송법에 존재하지 않는 '실질적 피압수자'라는 개념을 만든 것은 불명확하여 또 다른 문제점을 가져올 수 있다는 지적이 있다.[8]

또한 범죄사실과 관련성에 대한 해석 기준이 명확하지 아니하여 법의 형평성, 예측가능성에 반하는 결과를 가져오는 문제점이 있다. 법원이 범죄사실과 관련성에 대한 기준 해석에 있어서 혼란을 일으키고 있다고도 보인다.[9] 오히려 범죄사실을 기준으로 관련성 판단을 하는 것은 문제가 있고 압수할 물건을 기준으로 판단해야 한다는 견해 또한 있다.[10]

이에 더 나아가 법원은 2023년 형사소송규칙 일부개정안을 의결하면서 개정이유에서 "전자정보에 대한 압수수색은 전자정보의 특성으로 인하여 사생활의 비밀과 자유, 정보에 대한 자기결정권 등을 침해할 우려가 높아 특별히 규율할 필요가 있으므로 선별 압수의 원칙을 준수하고 당사자의 절차 참여를 실질적으로 보장하는 방향으로 전자정보에 대한 압수수색 실무 등을 개선하고자 함"이라고 밝히고 있

8) 전치홍, 대법원의 참여권 법리에 대한 비판적 검토 - 대법원 2021. 11. 18. 선고 2016도348 전원합의체 판결을 중심으로 - 한국형사소송법학회 형사소송 이론과 실무 제14권 제1호 2022. 3. p31.

9) 김영미, 디지털 증거 압수수색 시 영장 범죄사실과 '관련성 있는' 증거 해석 기준과 무관 증거 발견시 증거 확보 방법, 형사판례연구 통권 제28호, 2020. p334.

10) 이형근, 수사상 압수수색에 있어 관련성 판단의 준거 - 무엇과 무엇 간에 관련성이 있어야 하는지를 중심으로 -, 형사법연구 제33권 제4호(2021 겨울), p337.

다. 이에 따라 '피의자 등의 압수수색 영장 집행 참여시 의견진술권 등 참여권 강화' 및 '전자정보에 대한 압수수색 영장 청구시의 기재사항에 집행계획 추가'를 개정안으로 제시하였다. 2023년 6월 1일부터 시행하기로 예정했던 위 형사소송규칙 개정안은 학계, 실무와 충분한 토론 없이 진행되어 많은 비판을 받았고 현재는 시행 여부가 불투명해진 상태이다.[11] 그러나 위 개정 이유와 방향에 대한 취지는 향후 계속적 논의가 이루어질 것으로 보인다.

2. 미국 전자 증거 압수수색과 제한

미국 형사법에서 전자증거 압수수색 단계에서의 제한, 위법수집 증거를 다루는 내용은 그리 많지 않다. 우리 나라처럼 범죄사실과 관련성, 참여권 보장을 이유로 법원으로부터 적법하게 발부된 영장 집행이 사후에 증거능력이 부정되는 예는 찾아보기 쉽지 않다. 오히려 '우연히 발견한 증거의 증거능력이 인정'되기 때문에(Plain View Doctrine) 전자 증거의 특성을 고려하여야 한다는 주장이 있을 뿐이다. [12] 즉 우연한 발견의 법칙을 제한하려는 노력이 있어 '위 법칙의 적용도, 긴급압수제도도, 자기증거인멸도 처벌받지 아니하는' 우리 법제와는 결이 다른 것이다.

기존의 물리적 공간을 수색하는 것과 전자 증거를 수색하는 것은 근본적 차이점이 있기에, 전자 정보를 '수색'한다는 것은 무엇을 의미

---

11) 형사소송규칙 개정안 압수수색영장에서 사전심문에 대하여는 활발한 논의가 있었으나, 본고에서의 영장 집행계획에 대해서는 상대적으로 논의가 적었던 측면이 있다.

12) 미국 연방대법원은 plain view doctrine이 적용되기 위하여 ① 수사기관이 적법하게 대상물이 존재하는 장소에 들어갔을 것(prior valid intrusion), ② 범죄행위의 증거물임이 한눈에 명백할 것(immediately apparent), ③ 대상물에 대한 적법한 접근 권한을 가질 것(lawful right of access)(원래 허용된 수색의 통상적인 범위 내에서 대상물을 발견한 경우) ④ 증거의 발견이 우연적일 것(inadvertent)를 요건으로 하였다가, 우연성 요건은 폐기하였다. - 박병민, 서용성, 디지털 증거 압수수색 개선방안에 관한 연구-법률 개정에 관한 논의를 중심으로, 사법정책연구원, 2021. 3., p69-70.

하는지, 전자 증거를 '압수'한다는 것은 언제로 보아야 하는지, 전자 정보의 수색 또는 압수는 언제 'reasonable'한다는 것인지 재정립이 필요하다는 입장이 있다.[13)]

미국 법원은 '물리적 수색'(physical search)에 있어서 영장의 '사전 제한'(ex ante restriction)을 인정하지 않고, 사후 통제(ex post)만을 인정하여 왔다. 그러나 전자 증거 수색에 있어서 사전 통제를 도입하려는 시도가 종종 있어왔다. 그러나 이러한 이론은 결정적인 결함이 있는데, 검사와 판사가 수색이 시작되기도 전에 수색 방법을 정교화할 수 있다는 잘못된 믿음에 근거한다. 사실 포렌식 과정은 너무나 예측 불가능하기 때문에 효과적인 사전 통제를 세우는 것은 불가능하다. 결국 전자 증거 수색 또한 사전 통제가 아니라 사후 통제를 함이 바람직하다.[14)]

포렌식 과정은 예측 불가능하다. 포렌식 분석가가 분석을 시작하기 전에는 어떤 내용이 숨겨져 있는지 미리 알 수가 없다. 은닉기술 또한 발달하고 있어 제대로 된 분석 전에는 범죄 증거를 확인하기 어렵다. 수술을 하는 의사와 같이, 환자의 환부를 열어보고 확인하기 전에는 사진으로 촬영한 것만으로 쉽게 병을 진단할 수 없는 것과 같다.[15)]

무엇보다도 미국에서 사전 규제의 논의가 의미를 가지는 것은 미국이 우연한 발견의 법칙을 인정하고 있기 때문이다. 그래서 법원에서는 우연한 발견으로 인해 결국 일반 영장화되는 우려를 불식하기 위해 전자 증거에 있어서는 우연한 발견의 법칙을 제외(the waiver of the plain view exception before issuing a search warrant)하고 영장을 별도로 받

13) Orin S. Kerr, Searches and Seizures in a Digital World, 119 Harvard Law Review. 531, December, 2005, p1.
14) Orin S. Kerr, Searches and Seizures in a Digital World, 119 Harvard Law Review. 531, December, 2005, p20.
15) Orin S. Kerr, Searches and Seizures in a Digital World, 119 Harvard Law Review. 531, December, 2005, p21-22.

도록 하는 조건에 대한 논의가 있는 것이다.16) 그 이외에 분석 기간 제한이 논의되고 있으나 포렌식의 특성상 어느 정도로 두어야 하는지는 논란의 여지가 너무 많기 때문에 조심스럽게 다루어지고 있다. 심지어 3년의 기간도 인정한 바가 있다.17)

사전 규제와 관련 대표적 판결로는 이른바 CDT 판결을 들 수 있다.18)

위 사건은 프로 야구 선수들에 대한 스테로이드 약물 검사 결과에 대한 압수수색영장에 대해서 영장 담당 판사는 (probable cause가 인정되는) 10명에 대한 정보를 대상으로 하도록 조건을 부기하였다. 그 10명에 대해서 수사기관이 probable cause를 제시하였기 때문이다. 압수수색 현장에서 수사기관은 컴퓨터에서 위 10명에 대한 자료를 담고 있는 'Tracey'라는 'directory'를 수색하였고, 위 폴더에는 이 외에도 수백명의 다른 선수들과 기타 일반인에 대한 검사결과(record)가 포함되었다. 10명 이외의 자들에 대한 자료가 증거로서 사용될 수 있는지가 쟁점이 된 사안이다.

만일 우리나라라면 우선 10명에 대한 압수수색영장을 받았기에 나머지 자들이 동일한 죄명, 동종 방법의 약물 복용과 관련되어 있기에 영장과의 범죄 관련성이 넓게 인정된다면 증거능력이 인정되겠으나, 법원에서 관련성을 부정할 경우, 별도 영장을 청구하여 발부받아 압수해야 하고, 영장 청구부터 발부, 집행에 이르기까지 해당 자료를 피압수자가 소지하고 있으며 피압수자에게는 수사기관에 대한 보관

16) Macon Bianucci, Tara Mahesh, Jordan Mallory, Jeffrey Tsoi, Jeffrey Warren, COMPUTER CRIMES, American Criminal Law Review 59 Am. Crim. L. Rev. 511, Summer, 2022, p543.

17) Macon Bianucci, Tara Mahesh, Jordan Mallory, Jeffrey Tsoi, Jeffrey Warren, COMPUTER CRIMES, American Criminal Law Review 59 Am. Crim. L. Rev. 511, Summer, 2022, p543.
United States v. Morales-Aldahondo, 524 F.3d 115, 117-19 (1st Cir. 2008).

18) UNITED STATES of America, Plaintiff–Appellant, v. COMPREHENSIVE DRUG TESTING, INC., Defendant–Appellee. 621 F.3d 1162 United States Court of Appeals, Ninth Circuit.

의무가 없다는 문제점이 있다. 더더욱 피의자라면 이를 폐기 처분하여도 처벌할 수조차 없다.

제9연방항소법원(3인 재판부)은 위 자료 압수가 적법하다고 판단을 내렸으나, CDT 측에서 전원합의체 재심리를 요구하여 전원합의체 판결을 하여 위 10명 이외의 자에 대한 자료 압수는 적법하지 않다고 판단을 내렸다. 그러면서 일명 전자 정보 영장 발부 기준을 제시하였다. 그러나 법무부는 '전체 전원' 재판부에서 다시 심리해줄 것을 요구하였고, 제9연방항소법원은 그 신청은 받아들이지는 않았으나 위 기준을 완화하여 위 기준은 지침이 아닌 참고의 의미를 가진다고 하였다. 또한 위 법원의 판결은 전자 증거의 위험성, 수색의 본질에 대한 고민 또한 충분히 담고 있다할 것이다.

위 법원에서는 지난 세대보다 더 복잡하고, 민감해진 법 집행 기관의 어려움을 인정하고 사생활의 비밀과 자유 못지 않은 정보의 대량화, 암호화 등으로 인한 수색의 어려움 또한 균형을 맞출 필요가 있음을 인정하고 있다. 그리고 전자 정보의 특성 때문에, (그리고 무엇보다도 우연한 발견의 법칙의 적용 때문에) 영장의 특정성이 형해화되어 '일반 영장(general warrant)'화 될 것을 우려하고 있다.[19)]

위 법원은 "폭넓은 압수(over-seizing)는 전자 정보 압수에 있어서 본질적인 것이라는 현실을 인정한다"고 하고 있다. 그래서 이는 불합리한 수색과 압수로부터 자유로울 개인의 권리와 법 집행자의 공익

---

19) 우연한 발견의 법칙의 적용과 전자 정보 수색의 문제점은 미국에서는 항상 함께 치열하게 논의되는 부분이다. 각종 제한 또한 이것 때문이라 할 수 있다.
<James Saylor, COMPUTERS AS CASTLES: PREVENTING THE PLAIN VIEW DOCTRINE FROM BECOMING A VEHICLE FOR OVERBROAD DIGITAL SEARCHES, Fordham Law Review 79 Fordham L. Rev. 2809, May, 2011>, <Stephen Guzz, DIGITAL SEARCHES AND THE FOURTH AMENDMENT: THE INTERPLAY BETWEEN THE PLAIN VIEW DOCTRINE AND SEARCH-PROTOCOL WARRANT RESTRICTIONS, American Criminal Law Review, 49 Am. Crim. L. Rev. 301, Winter, 2012> 등에서 우연한 발견의 법칙과 전자정보 압수수색이 일반영장화될 우려에 대해 언급하고 있다.

사이의 균형에 위협이 되었고, 전자정보의 분류 과정이 영장의 범위를 벗어난 전자 정보를 '수집'할 요인이 되지 않도록 신중할 필요가 있다고 하고 있다. 즉 수색과 분석은 불가피하게 인정하되, 압수는 영장의 범위를 지켜야 한다는 것이라 할 것이다.

물론 전자정보 압수수색에 있어서 결과적으로 채택되지는 않았으나 일응 가이드라인이 제시된 부분에 대한 고민은 필요해 보인다.

그 가이드라인은 우연한 발견의 법칙의 포기, 전자정보의 분류를 전문가 또는 독립적인 제3의 기관에서 할 것, 영장에는 전자정보의 삭제 등의 실질적 위험을 명시할 것, 수색은 probable cause가 인정되는 정보로 진행되어야 할 것(즉 집행계획서(search protocol)는 상당한 이유가 있는 정보가 발견될 수 있도록 되어야 함), 무관 정보의 폐기 또는 반환이다.[20] 이러한 가이드라인은 경청할 만하지만 전자 정보 특성을 고려하여 채택되지는 않은 것이다. 또한 미국에서는 위 가이드라인을 합리적 수색과 압수를 위해 참조할 만하다는 견해가 제시되고도 있다.[21]

---

20) 1. Magistrate judges should insist that the government waive reliance upon the plain view doctrine in digital evidence cases.
2. Segregation and redaction of electronic data must be done either by specialized personnel or an independent third party. If the segregation is to be done by government computer personnel, the government must agree in the warrant application that the computer personnel will not disclose to the investigators any information other than that which is the target of the warrant.
3. Warrants and subpoenas must disclose the actual risks of destruction of information as well as prior efforts to seize that information in other judicial for a.
4. The government's search protocol must be designed to uncover only the information for which it has probable cause, and only that information may be examined by the case agents.
5. The government must destroy or, if the recipient may lawfully possess it, return non-responsive data, keeping the issuing magistrate informed about when it has done so and what it has kept.

21) Christina M. Schuck, A SEARCH FOR THE CASELAW TO SUPPORT THE COMPUTER SEARCH "GUIDANCE" IN UNITED STATES V. COMPREHENSIVE DRUG TESTING, Lewis & Clark Law Review, 16 Lewis & Clark L. Rev. 741, Summer 2012, p742.

미국에서는 사전 규제(ex ante restriction)의 문제점을 지적하고 결과적으로 사후 통제(ex post)가 보다 효과적이라고 보는 견해가 제시되고 있다. 즉 사전규제로서 시간 제한(deadline for search completion)을 하는 것은 과연 현재 규제해야 할 이유인 광범위한 수색과 압수에 대한 효과적 대처일지조차 의문이며, 수색의 방법을 강제(독립적인 검토 팀을 요구하거나, 목적이 되는 수색 조건을 실질화하거나, 서비스 제공자에 의한 최초 키워드 스크린을 요구하는 것 등)하는 것과 관련, 수색의 '방법'을 규율하는 것보다는 압수될 '내용'을 규율하는 것이 상당하다는 입장을 제기하고 있다. 이에 더하여 위와 같은 규제는 너무나 제한적이어서 오히려 수색 능력을 저하시킬 수 있으며, 객관적 제3자가 수색을 제대로 해줄 능력이 있다고 기대하는 것도 현실과 맞지 않다는 입장이다.[22] 따라서 이러한 제한에 대한 노력은 미국 법원에서도 일반적으로 받아들여지고 있지 아니한 것으로 보인다.[23]

3. 집행계획서(search protocol)와 사전규제(ex ante restriction)

"수사기관이 방대하고도 민감한 정보를 담고 있는 디지털 기기를 아무런 제한 없이 탐색할 수 있다면 이는 범죄수사로 인한 기본권의 침해가 너무나 커 비례의 원칙에도 반한다. 범죄수사라는 수사기관의 요구와 국민의 기본권 보호 사이의 균형을 추구하여야 할 법원으로서는 수사기관의 과잉 압수를 통제하고자 하여도 각 사안마다 구체적으로 영장 집행 방법을 특정하기가 사실상 어렵다. 판사가 수사기관으로부터 디지털 기기에서 유관정보를 찾기 위한 압수수색 방법을 설명한 집행계획서를 제출받아 검토한다면 이러한 어려움은 해결될 수 있고, 증거의 과도한 압수를 피하기 위한 수사기관의 의도를 사전 검토함으

---

22) Sara J. Dennis, REGULATING SEARCH WARRANT EXECUTION PROCEDURE FOR STORED ELECTRONIC COMMUNICATIONS, Fordham Law Review, 86 Fordham L. Rev. 2993, May, 2018, p3005.

23) Emily Berman, DIGITAL SEARCHES, THE FOURTH AMENDMENT, AND THE MAGISTRATES' REVOLT, Emory Law Journal, 68 Emory L.J. 49, 2018, p61.

로써 국민의 기본권 보호도 확실히 할 것이다"[24]라고 하면서 미국에서 논의되는 집행계획서 제출을 받자는 견해가 있고, 형사소송규칙 개정안도 이러한 논의의 연장선상으로 볼 수 있다 할 것이다. 위 견해는 저장매체 전부 압수를 할 경우 왜 그래야 하는지, 복제된 무관정보는 어떻게 처리해야 하는지 설명해야 하고, 키워드 목록을 제시하여야 하며, 디지털 기기 탐색에 사용할 소프트웨어 목록과 각 소프트웨어를 유관정보 확인에 어떻게 사용할 것인지 설명해야 하며, 집행을 하는 자가 수사관인지, 컴퓨터 전문가 등 제3자인지 등 각 단계별로 밝혀야 하며, 무관정보 처리 기한을 설정하는 등으로 집행계획서를 작성해야 한다고 하였다.[25]

미국 워싱턴 D.C. 지방법원 연방 치안판사 Facciola는 집행계획서를 구체적으로 작성하지 않을 경우 압수수색 영장을 기각해야 한다는 판시를 하였다.

위 판사는 집행계획서에 복제한 정보 전부 보유 여부, 수사관이 디지털 기기 수색에 관여할 것인지 여부를 설명해야 하고, 하드 드라이브 전체 사본을 생성하는 복제는 과잉 압수라고 하였으며, 수사기관이 판사에게 자체적인 수색 방법론을 자세하게 제공해야 한다고 하였다.[26]

위와 같은 논의의 연장선으로서, 디지털 증거 압수수색 개선방안으로서 비례의 원칙에 부합하는 집행 방법 설계로서, 압수방법에 관한 법원의 사전규제 방안(Ex Ante Regulation)으로 압수수색 시 사용할 것으로 예상되는 키워드, 소프트웨어, 집행현장에서 전자정보 분석을 할 포렌식 수사관 수 등 구체적 기재를 논하는 입장이 있다.[27]

---

24) 조미화, 디지털 증거의 압수수색에 관한 연구 - 개선방안과 긴급 압수수색을 중심으로, 법원간행물 재판자료집 137집 외국사법연수논집(38), 2019. 6. p945.

25) 조미화, 디지털 증거의 압수수색에 관한 연구 - 개선방안과 긴급 압수수색을 중심으로, 법원간행물 재판자료집 137집 외국사법연수논집(38), 2019. 6. p946.

26) <조미화, 디지털 증거의 압수수색에 관한 연구 - 개선방안과 긴급 압수수색을 중심으로, 법원간행물 재판자료집 137집 외국사법연수논집(38), 2019. 6. p941~943>에서 재인용.

물론 전자 정보 수색과 압수는 기존 유체물 수색과 압수와는 다를 수밖에 없게 되었는데, 법 집행 기관인 수사기관이 광범위한 전자정보를 압수할 수밖에 없게 되었고 그 압수한 전자정보 중에서 범죄사실과 관련된 것을 수색하게 되어 불가피하게 범죄사실과 무관한 정보까지도 볼 수밖에 없게 되었다는 것은 사실이다. 그리고 이러한 점 때문에 일부 미국 판사들이 수색 영장의 제한을 가하게 된 것은 사실이다.[28)]

그러나 미국 연방대법원은 '미국 수정 헌법 제4조가 요구하는 압수수색 대상의 특정 외에 그 영장이 어떠한 방식으로 집행되어야 할 것인지에 대한 상세한 기술이 포함되어야 할 아무런 이유가 없다'는 취지로 판시한 바 있다.[29)] 이는 영장 집행에 대한 구체적 사항은 사후 판단의 문제일 뿐 사전 판단의 문제가 아니라는 취지이며 현재까지의 기술과 수사된 내용을 기반으로 최대한의 노력으로 영장 기재사항을 특정하되, 집행을 하기 위한 구체적 방법까지 수사기관이 제시하는 것이나 법원이 요구하는 것은 현실적으로 어렵다는 것이다.

또한 압수수색 현장에서 키워드로 검색하는 경우, '키워드 검색 방법이 범죄 사실과 관련성을 찾을 수 있는 효과적인 방법이기는 하나 키워드 검색 방법만으로는 해당 사건과 관련성이 있는 모든 파일을 검색할 수 없다. 키워드 검색 방법의 특성상 수사관이 작성한 키워드와 정확히 일치되는 파일만 검색되기 때문이다. 이러한 기술적 한계에 의하여 해당 사건과 관련성 있는 데이터를 수색하는데 실패할 수 있다. 특히 피압수자가 파일명을 변경해 두거나 은닉해 두었을 경우 실효성이 없고 파일이 아닌 기타 로그 기록을 검색해내는 데도 한계가 있을 수밖에 없다'고 할 수 있다.[30)]

---

27) 박병민, 서용성, 디지털 증거 압수수색 개선방안에 관한 연구-법률 개정에 관한 논의를 중심으로, 사법정책연구원, 2021. 3., p234.

28) Emily Berman, DIGITAL SEARCHES, THE FOURTH AMENDMENT, AND THE MAGISTRATES' REVOLT, Emory Law Journal, 68 Emory L.J. 49, 2018, p1.

29) United States v. Grubbs, 547 U.S. 90(2006).

여기서 더 나아가 대상 판결과 같이 법원이 '직접' 검색어를 기재하는 적극적 영장 발부가 가능한지, 또 적절한지가 문제가 될 수 있다. 법원이 수사기관에게 구체적인 집행 계획을 제출하도록 하는 것에서 더 나아가 마치 수사지휘를 하는 것처럼 집행 방법을 스스로 제시하는 것이 적절한가의 문제라 할 것이다. 법원이 압수수색의 구체적 방법까지 사전에 기재하여 영장을 발부한다는 것은 법관이 법집행기관이 되는 것이라 할 것이다.

실제 대상 판결을 보면, 법원이 제시한 검색어 2개 또한 논란의 여지가 크다할 것이다. 이 사건은 갑, 을 부부가 운영하는 A 주식회사 관련 분쟁에 대한 것이다. 위 사건 번호가 1234후5678호인데, 검색어를 <1234후5678>, <34후5678>로만 제한할 합리적 이유가 있다고 보이지는 않는다. 검색어는 <갑>, <을>, <A> 또한 가능하고, 문제의 소지가 있는 문서이므로 은닉어를 사용했을 가능성 또한 매우 높다. 위 특허 분쟁 상대방 회사와 운영자 성명으로도 검색 가능하다. 그럼에도 불구하고 특허 분쟁 사건 번호로만 한정할 합리적 이유를 발견하기는 어렵다 할 것이다.

Ⅲ. 마치며

수색의 제한을 하는 핵심은 결국 '파일을 광범위하게 열람하는 방식에 의한 수색을 허용하여 별건의 증거를 발견하고 추가 압수수색영장을 통해 적법성을 확보하는 경우 별건 수사는 지속적으로 반복될 가능성이 있다'[31]는 점에 있다할 것이다.

미국 법원은 종종 '수사기관의 선의(good faith)'를 중시하는 판단을 하고 있다. 대상 판결에서 우리 법원이 '수사기관이 악의적으로 영장 제한을 위반'하였다고 한 부분도 이와 같은 맥락이라 보인다.

30) 이관희, 이상진, 디지털 증거법, 박영사, 초판, 2022. 1., p228.
31) 이관희, 이상진, 디지털 증거법, 박영사, 초판, 2022. 1., p223.

대상 판결에서 수사기관이 영장 제한을 의도적으로 위반한 것은 사실로 보인다. 비록 앞서 지적한 바와 같이 영장의 사전제한이 합리적으로도, 논리적으로도 납득되지 않으며, 법적 근거 또한 명확하지 않은 것은 사실이나, 영장의 부당함을 수사기관이 다툴 법적 방법이 없는 현 제도 하에서는, 그럼에도 불구하고 법원의 명시적 제한이 있었다면 수사기관이 이를 준수해야 했었다고 본다. 게다가 명시적 제한을 위반하여 몇 개의 검색어를 추가한 것으로는 혐의사실을 입증할 증거를 찾지도 못 했다. 또한 위반한 검색어로 찾은 자료를 기반으로 영장 범죄사실과 별도의 범죄사실로 인지, 기소하여 그 사건의 증거자료로 한 부분 또한 비판받을 부분이 있다. 한편으로는 법원 또한 이 사건에서 키워드 제한으로 수색을 불합리하게 제한하였다는 비판을 면할 수 없다할 것이다.

또한 이러한 사전규제의 시도가 법원이 우려하는 사생활의 비밀과 자유 등에 과연 효과적인 대처 방안인지도 진지한 재검토가 필요해 보인다. 대상 판결에서 수색어를 제한한 것이 영장 범죄사실과 무관한 범죄사실을 볼 수 없게 하는데 그치지 아니하고 영장 범죄사실의 증거조차 발견할 수 없게 하였다는 점에 있기 때문이다.

포렌식은 현장에서의 직관이 매우 필요한 영역이다. 키워드 몇 개로 수색을 다 할 수 있다고 생각하는 것은 전자 정보의 특성을 간과한 것이라 할 것이다. 전자 정보는 문서가 아니기 때문에 함께 있는 메타데이터 등을 결합해서 보아야 하고(작성을 누가 한 것인지, 언제 열람했는지, 어떤 경로를 통해 파일을 받았는지 등 분석이 필요하다), 은닉과 삭제 등을 꼼꼼이 살펴보아야 증거에 다가갈 수 있는 것이다. 전자 정보의 특성으로 인하여 (일견) 광범위한 수색은 인정될 수밖에 없는 것이며, 그 수색으로 인해 영장 범죄사실과 전혀 무관한 별건 범죄사실의 발견에 대해 어떻게 대처할 것인가가 더 중요한 문제라 할 것이다.

수사기관과 사법부 모두 범죄의 중대성, 비례의 원칙을 고민하고 국민의 법감정, 상식과 경험칙에 입각한, 정의와 형평에 맞는 기준에 대한 끊임없는 고민이 필요하다 할 것이다. 그리고 이를 어떻게 제도로서 구현해나가야 할 것인가는 보다 깊은 논의와 토론이 필요하다 할 것이다.

[주 제 어]

전자(디지털) 증거 수색 제한, 키워드 제한, 집행계획서(search protocol), 사전규제(ex ante restriction)

[Key Words]

Electronic (digital) evidence search restrictions, keyword restrictions, search protocol, ex ante restrictions

접수일자 : 2024. 4. 29. 심사일자 : 2024. 6. 10. 게재확정일자 : 2024. 6. 25.

[참고문헌]

김영미, 디지털 증거 압수수색 시 영장 범죄사실과 '관련성 있는' 증거 해석 기준과 무관 증거 발견시 증거 확보 방법, 형사판례연구 통권 제28호, 2020.

박병민, 서용성, 디지털 증거 압수수색 개선방안에 관한 연구 - 법률 개정에 관한 논의를 중심으로, 사법정책연구원, 2021. 3.

이관희, 이상진, 디지털 증거법, 박영사, 초판, 2022. 1.

이형근, 수사상 압수수색에 있어 관련성 판단의 준거 - 무엇과 무엇 간에 관련성이 있어야 하는지를 중심으로 -, 형사법연구 제33권 제4호(2021 겨울).

조성훈, 디지털 미란다 원칙-전자정보에 대한 압수수색과 당사자의 참여권, 사법 제36호, 사법발전재단, 2016.

전치홍, 대법원의 참여권 법리에 대한 비판적 검토 - 대법원 2021. 11. 18. 선고 2016도348 전원합의체 판결을 중심으로 - 한국형사소송법학회 형사소송 이론과 실무 제14권 제1호, 2022. 3.

조미화, 디지털 증거의 압수수색에 관한 연구 - 개선방안과 긴급 압수수색을 중심으로, 법원간행물 재판자료집 137집 외국사법연수논집(38), 2019. 6.

Orin S. Kerr, Searches and Seizures in a Digital World, 119 Harvard Law Review. 531, December, 2005.

Macon Bianucci, Tara Mahesh, Jordan Mallory, Jeffrey Tsoi, Jeffrey Warren, COMPUTER CRIMES, American Criminal Law Review 59 Am. Crim. L. Rev. 511, Summer, 2022.

James Saylor, COMPUTERS AS CASTLES: PREVENTING THE PLAIN VIEW DOCTRINE FROM BECOMING A VEHICLE FOR OVERBROAD DIGITAL SEARCHES, Fordham Law Review 79 Fordham L. Rev. 2809, May, 2011.

Stephen Guzz, DIGITAL SEARCHES AND THE FOURTH AMENDMENT: THE INTERPLAY BETWEEN THE PLAIN VIEW DOCTRINE AND

SEARCH-PROTOCOL WARRANT RESTRICTIONS, American Criminal Law Review, 49 Am. Crim. L. Rev. 301, Winter, 2012.

Christina M. Schuck, A SEARCH FOR THE CASELAW TO SUPPORT THE COMPUTER SEARCH "GUIDANCE" IN UNITED STATES V. COMPREHENSIVE DRUG TESTING, Lewis & Clark Law Review, 16 Lewis & Clark L. Rev. 741, Summer 2012.

Sara J. Dennis, REGULATING SEARCH WARRANT EXECUTION PROCEDURE FOR STORED ELECTRONIC COMMUNICATIONS, Fordham Law Review, 86 Fordham L. Rev. 2993, May, 2018.

Emily Berman, DIGITAL SEARCHES, THE FOURTH AMENDMENT, AND THE MAGISTRATES' REVOLT, Emory Law Journal, 68 Emory L.J. 49, 2018.

[Abstract]

Restrictions on searches of electronic (digital) evidence
— Supreme Court, 2021Do2485, sentenced on October 14, 2021

KIM YOUNG MI*

It is inevitable that search and seizure of digital evidence is quite different from search and seizure of general physical objects.

In the meantime, the court stipulated that only items related to the crime should be confiscated through an appendix to the warrant, and that even if once confiscated, anything not related to the crime should be deleted or returned, and that extensive search and seizure was allowed by guaranteeing participation rights. There were restrictions on what could be done.

Going one step further, according to the revised criminal procedure rules proposed by the court in 2023 (currently unclear as to whether they will be implemented, but highly likely to be discussed again at any time), 'execution plan including search terms to be used for analysis, search target period, etc.' It was ordered to be recorded in the search and seizure warrant.

The target ruling can be seen as going further than this and restricting searches by 'designating search terms directly from the court.'

The key to restricting searches may ultimately be the concern that if a wide-ranging search is allowed to discover evidence in a separate case and secure legality through additional search and seizure warrants, the separate investigation will be repeated indefinitely.

* Institute of Justice Prosecutor Professor (Chief Prosecutor)

U.S. courts often make decisions that value the 'good faith of the investigative agency.' The part in the target ruling in which our court stated that 'the investigative agency maliciously violated warrant restrictions' appears to be in the same context.

In the target ruling, it appears to be true that the investigative agency intentionally violated warrant restrictions. On the other hand, the court also cannot avoid criticism that it unreasonably limited the search by keyword restrictions in this case.

In addition, it seems necessary to seriously reexamine whether these attempts at prior regulation are truly an effective way to deal with the secrecy and freedom of private life that the court is concerned about. This is because the limitation of search words in the target ruling not only prevented the viewing of crime facts unrelated to the warrant crime, but also prevented the discovery of evidence of the warrant crime.

Forensics is an area that greatly requires intuition in the field. Thinking that a search can be done with just a few keywords would be to overlook the characteristics of electronic information. Since electronic information is not a document, it must be viewed by combining metadata (requires analysis such as who wrote it, when it was viewed, through what route the file was received, etc.), and carefully inspects for concealment and deletion. You have to see to get closer to the evidence. Due to the nature of electronic information, a wide-ranging search (at a glance) cannot but be accepted, and a more important issue is how to deal with the discovery of separate crimes that are completely unrelated to the warranted crime due to the search.

Both investigative agencies and the judiciary will need to consider the seriousness of the crime and the principle of proportionality, and constantly consider standards for justice and equity based on the public's legal feelings, common sense, and empirical rules. And how to implement this as a system will require more in-depth discussion and debate. This is because the realization of justice through discovery of the substantive truth is an important axis of criminal justice that cannot be compromised. There is a need to consider the best way to implement this within due process.

영장 범죄사실의 관련성과 별건 증거 사용의 관계

— 대법원 2023. 6. 1. 선고 2018도18866 판결 —

이 창 온*

Ⅰ. 대상판결 및 참조판결의 소개

[대상판결](밑줄과 원문자 표시는 필자가 하였음)

헌법 제12조의 영장주의와 형사소송법 제199조 제1항 단서의 강제처분 법정주의는 수사기관의 증거수집뿐만 아니라 강제처분을 통하여 획득한 증거의 사용까지 아우르는 형사절차의 기본원칙이다. 따라서 수사기관은 ① 영장 발부의 사유로 된 범죄 혐의사실과 관계가 없는 증거를 압수할 수 없고, ② 별도의 영장을 발부받지 아니하고서는 압수물 또는 압수한 정보를 그 압수의 근거가 된 압수·수색영장 혐의사실과 관계가 없는 범죄의 유죄 증거로 사용할 수 없다.

형사소송법 제215조 제1항은 "검사는 범죄수사에 필요한 때에는 피의자가 죄를 범하였다고 의심할 만한 정황이 있고 해당 사건과 관계가 있다고 인정할 수 있는 것에 한정하여 지방법원판사에게 청구하여 발부받은 영장에 의하여 압수·수색 또는 검증을 할 수 있다."라고 규정한다. 여기에서 '해당 사건과 관계가 있다'는 것은 ① 압수·수색영장에 기재한 혐의사실과 관련되고 ② 이를 증명할 수 있는 최소한의 가치가 있는 것으로서 ③ 압수·수색영장의 혐의사실과 사이에 객관적,

* 이화여대 법학전문대학원 교수, 법학전문박사

인적 관련성이 인정되는 것을 말한다. 혐의사실과의 객관적 관련성은 ① 압수·수색영장에 기재된 혐의사실 자체 또는 ② 그와 기본적 사실관계가 동일한 범행과 직접 관련되어 있는 경우를 의미하지만, ③ 범행 동기와 경위, 범행 수단과 방법, 범행 시간과 장소 등을 증명하기 위한 간접증거나 정황증거 등으로 사용될 수 있는 경우에도 인정할 수 있다. 이때 객관적 관련성은 압수·수색영장에 기재된 혐의사실의 내용과 수사의 대상, 수사 경위 등을 종합하여 구체적·개별적 연관관계가 있는 경우에만 인정할 수 있고, 혐의사실과 단순히 동종 또는 유사 범행이라는 사유만으로 객관적 관련성이 있다고 볼 수는 없다(대법원 2017. 1. 25. 선고 2016도13489 판결, 대법원 2017. 12. 5. 선고 2017도13458 판결, 대법원 2021. 7. 29. 선고 2020도14654 판결 등 참조). 그리고 피의자 또는 피고인과의 인적 관련성은 압수·수색영장에 기재된 대상자의 공동정범이나 교사범 등 공범이나 간접정범은 물론 필요적 공범 등에 대한 사건에 대해서도 인정할 수 있다.

원심은 판시와 같은 이유로 서울남부지방법원 판사가 2015. 9. 15. 발부한 압수·수색·검증영장(이하 '이 사건 영장'이라 한다)에 기하여 압수한 압수물은 이 사건 영장 기재 혐의사실과 무관한 별개의 증거를 압수한 것으로 위법수집증거에 해당한다고 판단하였다. 원심판결 이유를 관련 법리와 기록에 비추어 살펴보면, 원심의 판단에 압수·수색영장의 '객관적 관련성'에 관한 법리를 오해한 잘못이 없다.....

원심은 판시와 같은 이유로, 이 사건 영장에 기하여 압수한 메모지 2장은 위법수집증거로서 그 압수절차 위반 행위가 위법수집증거 배제법칙의 예외를 인정할 수 있는 경우에 해당하지 아니하고, 위 메모지에 기초하여 수집된 다른 증거 역시 위법수집증거에 터 잡아 획득한 2차적 증거로서 위 압수절차와 2차적 증거수집 사이에 인과관계가 희석 또는 단절된다고 보기 어려우므로 모두 위법수집증거에 해당한다고 판단하였다. 원심판결 이유를 관련 법리와 기록에 비추어 살펴보면, 원심의 판단에 필요한 심리를 다하지 않은 채 논리와 경험의 법칙을 위반하여 자유심증주의의 한계를 벗어나거나 위법수집증거 배제법칙의 예외 및 위법수집증거에 기초하여 획득한 2차적 증거의 증거능력에 관한 법리를 오해한 잘못이 없다.

[참조판결1] 대법원 2017. 1. 25. 선고 2016도13489 판결(공 2017상, 496)

통신비밀보호법은 통신제한조치의 집행으로 인하여 취득된 전기통신의 내용은 통신제한조치의 목적이 된 범죄나 이와 관련되는 범죄를 수사·소추하거나 그 범죄를 예방하기 위한 경우 등에 한정하여 사용할 수 있도록 규정하고(제12조 제1호), 통신사실확인자료의 사용제한에 관하여 이 규정을 준용하도록 하고 있다(제13조의5). 따라서 통신사실확인자료 제공요청에 의하여 취득한 통화내역 등 통신사실확인자료를 범죄의 수사·소추를 위하여 사용하는 경우 그 대상 범죄는 통신사실확인자료 제공요청의 목적이 된 범죄 및 이와 관련된 범죄에 한정되어야 한다(대법원 2014. 10. 27. 선고 2014도2121 판결 참조). 여기서 통신사실확인자료 제공요청의 목적이 된 범죄와 관련된 범죄라 함은 통신사실 확인자료제공요청 허가서에 기재한 혐의사실과 객관적 관련성이 있고 자료제공 요청대상자와 피의자 사이에 인적 관련성이 있는 범죄를 의미한다고 할 것이다.

그중 혐의사실과의 객관적 관련성은, 통신사실 확인자료제공요청 허가서에 기재된 혐의사실 자체 또는 그와 기본적 사실관계가 동일한 범행과 직접 관련되어 있는 경우는 물론 범행 동기와 경위, 범행 수단 및 방법, 범행 시간과 장소 등을 증명하기 위한 간접증거나 정황증거 등으로 사용될 수 있는 경우에도 인정될 수 있다. 다만 통신비밀보호법이 위와 같이 통신사실확인자료의 사용 범위를 제한하고 있는 것은 특정한 혐의사실을 전제로 제공된 통신사실확인자료가 별건의 범죄사실을 수사하거나 소추하는 데 이용되는 것을 방지함으로써 통신의 비밀과 자유에 대한 제한을 최소화하는 데 입법 취지가 있다고 할 것이다. 따라서 그 관련성은 통신사실 확인자료제공요청 허가서에 기재된 혐의사실의 내용과 당해 수사의 대상 및 수사 경위 등을 종합하여 구체적·개별적 연관관계가 있는 경우에만 인정된다고 보아야 하고, 혐의사실과 단순히 동종 또는 유사 범행이라는 사유만으로 관련성이 있다고 할 것은 아니다.

[참조판결2] 대법원 2015. 10. 29 선고 2015도9784 판결

원심은 그 판시와 같은 이유를 들어, ①이 사건 각 전자정보 출력물은 제1,2 압수수색영장 기재 혐의사실 중 적어도 '저서' 기부행위 제한 위반의 점에 대한 직접 또는 간접증거로서의 가치가 있어 영장 기재 혐의사실과 관련성이 인정되고 영장집행 과정에서도 적법절차가 준수되었던 것으로 판단되므로 모두 증거증력이 인정되며, ②적법하게 압수된 이 사건 각 전자정보 출력물을 피고인 a 및 그와 공범관계에 있는 피고인 c에 대한 사전선거운동으로 인한 교육자치법 위반 혐의사실의 증거로 사용하는 데 특별한 제한이 있다고 할 수 없으며, ③이 사건 각 전자정보 출력물을 토대로 한 진술 증거의 증거능력도 인정된다고 판단하였다. 앞서 본 법리에 따라 원심판결 이유와 기록을 살펴보면 원심의 위와 같은 판단은 정당하다. 거기에 논리와 경험의 법칙을 위반하여 자유심증주의의 한계를 벗어나거나 증거능력 등에 관한 법리를 오해하여 판결에 영향을 미친 위법이 없다.

[참조판결3] 2019. 10. 17. 선고 2019도6775 판결

형사소송법 제215조 제1항은 "검사는 범죄수사에 필요한 때에는 피의자가 죄를 범하였다고 의심할 만한 정황이 있고 해당 사건과 관계가 있다고 인정할 수 있는 것에 한정하여 지방법원판사에게 청구하여 발부받은 영장에 의하여 압수, 수색 또는 검증을 할 수 있다."라고

정하고 있다. 따라서 영장 발부의 사유로 된 범죄 혐의사실과 무관한 별개의 증거를 압수하였을 경우 이를 원칙적으로 유죄 인정의 증거로 사용할 수 없다. 그러나 압수·수색의 목적이 된 범죄나 이와 관련된 범죄의 경우에는 그 압수·수색의 결과를 유죄의 증거로 사용할 수 있다(대법원 2016. 3. 10. 선고 2013도11233 판결 등 참조).

압수·수색영장의 범죄 혐의사실과 관계있는 범죄라는 것은 압수·수색영장에 기재한 혐의사실과 객관적 관련성이 있고 압수·수색영장 대상자와 피의자 사이에 인적 관련성이 있는 범죄를 의미한다. 그중 혐의사실과 객관적 관련성은 압수·수색영장에 기재된 혐의사실 자체 또는 그와 기본적 사실관계가 동일한 범행과 직접 관련되어 있는 경우는 물론 범행 동기와 경위, 범행 수단과 방법, 범행 시간과 장소 등을 증명하기 위한 간접증거나 정황증거 등으로 사용될 수 있는 경우에도 인정될 수 있다. 그 관련성은 압수·수색영장에 기재된 혐의사실의 내용과 수사의 대상, 수사 경위 등을 종합하여 구체적·개별적 연관관계가 있는 경우에만 인정된다고 보아야 하고, 혐의사실과 단순히 동종 또는 유사 범행이라는 사유만으로 관련성이 있다고 할 것은 아니다.

원심은 다음과 같은 이유로 2018. 5. 29.자 압수·수색영장(이하 '이 사건 압수영장'이라 한다)에 기초하여 압수한 피고인의 소변과 소변에 대한 마약류 검사 결과를 기재한 마약감정서는 이 사건 압수영장 기재 혐의사실과 무관한 별개의 증거를 압수하여 위법하여 수집된 증거에 해당하거나 이를 기초로 하여 획득한 2차적 증거로서 증거능력이 없다고 판단하였다.

1) 이 사건 압수영장에 기재된 메트암페타민(이하 '필로폰'이라 한다) 투약 혐의사실은 피고인이 2018. 5. 23. 시간불상경 부산 이하 불상지에서 필로폰 불상량을 불상의 방법으로 투약하였다는 것이다. 이 사건 공소사실 중 필로폰 투약의 점은 피고인이 2018. 6. 21.경부터 같은 달 25일경까지 사이에 부산 이하 불상지에서 필로폰 불상량을 불상의 방법으로 투약하였다는 것이다.

2) 마약류 투약 범죄는 그 범행일자가 다를 경우 별개의 범죄로 보아야 하고, 이 사건 압수영장 기재 혐의사실과 이 부분 공소사실은 그 범행 장소, 투약방법, 투약량도 모두 구체적으로 특정되어 있지 않아 어떠한 객관적인 관련성이 있는지 알 수 없다. 이 사건 압수영장 기재 혐의사실과 이 부분 공소사실이 동종 범죄라는 사정만으로 객관적 관련성이 있다고 할 수 없다.

3) 경찰은 제보자의 진술을 토대로 이 사건 압수영장 기재 혐의사실을 특정하였는데, 이 사건 압수영장이 발부된 후 약 1달이 지난 2018. 6. 25.에야 이 사건 압수영장을 집행하여 피고인의 소변을 압수하였으나 그 때는 필로폰 투약자의 소변에서 마약류 등이 검출될 수 있는 기간이 지난 뒤였고, 별도의 압수·수색영장으로 압수된 피고인의 모발에서 마약류 등이 검출되지 않자 결국 압수된 피고인의 소변에서 필로폰 양성반응이 나온 점을 근거로 이 부분 공소사실과 같이 기소하였다. 이 사건 압수영장 기재 혐의사실의 내용과 수사의 대상, 수사 경위 등을 종합하여 보면, 이 부분 공소사실과 같은 필로폰 투약의 점은 경찰이 이 사건 압수영장을 발부받을 당시 전혀 예견할 수 없었던 혐의사실이었던 것으로 보이므로, 이 사건 압수영장 기재 혐의사실과 이 부분 공소사실 사이에 연관성이 있다고 보기 어렵다.

[참조판결4] 대법원 2021. 7. 29 선고 2021도3756 판결[1)]

형사소송법 제215조 제1항은 "검사는 범죄수사에 필요한 때에는 피의자가 죄를 범하였다고 의심할 만한 정황이 있고 해당 사건과 관계가 있다고 인정할 수 있는 것에 한정하여 지방법원판사에게 청구하

---

1) 이 사건 원심은 다음과 같은 이유로 무죄를 선고하였다. "이 사건 압수영장의 혐의사실은 "피고인이 2020. 7. 11.~12. 및 2020. 7. 16. 공소외인에게 무상으로 필로폰을 교부하였다."라는 것이나, 이 부분 공소사실은 "피고인이 2020. 9. 11. 필로폰을 투약하였다."라는 것인바, 이 부분 공소사실은 이 사건 압수영장을 발부받을 당시 전혀 예견할 수 없었던 범행으로 보이므로, 이 사건 압수영장의 혐의사실과 이 부분 공소사실 사이에 연관성이 있다고 보기 어렵다. 따라서 이 사건 압수영장에 따라

여 발부받은 영장에 의하여 압수, 수색 또는 검증을 할 수 있다."라고 규정하고 있다. 따라서 영장 발부의 사유로 된 범죄 혐의사실과 무관한 별개의 증거를 압수하였을 경우 이는 원칙적으로 유죄 인정의 증거로 사용할 수 없다. 그러나 압수·수색의 목적이 된 범죄나 이와 관련된 범죄의 경우에는 그 압수·수색의 결과를 유죄의 증거로 사용할 수 있다. 압수·수색영장의 범죄 혐의사실과 관계있는 범죄라는 것은 압수·수색영장에 기재한 혐의사실과 객관적 관련성이 있고 압수·수색영장 대상자와 피의자 사이에 인적 관련성이 있는 범죄를 의미한다. 그 중 혐의사실과의 객관적 관련성은 압수·수색영장에 기재된 혐의사실 자체 또는 그와 기본적 사실관계가 동일한 범행과 직접 관련되어 있는 경우는 물론 범행 동기와 경위, 범행 수단과 방법, 범행 시간과 장소 등을 증명하기 위한 간접증거나 정황증거 등으로 사용될 수 있는 경우에도 인정될 수 있다. 이러한 객관적 관련성은 압수·수색영장에 기재된 혐의사실의 내용과 수사의 대상, 수사 경위 등을 종합하여 구체적·개별적 연관관계가 있는 경우에만 인정된다고 보아야 하고, 혐의사실과 단순히 동종 또는 유사 범행이라는 사유만으로 객관적 관련성이 있다고 할 것은 아니다....

통상 감정일로부터 1~2주 이내의 마약류 투약 여부 확인을 위해

압수된 소변과 모발은 영장주의에 위배하여 위법하게 수집된 증거이고, 이를 토대로 확보한 소변검사시인서, 마약감정서, 수사기관에서의 자백 진술 및 주사흔 사진은 위법수집증거에 기초한 2차적 증거로서 증거능력이 없다. 피고인은 제1심 법정에서 이 부분 공소사실을 자백하였으나 이를 보강할 증거가 없다." 동 판결에 대한 평석으로는 강동범, 2021년 형사소송법 판례 회고, 형사판례연구, 박영사(2022), 585-593면. 평석은 판례의 결론에 찬성하고 있으나, "압수수색의 목적이 된 범죄나 이와 관련된 범죄의 경우에는 그 압수수색의 결과를 유죄의 증거로 사용할 수 있다는 내용은 영장 혐의사실과 무관한 압수증거도 다른 범죄에 대한 유죄증거로 사용될 수 있다고 읽(힐)" 수 있다는 이유로 비판하고 있다. 주석 형사소송법, 한국사법행정학회(2022)(배성중 집필부분), 423-426면은 "통상적인 압수수색은 공소가 제기될 범죄사실이나 죄명이 구체적으로 확정되지 않은 수사의 초기 단계에서 개략적인 혐의에 대한 소명만으로 이루어지는 경우가 대부분이고 압수수색을 실시하기 전까지는 어떤 증거가 존재하는지 명확히 예상하기도 어렵다는 현실적인 제약이 있다."는 점을 근거로 판결의 입장을 옹호하고 있다.

서는 소변 감정으로 족하고, 그 이전의 투약 여부를 확인하기 위해서는 모발에 대한 감정이 필요한 것으로 알려져 있다. 법원이 압수할 물건으로 피고인의 소변뿐만 아니라 모발을 함께 기재하여 이 사건 압수영장을 발부한 것은 영장 집행일 무렵의 필로폰 투약 범행뿐만 아니라 그 이전의 투약 여부까지 확인하기 위한 것으로 볼 수 있고, 피고인이 이 사건 압수영장의 혐의사실인 필로폰 교부 일시 무렵 내지 그 이후 반복적으로 필로폰을 투약한 사실이 증명되면 필로폰 교부 당시에도 필로폰을 소지하고 있었거나 적어도 필로폰을 구할 수 있었다는 사실의 증명에 도움이 된다고 볼 수 있으므로, 압수한 피고인의 소변 및 모발은 이 사건 압수영장의 혐의사실 증명을 위한 간접증거 내지 정황증거로 사용될 수 있는 경우에 해당한다.

이 사건 압수영장의 혐의사실로 피고인의 필로폰 교부의 점만 기재되어 있기는 하나, 법원이 위 영장의 '압수·수색·검증을 필요로 하는 사유'로 "필로폰 사범의 특성상 피고인이 이전 소지하고 있던 필로폰을 투약하였을 가능성 또한 배제할 수 없어 필로폰 투약 여부를 확인 가능한 소변과 모발을 확보하고자 한다."라고 기재하고 있는 점 등에 비추어 볼 때, 이 부분 공소사실이 이 사건 압수영장 발부 이후의 범행이라고 하더라도 영장 발부 당시 전혀 예상할 수 없었던 범행이라고 볼 수도 없다.

[참조판결5] 대법원 2021. 8. 26 선고 2021도2205 판결[2)]

형사소송법 제215조 제1항은 "검사는 범죄수사에 필요한 때에는

---

2) 사실관계 및 논증은 참조판결4와 거의 유사하므로 인용을 생략한다. 그럼에도 별도의 참조판결로 제시한 이유는 법리로 제시한 설시 내용이 참조판결3과는 미묘하게 다르기 때문이다. 동 판결에 대한 평석으로는 김웅재, 압수수색의 관련성 요건에 관한 대법원 판례의 진화, 서울대학교 법학평론 제12권(2022), 50-52면. 동 판결은 최초로 객관적 관련성의 의미를 "영장의 범죄사실과 관련되고 이를 증명할 수 있는 최소한의 가치가 있는 것"이라고 설시하여 증거 관련성 심사의 측면을 명확히 하였다는 점에서 사건관련성 심사와 증거관련성 심사를 충분히 구별하지 못하던 종래 판결보다 진화한 형태라고 평가한다.

피의자가 죄를 범하였다고 의심할 만한 정황이 있고 해당 사건과 관계가 있다고 인정할 수 있는 것에 한정하여 지방법원판사에게 청구하여 발부받은 영장에 의하여 압수, 수색 또는 검증(이하 '압수·수색'이라 한다)을 할 수 있다."라고 규정한다. 여기서 '해당 사건과 관계가 있다고 인정할 수 있는 것'은 압수·수색영장의 범죄 혐의사실과 관련되고 이를 증명할 수 있는 최소한의 가치가 있는 것으로서 압수·수색영장의 범죄 혐의사실과 객관적 관련성이 인정되고 압수·수색영장 대상자와 피의자 사이에 인적 관련성이 있는 경우를 의미한다. 그중 혐의사실과의 객관적 관련성은 압수·수색영장에 기재된 혐의사실 자체 또는 그와 기본적 사실관계가 동일한 범행과 직접 관련되어 있는 경우는 물론 범행 동기와 경위, 범행 수단과 방법, 범행 시간과 장소 등을 증명하기 위한 간접증거나 정황증거 등으로 사용될 수 있는 경우에도 인정될 수 있다. 이러한 객관적 관련성은 압수·수색영장 범죄 혐의사실의 내용과 수사의 대상, 수사 경위 등을 종합하여 구체적·개별적 연관관계가 있는 경우에만 인정된다고 보아야 하고, 혐의사실과 단순히 동종 또는 유사 범행에 관한 것이라는 사유만으로 객관적 관련성이 있다고 할 것은 아니다.

Ⅱ. 관련성의 의의와 비교법적 분석

1. 영장에 의한 압수수색절차의 단계에 따른 관련성의 의미

형사소송법 제215조 제1항은 "검사는 범죄수사에 필요한 때에는 피의자가 죄를 범하였다고 의심할 만한 정황이 있고 해당 사건과 관계가 있다고 인정할 수 있는 것에 한정하여 지방법원판사에게 청구하여 발부받은 영장에 의하여 압수, 수색 또는 검증을 할 수 있다."라고 규정하고 있다. 일반적으로 동조는 압수, 수색, 검증 등 강제수사의 요건으로서 범죄혐의, 강제수사의 필요성과 해당 사건과의 관련성을 요구하는 것으로 이해되고 있다.[3] 여기에서 강제수사의 필요성은 대상물 존재의 개연성을 의미한다고 보거나, 강제처분에 있어서의 비례성의 원칙을 의미한다고 본다.[4]

한편, 압수수색은 해당 사건과의 관련성이 인정되어야 가능하다. 압수수색은 당해 사건에 대한 증거물과 몰수물을 확보하기 위한 강제처분이기 때문이므로 이는 당연한 것이다. 일반적으로 관련성은 당해 사건에 관한 증거로서의 의미를 가질 수 있는 개연성을 의미한다고 본다.[5]

그런데 관련성은 압수수색절차의 세 단계에서 각각 상이한 의미를 지닐 수 있다. 첫째, 영장심사 단계에서의 관련성이 존재한다. 여기에서의 관련성은 검사의 압수수색영장 청구기준 및 법관의 영장발부의 요건이 된다. 법관은 영장을 발부함에 있어서 해당 사건과 관계 있는 신체 또는 장소를 수색 범위로 특정(particularity)해야 하며, 압수의 목적물을 해당 사건과 관계 있는 것에 한정하여야 한다. 영장주의의 본질적인 목적은 국가권력이 수사권을 자의적으로 행사하는 것을 막기 위하여, 범죄 혐의가 포착된 사건 및 그 증거물 또는 몰수물에 관해서만 국가권력의 압수수색을 허용하고자 하는 것이다.[6] 압수수색의 범위에 제한이 없는 일반영장(carte blanche)은 금지될 뿐만 아니라,[7] 압수수색 영장은 원칙적으로 그 집행단계에서 수사기관에게 집행 범위에 관해 독자적인 재량의 여지를 주어서는 안 된다.[8] 법관이 발부하는 영장에서 수색의 범위와 압수 대상물의 범위에 관한 특정이 이뤄

3) 이재상 외 2인, 형사소송법 제15판, 박영사(2023), 214면.
4) 위 책, 215면.
5) 위 책, 216면. 그런데 이러한 의미의 관련성을 증거관련성이라고 부르면서, 관련성에는 사건관련성이라는 또 다른 차원의 의미가 존재한다고 보는 지적이 있다. 김웅재, 주 2) 논문, 18-19면; 최병각, 디지털 증거의 압수수색에서 관련성과 참여권, 형사법연구 제35권 제1호(2023), 312-313면.
6) Groh v. Ramirez, 540 U.S. 551(2004).
7) Christopher Slobogin, Criminal Procedure: Regulation of Police Investigation 4th(2007), 162면.
8) Marron v. United States, 275 U.S. 192, 196(1927).

지지 아니하여 영장을 집행하는 국가권력이 영장의 집행 범위에 관한 재량을 가지게 되면 영장주의가 형해화되기 때문이다. 따라서 국가권력으로부터 중립적이고 객관적인 지위를 가지는 사법관으로 하여금[9], 수사기관이 신청하는 영장을 사전적으로(ex ante) 검토하여, 범죄 혐의와 관련된 특정한 물건 및 그 물건이 존재할 것으로 믿을 만한 상당한 이유가 있는 특정한 장소만을 압수수색할 수 있도록 하게 하는 것이 영장주의의 핵심적 본질을 이룬다.[10]

영장 심사 단계에서 관련성은 먼저 압수수색의 원인과 동기가 되는 영장의 혐의사실이 특정되어야 한다는 것을 의미한다. 왜냐하면 혐의사실이 특정되어야 비로소 수색의 장소와 압수의 대상물이 그 혐의와 관련 있는지 여부를 판단할 수 있기 때문이다. 다음으로 영장의 수색 범위가 특정되어 있어야 한다. 혐의사실에 관하여 증거가치를 가지는 증거물이나 몰수물이 그 수색 범위에 존재할 개연성이 있다는 것이야말로 국가권력이 시민의 프라이버시권이나 재산권이 미치는 장소에 강제로 진입할 수 있는 권한을 부여하는 정당화 근거가 되기 때문이다. 마지막으로 혐의사실에 관한 증거가치 있는 물건이나 몰수물이 영장 문언에 의하여 특정되어야 한다. 그렇지 않다면 허용된 수색 범위 내에서는 수사기관이 자의적으로 프라이버시권이나 재산권을 침해하는 것을 허용하게 된다.

그러나 범죄 수사의 초기 단계에서 이루어지는 압수수색은 그 특성상 수사기관이 처음부터 압수 목적물을 명확히 특정하기는 어려우며, 수사의 진행에 따라 범죄 혐의의 내용 자체가 달라질 수도 있다.[11] 따라서 실무상 영장의 문언은 어느 정도 포괄적이고 추상적인 용어를 포함할 수밖에 없으며, 영장이 특정한 범위에 포함되는 압수의 목적물이 무엇인지, 또는 어디까지 허용되는지 여부에 관하여 해석의

9) Modern Criminal Procedure, Yale Kamisar 외 6인, West Academic Publishing 15th(2019), 302-303면.
10) Maryland v. Garrison, 480 U.S. 79(1987).
11) 최병각, 주 5)의 논문, 313면.

여지를 남길 수밖에 없다. 따라서 이 단계에서의 관련성 문제는 법관이 수색 범위와 압수 목적물을 영장 문언에서 어느 정도로 특정하여야 하는지를 의미하게 된다.[12]

둘째, 영장의 관련성 개념은 수사기관의 영장 집행 시 집행이 허용되는 범위의 기준을 이루기도 한다.[13] 영장을 집행하는 수사기관은 법원의 영장을 집행함에 있어서 그 범위를 특정하는 영장의 문언에 당연히 구속된다. 그런데 앞서 언급한 것처럼 영장의 문언은 실무상 어느 정도 해석의 여지를 남기게 되므로, 합법적인 집행의 범위가 어디까지인지 여부는 최종적으로는 법원에 의해 확인되어야 한다. 그렇지 않으면 수사기관의 영장 문언 해석에 관한 사실상의 재량이 영장주의의 본질을 무력화시킬 수 있기 때문이다. 따라서 이 단계에서의 관련성은 수사기관에 의한 영장 문언의 해석이 집행 단계에서 적절하였는지 여부에 관한 것이 된다.

한편, 영장의 집행 단계에서는 적법한 압수수색 도중에 우연히 발견된 별건의 범죄 증거를 어떤 범위까지 압수수색하는 것을 허용할 것인지 여부의 문제가 별도로 존재한다.[14] 수사기관이 우연히 범죄 증거를 발견한 경우 사전영장 없이 압수할 수 있는 독립적 압수수색제도나 긴급압수수색제도를 채택한 대부분의 입법례에서 이 문제는 수사기관의 독립적 압수수색 집행이 그 법적 요건과 절차를 충족하는지 여부에 관한 압수수색 집행 단계의 문제가 된다. 그런데 우리 형사소송법은 이러한 긴급압수수색을 체포, 구속 집행에 부수하여 이루어지는 경우 등 극히 제한적인 범위 내에서만 채택하고 있으며,[15] 사전 영장의 집행 도중 별건 범죄의 증거물이나 몰수물을 발견한 경우 어떻

12) 미국 연방대법원은 영장을 집행하는 법집행관이 합리적인 노력을 통해 법관이 의도한 수색 범위를 확정할 수 있을 정도로 문언이 특정될 것을 요구한다. Steele v. United States, 267 U.S. 498, 503(1925). Slobogin, 주 7)의 책, 303면.

13) 이재상 외 2인, 주 3)의 책, 217, 223면.

14) Slobogin, 주 7)의 책, 162면.

15) 형사소송법 제216조, 제217조의 피의자수색, 범죄장소나 체포현장에서의 압수수색, 긴급체포에 부수한 압수수색 등이 그것이다.

게 할 것인지에 관해서는 아무런 규정을 두고 있지 않다. 따라서 우리 법의 해석에 따를 때, 별건 증거의 압수 문제를 집행 단계의 문제로 단정하기는 어렵다.

마지막으로, 관련성 개념이 압수수색 등을 통해 압수한 증거물의 증거사용 범위를 정하는 기준이 되는 경우가 있다.[16] 형사소송법에는 관련 규정이 존재하지 않으나, 통신비밀보호법 제12조 제1호는 "통신제한조치의 집행으로 취득한 자료를 범죄의 수사, 소추 또는 예방을 위하여 사용하는 경우 그 대상범죄는 목적이 된 범죄나 이와 관련된 범죄로 한정한다"고 규정하고 있으며, 동법 제13조의 5는 이를 통신사실확인자료에 관하여 준용한다. 이는 영장의 문언상 특정과 집행 단계에서의 영장 문언의 해석 여부와 상관 없이, 영장 문언에 따른 위법하거나 적법한 압수수색이[17] 이루어진 경우에 특별한 이익의 보호를 위해서 그로 인해 압수된 물건을 증거로 사용하는 것을 허용할 것인지 여부를 사후적으로 검사하는 문제에 해당한다. 요컨대, 이 단계에서 관련성의 문제는 수사의 필요성과 특별한 이익, 즉 기본권의 보호 필요성 사이의 비교형량 문제가 된다.

그런데 판례는 통신사실확인자료의 증거사용 제한과 관련하여, "혐의사실과의 객관적 관련성은, 통신사실 확인자료제공요청 허가서에 기재된 혐의사실 자체 또는 그와 기본적 사실관계가 동일한 범행과 직접 관련되어 있는 경우는 물론 범행 동기와 경위, 범행 수단 및 방법, 범행 시간과 장소 등을 증명하기 위한 간접증거나 정황증거 등으로 사용될 수 있는 경우에도 인정될 수 있다"고 판시하여 압수수색의 집행 범위에 관한 객관적 관련성에 관한 설시와 동일한 표현을 사

16) 이재상 외 2인, 주 3)의 책, 226, 253, 255면.

17) 위법수집증거배제법칙이 적용되는 미국식 영장주의에서는 영장 발부나 집행이 위법하다면 증거사용의 허용 여부를 따질 필요 없이 증거사용이 제한될 것이고, 위법수집증거배제법칙이 엄격하지 않은 독일식 압수수색법제에서는 영장 발부나 집행이 위법한 경우에도 기본권 보호의 필요성이 크지 않은 경우에는 증거사용이 허용될 여지가 있을 것이다. 이하에서 상세하게 서술한다.

용하여 왔다.[18] 통신비밀보호법과 그 관련 판례가 통신사실확인자료의 증거사용 범위에 관하여 압수수색 영장과 동일하게 객관적 관련성이라는 표현을 사용하고 있다는 점에서, '관련성'은 증거관련성만을 의미할 수는 없으며, 사건관련성의 차원이 별도로 존재할 수밖에 없다는 지적이 있다.[19] 즉, 증거관련성은 원래 범죄사건과 물건 사이의 관련성을 의미하는데, 통신비밀보호법상의 관련성은 범죄사건과 물건 사이의 관련성이 인정된다고 하더라도 그 물건은 당해 범죄사건과 관련 없는 사건에서는 이를 사용할 수 없다는 의미이므로 사건과 사건 사이의 관련성을 의미한다는 것이다. 통신사실확인자료 허가서의 집행단계에서 수사기관이 범죄사건과 물건 사이의 관련성을 넘어서서 집행을 하였다면 위법수집증거배제법칙을 인정하고 있는 우리 형사소송법상 이미 집행 자체가 위법하여 그 결과의 증거능력이 부정될 것이므로, 증거사용 범위에 관하여 별도로 관련성을 규정할 필요가 없었을 것이다. 따라서 두 차원의 관련성이 서로 구별된다는 지적은 정확하고 타당하다. 그러나 그렇다고 해서 통신비밀보호법상의 사건관련성 개념이 반대로 형사소송법상 관련성에도 적용되거나, 나아가 증거관련성과 사건관련성을 동일한 기준으로 해석해야 하는 것은 아닐 것이다. 앞서 설명한 것처럼 양자는 (설사 유사한 용어를 사용하고 있는 것처럼 보이더라도) 개념상 그 의미와 규율 목적이 본질적으로 서로 다르며,[20] 형사소송법에는 증거사용의 관련성에 관하여 아무런 규정이 없기 때문이다.

2. 미국식 영장주의와 위법수집증거배제법칙에 따른 압수수색 관련성 규제

영장주의의 본질은 수사기관이 체포·구속·압수·수색 등 기본권

18) 통신사실확인자료에 관해서는 대법원 2017. 1. 25. 선고 2016도13489 판결; 압수수색의 집행 범위에 관해서는 대법원 2017. 12. 5. 선고 2017도13458 판결 등 참조.

19) 김웅재, 주 2)의 논문, 22면.

20) 이완규, 영장에 의해 취득한 통신사실확인자료 증거사용 제한 규정의 문제점, 형사판례연구 제28권, 박영사(2018), 429-430면.

을 제한하는 강제처분을 함에 있어서는 중립적인 법관의 구체적 판단을 거쳐야 한다는 것이다.[21] 이러한 영장주의의 본질은 미국에서 가장 전형적으로 드러난다. 여기에서 영장주의는 위법수집증거배제법칙과 결합하여, 영장의 요건과 절차에 위배하여 이루어진 위법한 압수수색의 결과로 취득한 증거는 재판에서 증거능력이 인정되지 아니하므로 증거로 사용될 수 없게 된다. 이는 범죄자를 석방하더라도 수사기관의 위법수사를 예방적으로 억지하기 위한 정책적 논거에서 인정된다.[22]

그러나 미국의 영장주의는 모든 강제수사에 대한 사전심사를 의미하지는 않는다. 오직 '수색'에 해당하는 경우에만 영장주의가 적용되며,[23] 독립적, 긴급 압수수색 제도가 인정되므로 수색과 압수는 서로 구분되어 사전 영장에 의하거나 영장 없이 일단 적법하게 이루어진 수색 단계에서 발견된 별건의 증거는 적법하게 압수할 수 있고,[24] 재판에서 증거로 사용하는데 제한이 없다.

이를 종합하면, 미국식 영장주의에서 위법한 압수수색의 경우에는 위법수집증거배제법칙의 예외에 해당하지 않는 이상, 그 압수물의 증거사용 범위에 관한 판단을 별도로 할 필요 없이 증거로 사용할 수 없으며, 반면, 적법하게 압수수색이 이루어졌다면 증거능력이 인정되고 다시 증거사용 범위에 관한 규제는 이루어지지 않는다는 것이다.

(1) 영장심사 단계에서의 관련성 규제

앞서도 설명한 것처럼 영장심사 단계에서 문언이 특정되어야 하는 것은 수사기관의 집행 단계에서 자의적 재량의 여지를 주지 않기 위해서이다. 따라서 압수수색이 사용되는 초기 수사단계에서 포괄적 기재를 어디까지 허용할 것인지 문제는 영장주의의 실효성과 직결된다. 영장주의의 핵심적인 본질은 그것이 사전심사(Ex Ante Review)라는

21) 헌법재판소 2018. 6. 28. 선고 2012헌마191, 550(병합), 2014헌마357(병합) 전원재판부 결정.

22) Slobogin, 주 7)의 책 참조.

23) 위 글 참조.

24) 위 글 참조.

것에 있다. 그것은 무고한 피의자나 피고인을 보호하기 위한 제도가 아니라, 국가권력이 자의적으로 시민의 프라이버시나 재산권을 침해하여 범죄의 증거물을 발견해내고 그 권력 행사를 사후적으로 정당화하는 것을 막기 위한 것이다. 압수수색과 관련한 국가권력 행사의 적정성을 사후심사하는 경우에 법원이나 대중은 그로부터 발견된 범죄를 쉽게 묵과하기 어려우며, 국가권력은 마치 그 범죄의 존재를 미리 알고 있었던 것처럼 사후적으로 압수수색의 결과를 쉽사리 정당화할 수 있다.[25] 영장주의의 본산인 미국에서 사후영장제도가 존재하지 않는 이유는 영장의 본질적인 실효성은 사전심사에 있으며, 사후심사는 재판 단계에서 그 요건과 절차의 적법성을 따지면 충분하기 때문에 사후영장은 형식에 지나지 않을 뿐 큰 의미가 없기 때문이다.[26] 이러한 영장주의의 사전심사가 실효성을 가지기 위해서는 영장의 문언이 집행 이전에 미리 특정되어 있을 것을 요한다.[27]

이 단계에서 영장 문언의 특정성을 보장하는 것은 모두 영장을 심사하고 발부하는 법관의 임무에 해당한다. 구체적으로 여기에 해당하는 유형들을 범주화해보면 ① 영장 혐의사실이 포괄적으로 기재되었으나 수색 범위와 압수물은 특정된 경우, ② 영장 혐의사실은 특정

25) William Stuntz, Warrants and Fourth Amendment Remedies, 77 Va, L. Rev. 881(1991), 910-918면.

26) 통상 형사재판이 개시된 후 피고인 측이 본안 재판 전 또는 예외적으로 본안 재판 과정에서 위법수집증거배제 신청(motion to suppress)을 하는 방법이 이용된다. 상세한 내용은 송현정, 미국의 증거배제신청에 관한 연구: 형사소송에서 Motion in Limine와 Motion to Suppress를 중심으로, 사법정책연구원(2017), 162-181면 참조. 연방형사소송규칙 제41(e)는 불법적인 압수수색에 의한 경우 뿐만 아니라 정당한 압수수색의 경우에도 압수물을 계속 보관할 필요가 없는 경우에는 압수물 반환을 청구할 수 있도록 규정한다. 각국의 압수수색 제도와 실무, 대검찰청(2007), 66면 참조.

27) Groh v. Ramirez, 540 U.S. 551(2004). 압수 목적물을 아예 기재하지 않은 경우에는 그 영장은 위법하여 효력이 없다. 이 경우 "영장을 발부한 법관은 그 물건이 수색 범위 내에 존재할 상당한 이유에 관해서 평가하였는지 확인되지 않으며, 영장의 수색 범위나 수색의 필요성에 관해서 충분히 인식하고 있었는지 여부도 알 수 없다."

되어 있으나, 수색 범위가 포괄적으로 기재된 경우, ③ 영장 혐의사실 및 수색 범위는 특정되었으나, 압수 목적물이 포괄적으로 기재된 경우[28] 등으로 분류할 수 있을 것이다. 이러한 경우들에 있어서 법관이 발부한 영장이 충분히 특정되지 않았다면 그것은 법관의 영장 심사 및 발부행위에 관하여 위법사유가 존재한다는 뜻이 되며, 이 경우 영장을 무효화할 것인지, 그리고 그 영장에 근거하여 수사기관이 집행하여 취득한 압수물의 증거능력을 부인할 것인지 여부가 문제로 남는다. 여기에서 혐의사실, 수색 범위 및 압수 대상물의 특정 여부는 결국 최종적으로는 대법원에 의한 당해 영장의 문언의 해석 문제로 귀착된다. 또한 여기에서 위법수집증거배제법칙은 수사기관의 향후 위법수사를 예방적으로 억제하기 위해 정책적으로 인정되는 것이므로, 설사 법관의 영장이 무효라고 하더라도 수사기관이 합리적으로 그 영장이 유효라고 믿고 집행에 이르렀다면 선의의 예외(good faith exception)가 인정되어 증거능력이 부정되지 않는 것[29]이 일반적이다.

(2) 영장 집행 단계에서의 관련성 규제

국가권력의 기본권 침해를 중립적인 법관의 사전심사를 통해 제약하고자 하는 영장주의의 목적을 실효적으로 달성하기 위해서는, 수사기관이 영장집행 단계에서 영장의 문언을 넘어서서 집행하는 것이 허용되어서는 안 된다. 따라서 영장의 집행 단계에서의 관련성은 법관이 사전심사하여 발부한 영장의 문언에 따라 혐의사실, 수색 범위 및 압수 목적물이 어떻게 해석되는지에 관한 문제일 뿐, 별도의 의미를 가질 수 없다. 다만, 실질적인 문제는 영장은 어느 정도 포괄적이

---

28) 미국 연방제11항소법원은 사기 사건에 관하여 만연한 사기 원리(pervasive fraud doctrine)를 적용하여 회사 사기 혐의사실이 일부 피해자에 관한 것이더라도 영장의 압수 범위는 혐의가 아직 드러나지 않은 피해자들에 대한 사기 사실이 드러날 잠재성이 있는 회사 장부들을 포함하는 것이 적법하다고 판시하였다. United States v. Bradley, 644 F3d 1213(11th Cir 2011). Yale Kamisar 외 6인, Modern Criminal Procedure, West Academic Publishing 15th(2019), 304-305면.

29) Slobogin, 주 7)의 책 참조.

고 추상적으로 기재될 수밖에 없으므로, 현장에서 영장을 집행하는 수사기관이 영장의 문언을 합리적으로 해석하였는가에 관한 것이 된다. 이는 수사기관이 객관적으로 해석되는 영장의 문언을 고의나 중대한 과실 없이 오해하여 그 집행의 객관적 범위를 초과하여 집행한 경우 그로 인해 취득한 압수물의 증거능력을 부정할 것인가의 문제와 연결된다.

한편 영장의 문언에 의해 특정된 수색 범위에 적법하게 진입한 수사기관이 별건의 증거를 발견한 경우 그 증거의 압수 및 사용을 허용할 것인지 여부는 독립적 압수수색이나 긴급 압수수색을 허용하는 미국에서는 집행 단계의 문제에 포함된다. 이 경우에도 영장에서 특정된 수색 범위에 진입하는 과정은 적법하게 이루어져야 하며,30) 수사기관이 압수수색 집행 과정에서 원래의 수색 범위를 벗어나거나 부자연스러운 방법으로 별건 증거를 의도적으로 수색하는 것은 허용되지 않는다. 다만 그러한 법제를 인정하지 않는 우리의 경우에는 별건 증거 사용의 허용 문제로서 영장 집행의 관련성과 다른 차원의 문제로 구분될 것이다.

구체적으로 여기에 해당하는 유형들을 범주화해보면, ① 영장 문언의 특정 범위를 넘어서서 수사기관이 고의적으로 또는 중대한 과실로 혐의사실이나 수색 범위를 초과하여 압수한 경우, ② 객관적으로는 영장의 문언 범위를 초과하여 영장을 집행하였으나, 수사기관이 주관적으로 혐의사실의 증거라고 믿었고 고의나 중대한 과실 없이 그렇게 믿었던 경우, ③ 영장에 따라 적법하게 수색 범위에 진입하였으나, 수사기관이 영장 집행 과정에서 의도적으로 별건 증거물을 부자연스러운 방법으로 수색하여 발견한 경우 등이 있을 수 있다.

① 유형이 명백히 위법수사에 해당한다는 것에는 의문의 여지가

30) 즉 아래에서 서술하는 plain view doctrine은 영장 없는 수색에 관한 법리가 아니라 영장 없는 압수에 관한 법리가 된다. 기본권 보호 영역에 진입하는 수색 단계는 적법한 절차에 의해서만 가능하다. 류장만, 미국의 압수수색 제도와 실무, 각국의 압수수색제도와 실무, 대검찰청(2007), 99면.

없다.

② 유형과 관련하여, 미 연방대법원은 Maryland v. Garrison 사건[31]에서 경찰관이 영장신청 과정에서 합리적인 노력 하에 영장을 특정하고 집행하였다면, 결과적으로 영장의 문언에 오류가 있었거나 영장의 문언을 초과하여 영장이 집행되었다고 하더라도 압수물의 증거능력을 인정하였다. 여기에서 위법한 압수수색의 효과는 위법수집증거배제법칙으로 연결되고, 위법수집증거배제법칙은 수사기관의 의도적인 위법행위를 예방하기 위해 정책적으로 인정되는 것이며 범죄인의 프라이버시를 과도하게 보호하고자 하는 것은 아니므로, 위법성 판단의 시점은 객관적, 사후적인 것이 아니라 현장에서의 수사기관의 행위와 의도에 관한 판단이 된다. 따라서 수사기관이 영장신청이나 집행 과정에서 합리적 노력 범위 내에서 착오(reasonable error)가 발생한 경우에는 합리적 착오 법리에 의해서 그 결과로 취득한 증거의 증거능력이 폭넓게 인정된다.

따라서 미국에서 압수수색 집행 단계에서 주로 문제되는 것은 수사기관이 혐의나 증거의 존부에 관하여 믿었다고 주장하는 상당한 이유(probable cause)가 객관적으로 인정될 수 있었는지에 관한 것이며, 관련성의 문제는 자주 제기되는 것이 아니다. 영장주의에 따른 수사의 위법성 문제는 1차적으로 사전영장의 필요성이나 상당한 이유의 존부 문제일 뿐 일단 영장이 발부된 이상 수사기관은 그 영장의 문언에 엄격히 구속되므로 수사기관에게 재량의 여지가 없으며, 대신 수사기관이 합리적 범위 내에서 영장의 문언을 해석하여 집행한 이상 위법수집증거배제법칙이 적용되지 않거나 증거능력의 예외가 인정되기 때문이다.

③ 유형과 관련하여, 미연방대법원 판례는 수색 과정에서 별건 범죄의 증거를 우연히 발견해야 할 필요는 없다고 보지만,[32] 처음부터

31) Maryland v. Garrison, 480 U.S. 79 (1987).

32) Horton v. California, 496 U.S. 128(1990). 따라서 경찰관이 내심 별건 증거의 발견을

별건 범죄의 증거를 수색할 의도로 원래의 압수 목적물을 수색하는데 필요한 자연스러운 방법을 초과하여 수색이 이뤄진 경우에는 그 증거의 증거능력을 부정하였다.[33] 즉 여기에서 문제되는 것은 증거 사용 범위를 어떻게 제한할 것인가가 아니라 압수의 발단이 된 '수색'이 적법하고 합리적으로 이루어졌는지 여부가 된다.

(3) 집행한 압수물의 보관 및 증거사용 단계의 관련성 규제

우선 여기에 해당하는 유형들을 범주화해보면, ① 영장에 따라 적법하게 수색 범위에 진입하였으나, 수사기관이 특별한 유형의 별건 증거물을 발견한 경우, ② 적법하게 집행한 압수물이지만 특정한 기본권의 보호필요성 때문에 증거 사용을 제한해야 하는 경우, ③ 적법하게 집행한 압수물의 보관 또는 삭제, 폐기의 문제가 있을 수 있다.

영장주의는 국가권력의 기본권 침해를 법관의 사전심사를 통해 제약하고자 하는 것을 그 본질적인 목적으로 하고 있으므로, 이미 적법한 절차를 거쳐 영장이 집행된 경우 그로 인해 압수된 압수물을 어떠한 범죄사건과 관련해서 증거로 사용할 것인지에 관해서는 정책적 논리를 제공하지 않는다.[34] 이 영역에 관한 규제는 통신의 비밀과 자유와 같은 특정한 기본권 보호를 강화하기 위한 목적 하에, 수사의 필요성과 기본권 보호 사이의 비교형량을 통해 이미 적법하게 수집된

기대하고 있었던 경우라고 하더라도 상당한 이유 요건이 충족되지 않아서 영장에 기재하지 않은 별건 증거의 경우에도 증거능력이 인정된다. 종전 판례에는 경찰관이 우연히 발견하였을 것을 요건을 하고 있었다. Coolidge v. New Hampshire, 403 U.S. 443(1973).

33) Arizona v. Hicks, 480 U.S. 321(1987). 경찰은 적법하게 총기를 수색하고자 적법하게 피압수자의 아파트를 수색하던 중, 값비싼 스테레오 기기를 발견하고 장물이라는 혐의를 뒷받침하는 상당한 이유 없이 스테레오를 돌려 일련번호를 확인한 후 장물임을 확인한 사안에서 그 증거능력을 부인하였다. 전자정보에 관하여 이러한 제한이 적용된 사례로는 United States v. Carey, 172 F.3d 1268, 1273 (10th Cir. 1999) 참조. 박병민, 서용성, 디지털증거 압수수색 개선방안에 관한 연구, 사법정책연구원(2021), 73면.

34) 이완규, 압수물의 범죄사실과의 관련성과 적법한 압수물의 증거사용 범위, 형사판례연구 23권(2015), 557면.

증거의 사용을 제한하는 것이 그 본질이므로, 강제수사에 대한 사전심사와 위법수사의 억지라는 정책적 목표를 중심으로 하는 미국식 영장주의와는 잘 들어맞지 않는다.

미국식 영장주의에서 압수수색의 규제는 위법수집증거배제법칙에 따라 일원적으로 이루어진다. 영장 없는 수색의 예외 법리와 plain view doctrine(명백한 발견의 원리)이 발달되어 있는 미국에서는 이미 적법하게 압수된 물건의 증거 사용에 관해서는 별다른 규제가 존재하지 않는다. 미국에서는 수색과 압수를 명확히 구분하고,[35] 영장 없는 수색이나 영장 없는 압수도 그 합리적인 사유만 존재한다면 폭넓게 허용한다. 여기에서는 원칙적으로 국가권력이 시민의 기본권 영역에 진입하기 시작하는 수색 단계의 적법성(수색영장이 필요한 영역인지, 수색이 필요한 합리적인 사유 또는 상당한 이유가 인정되는지 등)을 엄격하게 문제삼을 뿐이므로, 영장심사 단계에서는 영장에 특정된 수색 범위 내에 특정한 압수 목적물이 존재할 것이라는 믿음에 상당한 이유가 있어야 한다는 요건이 필요할 뿐이다.[36] 일단 영장심사 단계를 통과하여 적법한 수색이 이루어진 경우에는 그 과정에서 별건 범죄의 증거가 발견되면, 그 압수물이 범죄의 상당한 혐의가 있는 증거물 또는 몰수물인지 여부만 문제될 뿐, 그 상당성이 인정되어 압수된 물건의 별건 범죄 사용 여부는 별다른 문제가 되지 않는다. 이러한 plain view doctrine은 영장 없는 수색절차에도 적용된다. 애초부터 수색영장이 필요 없는 영역에서는 수색을 위한 상당한 이유 또는 합리적 이유가 존재하여, 일단 수색이 적법하게 개시되었다면, 그 과정에서 별건 범죄

35) 독일도 마찬가지이다. 박병민, 서용성, 주 33)의 책, 123-124면.

36) 주거와 같이 수색영장이 있어야 원칙적으로 수사기관의 진입이 가능한 영역에서는, 주거 내에 범죄혐의의 상당한 이유가 있어야 할 뿐 아니라, 주거 내에 그 범죄 혐의와 관련된 증거물 또는 몰수물이 존재하고 있다는 상당한 이유가 있어야 수사기관의 진입이 정당화된다. 따라서 이러한 경우에는 수색영장에 수색 범위만 기재하고 압수 목적물을 전혀 기재하지 않은 경우에는 상당한 이유의 존재 자체에 대한 판단이 불가능하므로 수사기관의 수색 범위 진입 자체가 정당화될 수 없다. Groh v. Ramirez, 540 U.S. 551(2004).

증거물이 발견되더라도 이를 압수하는데 더 이상 관련성 요건이 개입할 여지가 없다.[37] 이는 혐의의 상당한 이유를 요하지 않는 Stop and Frisk와 같은 불심검문 절차에까지도 적용된다. 미국 연방대법원 판례는 후각, 촉각과 같은 다른 감각기관에 의하여 별건 증거가 발견된 경우까지 이러한 원리를 확장해서 적용하고 있다.[38]

이는 미국의 영장주의는 영장을 법관의 사전심사를 통해 국가권력의 남용을 통제하기 위한 수단으로 볼 뿐, 수사기관이 적법한 수색절차를 통해 발견한 별건 범죄는 원래 영장이 예정하는 것이 아니라도 처벌하는 것이 당연하다는 것을 전제하기 때문이다. 즉, 국가권력이 수사 과정에서 절차를 위배하거나 권한을 남용하지 않는 이상 그 과정에서 발견된 범죄의 증거는 모두 증거로 사용하여 처벌하겠다는 것이다.

3. 독일식 압수수색 법제의 증거사용 범위 규제

(1) 압수수색명령 및 집행 단계에서의 관련성 규제

독일의 압수수색 법제는 미국과는 상당히 다르다. 첫째, 피고인과 수사기관 등 당사자로부터 중립적인 법관이 수사기관의 강제수사를 사전심사하도록 하는 식의 영장주의에 의해 강제수사에 대한 규제가 이루어지는 것이 아니라, 강제수사를 혐의의 정도, 강제수사명령 주체의 권위, 범죄의 중대성에 따라 다양하게 분류한 후[39], 강제조사 권한을 그 대상과 침해의 중대성, 긴급한 필요 여부에 따라 사법관, 검사, 경찰에게 차등적으로 분배하는 방식을 취하고 있다.[40] 예컨대 가장 자유의 침해 정도가 중대한 영역에 해당하여 헌법상 법관유보가 적용되는 가택수색 등은 독립성의 정도가 가장 높은 법관의

37) Charles H. Whitebread 외 1인, Criminal Procedure 5th(2008), Foundation Press, 6-13장, 195-353면. 참조.

38) 류장만, 주 30)의 글, 100-101면.

39) Roxin/Schunermann, Strafverfahrensrecht 29th, CH Beck, 233면. 241면의 도표 참조.

40) 위 책, 234, 288면.

명령에 의해서만 원칙적으로 가능하지만, 이 경우에도 긴급한 수사의 필요성, 즉 절차상 급박한 위험이 있는 경우에는 검사에게도 명령 권한이 인정된다.[41]

독일식 압수수색 법제에서도 압수수색은 범죄 혐의와 관련성 있는 물건에 대해서만 허용되므로,[42] 법관은 압수수색 명령서에 압수수색의 범위를 명시해야 한다.[43] 법관의 명령서에서 문언이 특정되어야 하는 것은 수사기관의 집행 단계에서 자의적 재량의 여지를 주지 않기 위해서이며,[44] 압수수색 권한 자체가 법관에게 귀속되어 있는 독일에서 이러한 측면은 미국보다 더 부각될 수밖에 없을 것이다. 반면, 독일에서는 법관이 압수수색명령의 주체이므로 이 단계에서 충분히 특정이 이루어지지 않았다면 당연히 법관 명령의 위법 여부가 문제된다.[45]

(2) 압수수색 집행 및 집행한 압수물의 보관 및 증거사용 단계

독일의 압수수색 법제가 미국과 다른 두 번째 지점은 실체진실 발견의 원리를 중심으로 하는 독일 형사절차에서는 위법수집증거배제 법칙이 엄격하게 적용되지 않는다는 것이다.[46] 실체진실의 파악은 최대한의 정보를 수집하여 평가하는 것을 허용함으로써 가능하기 때문이다.[47] 그러나 독일 형사절차에서도 고문과 같은 극단적인 수사방식은 기본법에 의해서 당연히 금지되며, 그러한 위법한 수사에 의해 획득된 증거를 허용하게 되면 그러한 수사규제가 무력화될 것이므로, 위법한 수사에 관하여 증거금지(Beweisverbote) 원리가 적용된다.[48] 증거금

41) 위 글.
42) Roxin/Schunermann, 주 39)의 책, 288면.
43) 위 책, 280면.
44) 김석우, 독일의 압수수색 제도와 실무, 각국의 압수수색 제도와 실무, 대검찰청(2007), 309-310면.
45) 위 책, 310-311면.
46) Roxin/Schunermann, 주 39)의 책, 170, 176면.
47) 위 글.
48) Roxin/Schunermann, 주 39)의 책, 170, 171면.

지는 증거획득(Beweiserhebung)의 금지, 증거평가(Beweisverwertung) 및 사용(Verwendungsverbote)의 금지로 나눠진다.[49] 미국식 위법수집증거배제법칙은 수사기관이 증거획득의 금지 규정을 위반한 경우 그 예외에 해당하지 않는 이상 곧바로 증거평가 및 사용의 금지로 연결되지만, 독일의 증거금지 원리에서는 수사기관이 증거획득의 금지 규정을 위반하였다고 하여 곧바로 증거평가 및 사용 금지로 연결되지 않는다.[50] 독일 형사소송법에는 명시적인 규정이 없으므로, 증거획득 금지의 위반이 증거평가 및 사용금지로 귀결되기 위해서는 구체적인 사안에서 다양한 사정을 고려한 비교형량이 필요하다고 보는 것이 일반적이다.[51] 진실발견과 효과적인 형사작용에 대한 이익, 기소된 범죄행위와 그 비난의 중대성, 다른 한편으로는 침해된 이익의 중요성과 소송규정 위반의 중대성을 비교하며, 당해 규범의 보호목적도 고려된다.[52] 여기에서는 일반적으로 수색절차위반이 중대한 경우에만 압수물의 증거능력을 제한할 뿐 야간수색제한이나 수색참여인의 입회, 수색확인서 교부 등 단순한 절차위반의 경우에는 증거능력을 제한하지 않는다.[53] 또한 독일 연방일반법원은 독수독과원리와 같은 파생적인 증거사용금지를 원칙적으로 인정하지 않는다.[54] 예컨대, 공범인 피의자에 대한 진술거부권 침해가 다른 피고인에 대해서는 증거사용금지 효과를 가지지 않는다.[55]

따라서 이러한 독일식 접근법은 사후적인 비교형량에 의해 증거의 사용 여부가 최종적으로 결정된다는 점에서 영장에 의한 사전심사와 금지 위반시 수사기관의 예방적 억제를 위한 증거사용 금지를 핵심으로 하는 미국식 위법수집증거배제법칙과 결정적으로 구별된다.

49) 위 책, 172면.
50) 위 책, 172-173면.
51) 위 책, 174-175면.
52) Klaus Volk(김환수, 문성도, 박노섭 역), 독일 형사소송법, 박영사(2009), 345면.
53) 위 책, 113면.
54) 위 책, 348-357, 360-361면.
55) 위 책, 350-351면.

즉, 독일식 증거금지 원리는 절차의 적법성만을 고려하는 미국에 비하여 수사기관의 절차적 위법에도 불구하고 실체진실 발견의 필요성이 더 큰 경우에는 그 압수물의 증거사용을 허용하기 위한 원리에 가깝다.

독일의 일반적인 판례는 증거획득 과정에서 수사기관의 의식적이고 고의적인 법위반행위만이 그 증거의 평가 및 사용금지로 연결된다고 보고 있으므로,[56] 설사 법관의 명령 없이 검사나 경찰이 압수수색을 한 경우에도 그것이 수사기관의 의식적이고 고의적인 법위반이 아니고 법관의 적법한 명령이 있었다면 적법한 압수수색이 가능했을 경우에는 그 증거의 사용은 허용된다고 본다.[57] 즉, 긴급한 상황이 없음에도 법관의 명령 없이 경찰이 압수수색한 경우에도 가정적인 수사진행을 고려하여 법관이 수색영장을 발부하였을 상황이라면 그 증거능력을 제한하지 않는다.[58] 위법한 수색에 의해 획득한 증거물이라고 하더라도 적법한 다른 방법으로 증거를 얻는 것이 가능할 뿐만 아니라 개연성이 있었을 경우 증거금지가 인정되지 않는다.[59] 이는 법관 명령에서 관련성의 하자가 존재하는 경우에도 마찬가지로 적용될 수 있을 것이다. 그렇다면 압수수색 집행 단계에서 관련성의 하자가 존재하는 경우 실무상으로는 앞에서 설명한 미국에서의 규율과 유사하게 된다.

한편, 독일에서도 미국에서와 마찬가지로 압수는 수색과 개념상, 실무상 구별된다.[60] 또한 수사기관이 형사소송법 제108조에 따라 적법한 수색 과정에서 우연히 발견된 물건을 가압수하는 것이 가능하다.[61] 다만, 여기에서는 강제수사 권원 자체가 법관에게 귀속되어 있으므로

56) Roxin/Schunermann, 주 39)의 책, 175, 186, 289, 290면.
57) 위 책, 289면.
58) Klaus Volk, 주 52)의 책, 113, 347면.
59) 위 책, 347면.
60) Roxin/Schunermann, 주 39)의 책, 233면.
61) 다만 이 경우 검사는 일정한 시간 내에 법원에 사후승인을 받아야 한다고 한다. 김성룡, 전자정보에 대한 이른바 '별건 압수수색': 대법원 2015. 7. 16. 선고 2011모1839 전원합의체 결정의 평석을 겸하여, 형사법의 신동향, 제49호(2015), 145면.

미국보다 좀 더 엄격하게 증거능력을 판단할 것이다. 즉, 수색명령에 적시되지 않은 대상 물건을 의도적으로 찾기 위해서 수색하는 것이 허용되지 않는다.[62]

(3) 집행한 압수물의 보관 및 증거사용 단계

독일에서 적법한 수색 중 우연한 발견에 의한 별건 증거의 압수는 허용되므로,[63] 혐의 사실과의 관련성 개념은 증거의 사용금지 단계에서 별다른 기능을 하지 않는다. 또한 위법수집증거를 재판에서 이용하는 것이 금지되는 경우라고 하더라도 그 정보를 추가적인 수사에 이용하는 것이 곧바로 금지되는 것은 아니며,[64] 미국식 위법수집증거배제법칙에서와 같은 독수독과 원리가 언제나 인정되는 것이 아니다.[65]

한편, 독일 형사소송법 제100조a에 따라 적법하게 감청하던 중 우연히 취득한 정보는 그 정보가 감청 대상 범죄로 열거하고 있는 범죄의 유형에 해당하는 것이 아니고 상상적 경합이나 소송상 일죄에 해당하는 것도 아니라면, 직접적인 방법으로 증거로 사용할 수 없다.[66] 그러나 감청 중 우연히 취득한 정보의 경우도 독수독과이론(독일식으로는 원거리 효과, Fernwirkung)이 적용되는 것은 아니므로 수사기관은 그 정보를 이용하여 다른 방식으로(일반적인 압수수색방법 등) 관련 증거를 추가로 수집하는 것이 허용된다.[67]

한편, 독일에서는 적법한 압수수색에도 불구하고 순수한 증거금지의 효과에 의해서 증거 사용이 금지되는 경우도 존재한다. 이를 독자적인 증거사용금지라고 하며,[68] 처벌의 필요성보다 더 강하게 보호해야 할 이익이 인정되는 경우에 제한적으로 인정된다. 애초부터 법률

62) Klaus Volk, 주 52)의 책, 112면. LG Berlin StV 1997, 97; 김성룡, 주 61)의 논문, 141면.
63) Klaus Volk, 주 52)의 책, 290면.
64) 위 책, 173면.
65) 위 책, 185-186면.
66) 위 책, 100-101면.
67) 위 책, 100, 102면.
68) 위 책, 342면.

상 증거조사금지에 해당하는 영역이 존재한다. 예컨대, 독일 형사소송법 제97조에 의해 의사, 변호사의 직무상 비밀을 보호하기 위하여 압수가 금지되는 경우 이를 위반하여 압수한 경우에는 그 증거 사용이 금지된다.69) 다음으로 적법한 압수수색에도 불구하고 그 압수물이 일반적인 인격권을 침해하는 경우에는 이익형량에 의해서 증거사용이 금지될 수 있다. 특히 가장 내밀한 영역에 해당하여 사생활의 불가침 핵심영역에 해당하는 곳은 절대적 증거사용금지가 인정된다.70) 그러나 이는 압수수색 관련성의 문제와는 상관이 없다.

4. 대법원 판례의 영장절차 단계별 관련성 개념과 대상판결의 통시적 분석

(1) 집행 단계 객관적 관련성 개념의 단계 전반에 걸친 확장 적용

다른 입법례에서는 집행 단계에서 압수수색의 관련성이 문제된 판례가 많지 않은 반면, 대법원 판례는 표면적으로는 집행 단계의 객관적 관련성 개념을 중심으로 하여, 실질적으로는 집행 단계에서 압수된 증거가 이후 공소제기된 범죄에 관하여 증거로 사용 가능한지의 문제를 다루고 있는 것이 대부분이다. 미국식 영장주의의 본질상 압수목적물은 영장 심사단계에서 이미 영장 혐의사실과 관련하여 특정되어 있었어야 하므로, 이미 압수된 증거물을 영장 혐의사실과 어느 정도까지 관련성 있는 다른 범죄 사건의 증거물로 사용할 수 있는지의 문제는 엄밀히 말하면 집행 단계의 강제수사 통제나 관련성 문제로 볼 수 없다. 미국식 영장주의의 관점에서는 영장 문언의 모호성 문제는 영장심사나 발부 단계의 문제가 된다. 또한 수사기관의 수색이나 압수가 영장 문언을 초과해서 이뤄졌다면 그 자체가 위법한 것으로 봐야 하므로 수사기관의 착오가 선의나 합리성에 의해 정당화될 수 있느냐만 남게 된다. 반면 적법하게 수색이 이뤄지는 과정에서 별건

69) 위 책, 95, 350면.
70) 위 책, 358면; Roxin/Schunermann, 주 39)의 책, 187-188면.

증거가 발견되었다면, 이는 위법수사의 문제가 아니라 집행된 압수물을 별건 증거로 사용하는 것을 사후적으로 허용할 것인지에 관한 문제가 된다. 따라서 대법원이 영장 집행 단계의 관련성 위법 문제로 다루는 대부분의 사안들은 실질적으로는 집행 이전에 이미 발부된 영장 문언의 해석 문제 또는 그 해석의 여지를 수사기관에게 어느 정도 허용할 것인지의 문제이거나, 집행 이후 단계에서의 별건 증거사용의 금지 문제가 된다.

대법원은 피해자와 대화한 페이스북 계정의 접속지를 수색 장소로 특정하고, 그 수색장소에 살고 있는 피고인의 남동생을 피압수자로 특정하여 그의 소유, 소지, 보관하는 등의 물건을 압수물로 특정하였으나, 압수수색 현장에서 범인이 영장에 적시된 피압수자가 아니라 그의 형인 피고인이라는 것을 비로소 알게 된 사안에서, 피압수자와의 인적 관련성이 없는 피고인을 실질적인 피압수자로 하여 그의 물건을 압수하는 것은 허용되지 않는다고 판시하였다.[71] 이 사안은 수사기관이 영장 신청 단계에서 수사 초기의 정보의 한계로 인해 피의자의 성명을 잘못 특정한 것이므로 법관이 발부한 영장이 누구를 피압수자로 특정하였는지에 관한 해석이 1차적인 문제가 된다.[72] 한편, 수사기관이 영장에 피의자의 특정이 잘못된 사실을 인식한 후에도 피의자의 형인 피고인을 피압수자로 영장을 해석하고 이를 집행하였으므로, 2차적으로는 수사기관이 영장 집행 과정에서 합리적인 범위 내에서 영장 해석에 관하여 오인하였던 경우 그 압수물의 증거능력이 인정되는지에 관한 문제도 될 수 있다.[73] 수사기관이 합리적 범위 내에서 노력

71) 대법원 2021. 7. 29. 선고 2020도14654 판결.

72) 이에 관한 평석으로는 강동범, 주 1)의 논문, 581-584면. 대상 사건의 쟁점은 피의자를 잘못 표시한 영장의 유효성 문제일 뿐 관련성의 유무가 아니라고 비판한다. 성명모용과 유사하게 수사기관이 최선을 다해 인적 사항을 확인하였다면 실질적 피압수자인 형을 피압수자로 특정할 수 있다고 한다. 평석의 결론에 동의하나, 영장의 유효성이 문제된 이유는 결국 영장이 특정되었다고 볼 수 있는지에 달린 것이므로 결국 관련성 문제로 귀착된다고 본다.

73) Maryland v. Garrison, 480 U.S. 79(1987). 여기에서 경찰은 영장을 신청하는 과정에서

하였음에도 정보의 한계로 인한 오인 때문에 피압수자의 인적 사항 특정을 잘못하였고, 실질적 피압수자를 피의자의 형으로 파악하여 영장을 그대로 집행한 경우에 미국은 그 압수물의 증거능력을 인정한다. 대법원이 이와 달리 압수물의 증거능력을 엄격하게 부정한 이유는 영장주의의 본질을 수사기관의 위법행위 통제로 인식하는 미국과 달리, 압수수색의 권원이 영장 발부 주체인 법원의 권한에 전속되는 것으로 이해하기 때문으로 보인다. 수사기관이 합리적인 범위 내에서 영장의 문언 범위 내인 것으로 착각하였다고 하더라도 법원의 시각에서 사후적으로 집행 범위가 영장의 문언 범위 내에 포함되지 않는다고 판단되면, 그 집행은 법원이 발부한 영장에 의해 허용된 것이 아니며 결국 수사기관의 행위는 위법하게 된다는 것이다. 즉, 대법원은 영장주의의 위법수사 통제의 문제를 법원이 발부한 영장 권원의 객관적 존부 문제로 바꾸어 보고 있기 때문에, 실상 다른 단계에 속하는 문제들을 모두 집행 단계의 위법성 문제로 다루고 있다. 다른 한편으로, 대법원은 증거획득금지 규정의 위반의 경우에도 사후적인 비교형량에 의해서 증거능력을 인정하는 독일과 달리, 증거사용 단계에서는 미국식 위법수집증거배제를 엄격하게 적용하여 압수물의 증거능력을 배제한다. 즉, 객관적 관련성 개념은 독일식 압수수색 권한 법제를 미국식 위법수집증거배제법칙과 결합한 것으로 일응 이해할 수 있다.

한편, 우리 압수수색 법제는 미국이나 독일과 달리 독립적 압수수색이나 긴급 압수수색 제도를 도입하지 않았다.[74] 대법원도 영장 없는

피압수자인 McWebb의 주거가 아파트 3층 전체를 사용한다고 착각하였으나, 실제로는 3층 아파트는 Garrison과 McWebb의 주거로 나누어져 있었다. 경찰은 McWebb의 아파트를 수색한다고 생각했지만, 실제로는 Garrison의 아파트에서 대마초를 발견했고 그 이후에야 그것이 McWebb의 주거가 아니라는 것을 인식하였다. 미연방대법원은 1차적으로는 경찰의 합리적인 노력에 근거해서 영장이 특정되었으며, 2차적으로는 경찰의 합리적인 노력 범위 내에서 영장 해석이 이루어졌으므로 그 수색 결과 압수된 대마초의 증거능력은 인정된다고 판시하였다. 이 판결에 관한 분석에 관하여는 Slobogin, 주 7)의 책, 162, 164면.

74) 영장 없는 압수수색에 관한 미국, 독일, 프랑스, 영국, 일본, 스위스 등의 비교법적

별건 증거물의 압수에 관하여도 객관적 관련성 개념을 이용해서 매우 부정적인 태도를 취한다. 즉 형사소송법에 명시되어 있는 경우를 제외하고 영장 없는 압수나 영장 없는 수색을 허용하지 않는다. 판례는 영장 발부의 사유로 된 범죄 혐의사실과 무관한 별개의 증거를 압수하였을 경우 이는 원칙적으로 유죄 인정의 증거로 사용할 수 없으나, 다만 수사기관이 별개의 증거를 피압수자 등에게 환부하고 후에 임의제출받아 다시 압수한 경우에는 증거를 압수한 최초의 절차 위반행위와 최종적인 증거수집 사이의 인과관계가 단절되어[75] 예외적으로만 증거사용이 가능하다고 한다.[76] 극히 예외적인 경우를 제외하면 대부분의 압수수색 권원은 압수수색 영장에 의해서 압수와 수색을 일체로 하여 허용되므로 압수와 수색은 분리되어 관념되지 않으며, 압수의 권원을 법률에 의해 영장 발부 주체인 법원에게만 전속시키고 있다고 보고 있으므로, 별건 범죄의 증거물에 대해 압수를 허용하는 영장이 없는

연구 문헌으로는 주요국가의 압수수색 제도 개관, 대검찰청 형사법아카데미 자료집(2018) 참조.

75) 대법원 2016. 3. 10. 선고 2013도11233 판결. 다만 환부 후 다시 제출하는 과정에서 수사기관의 우월적 지위에 의하여 임의제출 명목으로 실질적으로 강제적인 압수가 행하여질 수 있으므로, 제출에 임의성이 있다는 점에 관하여는 검사가 합리적 의심을 배제할 수 있을 정도로 증명하여야 한다고 한다.

76) 한편, 판례는 전자정보에 대한 압수·수색에 있어서는 전자정보에 대한 압수·수색이 종료되기 전에 혐의사실과 관련된 전자정보를 적법하게 탐색하는 과정에서 별도의 범죄혐의와 관련된 전자정보를 우연히 발견한 경우라면, 수사기관으로서는 더 이상의 추가 탐색을 중단하고 법원으로부터 별도의 범죄혐의에 대한 압수·수색영장을 발부받은 경우에 한하여 그러한 정보에 대하여도 적법하게 압수·수색을 할 수 있다고 하면서 그러한 증거사용의 제한을 다소 완화하고 있다. 대법원 2015. 7. 16.자 2011모1839 전원합의체 결정. 그러나 이미 수색 단계에서 범죄의 증거물이 발견되어 버린 경우 그 증거물에 관한 사후 영장이 어떠한 특별한 의미를 가질 것인지는 의문이다. 수색 자체가 위법이라면 사후 영장에 의해서 하자가 치유될 수 없을 것이고, 수색 자체가 합법이라면 이미 압수된 별건 증거의 사용에 대한 허용 여부만 문제로 남게 되며, 수사기관의 행위에 관한 절차적 통제의 의미는 가지지 못한다. 이와 같은 취지에서 최초 우연히 발견된 압수물에 대해서는 압수사실의 고지로 충분하고 별도 영장 없이 별건 증거로 사용할 수 있어야 한다는 견해로는 김성룡, 주 61)의 논문, 152면 참조.

이상 적법한 수색 도중에 발견된 별건 범죄의 증거물에 대해서도 압수를 허용하지 않는 것이다. 앞서 살펴본 것처럼 미국과 독일의 입법례는 수색과 압수를 구별하고 수색이 적법하면 압수는 허용한다. 그런데 대법원은 그러한 구별 없이 압수수색을 일체로 판단하여 그 증거사용을 금지하면서, 이러한 증거사용 금지의 문제를 영장주의에 따른 위법수집증거배제법칙과 그대로 연결시키고 있다. 여기에서 더 나아가 판례는 아래에서 보는 것처럼 '별건'의 개념을 영장 발부와 집행 당시의 혐의사실과 압수물의 관계에 관한 사전적인 판단 개념으로 이해하지 않고, 재판 단계에서 영장 혐의사실과 공소사실 증거물의 관계에 관한 사후적인 판단 개념으로 이해함으로써, 그 증거사용 범위를 한층 더 축소시키고 있다.

따라서 판례는 미국과 독일의 입법례와 실무와 비교할 때 압수수색된 증거의 사용범위를 과도할 정도로 좁게 인정하는 것으로 귀결된다. 여기에서 판례에 따른 객관적 관련성의 범위는 예외적으로 증거사용을 허용하는 핵심적인 고리의 역할을 하게 된다. 특히 영장 문언의 객관적 해석상 관련성이 인정되고 영장 집행 당시에 수사기관이 주관적으로도 관련성이 인정된다고 믿었으나, 재판 단계의 증거 사용 단계에 이르러서 그 증거의 영장 혐의사실과의 '객관적' 관련성이 사후적으로 인정되지 않는 경우에 객관적 관련성 개념은 당해 증거 사용을 허용할 것인지 여부를 결정짓는 핵심적인 개념적 도구로 이용되고 있다. 아래에서 보는 바와 같이 대상판결은 이러한 객관적 관련성의 개념이 법리적으로 더욱 엄격한 방향으로 형성되어 가고 있다는 것을 잘 보여준다.

(2) 대상 판결의 통시적 분석

종래의 판례는 압수수색 집행 단계에서의 관련성과 증거사용 단계에서의 관련성을 법리적으로 구별하고 있었다. 참조판결2는 압수수색의 적법성과 그로 인해 취득한 증거의 사용 문제를 명확히 구별하고 있었다. 형사소송법상의 압수수색과 관련된 사안에 관하여 참조판결2의 ②문장에서 적법하게 취득한 증거의 사용에는 특별한 제한이 없다고 명확히 설시하고 있었기 때문이다. 반면 통신사실확인자료에 관한 참조판결1은 통신사실확인자료의 사용 대상 범죄는 통신사실확인자료 제공요청의 목적이 된 범죄 및 이와 관련된 범죄에 한정되어야 한다고 하여 그 증거사용 범위를 제한하고 있었다.[77]

그런데 이러한 (적어도) 형식적인 구별이 참조판결3과 참조판결4에 이르러서는 불분명해진다. 이 참조판결들은 압수수색영장의 집행단계에서의 관련성 범위에 관하여 통신비밀보호법상 증거사용 제한의 원리로서의 객관적 관련성과 거의 유사한 표현을 사용하고 있기 때문이다.[78] 여기서는 "영장 발부의 사유로 된 범죄 혐의사실과 무관한 별개의 증거를 압수하였을 경우 이는 원칙적으로 유죄 인정의 증거로 사용할 수 없다"고 하여 첫 문장에서 일단 별건 증거 압수의 위법성

---

77) 독일과 유사하게 대상범죄에 관한 법률상의 제한이 있는 통신제한조치가 아니라, 대상범죄에 대한 제한이 존재하지 않는 통신사실확인자료에 관하여 증거사용 제한을 규정한 것은 입법의 오류로서 삭제되어야 한다고 평가하는 견해[이완규, 주 20)의 논문, 427-429면]와 별건 범죄 수사나 소추에 이용되는 것을 방지함으로써 통신의 비밀과 자유에 대한 제한을 최소화하려는 것으로 보는 견해[대법원 2017. 1. 25. 선고 2016도13489 판결, 김웅재, 주 2)의 논문, 21면]로 나뉘어져 있다.

78) 김웅재, 주2)의 논문, 41-42면은 이러한 설시 방식은 형사소송법상 압수수색 과정의 적법요건을 통신비밀보호법상 증거사용 제한과 오해할 소지를 제공하고, 두 개의 관련성이 동일한 개념이라고 오해할 소지를 낳았다고 비판한다. 이로 말미암아 형사소송법상 압수수색의 관련성을 심사함에 있어서 증거관련성 심사는 도외시하고, 사건관련성을 심사할 때 영장 기재 혐의사실과 공소제기된 공소사실만을 비교대상으로 삼을 위험성을 낳게 되었다고 한다. 실제로 참조판결3에서는 증거수집 과정의 위법과 증거사용의 제한을 제대로 구별하지 못함으로써, 압수된 소변이 영장 혐의사실 중 하나인 필로폰 교부사실에 대하여 가지는 증거가치관련성을 전혀 고려하지 못하였고, 오직 영장 혐의사실 중 필로폰 투약사실과 압수수색영장 발부 이후 다른 날짜의 투약 혐의사실 간의 사건관련성만을 따졌고, 결국 양 사건은 사건관련성이 인정되지 않는다고 하여 증거능력을 부정하는 결과에 이르게 되었다는 것이다. 그러나 압수된 소변이 필로폰 교부사실에 관하여 가지는 정황증거로서의 증거관련성을 제대로 파악하였다면 충분히 관련성을 인정할 수 있었을 것이라고 한다. 동 논문, 44-45면.

을 선언한 다음, 곧바로 "그러나 압수·수색의 목적이 된 범죄나 이와 관련된 범죄의 경우에는 그 압수·수색의 결과를 유죄의 증거로 사용할 수 있다"고 하여 마치 2번째 문장에서 말하는 관련성이 인정되면, 앞 문장에서 선언한 별건 증거의 위법성에도 불구하고 증거의 사용이 허용되는 것처럼 설시한다. 계속해서 압수·수색영장의 범죄 혐의사실과 관계있는 범죄를 "압수·수색영장에 기재한 혐의사실과 객관적 관련성이 있고 압수·수색영장 대상자와 피의자 사이에 인적 관련성이 있는 범죄"로 정의한 후, 객관적 관련성은 "압수·수색영장에 기재된 혐의사실 자체 또는 그와 기본적 사실관계가 동일한 범행과 직접 관련되어 있는 경우는 물론 범행 동기와 경위, 범행 수단과 방법, 범행 시간과 장소 등을 증명하기 위한 간접증거나 정황증거 등으로 사용될 수 있는 경우"라고 설시한다.

객관적 관련성에 관한 뒷 부분 문장들을 별건 증거의 원칙적 위법성 및 예외적 증거 사용의 허용을 선언하고 있는 앞 문장들과 연결해보면, 결국 압수수색영장의 집행 단계에서 수집된 별건 증거의 증거 사용 범위는 통신사실확인자료의 증거사용 범위와 동일하게 되며,[79] 집행 단계에서 특정된 혐의사실, 수색 범위 및 압수 목적물을 넘어선 별건 압수수색 집행의 위법성은 '객관적 관련성'이라는 증거 사용에 관한 독자적인 제한 원리에 의해서 그 의미를 상실하고 마는 것처럼 읽힌다.

한편, 참조판결5는 객관적 관련성의 설시 부분은 그대로 유지하면서도, 그 전제가 되는 '해당 사건과 관계가 있다고 인정할 수 있는 것'은 압수·수색영장의 범죄 혐의사실과 관련되고 이를 증명할 수 있는 최소한의 가치가 있는 것으로서 압수·수색영장의 범죄 혐의사실과 객

79) 통신사실확인자료의 관련성은 이미 적법하게 취득한 자료의 사용에 관한 것이므로 압수수색 집행 단계의 관련성에 비해 조금 더 넓게 인정해야 한다는 견해로는 이재상 외 2인, 주 3)의 책, 256면. 그러나 아래에서 보듯이 이러한 견해도 결국 특정의 개념에 관한 법원의 사후적, 객관적 판단기준을 적용한다는 점에서 타당하다고 평가하기 어렵다.

관적 관련성이 인정되는 것이라고 하면서, 참조판결3이나 참조판결4와는 달리 원칙과 예외를 이루던 문장들을 하나로 통합하고 '혐의사실을 증명할 수 있는 최소한의 가치가 있을 것을 추가적인 요건으로 제시하고 있다. 이는 통신비밀보호법상 증거사용 제한의 원리로 제시되었던 객관적 관련성과는 구별되는 증거관련성의 차원을 별도로 부각시킨 것으로 볼 수 있을 것이다.[80] 그러나 여기에서도 사건관련성의 차원은 객관적 관련성이라는 개념을 통해서 여전히 최종적인 관문의 역할을 하고 있다. 그런데 판례는 종래부터 객관적 관련성을 "혐의사실 자체 또는 그와 기본적 사실관계가 동일한 범행과 직접 관련되어 있는 경우는 물론 범행 동기와 경위, 범행 수단 및 방법, 범행 시간과 장소 등을 증명하기 위한 간접증거나 정황증거 등으로 사용될 수 있는 경우"에도 인정될 수 있다고 설시하여 왔고, 여기에서도 이를 그대로 인용하였다. 이제 사건관련성의 차원임이 좀 더 분명해진 객관적 관련성을 정의함에 있어서 다시 범행 동기와 경위, 범행 수단과 방법, 범행 시간과 장소 등을 증명하기 위한 간접증거나 정황증거 등으로 사용될 수 있는 경우를 여전히 포함하는데 간접증거나 정황증거 등으로 사용될 수 있는 경우를 다른 말로 표현하면 그것이 곧 증거관련성이 된다. 결국 앞 문장에서 증거가치 관련성과 사건 관련성의 차원을 구별해놓고서, 뒷 문장에서 사건 관련성의 의미를 규정하면서 실질적으로는 다시 증거관련성을 참조함으로써 결국 양자간의 구별은 여전히 명확하게 이루어지지 않는다. 따라서 증거관련성에 관해 추가적으로 언급한 것이 종래의 판례 법리를 명확하게 하는데 실질적인 영향을 미칠 것이라고 보기는 어려울 것이다.

대상판결은 "① 수사기관은 영장 발부의 사유로 된 범죄 혐의사실과 관계가 없는 증거를 압수할 수 없고, ② 별도의 영장을 발부받지 아니하고서는 압수물 또는 압수한 정보를 그 압수의 근거가 된 압수·수색영장 혐의사실과 관계가 없는 범죄의 유죄 증거로 사용할 수 없

80) 김웅재, 주 2) 논문, 50-52면; 최병각, 주 5)의 논문.

다"고 한 후, "'해당 사건과 관계가 있다'는 것은 ① 압수·수색영장에 기재한 혐의사실과 관련되고 이를 증명할 수 있는 최소한의 가치가 있는 것으로서 ② 압수·수색영장의 혐의사실과 사이에 객관적, 인적 관련성이 인정되는 것을 말한다"고 설시하였다. 참조판결3, 참조판결4 및 참조판결5에서 사용된 다소 불분명하고 조심스러웠던 태도를 버리고, 통신비밀보호법상의 증거사용 제한이 형사소송법상 영장에 의한 압수수색의 관련성에도 동일하게 적용된다고 명시적으로 선언한 것이다. 별건 증거 사용금지를 사전 영장주의와 명시적으로 연결시키고 있으며, 첫 문장에서 선언하는 영장 집행 단계에서 별건 압수금지와 증거사용 금지의 별건 증거의 사용금지의 원칙이 두 번째 문장의 관련성 개념을 함께 참조하고 있기 때문이다. 그리고 참조판결5에서 추가되었던 증명의 최소가치 개념을 그대로 인용하여 객관적 관련성과 병치하고 있다.

대상판결은 이제 압수수색영장심사, 집행절차의 관련성과 그 증거사용의 관련성을 일원적, 통일적으로 규율하는 법리를 어느 정도 완성된 형태로 제시한 것으로 이해된다. 대상판결은 별건 증거 수집의 위법성에도 불구하고 일정한 관련성 범위 내에서는 증거 사용을 허용하는 것 같은 표현을 사용하였던 이전의 참조판결들과 비교할 때, 적어도 설시된 법리의 표현 안에서 그러한 원칙과 예외 허용의 구별을 없앴다는 점에서는 더 나은 표현 방식을 채택하였다고 평가할 수 있다.

한편, 대상판결은 압수된 정보에도 이러한 관련성 법리가 적용된다고 선언하고 있는데, 이는 관련성에 관한 판례가 전자정보매체의 압수수색 사안들에 관해서 형성되어 온 점을 감안하면 충분히 이해할 만한 흐름일 것이다. 참조판결 3, 4, 5와 대상판결은 전자정보매체가 아니라 소변, 모발, 메모지와 같은 특정된 압수물에 관한 것이었으며, 그 쟁점은 그 압수물의 증거로서의 의미(즉, 정보)에 관한 것이었다. 대상판결은 종래 전자정보매체의 압수수색이 지나치게 사생활 침해 위험성을 초래한다는 우려에서 전자정보의 관련성을 제한하고자 한 판례 법리가 이제 특정된 압수물건의 증거사용 범위(정보 범위)에 관한 법리 형성에 역방향으로 영향을 미치게 된 사례로서의 의의를 지닌다고 생각한다.

Ⅲ. 대상판결의 비판적 검토

1. 관련성 개념의 구성 방식의 문제점과 그 효과

(1) 영장절차 단계별 관련성 개념 차이의 인식 부재

대상판결은 그 앞 문장에서 "① 수사기관은 영장 발부의 사유로 된 범죄 혐의사실과 관계가 없는 증거를 압수할 수 없고, ② 별도의 영장을 발부받지 아니하고서는 압수물 또는 압수한 정보를 그 압수의 근거가 된 압수·수색영장 혐의사실과 관계가 없는 범죄의 유죄 증거로 사용할 수 없다"고 병렬적으로 설시함으로써, 압수수색 집행 단계의 관련성 문제와 증거 사용의 문제가 동일한 이해관심에 의해 규율된다고 보는 것 같다. 그러나 관련성과 관련된 여러 쟁점들은 앞에서 상세하게 살펴본 것처럼 압수수색절차의 단계에 따라 전혀 상이한 형태로 발현되며, 규율이 필요한 사유도 전혀 다르다. 압수수색절차에서 수사기관의 권력에 대한 영장의 사전 통제는 압수된 증거의 사후적 사용 제한과는 전혀 다른 관점에 기초해야 한다. 사전 통제에 있어서 가장 중요한 문제는 영장 문언의 특정과 그 해석의 문제이며, 이미 영장의 문언이 특정된 이상 수사기관이 의도적으로 그 문언을 넘어서서 위법한 행위를 한 경우 특별한 예외 사유가 없다면, 객관적 관련성을 이유로 사후에 증거 사용을 허용해서는 안 될 것이다. 그럼에도 대상판결을 비롯한 참조판결들은 영장 문언의 특정과 그 해석의 문제나 수사기관의 의도와 인식에 대해서는 아무런 언급을 하지 않는다. 반면 적법하게 압수수색된 경우 증거가치가 인정되는 압수물의 증거사용을 사후적으로 제한하려면 독일에서처럼 이를 정당화할 만한 비교형량

사유가 구체적으로 제시되었어야 한다.

(2) 영장주의의 본질로부터의 법적 근거 없는 개념적 이탈

판례에서 위와 같은 영장절차 단계별 관련성 개념 차이에 관한 이해가 결여된 근본적인 이유는 앞서 언급한 것처럼 영장주의의 본질을 수사기관의 위법행위 통제로 인식하는 미국과 달리, 대법원은 독일식으로 압수수색의 권원을 영장 발부 주체인 법원의 명령 권한에 전속되는 것으로 이해하고 그 증거 사용 범위를 획정함에 있어서 영장 발부주체인 법관이나 이를 집행하는 수사기관의 주관적 인식과는 상관없이 재판 단계에서 드러나는 영장 혐의사실과 공소사실의 차이를 '객관적'으로 비교하기 때문일 것이다. 그러나 형사소송법에는 통신비밀보호법과 같이 증거사용을 제한하는 명문의 규정이 존재하지 않으며, 헌법과 형사소송법은 영장주의와 위법수집증거배제법칙을 명시적으로 선언하고 있다. 따라서 우리 법의 해석은 명문에 규정된 영장주의와 위법수집증거배제법칙에 의해 이루어져야 한다. 영장주의의 본질은 앞서 설명한 것처럼 수사기관의 강제수사에 대한 법관의 사전심사를 통해 수사기관의 권력을 통제하는 것에 있으며, 그 실효성은 위법수집증거배제법칙에 의해 위법하게 취득한 증거물의 증거능력을 배제함으로써 예방적으로 보장된다. 이러한 영장주의의 본질에 따르면 일단 위법하게 취득한 압수물은 위법수집증거배제법칙의 예외에 해당하지 않는 이상 증거능력이 인정되지 않으므로 사후적으로 적용되는 객관적 관련성이라는 개념이 불필요하다.

결국 증거사용 범위를 객관적, 사후적으로 결정하는 대상판결의 입장을 뒷받침할 만한 법률상의 근거가 없을 뿐만 아니라, 이론적으로나 비교법적으로나 이를 뒷받침할 만한 근거도 발견되지 않는다. 아래에서 보는 바와 같이 이러한 대상판결의 법리는 다양한 부작용만 낳을 뿐이다.

(3) 위법수집증거배제법칙의 본질로부터의 이탈

1) 객관적 관련성의 비주관적, 사후적 판단

대법원이 사용하는 객관적[81] 관련성은 형식상 집행 단계에서 위법수사가 있는지 여부를 판단하는 것처럼 설시하고 있으나 이는 명백히 사후적인 판단이다. 판례는 이 점에 관하여 명시적인 설시를 하지 않으나, 법원은 구체적, 개별적 연관관계의 존재 여부를 판단할 때 수사기관의 인식과 의도에 관한 고려를 하지 않는다. 또한 압수수색 집행 당시 수사기관의 적법행위 여부를 따져 묻는 것이 아니라, 법원의 재판 단계에서 당해 증거의 증거가치와 증거 사용의 범위를 집중적으로 판단하고 있다.

즉, '정황증거 내지 간접증거의 사용가능성에 따른 구체적, 개별적 연관관계의 존재'라는 대법원의 판단기준은 수사기관이 영장을 집행할 당시 정황증거 내지 간접증거로 필요하다는 인식과 의도를 가지고 있었는지 여부를 판단하는 것이 아니라, 재판 단계에서 법원이 공소사실과 압수물 사이에 그러한 구체적, 개별적 연관관계가 존재하는지 여부를 판단하는 것이다.

그런데 압수수색 집행의 위법성은 수사기관의 행위를 대상으로 판단하는 것이다. 따라서 영장의 적법한 집행 여부는 영장 집행 단계에서 압수수색 당시 수사기관의 인식과 의도에 대한 주관적 판단이어야 하며,[82] 법원이 재판 과정에서 사후적으로 증거가치 여부를 묻는

---

81) 대법원이 '객관적' 관련성이라는 용어를 사용하는 이유는 압수 목적물과 공소사실 사이의 관계를 판단한다는 점에서 압수 목적물과 피고인 사이의 관계를 판단하는 '인적' 관련성과 대비하여, 객관적이라고 부르는 것이지만, 대법원이 이러한 판단 과정에서 수사기관의 집행 당시 의도와 행위를 기준으로 하지 않고 재판 단계에서 압수 목적물이 공소사실과 증거관련성과 사건관련성을 가지는지 여부를 사후적인 기준에 의하여 평가한다는 점에서, 대법원이 의도한 것은 아니겠으나, 또 다른 의미의 '객관적' 기준이 된다.

82) 대법원 2008. 7. 10. 선고 2008도2245 판결. 오늘날에는 그 의미가 잊혀져가고 있지만, 위법수집증거배제법칙의 판단기준을 수사기관의 의도와 행위를 중심으로 하였다는 점에서 타당한 판결이라고 생각한다. "검사 또는 사법경찰관은 피의자를

것이어서는 안 된다. 만약 수사기관이 영장 집행 과정에서 적법한 행위를 하였다면 법원의 재판 단계에서 사건 관련성이 없다고 해서 위법수집증거로 배제할 수 없으며, 반대로 수사기관이 위법행위를 하였다면, 사후 재판 단계에서의 관련성 존부와 관계 없이 당연히 위법수집증거배제법칙이 적용되고, 예외 적용의 문제만 남아야 한다. 설사 재판 단계에서 법원이 압수물과 공소사실 사이에 구체적, 개별적 연관관계를 발견할 수 있다고 하더라도 수사기관이 압수수색 집행 단계에서 그러한 관계를 인식하지 못한 채 영장의 특정 범위 외의 별건 증거로서 압수하였다면 이는 당연히 위법한 행위가 될 것이기 때문이다.

판례처럼 위법수집증거배제법칙의 적용을 수사기관의 행위와 의도에 놓지 않고, 재판 단계에서 증거가치와 사건관련을 따지는 사후적, '객관적' 판단에 따르게 되면, 압수물의 증거 사용 여부는 극히 예측불가능하게 된다. 수사기관 입장에서는 재판 단계에 이르러 어떤 증거가 혐의사실과 구체적, 개별적 연관관계를 가질지 알 수 없기 때문이다. 따라서 언제 별건에 관한 영장을 청구해야 하는지에 관한 예측가능성을 가질 수 없다. 법원 내부에서조차도 심급에 따라 사건관련성에 의한 증거 사용을 허용할지 여부에 관해 예측가능성이 없는 형편에서[83] 수사기관에게 그것을 요구한다는 것은 비합리적이다.

긴급체포한 경우 체포한 때부터 48시간 이내에 한하여 영장 없이, 긴급체포의 사유가 된 범죄사실 수사에 필요한 최소한의 범위 내에서 당해 범죄사실과 관련된 증거물 또는 몰수할 것으로 판단되는 피의자의 소유, 소지 또는 보관하는 물건을 압수할 수 있다. 이때, 어떤 물건이 긴급체포의 사유가 된 범죄사실 수사에 필요한 최소한의 범위 내의 것으로서 압수의 대상이 되는 것인지는 당해 범죄사실의 구체적인 내용과 성질, 압수하고자 하는 물건의 형상, 성질, 당해 범죄사실과의 관련 정도와 증거가치, 인멸의 우려는 물론 압수로 인하여 발생하는 불이익의 정도 등 압수 당시의 여러 사정을 종합적으로 고려하여 객관적으로 판단하여야 한다. 위 법리와 기록에 비추어 살펴보면, 이 사건 중 제1호 내지 제4호는 피고인이 보관하던 다른 사람의 주민등록증, 운전면허증 및 그것이 들어있던 지갑으로서, 피고인이 이른바 전화사기죄의 범행을 저질렀다는 범죄사실 등으로 긴급체포된 직후 압수되었는바, 그 압수 당시 위 범죄사실의 수사에 필요한 범위 내의 것으로서 전화사기범행과 관련된다고 의심할 만한 상당한 이유가 있었다고 보이므로, 적법하게 압수되었다고 할 것이다."

2) 위법수집증거배제법칙의 예방적 효과의 부재

이는 자연스럽게 객관적 관련성 심사는 위법수집증거배제법칙의 목적과 부합하지 않는다는 문제점으로 연결된다. 위법수집증거배제법칙은 무고한 피고인을 보호하기 위한 것이 아니라 범죄자를 무죄 방면하는 한이 있더라도 수사기관의 위법수사를 예방적으로 억제하기 위해 위법하게 수집한 증거의 증거능력을 부인하고자 하는 것이다.

사후적, 객관적 판단인 사건관련성 판단은 이러한 위법수집증거배제법칙의 목적에 부합하지 않는다. 수사기관의 집행 당시 의도와 행위를 고려하지 않고 재판 단계에서의 증거가치와 사건관련성이라는 사후적 기준으로 위법성 여부를 따진 후 증거능력을 부정하게 되면, 아무런 정책적, 실천적 의미도 없이 법원의 건조한 법적, 기술적 판단 결과에 따라 범죄자에게 우연한 선물을 주는 것과 마찬가지가 된다. 이러한 사후적, 객관적 판단방식에 의할 때에는 수사기관의 합리적 오인이나 영장 문언에 대한 믿음에 따른 선의의 예외(good faith exception)가 인정될 여지가 없다.

대법원은 관련성 개념과 위법수집증거배제법칙을 그대로 연결한다. 사후적 판단에 따라 증거사용이 허용되지 않는 경우에도 마치 수사기관의 위법수사로 인해 증거능력이 배제되는 것처럼 설시한다. 그러나 이는 개념논리상 엄밀한 것은 아니며, 그로 말미암아, 참조판결들에서 드러나는 것처럼, 때로는 개념논리적인 합리성을 잃어버리거나, 심지어는 참조판결3에서처럼 구체적 타당성이 없는 결론에까지 이르게 된다.

3) 위법 내지 적법수사의 사후적 의제

수사기관이 압수수색 범위가 특정된 영장에 따라 압수수색을 집행하였다면, 이후 압수물의 증거가치가 영장 혐의사실과는 다른 공소사실에 관련되어 있는 경우에도, 이미 압수수색절차의 위법성은 인정

83) 참조판결 3, 4, 5의 원심과 대법원의 판시 내용만 살펴봐도 실무상 예측가능성이 인정되기 어렵다는 것을 알 수 있다.

할 여지가 없으며, 그래야만 할 정책적 필요성도 인정되지 않는다. 만약 독일식 증거금지 원리에 따른다고 할 때에도 기본권의 보호 필요성과의 비교형량을 통해서만 증거 사용을 제한할 것인지의 판단이 추가로 필요하다. 그러므로 이러한 비교형량 과정이 누락된 객관적 관련성 개념은 수사기관이 의도적으로 영장의 특정 범위를 넘어서 영장을 집행한 경우에는 지나치게 수사기관의 위법행위를 묵인해주는 결과를[84], 반대로 수사기관이 영장의 특정 범위 내에서 영장을 집행한 경우에는 대법원이 객관적 관련성을 부정하는 순간, 수사기관의 위법이 의제되어 그 압수물의 증거능력이 부정되는 부당한 결과를 낳는다.

이는 수사기관의 위법수사 통제를 목적으로 하는 영장주의의 해석 과정에서 영장의 특정성 여부 및 영장 문언의 해석, 그리고 수사기관이 그 문언을 합리적으로 해석하여 집행하였는가에 규율의 초점을 맞추지 않고, 이미 집행이 이루어진 결과에 대하여 다시 객관적 관련성의 개념을 적용하는 것, 즉 객관적 관련성 판단이 재판단계에서 이루어지는 사후적 기준에 의한 심사라는 것에 본질적인 원인이 있다.

(4) 개념적 명료성의 결여

대상판결은 종래의 설시와 달리, '해당 사건과 관계가 있다'는 것은 ① 압수·수색영장에 기재한 혐의사실과 관련되고 ② 이를 증명할 수 있는 최소한의 가치가 있는 것으로서 ③ 압수·수색영장의 혐의사실과 사이에 객관적, 인적 관련성이 인정되는 것이라고 하면서, ②, ③의 요건을 병렬적으로 설시하고 있는데, 대법원이 이를 통해서 표현하

84) 류동훈, 전자정보 압수수색의 '객관적 관련성' 요건에 대한 비판적 검토, 형사법의 신동향 제76권(2022), 111-112, 114면. 동 논문이 실체적 경합범에 대해서도 간접증거 또는 정황증거로 사용될 수 있는 경우까지 관련성을 인정하는 것은 영장주의 잠탈이며, 관련성 요건은 당해 사건에 한하는 것으로 보아야 한다고 비판하는 것은 이러한 취지에서 공감할 수 있다. 다만 영장주의의 본질이 위법수사에 대한 사전 통제에 있다는 본 논문의 이론적 관점은 관련성의 범위를 무조건 줄이거나 증거사용 범위를 제약해야 한다는 것이 아니라, 압수수색절차의 각 단계에서 수사기관의 위법수사가 어떻게 다르게 발현하며, 영장주의에 의해서 어떻게 통제되어야 하는지를 보다 면밀하게 고찰하는 데 있다.

고자 한 의도는 이제부터는 1차적으로 증거가치관련성을 평가하여 증거가치관련성이 있는 경우에만 관련성을 인정하되, 2차적으로 다시 사건관련성 기준을 중첩적으로 적용함으로써 증거사용 범위를 이중적으로 제한하겠다는 것이었을 수도 있다. 즉, ②의 증거관련성은 이제 ③ 객관적 관련성과 독립된 별도의 의미를 가지며, 양 기준은 중첩적으로 적용된다는 것이다.

그러한 경우에도 대법원의 법리 설시는 여전히 정교하지 못하며 혼란스러울 뿐만 아니라 정책적으로도 타당하지 않다. 우선 대상판결은 객관적 관련성의 의미에 관해서 설시하면서 다시 범행 동기와 경위, 범행 수단과 방법, 범행 시간과 장소 등을 증명하기 위한 간접증거나 정황증거 등으로 사용되는 경우를 포함하여, 다시 증거관련성 문제로 되돌아간다. 그러나 이제 사건관련성만을 의미하게 된 객관적 관련성은 증거가치관련성과는 다른 기준에 의해서 평가하게 되므로, 증거 사용을 사후적으로 제한해야 할 정책적 이유가 별도로 제시되어야 한다. 즉, 증거가치관련성을 판단하는 기준과 사건관련성을 판단하는 기준은 서로 달라야 함에도 대상판결은 아무런 판단기준을 제시하지 않은 채 양 기준을 혼합하고 있다.

대법원은 오래 전부터 증거사용 제한과 압수수색의 집행 범위 모두에 관해 객관적 관련성이라는 개념을 동일하게 적용해왔다. 그 정책적 함의는 사건관련성의 차원을 간접증거나 정황증거 등의 구체적, 개별적 연관관계라는 증거관련성의 차원으로 환원시키고자 하는 것이다. 이는 혐의사실과 공소사실을 단순 비교하는 사건관련성만을 토대로 관련성을 정할 때 빚어질 수 있는 증거사용의 과도한 제한이라는 일원적 접근법의 부작용을 다소 감소시키는 효과를 가져올 수 있다.

그러나 사건관련성을 증거관련성과 연관시키는 대법원의 방식은 통신비밀보호법과 같이 사건관련성을 명시적으로 규정하고 있는 영역에 관해서는 구체적, 개별적 연관관계라는 증거관련성만 있으면, 사건관련성이 자동적으로 인정되게 되므로, 사건관련성이 지나치게 확대되는 결과를 초래할 수 있다. 반대로 일반적인 압수수색의 경우와 같이 형사소송법상 사건관련성이 명문으로 규정되어 있지 않은 영역에 관해서는 증거관련성이 인정됨에도 불구하고 사건관련성에 의해서 증거의 사용을 지나치게 제한하는 결과를 초래한다. 예컨대 판례는 동종, 유사사건에 관해서는 구체적, 개별적 연관관계만 있으면 사건관련성을 쉽게 인정한다. 그런데 횡령한 회사 자금으로 뇌물을 교부한 사건이나 동일한 이해관계에 따라 다수인에게 뇌물을 교부한 사건처럼 서로 역사적 연관관계가 있는 별건에 대해 당해 증거가 증거가치를 가지고 있음에도, 수사기관이 수사 초기의 정보 제약으로 인해 초기에 파악된 일부 혐의사실만 대상으로 압수수색한 경우에도 그 결과 획득된 압수물의 증거가치를 반드시 당해 초기 혐의 사실에만 국한하여 사용하게 해야 할 필연적 이유가 있을까? 이때에는 구체적, 개별적 연관관계가 있음에도 이를 부정한 다음, 사건관련성의 기준으로 돌아가 오직 공소장변경의 기준이 되는 기본적 사실관계 동일성만을 기준으로 증거 사용 범위를 제약하는 것이 합리적이라고 볼 수 있을까?[85) 반면, 이러한 역사적 연관관계가 있는 경우에까지도 구체적, 개별적 연관관계를 인정하게 되면, 구체적, 개별적 연관관계의 개념은 지나치게 모호하고 허구적인 개념으로 전락하게 않는가? 이러한 의문들은 구체적 타당성이 아니라 개념 자체의 문제 때문에 제기된다. 객관적 사건관련성을 이용해서 일정한 별건 범죄에 관하여 증거가치 있는 증거의 사용 범위를 제한하려 할 때, 근본적으로 무엇을 보호하기 위한 것인지가 분명하지 않기 때문이다.

대상판결의 가장 큰 문제점 중 하나는 판례가 압수수색절차의 단계와 관계없이 관련성의 법리를 일원적으로 규율하면서도 그 이론적, 정책적 근거를 충분히 제시하지 않음으로써, 법리를 불투명하게 만들고 있다는 것이다. 참조판결들로부터 대상판결에 이르기까지 판례의

85) 이완규, 주 34)의 논문, 556면. 이종 범죄사실이라고 하더라도 사건의 전모를 파악하는데 도움이 되면 관련성이 인정된다고 한다.

설시 자체도 일관되지 않았다. 여러 사건들을 거치면서 대법원의 관점이 서서히 미묘하게 변화하면서 법리가 형성되어 가고 있는 것처럼 보이지만, 어떠한 내적 사고에 기초하여 그러한 변화가 발생하고 있는지 알기 어렵다. 이러한 방식의 법리는 사실관계가 조금씩 다른 사안에서 또 어떻게 구체적인 적용이 변화할지 예측하기 어렵다.

(5) 관련성 개념의 자의성과 예측불가능성

이렇듯 개념적 명료성이 결여된 객관적 관련성 개념은 필연적으로 처벌 범위의 자의성과 예측불가능성이라는 위험을 수반할 수밖에 없다.

대법원 2021. 11. 25. 선고 2016도82 판결에서는 6개월 가량 시차가 있는 지하철 불법촬영과 주택에서 교제 중인 여성에 대한 불법촬영 간의 관련성을 부정하였다. 그러나 대법원 2022. 1. 13.선고 2016도9596 판결은 압수의 동기가 된 2015년 범행과_최대 2년여의 기간 차이가 나는 2,000개의 동영상들을 탐색하였고 2015년 범행은 고속도로 주차장에서의 촬영물이고, 2014년 범행은 안마시술소에서의 촬영물로서 그 장소와 방식이 달랐음에도 스마트폰을 이용한 불법촬영 범죄와 같이 범죄의 속성상 해당 범행의 상습성이 의심되거나 성적 기호 내지 경향성의 발현에 따른 일련의 범행의 일환으로 이루어진 것으로 의심되는 경우라고 하여 관련성을 인정하였다.[86]

대법원의 관련성에 관한 표면적인 설시만으로는 이와 같이 유사한 사항에 관하여 구체적인 적용이 달라지는 이유를 제대로 설명하기 어렵다.[87] 궁극적으로는 객관적 관련성 개념 자체의 모호성이 이러한 자의성과 예측가능성을 초래하는 것이다. 압수된 유사, 동종 사건 동영상의 증거능력은 수사기관의 탐색행위의 의도와 행위에 적법성이 인정되는지 여부에 따라야 하는 것이며, 사후에 압수된 파일이 결과적

86) 이창온, 2022년 형사소송법 판례 회고, 형사판례연구 제31권(2023), 544-545면.

87) 류동훈, 주 84)의 논문, 112면은 대법원의 기준이 초래하는 예측곤란성을 비판하고 있다.

으로 혐의사실에 대하여 '우연적'인 증거가치를 가지게 된 것으로 '해석'되었는지 여부에 따라서는 안 될 것이다. 즉 수사기관이 혐의사실과 직접적으로 관련된 증거만 탐색하지 않고, 의도적으로 별건 증거를 탐색하기 위해서 부적절한 방법을 이용하였는지, 발견된 별건 증거를 압수하는데에 상당한 이유나 초기 혐의가 없었는지 여부에 따라 위법성을 판단해야 하며, 결과적으로 발견된 증거에 대한 사후적인 증거가치 평가에 따라서는 증거능력을 인정해서는 안 된다.

요컨대 수색 범위에 관한 한 영장에서 특정된 혐의사실만이 적법성의 기준이 되어야 한다. 이를 벗어나는 압수수색 집행을 사후적으로 정당화시키는 것을 허용해서는 안 된다. 그래야만 영장주의의 본질을 지키고, 자의적인 처벌이나 범죄인의 면책을 막을 수 있게 된다.

(6) 사후적 관련성 개념 사용이 초래하는 판단재량의 확대

원래 영장의 관련성 문제는 일차적으로는 영장 혐의사실, 수색 범위와 압수 목적물의 특정 문제이다. 일단 영장이 특정된 이상, 집행단계에서의 관련성은 별건 범죄가 우연히 발견되는 등의 문제가 발생하지 않는 이상 더 이상 문제되지 않는 것이 원칙이다. 영장의 본질은 그것이 사전심사이며, 그것을 집행하는 자에게 재량의 여지를 주지 않는다는 것에 있기 때문이다. 영장주의의 본질상 수사기관이 영장 심사와 발부를 통해 특정된 영장 혐의사실을 초과하여 집행하면 그 자체로 위법한 것이며, 특정된 영장을 초과하여 집행하였는지 여부는 영장의 문언 해석 문제로 귀결되어야 한다. 요컨대 영장이 특정되었는지 여부와 영장의 문언 해석상 당해 압수물이 특정된 압수수색 범위 내에서 이루어졌는지에 관한 판단 이외에, 영장 집행단계에서 고려해야 할 고유한 관련성의 문제는 따로 존재하지 않아야 한다는 것이다. 영장주의는 원래 사전심사를 통해 영장을 특정함으로써 수사기관의 위법행위를 예방하기 위한 것이기 때문이다.

그러나 종래 대법원의 객관적 관련성 개념에 따르면, 수사기관이

의도적으로 영장의 특정 범위를 초과하여 위법행위를 하였음에도 그 압수물이 대법원이 허용하는 범위 내에서 일정한 사건 관련성이 있고 그 사건에 대하여 일정한 증거가치가 인정된다면 증거능력이 인정되게 된다. 그렇다면 우리 압수수색 법제는 수사기관에게 일정한 범위 내에서는 영장의 문언과는 무관하게 압수수색에 관한 재량의 여지를 허용하고, 최종적으로는 그 재량판단의 타당성을 법원이 재심사하여 승인 내지 인가를 해주는 방식의 이례적이고 독자적인 영장주의를 운용하는 셈이 된다. 대상판결이 종래 원칙과 예외 형태로 이러한 재량의 여지를 주는 듯한 표현을 삭제하였음은 앞서 언급하였다. 그럼에도 불구하고 실질적으로는 구체적, 개별적 연관관계라는 표현 내에서 사실상 수사기관에게 일정한 재량의 여지를 허용하며, 최종적으로 대법원이 사후 인가함으로써 재량권을 행사하는 형태가 여전히 보존되어 있다. 실제로는 법원이 수사기관의 재량을 추인하거나 승인을 거부하는 것이 객관적 관련성 개념의 실질임에도 마치 수사기관의 위법행위를 통제하는 것처럼 위법수집증거배제법리로 법리를 연결하는 것은 실제로는 존재하지도 않는 수사기관의 적법 또는 위법행위를 사후에 법원이 의제하는 것에 가깝다.

(7) 증거 사용 범위의 지나친 축소

이상과 같은 관련성 개념의 구성과 적용을 통해서 판례는 다른 입법례 및 실무와 비교할 때 유례 없이 압수수색 증거의 사용범위를 좁히고 있다.

첫째, 대법원은 수색뿐만 아니라 압수의 권원도 오로지 법원이 발부한 영장에 의해서만 부여될 수 있으므로, 적법한 수색이 개시된 것만으로는 부족하고 수색 과정에 연결되는 압수의 경우에도 원래 영장이 예견하지 않았던 별건 증거가 발견된 경우에는 원칙적으로 영장이 사후에 추가되어야 한다고 본다. 독립적, 긴급적 압수수색을 인정하는 미국, 독일 등의 입법례와 달리, 이를 인정하지 않는 우리나라 법제하에서, 대법원은 수색과 압수를 하나의 과정으로 관념하고, 특정된 영장에 의해 적법한 수색이 이루어졌더라도, 그 과정에서 이루어지는 압수에 대해서도 반드시 별도의 영장에 의해서 정당화되어야 한다고 보는 것이다. 그 결과 수색이 적법해도 그 과정에 이어지는 압수에 대해서 별도로 영장에 의해 정당화되지 않으면 전체 과정을 위법하다고 보고 그 압수물의 증거능력을 부정하게 된다.[88] 우리 법이 독립적 긴급압수수색 제도를 도입하지 않은 것은 사실이지만, 형사소송법상 일단 적법한 수색이 이루어진 경우에도 압수와 수색을 일체로 봐서 영장 없는 별건 증거물의 압수가 필연적으로 불가능하다고 봐야 할 이론적, 문언적 근거는 없다.

둘째, 앞서 언급한 것처럼 대법원은 '별건'의 개념을 사후적, 객관적 관련성의 개념을 이용해서 크게 확장시키고 있다. 즉 영장 발부 및 영장 집행 당시에 예견할 수 없었던 사후적인 사정을 고려해서 '객관적'으로 '별건'의 개념을 결정함으로써, 영장의 집행 당시에는 영장 범죄사실에 관련된다고 합리적으로 판단될 수 있는 경우에도 이후 다른 증거의 부족 등으로 인해 공소사실이 축소되거나 변경될 경우 해당 압수수색은 사후적으로 위법하게 됨으로써 압수물의 증거능력이 상실되는 것을 허용한다. 이러한 사후적 판단이 영장주의나 위법수집증거배제법칙과 부합하지 않을 뿐만 아니라 판례가 처벌 범위의 축소를 정당화할 만한 기본권 보호 필요성의 비교형량 과정을 제시하고 있지 않은 것은 앞서 지적한 바와 같다.

셋째, 대법원은 영장을 집행하는 수사기관의 주관적 인식과 합리적인 판단 여부를 전혀 고려하지 않고, 재판 단계에서 영장 혐의 사실과 공소사실을 기계적으로 비교하여 객관적 관련성을 판단함으로써, 증거능력의 배척 범위를 확장한다. 이 역시 위법수집증거배제법칙의 본질과 일치하지 않는다.

---

88) 대법원 2015. 7. 16. 선고 2011모1839 결정, 동 판결에 대한 평석은 김성룡, 주 61)의 논문 참조.

넷째, 아래에서 보는 것처럼 대상판결은 객관적 관련성 판단을 압수 범위로부터 특정된 압수물의 증거사용 범위에까지 확대해서 적용함으로써 증거능력 배척 범위를 더욱 확대하고 있다. 이 부분에 관해서는 아래에서 다시 살펴보겠다.

요컨대, 독립적, 긴급적 압수수색을 인정하지 않은 우리 입법례 하에서, 대법원이 영장주의와 위법수집증거배제법칙의 본질에서 벗어나 압수수색의 권원을 영장 발부 주체인 법원의 명령 권한에 전속되는 것으로 이해하고 별건의 범위를 '객관적'으로 크게 확대하는 한편 위법수집증거배제법칙은 과도하게 엄격하게 적용함으로써, 실무상 압수물의 증거사용 범위는 대폭 축소되어 있다. 이는 앞에서 언급한 것처럼 대법원이 영장주의의 본질을 수사기관의 위법수사 통제에 있다고 보는 것이 아니라, 압수행위에 관한 법원의 정당화 권한으로 잘못 관념하고 있기 때문이다. 영장에 의한 사후적 정당화의 문제는 위법수집증거배제의 문제가 아니다. 국가권력이 이미 압수수색 단계에서 적법한 절차에 따라 피압수자의 재산권이나 프라이버시 영역 안으로 진입한 이상, 사후적으로 압수물의 증거사용을 제한한다고 해서 피압수자의 기본권 보호가 더 충실하게 이루어지는 것은 아니다. 여기에서는 위법한 국가권력의 행사에 증거능력의 제한이라는 징벌적 효과를 부여함으로써 향후의 위법수사 억지라는 예방적 목표가 개입되지 않는다. 반면 어떠한 증거물의 증거능력을 배척한다는 것은 그로 말미암아 명백한 범죄인의 처벌을 포기하는 것을 의미하므로 반드시 그에 상응하는 이유가 제시되어야 한다. 따라서 그러한 이유의 제시 없이 '별건'의 범위를 확대하여 적법한 수색 과정에서 발견된 압수물의 증거능력 배척 범위를 무조건 확대하는 것은 지나치게 경직되고 형식논리에 기울어진 것이다. 만일 대법원의 논리처럼 압수 그 자체에도 영장의 근거가 반드시 필요하다고 보면서 이를 위법수집증거배제법칙과 연결짓고자 한다면, 전자정보 탐색 중 우연히 발견한 별건 증거에 대하여 사후 영장을 청구하여 받았다고 하더라도 그 증거능력을 인정하는 이론적 논거도 존재할 수 없다. 일단 위법하게 수집한 증거는 사후에 영장을 받았다고 하더라도 여전히 위법하기 때문이다. 따라서 별건 증거에 대해 사후 영장을 받으면 압수가 정당화될 수 있다는 대법원의 논리는 논리정합성이 없는 타협책에 불과하다. 수색과 압수를 구분하고, 우연히 발견한 압수물은 원래 수색 범위 내에서 적법하게 수색절차가 진행되었다면 증거능력을 인정하되, 이후 별건 혐의에 관하여 수색을 계속하기 위해서는 그 순간부터 다시 새로운 혐의에 관한 사전 영장을 받아야 한다고 해석하는 것이 더 솔직하고 논리정합적이었을 것이다.

만약 대법원의 진의가 적법하게 압수수색이 이뤄졌음에도 특정한 기본권 보호를 위하여 적법하게 취득된 압수물을 범죄의 증거로 사용하는 것을 제약하고자 하는 것이라면, 독일과 같이 범죄의 처벌 필요성보다 더 강력하게 보호해야 할 기본권적 보호이익이 존재하는 것을 전제해야만 한다. 통신비밀보호법상 통신제한조치와 통신사실확인자료에 관하여 설사 그 집행절차가 적법하였다고 하더라도 사후적으로 이를 별건 증거로 사용하는 것은 제약하는 것은 통신비밀 및 통신의 자유에 관한 기본권 보호의 필요성이 범죄의 처벌 필요성보다 더 크다는 입법자의 결단이 있었던 것으로 볼 수 있을 것이다. 그러나 그러한 관점에서 보더라도 대법원의 설시에서는 범죄 처벌의 필요성과 피압수자의 중대한 기본권적 이익의 보호 필요성을 비교형량한다는 핵심 요소가 누락되어 있다. 결국 대상판결은 명확한 이유를 제시하지 않은 채 범죄인의 처벌을 과도하게 축소시킨다는 비판을 면할 수 없을 것이다.

2. 증거사용 금지 법리의 특정 압수물(압수된 정보)에 대한 확장의 문제

(1) 대상판결의 '압수된 정보'의 증거사용 제한

앞서 언급한 것처럼 대법원은 우리 법제상 정당화되기 어려운 사후적, 객관적 관련성 개념을 근거 없이 도입하여 적용하여 왔을 뿐만 아니라 대상판결은 이를 압수 범위가 아니라 특정한 압수물의 증거사용 범위를 제약하는데까지 확대, 사용하고 있다. 설사 사후적, 객관적 관련성의 개념을 긍정할 수 있다고 하더라도 사건관련성 평가의 대상이 되는 것은 특정된 압수물이어야 하며, 재판 단계에서나 명백해질 수 있는 그 압수물의 증거로서의 의미는 아니다. 수사기관은 하나의 특정된 압수물을 증거로서의 의미에 따라 나눠서 압수할 수는 없기 때문이다. 특정된 압수물이 어떠한 증거로서의 의미를 가지고 있어서 적법하게 압수되었다면, 그 압수물이 다른 범죄의 증거로서의 의미를 동시에 지니게 되었다고 해서 별도의 영장을 받게 하거나 그 다른 범죄의 처벌을 면제해주어야 할 아무런 이유가 없다. 전자정보들은 파일 하나하나가 독자적인 탐색의 단위로서의 의미를 가지므로 전자정보의 탐색범위를 줄이고자 사건관련성 개념을 도입한 것도 선해할 여지가 있다. 그러나 하나의 특정된 압수물의 증거로서의 의미(정보)를 사건관련성에 따라 나눠서 평가한 다음, 사후적으로 그 정보의 사용을 제한하는 것은 영장주의와 위법수사 억제의 관점에서 정책적으로는 무의미하고, 개념적으로는 비합리적이다. 특정된 압수물의 관련성에 문제가 생기는 것은 영장심사와 발부 단계에서 영장의 특정 내지 유효성과 관계되며, 그것은 수사기관의 위법행위와는 전혀 관계가 없다. 이것은 전자정보에 관한 관련성 법리가 특정 압수물에 대해서도 과도하게 확장 적용됨으로써, 경직적이고 비합리적인 법리가 형성되어 가는, 좋지 않은 사례이다.

대상판결에서 압수된 메모지가 압수수색절차에서 관련성 범위를 초과하여 집행된 것인지, 아니면 압수수색절차에서는 위 참조판결의 사실관계에서와 같이 적법하게 특정된 메모지를 압수하였는데, 그 메모지의 증거가치(정보)가 객관적 관련성을 초과하였다고 해서 별건에 관한 증거사용이 부정된 것인지 여부는 사실관계가 공개되지 아니하여 알기 어렵다. 그러나 만일 대상판결이 영장 집행과 그로 획득한 증거의 증거사용 범위를 객관적 관련성 개념을 이용해서 일원적으로 규율하는 법리를 진전시킴으로써, 특정된 압수수색영장에 기하여 적법한 압수수색절차를 거쳐 메모지 2장이 압수된 사실관계에 대하여, 그 압수물이 가지는 증거로서의 의미(즉, 정보)가 별건에는 이용될 수 없다고 해서 그 사용 범위를 사후적으로 제한한 것이라면(그로 인해 결국 범죄의 처벌을 포기한 것이라면), 이제 대법원은 이론적으로 타당하지 않은 법리를 철저하게 적용해서 구체적으로 타당하지 않은 결론에 이르게 된 것일 뿐이다.

(2) 확장의 원인: 전자정보 탐색 규제법리의 발전

이렇듯 혼란스러운 법리가 형성된 이유는 사건관련성에 의한 증거사용 제한의 법리가 본래 전자정보 압수수색과정에서 수색 범위를 제한하고자 하는 의도에서 개발된 것이기 때문일 것이다. 대법원은 전자정보매체가 적법하게 압수수색되었다고 하더라도 그 안에 들어있는 전자정보는 전자정보매체와는 별개의 압수수색 대상이 되며, 전자정보 수색과정에서 압수수색의 절차적 보장이 이루어져야 할 뿐만 아니라 압수된 전자정보는 혐의사실과 관련성 있는 범위 내로 제한되어야 한다는 법리를 오랜기간 동안 형성하여 왔다.[89] 전자정보매체 안에는 너무 많은 개인정보가 들어 있고, 전자정보파일을 열어보지 않으면 그 내용을 알기 어려운 경우가 많기 때문에, 수사기관이 위법수집의 의도가 없이 전자정보를 탐색하는 과정에서 지나치게 많은 개인정보를 인지하게 된다는 우려가 줄곧 제기되어 왔으므로, 판례가 이러한 우려에 관심을 기울여 이를 규제하는 법리를 개발한 것은 그 목적의 정당성을 인정할 수도 있을 것이다.[90]

89) 대법원 2015. 7. 16. 선고 2011모1839 판결 등.

90) 그러나 새로운 입법이 이루어지지 않는 한 현행법의 테두리 내에서는 전자정보 수색 범위의 제한은 수사기관이 전자정보 탐색 과정에서 영장의 특정된 혐의사실을 초과해서 무리하게 혐의 사실과 관계 없는 전자정보를 수집하고자 하는 수사기관의 의도와 행위를 중심으로 규제하되, 그 과정에서 피의자의 참여권 등 절차적 규제를 적절히 강화하는 것이 무난한 방향이었을 것이라고 생각한다. 그런데

어쩌면 이것은 대법원 스스로도 수사기관의 별건 증거 중 증거가치가 높은 일부에 대해서는 별건[91]의 처벌 필요성을 긍정하였기 때문일 수도 있다. 그러나 이렇듯 법원에 재량의 여지를 남겨두기 위해 엄밀하지 못한 개념을 채택한 것이 결국 오늘날에 와서는 관련성의 의미에 관한 판례법리가 혼란스럽게 된 원인이 되었고, 대상판결에 이르러서는 전자정보가 아닌 특정된 압수물까지도 다시 사건관련성에 의해서 그 증거로서의 의미에 대해 재차 증거사용 범위를 제한하는 방향으로까지 나아간 원인이 되었으리라 추측해본다.

3. 참조판결들의 법리 포섭과정 및 구체적 타당성에 관한 분석

대상판결의 사실관계는 공개되어 있지 아니하므로 검토하기 어렵다. 다만 참조판결 3, 4, 5의 사실관계가 공개되어 있으므로 이를 검토해본다. 참조판결들은 혐의사실, 압수 목적물이 모두 명확히 특정되어 있었던 사안이었다. 따라서 압수수색의 집행 단계에서 영장의 문언을 초과하는 수사기관의 권력 남용이나 기본권 침해는 발생할 여지가 없었다. 참조판결3의 사실관계에서는 영장 혐의사실이 필로폰 투약 및 교부로, 참조판결4의 사실관계에서는 영장 혐의사실이 필로폰 교부로 각각 특정되어 있었는데, 압수 목적물은 소변 및 모발이었으며, 실제로 압수된 소변 및 모발을 통해 공소제기된 범죄사실은 압수수색영장 발부 이후의 범행이었다. 따라서 대상사실관계의 쟁점은 수사기관이

대법원은 참여권 등 절차적 통제를 강화하는 한편, 수사기관이 수집한 증거의 의미가 사후적, 결과적으로 사건관련성과 증거관련성(구체적, 개별적 연관관계) 범위 내인지를 평가하는 방향으로도 나아갔다. 이것은 대법원이 수사기관의 지나치게 폭넓은 탐색행위를 규제한다는 의미도 있겠지만, 수사기관의 위법한 의도나 행위 여부와 상관없이 증거의 사용 범위를 규제하게 되는 부작용이 더 컸다. 어떤 경우에는 수사기관의 위법한 의도가 없었음에도 사건관련성을 부정하게 되거나, 또 다른 경우에는 수사기관의 영장의 특정 범위 초과의 의도가 있었음에도 사후적으로 사건관련성을 인정하여 사실상 별건 증거를 사용되는 것을 허용하게 되기도 하는 것이다.

91) 물론 대법원의 논리에 따르면 별건이 아니라 사건관련성이 있는 사실이겠지만, 영장의 특정 혐의 사실 범위를 벗어났다는 의미에서는 별건이 된다.

영장의 문언을 넘어서서 별건 증거를 의도적으로 압수했는지의 문제가 아니었고, 영장에 따라 집행된 압수물의 증거로서의 의미(압수물의 정보)가 별건 증거에 이용될 수 있는지에 관한 문제였다. 이는 실질적으로는 영장심사 단계에서의 특정이 제대로 이루어졌는지에 관한 문제였거나, 적법하게 압수된 압수물의 증거사용의 제한에 관한 문제이다. 참조판결3은 우선 영장 문언 해석을 통해서 마약류 투약 범죄는 그 범행일자가 다를 경우 별개의 범죄로 보아야 하므로 영장 혐의사실과 이 부분 공소사실은 그 범행 장소, 투약방법, 투약량도 모두 구체적으로 특정되어 있지 않아 어떠한 객관적인 관련성이 있는지 알 수 없다고 전제한 다음, 영장 발부 당시 전혀 예상할 수 없었던 범행이라고 볼 수 없다고 하여 객관적 관련성을 배척하였다. 반면 참조판결4는 동일한 방식으로 영장의 문언 해석을 통하여 영장은 압수수색 영장 이후의 투약 범행까지도 압수수색 범위로 특정하였다고 판단한 다음, 증거사용의 제한과 관련해서는 압수한 소변 및 모발 감정결과가 영장 기재 혐의사실의 정황증거 내지 간접증거로 사용될 수 있으며, 따라서 영장 발부 당시 전혀 예상할 수 없었던 범행이라고 볼 수 없으므로, 객관적 관련성, 즉 증거관련성이 인정된다고 보고 이들 증거의 사용을 허용하였다.

참조판결들의 문제는 구체적 타당성에 있지 않다. 참조판결3에서 압수된 소변이 영장 혐의사실에 대하여 가지는 증거가치관련성을 부정하였던 대법원은 참조판결4, 5에서는 형식적인 법리상으로는 여전히 이를 압수수색 집행 단계의 관련성 문제로 다루면서도, 실질적으로는 영장의 문언 해석을 통해 관련성을 인정함으로써, 구체적으로는 타당한 결론에 이르렀다. 이는 적어도 참조판결3보다는 진일보한 것이다. 그러나 근본적인 문제는 실질적으로 사안을 해결하는데 동원된 내적 사고가 형식적으로 이용된 법리와 일치하지 않는다는 것에 있다. 위 사실관계에서 영장 혐의사실과 압수수색 영장 발부 이후의 투약사실 사이를 감정결과의 간접적인 증거관련성을 통해 서로 연결짓는 것은 매우 작위적이고 허구적이다. 이 사안에서 수사기관은 압수수색영장 발부 전후 투약 사실에 관한 초기 혐의 또는 상당한 이유가 없었기에 이를 혐의사실로 기재하지 못하고 필요사유에 기재하였다. 그러나 당연히 내심으로는 별건 증거로 사용할 의도로 기재한 것이다. 따라서 이 사안의 실질적인 쟁점은 애초에 교부를 혐의사실로 하는 영장에 관하여 압수수색 전후의 투약 사실과 관련된 소변 및 모발을 압수 목적물로 특정한 영장이 유효한 것인지, 즉 영장 심사 단계에서 초기 혐의 내지 상당한 이유가 없는 소변 자체에 대한 압수를 허용한 것이 적법하였는지에 있었다. 영장에 의해 집행된 압수물을 분석한 결과 그 증거의 의미가 영장에서 특정한 혐의사실과는 전혀 다른 사실에 관하여 증거가치를 가지는 경우 이를 어느 정도까지 허용할 것인지는 영장주의의 관심과는 전혀 다른 별개의 문제에 해당한다. 압수 목적물은 이미 특정되어 있었으므로, 집행 단계에서 수사기관의 집행범위 확장이라는 권한 남용은 애초에 불가능하였기 때문이다.

따라서 만약 대법원이 영장 혐의사실과 압수 목적물의 불일치로 인해 영장의 특정성 또는 유효성 자체가 문제가 된다고 판단하였다면, 이는 영장을 심사하고 발부한 법관의 행위 자체의 위법성 문제가 되며, 발부된 영장의 특정성에 문제가 없었다면 이를 집행한 수사기관의 절차상 위법은 전혀 문제되지 않고, 다만 압수물의 별건 증거 사용의 문제만 남게 된다. 관련성의 문제를 영장 특정의 문제로 이해하면, 관련성의 문제는 영장 문언이 어느 정도까지 별건 범죄를 포함할 수 있는가, 수사기관이 집행 과정에서 그 문언을 얼마나 합리적으로 해석하였는가의 문제로 전환된다. 일단 이 단계를 넘어서서 집행된 별건 증거 사용을 제약하려면 앞서 지적한 것처럼 이를 통해 보호하고자 하는 특별한 기본권 보호의 필요성이 무엇인지 비교형량 과정이 제시되었어야 할 것이다. 참조판결들은 이러한 문제들이 가지는 차별적 쟁점들을 전혀 고려하지 않고 객관적 관련성이라는 사후적인 단일 심사절차를 통해 '뭉툭하게' 규율하며, 사전 영장의 유효성 문제나 증거 사용에 관한 사후적인 판단 문제를 모두 수사기관의 행위에 대한 위법수집증거배제법칙 문제인 것처럼 변형시킨다.

Ⅳ. 나가는 글

이 글은 영장의 관련성에 관하여는 단계별로 3가지 차원이 있으며, 각각의 경우 법이 규율해야 이해관심이 다르다는 점을 살펴보고, 다른 입법례에서는 그에 따른 규율이 일관되게 이루어지고 있으나, 판례는 그렇지 못하다는 점을 살펴보았다. 대법원이 본래 전자정보 압수수색절차를 규율하기 위해 형성해온 관련성 법리는 개념구성에 있어서 합리성, 명료성과 예측가능성을 결여하고 있고 자의적이며, 정책적 측면에서도 수사기관과 법원의 재량을 확대하며, 범죄인의 처벌을 지나치게 축소시키는 문제가 있음을 확인하였다. 특히 대상판결은 참조판결들이 전자정보 압수수색절차에 관한 법리를 특정된 압수물에 대해 과도하게 확장 적용한 것에서 더 나아가, 이를 법리적으로도 합리화, 정당화하고 있다는 점에서 문제가 있다는 것을 영장주의와 위법수집증거배제법칙의 본질과 목적에 비추어 비판하였다.

대법원이 압수수색에 관하여 영장주의의 본질과 구체적인 타당성을 고려하지 않고, 지나치게 뭉툭한 개념으로 비합리적이고 경직된 기준을 설정하고 있다는 느낌을 지울 수 없다. 그 근본적인 이유는 강제수사에 관한 기본적인 법제조차도 아직 20세기 초에 머물러 있는 듯한 상태에서, 전자정보의 압수수색이라는 현대적인 문제에 대해 사법부가 사실상의 입법을 통해 대응하고 있기 때문일 것이다. 대상판결은 구체적인 사안에 대응하여 그때그때 법리를 형성해가는 사법적 입법이 가지는 문제점을 집약해서 보여준다. 구체적인 사실관계에 대응해서 일단 초기 법리가 형성되면 그 이후에는 제도의 초기 경로 의존성에 따라, 경직적인 법리가 구불구불하고 불투명한 경로를 따라 생성되어 간다. 그렇게 생성되는 개념은 불투명하고 모순적인 요소로 가득차

게 되어 있다.

대법원의 관련성 개념의 가장 본질적인 문제는 그것이 원래 수사기관의 권력 통제에 목표가 있었던 영장주의의 본질을 벗어나서 강제수사에 대한 통제를 사법부의 사후적 판단, 즉 증거사용의 범위 문제로 변질시킨다는 것이다. 그러면서도 위법수집증거배제법칙을 그대로 적용함으로써, 위법수사 통제의 문제와 사후적 증거사용 범위의 문제를 혼합시키고 영장주의의 본질을 흐리고 있다. 사후적 증거사용 범위의 문제는 위법수사 통제의 문제가 될 수 없으며, 설사 그것이 우리 법제 하에서 허용된다고 하더라도, 증거 사용의 필요성과 기본권 보호 필요성 사이의 비교형량이 이루어져야 한다.

더 큰 문제는 그것이 증거의 최종적인 사용 여부, 나아가 그로 인한 범죄자의 처벌 여부에 대한 수사기관과 사법부의 재량을 보존하는 형태라는 것이다. 대법원은 당사자의 편향성으로 가득 찬 수사기관의 재량은 통제해야 하지만, 공정하고 중립적인 사법부의 재량권은 바람직하게 잘 행사할 수 있다는 전제에 서 있는 것 같다. 그러나 형사절차에서 재량은 어떤 경우에나 최소한의 필요악이 될 수밖에 없고, 재판절차의 심판이자 피고인의 최종 운명 결정자인 사법부의 재량은 더 위험할 수도 있다. 형사절차에서 재량의 여지는 1차적으로는 법률에 의해서 최소화되어 예측가능성과 투명성이 확보되어야 하고, 2차적으로, 구체적 타당성을 위해서 어쩔 수 없이 사법부의 재량권이 행사될 수밖에 없는 경우에는 비교형량 과정이 판결의 이유에 투명하게 제시됨으로써 당사자와 시민들에게 그 과정과 사유가 충분히 공개되도록 하는 것이 바람직할 것이다.

[주 제 어]
압수수색, 관련성, 영장주의, 위법수집증거배제법칙, 증거사용 금지

[Key Words]
Search and seizure, relevance, warrant, exclusionary rule, Beweisverbote

접수일자 : 2024. 5. 15. 심사일자 : 2024. 6. 14. 게재확정일자 : 2024. 6. 25.

[참고문헌]

각국의 압수수색 제도와 실무, 대검찰청(2007)
송현정, 미국의 증거배제신청에 관한 연구: 형사소송에서 Motion in Limine와 Motion to Suppress를 중심으로, 사법정책연구원(2017)
이재상, 조균석, 이창온, 형사소송법 제15판, 박영사(2023)
주석 형사소송법, 한국사법행정학회(2022)(배성중 집필부분)
주요국가의 압수수색 제도 개관, 대검찰청 형사법아카데미 자료집(2018)
박병민, 서용성, 디지털증거 압수수색 개선방안에 관한 연구, 사법정책연구원(2021)
Charles H. Whitebread 외 1인, Criminal Procedure 5th(2008), Foundation Press,
Christopher Slobogin, Criminal Procedure: Regulation of Police Investigation 4th(2007)
Klaus Volk(김환수, 문성도, 박노섭 역), 독일 형사소송법, 박영사(2009)
Roxin/Schunermann, Strafverfahrensrecht 29th, CH Beck,
Yale Kamisar 외 6인, Modern Criminal Procedure, West Academic Publishing 15th(2019)

[참고논문]

강동범, 2021년 형사소송법 판례 회고, 형사판례연구, 박영사(2022)
김석우, 독일의 압수수색 제도와 실무, 각국의 압수수색 제도와 실무, 대검찰청(2007)
김성룡, 전자정보에 대한 이른바 ‘별건 압수수색’ : 대법원 2015. 7. 16. 선고 2011모1839 전원합의체 결정의 평석을 겸하여, 형사법의 신동향, 제49호(2015)
김웅재, 압수수색의 관련성 요건에 관한 대법원 판례의 진화, 서울대학교 법학평론 제12권(2022)
류장만, 미국의 압수수색 제도와 실무, 각국의 압수수색제도와 실무, 대검찰청(2007)
류동훈, 전자정보 압수수색의 ‘객관적 관련성’ 요건에 대한 비판적 검토, 형

사법의 신동향 제76권(2022)

이완규, 영장에 의해 취득한 통신사실확인자료 증거사용 제한 규정의 문제점, 형사판례연구 제28권, 박영사(2018)

이완규, 압수물의 범죄사실과의 관련성과 적법한 압수물의 증거사용 범위, 형사판례연구 23권(2015)

이창온, 2022년 형사소송법 판례 회고, 형사판례연구 제31권(2023)

최병각, 디지털 증거의 압수수색에서 관련성과 참여권, 형사법연구 제35권 제1호(2023)

William Stuntz, Warrants and Fourth Amendment Remedies, 77 Va, L. Rev. 881(1991)

[Abstract]

Relation of the Relevancy Requirement for Warrant to the Admissibility on Different Case

LEE, CHANGON*

Search and seizure must have relevancy to the fact on the warrant in order to be legally legitimate. Relevancy can mean different things at each of the three stages of the search and seizure process. First, there is relevancy at the warrant review stage. Here, relevancy is the basis for the prosecutor's request for a search warrant and the judge's issuance of the warrant. Second, the concept of relevancy in warrants also forms the basis for the scope of permissible execution of warrants by law enforcement agencies. Finally, the concept of relevancy may be used to determine the extent to which evidence searched and seized through a warrant can be used as evidence in a trial.

Under U.S. warrant system coupled with the exclusionary rule, evidence obtained as a result of an illegal search conducted in violation of the requirements and procedures of a warrant can not be used at trial because it is inadmissible. The exclusionary rule is recognized as a policy argument in terms of preventive deterrence of law enforcement misconduct, even if the offender is released. The need for specific language at the warrant review stage is to leave no room for arbitrary discretion at the enforcement stage. Warrant system is inherently about prior judicial scrutiny, so it does not provide any policy rationale for the use of legally seized evidence once a warrant has already been duly executed. Once the warrant has been executed and there has been an illegal investigation, the exclusionary rule of evidence is sufficient to

* Professor, Ewha Womans University Law school, Doctor of Juridical Science

determine admissibility, so a separate and retrospect determination of the scope of the evidence's use through relevancy concept is unnecessary.

The German system of search and seizure system distributes the power of compulsory investigation among judges, prosecutors, and police officers according to the subject matter, gravity of the offense, and urgency of the need, and even if there was an illegal seizure, the exclusionary rule is not strictly applied in German criminal proceedings, which are centered on the principle of factual discovery of truth. The German exclusionary rule is based on balancing test on various needs of protection, which ultimately determines whether evidence is used ex post facto.

The Supreme Court expanded the scope of 'case difference' by substituting the question of American-style warrant system and its control over illegal investigations for the question of the objective existence of the court's authority to issuing warrants, while strictly applying the U.S. exclusionary rule to the trial stage of judging admissibility of evidence so as to expand the scope of the exclusion of seized evidence. In other words, the concept of objective relevancy in the case law can be understood as a combination of the German system of seizure authority with the U.S. exclusionary rule.

Not only is this combination legally and theoretically untenable, but it is also inconsistent with our legal system, which explicitly declares the warrant system and the exclusionary rule. This doctrine of the concept of objective relevancy is conceptually vague and arbitrary, and it allows criminals to escape punishment by unduly narrowing the scope of admissible evidence without showing a need for special protection. The target decision can be criticized for conceptually reinforcing this wrongful legal trend, expanding the discretion of courts and law enforcement agencies, and extending it not only to the scope of evidence subject to search and seizure but to certain unit of evidence so that it lacks reasonableness in specific case.

2023년도 형법판례 회고*

김 혜 정**

Ⅰ. 들어가는 말

지난 2023년 다양하고 중요한 형사판결이 대법원에서 다수 이루어졌다. 2023년에 선고된 대법원 판결 중 2024. 4. 23. 현재 대법원 종합법률정보[1]에 공개되어 있는 형사사건은 총 156건이다. 그 중 전원합의체 판결 4건을 포함한 형사판결은 144건이다. 아직 2023년에 대법원에서 선고된 모든 판례가 입력된 것은 아닐 것이므로, 향후 형사판결 건수가 증가할 수는 있겠으나, 지난 2023년 4월 8일에 대법원 종합법률정보에 입력된 2022년 형사판결 수가 총 214건이었던 것과 비교하면, 어떤 이유때문인지는 알 수 없으나, 형사판결 수가 상당히 줄었음을 알 수 있다. 전원합의체 판결도, 지난 몇 년간 학계와 실무에서 논란이 많이 되었던 횡령, 배임, 주거침입 등과 관련한 다수의 전원합의체 판결이 이루어져서인지, 2020년 이후에는 감소하는 추세임을 알 수 있다.[2]

2023년에도 종래 학계와 실무에서 논란이 되었던 사안과 관련하여 전원합의체 판결이 이루어졌다. 그 중 가장 눈에 띄는 전원합의체 판결로 강제추행 사안에서 폭행·협박의 정도와 관련하여 "종래의 판례 법리"에 대한 판례변경이 이루어진 것이다. 또한 반의사불벌죄에서

* 이 논문은 2024년 영남대학교 학술연구비에 의한 것임.
** 영남대학교 법학전문대학원 교수.

1) https://glaw.scourt.go.kr/wsjo/panre/sjo060.do#1713849790244 : 2024. 04. 23 최종검색.
2) 대법원 종합법률정보에서 검색한 결과를 정리하면 아래와 같다(2024. 4. 23. 최종검색).

처벌불원의 의사주체와 관련하여 전원합의체 판결이 이루어졌으며, 불법개설 의료기관의 판단기준과 관련하여 종래의 기준과 다른 새로운 판단기준이 전원합의체 판결을 통해 제시되었다.

이에 본 글에서는 2023년 144건의 형사판결 중 형법 관련 전원합의체 판결 3건[3]의 검토(II)와 함께 사회적으로 화제가 되었던 판결을 중심으로 필자가 임의로 선택한 형법총칙 관련 판결 5건(III)과 형법각칙 관련 판결 4건(IV)에 대하여 살펴보도록 한다.

Ⅱ. 대법원 전원합의체 판결

1. 강제추행죄에서 폭행·협박의 정도
- 대법원 2023. 9. 21. 선고 2018도13877 전원합의체 판결 -

(1) 사실관계 및 재판의 경과

피고인이 자신의 주거지 방안에서 4촌 친족관계인 피해자 갑(여, 15세)의 학교 과제를 도와주던 중 갑을 양팔로 끌어안은 다음 침대에 쓰러뜨린 후 갑의 가슴을 만지는 등 강제로 추행하였다는 사실로 기소되었다.

원심[4]에서는 피고인의 행위가 갑의 항거를 곤란하게 할 정도의 폭행 또는 협박에 해당하지 않는다고 보아 무죄로 판단하였으나, 대법원은 피고인의 행위는 강제추행한 것에 해당한다고 볼 여지가 충분하

연도	전체 형사사건	판결(전합포함)	결정	전합판결
2023	156건	144건	12건	4건
2022	251건	239건	12건	7건
2021	181건	178건	3건	6건
2020	198건	190건	8건	10건
2019	128건	120건	8건	9건

3) 형사소송법과 관련된 대법원 2023. 9. 18. 선고 2022도7453 전원합의체 판결은 "2023년 형사소송법판례회고"에서 검토될 것으로 보여 본 글에서는 제외하였다.
4) 고등군사법원 2018. 8. 10. 선고 2017노265 판결.

다는 이유로 원심판결을 파기하고 사건을 서울고등법원에 이송하였다.

(2) 판결요지

[1] [다수의견] (가) 형법 및 성폭력범죄의 처벌 등에 관한 특례법(이하 '성폭력처벌법'이라 한다)은 강제추행죄의 구성요건으로 '폭행 또는 협박'을 규정하고 있는데, 대법원은 강제추행죄의 '폭행 또는 협박'의 의미에 관하여 이를 두 가지 유형으로 나누어, 폭행행위 자체가 곧바로 추행에 해당하는 경우(이른바 기습추행형)에는 상대방의 의사를 억압할 정도의 것임을 요하지 않고 상대방의 의사에 반하는 유형력의 행사가 있는 이상 그 힘의 대소강약을 불문한다고 판시하는 한편, 폭행 또는 협박이 추행보다 시간적으로 앞서 그 수단으로 행해진 경우(이른바 폭행·협박 선행형)에는 상대방의 항거를 곤란하게 하는 정도의 폭행 또는 협박이 요구된다고 판시하여 왔다(이하 폭행·협박 선행형 관련 판례 법리를 '종래의 판례 법리'라 한다).

(나) 강제추행죄의 범죄구성요건과 보호법익, 종래의 판례 법리의 문제점, 성폭력범죄에 대한 사회적 인식, 판례 법리와 재판 실무의 변화에 따라 해석 기준을 명확히 할 필요성 등에 비추어 강제추행죄의 '폭행 또는 협박'의 의미는 다시 정의될 필요가 있다. 강제추행죄의 '폭행 또는 협박'은 상대방의 항거를 곤란하게 할 정도로 강력할 것이 요구되지 아니하고, 상대방의 신체에 대하여 불법한 유형력을 행사(폭행)하거나 일반적으로 보아 상대방으로 하여금 공포심을 일으킬 수 있는 정도의 해악을 고지(협박)하는 것이라고 보아야 한다. 구체적인 이유는 다음과 같다.

① 강제추행죄에서 추행의 수단이 되는 '폭행 또는 협박'에 대해 피해자의 항거가 곤란할 정도일 것을 요구하는 종래의 판례 법리는 강제추행죄의 범죄구성요건이나 자유롭고 평등한 개인의 성적 자기결정권이라는 보호법익과 부합하지 아니한다. (중략)

② 강제추행죄에서 '폭행 또는 협박'은 형법상 폭행죄 또는 협박

죄에서 정한 '폭행 또는 협박'을 의미하는 것으로 분명히 정의되어야 하고, 이는 판례 법리와 재판 실무의 변화에 비추어 볼 때 법적 안정성 및 판결에 대한 예측가능성을 높이기 위하여도 필요하다. (중략)

③ 강제추행죄의 '폭행 또는 협박'의 의미를 위와 같이 정의한다고 하여 위력에 의한 추행죄와 구별이 불분명해지는 것은 아니다.

위력에 의한 추행죄에서 '위력'이란 사람의 자유의사를 제압하거나 혼란하게 할 만한 일체의 세력을 말하는 것으로, 유형적이든 무형적이든 묻지 아니하는바, 이는 강제추행죄에서의 '폭행 또는 협박'과 개념적으로 구별된다. (중략)

(다) (중략) 어떠한 행위가 강제추행죄의 '폭행 또는 협박'에 해당하는지 여부는 행위의 목적과 의도, 구체적인 행위태양과 내용, 행위의 경위와 행위 당시의 정황, 행위자와 상대방과의 관계, 그 행위가 상대방에게 주는 고통의 유무와 정도 등을 종합하여 판단하여야 한다.

[대법관 이동원의 별개의견] 폭행·협박 선행형의 강제추행죄에서 '폭행 또는 협박'의 정도에 관하여 상대방의 항거를 곤란하게 하는 정도의 폭행 또는 협박이 요구된다고 판시한 '종래의 판례 법리'는 여전히 타당하므로 그대로 유지되어야 한다. 다수의견과 같이 강제추행죄의 처벌범위를 확대하는 해석론은 사회적 공감대가 형성된 후 국회의 입법절차를 통하여 해결하는 것이 바람직하다. 그 이유는 다음과 같다.

첫째, 종래의 판례 법리는 형사법 문언과 체계에 부합한다. 강제추행죄의 '폭행 또는 협박'의 정도에 관하여 상대방의 항거를 곤란하게 하는 정도로 제한 해석해야 단순추행죄, 위력에 의한 추행죄와 분명한 구별이 가능하고, 준강제추행죄의 항거불능과도 균형이 맞는다.

둘째, 종래의 판례 법리는 피해자의 현실적 저항을 요구하거나 2차 피해를 야기하는 법리가 아니다. 설령 강제추행 피해자에 대한 조사·심리 과정에서 2차 피해를 야기할 위험성이 있다고 하더라도 현행 법상의 제도 등을 적극 활용함으로써 그 문제를 해결하여야 하는 것이지 이를 이유로 범죄구성요건의 내용을 달리 정할 것은 아니다.

셋째, 종래의 판례 법리는 대법원이 수십 년 동안 반복적으로 선언한 법리로서 학계의 지지를 받고 있고, '종합판단기준설'의 발전적인 해석을 통하여 구체적 타당성을 도모할 수 있는 법리이다. 판례를 변경하려면 이를 정당화할 명확한 근거가 있어야 한다. 다수의견의 논거는 이에 미치지 못하고 있다.

넷째, 종래의 판례 법리를 전제로 성폭력처벌법 등 특별법에서 일정한 유형의 강제추행에 대해 중범죄로 가중처벌하고 있다. 성범죄 피해자 보호를 입법을 통하여 해결하지 않은 채 다수의견과 같이 해석으로 폭행·협박의 정도를 완화할 경우 위 특별법과의 체계상 정합성에 지장을 초래하고, 죄형법정주의나 형벌불소급의 원칙에 실질적으로 어긋날 우려가 있다.

[2] (중략) 피고인의 행위는 갑의 신체에 대하여 불법한 유형력을 행사하여 갑을 강제추행한 것에 해당한다고 볼 여지가 충분하다는 이유로, 이와 달리 피고인의 행위가 갑의 항거를 곤란하게 할 정도의 폭행 또는 협박에 해당하지 않는다고 보아 위 공소사실을 무죄로 판단한 원심의 조치에 강제추행죄의 폭행에 관한 법리오해 등의 잘못이 있다.

(3) 검 토

대상판결의 쟁점은 강제추행죄에서 폭행·협박의 정도를 어떻게 해석할 것인가이다. 종래 대법원은 강제추행에서 폭행·협박의 정도를 소위 '폭행·협박 선행형'과 '기습추행형'으로 구분하여, 전자의 경우에는 상대방의 항거를 곤란하게 할 정도의 폭행·협박을 요구하나,[5] 후자의 경우에는 상대방의 의사를 억압할 정도의 폭행을 요하지 않고 상대방의 의사에 반하는 유형력의 행사로 그 대소강약을 불문한다고 하여 이원적으로 판단하였다.[6] 그러나 대상판결에서 대법원은 강제추행죄의 '폭행·협박'은 상대방의 항거를 곤란하게 할 정도를 요하지 않

5) 대법원 2012. 7. 26 선고 2011도8805 판결.

6) 대법원 2015. 9. 10 선고 2015도6980 판결; 대법원 2020. 3. 26 선고 2019도15994 판결.

고 “상대방의 신체에 대하여 불법한 유형력을 행사(폭행)하거나 일반적으로 보아 상대방으로 하여금 공포심을 일으킬 수 있는 정도의 해악을 고지(협박)하는 것”이라고 하여 소위 ‘종래의 판례 법리’를 변경하였다. 대상판결은 그동안 대법원이 실무적으로 강제추행죄에서 폭행·협박의 개념을 완화해서 해석해 오던 것에서 태도를 바꾸어 그 개념의 정도를 분명히 한 것이라는 점에 의의가 있다. 이러한 대법원의 태도는 우리 사회의 성적 인식 내지 성인지 감수성의 변화를 반영한 결과라고 할 수 있고, 이러한 대법원 다수의견의 판단은 타당하다고 생각한다.[7)]

1) 강제추행죄의 보호법익

오늘날 강간과 추행의 죄의 보호법익이 ‘성적자기결정권’이라는 것에 이견은 없을 것이다. 1995년 형법 개정을 통해 강간죄의 보호법익에 현재 또는 장래의 배우자인 남성을 전제로 한 관념으로 인식될 수 있는 ‘여성의 정조’ 또는 ‘성적 순결’이 아니라, 자유롭고 독립된 개인으로서 여성이 가지는 성적자기결권이라는 사회 일반의 보편적 인식과 법감정이 반영되었다.[8)]

그런 점에서 대상판결의 다수의견에서 지적한 바와 같이, “피해자의 ‘항거곤란’을 요구하는 것은 여전히 피해자에게 ‘정조’를 수호하는 태도를 요구하는 입장을 전제하고 있다고 볼 수 있고, 개인의 성적 자유 내지 성적 자기결정권을 보호법익으로 하는 현행법의 해석으로 더 이상 타당하다고 보기 어렵다”는 점에서 강제추행죄의 폭행·협박의 개념은 변화가 필요하다.

2) 강제추행죄에서 폭행·협박의 정도

형법 제298조 강제추행죄는 “폭행 또는 협박으로” 추행하는 것을 구성요건으로 하고 있을 뿐 ‘항거곤란’정도의 폭행·협박을 규정하고

---

7) 류화진, “강제추행죄의 폭행·협박의 재해석 –대법원 2023. 9. 21. 선고 2018도13877 전원합의체 판결-, 이화젠더법학 제15권 제3호, 2023, 176면 및 182면.

8) 대법원 2013. 5. 16. 선고 2012도14788,2012전도252 전원합의체 판결.

있지 않다. 또한 일반적으로 폭행은 '사람의 신체에 대한 유형력의 행사', 협박은 '상대방에게 해악을 고지하여 공포심을 일으키는 것'으로 해석됨에도, 강간과 강제추행죄에서 소위 '최협의' 폭행·협박개념으로 해석해 왔다. 더욱이 대법원은 강제추행에서 폭행·협박을 이원적으로 판단함으로써 폭행·협박 정도에 있어 상당한 괴리가 존재하였음에도, 그 해석에 있어 폭행 그 자체가 추행인 경우와 일반적인 강제추행에서 폭행·협박의 정도를 달리 보는 이유를 설명하기 어려웠고,[9] 그 판단에 있어 객관적인 기준을 세우는 것도 쉽지 않아 자칫 자의적인 판단에 이를 수 있는 위험을 배제하기 어려웠다. 대상판결에서 폭행·협박의 정도가 단순 폭행죄와 협박죄 수준으로 변경된 이상, 이제는 '폭행·협박 선행형'과 '기습추행형'으로 구분할 이유는 없다고 생각된다.[10]

별개의견에서 강제추행의 폭행·협박을 완화하는 경우 강제추행과 동일 선상에서 처벌하는 준강제추행의 "사람의 심신상실 또는 항거불능의 상태를 이용하여 추행"하는 것과 균형이 맞지 않는 문제가 있고, 형법상 강제추행죄의 법정형에는 문제가 없지만, 성폭력처벌법상 강제추행 관련 범죄는 법정형을 가중하고 있어 책임주의에 반한다고 한다. 그러나 강제추행죄의 폭행·협박을 다수의견과 같이 해석하는 것은 완화된 해석이 아니라, 폭행·협박 개념의 정상화[11]라고 보아야 할 것이고, 성폭력처벌법상 흉기휴대 내지 합동 강제추행, 친족관계에 의한 강제추행, 장애인 대상 강제추행, 13세 미만자에 대한 강제추행 등에서 법정형이 높은 것은 강제추행에 다른 중한 구성요건이 추가되어 가중처벌하는 것으로 형법상 강제추행죄의 법정형과 단순

9) 대상판결의 대법관 안철상, 대법관 노태악, 대법관 천대엽, 대법관 오석준, 대법관 서경환의 보충의견에서도 이러한 점을 지적하고 있다.

10) 이에 대해 대법관 민유숙, 김선수, 오경미의 보충의견에서 대상사안에서 기습추행은 쟁점이 아니고 기습추행형과 폭행·협박 선행형은 범행구조상 차이가 있어 개별적인 법적 취급이 필요한 부분이 있으므로 향후 기습추행형 강제추행 사건에서 새로운 논의 가능성이 열려있다고 하였다.

11) 류화진, 앞의 논문, 195면.

비교하는 것은 적절하다고 보기 어렵다. 다만, 별개의견에서 지적한 바와 같이, 성폭력처벌법 등에서 일정 유형의 강제추행에 대해 지나치게 중범죄로 가중처벌하고 있어 전체적인 성폭력범죄에 대한 체계정합성이 부족하다는 측면에서 성폭력 관련 특별법의 법정형을 전반적으로 재검토하는 것은 필요할 것으로 보이나 이는 입법의 과제로 넘겨야 할 것이다.

이와 함께 대상판결의 보충의견에서 제시한 바와 같이, '추행'의 개념을 지금보다 제한하고 명확하게 할 필요성은 인정된다. 그 이유는 폭행·협박 개념을 완화하였기 때문이라기보다는 추행의 유형도 다양한 만큼 그 개념에 대한 견해들도 다양하게 제시되고 있어 명확한 개념정의가 필요하다고 보기 때문이다. 다만, 추행의 개념에 신체부위를 한정하거나 특정 하는 것은 타당하지 않다고 생각되어, "일반인에게 성적 수치심이나 혐오감을 일으키게 하고 선량한 성적 도덕관념에 반하는 신체접촉행위"[12]로 해석하는 것이 적절할 것으로 생각된다.

2. 처벌불원 의사의 주체
— 대법원 2023. 7. 17. 선고 2021도11126 전원합의체 판결 —

(1) 사실관계

피고인이 자전거를 운행하던 중 전방주시의무를 게을리 하여 보행자인 피해자 갑을 들이받아 중상해를 입게 함으로써 교통사고처리특례법 위반(치상)의 공소사실로 기소되었다.

사고로 의식불명이 된 갑에 대하여 성년후견이 개시되어 성년후견인으로 갑의 법률상 배우자 을이 선임되었는데, 을이 피고인 측으로부터 합의금을 수령한 후 제1심 판결선고 전에 갑을 대리하여 처벌불원의사를 표시하였다.

---

12) 류화진, 앞의 논문, 194면.

(2) 판결요지

[1] [다수의견] 반의사불벌죄에서 성년후견인은 명문의 규정이 없는 한 의사무능력자인 피해자를 대리하여 피고인 또는 피의자에 대하여 처벌을 희망하지 않는다는 의사를 결정하거나 처벌을 희망하는 의사표시를 철회하는 행위를 할 수 없다. 이는 성년후견인의 법정대리권 범위에 통상적인 소송행위가 포함되어 있거나 성년후견개시심판에서 정하는 바에 따라 성년후견인이 소송행위를 할 때 가정법원의 허가를 얻었더라도 마찬가지이다. 구체적인 이유는 아래와 같다.

(가) (중략) 반의사불벌죄에서 처벌불원의사와 같이 소송조건과 관련된 규정은 국가소추권·형벌권 발동의 기본 전제가 되므로, 형사소송절차의 명확성과 안정성, 예측가능성을 확보하기 위해서 법문에 충실한 해석의 필요성이 무엇보다 크다.

교통사고처리 특례법 제3조 제2항에 따르면, 차의 운전자가 교통사고로 인하여 범한 형법 제268조의 업무상과실치상죄는 '피해자의 명시적인 의사'에 반하여 공소를 제기할 수 없도록 규정하므로, 문언상 그 처벌 여부가 '피해자'의 '명시적'인 의사에 달려 있음이 명백하다. 따라서 제3자가 피해자를 대신하여 처벌불원의사를 형성하거나 결정할 수 있다고 해석하는 것은 법의 문언에 반한다. (중략)

(나) 형사사법의 목적과 보호적 기능, 국가소추주의 내지 국가형벌독점주의에 대한 예외로서 반의사불벌죄의 지위 등을 감안하면, 반의사불벌죄에서 피고인 또는 피의자에 대하여 처벌을 원하지 않거나 처벌희망의 의사표시를 철회하는 의사결정 그 자체는 특별한 규정이 없는 한 피해자 본인이 하여야 한다. (중략)

처벌불원에 관한 법정대리인의 의사표시를 피해자 본인의 의사와 같다고 볼 수는 없다. 법정대리인의 의사표시는 그 자체로 피해자의 의사가 아닐 뿐만 아니라 피해자의 진실한 의사에 부합한다는 점에 관한 담보가 전혀 없기 때문이다. 결국 피해자의 처벌불원의사는 입법적 근거 없이 타인의 의사표시에 의하여 대체될 수 있는 성질의 것이 아니므로, 일신전속적인 특성을 가진다.

(다) 형사소송법은 친고죄의 고소 및 고소취소와 반의사불벌죄의 처벌불원의사를 달리 규정하였으므로, 반의사불벌죄의 처벌불원의사는 친고죄의 고소 또는 고소취소와 동일하게 취급할 수 없다. (중략)

형사소송법이 친고죄와 달리 반의사불벌죄에 관하여 고소취소의 시한과 재고소의 금지에 관한 규정을 준용하는 규정 외에 다른 근거 규정이나 준용규정을 두지 않은 것은 이러한 반의사불벌죄의 특성을 고려하여 고소 및 고소취소에 관한 규정에서 규율하는 법원칙을 반의사불벌죄의 처벌불원의사에 대하여는 적용하지 않겠다는 입법적 결단으로 이해하여야 한다. (중략)

(라) 민법상 성년후견인이 형사소송절차에서 반의사불벌죄의 처벌불원 의사표시를 대리할 수 있다고 보는 것은 피해자 본인을 위한 후견적 역할에 부합한다고 볼 수도 없다. (중략)

반의사불벌죄에서 피해자의 진실한 처벌불원의사가 확인되지 않음에도 성년후견인에 의한 처벌불원의사의 대리를 허용하는 것은 피해자가 아닌 피고인 또는 피의자의 이익·관점에 지나치게 경도된 것이다. (중략)

(마) (중략) 처벌불원의사를 표시하지 않는 행위가 피고인 또는 피의자에 대한 가혹함으로 치부되어, 결과적으로 피해자가 원치 않는 의사표시를 강요당하는 상황에 처할 수 있기 때문이다.

(중략) 양형기준을 포함한 현행 형사사법 체계 아래에서 성년후견인이 의사무능력자인 피해자를 대리하여 피고인 또는 피의자와 합의를 한 경우에는 이를 소극적인 소추조건이 아니라 양형인자로서 고려하면 충분하다.

[대법관 박정화, 대법관 민유숙, 대법관 이동원, 대법관 이흥구, 대법관 오경미의 반대의견] (가) 형사소송법은 반의사불벌죄에서 피해자의 의사능력이 결여된 경우 처벌불원 의사표시에 관하여 명시적인 규

정을 두고 있지 않은 법률 흠결상태이다. 피해자가 의사무능력인 경우에도 피해자의 자기결정권을 구현하고 피해자의 복리·보호를 위하여 제3자가 피해자의 의사를 지원·보완하는 방법을 통해 처벌불원 의사표시를 하는 것이 필요하므로 피고인에게 유리한 방향으로 형사소송법의 관련 규정들을 유추적용할 필요성이 매우 크다. 그것이 본인의 의사와 잔존능력을 존중하여 가능한 최대한도에서 정상적인 사회의 구성원으로 활동할 수 있도록 새롭게 도입된 성년후견제도의 취지를 반영하는 해석이다.

따라서 반의사불벌죄에서 의사능력이 없는 피해자에게 성년후견이 개시되어 있는 경우 성년후견인이 가정법원의 허가를 받아 처벌불원의 의사표시를 할 수 있다고 보아야 한다.

(나) (중략) 성년후견인에 의한 처벌불원 의사표시의 허용은 피고인에게 불리하지 않으므로 유추해석을 허용하더라도 죄형법정주의에 반하지 않는다. 다수의견 (중략) 해석론은 피해자의 생활반경을 극히 제한적인 영역으로만 한정하면서 성년후견제도의 이용가능성을 원천적으로 봉쇄하여 피해자의 복리와 보호를 후퇴시키고 소극적 소송조건을 부당하게 축소해석함으로써 결과적으로 처벌 범위를 확대하는 것이 되어 타당하지 않다.

(다) (중략) 의사결정능력이 제한되거나 상실된 사람의 자기결정권 행사를 지원·보완하는 것은 '장애인의 권리에 관한 협약(Convention on the Rights of Persons with Disabilities)'을 비롯하여 국민의 헌법상의 권리인 인간으로서의 존엄과 가치, 행복을 추구할 권리를 보장받기 위한 제도적 장치이다. (중략) 가정법원은 후견감독기관으로서 각 행위를 위한 허가재판에서 피해자의 의사능력결여 정도와 피해자복리 적합성을 심리하여 재판한다. 가정법원의 성년후견심판과 형사재판은 전혀 관계가 없다는 견해는 동의하기 어렵다. (중략)

(라) (중략) 피해자의 처벌불원의사는 '피해자 본인의 진정한 의사'에 기하여 '상대방을 용서'하는 것이다. 다수의견이 가해자를 용서하고

그의 처벌을 원하지 않는다는 의사의 결정은 의사능력을 갖춘 피해자 본인에 의하여만 할 수 있다고 하면서도 처벌불원서를 양형참작사정으로서 적법유효한 처벌불원의사로 취급하는 것은 수긍하기 어렵다. (중략)

[2] (중략) 위 특례법 제3조 제2항에서 차의 운전자가 교통사고로 인하여 범한 업무상과실치상죄는 '피해자의 명시적인 의사'에 반하여 공소를 제기할 수 없도록 규정하여 문언상 그 처벌 여부가 '피해자'의 '명시적'인 의사에 달려 있음이 명백하므로, 갑의 성년후견인인 을이 갑을 대신하여 처벌불원의사를 형성하거나 결정할 수 있다고 해석하는 것은 법의 문언에 반한다는 이유로, 같은 취지에서 공소사실을 유죄로 인정한 원심의 판단이 정당하다.

(3) 검 토

대상판결의 쟁점은 반의사불벌죄에서 의사무능력자인 피해자의 성년후견인이 피해자를 대리하여 피고인 등에 대한 처벌불원 의사표시를 결정할 수 있는지 여부이다. 대상판결의 다수의견은 반의사불벌죄에 성년후견인에 대한 명문의 규정이 없고, 교통사고처리 특례법 제3조 제2항에서 "피해자의 명시적인 의사"에 반하여 공소를 제기할 수 없도록 규정하고 있으므로, 성년후견인의 법정대리권에 통상적인 소송행위가 포함되어 있다고 하더라도, 의사무능력자인 피해자의 성년후견인이 피해자를 대신하여 처벌불원 의사를 결정할 수 없다고 하였다.

형법상 처벌불원의사는 철저하게 피해자 본인의 의사에 따르는 것으로 이해할 수 있다.[13)] 여기에서 중요한 것은 피해자의 의사에 근

13) 대법원은 피해자가 미성년자라고 하더라도 "피해자의 의사표시가 당해 사건 범행의 의미, 본인이 피해를 당한 정황, 자신이 하는 처벌희망 의사표시 철회의 의미 및 효과 등을 충분히 이해하고 분별할 수 있는 등 의사능력이 있는 상태에서 행해졌다면 법정대리인의 동의가 없었더라도 그 철회의 의사표시는 유효하다"고 판단하였다(대법원 2009. 11. 19. 선고 2009도6058 전원합의체 판결).

거한 것이냐에 방점이 있는 것이고, 처벌불원의 대리가 전면적으로 허용되지 않는다는 것을 의미하는 것은 아닐 것이다. 즉 피해자의 의사를 확인한 피해자의 법률대리인은 당연히 피해자의 처벌불원 의사를 대리할 수 있다.[14)]

문제는 형사소송법 제236조에서 고소 또는 그 취소는 대리인이 할 수 있다는 명문의 규정을 두고 있으면서, 반의사불벌죄에 대해 그러한 명문의 규정뿐만 아니라 동 규정을 준용하는 규정조차 두고 있지 않다는 것이다. 이에 대해 입법의 흠결이라고 평가하는 견해[15)]도 있으나, 오히려 입법자의 의도로 해석해야 하는 것은 아닌가 하는 생각이 든다.

법해석에 있어서 가장 기본이 되는 문리적 해석의 관점에서 볼 때, 교통사고처리 특례법(이하 '교통사고처리법'이라 한다) 제3조 제2항에 "차의 교통으로 제1항의 죄 중 업무상과실치상죄(業務上過失致傷罪) 또는 중과실치상죄(重過失致傷罪)와 「도로교통법」 제151조의 죄를 범한 운전자에 대하여는 피해자의 명시적인 의사에 반하여 공소(公訴)를 제기할 수 없다."고 하여, "피해자의 명시적인 의사에 반하여"라는 명문의 규정을 두고 있다. 이는 문리적으로 해석할 때 논란의 여지없이 명백하게 해석된다고 할 수 있다. 교통사고처리법 제4조에 따르면, 보험 등에 가입되어 있는 경우에는 동법 제3조 제2항 본문에 규정된 죄로 공소를 제기할 수 없다. 이는 보험으로 피해자에 대한 피해회복이 가능하고, 대부분의 교통사고가 가벼운 상해를 동반하기 때문에 소송경제상 충분히 고려될 수 있어 피해자에 대한 신속한 피해회복이라는 교통사고처리법의 입법취지에 부합한다고 할 수 있다. 그러나 그렇지

14) 대법원은 성폭력범죄의 처벌 등에 관한 특례법 제27조에 따라 성폭력범죄 피해자의 변호사는 피해자를 대리하여 피고인에 대한 처벌을 희망하는 의사표시를 철회하거나 처벌을 희망하지 않는 의사표시를 할 수 있다고 판단하고 있다(대법원 2019. 12. 13. 선고 2019도10678 판결).

15) 김민경, "교통사고처리 특례법상 성년후견인의 처벌불원 의사표시 허용 여부 - 대법원 2023. 7. 17. 선고 2021도11126 전원합의체 판결을 중심으로 - ", 법과 정책연구, 제23집 제3호, 2023, 68면.

않은 경우 형사처벌이 가능하고, 다만 피해자의 명시적인 의사에 반하여 처벌할 수 없을 뿐이다.[16)]

반대의견은 다수의견이 친고죄 관련규정과 달리 반의사불벌죄 관련규정에 "형사소송법이 피해자의 의사무능력에 관하여 그 대리에 관한 아무런 규정을 두지 않은 것은 보충이 필요한 법률의 흠결에 해당"한다는 전제하에 "피해자가 의사무능력인 경우에도 피해자의 자기결정권을 구현하고 피해자의 복리·보호를 위하여 제3자가 피해자의 의사를 지원·보완하는 방법을 통해 처벌불원 의사표시를 하는 것이 필요하므로 피고인에게 유리한 방향으로 형사소송법의 관련 규정들을 유추적용할 필요성이 매우 크다."고 하면서 "성년후견인에 의한 처벌불원 의사표시의 허용은 피고인에게 불리하지 않으므로 유추해석을 허용하더라도 죄형법정주의에 반하지 않는다."고 한다. 피고인에게 불리하지 않은 유추해석을 허용하더라도, 이는 죄형법정주의에 반하지 않는다는 반대의견의 논거에는 동의한다. 그러나 대상판결 사안에서 이러한 논지가 중심이 되는 것은 아니라고 생각되고, 무엇보다도 피고인에게 불리하지 않은 경우에는 무조건 유추해석이 허용되는 것인지, 그것이 특히 피해자의 이해와 연결되는 경우에도 적극적으로 유추해석하는 것이 타당한 것인지는 검토가 필요하다.

피해자의 처벌불원 의사의 대리에는 항상 피해자의 진정한 의사가 반영된 것인가라는 의문이 따른다. 양형실무에서 가장 많이 적용되는 '처벌불원'이라는 요소는 응보적 사법보다는 회복적 사법의 관점에서 바라보아야 한다. 회복적 사법은 범죄로 인한 피해의 회복을 지향한다. 그리고 이러한 피해회복은 피해자와 가해자의 직접적인 대면을 통해 가장 효과적으로 달성될 수 있다.[17)] 이를 위해서는 피해자의 진

16) 형법상 행위능력 개념이 없어 의사능력을 소송능력으로 보면서, 의사무능력 상태의 피해자에게 소송행위 가능성조차 봉쇄하게 되어 불합리하다고 보는 견해로 김민경, 앞의 논문, 60면.

17) 김혜정, "현행 양형기준상 양형인자로서의 합의(처벌불원)에 관한 제문제", 사법통권 제45호, 2018, 25면.

정한 의사가 중요하다. 따라서 피고인에게 유리하다는 이유로 유추해석을 인정하기 보다는 "피해자의 명시적인 의사"라고 하는 법문언에 충실한 해석이 필요하다고 본다.

결론적으로 피해자가 아닌 제3자에 의한 고소 및 고소취소 또는 처벌불원의사를 허용할 것인지 여부는 입법정책적인 문제로, 반의사불벌죄와 관련하여 친고죄와 같은 대리규정 등이 없는 것은 "입법자의 결단"[18]으로 이해할 수 있다는 점에서 의사무능력자인 피해자의 성년후견인이 피해자를 대리하여 처벌불원의사를 결정할 수 없다는 대상판결의 다수의견이 타당하다고 생각한다.[19]

3. 의료기관의 개설자격에 대한 판단
— 대법원 2023. 7. 17. 선고 2017도1807 전원합의체 판결 —

(1) 사실관계 및 재판의 경과

피고인은 의료인의 자격이 없는 일반인에 해당하여 의료기관 개설자격이 없음에도 형식적으로 의료법인 ○○의료재단의 설립허가를 받은 다음, 그 법인의 이사장으로 취임하여 의료법인 ○○의료재단 △△요양병원의 개설신고를 하고 의사 등을 직접 고용하여 그들로 하여금 다수의 환자들을 상대로 진료행위를 하게 함으로써, 적법한 의료기

---

18) 이에 대해 대상판결의 반대의견은 "형사소송법에 의사무능력인 피해자의 처벌불원의사의 대리에 관한 규정이 없는 것은 그 제정 당시 "자기결정권의 지원과 보완을 통해 의사결정능력의 실질적 회복 및 행사"라는 관념 내지 그 필요성을 알지 못하였고 이를 예상할 수도 없었기 때문이다(대법원 2006. 6. 22. 자 2004스42 전원합의체 결정의 취지 참조). 따라서 그 법률의 흠결은 입법재량 내지 입법결단이 아닌 보충의 대상이 되는 입법공백이고 그러한 입법공백은 입법자에 의해 의도된 것이거나 결단의 산물이 아니다."라고 한다.

19) 현재 교통사고처리법과 형사소송법에 "법정대리인에 의한 피해자의 소송행위"로서 반의사불범죄의 처벌불원 의사표시가 규정되어 있지 않기 때문에 입법이 마련되기 전까지는 대상판결과 같은 부당한 상황이 반복될 가능성이 있기 때문에 다수의견과 같은 법해석 및 법적용의 관점은 형사정책적 고려를 바탕으로 변화가 필요하다는 견해로 김민경, 앞의 논문, 69면.

관 개설인 것처럼 가장한 채 의료기관 개설자격을 위반하여 이 사건 의료기관을 개설·운영하였다는 사실로 기소되었다.

원심[20]은 의료법인 설립허가를 받을 때 일부 재산출연을 가장한 점, 임직원들에게 과다한 급여를 지급함으로써 영리를 목적으로 의료법인을 운영한 점, 의료법인의 이사나 감사가 정상적으로 활동하였다고 보기 어려운 점 등을 들어, 비의료인인 피고인이 의료기관 개설자격을 위반하여 의료기관을 개설한 경우에 해당한다고 판단하여 유죄로 인정하였고, 대법원은 이러한 원심판결을 파기·환송하였다.

(2) 판결요지

[1] 대법원은 의료인 개인 명의로 개설된 의료기관이 실질적으로 의료인의 자격이 없는 일반인(이하 '비의료인'이라 한다)에 의하여 개설·운영된 것인지에 대하여, 비의료인이 의료기관의 시설 및 인력의 충원·관리, 개설신고, 의료업의 시행, 필요한 자금의 조달, 운영성과의 귀속 등을 주도적인 입장에서 처리하였는지를 기준으로 판단하면서, 비의료인이 필요한 자금을 투자하여 시설을 갖추고 유자격 의료인을 고용하여 그 명의로 의료기관을 개설한 행위는 형식적으로만 적법한 의료기관의 개설로 가장한 것일 뿐 실질적으로는 비의료인이 의료기관을 개설한 경우에 해당한다고 판단하여 왔다. 또한 소비자생활협동조합법에 의하여 설립된 소비자생활협동조합 명의로 의료기관 개설신고가 된 경우에도 위와 같은 법리를 적용하여 왔다.

[2] [다수의견] (가) 의료법인 명의로 개설된 의료기관의 경우, 의료인의 자격이 없는 일반인(이하 '비의료인'이라 한다)의 주도적 출연 내지 주도적 관여만을 근거로 비의료인이 의료기관을 개설·운영한 것으로 평가하기 어렵다. 비의료인이 의료기관의 개설·운영 등에 필요한 자금 전부 또는 대부분을 의료법인에 출연하거나 의료법인 임원의 지위에서 의료기관의 개설·운영에 주도적으로 관여하는 것은 의료법인

20) 대구고법 2017. 1. 19. 선고 2016노451 판결.

의 본질적 특성에 기초한 것으로서 의료법인의 의료기관 개설·운영을 허용한 의료법에 근거하여 비의료인에게 허용된 행위이다. 비의료인의 주도적 자금 출연 내지 주도적 관여 사정만을 근거로 비의료인이 실질적으로 의료기관을 개설·운영하였다고 판단할 경우, 허용되는 행위와 허용되지 않는 행위의 구별이 불명확해져 죄형법정주의 원칙에 반할 수 있다.

(나) 따라서 의료법인 명의로 개설된 의료기관을 실질적으로 비의료인이 개설·운영하였다고 판단하려면, (중략) 첫째는 비의료인이 실질적으로 재산출연이 이루어지지 않아 실체가 인정되지 아니하는 의료법인을 의료기관 개설·운영을 위한 수단으로 악용한 경우이고, 둘째는 의료법인의 재산을 부당하게 유출하여 의료법인의 공공성, 비영리성을 일탈한 경우이다. 전자는 의료법인 중 '법인'에 관한 사항이고, 후자는 의료법인 중 '의료'에 관한 사항이다.

① (중략) 비의료인이 실질적인 재산출연 없이 주무관청인 시·도지사를 기망하여 의료법인 설립허가를 받은 경우라면 의료기관을 개설·운영할 시설과 자금이 없는 의료법인을 의료기관 개설의 외형만을 갖추기 위하여 설립한 것으로 평가할 수 있다. (중략)

② 의료법인은 의료기관 개설·운영 목적으로 의료법에 근거하여 설립되는 것으로[구 의료법(2015. 12. 29. 법률 제13658호로 개정되기 전의 것, 이하 같다) 제33조 제2항 제3호 참조], 의료법이 의료법인에 법인격을 부여하고 의료기관 개설·운영 자격을 인정한 전제인 공공성과 비영리성이 유지되어야 한다. (중략) 형식적으로 의료법인 명의로 의료기관이 개설·운영되었더라도, 비의료인이 의료법인을 지배하면서 의료기관 운영수익 등을 상당한 기간 부당하게 유출하는 등 공공성, 비영리성을 일탈한 경우라면, 공공성, 비영리성을 전제로 의료기관 개설자격을 부여받은 의료법인의 규범적 본질이 유지되었다고 보기 어렵다.

③ 다만 의료법인 설립과정에 하자가 있었다는 사정이나 비의료인이 의료법인의 재산을 일시적으로 유출하였다는 정황만을 근거로

곧바로 비의료인이 의료기관 개설자격을 위반하여 의료기관을 개설·운영하였다고 평가할 수는 없고, 의료법인 설립과정의 하자가 의료법인 설립허가에 영향을 미치거나 의료기관 개설·운영이 실질적으로 불가능할 정도에 이르는 것인지나 의료법인의 재산이 유출된 정도, 기간, 경위 및 이사회 결의 등 정당한 절차나 적정한 회계처리 절차가 있었는지 등을 종합적으로 고려하여 의료법인의 규범적 본질이 부정될 정도에 이르러 의료기관 개설·운영을 위한 탈법적인 수단으로 악용되었다고 평가될 수 있는지를 판단해야 한다.

[대법관 박정화, 대법관 민유숙, 대법관 김선수, 대법관 이흥구, 대법관 오경미의 반대의견] 의료법인 명의로 개설된 의료기관을 실질적으로 비의료인이 개설·운영하였다고 판단하는 기준은 개인 명의 의료기관이나 소비자생활협동조합 명의로 개설된 의료기관에 관한 선례와 마찬가지로 해석, 적용되어야 한다. 구 의료법 제33조 제2항 위반죄에 관한 구성요건해당성과 고의의 핵심적인 징표는, 비의료인이 의료기관의 개설·운영에 주도적으로 관여하였다는 점을 기본으로 하여 의료법인의 공공성 및 비영리성이 형해화되고 비의료인 개인의 사적 이익을 추구하는 탈법적 수단으로 악용되었다는 데에 있다. 따라서 비의료인이 의료법인을 설립한 실질적 목적과 동기, 설립과정의 적정성, 의료법인 내부의 의사결정방식, 의료업 운영 행태, 자산관리 및 수익의 귀속 양상 등 의료법인의 설립과 운영의 전반에 나타난 구체적 사정을 종합적으로 고려하여, 비의료인 개인의 사적 이익 추구로 의료법인의 공공성 및 비영리성이 형해화되어 의료법인에 대하여 예외적으로 의료기관 개설자격을 부여하는 의료법의 입법 취지가 몰각되었다고 볼 정도에 이르렀는지를 중심으로 이를 판단해야 한다.

구 의료법 제33조 제2항 위반행위는 의료기관 개설과 운영이라는 전 과정을 통하여 행위자의 단일하고 계속된 범의로 이루어지는 것임에도, 다수의견은 이러한 특성을 충분히 고려하지 않은 채 구성요건해당성 및 고의의 판단을 위한 여러 간접사실을 의료법인 설립에 관한 사항과 의료법인 운영에 관한 사항으로 형식적, 도식적으로 나누어 제시한 것이어서 타당하지 않다. 이러한 기준으로는 피고인의 행위와 고의를 전체적, 통합적으로 파악하기 어렵고, 그 결과 의료법인 명의 의료기관의 경우 개설자격 위반의 인정 범위가 지나치게 축소되는 결과를 초래한다. 이에 따르면 영리 목적 의료기관의 개설을 억지하여 의료의 적정을 기하고 국민의 건강을 보호, 증진하고자 하는 의료법의 입법 목적을 해치고 나아가 국민건강보험 재정의 건전성을 위협할 우려가 있다. 이러한 점에서 다수의견에 동의할 수 없다.

(3) 검 토

대상판결의 쟁점은 비의료인이 개설자격을 위반하여 의료법인 명의 의료기관을 개설·운영하였는지를 판단함에 있어 종래 대법원이 취해온 '주도성의 법리'가 그대로 적용될 수 있는지 여부이다.

대상판결의 다수의견은 의료기관을 의료인 개인이 개설한 경우와 의료법인 명의로 개설한 경우는 판단기준을 달리 하여야 한다[21]고 하면서, "의료법인 명의로 개설된 의료기관을 실질적으로 비의료인이 개설·운영하였다고 판단하려면, 비의료인이 의료법인 명의 의료기관의 개설·운영에 주도적으로 관여하였다는 점을 기본"으로 하여 추가적으로 "비의료인이 외형상 형태만을 갖추고 있는 의료법인을 탈법적인 수단으로 악용하여 적법한 의료기관 개설·운영으로 가장하였다는 사정"이 인정되어야 한다고 하여 종래 대법원이 제시한 '주도성의 법리'[22]와는 다른 새로운 기준을 제시하였다.[23]

---

21) 대상판결의 반대의견은 실질적으로 비의료인이 의료기관을 개설·운영하였다고 판단하는 기준은 의료법인 명의 의료기관의 경우를 개인 명의 의료기관의 경우와 달리 볼 것은 아니라고 하였다.

22) 종래 대법원은 "구 의료법 제30조 제2항에 의하여 금지되는 의료기관 개설행위는, 비의료인이 그 의료기관의 시설 및 인력의 충원·관리, 개설신고, 의료업의 시행, 필요한 자금의 조달, 그 운영성과의 귀속 등을 주도적인 입장에서 처리하는 것을 의미한다."고 판시하였다(대법원 2011. 10. 27. 선고 2009도2629 판결 등).

23) 백경희/장연화, "의료법인 명의 의료기관 개설·운영에 대한 의료법상 규제에 관한 고찰 -대법원 2023. 7. 17. 선고 2017도1807 전원합의체 판결을 중심으로 -", 원

1) 불법개설 의료기관의 유형 및 문제점

현행법에서 의료행위는 영리성을 추구해서는 안 되는 공익적 성격을 지니고 있다. 의료법 제33조 제2항에 의료기관을 개설할 수 있는 자격을 규정하고 있어 이에 해당하지 않는 사람은 의료기관을 개설할 수 없다. 의료법이 동항에서 의료기관 개설자격을 의료전문성을 가진 의료인이나 공적인 성격을 가진 단체로 엄격하게 제한하고 있는 취지는 "의료의 적정을 기하고 건전한 의료질서를 확립하여 국민의 건강을 보호 증진하고, 영리 목적으로 의료기관을 개설하는 경우에 발생할지도 모르는 국민 건강상의 위험을 미리 방지하기 위한 것"이라고 할 것이다.[24] 따라서 의료법상 의료기관 개설자격이 있는 자의 명의로 의료기관 개설신고가 되었다고 하더라도 실질적으로 개설자격이 없는 자가 의료기관을 개설하면서 형식적으로만 적법한 의료기관개설로 가장한 경우라면 당연히 의료법 위반이 된다.

그러나 의료기관의 개설에는 상당한 비용이 필요하다보니 의료인 개인이 이러한 비용을 감당하기 쉽지 않고, 그 결과 의료기관 개설자금을 조달할 능력이 있는 비의료인이 의료기관을 개설한 후 의료인을 고용하여 실질적으로 의료기관을 운영하는 소위 '사무장병원'의 문제가 나타나게 된다. '사무장병원'으로 일컬어지는 불법개설 의료기관의 유형으로는 ① 명의대여형 의료기관, ② 의료생활협동조합형 의료기관, ③ 법인형 의료기관, ④ 동업형 의료기관으로 구분할 수 있다.[25]

광법학 제39권 제3호, 2023, 216면.

24) 대법원 2005. 2. 25. 선고 2004도7245 판결; 대법원 2011. 10. 27. 선고 2009도2629 판결; 대법원 2015. 7. 9. 선고 2014도11843 판결 등.

25) 신은주, "비의료인의 불법개설 의료기관의 판단기준과 요양급여비용에 관한 고찰", 원광법학 제38권 제3호, 2022, 167면. 이에 대해 사무장병원을 ① 비의료인이 개설 자격이 있는 의료인을 고용하여 그 의료인의 명의로 의료기관을 개설하고 개설 명의자인 의료인이 실제 의료행위까지 제공하는 경우만으로 한정하는 협의의 개념과 ② 협의의 경우에 더불어 비의료인이 의사로부터 면허를 대여 받아 개설한 의료기관에서 의사가 실제 의료행위를 하지 않는 경우와 의료법인이나 비영리법인의 명의를 빌려 의료기관을 개설한 경우까지 포함하는 광의의 개념으로 구분하면서, 대법원(대법원 2006. 9. 28. 선고 2006도3750 판결)은 광의로 파악하는 것

이러한 불법개설 의료기관은 환자진료에 필요한 시설이나 장비뿐만 아니라 의료인력의 부족 등으로 의료의 질이 떨어져 국민건강에 위협이 될 수 있고, 많은 경우 불법개설 의료기관이 진료비를 허위 또는 부당청구함으로써 건강보험재정의 건전성을 악화시키고, 의학적 판단에 따라 진료해야 하는 의사를 과잉진료 등 수익창출의 도구로 활용하면서 의료생태계를 파괴하는 부정적 영향을 주고 있다.[26]

2) 의료법인 명의 의료기관 개설의 문제점

의료법 제33조 제2항에 따라 의사, 의료법인, 민법이나 특별법에 따라 설립된 비영리법인, 국가나 지방자치단체 등이 의료기관을 개설할 수 있다. 동항에서 일반인이 가능한 개설자격은 제1호와 제3호라고 할 수 있고, 그중 제1호는 의료인이어야 하지만 제3호 의료법인에는 의료인의 자격을 명시적으로 요구하고 있지 않아, 비의료인이라도 의료법인의 설립을 통해 의료기관을 합법적으로 개설할 수 있는 가능성이 열려 있다.[27] 그런데 동항 제3호에 "의료법인"만 규정하고 있고 어떤 형태로 의료법인을 개설·운영하는 것이 의료기관 개설자격을 가진 의료법인에 해당하는지가 규정되어 있지 않아 명확하게 판단할 수 없는 문제가 발생한다.[28]

의료법인은 재단법인의 일종으로 '의료기관 개설·운영을 목적으로 출연된 재산'이라는 실체에 대하여 법인격이 부여된 것이므로 의료

으로 보는 견해도 있다(백경희/장연화, 앞의 논문, 219면).

26) 신은주, 앞의 논문, 168면 이하.

27) 의료를 위주로 하는 생활협동조합인 보건·의료조합도 특별법에 따라 설립된 법인으로서 비의료인이 개설한 의료기관이다. 2009년부터 사무장병원 적발실적에 의하면 개인이나 법인형태의 사무장병원은 감소하는 추세인 것에 반해 2015년 기준으로 의료생활협동조합형 의료기관이 전체 사무장병원의 33.3%를 차지하는 등 보건·의료생활협동조합은 의료법이 예정하고 있는 의료인 또는 공공성을 가진 단체가 의료기관을 개설하도록 한 의료법의 취지와는 거리가 있는 것으로 평가되고 있다(신은주, 앞의 논문, 167면).

28) 이런 점에서 명확성원칙에 위반된다는 문제가 제기되지만, 헌법재판소는 의료법 제33조 제2항이 죄형법정주의와 명확성원칙에 위반되지 않는다고 판단하였다(헌법재판소 2022. 6. 30. 선고 2018헌바515 전원재판부 결정).

법인이 아닌 제3자의 재산출연이 없으면 의료법인은 설립될 수 없다. 다만, 의료법 시행규칙에 의료법인 설립허가 신청 시 재산목록 및 기부신청서를 첨부하여 제출하도록 규정하고 있을 뿐 재산을 출연하는 사람을 의료인으로 한정하거나 비의료인이 출연할 수 있는 재산규모 내지 범위를 제한하는 규정도 없이, 의료법 제48조부터 제51조의2까지에도 의료법인의 설립·운영에 관한 행정적 통제와 관련된 규정만 두고 있을 뿐이다. 이러한 의료법의 태도는 의료법인을 통해서 의료취약지역에 민간 의료기관의 건립을 유도함으로써 의료기관의 지역적 편중을 해소[29]하는 한편, 민간 의료의 공공성을 제고하고 부작용을 방지하기 위한 행정적 통제장치를 갖추도록 한 것이라고 한다.[30]

이처럼 의료법에 의료법인의 의료기관 개설에 대하여 따로 정하고 있지 않다보니, 비의료인이 의료법인을 설립하고 이를 바탕으로 의료기관의 개설·운영을 주도적으로 할 수 있는 남용의 여지도 많고, 비의료인의 불법개설 의료기관으로 인해 국민건강에 대한 위협이 되고 의료생태계를 파괴시키는 문제가 야기될 수도 있다. 무엇보다도 의료기관이 비영리적으로 운영될 수 있도록 규율하고 있는 것은 영리추구로 인해 의료 공공성이 훼손되고 환자가 이익창출의 대상으로 전락하는 것을 방지하기 위함인데 이러한 취지가 위협받게 될 수 있다.[31]

물론 의료법인의 특수성으로 인해 비의료인이 의료법인 명의 의료기관을 개설하고 운영함에 있어 합법적으로 주도적 지위를 가질 가능성도 당연히 존재한다. 이 경우 현재 대법원이 취하고 있는 '주도성의 법리'에 따르면 의료법 제33조 제2항 위반으로 처벌될 가능성이 있

29) 2022년 국가통계포털에 따르면, 의료법인 명의 의료기관(전국 1,318개)의 대도시 이외 지역 개설·운영 비율(44.2%)이 의료인 개인 명의 의료기관(전국 94,383개)의 대도시 이외 지역 개설·운영 비율(25.5%)보다 월등히 높은 것을 알 수 있어, 실제 의료법인 제도는 의료기관의 지역적 편중 해소라는 도입취지에 상당 부분 부합하는 방향으로 운영되어 온 것으로 평가되고 있다(대법원 2023. 7. 17. 선고 2017도1807 전원합의체 판결 중 대법관 안철상의 보충의견).

30) 대법원 2023. 7. 17. 선고 2017도1807 전원합의체 판결.

31) 신은주, 앞의 논문, 164면.

어 현재의 판단기준을 새롭게 정립하는 것이 필요하다는 점에 동의되는 면이 있다.

3) 판단기준

종래 비의료인이 의료법인 명의 의료기관을 개설·운영하였는지가 쟁점이 된 사안이 많았지만, 대법원은 그에 대한 구체적 판단기준 없이 개별 사안에 따라 비의료인이 의료법인 명의 의료기관을 실질적으로 개설·운영한 것으로 보기도 하고,[32] 반대로 실질적으로 개설·운영한 것으로 단정할 수 없다고 보기도 하는[33] 등 그 결론이 달라지기도 하여, 의료법인 명의 의료기관에 관한 개설자격 위반 여부를 판단하는 통일적 기준을 정립할 필요성이 있었다.

불법개설 의료기관의 판단에 있어 핵심은 의료법인을 통한 영리추구와 그로 인한 공공성 및 비영리성의 형해화에 있다. 의료법인 명의 의료기관의 경우, 비의료인이 의료기관의 개설·운영 등에 필요한 자금을 출연하고 의료법인 임원 등 기관의 지위에서 의료기관의 개설·운영에 주도적으로 관여하는 것이 금지되어 있다고 보기 어렵다. 따라서 개설자격의 위반여부는 비의료인의 개설·운영에 주도성과 함께 형식적으로 적법한 의료기관의 개설로 가장하여 실질적으로 개설자격 없는 자가 의료기관 개설에 해당되어야 하고, 이를 판단하는 주요 기준은 의료기관의 개설·운영에 나타나는 영리성에 있다고 본다. 대상판결의 반대의견에서 설시한 바와 같이 "의료법인의 공공성과 비영리성은 어떠한 경우에도 유지되어야 하는 우선적인 가치로서 양보할 수 없는 것이다." 의료법인의 영리 추구를 금지하는 것은 개설·운영자가 의료인인지, 비의료인인지와 무관하게 의료의 적정, 국민의 건강, 국민건강보험의 재정 건전성에 관한 위험을 방지하기 위해 추구해야 할 방향이다.

---

32) 대법원 2017. 3. 16. 선고 2016도18721 판결; 대법원 2018. 1. 25. 선고 2017도17167 판결; 대법원 2020. 7. 23. 선고 2020도5494 판결 등.

33) 대법원 2019. 5. 30. 선고 2019도1468 판결, 대법원 2022. 8. 11. 선고 2021도16080 판결 등.

따라서 불법개설 의료기관의 판단기준은 비록 적법한 의료기관 개설의 형식적 요건이 충족되더라도 실질적 요건에 대한 검토가 필요하다. 즉 불법개설 의료기관에 의해 의료의 질보다 이익추구에 더 중점을 두고 운영되는 폐해가 발생되지 않도록 불법개설 의료기관에 대한 판단기준을 엄격하게 할 필요가 있다. 그런데 다수의견의 판단기준에 따르면 비의료인이 의료법인 명의 의료기관의 개설·운영에 주도적으로 관여하였다고 하더라도 추가적인 요건이 충족되어야 비로소 위반행위가 인정되므로 개설자격 위반행위의 처벌 범위가 축소되는 결과를 가져오면서 자칫 의료법인의 영리화를 허용하는 것과 유사한 결과를 초래할 위험이 있다. 따라서 다수의견이 제시한 새로운 기준과 같이 의료법인 설립에 관한 사항과 의료법인 운영에 관한 사항을 형식적으로 나누어 판단하기 보다는, 반대의견이 제시한 바와 같이, 의료법인의 설립과 운영의 전반에 나타난 구체적인 사정을 종합적으로 고려하여 실질적으로 판단하는 것이 타당하다고 생각된다.

Ⅲ. 총칙 관련 판결

1. 형법 제1조 제2항의 해석
— 대법원 2023. 2. 23. 선고 2022도4610 판결 —

(1) 사실관계 및 재판의 경과

법무사인 피고인이 개인파산·회생사건 관련 법률사무를 위임받아 취급하여 비변호사의 법률사무 취급을 금지하고 있는 변호사법 제109조 제1호 위반으로 기소되었는데, 범행 이후인 2020. 2. 4. 개정된 법무사법 제2조 제1항 제6호에 '개인의 파산사건 및 개인회생사건 신청의 대리'가 법무사의 업무로 추가되었다.

원심[34]은 범죄 후 법령의 개폐로 형이 폐지된 때로서 면소판결

34) 의정부지법 2022. 4. 7. 선고 2018노3106 판결.

대상이라는 피고인의 주장을 받아들이지 않고, 변호사법 제109조 제1호 위반의 유죄를 인정하였고, 대법원은 이러한 원심판결을 그대로 유지하였다.

(2) 판결요지

[1] (중략) 형법 제1조 제2항과 형사소송법 제326조 제4호의 규정은 입법자가 법령의 변경 이후에도 종전 법령 위반행위에 대한 형사처벌을 유지한다는 내용의 경과규정을 따로 두지 않는 한 그대로 적용되어야 한다. 따라서 범죄의 성립과 처벌에 관하여 규정한 형벌법규 자체 또는 그로부터 수권 내지 위임을 받은 법령의 변경에 따라 범죄를 구성하지 아니하게 되거나 형이 가벼워진 경우에는, 종전 법령이 범죄로 정하여 처벌한 것이 부당하였다거나 과형이 과중하였다는 반성적 고려에 따라 변경된 것인지 여부를 따지지 않고 원칙적으로 형법 제1조 제2항과 형사소송법 제326조 제4호가 적용된다.

그러나 해당 형벌법규 자체 또는 그로부터 수권 내지 위임을 받은 법령이 아닌 다른 법령이 변경된 경우 형법 제1조 제2항과 형사소송법 제326조 제4호를 적용하려면, 해당 형벌법규에 따른 범죄의 성립 및 처벌과 직접적으로 관련된 형사법적 관점의 변화를 주된 근거로 하는 법령의 변경에 해당하여야 하므로, 이와 관련이 없는 법령의 변경으로 인하여 해당 형벌법규의 가벌성에 영향을 미치게 되는 경우에는 형법 제1조 제2항과 형사소송법 제326조 제4호가 적용되지 않는다. 즉, 해당 형벌법규 자체 또는 그로부터 수권 내지 위임을 받은 법령이 아닌 다른 법령이 변경된 경우에는 해당 형벌법규에 따른 범죄 성립의 요건과 구조, 형벌법규와 변경된 법령과의 관계, 법령 변경의 내용·경위·보호목적·입법 취지 등을 종합적으로 고려하여, 법령의 변경이 해당 형벌법규에 따른 범죄의 성립 및 처벌과 직접적으로 관련된 형사법적 관점의 변화를 주된 근거로 한다고 해석할 수 있을 때 형법 제1조 제2항과 형사소송법 제326조 제4호를 적용할 수 있다.

[2] (중략) 위 법무사법 개정은 범죄사실의 해당 형벌법규 자체인 변호사법 제109조 제1호 또는 그로부터 수권 내지 위임을 받은 법령이 아닌 별개의 다른 법령의 개정에 불과하고, 변호사법 제109조 제1호 위반죄의 성립 요건과 구조를 살펴보더라도 법무사법 제2조의 규정이 보충규범으로서 기능하고 있다고 보기 어려운 점, 법무사법 제2조는 법무사의 업무범위에 관한 규정으로서 기본적으로 형사법과 무관한 행정적 규율에 관한 내용이므로, 그 변경은 문제 된 형벌법규의 가벌성에 간접적인 영향을 미치는 경우에 해당할 뿐인 점, 법무사법 제2조가 변호사법 제109조 제1호 위반죄와 불가분적으로 결합되어 보호목적과 입법 취지 등을 같이한다고 볼 만한 특별한 사정도 없는 점 등을 종합하면, 위 법무사법 개정은 형사법적 관점의 변화를 주된 근거로 하는 법령의 변경에 해당하지 않는다는 이유로, 원심이 형법 제1조 제2항과 형사소송법 제326조 제4호를 적용하지 아니하고 변호사법 제109조 제1호 위반의 유죄를 인정한 것은 정당하다.

(3) 검　　토

대상판결의 쟁점은 피고인의 변호사법 위반행위 이후에 법무사의 업무에 개인의 파산사건 및 개인회생사건 신청의 대리가 추가된 법무사법 개정이 형법 제1조 제2항의 '법률의 변경'해당하는지 여부이다. 이에 대상판결에서 대법원은 범죄의 성립 및 처벌과 직접적으로 관련된 형사법적 관점의 변화를 주된 근거로 하는 경우가 아니므로 형법 제1조 제2항이 적용되지 않는다고 판단하고 있다.[35)]

종래 대법원은 형법 제1조 제2항 법률의 변경을 해석함에 있어 소위 '동기설'을 취해 왔으나, 대법원 2022. 12. 22. 선고 2020도16420 전원합의체판결을 통해 60년간 유지해온 동기설을 폐기하였다. 다만

35) 대상판결에 대한 평석으로 김대원, "형법 제1조 제2항의 적용 관련 변경된 대법원 판례에 대한 비판적 고찰", 제363회 한국형사판례연구회 발표문, 2023. 10. 16, 6면 이하.

동 전원합의체판결에서 '형사법적 관점의 변화'라는 새로운 기준의 제시와 함께 4가지로 유형을 구분하면서 "해당 형벌법규에 따른 범죄의 성립 및 처벌과 직접적으로 관련된 형사법적 관점의 변화를 주된 근거로 하는 법령의 변경"과 관련이 없는 (다른) 법령의 변경으로 인하여 해당 형벌법규의 가벌성에 영향을 미치게 되는 경우에는 형법 제1조 제2항과 형사소송법 제326조 제4호가 적용되지 않는다고 하였다.

그런데 대상판결과 관련하여 다른 법률에서 법무사 등과 같이 각종 자격증 취득자가 할 수 있는 법률사무와 관련하여 업무범위를 변경하는 것은 변호사법 제109조(벌칙)의 보충규정 또는 변호사법위반죄의 처벌범위와 관련된 것으로 판단할 수 있다.[36] 그럼에도 이러한 법무사법의 개정을 단순한 다른 법률의 변경으로 보아 형법 제1조 제2항을 적용하지 않는 것은 오히려 2020도16420 전원합의체판결에서 제기된 새로운 기준에도 불구하고 동기설과 같은 대법원의 판단영역을 그대로 남겨둔 것으로 볼 수 있다.[37] 더 나아가 대법원이 법령에 유효기간을 규정한 경우에 법령의 변경에 해당한다고 볼 수 없어 추급효를 인정하고 있는 것과 관련하여 법령이 개정·폐지된 경우뿐만 아니라 법령의 유효기간이 경과된 경우도 형법 제1조 제2항에서 말하는 법률의 변경에 포함되어야 하고, 추급효의 인정이 필요하다면 추급효에 관한 경과규정을 두는 방식이 바람직하다는 점에서 이에 대한 재검토가 필요한 부분이다.[38]

결론적으로 형법 제1조 2항의 법률의 변경은 모든 법률상태의 변경을 의미하는 것으로 한시법뿐만 아니라 다른 법령의 변경도 포함하는 것으로 보아야 한다는 점에서 대상판결에서 형법 제1조 제2항이 적용되지 않는다고 판단한 것은 동의하기 어려운 면이 있다.

---

36) 이승준, "동기설 폐기의 타당성 - 대법원 2022. 12. 22. 선고 2020도16420 전원합의체 판결을 기초로 -", 법조 제72권 제2호, 2023, 88면 이하.

37) 김대원, 앞의 논문, 16면.

38) 김혜정, "2022년도 형법판례 회고", 형사판례연구 제31권, 2023, 491면.

2. 정당방위에서 현재성 판단기준
— 대법원 2023. 4. 27. 선고 2020도6874 판결 —

(1) 사실관계 및 재판의 경과

○○회사 포장부에서 근속한 피고인을 비롯한 다수의 근로자들은 영업부로 전환배치한 회사의 조치로 노사갈등이 격화되어 있었다. 그러던 중 2018. 3. 21. 이 사건회사 대표이사인 피해자[39]가 사무실에 출근하여 항의하는 피고인을 포함한 직원들의 항의를 무시하고 사무실 밖으로 빠져나가면서 항의하는 근로자 중 1명의 어깨를 손으로 미는 과정에서 뒤엉켜 넘어져 근로자를 깔고 앉게 되자, 피고인이 근로자를 깔고 있는 피해자의 어깨 쪽 옷을 잡았고 다른 남성 근로자가 피해자를 일으켜 세우자 피해자의 옷을 잡고 수회 흔들어 폭행하였다는 사실로 기소되었다.

원심[40]은 피고인의 정당방위 주장에 대하여 피고인이 양손으로 피해자의 어깨를 흔들 당시 피해자의 다른 직원 등에 대한 가해행위가 이미 종료된 상태였다는 이유를 들어 피고인의 행위는 소극적인 저항행위를 넘어서는 적극적인 공격행위이므로 이를 두고 위법성이 조각되는 정당방위로 볼 수 없다고 판단하여 유죄를 선고하였고, 대법원은 이러한 원심판결을 파기·환송하였다.

(2) 판결요지

형법 제21조 제1항은 “현재의 부당한 침해로부터 자기 또는 타인의 법익을 방위하기 위하여 한 행위는 상당한 이유가 있는 경우에는 벌하지 아니한다.”라고 규정하여 정당방위를 위법성조각사유로 인정

39) 피해자(피고인과 공동피고인임)는 A, B 등 직원 20여명으로부터 영업직 외주전환과 관련된 회사의 방침을 제시해 달라는 항의를 받자 사무실을 빠져나가면서 출입구 앞에 앉아 있던 B의 옆구리를 1회 걷어차고, A의 어깨를 밀어 넘어뜨리는 등 A와 B에 대한 폭행으로 기소되어, 1심과 2심에서 유죄가 인정되었고, 대법원도 피해자의 상고를 기각하였다.

40) 서울중앙지법 2020. 5. 14. 선고 2019노2316 판결.

하고 있다.

이때 '침해의 현재성'이란 침해행위가 형식적으로 기수에 이르렀는지에 따라 결정되는 것이 아니라 자기 또는 타인의 법익에 대한 침해상황이 종료되기 전까지를 의미하는 것이므로, 일련의 연속되는 행위로 인해 침해상황이 중단되지 아니하거나 일시 중단되더라도 추가 침해가 곧바로 발생할 객관적인 사유가 있는 경우에는 그중 일부 행위가 범죄의 기수에 이르렀더라도 전체적으로 침해상황이 종료되지 않은 것으로 볼 수 있다.

정당방위의 성립 요건으로서의 방어행위에는 순수한 수비적 방어뿐 아니라 적극적 반격을 포함하는 반격방어의 형태도 포함된다. 다만 정당방위로 인정되기 위해서는 자기 또는 타인의 법익침해를 방어하기 위한 행위로서 상당한 이유가 있어야 한다. 방위행위가 상당한 것인지는 침해행위에 의해 침해되는 법익의 종류와 정도, 침해의 방법, 침해행위의 완급, 방위행위에 의해 침해될 법익의 종류와 정도 등 일체의 구체적 사정들을 참작하여 판단하여야 한다.

(3) 검 토

대상판결의 쟁점은 정당방위의 요건인 '침해의 현재성'에 대한 인정여부이다. 대상판결에서 대법원이 피고인의 행위가 정당방위에 해당하는지에 대하여 확실하게 판단을 한 것은 아니지만, 정당방위를 부정한 원심판단에 대하여 침해의 현재성은 "침해행위가 형식적으로 기수에 이르렀는지에 따라 결정되는 것이 아니라 자기 또는 타인의 법익에 대한 침해상황이 종료되기 전까지를 의미하는 것이므로, 일련의 연속되는 행위로 인해 침해상황이 중단되지 아니하거나 일시 중단되더라도 추가 침해가 곧바로 발생할 객관적인 사유가 있는 경우에는 그중 일부 행위가 범죄의 기수에 이르렀더라도 전체적으로 침해상황이 종료되지 않은 것으로 볼 수 있다."고 하여, 대상판결이 지금까지와는 다르게 정당방위 요건인 '현재성'을 '침해행위'가 아니라 '침해상

황'의 현재성으로 명시적으로 설시한 점에 본 판결의 의미가 있다.[41]

정당방위에서 그 요건으로 '침해의 현재성'을 요구하는 것은 침해의 시간적 범위를 제한하여 자칫 예방적 내지 사후적 방위로 남용되는 상황을 차단하기 위함이다. 종래 대법원은 '침해의 현재성'판단과 관련하여 구체적으로 설시한 바는 없으나, 침해의 현재성은 피해자의 주관적인 사정에 따라 결정되는 것이 아니라 객관적인 사정에 따라 결정되어야 하고, 정당방위는 구성요건적 행위의 위법성을 예외적으로 소멸시키는 사유이므로 엄격하게 해석·적용되어야 한다는 하급심 판단을 수용하여 그대로 판단하였다.[42]

정당방위는 그 성립에 있어 '침해의 현재성'이 충족되기 매우 어려워, '침해의 현재성'을 어떻게 충족시키느냐가 이론적 관건이 된다고 평가된다.[43] 이에 가정폭력, 학교폭력, 군대폭력 등과 같은 이른바 '상습적 가해 상황'도 '침해의 현재성'요건을 넘지 못해, 정당방위가 인정되지 못하는 문제가 있어, 현재성 요건을 완화해야 한다는 비판이 제기되기도 하였다.[44]

정당방위에서 '침해의 현재성'판단은 언제부터 언제까지를 현재라고 인정할 수 있는지가 문제된다. 과거 대법원[45]은 소위 "도둑뇌사사건"에서 절도범인 피해자가 절취할 물건을 물색하고 있는 상황이었으므로 피고인의 피해자에 대한 최초 폭행은 '침해의 현재성'이 인정되지만, 최초 폭행 이후 피해자가 바닥에 쓰러져 움직인 것은 피고인을 공격하기 위한 행위로 보기 어려워 침해의 현재성이 인정되지 않아

41) 김환권, "정당방위 요건 중 '침해의 현재성'에 대한 소고 – 대법원 2023. 4. 27. 선고 2020도6874 판결을 중심으로 -", 외법논집, 제47권 제2호, 2023, 67면.

42) 김환권, 앞의 논문, 76면 이하.

43) 이용식, "피학대여성과 정당방위 – 잠자는 가정폭력 남편의 살해를 중심으로 – 침해의 현재성 요건에 있어서 계속범적 이론구성 -", 교정연구 제26권 제1호, 2016, 4면.

44) 아마도 그러한 비판의 영향으로 '가정폭력범죄의 처벌 등에 관한 특례법' 개정안에 정당방위에서 침해의 현재성 판단을 완화하는 규정을 신설하고 있는 것으로 생각된다. 그에 대한 구체적인 내용은 김환권, 앞의 논문, 79면 및 85면.

45) 대법원 2016. 5. 12. 선고 2016도2794 판결.

피고인의 추가폭행은 공격행위로 보아 정당방위가 성립하지 않는다고 판단한 바 있다. 그런데 동 판결을 대상판결의 관점에서 본다면, 절도범인 피해자가 바닥에 쓰러진 것은 침해상황의 종료로 볼 수 없고, 무엇보다도 객관적으로 주거침입의 위법상태가 해소되지 않았다는 점에서 – '상당성' 요건은 별론으로 하더라도 - '침해의 현재성'이 충분히 인정[46]된다고 볼 수 있는 상황이라고 생각된다.

결론적으로 "일련의 연속되는 행위로 인해 침해상황이 중단되지 아니하거나 일시 중단되더라도 추가 침해가 곧바로 발생할 객관적인 사유가 있는 경우"[47] 전체적으로 침해상황이 종료되지 않아 '침해의 현재성'을 인정할 수 있고, 이와 같이 판단한 대상판결의 결론은 타당하다고 생각된다.

3. 정당행위에서 사회상규에 대한 판단
— 대법원 2023. 5. 18. 선고 2017도2760 판결 —

(1) 사실관계 및 재판의 경과

갑 대학교는 학교법인의 전 이사장 을이 부정입학과 관련된 금품수수 등의 혐의로 구속되었다가 갑 대학교 총장으로 선임됨에 따라 학내 갈등을 빚던 중, 총학생회 간부인 피고인들이 총장 을과의 면담을 요구하면서 총장실 입구에서 진입을 시도하거나, 교무위원회 회의실에 들어가 총장의 사퇴를 요구하면서 이를 막는 학교 교직원들과 실랑이를 벌임으로써 위력으로 업무를 방해하였다는 사실로 기소되었다.

원심[48]은 ① 피고인들의 행위는 총학생회가 교수협의회와 총장

46) 이와 같은 견해로 박정난, "이른바 '절도범 뇌사 사건' 판결에 비추어 본 정당방위·과잉방위에 관한 비판적 고찰 –대법원 2016. 5. 12. 선고 2016도2794 판결(원심판결: 서울고등법원 2016. 1. 29. 선고 2015노11판결)-", 일감법학 제41호, 2018, 306면.

47) 반복되는 가정폭력행위를 계속범적인 구조로 이해하면서 전체적으로 고찰하여 일련의 행위로 파악함으로써 반복되는 폭행의 현재성을 인정하는 견해(이용식, 앞의 논문, 16면)도 이와 유사한 맥락에서 판단하고 있다고 생각된다.

퇴진 운동을 벌이면서 구재단 측과 갈등을 빚어 온 상황에서 학생들을 대표하여 총장 선임의 위법·부당함에 관한 의견을 개진하고 학사일정을 정상화하며 학생들의 교육받을 권리에 대한 침해를 방지하기 위한 공익적 목적에서 나온 것으로 목적이 정당하고, ② 과격하거나 폭력적인 행동을 하지 않아 수단, 방법이 상당하고, ③ 약 5분 또는 20분 정도 실랑이를 벌이다 해산한 것으로 방해된 학교 측의 업무방해 정도가 과하지 않고, ④ 총학생회는 2014. 9.경부터 교내에서 집회·시위를 하며 꾸준히 총장 면담을 요구하고 학교 측의 요구에 따라 학생지원처나 총장 비서실을 통해 총장 면담 신청 절차도 거쳤으나, 학교 측이 학생들의 요구를 묵살하자 최후의 수단으로 총장과 대면하기 위해 이 사건 공소사실 기재와 같이 총장실이나 교무위원회 회의실 진입을 시도한 것이므로 총장과 면담하기 위해 할 수 있는 통상적인 절차를 다 거친 후 부득이하게 총장실 또는 회의실 진입 시도에 나아가게 된 것이라고 판단하여 형법 제20조에서 정한 정당행위에 해당된다고 보아 피고인들을 유죄로 판단한 1심판결을 파기하고 무죄를 선고하였고, 대법원은 이러한 원심판결을 유지하였다.

(2) 판결요지

[1] 형법 제20조는 '사회상규에 위배되지 아니하는 행위'를 정당행위로서 위법성이 조각되는 사유로 규정하고 있다. 위 규정에 따라 사회상규에 의한 정당행위를 인정하려면, 첫째 그 행위의 동기나 목적의 정당성, 둘째 행위의 수단이나 방법의 상당성, 셋째 보호이익과 침해이익과의 법익균형성, 넷째 긴급성, 다섯째로 그 행위 외에 다른 수단이나 방법이 없다는 보충성 등의 요건을 갖추어야 하는데, 위 '목적·동기', '수단', '법익균형', '긴급성', '보충성'은 불가분적으로 연관되어 하나의 행위를 이루는 요소들로 종합적으로 평가되어야 한다.

'목적의 정당성'과 '수단의 상당성' 요건은 행위의 측면에서 사회

48) 춘천지법 2017. 1. 26. 선고 2015노1109 판결.

상규의 판단 기준이 된다. 사회상규에 위배되지 아니하는 행위로 평가되려면 행위의 동기와 목적을 고려하여 그것이 법질서의 정신이나 사회윤리에 비추어 용인될 수 있어야 한다. 수단의 상당성·적합성도 고려되어야 한다. 또한 보호이익과 침해이익 사이의 법익균형은 결과의 측면에서 사회상규에 위배되는지를 판단하기 위한 기준이다. 이에 비하여 행위의 긴급성과 보충성은 수단의 상당성을 판단할 때 고려요소의 하나로 참작하여야 하고 이를 넘어 독립적인 요건으로 요구할 것은 아니다. 또한 그 내용 역시 다른 실효성 있는 적법한 수단이 없는 경우를 의미하고 '일체의 법률적인 적법한 수단이 존재하지 않을 것'을 의미하는 것은 아니라고 보아야 한다.

[2] (중략) 학교법인은 을이 20여 년 전 구속됨에 따라 교육인적자원부장관이 선임한 임시이사들에 의하여 운영된 이래, 종전 이사 체제 시 학교 운영에 관여했던 이른바 '구재단' 측과 임시이사 체제 시 학교 운영에 관여해 온 학내구성원 측의 갈등이 계속되던 중 을이 총장으로 선임되자 교수협의회와 총학생회는 총장 퇴진 운동을 벌이면서 을 등 구재단 측과 갈등을 빚게 되었고, 을의 비위행위 이후로 학교 운영과 관련한 갈등이 약 20년간 봉합되지 않던 중 구재단 측을 상징하는 을의 복귀로 갈등이 악화되어, 학교 운영의 파행이 학생들의 피해로 돌아가 학생들의 교육받을 권리가 침해될 것이 자명하자, 피고인들은 대학 운영의 정상화를 위하여 을과 대화를 꾸준히 요구하였으나 학교 측의 소극적인 태도로 인해 면담이 실질적으로 성사되지 않은 점 등 피고인들 행위의 목적 및 경위 등에 비추어 보면, 피고인들이 분쟁의 중심에 있는 을을 직접 찾아가 면담하는 이외에는 다른 방도가 없다는 판단 아래 을과 면담을 추진하는 과정에서 피고인들을 막아서는 사람들과 길지 않은 시간 동안 실랑이를 벌인 것은 동기와 목적의 정당성, 행위의 수단이나 방법의 상당성이 인정되고, 피고인들의 학습권이 헌법에 의하여 보장되는 권리라는 측면에 비추어 법익균형성도 충분히 인정되며, 나아가 학습권 침해가 예정된 이상 긴급성이

인정되고, 피고인들이 선택할 수 있는 법률적 수단이 더 이상 존재하지 않는다거나 다른 구제절차를 모두 취해본 후에야 면담 추진 등이 가능하다고 할 것은 아니어서 보충성도 인정되며, 만약 긴급성·보충성이 별도로 갖추어지지 않았다고 보아 정당행위 성립을 부정한다면 일반적·보충적 위법성조각사유로서의 정당행위를 규정한 입법 취지 및 사회상규의 의미에 배치될 수 있다는 이유로, 피고인들의 행위가 정당행위로 인정된다고 본 원심의 결론이 정당하다.

(3) 검　토

대상판결의 쟁점은 총학생회 간부인 피고인들이 교무위원회 회의실에 들어가 총장의 사퇴를 요구하면서 이를 막는 학교 교직원들과 실랑이를 벌임으로써 위력으로 업무를 방해한 행위가 사회상규에 위배되지 않는 행위로서 정당행위 요건을 충족하는지 여부이다. 대법원은 목적의 정당성, 수단의 상당성, 법익균형성, 긴급성과 보충성이 인정되므로 정당행위가 인정된다는 원심의 판단을 그대로 유지하였다.[49]

사회상규에 위배되지 않는 행위는 다른 나라의 입법례에서는 찾아볼 수 없는 우리 형법의 독특한 위법성조각사유로 평가되고 있다. 사회상규 개념은 포괄적이고 추상적인 불확정개념이다 보니 사회상규 혹은 사회상규에 위배되지 않는 행위의 개념정의는 학자들마다 다양하게 제시되고 있고, 대법원 판례 역시 다양한 표현으로 설명하고 있다.[50]

결국 사회상규라는 개념은 "가치충전적"개념이라고 할 수 있다. 이러한 가치충전적 요소는 개별 사례의 해결에 있어 적응성과 탄력성이 있다는 긍정적 면도 있지만, 법관의 자의적 판단 가능성이 있다는 부정적 면도 존재하므로, 비록 대법원이 정당행위를 판단하기 위한 5

49) 대상판결에 대한 평석으로 최호진, "정당행위 판단기준 간의 관계", 제365회 한국형사판례연구회 발표논문, 2023. 12. 4, 4면 이하.

50) 그에 대한 구체적인 내용은 최호진, "정당행위에 대한 대법원 판단기준과 법이론적 분석 -대법원 2011. 3. 17. 선고 2006도8839 전원합의체 판결을 중심으로-", 형사판례연구 제30집, 2022, 94면 이하.

가지 기준을 제시하고 있지만, 각 기준의 개념범위를 어디까지 할 것인지에 대해 명확하게 하는 사회상규 개념에 대한 구체화 작업이 필요하다.[51]

사회상규라는 개념은 이처럼 규범적이면서 개방적인 개념이다 보니, 그에 대한 구체적인 의미는 개별 사안에서 종합적으로 판단되어질 수밖에 없다.[52] 대법원도 사회상규에 의한 정당행위를 인정하려면 목적·동기의 정당성, 수단·방법의 상당성, 법익균형성, 긴급성, 보충성 등의 요건이 갖추어야 하고 이들은 불가분적으로 연관되어 하나의 행위를 이루는 요소들로 종합적으로 평가되어야 한다고 판시하고 있다.[53]

다만, 사회상규 개념이 가치충전을 필요로 하는 일반조항으로서의 성격을 가지고 있어 법관의 보충적 가치판단이 필요할 수밖에 없다고 하더라도, 그에 대한 법이론적 논거에 대해서는 구체적으로 논증될 필요가 있다. 그런 점에서 대상판결이 지금까지 대법원이 제시하고 있는 사회상규에 의한 정당행위의 5가지 판단기준과 관련하여 각 판단기준 사이의 관계에 대한 법이론적 시도를 하였다는 점에서 긍정적으로 평가된다.[54] 그럼에도 앞으로 판례를 통해 각 요소의 개념범위를 구체화하는 노력은 계속 이어질 필요가 있다.

4. 위법성조각사유 전제사실의 착오에 대한 판단
— 대법원 2023. 11. 2. 선고 2023도10768 판결 —

(1) 사실관계 및 재판의 경과

갑은 관장 을이 운영하는 복싱클럽에 회원등록을 하였던 자로서

51) 최호진, 앞의 논문(2022), 121면.
52) 최호진, 앞의 논문(2023), 2면.
53) 판례는 "목적의 정당성, 수단의 상당성, 피해법익과 보호법익의 균형, 긴급성과 보충성의 요건들은 위 일반원칙으로서 추상적이고 포괄적인 요건인 '사회상규'의 의미를 구체화하여 사회상규가 통일적이고 예측 가능한 재판규범으로 기능하는 역할을 할 수 있도록 하는 기준이지 '사회상규'의 의미를 축소하거나 적용 범위를 제한하기 위한 것이 아니다"라고 한다(대법원 2023. 5. 18. 선고 2017도2760 판결).
54) 최호진, 앞의 논문(2023), 24면.

등록을 취소하는 문제로 을로부터 질책을 들은 다음 약 1시간이 지난 후 다시 복싱클럽을 찾아와 을에게 항의하는 과정에서 을이 갑의 멱살을 잡아당기거나 바닥에 넘어뜨린 후 목을 조르는 등 을과 갑이 뒤엉켜 몸싸움을 벌였는데, 코치인 피고인이 이를 지켜보던 중 갑이 왼손을 주머니에 넣어 불상의 물건을 꺼내 움켜쥐자 갑의 왼손 주먹을 강제로 펴게 함으로써 갑에게 손가락 골절상을 입혔다는 사실로 기소되었다.

원심[55]은 피고인이 피해자에게 상해를 가하였음은 물론 그 행위가 죄가 되지 않는 것으로 오인한 데 정당한 이유가 있다고 볼 수 없다고 보아, 이와 달리 그 오인에 정당한 이유가 있다고 보아 무죄를 선고한 제1심판결을 파기하고 피고인에 대하여 유죄판결을 선고하였고, 대법원은 이러한 원심판결을 파기·환송하였다.

(2) 판결요지

갑은 관장 을이 운영하는 복싱클럽에 회원등록을 하였던 자로서 등록을 취소하는 문제로 을로부터 질책을 들은 다음 약 1시간이 지난 후 다시 복싱클럽을 찾아와 을에게 항의하는 과정에서 을이 갑의 멱살을 잡아당기거나 바닥에 넘어뜨린 후 목을 조르는 등 을과 갑이 뒤엉켜 몸싸움을 벌였는데, 코치인 피고인이 이를 지켜보던 중 갑이 왼손을 주머니에 넣어 불상의 물건을 꺼내 움켜쥐자 갑의 왼손 주먹을 강제로 펴게 함으로써 갑에게 약 4주간의 치료가 필요한 손가락 골절상을 입혔다는 상해의 공소사실로 기소된 사안에서, ① 을과 갑은 외형상 신체적 차이가 크지 않고, 당시 갑은 제압된 상태였더라도 상당한 정도의 물리력을 행사할 수 있는 능력이 있었을 뿐더러 그 직전까지도 을과 몸싸움을 하는 등 급박한 상황이 계속되고 있었으며, 몸싸움은 일시적·우발적으로 발생한 것이라기보다는 갑이 을에 대한 항의 내지 보복의 감정을 가진 상태에서 계획적·의도적으로 다

55) 서울북부지방법원 2023. 7. 13. 선고 2023노59 판결.

시 찾아옴에 따라 발생하였고, 더구나 코치로서 관장과 회원 사이의 시비를 말리거나 더 커지는 것을 막아야 하는 위치에 있던 피고인의 입장에서, 둘 사이의 몸싸움이 격화되는 과정에서 갑이 왼손을 주머니에 넣어 특정한 물건을 움켜쥔 채 꺼내는 것을 목격하자, 이를 갑이 상대방의 생명·신체에 위해를 가하려는 것으로 충분히 오인할 만한 객관적인 정황이 있었던 점, ② 피고인은 일관하여 '갑이 호신용 작은 칼 같은 흉기를 꺼내는 것으로 오인하여 이를 확인하려고 하였다.'는 취지로 진술하였고, 갑 역시 수사과정에서 '피고인에게 상해의 의도가 있었다기보다는 손에 쥐고 있던 물건이 무엇인지 확인하기 위해서였다고 생각한다.'라고 같은 취지로 진술하였으며, 갑이 가지고 있던 '휴대용 녹음기'와 피고인이 착각하였다고 주장하는 '호신용 작은 칼'은 크기·길이 등 외형상 큰 차이가 없어 이를 쥔 상태의 주먹이나 손 모양만으로는 양자를 구별하는 것이 쉽지 않았으므로, 당시 피고인은 갑의 주먹이나 손 모양만으로 그가 움켜쥔 물건이 무엇인지조차 알기 어려웠던 점, ③ 갑은 당시 왼손으로 휴대용 녹음기를 움켜쥔 상태에서 이를 활용함에 별다른 장애가 없었으므로, 만일 몸싸움을 하느라 신체적으로 뒤엉킨 상황에서 갑이 실제로 위험한 물건을 꺼내어 움켜쥐고 있었다면 그 자체로 을의 생명·신체에 관한 급박한 침해나 위험이 초래될 우려가 매우 높은 상황이었던 점, ④ 형법 제20조의 사회상규에 의한 정당행위를 인정하기 위한 요건들 중 행위의 '긴급성'과 '보충성'은 다른 실효성 있는 적법한 수단이 없는 경우를 의미하지 '일체의 법률적인 적법한 수단이 존재하지 않을 것'을 의미하지는 않는다는 판례 법리에 비추어, 피고인의 행위는 적어도 주관적으로는 그 정당성에 대한 인식하에 이루어진 것이라고 보기에 충분한 점 등을 종합하면, 피고인이 당시 죄가 되지 않는 것으로 오인한 것에 대해 '정당한 이유'를 부정하여 공소사실을 유죄로 인정한 원심판결에는 위법성조각사유의 전제사실에 관한 착오, 정당한 이유의 존부에 관한 법리오해의 잘못이 있다.

(3) 검　　토

대상판결의 쟁점은 피고인이 갑의 손가락에 골절상을 입힌 행위가 위법성조각사유 전제사실의 착오로 인한 것인지 여부이다. 대상판결에서 대법원은 피고인이 갑과 을이 몸싸움을 하는 급박한 상황에서 갑이 휴대용 녹음기를 움켜진 것을 호신용 작은 칼로 오인하여 갑이 을의 생명·신체에 위해를 가할 수 있는 것으로 오인할 수 있는 객관적 상황이 존재하고 피고인에게 사회상규에 의한 정당행위의 의사를 인정할 수 있어 피고인의 행위는 위법성조각사유 전제사실의 착오로 인한 것이라고 판단하였다.

판례와 학계가 위법성조각사유의 전제사실에 관한 착오(이하 '위전착'이라 한다) 문제를 해결하는 방식에 많은 차이가 존재하는 것으로 평가되고 있다.[56] 과거 위전착에 해당하는 사례가 없었던 것이 아님에도 불구하고 종래 판례에서 위전착에 대한 판결을 찾아보기 쉽지 않고 드물게 등장한 과거 판례[57]에서도 방론(傍論)으로 등장했던 정도에 불과하다고 평가되기도 하고,[58] 대법원은 오래전부터 위전착 사례에 대하여 분명한 견해를 밝혀왔고, 오히려 학계가 대법원 나름의 방식을 이해하지 못하고 있다고 평가되기도 한다.[59]

---

56) 안성조, "위법성조각사유의 전제사실의 착오에 대한 대법원 판례의 재검토 – 오상을 이유로 위법성을 조각하는 법리의 의의와 한계 -", 형사정책 제34권 제4호, 2023, 205면 이하.

57) 대법원 1968. 5. 7. 선고 68도370 판결.

58) 김성룡, "현행법체계에서 위법성 조각사유의 전제조건에 관한 착오의 해석론", 비교형사법연구 제15권 제1호, 2013, 318면. 본 논문(각주 3번)에서는 오상방위에 대해 독일 등 외국의 판결에서 적지 않게 등장하는 실무적인 문제임에도 우리의 경우 단지 이론적인 유희로 취급되는 것은 이러한 착오를 주장하고 다툴 수 있는 법률문화, 수사·재판 문화가 정착되지 않은 것이 중요한 원인의 하나라고 한다.

59) 이용식, "위법성조각사유의 전제사실의 착오에 대한 대법원판례의 이해구조 –오상을 이유로 하는 위법성조각과 정당방위상황의 인정- -판례의 시각에 대한 학계의 이해부족-", 형사판례연구 제24집, 2016, 169면 이하. 본 논문(191면)에서 판례의 오상을 이유로 하는 위법성조각이 학계에서 배척되는 것은 이론적인 측면에서만 검토되었기 때문이라고 한다.

대법원은 위전착 사안에서 정당화 사정이 존재한다고 오인한 것에 정당한 이유가 있는 경우에 위법성이 조각된다고 보아 - 착오론으로 접근하는 학설과 달리 - 위법성조각사유 요건의 존부 문제로 접근하는 독자적인 견해를 취하고 있다.[60] 정당한 이유가 인정되지 않는 유형의 위전착 사안을 어떻게 취급할 것인지에 대해서는 하급심 판단에 맡기고 있는데, 하급심에서 이 역시 착오론으로 접근하는 학설과 달리 사실관계를 구체적으로 검토해서 구성요건 고의의 유무를 개별적으로 판단하여 고의범 또는 과실범을 인정하는 것으로 보인다. 결과적으로 판례는 위전착 사안을 위법성조각사유 요건의 존부판단문제(위법성론) 및 구성요건고의 존부판단문제(사실인정론)로 접근하고 있다고 할 수 있다.[61]

이와 같은 대법원의 법리가 지금까지 오인에 정당한 이유가 있는 경우에 한해 위법성이 조각된다는 법리만 강조해 왔지만, 오인에 정당한 이유가 없는 경우라도 반드시 고의범이 성립하는 것이 아니라 구성요건고의가 부인될 가능성을 열어놓음으로써 피고인에게 과실범 내지 무죄가 인정될 수 있는 여지를 남겨두고 있는 것은 - 학설은 위전착 사안에서 구성요건고의는 존재한다고 보는 것과 차이가 있지만 - 제한적 책임설이 위전착의 법적 효과로서 책임고의를 조각하여 결과적으로 과실범 내지 무죄가 인정되어 피고인에게 유리한 결과를 도출하는 점과 공통적이라고 평가된다.[62]

이러한 대법원의 법리는 비록 정당화상황 및 그에 대한 착오라는 요건이 이론적인 해석이 아니라, 실제 사안에 있어서 인정방법에 기한

60) 서울중앙지방법원 2021. 8. 12. 선고 2020고합886 판결(22면 이하).

61) 안성조, 앞의 논문, 222면. 동 논문(233면)에서는 피고인의 권리보장 측면에 비추어 보면, 금지착오의 정당한 이유판단이 매우 엄격한 심사기준을 설정하고 있어, 엄격책임설보다는 판례가 위전착 사안을 해결하는 위법성조각설이 더 유리한 측면이 있지만, 위법성조각설보다는 제한책임설이 더 유리하므로 대법원이 위전착 사안을 착오론이 아니라 위법성론과 사실인정론의 관점에서 처리하는 방식은 학계의 비판으로부터 자유로울 수 없다고 평가하고 있다.

62) 안성조, 앞의 논문, 237면 이하.

것[63]이라고 하더라도, 정당화상황이 존재하지 않아 행위자의 결과반가치가 상쇄되지 않고 남아 있는 상황에서 위법성을 조각시키는 것이라는 점에서 법이론적으로 받아들이기 어려운 면이 있다.[64] 이처럼 착오론적 접근과 위법성론 및 사실인정론의 접근이 중첩되는 위전착 사안에서 합당한 근거제시 없이 착오론적 접근을 배제[65]하는 경우, 학계의 비판으로부터 자유로울 수 없다고 보아, 향후 위전착이 문제되는 사안에서 대법원이 보다 구체적인 검토와 논거제시가 필요하다고 생각된다.

5. 과실범의 작위행위와 작위의무
— 대법원 2023. 3. 9. 선고 2022도16120 판결 —

(1) 사실관계 및 재판의 경과

피고인들은 경산시에 있는 ㈜금강CS에서 근무하는 사람들로, 2020. 3. 19. 17:25경 위 회사 공장동 건물 외벽에 설치된 재활용 박스를 모아두는 분리수거장 옆에서 담배를 피운 후, 당시 분리수거장 방향으로 바람이 상당히 강하게 불고 분리수거장에는 불이 붙기 쉬운 종이로 된 재활용 박스 등이 쌓여 있었음에도 분리수거장 방향으로 담배꽁초 불씨를 손가락으로 튕긴 후 담배꽁초를 분리수거장 바로 옆

63) 이용식, 앞의 논문, 191면.

64) 위법성조각사유의 전제사실을 착오한 자는 행위시에 전제사실의 행위정황에 대한 소홀함이 있을 뿐이어서 구성요건적 고의는 인정되지만, 법적대적 의사인 책임요소로서의 고의가 탈락되어 고의범으로 처벌할 수 없고, 과실 유무에 따라 과실범으로 처벌할 수 있다고 본다. 즉 위전착의 효과는 고의의 이중적 지위에 따라서 구성요건적 고의를 조각하는 것은 아니지만, 고의책임을 조각하여 법효과라는 점에서 구성요건적 착오와 같이 취급하는 법효과제한책임설이 타당하다고 본다.

65) 서울중앙지방법원 2021. 8. 12. 선고 2020고합886 판결(20면 이하)에서는 위전착을 어떻게 취급할 것인가에 대한 학설의 대립양상을 소개하면서, 그 중 다수설의 지위를 점하고 있는 법효과제한책입설은 일단 구성요건적 고의가 인정되어 고의범의 구성요건해당성이 긍정됨에도 다시 구성요건의 단계로 되돌아가 과실범의 성립을 인정한다는 점에서 범죄체계론에 정합하지 않다고 평가하고 있다.

바닥에 놓여있던 쓰레기봉투에 던져 버리고 떠난 후 화재가 발생하여 각각 실화죄로 기소되었다.

원심[66]은 CCTV 영상에 의하면 피고인 1이 분리수거장 방향으로 손가락으로 담뱃불을 튕겨서 끄고 피고인 2는 창고동 방향으로 담뱃불을 튕겨서 끄는 모습이 확인되기는 하나, 당시 담배꽁초에 불씨가 남아 있었을 수도 있고 누구의 담배꽁초에서 발화가 시작되었는지 알 수 없는 점 등에 비추어 보면, 제출된 증거들만으로 이 사건 화재가 피고인들 중 누구의 행위에 의한 것인지 인정하기에 부족하고 달리 이를 인정할 증거가 없으나, ① 근로자는 근로계약에 따른 신의칙상의 부수적 의무로서 사용자에 대하여 노무제공 과정에서 사용자의 인적·물적 자원에 손해를 야기하지 않도록 주의할 의무가 있고, 사용자 소유의 건물 등을 안전하게 사용·관리하며 위 건물 등에 위험이 발생하였을 경우에는 가능한 범위에서 그 위험을 제거하여야 할 의무가 있다고 할 것인 점, ② 타기 쉬운 종이상자 등이 쌓여 있는 분리수거장 근처에서 담배꽁초 불씨를 튕기거나 불씨가 완전히 꺼지지 않은 담배꽁초를 분리수거장 쪽으로 던지는 것을 보았거나 알 수 있었던 점, ③ 당시 건조한 날씨에 바람이 심하게 불어 상대방이 튕기거나 버린 위 담배꽁초로 인해 화재가 발생할 수 있음은 충분히 예견이 가능했던 점 등을 이유로 피고인들에게 각 실화죄 과실범의 책임을 물을 수 있다고 하여 유죄를 인정하였고, 대법원도 이러한 원심판결을 유지하였다.

(2) 판결요지

[1] 형법이 금지하고 있는 법익침해의 결과발생을 방지할 법적인 작위의무를 지고 있는 자가 그 의무를 이행함으로써 결과발생을 쉽게 방지할 수 있는데도 결과발생을 용인하고 방관한 채 의무를 이행하지 아니한 것이 범죄의 실행행위로 평가될 만한 것이라면 부작위범으로

66) 대구지방법원 2022. 11. 18. 선고 2020노3595 판결.

처벌할 수 있다. 실화죄에 있어서 공동의 과실이 경합되어 화재가 발생한 경우 적어도 각 과실이 화재의 발생에 대하여 하나의 조건이 된 이상은 그 공동적 원인을 제공한 사람들은 각자 실화죄의 책임을 면할 수 없다.

[2] 피고인들이 분리수거장 방향으로 담배꽁초를 던져 버리고 현장을 떠난 후 화재가 발생하여 각각 실화죄로 기소된 사안에서, 피고인들 각자 본인 및 상대방이 버린 담배꽁초 불씨가 살아 있는지를 확인하고 이를 완전히 제거하는 등 화재를 미리 방지할 주의의무가 있음에도 이를 게을리 한 채 만연히 현장을 떠난 과실이 인정되고 이러한 피고인들 각자의 과실이 경합하여 위 화재를 일으켰다고 보아, 피고인들 각자의 실화죄 책임을 인정한 원심판결을 수긍하는 한편, 원심판단 중 위 화재가 피고인들 중 누구의 행위에 의한 것인지 인정하기에 부족하다는 취지의 부분은 '피고인들 중 누구의 담배꽁초로 인하여 위 화재가 발생하였는지 인정할 증거가 부족하다.'는 의미로 선해할 수 있고, 이는 피고인들의 각 주의의무 위반과 위 화재의 발생 사이에 인과관계가 인정된다는 취지의 부가적 판단이므로, 이와 다른 전제에서 '원인행위가 불명이어서 피고인들은 실화죄의 미수로 불가벌에 해당하거나 적어도 피고인들 중 일방은 실화죄가 인정될 수 없다.'는 취지의 피고인들 주장은 받아들이기 어렵다.

(3) 검 토

대상판결의 쟁점은 공동의 과실이 경합되어 화재가 발생한 사안에서 피고인들에게 결과발생을 방지하지 않은 주의의무위반이 인정되는지, 제출된 증거만으로 화재가 누구의 행위에 의한 것인지 인정하기 어려움에도 인과관계가 인정되는지 여부이다.[67] 대법원은 실화죄에서

67) 대상판결의 쟁점을 피고인들의 행위가 담배꽁초를 함부로 버려 불을 낸 작위행위로 보아야 하는지 아니면 불씨를 제거하지 않아 불이 나는 것을 막지 않은 부작위행위로 보아야 하는지와 피고인들에게 어떠한 근거로 보증인지위가 인정될 수 있는지에 있다고 보기도 한다(류부곤, "공동의 부작위 과실의 경합과 형사책임 -

공동의 과실이 경합되어 화재가 발생한 경우 적어도 각 과실이 화재의 발생에 대하여 하나의 조건이 된 이상 그 공동적 원인을 제공한 사람들은 각자 실화죄의 책임을 면할 수 없다고 보아 예비적 공소사실[68]을 유죄로 인정한 원심판결을 유지하였다.[69]

대법원이 인정한 원심판단의 이유를 보면, “누구의 행위로 인한 것인지 밝힐 수는 없지만 피고인들 중 한 명은 이 사건 화재 발생의 직접적 원인이 되는 행위를 한 과실(이하 ①의 과실이라 한다)이 있고, 적어도 다른 한 명은 위와 같이 충분히 예견이 가능함에도 불구하고 그 불씨가 살아있는지를 확인하고 이를 완전히 제거하는 등의 조치를 취하지 않은 채 만연히 현장을 떠난 과실(이하 ②의 과실이라 한다)이 있으며, 이들 피고인들 각자의 과실이 경합하여 이 사건 화재를 일으켰다고 봄이 상당”하다고 하였다.[70]

형법 제14조 과실범은 행위자에게 요구되는 주의의무를 위반하여 결과를 야기했을 때 성립한다. 과실범의 성립요건인 주의의무 위반은 작위의무의 부작위 형태로 나타난다는 점[71]에서 부진정부작위범에서

대법원 2023. 3. 9. 선고 2022도16120 판결에 대한 평석 -”, 비교형사법연구 제25권 제4호, 2024, 6면).

68) 항소심에서 검사는 공소사실의 내용을 변경하면서, 적용법조에 관하여 주위적 공소사실은 형법 제170조 제1항 및 제164조, 제30조로 하고, 예비적 공소사실은 형법 제30조를 삭제하는 내용의 공소장 변경신청을 하였고, 항소심은 이를 허가하였고, 피고인들에 대해서 예비적 공소사실을 유죄로 판단하였다(대구지방법원 2022. 11. 18. 선고 2020노3595 판결). 항소심은 주위적 공소사실에 관한 판단에서 과실범의 공동정범은 행위자들 사이에 공동의 목표와 의사연락이 있는 경우에 성립하는데, 피고인들이 함께 담배를 피운 사실이 ‘공동의 목표’가 있다고 보기 어려워 과실범의 공동정범은 인정되지 않는다고 보았다.

69) 대상판결에 대한 평석으로 김혜경, “작위행위와 작위의무의 구별과 과실범의 주의의무 – 대법원 2023. 3. 9. 선고 2022도16120 판결 -”, 한국형사판례연구회 공동학술대회 발표문, 2023. 8. 28, 3면 이하; 김성룡, “다수인의 과실 부작위가 경합한 경우의 형사법적 죄책 – 대법원 2023.3.9. 선고 2022도16120 판결의 평석을 겸하여 -”, 법학논고 제83집, 2023, 207면 이하; 류부곤, 앞의 논문, 5면 이하.

70) 대구지방법원 2022. 11. 18. 선고 2020노3595 판결.

71) 과실범도 주의의무 위반, 즉 법적 명령에 위반하여 범죄가 실현되므로 부작위범과 같이 실질적으로는 명령규범의 위반으로 실현되는 범죄에 해당한다(이정원,

보증의무의 부작위와 중첩되는 문제가 발생한다. 주의의무 위반이 결과발생 예견의무를 작위적으로 위반(불씨가 꺼지지 않은 담배꽁초를 버리는 행위)하였다고 하더라도 결과발생 회피의무의 위반은 부작위적으로 드러나기 때문에 작위행위 안에 결과발생 회피의무의 불이행이 포함되는 문제가 발생하는 것이다.[72]

대상판결의 원심에서는 누구의 행위로 인한 것인지 밝힐 수는 없지만, 피고인들 중 한 명은 ①의 과실, 다른 한 명은 ②의 과실이 있다고 하였다. 그러나 대상판결에서 대법원은 피고인들 각자에게 담배꽁초를 던져 버리는 ①의 과실과 함께 피고인들이 버린 담배꽁초로 인한 화재를 방지할 주의의무를 게을리 한 ②의 과실을 인정하면서, 작위적 관점에서 ①의 과실이 아닌 부작위적 관점에서 ②의 과실과 관련하여 책임을 인정하고 있다. 특히 부작위형태의 과실범을 인정하기 위한 작위의무의 근거로 선행행위를 언급하지 않고 대신 근로계약을 바탕으로 한 신의칙상의 부수적 의무에 따른 보증인지위를 인정하면서 그에 따른 작위의무를 부작위한 과실범을 인정하고 있다.[73]

화재의 직접적인 원인행위는 ①의 과실이라고 할 수 있다는 점에서 불씨가 꺼지지 않은 담배꽁초를 부주의하게 버린 선행행위로부터 피고인들 각자 본인 및 상대방이 버린 담배꽁초에 불씨가 살아있는지 확인하고 이를 완전히 제거하는 등 화재를 미리 방지할 주의의무라는 보증의무가 발생하는지가 문제될 수 있다.[74] 그런데 대상판

"부작위범 분야의 정비 – 합리적인 부진정부작위범 규정의 정비를 위한 제언 -", 형사법연구 제22호 특집호, 2004, 335면).

72) 김혜경, 앞의 논문, 4면.

73) 류부곤, 앞의 논문, 13면.

74) 그 이유는 불씨가 꺼지지 않은 담배꽁초를 과실로 버리는 작위의 선행행위를 한 사람에게 - 주의의무 위반에 해당하는 작위행위 속에 결과발생 회피의무가 내포되어 있다고 할 수 있음에도 이와 별개로 - 해당 위반행위를 선행행위로 하여 다시 결과발생 방지의무라는 작위의무를 부과하는 것은 - 이미 규범위반에 해당하는 선행행위 속에는 결과발생방지의무가 포함되어 있다고 할 것이므로 - 규범해석상 타당다고 할 수 없고, 이는 이중평가에 해당하는 부당한 결과가 발생한다고 할 수 있기 때문이다(김혜경, 앞의 논문, 28면).

결은 그러한 ‘작위’형태의 선행행위는 애초에 판단의 대상으로 삼지 않은 채 ‘부작위’형태의 과실범을 인정한 것이 적절한 것이었는지는 의문이다.[75]

무엇보다도 대상판결의 사안을 실화죄의 공동정범이 아닌 경합범으로 본다면 누구의 행위로 결과가 발생하였는지 인과관계를 밝혀야 한다. 대상판결에서 원심판단 중 피고인들이 담배꽁초를 버린 행위로 인하여 화재가 발생하였지만, “누구의 행위로 인한 것인지 밝힐 수는 없”다고 한 부분은 결과발생의 원인행위가 판명되지 않았다는 뜻이 아니라, 누구의 담배꽁초로 인해 화재가 발생하였는지 인정할 증거가 부족하다는 의미로 선해할 수 있고, 인과관계가 인정된다는 취지의 부가적 판단에 불과하므로 문제가 되지 않는다고 판시하였다. 그러나 누구의 행위로 결과가 발생한 것인지 밝힐 수 없다면 인과관계가 판명되지 않은 것이고 그렇다면, 이는 형법 제19조에 따라 미수범으로 처벌할 수 있을 것인데,[76] 실화죄는 미수범 처벌규정이 없어 처벌할 수 없다고 해야 할 것이다.[77] 그럼에도 피고인들 각자에게 실화죄를 인정한 대법원의 판단은 동의하기 어려운 면이 있다.[78]

---

75) 피고인들의 작위의무를 선행행위의 법리를 배제하고 근로계약에서 도출하고자 한 법원의 시도는 충분히 합리적이라고 보는 견해로 류부곤, 앞의 논문, 29면.

76) 형법 제19조는 “미수범으로 처벌한다.”라고 하여 고의범을 전제하는 것으로 주장이 가능하고 과실범은 주의의무를 다하지 않은 일종의 부작위범으로 평가할 수 있어 부작위범 법리로 형법 제19를 우회하여 과실범의 형사책임을 긍정할 수도 있기 때문에 과실범에 대한 형법 제19조의 적용문제에 대해서는 추후 연구가 필요하다는 견해로 류부곤, 앞의 논문, 29면 이하.

77) 같은 견해로 김혜경, 앞의 논문, 28면.

78) 대상판결에서 선행행위의 법리를 배제하고 근로계약에 따른 신의칙상의 부수적인 의무로 위험발생의 방지의무가 긍정될 수 있다는 전제하에 피고인들 각자에게 가벌적인 부작위가 있었고 이러한 각각의 부작위는 화재의 발생에 대한 인과관계가 긍정될 수 있어서 최종적으로 피고인들 각자에게 실화죄가 성립한다는 결론은 - 비록 표현상 매우 아쉬운 점이 있으나 – 논리적으로는 문제가 없어 보인다는 견해로 류부곤, 앞의 논문, 29면.

Ⅳ. 각칙 관련 판결

1. 스토킹범죄에서 스토킹행위의 범위
— 대법원 2023. 5. 18. 선고 2022도12037 판결 —

(1) 사실관계 및 재판의 경과

피고인은 2021. 10. 29. 15:24경 불상의 장소에서 피해자가 자신의 휴대전화번호를 차단한 사실을 알고, 타인의 휴대전화를 이용하여 피해자에게 전화를 건 것을 비롯하여 그때부터 2021. 11. 26.경까지 총 29회에 걸쳐 피해자에게 반복적으로 전화하였다. 이로써 피고인은 피해자의 의사에 반하여 정당한 이유 없이 정보통신망을 이용하여 피해자에게 글·말을 도달하게 하여 불안감 또는 공포심을 일으켜 스토킹처벌법 위반으로 기소되었다.

원심[79]은 피고인이 단 1회 통화하였을 뿐이고 그 통화 내용도 밝혀지지 않았으며, 피고인이 전화를 걸어 피해자의 휴대전화에서 벨소리가 울렸더라도 피해자가 전화를 받지 않았다면 피고인이 정보통신망을 통하여 피해자에게 '음향'을 보냈다고 할 수 없고, 피해자의 휴대전화에 표시된 '부재중 전화' 문구는 전화기 자체의 기능에서 나오는 표시에 불과하여 피고인이 보낸 '글'이나 '부호'에 해당한다고 보기 어렵다는 이유로 유죄를 인정한 제1심판결을 파기하고 무죄로 판단하였고, 대법원은 이러한 원심판결을 파기·환송하였다.

(2) 판결요지

[1] 스토킹범죄의 처벌 등에 관한 법률(이하 '스토킹처벌법'이라 한다)의 문언, 입법 목적 등을 종합하면, 피고인이 전화를 걸어 피해자의 휴대전화에 벨소리가 울리게 하거나 부재중 전화 문구 등이 표시되도록 하여 상대방에게 불안감이나 공포심을 일으키는 행위는 실제 전화통화가 이루어졌는지와 상관없이 스토킹처벌법 제2조 제1호 (다)목에

79) 부산지법 2022. 8. 25. 선고 2022노1504 판결.

서 정한 스토킹행위에 해당한다.

[2] 피고인이 피해자의 의사에 반하여 정당한 이유 없이 전화를 걸어 피해자와 전화통화를 하여 말을 도달하게 한 행위는, 전화통화 내용이 불안감 또는 공포심을 일으키는 것이었음이 밝혀지지 않더라도, 피고인과 피해자의 관계, 지위, 성향, 행위 전후의 여러 사정을 종합하여 전화통화 행위가 피해자의 불안감 또는 공포심을 일으키는 것으로 평가되면, 스토킹범죄의 처벌 등에 관한 법률 제2조 제1호 (다)목 스토킹행위에 해당하게 된다. 설령 피고인이 피해자와의 전화통화 당시 아무런 말을 하지 않아 '말을 도달하게 하는 행위'에 해당하지 않더라도 피해자의 수신 전 전화 벨소리가 울리게 하거나 발신자 전화번호가 표시되도록 한 것까지 포함하여 피해자에게 불안감이나 공포심을 일으킨 것으로 평가된다면 '음향, 글 등을 도달하게 하는 행위'에 해당하므로 마찬가지로 위 조항 스토킹행위에 해당한다.

(3) 검 토

대상판결의 쟁점은 상대방에게 전화를 걸어 벨소리를 울리게 하거나 '부재중 전화 문구'가 표시되도록 한 행위가 스토킹처벌법상 스토킹행위에 해당하는지 여부이다. 이에 대법원은 스토킹처벌법의 문언, 입법 목적 등을 종합해볼 때, 피고인이 전화를 걸어 피해자의 휴대전화에 벨소리가 울리게 하거나 부재중 전화 문구 등이 표시되도록 하여 상대방에게 불안감이나 공포심을 일으키는 행위는 실제 전화통화 여부와 상관없이 스토킹행위에 해당한다고 판단하였다.

스토킹행위는 정상적인 일상생활이 어려울 만큼 정신적·신체적 피해를 발생시키고, 더 나아가 살인 등 중범죄로 이어지는 사례가 많다. 이런 점에서 2021년 스토킹처벌법의 제정을 통해 스토킹범죄를 처벌할 수 있는 법적 근거가 마련된 것은 다행이라고 할 수 있으나, 여전히 스토킹행위 유형이 정립되지 않아 같은 유형의 스토킹행위에 대하여 하급심판결의 결론이 엇갈리는 문제가 지적되어 왔다.[80]

대상판결의 쟁점이 되었던 '부재중 전화'문구가 남겨지도록 한 행위에 대해서 스토킹행위 해당하는지를 놓고 원심과 대법원은 달리 판단하고 있다. 스토킹행위는 그 행위의 범주가 너무 넓어[81] 유형뿐만 아니라 유형에 대한 정의를 정립하기도 쉽지 않지만, 대상판결의 쟁점 조항은 정보통신망을 '이용하여' 음향 등을 피해자에게 도달하게 하는 행위로 피해자에게 도달하는 음향 등의 내용 자체가 피해자에게 불안감 또는 공포심을 유발하는 내용일 것을 요구하지 않으므로, 부재중 전화 문구가 불안감을 유발하는 내용은 아니지만, 부재중 문자를 통해 피해자에게 불안감을 야기할 수는 있다는 점에서 스토킹행위에 해당한다고 판단한 대상판결의 결론이 타당하다고 생각된다.

다만, 지난 2023년 7월 스토킹처벌법의 개정을 통해 동법 제2조 제1호 다목에 "정보통신망을 이용하는 프로그램 또는 전화의 기능에 의하여 글·말·부호·음향·그램·영상·화상이 상대방 등에게 나타나게 하는 행위"를 추가하여 피해자가 전화를 받지 않는 경우에도 스토킹처벌법상 스토킹행위에 해당[82]될 수 있도록 명확히 밝혀 입법적으로 해결하였다.

그와 함께 스토킹범죄가 성립하기 위해 피해자의 현실적인 불안감 내지 공포심이 필요한지도 문제된다. 대법원[83]은 "스토킹범죄는 행위자의 어떠한 행위를 매개로 이를 인식한 상대방에게 불안감 또는 공포심을 일으킴으로써 그의 자유로운 의사결정의 자유 및 생활형성

80) 박소정, "스토킹처벌법에 관한 실무상 쟁점", 한국형사판례연구회 공동학술대회 발표문, 2023. 8. 28, 1면.

81) 최근에 층간소음에 불만을 표시하며 수개월에 걸쳐 반복하여 도구로 벽을 치는 등으로 피해자를 비롯한 주변 이웃들에게 큰 소리가 전달되게 한 행위가 스토킹처벌법 위반죄에 해당한다는 판례가 나왔다. 동 판례는 이웃 간 일부러 소음을 발생시키는 행위도 사회통념상 합리적 범위를 벗어나 객관적·일반적으로 상대방에게 불안감 내지 공포심을 일으키기에 충분한 지속적·반복적 행우에 해당하면 스토킹범죄가 성립한다고 점을 최초로 인정한 판결로서 의미가 있다(대법원 2023. 12. 14. 선고 2023도10313 판결).

82) 박소정, 앞의 논문, 6면.

83) 대법원 2023. 9. 27. 선고 2023도6411 판결.

의 자유와 평온이 침해되는 것을 막고 이를 보호법익"으로 하는 위험범으로 보고 있다. 따라서 "행위가 객관적·일반적으로 볼 때 이를 인식한 상대방으로 하여금 불안감 또는 공포심을 일으키기에 충분한 정도라고 평가될 수 있다면 현실적으로 상대방이 불안감 내지 공포심을 갖게 되었는지 여부와 관계없이 '스토킹행위'에 해당"한다고 본다.

이에 대해 스토킹처벌법상 스토킹행위의 조문 형식이 침해범의 방식으로 규정되어 있고, 스토킹범죄를 위험범으로 보는 경우 처벌범위가 지나치게 확장되는 문제가 있어 침해범으로 보는 것이 타당하다는 견해도 있다.[84] 그러나 스토킹범죄처벌법상 미수범 규정을 두고 있지 않은 점, 동법 제2조 제1호에서 상대방에게 '현실적인' 불안감 또는 공포심을 일으키는 것을 요구하고 있지 않은 점, 판례가 "사람으로 하여금 공포심을 일으킬 정도의 해악을 고지"하는 행위를 처벌하는 협박죄를 위험범으로 보고 있는 점[85] 등을 고려할 때, 위험범으로 해석[86]하는 것이 타당하다고 생각된다.[87]

84) 전지연, "스토킹처벌법상 스토킹범죄의 성립요건에 대한 비판적 검토와 개정방안", 법학논총 제42권 제4호, 2022, 190면. 다만, 본 논문(191면)에서 현행법과 같이 침해범 형식으로 규정된 상황에서는 피해자보호가 미흡할 수밖에 없으므로 위험범 형식으로 개정하는 방안을 제안하고 있다.

85) 대법원 2007. 9. 28. 선고 2007도606 전원합의체 판결.

86) 독일에서 2007년 스토킹범죄 처벌규정을 신설할 당시 침해범으로 규정하였으나, 피해자들이 입증의 어려움으로 처벌을 포기하여 가해자가 처벌되지 않는 문제에 대한 비판을 받아들여 2017년 개정을 통해 "생활형성의 침해"라는 결과발생 표지를 포기함으로써 위험범 형태로 변경하였다(이승준, "독일의 스토킹 처벌 규정의 개정과 그 시사점", 형사정책 제29권 제2호, 2017, 130면 이하; 신상현, "'스토킹처벌법'상 스토킹범죄 구성요건에 대한 비판적 고찰 – 최근 개정된 독일 및 오스트리아 형법 규정에 대한 검토를 겸하여 -", 저스티스 통권 제188호, 2022, 193면).

87) 같은 견해로 신상현, 앞의 논문, 193면; 이승준, 앞의 논문, 131면.

2. 폭력행위처벌법 제2조 제2항에서 '공동'의 의미
— 대법원 2023. 8. 31. 선고 2023도6355 판결 —

(1) 사실관계 및 재판의 경과

피고인들은 ○○고등학교 동창생들로, 범행 전날 피고인 3은 '싸워서라도 돈을 받아내라', 피고인 2는 '무조건 고개를 낮추고 싸워', '영상으로 찍을 거니까 너가 이겨야 돼'라는 등의 말을 피고인 1에게 하였고, 범행 당일 피고인들 모두 피해자와의 싸움 현장에 나가 피고인 1이 직접 피해자를 폭행하자, 피고인 2는 그 모습을 휴대전화기로 촬영하고, 피고인 3은 이를 옆에서 지켜보았다.

원심은 피고인들에게 폭력행위처벌법 제2조 제2항 공동폭행의 유죄를 인정하였고, 대법원은 이러한 원심판결을 파기·환송하였다.

(2) 판결요지

폭력행위 등 처벌에 관한 법률 제2조 제2항 제1호의 '2명 이상이 공동하여 폭행의 죄를 범한 때'란 수인 사이에 공범관계가 존재하고, 수인이 동일 장소에서 동일 기회에 상호 다른 자의 범행을 인식하고 이를 이용하여 폭행의 범행을 한 경우임을 요한다. 따라서 폭행 실행범과의 공모사실이 인정되더라도 그와 공동하여 범행에 가담하였거나 범행장소에 있었다고 인정되지 아니하는 경우에는 공동하여 죄를 범한 때에 해당하지 않고, 여러 사람이 공동하여 범행을 공모하였다면 그중 2인 이상이 범행장소에서 실제 범죄의 실행에 이르렀어야 나머지 공모자에게도 공모공동정범이 성립할 수 있을 뿐이다.

(3) 검　　토

대상판결의 쟁점은 피고인들의 행위가 공동폭행죄의 '공동'에 해당하는지 여부이다. 대법원은 폭력행위처벌법 제2조 제1항 공동폭행에서 공동이란 수인 사이에 공범관계가 존재하고, 수인이 동일 장소에서 동일 기회에 상호 다른 자의 범행을 인식하고 이를 이용하여 범행을 한 경우를 말하는데, 대상판결 사안에서 피고인 2와 피고인 3은 폭행의 실행행위에 가담한 것이 아니므로 피고인 1의 단독 폭행에 해당하여 피고인들에게 공동폭행의 죄책을 물을 수 없다고 하였고, 이러한 대상판결의 결론은 타당하다고 생각된다.

형법은 제30조에 "2인 이상이 공동하여 죄를 범한 때" 각자 정범으로 처벌하는 규정을 두고 있어, 공동폭행의 경우 공범자 모두를 각자 정범으로 처벌할 수 있다. 그럼에도 폭력행위처벌법 제2조 제2항에 "2명 이상이 공동"하여 범죄 한 경우 가중처벌하는 규정을 두고 있는 것은 일반적인 공동정범에 대한 특별규정이라는 점에서 엄격하게 해석할 필요가 있다.[88] 따라서 동법상 '공동'의 의미를 어떻게 해석할 것인가 또는 '공동범'[89]의 법적 성격은 어떻게 볼 것인가 그에 따라 '공동범'의 공동정범 성립은 가능한가 등에 대한 논의가 필요한데, 이에 대한 논의는 이와 유사한 합동범에 대한 논의에 비하여 활발하게 이루어지고 있지 않다.

이에 일본의 '폭력행위 등 처벌에 관한 법률' 제1조에 규정된 '수인이 공동하여'와 관련한 - 우리 폭력행위처벌법상 '2명 이상이 공동'과 차이가 있으나 - 이론적 논의를 살펴보면, ① 제1설은 공동자 전원이 폭행 등의 실행행위 중 적어도 일부를 분담해야 한다는 점을 전제로 본조의 공동정범을 실행공동정범으로 한정하고, 공모공동정범을 배제하는 견해(전원실행설), ② 제2설은 공모자 중 2인 이상의 자가 현실로 실행행위를 분담하는 것이 필요하지만, 다른 공모자는 반드시 실행행위를 분담할 필요가 없다는 견해(2인이상실행설), ③ 제3설은 공범자가 공동범행에 나간다는 것에 대한 상호인식하에 이를 외부적으로

88) 이주원, 특별형법 제7판, 홍문사, 2021, 544면.

89) 폭력행위처벌법상 '2명 이상이 공동하여'를 현장설적 입장에서 이해하면 합동범의 '2인 이상이 합동'과 같은 의미가 되므로 폭력행위처벌법 제2조 제2항 위반죄는 합동범의 하나가 된다는 점에서 '합동범'이라고 칭하는 견해도 있다고 한다(윤상민, "「폭력행위 등 처벌에 관한 법률」상 공동범의 공동정범", 원광법학 제36권 제3호, 2020, 32면).

타인에게 인식시킨 상태에서 범행현장에 현존할 것을 요한다는 견해(현존설), ④ 형법총칙상 공동정범과 같게 해석해야 한다는 견해(가중적 공동정범설) 등이 제기되고 있다.[90]

우리 판례[91]는 폭력행위처벌법 제2조 제2항 '공동범'은 ① 수인 사이에 공범관계가 존재하는 것을 전제로 ② 수인이 동일 장소에서 동일 기회에 상호 다른 자의 범행을 인식하고 이를 이용하여 범행을 한 경우 성립한다고 하여 소위 현장설의 관점에서 공동의 의미를 파악[92]한 반면, 형법 제30조 '공동정범'은 "공범자 전원간에 범죄에 대한 공동가공의 의사가 있는 경우 즉 범행자 상호간에 범의의 연락이 있고 그 일부자가 범죄의 실행에 당한 경우"로 직접 그 실행행위를 분담하지 않은 경우라도 공동정범의 책임을 묻는 다고 하여 소위 '기능적 행위지배'[93]의 관점에서 공동의 의미를 파악하는 분명한 차이가 있다. 즉 폭력행위처벌법상 '공동'의 범위가 형법상 공동정범에서 '공동'의 범위 보다 좁게 이해된다. 그러나 판례[94]가 합동범은 현장설의 관점에서 "주관적 요건으로서의 공모와 객관적 요건으로서의 실행행위의 분담이 있어야 하고 그 실행행위에 있어서는 시간적으로나 장소적으로 협동관계"가 있어야 성립한다고 하고 있다. 따라서 판례가 '합동'은 시간적·장소적 협동관계를 요하는 것으로 보아, 폭력행위처벌법상 '공동'보다 좁게 해석하고 있는 것으로 볼 수도 있으나,[95] "시간적·장소적 협동관계"라는 정범성과 "동일 기회·동일 장소 이용관계"라는 정범성을 구별해야할 실익이 얼마나 있는 것인지는 의문이다.

또한 판례는 합동범[96]의 경우와 폭력행위처벌법상 공동범[97]의 경

90) 이주원, 앞의 책, 544면; 윤상민, 앞의 논문, 36면.
91) 대법원 1986. 6. 10. 선고 85도119 판결.
92) 이주원, 앞의 책, 545면.
93) 대법원 2018. 4. 19. 선고 2017도14322 전원합의체 판결.
94) 대법원 1996. 3. 22. 선고 96도313 판결
95) 이주원, 앞의 책, 549면. 본 책(551면)에서 형법 제30조 공동정범에서 '공동'은 역할분담에 따른 "분업", 합동범에서 '합동'은 범죄현장에서의 "협업", 폭력행위처벌법 제2조 제2항 공동범에서 '공동'은 범행현장에서 "동업"을 의미하는 것이라고 한다.

우 모두 여러 사람(3인 이상)이 범죄를 모의한 후 그 중 2인 이상이 범행장소에서 범죄를 실행한 경우에는 범행장소에 가지 아니한 자도 같은 죄의 공모공동정범으로 처벌할 수 있다고 한다. 이러한 판례의 태도를 볼 때, 해석상(또는 입법상) 양자를 구별하고 있는 실익이 있는 것인지 의문이 든다. 따라서 '2인 이상이 합동하여'와 '2명 이상이 공동하여'를 현장설의 관점에서 – 합동범의 (공모)공동정범 인정의 타당성여부는 별론으로 하고 - 동일한 것으로 이해하고, 공동범의 '공동'도 합동범의 '합동'과 같이 엄격하게 해석하는 것이 필요할 것으로 생각된다.

3. 청소년성보호법 제11조 제5항에서 '소지'의 개념
— 대법원 2023. 6. 29. 선고 2022도6278 판결 —

(1) 사실관계 및 재판의 경과

피고인은 2020. 3. 16. 피고인의 주거지에서, 음란물사이트 '○○○'의 운영자 공소외 1에게 4만 원을 지급하고 텔레그램 메신저 어플을 통해 아동·청소년인 피해자 공소외 2가 등장하는 아동·청소년이용음란물 동영상 파일 등 아동·청소년이용음란물 1,125건을 다운로드받을 수 있는 인터넷 주소(URL)를 전달받아 저장해두어 소지하였다는 내용으로 기소되었다.

원심[98]은 피고인이 이 사건 음란물을 실력적으로 지배할 의사로 공소외 1에게 대가를 지급하고 아무런 장애 없이 위 음란물에 접속할 수 있는 인터넷 주소를 전달받음으로써 언제든지 위 음란물에 접근하여 이를 보관·유포·공유하는 등의 행위를 할 수 있는 사실적 상태에 이르렀고, 그로써 피고인은 이 사건 음란물을 소지하였다고 보아 이 부분 공소사실을 유죄로 인정한 제1심판결을 그대로 유지하였고, 대

96) 대법원 1998. 5. 21. 선고 98도321 전원합의체 판결.
97) 대법원 1996. 12. 10. 선고 96도2529 판결;
98) 서울고법 2022. 5. 19. 선고 2022노116 판결.

법원은 이러한 원심판결을 파기·환송하였다.

(2) 판결요지

형벌법규의 해석은 엄격하여야 하고 문언의 의미를 피고인에게 불리한 방향으로 지나치게 확장해석하는 것은 죄형법정주의 원칙에 어긋나는 것이다.

구 아동·청소년의 성보호에 관한 법률(2020. 6. 2. 법률 제17338호로 개정되기 전의 것) 제11조 제5항은 "아동·청소년이용음란물임을 알면서 이를 소지한 자는 1년 이하의 징역 또는 2천만 원 이하의 벌금에 처한다."라고 규정하고 있다. 여기서 '소지'란 아동·청소년이용음란물을 자기가 지배할 수 있는 상태에 두고 지배관계를 지속시키는 행위를 말하고, 인터넷 주소(URL)는 인터넷에서 링크하고자 하는 웹페이지나 웹사이트 등의 서버에 저장된 개개의 영상물 등의 웹 위치 정보 또는 경로를 나타낸 것에 불과하다.

따라서 아동·청소년이용음란물 파일을 구입하여 시청할 수 있는 상태 또는 접근할 수 있는 상태만으로 곧바로 이를 소지로 보는 것은 소지에 대한 문언 해석의 한계를 넘어서는 것이어서 허용될 수 없으므로, 피고인이 자신이 지배하지 않는 서버 등에 저장된 아동·청소년이용음란물에 접근하여 다운로드받을 수 있는 인터넷 주소 등을 제공받은 것에 그친다면 특별한 사정이 없는 한 아동·청소년이용음란물을 '소지'한 것으로 평가하기는 어렵다.

한편 2020. 6. 2. 법률 제17338호로 개정된 아동·청소년의 성보호에 관한 법률 제11조 제5항은 아동·청소년성착취물을 구입하거나 시청한 사람을 처벌하는 규정을 신설하였고, 2020. 5. 19. 법률 제17264호로 개정된 성폭력범죄의 처벌 등에 관한 특례법 제14조 제4항은 카메라 등을 이용하여 성적 욕망 또는 수치심을 유발할 수 있는 사람의 신체를 촬영대상자의 의사에 반하여 촬영한 촬영물 또는 복제물을 소지·구입·저장 또는 시청한 사람을 처벌하는 규정을 신설하였다. 따라서 아동·청소년성착취물 등을 구입한 다음 직접 다운로드받을 수 있는 인터넷 주소를 제공받았다면 위 규정에 따라 처벌되므로 처벌공백의 문제도 더 이상 발생하지 않는다.

(3) 검 토

대상판결의 쟁점은 아동음란물을 다운받을 수 있는 인터넷 주소를 가지고 있는 것이 음란물 소지에 해당하는지 여부이다. 대상판결에서 대법원은 “피고인이 자신이 지배하지 않는 서버 등에 저장된 아동·청소년이용음란물에 접근하여 다운로드받을 수 있는 인터넷 주소 등을 제공받은 것에 그친다면 특별한 사정이 없는 한 아동·청소년이용음란물을 ‘소지’한 것으로 평가하기는 어렵다.”고 보아 유죄를 인정한 원심판결을 파기·환송하였다.

대법원은 아동청소년성보호법 제11조 제5항에서 아동·청소년이용음란물의 소지란 “아동·청소년이용음란물을 자기가 지배할 수 있는 상태에 두고 지배관계를 지속시키는 행위”를 말한다고 판시하고 있다.[99] 그런데 “지배할 수 있는 상태에 두고 지배관계를 지속시키는 행위”가 인터넷의 발달에 따라 다양한 방식으로 이루어지고 있는 현재의 상황을 고려할 때, 인터넷에서 소지의 방식은 달리 볼 필요가 있는 것은 아닌가하는 생각이 든다.

물론 대상판결에서 설시한 바와 같이, 형벌법규의 해석은 엄격하여야 하고, 문언의 의미를 피고인에게 불리한 방향으로 지나치게 확장해석하는 것은 죄형법정주의에 반한다. 그러나 아동·청소년성착취물의 경우에는 많은 경우 인터넷 사용을 전제해야 할 것이다. 특히 인터넷 관련 기술이 계속 발달함에 따라 저장 또는 접근 방식이 변화되고 있는 상황을 고려할 때, 별도의 해석이 필요한 것은 아닌가 생각된다.

따라서 아동청소년성보호법상 음란물 소지는 문언 그 자체 보다는 본질적 내용으로서 “실질적 지배가능성”이라는 측면에서 판단될

99) 대법원 2023. 6. 29. 선고 2022도6278 판결; 대법원 2023. 10. 12. 선고 2023도5757 판결

필요가 있다고 생각된다. 즉 인터넷 상의 소지 개념과 유체물의 소지 개념은 구별될 필요가 있다는 것이다. 그런 점에서 인터넷 상에서의 소지란 사실상의 지배가 미치는 상태 또는 사회통념상 일정한 자가 일정한 물건을 사실상 지배할 수 있는 지위에 있다고 인정되는 상태로 이해할 수 있다. 영미법에서도 기본적으로 아동·청소년성착취물의 소지와 관련하여 ① 문언 그대로 수중에 두는 상태와 ② 접근을 위한 배타적 권리를 가지거나 원하는 경우 언제라도 수중에 두는 데에 제약이 없는 상태를 모두 소지로 파악하고 있다.[100]

사실 대상판결과 같은 사안은 지난 2020년 6월 동조항의 개정을 통해 아동·청소년성착취물을 구입하는 행위도 처벌할 수 있게 되어 입법적으로 해결되었다. 그럼에도 혹시 앞으로 인터넷상 소지의 개념이 다툼이 될 수 있는 상황을 고려하여 재검토가 필요하지 않나 생각된다. 그런 점에서 과거에는 컴퓨터에 저작물을 다운받아 소지하는 방식이 일반적이었다면, 최근에는 접속할 수 있는 인터넷 주소를 소지하고 있다면, 클라우드의 발달로 굳이 저작물을 자신의 컴퓨터에 저장하여 소지할 필요가 없게 되었다. 따라서 내 컴퓨터에 해당 저작물에 접속할 수 있는 인터넷 주소를 소지함으로써 접근을 위한 배타적 권리를 가지고 있다면 해당 저작물의 소지와 같이 해석할 수 있다고 본다.

그런 점에서, 피고인이 "음란물을 실력적으로 지배할 의사로 공소외 1에게 대가를 지급하고 아무런 장애 없이 위 음란물에 접속할 수 있는 인터넷 주소를 전달받음으로써 언제든지 위 음란물에 접근하여 이를 보관·유포·공유하는 등의 행위를 할 수 있는 사실적 상태"에 이르렀다면, 대상물에 접근을 위한 배타적 권리를 가지게 되었고, 언제라도 대상물을 수중에 두는 데 제약이 없는 상태라는 점에서 음란물 소지에 해당한다고 판단한 원심의 결론이 타당하다고 생각된다.

100) 김슬기, "인터넷상 아동·청소년 이용 음란물 소지의 개념에 관한 검토 - 미국과의 비교를 중심으로 -", 과학기술법연구 제18집 제3호, 2012, 311면 이하.

4. 양심적 병역거부에서 '정당한 이유'의 범위
— 대법원 2023. 3. 16. 선고 2020도15554 판결 —

(1) 사실관계 및 재판의 경과

피고인은 여호와의 증인 신도로서, 우울장애 등의 기분장애 4급의 징병신체검사 결과에 따라 군사훈련을 면제받고 2014. 6. 23.경부터 세종시에 있는 ○○위원회 △△△실에서 사회복무요원으로 복무를 시작하여 1년 6개월 정도 복무를 하던 중, '국방부 산하 병무청장 관할의 사회복무요원 신분으로 복무한다는 것이 군과 무관하다고 보기 어려워 양심적으로 용납이 안 된다.'는 이유로, 소집해제예정일을 6개월 정도 남겨둔 2015. 12. 16.경부터 복무를 이탈하여 구 병역법 제89조의2 제1호 위반으로 기소되었다.

환송[101] 후 원심[102]은 피고인이 사회복무요원의 복무를 이탈한 것은 종교적 신념에 기초한 진정한 양심에 따른 것으로서, 구 병역법 제89조의2 제1호가 정한 '정당한 사유'에 해당한다고 보아, 이 사건 공소사실을 유죄로 인정한 제1심판결을 파기하고 피고인에 대하여 무죄를 선고하였고, 대법원은 환송 후 원심을 파기·환송하였다.

(2) 대법원의 판단

[1] 구 병역법(2019. 12. 31. 법률 제16852호로 개정되기 전의 것, 이하 같다) 제89조의2 제1호는 "사회복무요원 또는 예술·체육요원으로서 정당한 사유 없이 통틀어 8일 이상 복무를 이탈하거나 해당 분야에 복무하지 아니한 사람은 3년 이하의 징역에 처한다."라고 규정한다. 위 조항에서 정한 '정당한 사유'가 있는지를 판단할 때에는 병역법의 목적과 기능, 병역의무의 이행이 헌법을 비롯한 전체 법질서에서 가지는 위치, 사회적 현실과 시대적 상황의 변화 등은 물론 피고인이 처한 구체적이고 개별적인 사정도 고려해야 한다.

101) 대법원 2018. 12. 13. 선고 2017도21366 판결.
102) 대전지법 2020. 10. 22. 선고 2018노3735 판결.

양심에 따른 병역거부, 이른바 '양심적 병역거부'는 종교적·윤리적·도덕적·철학적 또는 이와 유사한 동기에서 형성된 양심상 결정을 이유로 집총이나 군사훈련을 수반하는 병역의무의 이행을 거부하는 행위를 말한다. 진정한 양심적 병역거부자에게 집총이나 군사훈련을 수반하는 병역의무의 이행을 강제하고 그 불이행을 처벌하는 것은 양심의 자유에 대한 과도한 제한이 되거나 본질적 내용에 대한 위협이 된다. 양심적 병역거부자에게 병역의무의 이행을 일률적으로 강제하고 그 불이행에 대하여 형사처벌 등 제재를 하는 것은 양심의 자유를 비롯한 헌법상 기본권 보장체계와 전체 법질서에 비추어 타당하지 않을 뿐만 아니라 소수자에 대한 관용과 포용이라는 자유민주주의 정신에도 위배된다. 따라서 진정한 양심에 따른 병역거부라면, 이는 병역법 제88조 제1항의 '정당한 사유'에 해당한다. 이러한 법리는 구 병역법 제89조의2 제1호에서 정한 '정당한 사유'가 있는지를 판단할 때에도 적용될 수 있다.

[2] (중략) 병역법령에 따르면, 국가기관 등의 공익목적 수행에 필요한 사회복지, 보건·의료, 교육·문화, 환경·안전 등의 사회서비스업무 및 행정업무 등의 지원을 하는 사회복무요원으로 하여금 집총이나 군사훈련을 수반하지 않는 복무의 이행을 강제하더라도 그것이 양심의 자유에 대한 과도한 제한이 되거나 본질적 내용에 대한 위협이 된다고 볼 수 없으며, 사회복무요원은 복무와 관련하여 소속기관장의 지휘·감독을 받고, 병무청장이 사회복무요원의 복무를 직접적·구체적으로 지휘·감독한다고 볼 수도 없는바(구 병역법 제31조 제1항 전문, 같은 조 제4항 본문, 제31조의2 제1항 본문), 병무청장이 사회복무요원의 복무와 관련하여 현장복무실태 점검 및 교정지도 등을 통한 복무부실 예방활동에 관한 사항 등을 관리·감독할 수 있다고 하더라도[구 병역법 제31조의2 제2항, 구 병역법 시행령(2020. 6. 30. 대통령령 제30806호로 개정되기 전의 것) 제63조] 이는 병무행정에 관한 사항일 뿐 집총이나 군사훈련을 수반하는 병역의무의 이행과 관련된 사항이 아닌 점, 피고인

이 사회복무요원으로 복무하면서 집총이나 군사훈련을 수반하는 병역 의무의 이행을 강요받았다거나 그것이 예정되어 있었다고 보이지 않고, 병무청장으로부터 그 복무와 관련하여 직접적·구체적으로 지휘·감독을 받았다고 볼 만한 사정도 전혀 엿보이지 않는 점 등을 종합하면, 피고인이 종교적 신념을 이유로 사회복무요원의 복무 이행을 거부하는 것은 구 병역법 제89조의2 제1호의 '정당한 사유'에 해당하지 않는다는 이유로, 이와 달리 판단하여 피고인에게 무죄를 선고한 환송 후 원심판결에 위 조항에서 정한 '정당한 사유'의 해석에 관한 법리 등을 오해한 잘못이 있다.

(3) 검　　토

대상판결의 쟁점은 종교적 신념을 이유로 사회복무요원의 복무를 이탈한 경우, 양심적 병역거부의 정당한 이유에 해당하는지 여부이다. 대상판결의 환송 후 원심은 피고인은 양심적 병역거부에 관한 헌법재판소 결정(헌법재판소 2018. 6. 28. 선고 2011헌바379 등 전원재판부 결정)과 대법원 2018. 11. 1. 선고 2016도10912 전원합의체 판결이 선고되기 이전인 2016. 2. 29. 병역법 위반죄로 기소되어 제1심에서 징역 1년 6월의 실형을 선고받고, 상고심 및 환송 후 원심에 이르기까지 4년 이상의 시간 동안 형사처벌의 위험을 감수하면서 일관되게 위와 같은 종교적 신념을 이유로 병역거부 의사를 밝히고 있어 종교적 신념의 표현에 일관성과 진실함, 확고함을 인정할 수 있어 피고인의 이탈행위는 종교적 신념에 기초한 진정한 양심에 따른 것으로 구 병역법 제89조의2 제1호가 정한 '정당한 사유'에 해당한다는 점에서 무죄를 선고하였으나, 대법원은 병무청장으로부터 그 복무와 관련하여 직접적·구체적으로 지휘·감독을 받았다고 볼 만한 사정도 전혀 엿보이지 않는 점 등을 이유로 피고인이 종교적 신념을 이유로 사회복무요원의 복무 이행을 거부하는 것은 '정당한 사유'에 해당하지 않는다고 보아 환송 후 원심판결을 다시 파기·환송하였다.

판례는 병역법 제88조 제1항의 '정당한 사유'를 구성요건해당성 조각사유로 판단[103]하면서, 진정한 양심에 따른 병역거부라면, 이는 병역법 제88조 제1항의 '정당한 사유'에 해당할 뿐만 아니라 구 병역법 제89조의2 제1호에서 정한 '정당한 사유'가 있는지를 판단할 때에도 적용될 수 있다고 한다. 또한 판례는 양심적 병역거부 사안에서 '정당한 사유'가 인정되기 위해서는 비단 형식적인 요건뿐만 아니라 실질적인 요건을 통해 '정당한 사유'를 인정할 수 있을 것인지를 엄격하게 판단하는 것을 요구하고 있다.[104]

대상판결의 사안에서 피고인이 "병무청장 관할의 사회복무요원 신분으로 복무"하는 것은 군복무와 유사한 관점에서 "양심적으로 용납"이 안 된다고 하고 있으나, 사회복무요원은 복무와 관련하여 소속기관장의 지위·감독을 받는 것이고, 병무청장은 사회복무요원에 대해 병무행정에 관한 사항을 관리·감독할 뿐 집총이나 군사훈련을 수반하는 병역의무의 이행과 관련된 사항을 강제하는 것이라고 할 수 없어 이 경우까지 정당한 이유를 인정하는 것은 오히려 지나친 확대해석이 될 여지가 있다. 따라서 대상판결의 결론은 타당하다고 생각된다.

최근 대법원 판결을 통해 '정당한 사유'를 판단할 수 있는 가이드라인을 제시해주고 있기는 하지만, '정당한 사유'라는 불명확한 개념의 확대해석을 통해 "피고인의 고유한 특성 내지 피고인이 처한 특수한 사정"과 같은 요소를 바탕으로 처벌여부를 판단하는 것은 문제가 있다고 본다. 따라서 '정당한 사유'는 명확한 사유로 제한되어 해석되는 것이 타당하다고 생각된다.

Ⅴ. 맺음말

지난 2023년에는 최근 5년 중 상대적으로 적은 형사판결이 이루

103) 대법원 2018. 11. 1 선고 2016도10912 전원합의체 판결.
104) 대법원 2020. 7. 9. 선고 2019도17322 판결.

어졌다. 앞에서 살펴본 판례변경이 이루어진 형법관련 3건의 전원합의체판결이 모두 의미가 있으나, 그 중에 특히 강제추행 사안에서 "종래의 판례 법리"에 대한 판례변경이 이루어진 것은 더욱 그러하다.

3건의 전원합의체판결을 비롯하여 앞에서 살펴본 판결에서 일부 대법원이 취한 결론에 수긍되는 면도 있지만, 일부 판결에서는 결론에 동의하기 어려운 면이 있다. 예컨대, 2020도16420 전원합의체 판결을 통해 동기설이 폐기된 것은 고무적인 일이나, 2022도4610 판결에서 새로운 기준에도 불구하고 여전히 동기설과 같은 해석의 여지가 남아 있는 아쉬움이 있다.

그러나 정당방위의 현재성 판단에서 종래 엄격한 태도를 취하던 대법원이 2020도6874 판결에서 현재성을 "침해상황의 종료"를 판단기준으로 삼고 있는 것, 2022도12037 판결에서 부재중 문자를 통해 피해자에게 불안감을 야기하는 행위도 스토킹행위에 해당한다고 판단한 점 등은 타당하다고 생각된다.

[주 제 어]
강제추행, 처벌불원의사, 정당방위의 현재성, 위법성조각사유 전제사실에 대한 착오, 스토킹

[Key Words]
Indecent Act by Compulsion, Willingness not to punish, Currentity of self-defense, Judgment on mistake in the prerequisite facts for reasons for illegality, stalking

접수일자 : 2024. 5. 4. 심사일자 : 2024. 6. 11. 게재확정일자 : 2024. 6. 25.

[참고문헌]

김대원, "형법 제1조 제2항의 적용 관련 변경된 대법원 판례에 대한 비판적 고찰", 제363회 한국형사판례연구회 발표문, 2023. 10. 16.

김민경, "교통사고처리 특례법상 성년후견인의 처벌불원 의사표시 허용 여부 - 대법원 2023. 7. 17. 선고 2021도11126 전원합의체 판결을 중심으로 - ", 법과 정책연구, 제23집 제3호, 2023.

김성룡, "현행법체계에서 위법성 조각사유의 전제조건에 관한 착오의 해석론", 비교형사법연구 제15권 제1호, 2013.

김성룡, "다수인의 과실 부작위가 경합한 경우의 형사법적 죄책 – 대법원 2023.3.9. 선고 2022도16120 판결의 평석을 겸하여 –", 법학논고 제83집, 2023.

김슬기, "인터넷상 아동·청소년 이용 음란물 소지의 개념에 관한 검토 – 미국과의 비교를 중심으로 –", 과학기술법연구 제18집 제3호, 2012.

김환권, "정당방위 요건 중 '침해의 현재성'에 대한 소고 – 대법원 2023. 4. 27. 선고 2020도6874 판결을 중심으로 –", 외법논집, 제47권 제2호, 2023.

김혜경, "작위행위와 작위의무의 구별과 과실범의 주의의무 – 대법원 2023. 3. 9. 선고 2022도16120 판결 –", 한국형사판례연구회 공동학술대회 발표문, 2023. 8. 28.

김혜정, "현행 양형기준상 양형인자로서의 합의(처벌불원)에 관한 제문제", 사법 통권 제45호, 2018.

김혜정, "2022년도 형법판례 회고", 형사판례연구 제31권, 2023.

류부곤, "공동의 부작위 과실의 경합과 형사책임 – 대법원 2023. 3. 9. 선고 2022도16120 판결에 대한 평석 –", 비교형사법연구 제25권 제4호, 2024.

류화진, "강제추행죄의 폭행·협박의 재해석 –대법원 2023. 9. 21. 선고 2018도13877 전원합의체 판결–, 이화젠더법학 제15권 제3호, 2023.

박소정, "스토킹처벌법에 관한 실무상 쟁점", 한국형사판례연구회 공동학술대회 발표문, 2023. 8. 28.

박정난, "이른바 '절도범 뇌사 사건' 판결에 비추어 본 정당방위·과잉방위에 관한 비판적 고찰 -대법원 2016. 5. 12. 선고 2016도2794 판결(원심 판결: 서울고등법원 2016. 1. 29. 선고 2015노11판결)-", 일감법학 제41호, 2018.

백경희/장연화, "의료법인 명의 의료기관 개설·운영에 대한 의료법상 규제에 관한 고찰 -대법원 2023. 7. 17. 선고 2017도1807 전원합의체 판결을 중심으로 -", 원광법학 제39권 제3호, 2023.

신상현, "'스토킹처벌법'상 스토킹범지 구성요건에 대한 비판적 고찰 - 최근 개정된 독일 및 오스트리아 형법 규정에 대한 검토를 겸하여 -", 저스티스 통권 제188호, 2022.

신은주, "비의료인의 불법개설 의료기관의 판단기준과 요양급여비용에 관한 고찰", 원광법학 제38권 제3호, 2022.

안성조, "위법성조각사유의 전제사실의 착오에 대한 대법원 판례의 재검토 - 오상을 이유로 위법성을 조각하는 법리의 의의와 한계 -", 형사정책 제34권 제4호, 2023.

이승준, "독일의 스토킹 처벌 규정의 개정과 그 시사점", 형사정책 제29권 제2호, 2017.

이승준, "동기설 폐기의 타당성 - 대법원 2022. 12. 22. 선고 2020도16420 전원합의체 판결을 기초로 -", 법조 제72권 제2호, 2023.

이용식, "피학대여성과 정당방위 - 잠자는 가정폭력 남편의 살해를 중심으로 - 침해의 현재성 요건에 있어서 계속범적 이론구성 -", 교정연구 제26권 제1호, 2016.

이용식, "위법성조각사유의 전제사실의 착오에 대한 대법원판례의 이해구조 -오상을 이유로 하는 위법성조각과 정당방위상황의 인정- -판례의 시각에 대한 학계의 이해부족-", 형사판례연구 제24집, 2016.

이정원, "부작위범 분야의 정비 - 합리적인 부진정부작위범 규정의 정비를 위한 제언 -", 형사법연구 제22호 특집호, 2004.

이주원, 특별형법 제7판, 홍문사, 2021.

전지연, "스토킹처벌법상 스토킹범죄의 성립요건에 대한 비판적 검토와 개정방안", 법학논총 제42권 제4호, 2022.

최호진, "정당행위에 대한 대법원 판단기준과 법이론적 분석 -대법원 2011.

3. 17. 선고 2006도8839 전원합의체 판결을 중심으로-", 형사판례연구 제30집, 2022.

최호진, "정당행위 판단기준 간의 관계", 제365회 한국형사판례연구회 발표논문, 2023. 12. 4.

[Abstract]

The Reviews of the Criminal Law Cases of the Korean Supreme Court in 2023

Kim, Hye-Jeong*

Ⅰ. Introduction

In 2023, a total of 114 criminal cases were sentenced by the Korean Supreme Court. These cases refer to the data registered on the court website.[1] Among them, 4 criminal cases of which are decided by the Grand Panel, were included.

In this article, 3 cases by the Grand Panel and other several cases that is remanded after reversal are reviewed. The review of cases is as follows : 1. The Fact of Case, 2. The Reason for Judgment, 3. The Review.

Ⅱ. The Cases of the Grand Panel of the Korean Supreme Court

In this chapter, 3 cases of the Grand Panel are reviewed. The subjects of the cases are 'degree of assault and intimidation in the crime of forcible molestation', 'a person who expresses that he or she does not wish to be punished' and 'Judgment on eligibility for opening a medical institution'.

---

* Yeungnam University Law School, Professor.

1) https://glaw.scourt.go.kr/wsjo/panre/sjo060.do#1713849790244 : 2024. 04. 23 final search.

Ⅲ. The Cases related to the General Part of Criminal Law

In this chapter, 5 cases are reviewed. The subject is related with 'Interpretation of Article 1, Paragraph 2 of the Criminal Act', 'Criteria for judging currentness in self-defense', 'Judgment about social norms in legitimate activities', 'Judgment on mistake in the prerequisite facts for reasons for illegality' and 'Acts and obligations of negligent criminals'.

Ⅳ. The Cases related to the Special Part of Criminal Law

In this chapter, 4 cases are reviewed. The subject is related with 'Scope of stalking behavior in stalking crimes', 'Meaning of 'jointly' in Article 2, Paragraph 2 of PPUNISHMENT OF VIOLENCES, ETC. ACT', 'The concept of 'possession' in Article 11, Paragraph 5 of ACT ON THE PROTECTION OF CHILDREN AND YOUTH AGAINST SEX OFFENSES', 'Scope of 'justifiable reasons' in conscientious objection to military service', ect.

2023년 형사소송법 판례 회고

한 제 희*

Ⅰ. 시작하며

2023년에도 대법원 2021. 11. 18. 선고 2016도348 전원합의체 판결에 뒤이은 디지털 증거 압수수색 관련 판결들을 꾸준히 볼 수 있었다. 디지털 증거 압수수색 과정에서의 당사자 참여권 보장과 관련성 요건의 해석에 관한 판결들을 볼 수 있었고, 그 외에 조서와 조사자 증언의 증거능력 문제와 관련된 판결들, 그리고 반의사불벌죄에서의 처벌불원의사 대리 문제와 관련된 판결 등이 선고되었다. 다만, 전혀 새롭거나 특이한 법리를 제안한 판결은 눈에 띄지 않고, 종전 판례 법리의 연장선상에 있는 평이한 내용의 판결들이 대부분인 것으로 보인다.

형사소송법 분야의 전원합의체 판결로는, 디지털 증거 압수수색에서 실질적 피압수자의 범위에 관한 2023. 9. 18. 선고 2022도7453 판결, 그리고 반의사불벌죄에서의 처벌불원의사 대리에 관한 2023. 7. 17. 선고 2021도11126 판결 등 2건이 있었다. 이를 비롯해 대법원 종합법률정보 사이트와 판례공보 등을 통해 확인한 총 23건의 형사소송법 분야 대법원 판결을 증거법과 공판절차의 두 분야로 나누어 소개하고, 2024년 1월에 선고된 대법원 판결 2건도 아울러 살펴보기로 한다.

* 법무연수원 용인분원장

Ⅱ. 증거법 분야의 주요 판결

1. 위법수집증거와 이른바 '이익형량론'

압수수색 절차에서의 위법수집증거에 관한 여러 판결들이 선고되었다. 위법수집증거 이슈 중 디지털 증거 압수수색에 관한 논의는 다음 항목에서 따로 살펴보기로 하고, 이 항목에서는 일반적인 압수수색 상황에서의 이슈만 다루기로 한다.

가. 이른바 '비밀촬영', '몰래촬영'의 위법성

(1) 대법원 2023. 4. 27. 선고 2018도8161 판결

나이트클럽 운영자인 피고인 A와 남성무용수인 피고인 B 등이 음란행위 영업을 하여 풍속영업의규제에관한법률위반 혐의로 기소되었는데, 단속 당시 사법경찰관이 피고인들의 나이트클럽에 들어가 피고인 B의 공연장면을 촬영한 영상과 그 캡처사진의 증거능력이 쟁점이 되었다. 이 나이트클럽은 영업시간 중에는 출입자격 등의 제한 없이 성인 누구나 출입할 수 있는 일반적으로 개방되어 있는 곳으로, 국민신문고에 이 나이트클럽에서 남성무용수의 음란한 나체쇼가 계속되고 있다는 민원이 제기되자 사법경찰관이 증거 수집을 목적으로 손님으로 가장해 영업시간 중에 손님들이 이용하는 출입문으로 정상적으로 입장한 후 다른 손님들과 함께 자리에 앉아 있다 피고인 B의 공연장면을 몰래 촬영하였는데, 이에 관해 사전 영장이나 사후 영장을 받지는 않았다.

1심에선 이 영상과 사진의 증거능력을 인정했으나, 항소심은 사법경찰관이 이 나이트클럽에 손님으로 가장하고 들어가 피고인 B의 공연장면을 동의 없이 촬영한 행위는 강제수사에 해당함에도 사전 영장이나 사후 영장을 받지 않았으므로 이 영상 등은 위법수집증거로서 증거능력이 없다고 판단하였다.[1)]

---

1) 1심에선 피고인들이 위법수집증거 주장 없이 피고인 B의 공연이 음란행위가 아니

항소심과 달리 대법원은 다음과 같이 이 영상 등의 증거능력을 인정하였다.

> 수사기관이 범죄를 수사하면서 현재 범행이 행하여지고 있거나 행하여진 직후이고, 증거보전의 필요성 및 긴급성이 있으며, 일반적으로 허용되는 상당한 방법으로 촬영한 경우라면 위 촬영이 영장 없이 이루어졌다 하여 이를 위법하다고 할 수 없다(대법원 1999. 9. 3. 선고 99도2317 판결 등 참조). 다만 촬영으로 인하여 초상권, 사생활의 비밀과 자유, 주거의 자유 등이 침해될 수 있으므로 수사기관이 일반적으로 허용되는 상당한 방법으로 촬영하였는지 여부는 수사기관이 촬영장소에 통상적인 방법으로 출입하였는지 또 촬영장소와 대상이 사생활의 비밀과 자유 등에 대한 보호가 합리적으로 기대되는 영역에 속하는지 등을 종합적으로 고려하여 신중하게 판단하여야 한다.
>
> (중략)
>
> 이 사건 촬영물은 경찰관들이 피고인들에 대한 범죄의 혐의가 포착된 상태에서 이 사건 나이트클럽 내에서의 음란행위 영업에 관한 증거를 보전하기 위한 필요에 의하여, 불특정 다수에게 공개된 장소인 이 사건 나이트클럽에 통상적인 방법으로 출입하여 손님들에게 공개된 모습을 촬영한 것이다. 따라서 영장 없이 촬영이 이루어졌다 하여 이를 위법하다고 할 수 없어 이 사건 촬영물과 그 촬영물을 캡처한 영상사진은 그 증거능력이 인정된다.

(2) 대법원 2023. 7. 13. 선고 2021도10763 판결

일반음식점을 운영하는 피고인이 음식점 안에 음향기기와 스크린을 설치하여 음악을 틀고 손님들이 춤추게 하여 식품위생법위반 혐의로 기소된 사안이다. 지방자치단체 소속 특별사법경찰관이 이 음식점에서 불법영업을 하고 있다는 민원이 지속되자 합동단속을 위해 이 음식점에 손님처럼 들어가 있다 손님들이 음악에 맞춰 춤추는 모습을

라고만 다투었고, 항소심에선 피고인들이 음란행위 쟁점에 더하여 위법수집증거임을 주장하자 재판부는 위법수집증거 쟁점만을 다루고 무죄를 선고하였다.

몰래 촬영하였다. 이 음식점 역시 영업시간 중에는 누구나 출입이 가능한 일반적으로 개방되어 있는 장소이고, 특별사법경찰관도 영업시간 중에 손님들이 이용하는 출입문으로 정상적으로 출입하였다. 영장은 받지 않았다.

1심과 항소심 모두 특별사법경찰관이 촬영한 영상의 증거능력을 부정하고 무죄를 선고하였다. 특히 항소심은, 이 음식점에 손님으로 가장하고 들어가 다른 손님들이 춤추는 모습을 촬영하는 것이 강제수사에 해당함에도 사전 또는 사후에 영장을 받지 않았으므로, 이 영상은 위법수집증거로서 증거능력이 없다고 판단하였다.

대법원은 앞서 살펴본 2018도8161 판결과 동일한 법리를 설시하며 항소심과 달리 다음과 같이 판단하였다.

> 이 사건 특별사법경찰관은 범죄혐의가 포착된 상태에서 이 사건 공소사실 범행에 관한 증거를 보전하기 위한 필요에 의하여, 공개된 장소인 이 사건 음식점에 통상적인 방법으로 출입하여 이 사건 음식점 내에 있는 사람이라면 누구나 볼 수 있었던 손님들의 춤추는 모습을 촬영한 것이다. 따라서 이 사건 특별사법경찰관이 영장 없이 범행현장을 촬영하였다고 하여 이를 위법하다고 할 수 없다.

(3) 검 토

두 사안 모두 수사기관이 피고인의 영업장소에 들어가 대상자의 동의나 압수수색검증영장 없이 몰래 범행장면을 촬영한 영상과 사진의 증거능력이 다투어진 유사한 사안이다. 두 사안의 항소심은 모두 이 몰래 한 촬영이 강제수사인데도 영장을 받지 않아 위법한 증거라는 입장이었고, 대법원은 이게 강제수사인지에 대한 명시적인 판단은 없이 촬영의 필요성과 긴급성이 인정되는 상황에서 범행장면을 상당한 방법으로 촬영한 것이어서 영장이 없더라도 위법하지 않다고 보았다.[2)]

---

2) 이 두 사안에서 대법원이 법리를 인용한 선례는 대법원 1999. 9. 3. 선고 99도2317

이러한 비밀촬영을 각 원심에서는 강제수사라고 보면서 영장주의에 관한 논의를 시작하였음에도, 대법원은 이게 강제수사에 해당하는지 여부에 대해선 직접적으로 언급하고 있지 않다. 다만, 위 2018도8161 판결에 대해서는, 부득이하게 비밀촬영을 해야 하는 현실적인 수사의 필요성을 고려하여야 하는 점, 비밀촬영을 강제수사라고 보면서 이를 영장주의의 적용대상이 아니라는 논리를 이어가기는 곤란하다는 점 등을 감안하여 대법원은 비밀촬영을 임의수사로 보는 것이라는 견해가 있다.[3)]

생각건대, '강제수사'의 의미에 대해서는 다양한 견해들이 있어 비밀촬영이 강제수사인지 아닌지 단정할 수는 없지만, 강제수사를 '수사를 받는 상대방의 의사에 반하여 강제적으로 실시하는 수사'[4)]라고 볼 때 대상판결 사안 모두 수사기관이 대상자들로부터 촬영 자체에 대한 동의는 물론 수사에 협조하겠다는 의미의 동의도 받지 않은 채 몰래 촬영한 것이므로 이를 두고 임의수사라고 보기는 힘들다. 또한, 나이트클럽이나 음식점은 누구나 출입이 가능하고 공연 등이 공개되어 있긴 하나 비용을 지불하고 이곳을 방문한 손님에게만 제한적으로 공개된 장소이고 더구나 실내공간인 점에 비추어 보면, 실외공간인 공로(street), 나대지(open field), 위요지(curtilage)처럼 사생활 보호의 합리적 기대가 없는 장소[5)]라고 보기도 곤란하다.

따라서 이러한 비밀촬영은 강제수사라고 보는 게 타당하다. 강제

판결로서, 국가보안법위반 사건을 수사하는 수사관이 통신제한조치 대상자의 집 건너편 전신주에 비디오카메라를 매달아 놓고 피고인들이 회합하는 장면을 촬영한 데 대해 피고인들에 대한 범죄혐의가 상당히 포착된 상태에서 그 회합의 증거를 보전하기 위한 필요에서 이루어진 것이고 위 집 외부에서 담장 밖과 2층 계단을 통해 그 집에 출입하는 피고인들의 모습을 촬영한 것으로서 그 촬영방법이 상당성이 결여된 것이라고는 할 수 없어 증거능력이 인정된다고 판시하였다.

3) 지은석, "수사기관의 비밀촬영", 형사법의 신동향 제79호, 대검찰청(2023), 174쪽.

4) 정웅석·최창호·김한균, 신형사소송법(제2판), 박영사(2023), 153쪽.

5) 김희균, "영장 없이 촬영한 사진의 증거능력", 법조 제65권 제9호, 법조협회(2016), 119쪽.

수사이므로 당연히 영장이 필요하다. 다만, 대법원은 이 사안이 영장이 필요한 사안이고 영장 없이 수집한 위법한 증거이긴 하나, 위법수집증거 배제법칙을 적용할 때 쓰는 판단기준인 이익형량론[6]에 따를 때 범죄장면을 상당한 방법으로 촬영한 경우는 예외적으로_증거로 쓸 수 있는 경우에 해당한다는 판단을 한 것이다. 영장 없는 강제수사는 곧바로 위법한 수사라고 단정한 각 원심 판단은 이 이익형량론을 미처 고려하지 못한 것이다.[7]

나. 이른바 '비밀녹음', '몰래녹음'의 위법성

(1) 대법원 2023. 12. 14. 선고 2021도2299 판결

조합장선거 당선자와 그 선거운동원들인 피고인들이 선거인들에게 금품을 제공하고 사전선거운동을 하여 공공단체등위탁선거에관한법률위반 혐의로 기소된 사안이다. 피고인들 중 피고인 A의 불륜을 의심한 그의 배우자 B가 몰래 피고인 A의 휴대전화에 자동녹음기능을 활성화하였고 그로 인해 피고인 A의 전화통화 내용이 상당기간 모

---

6) 우리 판례는 위법수집증거는 원칙적으로는 증거로서 배제되나 이른바 '이익형량론'에 따라 구체적 타당성을 살펴 예외적으로 증거로 허용된다고 보고 있다(대법원 2007. 11. 15. 선고 2007도3061 전원합의체 판결). 대법원은 제308조의2가 형사소송법에 들어오기 전부터 이러한 해석론으로 위법수집증거를 판단하여 왔는데, 지금도 여전히 제308조의2를 이익형량론에 따른 재량적 증거배제 규정으로 해석하면서 증거수집 절차에 위법이 있다고 해서 무조건 증거능력이 없는 게 아니라 모든 사정을 종합하여 침해되는 사익과 형사소추라는 공익의 비교형량을 통해 증거능력 여부를 판단해야 한다고 보고 있다.

7) 다만, 형사소송법 제308조의2는 위법수집증거에 대한 자동적·의무적 증거배제 형식으로 규정되어 있기에 위법수집증거 배제법칙이 해석론으로만 인정되던 시절에는 재량적 증거배제라는 판례 해석론이 타당할 수 있지만 위법수집증거 배제법칙이 명문규정으로 들어온 이상 이익형량론에 따른 재량적 증거배제 해석이 적절한지는 의문이다{한제희, "세관공무원의 마약 압수와 위법수집증거 판단", 형사판례연구 제26권, 한국형사판례연구회(2018), 372쪽 및 388쪽; 비슷한 취지로서 제308조의2의 문언상 위법수집증거의 증거능력의 원칙적 배제와 예외적 인정이라는 해석이 과연 타당한지 의문이라는 견해로, 강동범, "2020년도 형사소송법 판례 회고", 형사판례연구 제29권, 한국형사판례연구회(2021), 568쪽}. 그런 의미에서 항소심의 논리가 제308조의2의 해석론으로는 보다 논리적이지 않나 싶다.

두 녹음되어 저장되었고, 수사기관이 피고인 A의 휴대전화를 탐색하다 이 녹음파일을 발견하여 압수하였다. 이 녹음파일 중 피고인 A와 B 간의 통화를 녹음한 부분과, 피고인 A와 다른 공범들 간의 통화를 녹음한 부분의 증거능력이 문제되었다.

1심과 항소심 모두 '피고인 A와 공범들 사이의 통화 녹음파일'은 B가 제3자 사이의 통화를 녹음한 것이므로 통신비밀보호법 제14조와 제4조[8]에 따라 증거능력이 부정되나, '피고인 A와 B 사이의 통화 녹음파일'은 대화 당사자 중 일방인 B가 녹음한 것이므로 통신비밀보호법 위반은 아니어서 증거능력이 인정된다고 보았다. 그러자 피고인은 이번에는 후자에 대해 사인에 의한 위법수집증거에 해당하여 증거능력이 부정되어야 한다고 주장하며 상고하였다.

대법원은 피고인 A와 B 사이의 통화를 녹음한 부분에 대해 다음과 같이 판단하며 피고인의 상고를 기각하였다.

> 가) B가 피고인 A의 동의 없이 피고인 A의 휴대전화를 조작하여 통화내용을 녹음하였다는 점에서 B가 피고인 A의 사생활 내지 인격적 이익을 침해하였다고 볼 여지는 있다.
>
> 나) 그러나 B는 전화통화의 일방 당사자로서 피고인 A와 직접 대화를 나누면서 피고인 A의 발언 내용을 직접 청취하였으므로, B가 피고인 A와 사이의 통화내용을 몰래 녹음하였더라도 그로 인하여 피고인 A의 사생활의 비밀, 통신의 비밀, 대화의 비밀 등이 침해되었다고 평가하기는 어렵고, 음성권 등 인격적 이익의 침해 정도도 비교적 경미하다고 보아야 한다. B는 통화내용이 피고인 A의 휴대전화에 녹

8) 통신비밀보호법 제4조 < 제3조의 규정에 위반하여 불법검열에 의하여 취득한 우편물이나 그 내용 및 불법감청에 의하여 지득 또는 채록된 전기통신의 내용은 재판 또는 징계절차에서 증거로 사용할 수 없다. >
제14조 < ① 누구든지 공개되지 아니한 타인간의 대화를 녹음하거나 전자장치 또는 기계적 수단을 이용하여 청취할 수 없다. ② 제4조 내지 제8조, 제9조 제1항 전단 및 제3항, 제9조의2, 제11조 제1항 · 제3항 · 제4항 및 제12조의 규정은 제1항의 규정에 의한 녹음 또는 청취에 관하여 이를 적용한다. >

음되도록 하였을 뿐, 그 녹음파일 등을 제3자에게 유출한 바도 없다.

다) 나아가, B가 피고인들의 범행에 관한 증거로 사용하겠다는 의도나 계획 아래 전화통화를 녹음한 것이 아니고, 수사기관 역시 위 전화통화의 녹음에 어떠한 관여도 하지 않은 채 적법하게 압수한 휴대전화를 분석하던 중 우연히 이를 발견하였을 뿐이다.

라) 한편, 이 사건 형사소추의 대상이 된 행위는, 피고인들이 수산업협동조합장 선거에서 금품을 살포하여 선거인을 매수하는 등의 방법으로 「공공단체등 위탁선거에 관한 법률」을 위반하였다는 것으로 이른바 '돈 선거'를 조장하는 중대범죄에 해당한다. 선거범죄는 대체로 계획적·조직적인 공모 아래 은밀하게 이루어지므로, 피고인들의 공모관계를 비롯한 구체적 범행 내용 등을 밝혀줄 수 있는 객관적 증거인 위 전화통화 녹음파일을 증거로 사용해야 할 필요성이 높다.

마) 따라서 B가 피고인 A의 사생활 내지 인격적 이익을 침해하여 통화내용을 녹음하였더라도, 위 전화통화 녹음파일 중 B와 피고인 A 사이의 전화통화 부분은 증거로 사용할 수 있다고 보아야 한다.

판례에 따르면 피고인 A와 B 사이의 통화를 녹음한 부분은 대화당사자 중 일방이 녹음한 것으로 통신비밀보호법 제14조 제1항을 위반한 게 아니어서 증거능력이 인정됨에 대해선 이견이 있기 힘들다. 그래서 피고인은 그 다음 방법으로 이 녹음파일은 사인이 위법하게 수집한 증거라는 논리로 접근한 것이다.

사인에게는 형사소송법이나 기타 법령상의 증거수집과 관련된 규정이 적용되지 않으므로, 형사소송법 제308조의2는 수사기관이 수집한 증거에 대해서만 적용될 뿐 사인이 수집한 증거에 대해서는 적용되지 않는다. 사인의 위법수집증거에 대해 '형사소송법 제308조의2가 적용된다'라고 한 판례는 없지만, 대법원은 제308조의2 신설 이전부터 수사기관이 수집한 증거의 경우와 마찬가지로 사인이 수집한 증거에 대해서도 위법수집증거 배제법칙이 적용되고 이익형량론에 따라 증거능력 유무를 판단하여야 한다는 입장이었고, 이는 지금도 마찬가지이다.

즉, 대법원은 사인의 위법수집증거에 대해서는 제308조의2가 직접적으로 적용되지는 않고 위법수집증거 배제법칙에 관한 종래 판례의 해석론이 적용된다고 보는 것 같다.[9] 대상판결도 그러한 입장에 서있는 것으로 보인다. 대상판결은 형사소송법 제308조의2에 관한 해석론을 얘기한 것이 아니라 종래의 위법수집증거 배제법칙의 일반론으로 가서 이익형량론을 적용한 것이다.

생각건대, 형사소송법에 위법수집증거 배제법칙에 관한 명문규정이 이제 생겼는데, 이 명문규정이 사인의 위법수집증거에도 적용되는 것인지 또는 수사기관의 위법수집증거를 규제하는 규정이 생겼으니 그 반대해석상 사인의 위법수집증거는 규제하지 않는다는 것인지와 같은 해석론을 얘기하지 않고 명문규정이 없던 시절의 종전 해석론만 계속 유지하는 게 적절한가 하는 의문은 남는다.[10]

(2) 대법원 2024. 1. 11. 선고 2020도1538 판결

2024년 1월에 선고된 판결이지만, 최근 화제가 된 판결이기에 소개하기로 한다.

초등학교 3학년 담임교사인 피고인이 다른 학교에서 전학을 온 피해아동에게 수업 도중 “학교 안 다니다 온 애 같아”, “저쪽에서 학교 다닌 거 맞아?”, “공부시간에 책 넘기는 것도 안 배웠어?”, “학습훈련이 전혀 안 되어 있어”, “1, 2학년 때 공부 안 하고 왔다갔다만 했나봐”라는 식의 말을 반복하는 등 정서적 학대행위를 하여 아동학대범죄의처벌등에관한특례법위반(아동복지시설종사자등의아동학대가중처벌) 혐의로 기소되었다. 피해아동의 부모는 자녀의 가방에 몰래 넣어

9) 한제희, “위법수집증거 배제법칙 운용의 개선방향”, 형사소송 이론과 실무 제9권 제2호, 한국형사소송법학회(2017), 311쪽.

10) 한제희, “최근 10년간 주요 대법원 판결 : 형사소송법 분야”, 한국형사판례연구회 창립 30주년 기념학술회의 자료집, 한국형사판례연구회(2022), 67쪽.

둔 녹음기로 한 달여 간 수업내용을 녹음한 끝에 피고인의 아동학대 정황을 확인하고 그 녹음파일과 녹취록을 수사기관에 제출하였고, 이 녹음파일과 녹취록이 통신비밀보호법 제14조 제1항의 '공개되지 아니한 타인 간의 대화를 녹음한 것'에 해당하여 증거능력이 부정되는지가 쟁점이었다.

1심과 항소심 모두 이 녹음파일과 녹취록의 증거능력을 인정하였다. 특히 항소심은, 초등학교 교육은 공공적인 성격을 가지므로 피고인이 수업시간 중 교실에서 약 30명의 학생들을 상대로 한 발언은 통신비밀보호법 제14조 제1항의 '공개되지 아니한 대화'에 해당하지 않고, 피해아동의 부모는 피고인의 아동학대 행위 방지를 위해 녹음에 이르게 된 것으로 피해아동의 보호를 위해 녹음 외에 별다른 유효적절한 수단이 없었으며, 피고인이 저지른 아동학대 범죄는 사회적 해악이 중대하여 그에 관한 증거를 수집할 필요성이 인정되므로, 이 녹음파일 등을 증거로 사용하여 피고인의 사생활의 비밀이 어느 정도 침해되는 결과를 초래하더라도 이는 피고인이 수인하여야 할 기본권의 제한에 해당한다고 보았다.

이와 달리 대법원은, 다음과 같은 이유로 피고인의 수업시간 중 발언은 '공개되지 아니한 대화'에 해당하므로 통신비밀보호법 제14조와 제4조에 따라 증거능력이 부정된다고 판단하였다.

1) 피해아동의 부모가 몰래 녹음한 피고인의 수업시간 중 발언은 '공개되지 않은 대화'에 해당한다.

가) 초등학교 담임교사가 교실에서 수업시간 중 한 발언은 통상적으로 교실 내 학생들만을 대상으로 하는 것으로서 교실 내 학생들에게만 공개된 것일 뿐, 일반 공중이나 불특정 다수에게 공개된 것이 아니다. 초등학교 교실은 출입이 통제되는 공간이고, 수업시간 중 불특정 다수가 드나들 수 있는 장소가 아니며, 수업시간 중인 초등학교 교실에 학생이 아닌 제3자가 별다른 절차 없이 참석하여 담임교사의

발언 내용을 청취하는 것은 상정하기 어렵기 때문이다. 피고인이 교실 내 학생들이 아닌 제3자에 대한 공개를 의도하거나 감수하고 발언하였음을 인정할 만한 사정도 없다.

나) 피고인의 발언은 특정된 30명의 학생들에게만 공개되었을 뿐, 일반 공중이나 불특정 다수에게 공개되지 않았으므로, 대화자 내지 청취자가 다수였다는 사정만으로 '공개된 대화'로 평가할 수는 없다. 대화 내용이 공적인 성격을 갖는지 여부나 발언자가 공적 인물인지 여부 등은 '공개되지 않은 대화'에 해당하는지 여부를 판단하는 데에 영향을 미치지 않는다.

2) 피해아동의 부모가 몰래 녹음한 피고인의 수업시간 중 발언은 '타인 간의 대화'에 해당한다. 피해아동의 부모는 피고인의 수업시간 중 발언의 상대방, 즉 대화에 원래부터 참여한 당사자에 해당하지 않기 때문이다. 피해아동의 연령, 피해아동의 부모가 피해아동의 친권자, 법정대리인이라는 사정을 고려하더라도 부모는 피해아동과 별개의 인격체인 이상 대화에 참여하지 않은 제3자라고 평가할 수밖에 없다.

3) 결국, 이 사건 녹음파일 등은 통신비밀보호법 제14조 제1항을 위반하여 공개되지 아니한 타인 간의 대화를 녹음한 것이므로 통신비밀보호법 제14조 제2항 및 제4조에 따라 증거능력이 부정된다고 보아야 한다. 사생활 및 통신의 불가침을 국민의 기본권의 하나로 선언하고 있는 헌법규정과 통신 및 대화의 비밀 보호, 통신 및 대화의 자유 신장을 목적으로 제정된 통신비밀보호법의 취지에 비추어 보면, 원심이 들고 있는 사정들을 이유로 이 사건 녹음파일 등의 증거능력을 인정할 수는 없다.

대상판결 사안도 앞에서 본 2021도2299 판결 사안과 마찬가지로 '비밀녹음'의 위법성 여부가 문제된 사안이지만, 2021도2299 판결은 위법수집증거 배제법칙의 판단기준인 이익형량론이 쟁점이고, 이 대상판결은 통신비밀보호법 제14조 제1항에 대한 해석이 쟁점이라는 차이가 있다.

대상판결 사안에서는 교사가 수업시간 중에 학생들에게 한 발언이 공개된 대화인지 아니면 공개되지 않은 대화인지에 대해 대법원과 하급심의 판단이 엇갈렸는데, 최근 화제가 되었던 유명인 자녀에 대한 교사의 학교폭력 사건으로 인해 사회적 관심의 대상이 되었다. 대상판결에 대해서는 피해아동이 스스로 대화 당사자가 되어 교사의 학대 정황을 녹음하는 경우가 아니라면 직접증거 수집이 어려워져 교실 내에서의 교사의 아동학대 입증이 더욱 어려워졌다는 언론의 부정적인 지적이 있었는가 하면,[11] 대상판결 선고 이후 이러한 비밀녹음이 비록 통신비밀보호법에 위반되기는 하나 다만 정당행위에 해당하므로 증거능력이 인정된다며 대상판결과 상반된 결론에 이른 1심 판결도 있었다.[12]

갈수록 사생활의 핵심인 통신과 대화의 비밀은 보호받기 힘들고 통신과 대화의 자유는 누리기 쉽지 않다. 생각건대, 대상판결은 일반인들 사이에서도 향후의 분쟁상황에 대비한 증거를 수집한다는 명목으로, 그리고 불법은 아니라는 이유로 비밀녹음이 무분별하게 횡행하며 사회 구성원들 사이의 신뢰를 훼손하고 있는 세태에 경종을 울린 판결이다. 분쟁의 대상이 된 사실관계들이 마치 온 거리와 장소에 빼곡히 cctv를 깔아놓은 것처럼 모두 깔끔하게 증명될 수 있는 것이 아니고, 모든 분쟁에는 반드시 수사기관의 압수수색같이 작은 먼지라도 털어보는 절차가 동원되어야 하는 것이 아니고, 세상 사람들이 궁금해하고 의혹을 갖는 일들이 모두 반드시 증명되어야만 하는 것도 아니

11) 2024. 1. 12.자 한겨레 보도 <아동학대 입증 어려워진다...대법 “몰래 녹음, 증거능력 없어”> (https://www.hani.co.kr/arti/society/society_general/1123919.html, 2024. 1. 22. 최종 검색).

12) 2024. 2. 4.자 파이낸셜뉴스 보도 <‘아이 가방 속 몰래 녹음’ 불법일까 합법일까, 다시 가열된 ‘제3자 대화 녹음’ 논란> (https://www.fnnews.com/news/ 202402041428126259, 2024. 2. 5. 최종 검색).

다. 이 사건의 항소심은 피고인의 아동학대 행위를 방지하고 피해아동을 보호하기 위해 녹음 외에는 별다른 유효적절한 수단이 없었다고 평가하지만, 반드시 유효적절한 수단이 있어야만 한다는 그 생각 자체에 대해 재고해볼 필요가 있다고 생각한다.

다. 유체물 압수수색 절차에서의 당사자 참여권 보장

대법원 2023. 6. 1. 선고 2020도12157 판결은 피고인이 가짜상표가 부착된 메모리카드 12,000개를 소지하였다는 상표법위반 혐의로 기소된 사안으로, 유체물에 대한 압수수색 절차에서 당사자의 참여권이 보장되었는지 여부가 쟁점이었다.

한 무역상이 국내 입국하면서 반입한 화물 중 위조품인 메모리카드 12,000개가 세관에서 적발되었는데 화물송장 등에 수하인으로 기재되어 있는 피고인이 그 화주임을 부인하면서 이 메모리카드와 관련이 없다는 취지로 주장하자, 세관 소속 특별사법경찰관이 피고인을 피의자로 기재하여 위 메모리카드 등에 대한 압수수색영장을 발부받은 후 세관 유치품 보관창고에서 창고 담당자를 피압수자로 하여 위 메모리카드를 압수하고 그 담당자에게 압수목록을 교부하였다. 피고인은 압수수색 과정에 참여시키지 않고 피고인에게 압수목록도 교부하지 않은 것이다.

이렇게 압수된 위 메모리카드에 대해 1심은 증거능력을 인정하였으나, 항소심은 "피고인은 이 사건 영장에 피의자로 기재되어 있었음에도 이 사건 영장이 집행되어 이 사건 메모리카드가 압수되는 과정에서 위와 같은 참여통지를 받지 못하였다. 비록 피고인이 이 사건 영장이 발부되기에 앞서 특별사법경찰관들에게 이 사건 메모리카드와 자신이 무관하다는 취지로 진술한 적은 있으나, 그것만으로 추후 영장 집행절차에도 참여하지 않겠다는 의사를 명시적으로 표시하였다고는 볼 수 없다. 형사소송법이 위와 같이 참여절차를 보장한 취지와 그 중요성에 비추어 볼 때, 이 사건 메모리카드의 압수와 관련한 위법수사의 정도가 가볍지 않고, 달리 절차 위반행위가 이루어진 과정의 성질과 내용 등에 비추어 피압수자인 피고인에게 절차 참여를 보장한 취지가 실질적으로 침해되지 않았다고 할 만한 예외적인 사유도 보이지 않는다"라고 설시하며 압수한 메모리카드는 증거능력이 없다고 판단하였다.

이와 달리 대법원은 다음과 같이 위 압수가 위법하지 않다고 보았다.

> 아래에서 보는 바와 같은 이 사건 메모리카드의 압수 집행경과 등을 감안하면, 피고인은 이 사건 메모리카드 압수 집행과정에서 절차 참여를 보장받아야 하는 사람에 해당한다고 단정할 수 없거나, 압수 집행과정에서 피고인에 대한 절차 참여를 보장한 취지가 실질적으로 침해되었다고 보기 어려우므로 위 압수는 위법하다고 볼 수 없다.
>
> 가) 피고인은 유체물인 이 사건 메모리카드에 관한 압수 당시 이 사건 메모리카드를 소지하고 있지 않았다. 특별사법경찰관은 당초 이 사건 메모리카드의 수하인인 피고인으로부터 메모리카드를 임의제출받으려 하였으나, 피고인이 "자신은 이 사건 메모리카드와는 아무런 관련이 없다"는 취지로 주장하면서 자필 진술서까지 제출하자, 부득이하게 이 사건 영장을 발부받아 인천세관 유치창고 담당자를 피압수자로 하여 압수집행을 한 것으로 보인다.
>
> 나) 특별사법경찰관은 인천세관 유치창고 담당자에게 이 사건 영장을 제시하면서 이 사건 메모리카드를 압수하였고, 위 메모리카드에 관한 압수조서를 작성하였으며, 위 유치창고 담당자에게 압수목록을 교부하였다.

압수수색영장에 피의자로 기재되어 있는 사람이 있으니 압수할 때 당연히 이 사람에게 참여권을 보장하였어야 하지 않느냐는 게 항소심의 생각이었던 것 같고, 대법원은 그렇게까지 할 필요는 없다는 것이다. 일단 피고인이 위 메모리카드의 소지자가 아니었다는 점이 크고, 게다가 그가 위 메모리카드와 아무런 이해관계도 없다고 주장하며 임의제출을 거부하였기 때문에, 수사기관 입장에서는 불가피하였다는 것이다.

생각건대, 피고인은 위 메모리카드를 현재 소지하고 있는 사람이 아니므로 압수수색영장에 피의자로 기재되어 있다고 하여 피고인에게 기계적으로 참여권을 보장해야 할 필요는 없을 것이다. 이 사안에서 수사관 입장에서는 피의자의 범죄혐의가 뚜렷하지는 않아서 영장에 피의자를 '성명불상자'로 기재하는 것도 가능하였을 것이므로, 누가 영장에 피의자로 기재되어 있는가 하는 형식적인 문제에 좌우되기보다는, 사안을 실질적으로 살펴서 피의자가 아니더라도 참여권을 보장할 필요가 있다고 판단되는 누군가를 참여시키면 될 것이다.

더구나 이 사건 압수물은 유관정보와 무관정보가 혼재된 정보저장매체도 아닌 단순한 유체물인 12,000개의 메모리카드일 뿐이어서, 피고인이 압수수색에 참여하지 않음으로써 어떠한 사생활 관련 권리가 침해될 상황도 아니었다.

또한, 항소심은 피고인이 압수물과의 관계를 부인하였더라도 압수수색영장 집행과정에 참여할 의사를 재차 확인하였어야 한다고 하나, 과잉친절이고, 거짓말도 방어권 보장의 한 태양이라고 인정하여 거짓말에 관대할 필요까진 없을 것이다. 설령 당사자 참여권 보장이 미흡하였다고 보더라도, 이익형량론 측면에서 위법수사라고 하기는 힘든 사안이 아닌가 싶다.

2. 디지털 증거의 압수수색

디지털 증거의 여러 특징들 중 가장 중요한 것은, 디지털 증거가 담겨 있는 정보저장매체의 정보량이 방대하고 그 안에는 압수의 대상이 되는 전자정보와 그렇지 않은 전자정보가 혼재되어 있다는 점이다.

이러한 특징에서 개인정보와 사생활이 침해될 우려가 제기되고, 이른바 일반영장 내지 포괄영장 문제와 별건 수사 문제가 비롯된다.

대법원은 매년 일련의 판결들을 통해 디지털 증거 압수수색에서 야기되는 이러한 문제점을 해결하기 위한 해석론을 제시해오고 있다. 초창기에 정보저장매체 자체에 대한 원칙적 압수 금지와 정보의 선별 압수를 원칙으로 한 데 이어, ① 당사자 참여권 보장과 압수목록 교부, ② 압수수색에서의 관련성 요건의 제한적 해석이라는 방안을 제시하였다. 이와 같은 방안을 통해 추구하는 방향은 한 마디로 '대용량 정보에 대한 최소한의 제한적인 압수'이다.[13]

가. 실질적 피압수자에 대한 참여권 보장

(1) 대법원 2023. 9. 18. 선고 2022도7453 전원합의체 판결

피압수자와 피의자가 동일인이 아닌 경우, 즉 피의자가 소유하거나 관리하는 정보저장매체를 피의자가 아닌 사람으로부터 압수한 사안에서, 대법원은 2021. 11. 18. 선고 2016도348 전원합의체 판결을 통해 실질적 피압수자인 피의자에게 참여권을 보장하고 압수한 전자정보의 목록을 교부하는 조치가 있어야 한다는 법리를 제시하였다. 전자정보의 압수수색에서 참여권이 보장되는 주체인 실질적 피압수자라 함은, 해당 정보저장매체를 현실적으로 지배·관리하면서 그 정보저장매체 내 전자정보 전반에 관한 전속적인 관리처분권을 보유·행사하는 자로서 그에 대한 실질적인 압수수색의 당사자로 평가할 수 있는 사람을 의미한다고 한다.

그 다음 곧바로 이어진 대법원 2022. 1. 27. 선고 2021도11170 판결에 따르면, 위 2016도348 전원합의체 판결의 취지와 관련하여 "정보저장매체를 임의제출한 피압수자에 더하여 임의제출자 아닌 피의자에게도 참여권이 보장되어야 하는 '피의자의 소유·관리에 속하는 정보저장매체'란, 피의자가 압수·수색 당시 또는 이와 시간적으로 근

13) 한제희, 앞 주 10)의 "최근 10년간 주요 대법원 판결 : 형사소송법 분야", 70쪽.

접한 시기까지 해당 정보저장매체를 현실적으로 지배·관리하면서 그 정보저장매체 내 전자정보 전반에 관한 전속적인 관리처분권을 보유·행사하고, 달리 이를 자신의 의사에 따라 제3자에게 양도하거나 포기하지 아니한 경우로써, 피의자를 그 정보저장매체에 저장된 전자정보에 대하여 실질적인 피압수자로 평가할 수 있는 경우를 말하는 것이다. 이에 해당하는지 여부는 민사법상 권리의 귀속에 따른 법률적·사후적 판단이 아니라 압수·수색 당시 외형적·객관적으로 인식 가능한 사실상의 상태를 기준으로 판단하여야 한다. 이러한 정보저장매체의 외형적·객관적 지배·관리 등 상태와 별도로 단지 피의자나 그 밖의 제3자가 과거 그 정보저장매체의 이용 내지 개별 전자정보의 생성·이용 등에 관여한 사실이 있다거나 그 과정에서 생성된 전자정보에 의해 식별되는 정보주체에 해당한다는 사정만으로 그들을 실질적으로 압수·수색을 받는 당사자로 취급하여야 하는 것은 아니다"라고 하였다.

이러한 취지의 법리는 대상판결인 대법원 2023. 9. 18. 선고 2022도7453 전원합의체 판결에서도 계속 이어진다. 대상판결 사안은 위 2021도11170 판결 사안의 주요 등장인물들이 다시 등장하는 관련사건이다.

피고인이 A로부터 아들의 대학원 입시에 사용할 목적의 허위 인턴활동확인서 발급을 부탁받고 A의 아들이 인턴활동을 한 사실이 없음에도 인턴활동을 하였다는 내용의 확인서를 허위로 발급해 A에게 전달하는 방법으로 A 등과 공모하여 위계로써 X대학교와 Y대학교 대학원 입학업무 담당자들의 입학사정 업무를 방해하였다는 혐의로 기소되었다. A는 자신과 가족들에 대한 입시비리 관련 혐의로 수사가 개시되자, 주거지에서 사용하던 혐의사실과 관련 있는 전자정보가 저장된 하드디스크를 제3자인 B에게 교부하면서 '수사가 끝날 때까지 숨겨놓으라'고 하며 은닉을 지시하였고, B는 이 하드디스크를 은닉하다 증거은닉 범행의 피의자로 입건된 후 이를 수사기관에 임의제출하였다. 검사가 피고인의 공소사실에 대한 증거로 위 하드디스크에서 추출한 전자정보를 제출하자, 피고인은 B가 위 하드디스크를 임의제출하는 과정에서 그 소유자인 A 등에게는 참여권이 보장되지 않아 위법수집증거에 해당한다고 주장하였다.

이 사건 재판을 받는 당사자인 피고인은 이 하드디스크와 직접적인 관련이 없으니 참여권을 보장할 필요는 없겠으나, 위 하드디스크의 소지·보관자이자 제출자인 B에게만 참여권을 보장하면 되느냐, 아니면 소유·관리자인 A에게까지 참여권을 보장하여야 하느냐가 쟁점인 것이다.

1심과 항소심 모두 피고인의 주장을 배척하고 유죄를 선고하자 피고인이 상고하였는데, 대법원의 다수의견은 실질적 피압수자의 의미에 관하여 위 2021도11170 판결과 동일한 법리를 전제로 다음과 같이 판단하였다.

> 앞서 살펴본 법리와 위 인정사실에서 알 수 있는 다음과 같은 사정들을 종합하면, 증거은닉범행의 피의자로서 이 사건 하드디스크를 임의제출한 B에 더하여 임의제출자가 아닌 A 등에게도 참여권이 보장되어야 한다고 볼 수 없다. 같은 취지에서 이 사건 하드디스크에 저장된 전자정보의 증거능력을 인정한 원심의 판단은 정당한 것으로 수긍할 수 있다.
>
> 1) B는 임의제출의 원인된 범죄혐의사실인 증거은닉범행의 피의자로서 자신에 대한 수사과정에서 이 사건 하드디스크를 임의제출하였다. 이 사건 하드디스크 및 그에 저장된 전자정보는 본범인 A 등의 혐의사실에 관한 증거이기도 하지만 동시에 은닉행위의 직접적인 목적물에 해당하므로 B의 증거은닉 혐의사실에 관한 증거이기도 하다. 따라서 B는 이 사건 하드디스크와 그에 저장된 전자정보에 관하여 실질적 이해관계가 있는 자에 해당한다. 이 사건 하드디스크 자체의 임

의제출을 비롯하여 증거은닉 혐의사실 관련 전자정보의 탐색·복제·출력 과정 전체에 걸쳐 B는 참여의 이익이 있다.

2) A는 자신과 C 등에 대한 수사가 본격화되자 B에게 은닉을 지시하면서 이 사건 하드디스크를 전달하였다. B는 이 사건 하드디스크가 발각되지 않도록 자신만이 아는 장소에 임의로 은닉하였다. 이후 B는 증거은닉혐의에 관한 피의자로 입건되자 수사기관에 은닉 사실을 밝히면서 이 사건 하드디스크를 임의제출하였다. 이 사건 하드디스크의 은닉과 임의제출 경위, 그 과정에서 B와 A 등의 개입 정도 등에 비추어 압수·수색 당시 또는 이에 근접한 시기에 이 사건 하드디스크를 현실적으로 점유한 사람은 B라고 할 것이다. 나아가 B가 그 무렵 위와 같은 경위로 이 사건 하드디스크를 현실적으로 점유한 이상 다른 특별한 사정이 없는 한 저장된 전자정보에 관한 관리처분권을 사실상 보유·행사할 수 있는 지위에 있는 사람도 B라고 볼 수 있다.

3) A는 임의제출의 원인된 범죄혐의사실인 증거은닉범행의 피의자가 아닐 뿐만 아니라 이 사건 하드디스크의 존재 자체를 은폐할 목적으로 막연히 '자신에 대한 수사가 끝날 때까지' 은닉할 것을 부탁하며 이 사건 하드디스크를 B에게 교부하였다. 이는 자신과 이 사건 하드디스크 및 그에 저장된 전자정보 사이의 외형적 연관성을 은폐·단절하겠다는 목적 하에 그 목적 달성에 필요하다면 '수사 종료'라는 불확정 기한까지 이 사건 하드디스크에 관한 전속적인 지배·관리권을 포기하거나 B에게 전적으로 양도한다는 의사를 표명한 것으로 볼 수 있다. 이로써 결과적으로 B는 이 사건 하드디스크에 대한 현실적·사실적 지배 및 그에 저장된 전자정보 전반에 관한 전속적인 관리처분권을 사실상 보유·행사할 수 있는 상태가 되었고, 자신이 임의로 선택한 장소에 이 사건 하드디스크를 은닉하였다가 이후 이를 수사기관에 임의제출함으로써 그 권한을 실제로 행사하였다.

즉, 다수의견은, 위 하드디스크와 그에 저장된 전자정보는 본범인

A 등의 업무방해 혐의에 관한 증거이면서 동시에 B의 은닉행위의 직접적인 목적물이므로 B의 증거은닉 혐의사실에 관한 증거인 이상 B에게 참여의 이익이 있고, A가 B에게 이 하드디스크에 대한 전속적인 지배·관리권을 포기하거나 B에게 전적으로 양도한다는 의사를 표명하였기에 B는 이 하드디스크에 대한 현실적·사실적 지배 및 그 전자정보 전체에 대한 전속적인 관리처분권을 보유·행사하는 자에 해당하고, 따라서 B에게 참여권을 인정한 이상 본범인 A가 참여권이 보장되어야 할 실질적 피압수자에 해당한다고 볼 수 없다는 것이다.

반면, 대법관 3인은 다수의견이 실질적 피압수자의 의미를 지나치게 협소하게 파악함으로써 실질적 피압수자인 전자정보 관리처분권자의 사생활의 비밀과 자유 등에 관한 기본권이 침해되었다고 비판하며 다음과 같이 반대의견을 제시하였다.

> 강제처분의 직접 당사자이자 형식적 피압수자인 정보저장매체의 현실적 소지·보관자 외에 소유·관리자가 별도로 존재하고, 강제처분에 의하여 그의 전자정보에 대한 사생활의 비밀과 자유, 정보에 대한 자기결정권, 재산권 등을 침해받을 우려가 있는 경우, 그 소유·관리자는 참여권의 보장 대상인 실질적 피압수자라고 보아야 한다. 이때 실질적 피압수자가 압수·수색의 원인이 된 범죄혐의사실의 피의자일 것을 요하는 것은 아니다.
>
> 따라서 증거은닉범이 본범으로부터 증거은닉을 교사받아 소지·보관하고 있던 본범 소유·관리의 정보저장매체를 피의자의 지위에서 수사기관에 임의제출하였고, 본범이 그 정보저장매체에 저장된 전자정보의 탐색·복제·출력 시 사생활의 비밀과 자유 등을 침해받지 않을 실질적인 이익을 갖는다고 평가될 수 있는 경우, 임의제출자이자 피의자인 증거은닉범과 함께 그러한 실질적 이익을 갖는 본범에게도 참여권이 보장되어야 한다.
>
> (중략)
>
> 전자정보의 압수·수색에서 참여권의 귀속 주체가 되는 실질적

피압수자는 압수·수색 당시까지 해당 정보저장매체를 지배·관리하면서 정보저장매체 내 전자정보 전반에 관한 전속적인 관리처분권을 보유·행사하는 사람으로서, 정보저장매체에 적법한 압수의 대상이 되는 전자정보와 함께 혼재되어 있는 무관정보에 대한 수사기관의 탐색, 출력 등을 배제할 사생활의 비밀 기타 인격적 법익을 가지고 있는 사람이라고 보아야 한다.

(중략)

다수의견이 이 사건 하드디스크 및 그에 저장된 전자정보가 B의 증거은닉 혐의사실에 관한 증거라는 점을 근거로 하여, B는 이 사건 하드디스크와 그에 저장된 전자정보에 관하여 '실질적 이해관계가 있는 자'에 해당하고 그 탐색·복제·출력 과정 전체에 걸쳐 '참여의 이익'이 있으므로, B에게 참여권을 보장한 이상 소유자인 A 등의 참여가 없었더라도 압수·수색 절차가 적법하다고 한 것은, 참여권 보장의 근거인 '전자정보에 관한 실질적 이해관계' 또는 '참여의 이익'을 피의자의 지위 또는 범죄혐의사실과 '관련된' 증거에 대한 강제처분이라는 데에서 찾는 것이다. 그러나 이는 참여권 보장의 근거와 그 대상에 관한 선례의 법리에 어긋나는 것으로서 부당하다. 앞서 살핀 바와 같이 선례는 압수의 대상을 범죄혐의사실에 관한 전자정보에 제한하고 그와 '무관한' 전자정보의 임의적인 복제 등을 막고자 참여권 보장을 선언하였는바, 선례에 따른 참여의 이익은 '무관증거'에 관한 이해관계의 보호에 있다. 위 대법원 2019도7342 판결[14] 또한 '피의사실과 관련된' 전자정보, 즉 유관정보에 대한 이해관계만 있는 것은 '참여의 이익'으로 보지 않았다.

---

14) 대법원 2021. 11. 25. 선고 2019도7342 판결은, 모텔 객실에 위장형 소형 카메라를 몰래 설치하여 투숙객의 성관계 장면 등을 촬영한 사안에서, "수사기관이 임의제출받은 정보저장매체가 그 기능과 속성상 임의제출에 따른 적법한 압수의 대상이 되는 전자정보와 그렇지 않은 전자정보가 혼재될 여지가 거의 없어 사실상 대부분 압수의 대상이 되는 전자정보만이 저장되어 있는 경우에는 소지·보관자의 임의제출에 따른 통상의 압수절차 외에 피압수자에게 참여의 기회를 보장하지 않고 전자정보 압수목록을 작성·교부하지 않았다는 점만으로 곧바로 증거능력을 부정할 것은 아니다"라고 판시한 사안이다.

(중략)

이 사건 하드디스크는 A 등이 주거지에서 장기간 개인적으로 사용하여 온 컴퓨터의 정보저장매체로서 A 등에 대한 본범 피의사실과 관련된 증거 외에도 A와 그 가족구성원의 다양한 개인정보가 저장되어 있는 것이다. 이 사건 하드디스크가 개인정보로서 갖는 주관적 가치에 비추어 볼 때 A가 B에게 이 사건 하드디스크를 건네준 것은 향후 검찰 수사를 대비하여 이를 숨겨 놓으라고 한 것이지 이를 없애려는 것은 아니었다고 보인다. B는 수사기관에 이 사건 하드디스크를 임의제출하기 직전까지도 A의 은닉 지시에 따라 이를 헬스장 개인 보관함 등에 보관·관리하고 있었고, 이 사건 하드디스크와 함께 은닉하고 있던 별도의 ○○대 교수실 개인용 컴퓨터를 A의 요구에 따라 반환하기도 하였다. 이와 같이 이 사건 하드디스크를 교부받음으로써 형성된 특수한 형태의 점유매개관계 아래 B는 A의 지시가 있을 경우 언제든 이를 A에게 반환하는 등 지시취지에 따른 처분에 나아갈 의사로 이 사건 하드디스크를 보관하여 은닉행위를 실행하였는바, 이 사건 하드디스크의 임의제출 당시 A 등이 이 사건 하드디스크에 대한 관리처분권이나 소유·지배를 완전히 상실하였다고 보기 어렵다.

이와 같이 대법관 3인의 반대의견은, 위 하드디스크의 전자정보를 탐색·추출하는 과정에서 피압수자인 B 외에 실질적 피압수자인 A에게도 참여의 기회를 보장하여야 함에도 그렇게 하지 않았으니 이는 위법수집증거에 해당한다는 것이다. 다수의견이나 반대의견이나 이익형량론에 대해선 논하지 않았다. 양 의견이 적지 않은 분량의 논리를 동원하며 각자의 논리를 전개하고 있고 각 논리가 나름 수긍되는 측면이 있다. 두 가지 의견만 보태보기로 한다.

먼저, A가 B에게 이 사건 하드디스크를 건넨 것은 잠시 보관하고 있으라는 취지이지 아예 양도해버리겠다는 취지라고 볼 수는 없는 이상, 반대의견과 같이 A를 실질적 피압수자라고 못 볼 바는 아니다. 다만, '실질적 피압수자 미참여 = 위법수사'는 아니다. 증거은닉의 본범으로서 분명히 참여의 이익이 있는 B를 압수수색 과정에 참여시킨 이상 실질적 피압수자'까지' 참여시키지 않았다고 하여 이를 위법수사라고'까지' 볼 것은 아니다. 압수수색은 수사 초기단계에 전체적인 사안의 구조를 제대로 알 수 없고 정보도 부족한 상태에서 진행되는 절차이기에, 실질적 피압수자로서의 외양을 갖는 사건관계인이 여러 명 등장하는 사건이라면 수사기관의 입장에서 그중 과연 누가 실질적 피압수자인지는 수사가 점차 진행되어 감에 따라 비로소 알 수 있게 될 뿐이다. 전자정보의 소유·관리는 외부에서 사전에 식별하기 어렵고 전자정보에 대한 권리는 그 성격에 따라 다양한 주체에게 귀속될 수 있어[15] 경우에 따라서는 그 사건관계인 모두에게 참여권을 보장해야 하는 건 아닌가 하는 현실적인 문제가 발생할 수도 있고,[16] 이 다수의 사건관계인 전부를 압수수색 과정에 참여시키지 않았다고 하여 이를 위법수사라고 할 수는 없는 것이다.

다음으로, 반대의견의 주요 논거 중 하나는 이 하드디스크에 A의 사생활, 즉 무관정보가 담겨있으므로 보호가치가 있다는 것이다. 그러나 A가 수사기관의 수사를 피해 자신의 사생활과 무관정보를 제3자에게 전적으로 맡김으로써 자신의 사생활과 무관정보를 사실상 포기한 것이라고도 볼 수 있다. 자신의 사생활과 무관정보를 포기한 사람이 결국 수사기관의 수사로부터 도피하는 데 실패하게 되자 다시 사생활과 무관정보에 관한 권리를 보호받아야 한다고 주장하는 데 대해서, 사건의 핵심증거를 '위법수집증거'라고까지 하면서 그의 사생활과 무관정보를 보호하겠다는 건 과잉보호이고 거짓말에 관대한 처사이다. 강제수사에서는 어느 정도의 사생활과 무관정보 침해는 불가

15) 이창온, "2022년도 형사소송법 판례 회고", 형사판례연구 제31권, 한국형사판례연구회(2023), 552쪽.

16) 이창현, "정보저장매체 임의제출 후 집행과정의 참여권 보장과 증거능력", 형사소송 이론과 실무 제15권 제4호, 한국형사소송법학회(2023), 89쪽.

피하고 당연하다. 위법수집증거라는 판단은 자칫 함부로 남발되지 않도록 이익형량론에 따라 신중하게 따져볼 문제이고, B를 참여시킨 이상 A'까지' 참여시키지 않았다고 하여 이를 위법수사라고'까지' 볼 것은 아니다.

(2) 대법원 2023. 12. 14. 선고 2020도1669 판결

피해자 A가 자신의 모습이 등장한 음란합성사진이 들어있는 피고인의 분실 휴대전화를 습득하여 피고인을 음화제조 혐의로 고소하고 이 휴대전화를 임의제출하였다. 사법경찰관은 디지털포렌식을 통해 음란합성사진을 탐색하면서 피고인에게 참여 기회를 주지 않았고 압수목록도 교부하지 않았다.

대법원은 다음과 같이 판시하여 이 휴대전화에서 압수된 음란합성사진의 증거능력을 부정하였다.

> 피고인은 피해자 A가 이 사건 휴대전화를 임의제출한 시점과 시간적으로 근접한 시기까지 위 휴대전화를 현실적으로 지배·관리하면서 휴대전화 내 전자정보 전반에 관한 전속적인 관리처분권을 보유·행사하였고, 달리 이를 자신의 의사에 따라 제3자에게 양도하거나 포기하지 않았다. 따라서 이 사건 휴대전화에 저장된 전자정보 전반에 관하여 피고인을 실질적인 압수·수색 당사자로 평가할 수 있으므로, 임의제출자가 아닌 피고인에 대하여도 참여권 등 절차적인 권리가 보장되어야 한다. 그럼에도 사법경찰관은 피고인에게 참여권을 보장하거나 전자정보 압수목록을 교부하는 등 절차적인 권리를 보호하기 위한 적절한 조치를 취하지 않은 채 이 부분 공소사실에 관한 전자정보를 탐색하는 등 압수·수색절차를 진행하였는바, 사법경찰관의 이러한 조치는 위법하다.

대상판결은 위 2016도348 전원합의체 판결과 마찬가지로, 임의제

출 방식으로 압수를 하는 경우도 압수수색영장을 집행하는 때와 마찬가지로 당사자의 참여권이 보장되어야 하고, 피고인이 사실상 소유·관리하는 정보저장매체를 임의제출자인 피압수자로부터 압수하는 경우 실질적 피압수자인 피고인에게도 참여권을 보장하고 압수한 전자정보의 목록을 교부하여야 한다는 취지의 판결이다.

나. 압수조서와 압수목록 미작성의 효과

(1) 대법원 2023. 6. 1. 선고 2020도2550 판결

피고인이 휴대전화로 피해자 3명의 신체 부위를 몰래 촬영하여 성폭력범죄의처벌등에관한특례법위반(카메라등이용촬영) 혐의로 기소된 사건에서, 사법경찰관이 피고인으로부터 임의제출 방식으로 동영상을 압수하면서 압수조서와 압수목록을 작성하지 않아 이 동영상의 증거능력이 문제되었다. 사법경찰관은 압수조서와 압수목록 대신 피고인을 조사할 때 피고인으로부터 이 동영상을 제출받으면서 피의자신문조서에 "이때 피의자가 제출한 동영상 파일을 본건 기록에 수사보고 형식으로 첨부한다"라고 기재하였고, 피의자신문을 진행하면서 피고인에게 이 동영상을 재생하여 보여주며 피해여성들은 누구인지, 피해여성들을 몰래 촬영한 것인지, 촬영 동기 등을 질문하였다.

이 동영상의 증거능력을 인정한 1심과 달리, 항소심은 사법경찰관이 임의제출물을 압수할 때도 형사소송법 제49조에 따라 압수조서를 작성하고 형사소송법 제219조, 제129조에 따라 압수목록을 교부하여야 함에도 압수조서와 압수목록을 작성하지 않은 위법이 있다는 이유로 그 증거능력을 부정하였다.

이와 달리 대법원은, 임의제출물에 대한 압수조서와 압수목록이 없더라도 피의자신문조서 등에 압수의 취지를 기재하면 압수절차의 적법성 심사·통제 기능에 차이가 없다고 보고 그 증거능력을 인정하였다.

형사소송법 제106조, 제218조, 제219조, 형사소송규칙 제62조, 제109조, 구 범죄수사규칙 제119조 등 관련규정들에 의하면, 사법경찰관이 임의제출된 증거물을 압수한 경우 압수경위 등을 구체적으로 기재한 압수조서를 작성하도록 하고 있다. 이는 사법경찰관으로 하여금 압수절차의 경위를 기록하도록 함으로써 사후적으로 압수절차의 적법성을 심사·통제하기 위한 것이다. 구 범죄수사규칙 제119조 제3항에 따라 피의자신문조서 등에 압수의 취지를 기재하여 압수조서를 갈음할 수 있도록 하더라도, 압수절차의 적법성 심사·통제 기능에 차이가 없으므로, 위와 같은 사정만으로 이 사건 동영상에 관한 압수가 형사소송법이 정한 압수절차를 지키지 않은 것이어서 위법하다는 취지의 원심 판단에는 압수절차의 적법성에 관한 법리를 오해하여 판결에 영향을 미친 잘못이 있다.

(중략)

사법경찰관은 피의자신문 시 이 사건 동영상을 재생하여 피고인에게 제시하였고, 피고인은 이 사건 동영상의 촬영 일시, 피해 여성들의 인적사항, 몰래 촬영하였는지 여부, 촬영 동기 등을 구체적으로 진술하였으며 별다른 이의를 제기하지 않았다. 따라서 이 사건 동영상의 압수 당시 실질적으로 피고인에게 해당 전자정보 압수목록이 교부된 것과 다름이 없다고 볼 수 있다. 비록 피고인에게 압수된 전자정보가 특정된 목록이 교부되지 않았더라도, 절차 위반행위가 이루어진 과정의 성질과 내용 등에 비추어 피고인의 절차상 권리가 실질적으로 침해되었다고 보기 어려우므로 이 사건 동영상에 관한 압수는 적법하다고 평가할 수 있다(대법원 2021. 11. 25. 선고 2019도9100 판결, 대법원 2022. 2. 17. 선고 2019도4938 판결 등 참조).

(2) 대법원 2023. 6. 1. 선고 2020도12157 판결

앞서 '유체물 압수수색 절차에서의 당사자 참여권 보장' 항목에서 살펴본 판결과 같은 판결이다.

피고인이 가짜상표가 부착된 메모리카드를 소지하여 상표법위반 혐의로 기소된 사안에서, 특별사법경찰관이 피고인의 휴대전화를 압

수하고 문자메시지 등을 탐색·복원·출력하면서 압수조서를 작성하지 않았고 피고인에게 압수목록을 교부하지도 않았다. 다만, 특별사법경찰관은 피고인의 휴대전화를 제출받은 일시, 장소, 압수경위 등을 '조사보고(압수수색검증영장 집행결과보고)'라는 제목의 서면으로 작성하여 수사기록에 편철하였다.

1심은 피고인의 휴대전화를 탐색하여 얻은 카카오톡 메시지와 문자메시지 등 압수물의 증거능력을 인정하여 유죄를 선고하였으나, 항소심은 특별사법경찰관이 압수조서를 작성하지 않고 압수목록도 교부하지 않았다는 이유로 그 증거능력을 부정하였다.

이에 반해 대법원은 다시 이 압수물의 증거능력을 인정하였다.

> 비록 특별사법경찰관은 이 사건 휴대전화의 압수·수색 과정에서 압수조서 및 전자정보 파일명세가 특정된 압수목록을 작성·교부하지는 않았지만, 그에 갈음하여 압수의 취지가 상세히 기재된 '조사보고(압수수색검증영장 집행결과 보고)'를 작성하였는바, 조사보고의 작성 경위 및 복원된 전자정보의 내용을 감안하면 적법절차의 실질적인 내용을 침해하였다고 보기는 어렵다.

(3) 검　토

첫 번째 대상판결인 2020도2550 판결에서 인용한 대법원 2021. 11. 25. 선고 2019도9100 판결과 대법원 2022. 2. 17. 선고 2019도4938 판결도, 압수수색 후 피고인에게 압수목록을 교부하지는 않았으나 피의자신문 과정에서 피고인을 상대로 압수물을 구체적으로 특정해 확인하였으므로 압수목록을 교부하지 않은 것만으로는 위법하지 않다고 본 선례들이다.

두 대상판결에서 보듯 대법원은 압수수색 과정에서 압수조서와 압수목록을 작성하지 않더라도 경우에 따라 위법수집증거라는 평가를 받지 않을 수 있다고 판단하였다. 수사기관이 절차규정을 위반한 것은 사실이지만, 위반사실만으로 곧바로 위법수집증거가 되는 건 아니다. 이 역시 위법수집증거 배제법칙의 판단기준인 이익형량론에 따른 결론이다.

한 가지 흥미로운 점은, 두 사안 모두 '1심 증거능력 인정 → 항소심 증거능력 부정 → 상고심 증거능력 인정'의 패턴이었다는 것이다. 명예훼손이나 모욕 사건에서 흔히 발견할 수 있는, 심급별로 재판부별로 유동적인 유무죄 패턴을 보는 듯하다. 이렇게 위법수집증거 배제법칙을 폭넓게 적용하려는 시각과 좁게 적용하려는 시각이 동시에 있고, 범죄현장에서 직접 증거물을 압수하는 수사기관과 사건관련자인 국민들은 헷갈리고 법적 안정성은 불안정해진다. 대신 변호인이 쓸 무기는 점점 더 많아진다.

다. 관련성 요건의 제한적 해석

디지털 증거의 압수수색과 관련해서 매우 빈번하게 논의되는 주제는 관련성 요건의 해석이다. 이에 관한 판례의 법리를 일반적인 유체물 압수수색의 경우와 비교해보면 이러하다.[17]

회사 운영자가 회사 공금을 유용하여 비자금을 조성했다는 사건을 예로 든다면, 이런 사건에서 수사기관이 회사 사무실을 수색할 때 가장 먼저 확보할 증거자료는 자금의 입출내역이 기재된 영업장부일 것이다. 영업장부는 수기로 만든 실물장부가 있을 수 있고, 컴퓨터 하드디스크 등에 담긴 장부파일이 있을 수도 있다. 전자정보가 담긴 정보저장매체를 압수한다는 건 사무실에서 실물장부를 압수하는 게 아니라 장부가 있는 사무실을 '수색'하는 개념이다. 즉, '정보저장매체 = 압수수색 장소(사무실)'이다. 왜냐하면 수기로 만든 실물장부는 그 한 권의 전체 내용이 해당 사건과 관련성 있는 건 아니더라도 저장된 정보가 방대한 정도까진 아니고 혼재된 무관정보도 너무나 많은 정도는

17) 한제희, 앞 주 10)의 "최근 10년간 주요 대법원 판결 : 형사소송법 분야", 72쪽.

아니어서 장부 한 권 전부를 압수하는 정도는 허용될 수 있겠지만, 정보저장매체는 그 안에 너무나 많은 정보가 들어있는데다 장부파일 외에 전혀 사건과 무관한 파일들이 잔뜩 들어있기에 저장매체 자체를 전부 압수하게 하는 건 사생활 보호 측면에서 지나친 처사이기 때문이다. 원래 일반영장 내지 포괄영장은 허용되지 않는 것이기 때문이고, 그래서 포괄적인 정보저장매체 자체를 압수하지 말고, 그 안에서 범위를 한정한 자료만 압수하라는 게 판례의 취지인 것이다.

(1) 대법원 2023. 6. 1. 선고 2018도19782 판결

대상판결의 원심은 고등군사법원 2018. 11. 29. 선고 2018노173 판결이다.

구 국군기무사령부(이하 '기무사') 수사관은 A가 해외 방위산업체 컨설턴트와 무역대리점 업무를 하면서 방위사업청 등이 발주하는 방위력개선사업과 관련한 군사기밀을 탐지·수집·누설하였다는 혐의로 수사를 진행하였다. 2014. 6. 10. A 등 6명에 대한 압수수색영장(이하 '제1영장')을 집행하면서 A의 주거지에 있던 각종 정보저장매체들 전부를 이미징하는 방법으로 복제하여 이미징 사본을 생성하였고, 서울중앙지방검찰청 검사는 2014. 7. A가 '특수전지원함/특수침투정', 'GPS 화물낙하산', '소형무장헬기', '고공침투장비', '기상레이더 2차' 사업 등과 관련한 군사기밀을 탐지·수집·누설하였다는 혐의로 기소하였다. 서울중앙지방법원은 2015. 1. 8. A에 대한 공소사실을 유죄로 인정하고 압수된 이미징 사본 중 일부를 몰수하는 판결을 선고하였고, 2015. 9. 24. 이 판결이 확정되었다(이하 '선행사건').

그 후 기무사 수사관은 군 내부 실무자가 A에게 '소형무장헬기' 사업과 관련한 군사기밀을 누설하였을 가능성을 확인하고, 2016. 7. 19. 서울중앙지방검찰청에 보관되어 있던 선행사건의 기록과 압수물을 대출받아 2016. 7. 21. 압수물 중 이미징 사본을 분석하고(이하 '1차 탐색') 이를 기초로 피고인이 A에게 '소형무장헬기' 사업 등과 관련한

군사기밀을 누설하였다는 혐의로 피고인에 대한 내사를 개시하였다. 이어서 2016. 8. 2. 피고인이 '특수전지원함/특수침투정', '소형무장헬기', '기상레이더 2차' 사업 관련 군사기밀을 누설하였다는 범죄사실에 관한 증거자료를 확보할 필요가 있다는 등의 사유로 서울중앙지방검찰청에 보관된 선행사건의 압수물 중 위 사업 관련 범죄사실을 증명할 수 있는 자료에 대한 압수수색영장(이하 '제2영장')을 발부받아 2016. 8. 4. 서울중앙지방검찰청 형사증거과 직원의 참여하에 제2영장을 집행하여 그곳에 보관되어 있던 이미징 사본에서 A의 이메일 기록을 추출하여 압수하였다.

원심은 이 제2영장에 기한 압수물의 증거능력을 부정하였고, 대법원도 원심의 결론을 수긍하였다. 대법원의 판시 요지는 다음과 같다.

> 수사기관은 하드카피나 이미징 등 형태(이하 '복제본'이라 한다)에 담긴 전자정보를 탐색하여 혐의사실과 관련된 정보(이하 '유관정보'라 한다)를 선별하여 출력하거나 다른 저장매체에 저장하는 등으로 압수를 완료하면 혐의사실과 관련 없는 전자정보(이하 '무관정보'라 한다)를 삭제·폐기하여야 한다. 수사기관이 새로운 범죄 혐의의 수사를 위하여 무관정보가 남아 있는 복제본을 열람하는 것은 압수·수색영장으로 압수되지 않은 전자정보를 영장 없이 수색하는 것과 다르지 않다. 따라서 복제본은 더 이상 수사기관의 탐색, 복제 또는 출력 대상이 될 수 없으며, 수사기관은 새로운 범죄 혐의의 수사를 위하여 필요한 경우에도 유관정보만을 출력하거나 복제한 기존 압수·수색의 결과물을 열람할 수 있을 뿐이다.
>
> (중략)
>
> 기무사는 1차 탐색 당시 제1영장 기재 혐의사실과 관련된 정보와 무관정보가 뒤섞여 있는 이미징 사본을 탐색의 대상으로 삼았다. 무관정보는 제1영장으로 적법하게 압수되었다고 보기 어려우므로, 참여권 보장 여부와 관계없이 이미징 사본의 내용을 탐색하거나 출력한 행위는 위법하다. 따라서 이를 바탕으로 수집한 전자정보 등 2차적

증거는 위법수집증거에 해당하여 유죄의 증거로 사용할 수 없다. A가 선행사건 수사 당시 이미징 사본에 관한 소유권을 포기하였다거나, 제2영장을 발부받았다는 등 군검사가 상고이유로 주장하는 사유만으로는 위법수집증거라도 유죄의 증거로 사용할 수 있는 예외적인 경우에 해당한다고 보기 어렵다.

관련성 요건이 중요한 이유는, 압수물에서 별건 범죄의 증거가 발견되었을 때 이를 어떻게 처리할 것이냐의 문제가 있기 때문이다. 압수물에서 나온 별건 범죄의 증거는 압수수색영장에 기재된 범죄와 관련성 있는 정보인 경우와 관련성 없는 정보인 경우로 나눠볼 수 있고, 어느 경우인지에 따라 그 취급이 달라질 수 있다. 대상판결 사안에서 나중에 새로 발견된 별건 범죄의 증거가 선행사건과의 관계에서 유관정보였는지 무관정보였는지는 대상판결의 판결서 내용만으로는 불분명하나,[18] 선행사건의 A와 대상판결 사건의 피고인은 사실상 동일한 범행의 공범으로 보이므로 유관정보일 가능성이 많아 보인다.

다만, 대상판결은 이게 유관정보인지 무관정보인지에 대해 관심이 있는 게 아니다. "수사기관이 저장매체 자체를 직접 반출하거나 그 저장매체에 들어 있는 전자파일 전부를 하드카피나 이미징 등 형태로 수사기관 사무실 등 외부에 반출하는 방식으로 압수·수색하는 것은 (중략) 범위를 정하여 출력 또는 복제하는 방법이 불가능하거나 압수의 목적을 달성하기에 현저히 곤란하다고 인정되는 때에 한하여 예외적으로 허용될 수 있을 뿐"인데, 예외적으로 가져온 정보저장매체 자체 또는 전자정보 일체의 복제본은 무관정보까지 섞여 있는 상태이니 다른 사건의 증거로 사용하는 건 물론이고 아예 열람조차 할 수 없다는 게 대상판결의 결론이다. 통째로 압수된 정보저장매체나 정보저장매체의 내용 전부가 복제된 것은 당해 사건 수사가 종료되면 더 이상 재활용할 수 있는 방법이 없다는 것이다. 통째이고 전부여서 그 안에

18) 원심의 판결서를 확인할 수 없어 이 사안의 구체적인 사실관계는 파악하지 못했다.

분명히 무관정보가 들어있기 때문이고, 무관정보는 이유 불문하고 건드리지 말라는 것이다.[19]

그러면 전자정보 전부가 아닌 일부만, 물론 당연히 유관정보만 일부 선별해 놓은 것이라면 이건 재활용이 가능할 것인가? 대상판결은 "수사기관은 새로운 범죄 혐의의 수사를 위하여 필요한 경우에도 유관정보만을 출력하거나 복제한 기존 압수·수색의 결과물을 열람할 수 있을 뿐이다"라고 설시하고 있어, 유관정보는 별건 범죄의 증거로 쓸 수 있다는 취지로 읽힌다. 이에 대해선 다음 판결에서 대법원의 생각을 좀 더 들여다보기로 한다.

(2) 대법원 2023. 10. 18. 선고 2023도8752 판결

a) 사법경찰관은 아동·청소년인 피해자 A를 상대로 위력으로 유사성행위를 하고 성을 팔도록 권유 및 유인한 아동·청소년의성보호에관한법률위반(위계등유사성행위, 성매수등) 혐의로 2022. 6. 2. 피고인을 긴급체포한 후, 6. 4. 피고인의 휴대전화와 그에 저장된 전자정보에 대해 압수수색영장(이하 '제1영장')을 발부받아 6. 24. 참여권을 포기한 피고인의 참여 없이 피고인과 피해자 A 사이의 문자메시지 내역 등 전자정보를 압수하였고(이하 '1차 압수수색'), 6. 27. 검사는 피고인을 기소하였다.

b) 사법경찰관은 1차 압수수색 당시 피고인의 휴대전화에서 '피고인이 피해자 B를 간음하는 영상'과 '피고인이 피해자 성명불상자들의 신체를 촬영한 영상'을 발견하였고, 7. 27. 피고인의 휴대전화에서 추출한 전자정보가 저장되어 있던 경찰관의 컴퓨터에서 피고인과 피해자 B 사이의 통화기록과 문자메시지 내역, 피해자 B가 촬영된 영상을 압수하였다(이하 '2차 압수수색').

c) 검사는 8. 23. 2차 압수수색으로 압수한 전자정보에 대하여 별도의 영장을 발부받아 압수하라는 취지의 보완수사를 사법경찰관에게

19) 같은 취지로, 대법원 2022. 1. 14.자 2021모1586 결정.

요구하였고, 사법경찰관은 9. 8. 2차 압수수색에서 압수한 전자정보 및 피해자 성명불상자들을 촬영한 영상에 대해 영장을 발부받아(이하 '제2영장') 9. 10. 다시 위 경찰관의 컴퓨터에서 피해자 B와 성명불상자들에 대한 범행과 관련된 전자정보를 압수하였다(이하 '3차 압수수색').

d) 피고인은 피해자 B와 성명불상자들을 대상으로 한 성폭력범죄의처벌등에관한특례법위반(카메라등이용촬영·반포등), 성매매알선등행위의처벌에관한법률(성매매), 미성년자의제강간, 미성년자의제유사강간, 아동복지법위반(아동에대한음행강요·매개·성희롱등), 아동·청소년의성보호에관한법률위반(성착취물제작·배포등) 등 혐의로 다시 기소되었다.

피고인의 피해자 B와 성명불상자들 대상 범행에 대해, 1심과 항소심 모두 유죄를 선고하였다. 특히 항소심은, 피고인의 휴대전화에서 피해자 B와 성명불상자들 대상 범행에 관한 증거인 전자정보가 제1영장에 따른 집행으로 적법하게 압수되었다는 전제 하에, 제1영장에 기재된 혐의사실과 피해자 B와 성명불상자들에 관한 전자정보 사이에 인적·객관적 관련성이 인정되고 설령 그렇지 않더라도 제2영장에 따른 집행으로 같은 증거가 압수되었다는 이유로 증거능력을 인정하였다.

이에 반해 대법원은, 수사기관이 새로운 범죄 혐의의 수사를 위하여 무관정보가 남아 있는 복제본을 열람하면 안 된다는 위 2018도19782 판결의 법리를 설시한 후, 다음과 같이 피해자 B와 성명불상자들에 관한 전자정보의 증거능력을 부정하였다.

> 가) 압수·수색은 해당 혐의사실과 관련된 유관증거를 선별하여 출력하거나 다른 저장매체에 저장하는 등 필요한 절차를 마치면 종료하는 것이므로, 압수·수색영장에 기하여 집행 대상인 전자정보의 선별, 출력 혹은 저장이 이루어지고 그 자리에서 압수목록 및 전자정보확인서까지 교부된 경우에는 원칙적으로 그 시점에 압수·수색이 종

료된 것으로 볼 수 있다. 즉, 경찰이 2022. 6. 24. 제1영장에 기해 피해자 A에 대한 전자정보를 압수하고 같은 날 피고인에게 압수목록까지 교부한 이상, 이때 제1영장에 기한 압수·수색은 종료되었고, 이로써 제1영장은 그 목적을 달성하여 효력이 상실되었다고 보아야 하므로, 2차 압수·수색이 제1영장을 이용한 것이라면 이는 효력을 상실한 영장을 재집행한 것이 되어 그 자체로 위법하다.

나) 2차 압수·수색으로 피해자 B에 관한 전자정보를 압수한 2022. 7. 27.까지 제1영장에 따른 집행이 종료되지 않고 계속되는 상태에 있었던 것으로 보이지 않고, 제1영장의 혐의사실인 피해자 A에 대한 공소사실에 대하여는 그 이전인 2022. 6. 27. 이미 기소까지 이루어진 상태였다. 또한 제1영장의 집행이 종료된 때로부터 2차 압수·수색까지는 1개월 이상의 상당한 시간적 간격이 있었을 뿐만 아니라 2차 압수·수색 당시에는 피고인의 휴대전화가 압수된 상태였기에 그 전자정보에 대한 압수·수색영장을 새로 발부받아 이를 집행하는 것이 곤란한 상황도 아니었다. 수사기관 스스로 제1영장에 기한 집행이 위법하다는 인식 하에 제2영장을 발부받아 3차 압수·수색을 한 점에 비추어 보더라도 제1영장을 이용한 2차 압수·수색은 수사기관의 통상적·원칙적인 집행절차가 아니었음을 나타낸다.

다) 결국 경찰의 2차 압수·수색은 제1영장의 혐의사실인 '피해자 A에 대한 공소사실'과 별도의 범죄 혐의인 '피해자 B에 대한 공소사실'에 대한 수사를 위하여 피해자 A에 대한 제1영장에 기한 전자정보 복제본을 대상으로 영장 없이 압수·수색한 것이다. 즉, 압수·수색절차의 종료로 삭제·폐기의 대상일 뿐 더 이상 수사기관의 탐색·복제·출력 대상이 될 수 없는 복제본을 대상으로 새로운 범죄 혐의의 수사를 위하여 기존 압수·수색 과정에서 출력하거나 복제한 유관정보의 결과물에 대한 열람을 넘어 그 결과물을 이용하여 새로이 영장 없이 압수·수색한 경우에 해당하여, 이는 그 자체로 위법하다고 볼 수 밖에 없다.[20]

20) 대상판결은 3차 압수수색에 대해서도 제1영장의 집행이 종료됨에 따라 당연히 삭제·폐기 되었어야 할 전자정보를 대상으로 한 것이어서 위법하다고 보았는데, 그

대상판결의 논거를 요약하면, 1차 압수수색에서 피해자 A 관련 전자정보를 선별하여 저장한 때에 1차 영장에 따른 압수수색 절차는 종료하였고, 그로부터 1개월 이상 지나 피해자 B와 성명불상자들 관련 전자정보를 새로운 영장 없이 2차 압수수색으로 압수한 것은 제1영장의 효력범위 밖의 일이니 위법하다는 것이다. 얼핏 보면 관련성 문제를 얘기하는 건 아닌 것처럼 보인다.

그런데 대상판결이 명확히 말한 것은 아니나, "압수·수색은 해당 혐의사실과 관련된 유관증거를 선별하여 출력하거나 다른 저장매체에 저장하는 등 필요한 절차를 마치면 종료하는 것"이라고 하면서 피해자 A 대상 범행에 관한 정보를 압수한 순간 제1영장의 집행이 종료한 것으로 판단한 점을 보면, 대상판결은 피해자 B와 성명불상자들 관련 정보는 피해자 A 대상 범행과 관련성이 없다고 본 것이다. "별도의 범죄 혐의", "압수·수색절차의 종료로 삭제·폐기의 대상", "새로운 범죄 혐의", "기존 압수·수색 과정에서 출력하거나 복제한 유관정보의 결과물에 대한 열람을 넘어"라는 표현 역시 이 관련성을 인정하지 않겠다는 설시로 보인다. 그리고 이러한 무관정보가 남아있는 전자정보 복제본을 바로 삭제·폐기하지 않고 계속 갖고 있다가 새로운 영장도 없이 다시 압수하였으니 이는 위법하다는 것이다. 다시 말해, 양자가 관련성 없다고 본다면 대상판결 논리와 같이 제1영장에 따른 압수수색은 피해자 A 대상 범행 관련 정보를 압수한 때에 그 임무를 마치게 되고, 피해자 B와 성명불상자들 관련 정보를 압수하려면 별도의 영장이 있어야 한다는 결론에 이르게 된다.

생각건대, 피고인의 이 사건 범행들은 거의 같은 시점에 장기간에 걸쳐 대부분 아동·청소년들을 대상으로 한 성범죄임을 감안하면, 항소심의 판단처럼 이 범행들은 서로 인적·객관적 관련성이 인정된다고 보는 게 맞다고 생각한다. 이렇게 관련성 있다고 본다면, 1차 압수수

이유는 2차 압수수색의 위법성을 논한 위 다)항 부분과 거의 동일한 취지여서 이에 관한 논의는 생략하기로 한다.

색에서 피해자 A 대상 범행 관련 정보를 압수한 것만으로 제1영장의 집행이 종료하는 게 아니라 사법경찰관이 1차 압수수색에서 발견한 유관정보인 피해자 B와 성명불상자들 관련 정보를 2차 압수수색과 3차 압수수색에서 압수할 때에 비로소 제1영장에 따른 압수수색 절차가 종료한다고 보는 게 적절하다.[21]

아니, 그런데, 피해자 B와 성명불상자들 관련 정보가 피해자 A 대상 범행의 유관정보인가 무관정보인가의 판단문제를 떠나서, 이 사건의 압수수색 과정을 다음과 같이 복기해 보면서 피해자 B와 성명불상자들 관련 정보가 유관정보인가 무관정보인가를 구분하는 작업이 과연 무슨 의미가 있는가 하는 점을 따져보기로 한다.

사법경찰관은 제1영장으로 1차 압수수색을 진행하면서 피고인의 휴대전화를 탐색하다 피해자 A가 촬영된 영상들 외에 피해자 B와 성명불상자들이 촬영된 영상들을 발견하였다. 전자정보를 선별하던 중에 영장 기재 범죄와 무관한 정보가 우연히 발견되면 더 이상의 추가 탐색을 중단하고 별건 범죄혐의에 대한 압수수색영장을 다시 발부받아야 하므로(대법원 2015. 7. 16.자 2011모1839 전원합의체 결정, 대법원 2021. 11. 18. 선고 2016도348 전원합의체 판결), 이 사법경찰관은 피해자 B와 성명불상자들이 촬영된 영상들이 제1영장의 범죄혐의사실과 유관정보인지 무관정보인지를 따져보려고 할 것이다. 판례 논리로는 이게 맞고 의문의 여지가 없고 간명해 보인다.

그런데 여기서 '탐색'이란 무엇을 말하는가? 수사관은 압수수색을 하고 있는 현장에서는 정보저장매체에 저장된 전자정보의 내용을 자세히는 살펴보지 않는다. 각 정보의 대략적인 내용만 신속히 확인하면서(바로 이게 '탐색'이다), 혐의사실과 아예 관련 없어 보이는 정보들은

21) 또한, 1차 압수수색과 2차 압수수색 사이에 1개월 이상의 간격이 있다는 사실이 그 사이에 제1영장의 집행이 종료한 데 대한 근거라고 보기도 곤란하다. 이 사건을 수사한 사법경찰관이 이 한 달 동안 이 사건 한 건만을 수사하고 있지는 않았을 것이기 때문이다.

그냥 지나쳐버리다가(바로 이게 '선별'이다) 일응 혐의사실과 관련 있어 보인다 싶은 정보가 눈에 띄면 일단 수사관의 저장매체에 따로 옮겨 담는다(바로 이게 선별에 이은 '압수'이다). 정보의 내용을 자세히 확인하는 게 탐색이 아니다. 예를 들어, 1시간짜리 동영상을 발견한 경우 압수수색 현장에서 이를 처음부터 끝까지 다 틀어보는 게 탐색이 아니다. 처음 1-2분 분량만 틀어보거나 군데군데 스킵을 하면서 대략의 내용을 파악해보는데 이게 '탐색'이고, 이러다 이게 증거가 되겠다 싶은 생각이 들어 옮겨 담는 게 압수이고, 여기서 압수수색 절차는 끝나는 것이다.

이 사안에서의 사법경찰관도 1차 압수수색 과정에서 피고인의 휴대전화를 탐색할 때는 피해자 B와 성명불상자들이 촬영된 영상을 자세히는 살펴보지 않았을 것이다. 영상을 대략만 틀어보고는 이게 뭔가 피해자 A 대상 범행에 관해 증거가 되지 않을까 싶어 일단 자신의 저장매체에 이를 옮겨 담은 것이다. 피고인이 참여권을 포기해서 이 탐색 과정에 참여하지도 않았으니 이 영상이 누가 왜 어떻게 촬영한 영상인지 물어볼 수도 없고, 정확히 뭔지는 모르겠으나 뭔가 피해자 A 대상 범행과도 닮은 내용이 보이니 일단 옮겨 담은 것이다. 설령 피고인이 그 자리에 있어서 바로 이 영상들이 무슨 영상인지를 물을 수 있었더라도, 만약 피고인이 이를 상대방의 동의를 받고 촬영한 것이라거나 인터넷에서 다운받은 남의 영상이라고 둘러대면서 범죄 관련성을 부인하거나 혹은 진술거부권을 행사한다면 수사관 입장에서 바로 그 자리에서 이게 영장의 혐의사실과 관련성 있다고 판단하거나 다른 별개 범죄의 증거라고 판단한다는 건 매우 곤란한 일일 것이다. 그러니 탐색 현장에서는 이 영상들에 대해 곧바로 어떠한 판단을 내리지 못한 채 그냥 옮겨 담기만 할 수밖에 없었을 것이다. 옮겨 담고 나서, 이렇게 압수수색 절차가 끝나고 나서야, 나중에 비로소 담아온 그 영상들을 처음부터 끝까지 틀어보고 하나하나 찬찬히 살펴보면서, 또 피의자를 소환하여 이에 관해 질문하고 답을 들으면서, 이 중에서 정말로 증거로 쓸 정보들을 추려내는 작업을 다시 하게 되는 것이다.

다시 말해, 수사관이 탐색을 하는 시점까지는 피해자 B와 성명불상자들이 촬영된 영상들이 유관정보이다 또는 무관정보이다 하는 판단은 아직 할 수가 없는 상황이고, 압수수색 절차가 끝나고 나서 가져온 정보들을 하나하나 찬찬히 살펴보고 필요한 경우 이에 대해 피의자에게 물어서 확인하는 과정을 거치면서 비로소 유관정보인지 무관정보인지를 파악할 수 있게 되는 것이다. 대상판결은 종래의 판례 법리대로 "수사기관은 하드카피나 이미징 등 형태에 담긴 전자정보를 탐색하여 혐의사실과 관련된 정보를 선별하여 출력하거나 다른 저장매체에 저장하는 등으로 압수를 완료하면 혐의사실과 관련 없는 전자정보를 삭제·폐기하여야 한다"라면서 탐색 과정에서 바로 유관정보와 무관정보가 금방 구분될 수 있는 것처럼 설시하고 있지만, 탐색은 1시간짜리 동영상 전부를 틀어보는 식으로 정보의 내용을 자세히 살피는 과정이 아니므로 그 자리에서 유관정보인지 무관정보인지를 쉽게 구분하거나 삭제·폐기를 할 것인지 말 것인지의 판단이 바로 설 수 있는 단계가 아닌 것이다.

따라서 이 사안에선 제1영장에 따른 1차 압수수색에서 사법경찰관이 피해자 A, B, 성명불상자들이 촬영된 영상과 다른 정보들을 모두 사법경찰관의 저장매체에 저장한 시점에 압수수색 절차가 종료되고 이는 유효하게 압수가 된 것이며, 그 이후의 2차 압수수색이나 3차 압수수색에서 다시 새로운 압수수색이 이루어지는 게 아니라고 보아야 한다.

이러한 이유로 이 사건의 사법경찰관은 피해자 B와 성명불상자들 관련 정보가 제1영장의 포섭범위에 들 수 있다고 판단하여 별도의 영장을 받을 생각은 하지 못하였을 것이다. 1심과 항소심도 피해자 B와 성명불상자들 관련 정보가 제1영장 범죄사실과 관련성 있다고 판단했듯이 말이다. 이 사법경찰관은 1심과 항소심 재판부만큼은 관련성 법리를 이해하고 있었던 것이다.

그런데 난데없이 검사가 제2영장을 받아 3차 압수수색을 다시 하라는 보완수사를 요구하였다. 결과론적으로 봤을 때 쓸데없는 짓을 한 것이고 괜히 위법수사라는 의심만 사게 되었다. 그러면 대상판결도 지적했듯이, 검사도 별도의 영장 없이 진행된 2차 압수수색이 위법하다고 생각해서였을까? 검사가 제2영장을 받으라고 보완수사를 요구한 이유는, 아마도 관련성이 인정될 것 같기는 하지만 그냥 기소했다가 만에 하나라도 한참 후의 재판과정에서 관련성을 인정받지 못해 무죄를 받으면 곤란하므로 이제라도 안전장치로 영장을 받아놓자고 생각한 것일 뿐으로 보인다. 1심과 항소심 및 상고심에서의 관련성 판단이 이렇게 서로 엇갈리는 일이 흔하니, 검사의 입장에선 미래를 섣불리 낙관만 할 순 없기 때문이다.

대상판결로 인해 이제 검사와 사법경찰관은 이런 내용의 사례에서는 관련성이 인정되지 않는다는 사실을 비로소 알게 되었다. 그러면 검사와 사법경찰관의 입장에서 이제 이런 유형의 사안에서 전자정보 압수수색 절차에 대한 의문이 말끔히 해소된 것일까? 아마도 그렇지 않을 것 같다. 여전히 판례가 알려주는 전자정보 압수수색 절차는, 특히 관련성이 있는지 없는지의 문제는 여전히 압수수색 현장에서 곧바로 판단하기 어렵고 난해하기 짝이 없어, 앞으로도 검사가 사법경찰관에게 안전장치용 영장을 받아놓으라고 보완수사를 요구하는 광경을 계속 보게 될 것 같다. 물론 위법수집증거 분야에서 사후 영장은 아무런 실익이 없는 것이긴 하지만.[22]

---

22) 이 사건에서도 위법한 압수에도 불구하고 사후 압수수색영장은 발부되었는데, 대상판결에서도 보듯 위법수집증거는 사후 영장을 받았어도 증거로 쓸 수 없다는 게 판례의 일관된 입장임에 비추어 볼 때 사후 압수수색영장은 과연 어떠한 의미가 있는 것인가 하는 의문이 생긴다.

사후 압수수색영장의 심사 단계에서 바로 위법수집증거라고 판정되어 영장이 기각되었다면 압수 이후의 위법한 후속수사가 더 이상 진행될 수 없었을 것이므로 위법수사 방지라는 위법수집증거 배제법칙 본연의 역할에 충실할 수 있지 않았을까 싶기도 하지만, 위법수집증거 배제법칙은 사후에 재판과정에서 적용되는

(3) 대법원 2023. 6. 1. 선고 2020도2550 판결

앞에서 '압수조서와 압수목록 미작성의 효과' 항목에서 살펴본 판결과 같은 판결이다.

피고인이 2018. 9. 21.경부터 2019. 1. 13.경까지 8회에 걸쳐 자신의 휴대전화로 잠이 든 피해자 A를 비롯한 피해자 3명의 신체를 그 의사에 반해 촬영하여 성폭력범죄의처벌등에관한특례법위반(카메라등이용촬영) 혐의로 기소된 사안이다. 피해자 A는 2018. 12. 26.자 불법촬영 혐의사실로 피고인을 고소하였고, 사법경찰관이 피고인을 조사하면서 피고인의 휴대전화를 확인하다 다른 피해자들에 대한 불법촬영 동영상도 함께 발견하여 피고인으로부터 이를 임의제출받았다.

피고인은 범행 일체를 자백하여 1심은 전부 유죄를 선고하였으나, 항소심은 피해자 A를 제외한 나머지 피해자 2명에 대한 공소사실은 무죄를 선고하였다. 그 이유는, 피고인이 다른 피해자 2명이 촬영된 불법촬영 동영상을 임의제출할 당시 피해자 A가 고소한 A 대상 범행에 관한 사진만 임의로 제출할 의사였을 뿐 다른 피해자 2명 대상 불법촬영 동영상까지 임의로 제출할 의사를 명시하였는지는 불확실하므로, 이 불법촬영 동영상은 피해자 A 대상 범행과 관련성이 없고 사법경찰관이 이를 압수한 것은 관련성이 인정되는 범위를 초과하여 위법하다는 것이다.

이에 반해 대법원은, 다른 피해자 2명 대상 불법촬영 동영상에 관하여 다음과 같이 판시하며 관련성과 증거능력을 인정하였다.

> 피고인이 이 사건 동영상을 임의제출할 당시에는 제출 범위를 명

증거법 원칙일 뿐이므로 위법수사가 행해지는 바로 그 시점에 그 위법수사를 통제하지는 못한다. 위법수사가 행해지는 시점의 직전이나 직후에 그 위법수사를 통제하는 수단이 영장 제도이지만, 수사 초기 단계여서 수사관이나 법관이나 당해 사안의 전체적인 모습을 알기 힘들고 아울러 신속한 판단이 필요한 압수수색 영장 심사 단계에서는 '이건 위법수사이다'라는 사후적이고 종합적인 성격의 판단을 빠르게 하기는 쉽지 않다.

> 확히 밝히지 않았으므로, 임의제출에 따른 압수의 동기가 된 범죄혐의사실과 관련되고 이를 증명할 수 있는 최소한의 가치가 있는 전자정보에 한하여 압수의 대상이 된다. 그런데 이 사건 동영상은 2018. 9. 21.부터 2019. 1. 13.까지 촬영된 것으로 피해자 A에 대한 불법촬영 범행일시인 2018. 12. 26.과 시간적으로 근접하고, 카메라의 기능과 정보저장매체의 기능을 함께 갖춘 이 사건 휴대전화기로 자신과 성관계를 맺은 피해 여성들의 음부를 촬영하였다는 점에서 이 사건 임의제출에 따른 압수의 동기가 된 범죄혐의사실과 범행 장소, 수단, 방법 등이 유사하다. 따라서 피해자 A에 대한 범행은 범죄의 속성상 상습성이 의심되거나 성적 기호 내지 경향성의 발현에 따른 일련의 행위의 일환으로 이루어진 것으로 의심할 여지가 많아 이 사건 동영상은 범행동기와 경위, 범행 수단과 방법, 범행 시간과 장소 등을 증명하기 위한 간접증거나 정황증거 등으로 사용될 수 있는 관계에 있다고 볼 수 있다. 결국 이 사건 동영상은 임의제출에 따른 압수의 동기가 된 범죄혐의사실인 피해자 A에 대한 불법촬영 범행과 구체적·개별적 연관관계가 있는 전자정보로서 관련성이 인정된다.

대상판결도 피고인이 이 사건 동영상들을 임의제출할 당시 그 제출범위를 명확히 밝히지 않았다고 설시하긴 하였으나, 피고인이 수사관과 함께 휴대전화에 저장된 정보들을 살펴보면서 다른 피해자들에 대한 범행에 관해서도 자백하며 그 동영상들을 임의제출한 것이므로, 피고인이 다른 피해자들 관련 동영상을 제출할 의사가 없었다고 보기는 어려운 사안이 아닌가 싶다.

설령 피고인의 제출범위에 관한 의사가 명확하지 않았다 하더라도, 피해자 A 대상 범행과 다른 피해자 2명 관련 정보 사이에 관련성이 없다고 본 항소심의 판단은, 양자가 범행 기간, 장소, 수단, 방법 등이 유사한 성범죄인 점에 비추어 볼 때 역시 압수된 전자정보의 관련성 여부가 쟁점이 되었던 대법원 2020. 2. 13. 선고 2019도14341, 2019전도130(병합) 판결,[23] 대법원 2021. 11. 25. 선고 2021도10034 판결[24] 사례와 비교하더라도 관련성의 범위를 지나치게 좁게 해석한 것이다.

아무튼 이 사건도 '1심 관련성 인정 → 항소심 관련성 부정 → 상고심 관련성 인정'이라는 엎치락뒤치락 과정을 거치며, 관련성 요건이 판단하기 매우 어려운 법리라는 점을 잘 보여준다.

(4) 대법원 2023. 12. 14. 선고 2020도1669 판결

앞에서 '실질적 피압수자에 대한 참여권 보장' 항목에서 살펴본 판결과 같은 판결이다.

피고인은 ① 2017. 4. 2.경부터 2017. 11. 15.경까지 사이에 17회에 걸쳐 음란합성사진 제작자에게 피해자 A(여, 20세)를 비롯한 여러 여성들의 모습이 합성된 음란합성사진 제작을 교사하고(음화제조교사), ② 2016. 7. 14.경부터 2017. 11. 6.경까지 사이에 총 6회에 걸쳐 지하철이나 학원 강의실 등지에서 여고생들의 신체를 몰래 촬영한{성폭력범죄

23) 피고인이 2018. 5. 6.경 피해자 A(여, 10세)에 대하여 저지른 간음유인미수 및 성폭력범죄의처벌등에관한특례법위반(통신매체이용음란) 범행과 관련하여 수사기관이 피고인 소유의 휴대전화를 압수하였는데, 휴대전화 디지털포렌식 결과 피고인이 2017. 12.경부터 2018. 4.경까지 사이에 저지른 피해자 B(여, 12세), C(여, 10세), D(여, 9세)에 대한 간음유인 및 간음유인미수, 미성년자의제강간, 성폭력범죄의처벌등에관한특례법위반(13세미만미성년자강간), 성폭력범죄의처벌등에관한특례법위반(통신매체이용음란) 등 범행에 관한 자료들이 압수되어 그 증거능력이 문제된 사안에서, 이 추가자료들로 인해 밝혀진 피고인의 B, C, D에 대한 범행은 압수수색영장의 범죄사실과 단순히 동종 또는 유사 범행인 것을 넘어서서 구체적·개별적 연관관계가 있는 경우로서 객관적·인적 관련성을 모두 갖추었다고 판시하였다.

24) 피고인이 2019. 11. 9. 위력으로 13세 미만 미성년자인 피해자 A를 추행하고 그의 의사에 반하여 그 신체를 촬영한 범행과 관련하여 피고인의 휴대전화 압수 결과, 2018. 8. 12.경부터 2020. 3. 16.경까지 총 18회에 걸쳐 피해자 A를 포함하여 총 14명의 피해자들을 상대로 한 성적 학대행위, 아동·청소년이용음란물 제작과 소지 등으로 아동·청소년의성보호에관한법률위반(음란물제작·배포등), 아동복지법위반(아동에대한음행강요·매개·성희롱등), 청소년성보호법위반(음란물소지) 혐의로 기소된 사안에서, 피해자 A 대상 범행만이 기재된 압수수색영장에 따라 압수된 각 전자정보와 그 분석결과 등은 혐의사실의 간접증거 또는 정황증거로 사용될 수 있는 경우에 해당하여 위 영장 기재 혐의사실과의 객관적 관련성이 인정된다고 판시하였다.

의처벌등에관한특례법위반(카메라등이용촬영)} 혐의로 기소되었다.

피해자 A가 자신과 다른 피해자들 대상 음란합성사진이 들어있는 피고인의 분실 휴대전화를 습득하여 피고인을 음화제조 혐의로 고소하고 그 휴대전화를 임의제출하였다. 사법경찰관은 피해자 A에게 이 휴대전화에 저장된 전자정보 전부를 제출하는 취지인지 등 제출범위에 관한 의사를 따로 확인하지는 않은 채 디지털포렌식을 통해 ① 피해자 A 대상 음란합성사진 외에 ② 다른 피해자들 대상 음란합성사진 및 ③ 지하철이나 학원 강의실 등지에서의 여고생들 대상 불법촬영사진도 발견하였는데, 별도의 영장은 받지 않은 채 ① 피해자 A와 ② 다른 피해자들 대상 음란합성사진만 출력하고 피고인에 대해 피의자신문을 실시하는 등 수사를 진행하였다. 이후 피고인이 군입대하여 군검찰로 사건이 송치되자, 군검사는 영장을 발부받아 위 휴대전화에 대한 디지털포렌식을 다시 진행하여 사법경찰관이 출력하지 않았던 ③ 지하철이나 학원 강의실 등지에서의 불법촬영사진까지 출력하여 이 부분도 기소하면서 이를 증거로 제출하였다. 이에 군검사가 압수한 불법촬영사진의 증거능력이 쟁점이 되었다.

항소심은 그 증거능력을 모두 인정하였으나, 대법원은 다음과 같이 판시하여 이 불법촬영사진의 증거능력을 부정하였다.

> 피고인이 지하철, 학원 등지에서 성명불상의 여고생들을 몰래 촬영한 사진은 임의제출에 따른 압수의 동기가 된 범죄혐의사실인 음화제조교사 부분과 구체적·개별적 연관관계 있는 전자정보로 보기 어렵다. 그런데 사법경찰관은 별도의 범죄혐의와 관련된 전자정보를 우연히 발견하였음에도 더 이상의 추가 탐색을 중단하거나 법원으로부터 압수·수색영장을 발부받지 않았으므로, 그러한 정보에 대한 압수·수색은 위법하다.

대상판결은 피고인 자신이 직접 지하철과 학원 강의실 등지에서 여고생들의 신체를 몰래 촬영한 사진은 피고인이 타인에게 여성들의 사진을 합성해 음란합성사진을 만들도록 교사한 범행과 관련성이 없다고 판단하였다.

생각건대, 두 범행의 범행방법이나 행위태양이 서로 다르기는 하나, 내가 직접 음란한 사진을 만드는 것과 남을 시켜 음란한 사진을 만드는 게 얼마나 다른 건지는 모르겠다. 양자는 사실상 범행의 상습성이 의심되거나 성적 기호 내지 경향성의 발현에 따른 일련의 범행의 일환으로 모두 비슷한 시점에 이루어진 범행인 점을 감안할 때, 관련성이 인정되어야 한다고 생각한다.

라. 압수수색영장 집행 착수 이후 수신된 휴대전화 메시지의 압수 가부

대법원 2023. 3. 16. 선고 2020도5336 판결 사안에서, 사법경찰관은 A에 대한 대마 판매광고와 대마 매매 협의의 압수수색영장(이하 '제1 영장')을 유효기간 2019. 3. 31.까지로 하여 발부받아 3. 7. A로부터 휴대전화 3대 등을 압수하였다. 4. 8. A의 대마 판매광고를 본 피고인이 A의 검거사실을 모른 채 A의 메신저 계정으로 대마를 구입하고 싶다는 메시지를 보냈는데, 이를 발견한 사법경찰관이 A의 행세를 하면서 피고인과 메시지를 주고받는 위장수사를 진행한 끝에 4. 10. 피고인을 현행범인 체포하고 휴대전화와 소지품을 압수한 다음 사후 압수수색영장을 발부받았다.

1심과 항소심은, 피고인이 A에게 위 메시지를 보낸 4. 8.경까지 사법경찰관이 제1영장의 집행을 계속하고 있었다고 볼 만한 자료가 없고 A가 3. 21. 이미 기소되었기에 늦어도 3. 21. 무렵에는 제1영장의 집행을 종료한 것으로 보아야 하고, 4. 8. 이후에는 피고인이 A에게 보낸 메시지 등의 정보를 취득하기 위해 제1영장을 다시 집행할 수는 없으므로, 위 메시지 등을 기초로 피고인을 현행범인 체포하면서 압수한 증거물은 사후 영장을 받았더라도 위법수집증거라고 보았다.

검사는 사법경찰관이 A의 기소 이후에도 제1영장으로 A의 휴대전화를 계속 보관하는 것은 적법하고 사법경찰관이 피고인의 위 메시지를 취득한 것은 제1영장의 효력범위 내에 있으며 피고인으로부터 압수한 증거물은 사후 영장을 받아 적법하다고 주장하며 상고하였으나, 대법원은 다음과 같이 판시하며 검사의 상고를 기각하였다.

> 형사소송법 제215조에 의한 압수·수색영장은 수사기관의 압수·수색에 대한 허가장으로서 거기에 기재되는 유효기간은 집행에 착수할 수 있는 종기를 의미하는 것일 뿐이므로, 수사기관이 압수·수색영장을 제시하고 집행에 착수하여 압수·수색을 실시하고 그 집행을 종료하였다면 이미 그 영장은 목적을 달성하여 효력이 상실되는 것이고, 동일한 장소 또는 목적물에 대하여 다시 압수·수색할 필요가 있는 경우라면 그 필요성을 소명하여 법원으로부터 새로운 압수·수색영장을 발부받아야 하는 것이지, 앞서 발부받은 압수·수색영장의 유효기간이 남아있다고 하여 이를 제시하고 다시 압수·수색을 할 수는 없다(대법원 1999. 12. 1. 자 99모161 결정 참조).

한번 집행하여 압수수색 절차가 종료된 영장은 유효기간이 남아있어도 동일한 장소나 목적물에 대해 재차 집행하지 못한다는 대상판결의 결론은 타당하다. 그리고 휴대전화와 그에 저장된 정보에 대한 압수수색영장 집행 종료 이후에 휴대전화의 메신저 계정에 수신된 메시지는 종전 영장의 압수범위에 포함되지 않는다고 보아야 할 것이다.

다만, 일반적으로 마약범죄는 판매자이든 투약자이든 단 한 번의 범행만으로 그치지 않기에 수사도 단발성으로 끝나지는 않고 검거된 마약사범의 상선이나 하선 등 앞뒤로 연결된 다른 마약사범들에 대한 여죄 수사가 이어지게 마련인데, 대상판결의 사안에서 사법경찰관이 어떤 방법으로 여죄 수사를 진행해야 적법하였을까?

대상판결은 “A가 자신의 휴대전화 메신저 계정까지 별건 수사에 사용하여도 좋다고 동의한 사정은 보이지 않는다. 따라서 경찰은 A의 휴대전화 메신저에 접속하여 이 사건 메시지 등을 송·수신할 수 없다”라고 설시하였는데, 이처럼 A가 여죄 수사에 협조하기로 하고 자신의 메신저 계정에 수신되는 향후의 메시지들을 사법경찰관에게 임의로 제공하는 건 가능할 것이다.

그러나 A가 그러한 협조를 하지 않는 한, 이 휴대전화는 제1영장에 의해 압수수색이 종료된 이상 사법경찰관의 손에 더 머물러 있을 순 없고 압수물 창고로 들어가야 한다.[25] 마약범죄는 감청 대상 범죄도 아니니 장래에 이 휴대전화 메신저 계정에 수신될 메시지를 수사기관이 강제로 확보할 방법도 없다. 수사는 A에 대한 형사처벌 한 건으로만 단발성으로 끝나고, 더 이상의 여죄 수사는 불가능할 것이다.

마. 압수수색 처분 관련 준항고 절차의 심리방식

검사나 사법경찰관이 전자정보 압수수색 과정에서 피압수수색 당사자나 변호인에게 참여의 기회를 보장하지 않는 등 절차를 위반한 경우, 이는 압수에 관한 처분이므로 준항고에 의하여 그 직무집행지의 관할법원 또는 검사의 소속 검찰청에 대응한 법원에 그 처분의 취소 또는 변경을 청구할 수 있다(형사소송법 제417조).

대법원 2023. 1. 12.자 2022모1566 결정은, 고위공직자범죄수사처(이하 ‘수사처’)가 압수수색을 진행하면서 피의자에게 참여권을 보장하지 않고 압수목록도 교부하지 않았으므로 이 압수수색 처분이 취소되어야 한다는 취지로 피의자가 법원에 준항고와 재항고를 제기한 사안이다.

원심은, 피의자가 준항고를 제기하면서 압수수색 처분의 주체로 특정한 수사처검사가 실제로 압수수색 처분을 하였다는 사실이 인정

25) A의 휴대전화가 증거물로서 검찰에 송치된 것도 아니고, 증거물이 아니어서 A에게 환부된 것도 아니고, A의 기소 이후에도 어떤 근거로 사법경찰관의 손에 그 휴대전화가 계속 들려있을 수 있었는지는 모르겠다.

되지 않고, 피의자를 압수수색 대상자로 하여 어떠한 압수수색 처분이 있었다고 인정할 자료가 부족하다는 이유로 준항고를 기각하였다.

반면, 대법원은 준항고 절차의 성격과 준항고에서의 실효성 있는 심리 절차에 대해 설시하면서, 준항고인이 불복 대상이 되는 압수수색 처분에 관해 구체적으로 특정하지 못할 경우 법원은 석명권 행사 등을 통해 준항고인에게 이를 특정할 수 있는 기회를 부여하여야 한다는 이유로 피의자의 재항고를 인용하였다.

다만, 대상결정에 대해서는 우리 연구회 2022년 판례 회고[26]에서 이미 다룬 적이 있으므로, 이 글에는 그 결정 요지만 옮기고 구체적인 설명은 생략하기로 한다.

> 가. 형사소송법은 수사기관의 압수·수색영장 집행에 대한 사후적 통제수단 및 피압수자의 신속한 구제절차로 준항고 절차를 마련하여 검사 또는 사법경찰관의 압수 등에 관한 처분에 대하여 불복이 있으면 처분의 취소 또는 변경을 구할 수 있도록 규정하고 있다(제417조). 피압수자는 준항고인의 지위에서 불복의 대상이 되는 압수 등에 관한 처분을 특정하고 준항고취지를 명확히 하여 청구의 내용을 서면으로 기재한 다음 관할법원에 제출하여야 한다(형사소송법 제418조). 다만 준항고인이 불복의 대상이 되는 압수 등에 관한 처분을 구체적으로 특정하기 어려운 사정이 있는 경우에는 법원은 석명권 행사 등을 통해 준항고인에게 불복하는 압수 등에 관한 처분을 특정할 수 있는 기회를 부여하여야 한다.
>
> 나. 형사소송법 제417조에 따른 준항고 절차는 항고소송의 일종으로 당사자주의에 의한 소송절차와는 달리 대립되는 양 당사자의 관여를 필요로 하지 않는다(대법원 1991. 3. 28. 자 91모24 결정, 대법원 2022. 11. 8. 자 2021모3291 결정 등 참조). 따라서 준항고인이 불복의

26) 이창온, 앞의 글, 574쪽(대상판결의 취지는 압수수색의 주체나 진행 상황을 명확히 알기 어려운 피압수자를 위하여 법원이 석명권 행사 등을 통해 준항고 절차에서 실질적으로 권리 보호가 이뤄질 수 있도록 해야 한다는 것이어서, 타당한 판결이라고 평석하였다).

대상이 되는 압수 등에 관한 처분을 한 수사기관을 제대로 특정하지 못하거나 준항고인이 특정한 수사기관이 해당 처분을 한 사실을 인정하기 어렵다는 이유만으로 준항고를 쉽사리 배척할 것은 아니다.

(중략)

1) 준항고인은 원심법원에 제출한 준항고청구서에서 수사기관의 압수·수색 당시 압수·수색영장을 제시받지 못하였고 참여를 위한 통지조차 받지 못하였기 때문에 준항고 절차에서 압수·수색 처분의 내역 등을 확인할 수 있을 것이라는 취지의 주장을 하면서, 준항고취지를 '수사처 소속 검사들이 2021. 9. 초순경부터 2021. 11. 30.까지 사이에 피의자(준항고인)를 대상으로 실시한 압수·수색 처분 중 피의자에 대한 통지절차를 거치지 아니하여 피의자의 참여권을 보장하지 아니한 압수·수색 처분을 모두 취소한다.'라고 기재하였다.

2) 준항고인이 참여의 기회를 보장받지 못하였다는 이유로 압수·수색 처분에 불복하는 경우, 준항고인으로서는 불복하는 압수·수색 처분을 특정하는 데 한계가 있을 수밖에 없다. 특히나 제3자가 보관하고 있는 전자정보에 대하여 압수·수색을 실시하면서 그 전자정보의 내용에 관하여 사생활의 비밀과 자유 등의 법익 귀속주체로서 해당 전자정보에 관한 전속적인 생성·이용 등의 권한을 보유·행사하는 실질적 피압수자이자 피의자인 준항고인에게 통지조차 이루어지지 않은 경우에는 더욱 그러하다.

3) 사정이 그와 같다면, 원심으로서는 준항고취지에 압수·수색 처분의 주체로 기재된 수사기관뿐만 아니라 준항고취지에 기재된 기간에 실제로 압수·수색 처분을 집행한 것으로 확인되거나 추정되는 수사기관, 사건을 이첩받는 등으로 압수·수색의 결과물을 보유하고 있는 수사기관 등의 압수·수색 처분에 대하여도 준항고인에게 석명권을 행사하는 등의 방식으로 불복하는 압수·수색 처분을 개별적, 구체적으로 특정할 수 있는 기회를 부여하여야 한다.

4) 나아가 특정된 각 압수·수색 처분을 한 수사기관과 준항고취지에 기재된 수사기관이 일치하지 않는 경우에는 준항고인에게 준항

고취지의 보정을 요구하는 등 절차를 거쳐 이를 일치시키는 방식으로 준항고취지를 보다 명확히 한 다음, 해당 압수·수색 처분이 위법한지 여부를 충실하게 심리, 판단하여야 한다. 준항고인이 준항고취지에서 압수·수색 처분을 한 주체로 지정한 수사처 검사가 압수·수색 처분을 한 사실이 인정되지 않는다는 이유만으로 준항고를 배척할 것은 아니다.

5) 원심이 수사처 검사에 대하여 2021. 12. 13.에 이어 2022. 1. 19. 거듭 준항고인을 피의자로 하여 집행된 압수·수색 처분의 내역을 제출하도록 석명하였지만, 수사처 검사는 이에 응하지 않았고 그러던 중 원심결정 전 2022. 5. 4. 본안 사건(서울중앙지방법원 2022고합326호)에 관하여 공소가 제기되었다. 실제로 이 사건의 본안 사건 수사기록 목록을 보면, 준항고인이 주장한 바와 같이 수사처 및 서울중앙지방검찰청이 준항고인을 피의자로 하여 집행한 압수·수색 영장 내역이 여럿 포함되어 있음을 알 수 있다. 이러한 경위나 전후 사정을 보면, 원심으로서는 당사자에 대한 석명과 동시에 본안 사건의 진행경과를 지켜보면서 준항고인으로 하여금 수사기록 목록 등과 같은 압수·수색영장의 집행 관련 자료들을 확보하여 제출할 수 있는 기회를 부여할 필요가 있었다.

다. 그럼에도 원심은 그와 같은 조치를 취하지 아니한 채 준항고인이 압수·수색 처분의 주체로 지정한 수사처 검사가 압수·수색 처분을 한 사실이 없다거나 준항고인을 압수·수색영장 대상자로 하여 어떠한 물건에 대한 압수·수색 처분을 하였다고 인정할 자료가 없거나 부족하다는 이유만으로 준항고인의 이 부분 청구를 기각하였다. 이러한 원심의 판단에는 준항고 대상 특정에 관한 법리를 오해하고 필요한 심리를 다하지 않아 재판에 영향을 미친 잘못이 있다.

3. 공범에 대한 검사 작성 피의자신문조서의 증거능력

대법원 2023. 6. 1. 선고 2023도3741 판결은, 피고인이 A에게 필로폰을 판매한 혐의로 기소된 사안에서 A에 대한 검사 작성의 피의자신문조서의 증거능력에 관해 새로운 법리를 제시한 판결이다.

A는 피고인으로부터 필로폰을 매수하여 투약한 혐의로 먼저 유죄 판결이 확정되었는데, 당시 자신에 대한 사건의 수사와 재판과정에서 일관하여 피고인으로부터 필로폰을 매수한 사실을 인정하면서 자신이 피고인에게 필로폰 판매를 요구한 사실, 그 대금을 지급한 수단과 필로폰을 전달받은 방법 등에 관하여 상세히 진술하였다가, 나중에 따로 진행된 피고인 사건의 1심 재판과정에 증인으로 나와서는 종전 진술을 번복하여 피고인으로부터 필로폰을 매수한 사실을 부인하였다.

1심과 항소심은, A의 법정 진술에 신빙성이 없다고 보고 A에 대한 사건의 수사과정에서 작성된 'A에 대한 검사 작성의 피의자신문조서 사본'을 증거로 채택하여 피고인을 유죄로 판단하였다.

반면, 대법원은 다음과 같은 새로운 법리와 함께 A에 대한 검사 작성의 피의자신문조서 사본의 증거능력을 부정하였다.[27]

> 가. 2020. 2. 4. 법률 제16924호로 개정되어 2022. 1. 1.부터 시행된 형사소송법 제312조 제1항은 검사가 작성한 피의자신문조서의 증거능력에 대하여 '적법한 절차와 방식에 따라 작성된 것으로서 공판준비, 공판기일에 그 피의자였던 피고인 또는 변호인이 그 내용을 인정할 때에 한정하여 증거로 할 수 있다'고 규정하였다. 여기서 '그 내용을 인정할 때'라 함은 피의자신문조서의 기재 내용이 진술 내용대로 기재되어 있다는 의미가 아니고 그와 같이 진술한 내용이 실제 사실과 부합한다는 것을 의미한다(대법원 2023. 4. 27. 선고 2023도2102 판결 참조).
>
> 나. 형사소송법 제312조 제1항에서 정한 '검사가 작성한 피의자신문조서'란 당해 피고인에 대한 피의자신문조서만이 아니라 당해 피고인과 공범관계에 있는 다른 피고인이나 피의자에 대하여 검사가 작성

27) 다만, 쟁점이 된 이 피의자신문조서 사본 외에 A가 범행 당일 피고인에게 필로폰 대금 50만 원을 송금한 내역 등 나머지 증거능력 있는 증거만으로도 공소사실을 유죄로 인정하기에 충분하다는 이유로 피고인의 상고를 기각하였다.

> 한 피의자신문조서도 포함되고, 여기서 말하는 '공범'에는 형법 총칙의 공범 이외에도 서로 대향된 행위의 존재를 필요로 할 뿐 각자의 구성요건을 실현하고 별도의 형벌 규정에 따라 처벌되는 강학상 필요적 공범 또는 대향범까지 포함한다. 따라서 피고인이 자신과 공범관계에 있는 다른 피고인이나 피의자에 대하여 검사가 작성한 피의자신문조서의 내용을 부인하는 경우에는 형사소송법 제312조 제1항에 따라 유죄의 증거로 쓸 수 없다.

대법원은 이 법리에 따라 피고인과 변호인이 'A에 대한 검찰 피의자신문조서 사본'에 대해 내용부인 취지로 '증거로 사용함에 동의하지 않는다'라는 의견을 밝혔음에도 원심이 이를 유죄의 증거로 사용한 것은 형사소송법 제312조 제1항[28]에 관한 법리를 오해한 것이라고 판단하였다. 대상판결 이후 선고된 다른 하급심 판결에서도 이러한 법리를 새로이 적용한 판단을 하고 있다.[29]

공범에 대한 피의자신문조서의 증거능력과 관련하여 종래 대법원의 확립된 법리는, ① 사법경찰관이 작성한 피의자신문조서는 당해 피고인에 대한 조서이든 공범에 대한 조서이든 동일하게 제312조 제3항[30]이 적용되어 피고인이 내용부인하면 피고인의 재판에서 모두 증거능력이 없고, ② 이와 달리 검사가 작성한 피의자신문조서는 당해 피고인에 대한 조서는 제1항[31]이 적용되고 공범에 대한 조서는 참고

28) 제312조 제1항 < 검사가 작성한 피의자신문조서는 적법한 절차와 방식에 따라 작성된 것으로서 공판준비, 공판기일에 그 피의자였던 피고인 또는 변호인이 그 내용을 인정할 때에 한정하여 증거로 할 수 있다. >

29) 대전고등법원 2023. 7. 11. 선고 2023노183 판결; 서울북부지방법원 2024. 1. 16. 선고 2023고합115 판결 등.

30) 제312조 제3항 < 검사 이외의 수사기관이 작성한 피의자신문조서는 적법한 절차와 방식에 따라 작성된 것으로서 공판준비 또는 공판기일에 그 피의자였던 피고인 또는 변호인이 그 내용을 인정할 때에 한하여 증거로 할 수 있다. >

31) 개정 전의 구 제312조 제1항 < 검사가 피고인이 된 피의자의 진술을 기재한 조서는 적법한 절차와 방식에 따라 작성된 것으로서 피고인이 진술한 내용과 동일하게 기재되어 있음이 공판준비 또는 공판기일에서의 피고인의 진술에 의하여 인정되고, 그 조서에 기재된 진술이 특히 신빙할 수 있는 상태하에서 행하여졌음이

인에 대한 진술조서처럼 제4항[32]이 적용된다는 것이었다.[33] 검사 작성 피의자신문조서의 증거능력이 사법경찰관 작성 피의자신문조서의 증거능력과 동일하게 된 2022년 개정 형사소송법 시행에 맞추어, 공범에 대한 피의자신문조서의 증거능력 역시 드디어 대상판결에서 서로 동일하게 통일된 것이다.

공범에 대한 사법경찰관 작성 피의자신문조서에 관한 종래의 판례 법리에 대해서는, 검사가 작성한 조서의 경우 당해 피고인에 대한 피의자신문조서는 제312조 제1항, 피고인이 아닌 자에 대한 진술조서(공범에 대한 피의자신문조서 포함)는 제4항이 적용됨에 반해 사법경찰관이 작성한 피의자신문조서는 당해 피고인에 대한 피의자신문조서이든 공범에 대한 피의자신문조서이든 제3항이 적용된다는 판례의 논리보다는 후자의 경우에도 제4항을 적용하는 것이 타당하므로 판례가 변경되어야 한다는 견해[34] 등 그동안 반대견해도 있었다.

대상판결에 대한 의견 몇 가지를 적어본다.

첫째, 물론 조서는 가급적 법정에 안 나오는 게 좋다. 다만, 우리 형사절차에서 큰 비중을 차지하는 자백사건 재판에서는 아무런 문제없이 널리 잘 활용되고 형사사법제도의 효율적 운용에 큰 역할을 하고 있는 조서가,[35] 피고인이나 중요 참고인이 법정에서 종전 진술을

증명된 때에 한하여 증거로 할 수 있다. >

32) 제312조 제4항 < 검사 또는 사법경찰관이 피고인이 아닌 자의 진술을 기재한 조서는 적법한 절차와 방식에 따라 작성된 것으로서 그 조서가 검사 또는 사법경찰관 앞에서 진술한 내용과 동일하게 기재되어 있음이 원진술자의 공판준비 또는 공판기일에서의 진술이나 영상녹화물 또는 그 밖의 객관적인 방법에 의하여 증명되고, 피고인 또는 변호인이 공판준비 또는 공판기일에 그 기재 내용에 관하여 원진술자를 신문할 수 있었던 때에는 증거로 할 수 있다. 다만, 그 조서에 기재된 진술이 특히 신빙할 수 있는 상태하에서 행하여졌음이 증명된 때에 한한다. >

33) 대법원 1986. 11. 1. 선고 86도1783 판결; 대법원 2020. 6. 11. 선고 2016도9367 판결 등.

34) 강동범, "2020년도 형사소송법 판례 회고", 형사판례연구 제29권, 한국형사판례연구회(2021), 573쪽.

35) 최근 대구지방검찰청에서 전수조사한 결과에 따르면, 2022. 10.~2023. 3. 6개월 간 대구지방법원에서 선고된 1심 재판사건 중 재판과정에서 피고인이 혐의를 부인한

번복한 소수의 부인사건 재판에서는 피고인의 내용부인 한 마디에 따라 아무런 역할을 하지 못하고 아웃된다. 자백사건의 조서와 (법정에서 진술 번복한) 부인사건의 조서 사이에 딱히 그 내용이나 증거가치에 차이가 있을 것도 아닌데, 같은 조서를 놓고 피고인이 법정에서 혐의를 자백하느냐 부인하느냐에 따라 그 대우를 달리할 뿐이다. 자백사건 재판에서 잘 쓰고 있으니 조서 자체가 문제 있는 게 아니지 않는가 싶다.

또한, 원진술자 없이 조서'만' 법정에 나온다면 피고인의 반대신문권을 침해하는 것이어서 곤란하겠으나, 사법경찰에 의한 공식적인 수사 제도가 존재하고 수사기관에게 조서 작성의무가 부과되어 있는 우리 법제를 고려할 때 원진술자인 공범이 법정에 증인으로 나와 피고인에게 반대신문의 기회까지 주어진다면 그 공범 조서가 증거능력 있는 증거로 등장하든 탄핵증거로 등장하든 법정에 나오는 게 크게 부당하다고 보기 어렵다고 생각한다.

둘째, 제312조 제1항, 제3항, 제4항은 조문을 아무리 들여다봐도 피의자신문조서의 증거능력은 '그 피의자였던 피고인이' 그 내용을 인정할 때 인정되는 것이지, '(아무리 공범이라 하더라도) 피고인이 아닌 다른 사람이' 그 내용을 인정할 때 인정되는 것이 아니라고 해석된다. 피고인 본인이 아닌 공범을 상대로 작성된 조서에는 제4항을 적용하는 게 자연스러운 해석이고, 제4항으로 가도 진정성립, 특신상태, 반대신문 등 만만치 않은 요건들을 만나게 되니 증거능력을 거저 얻을 수 있는 것도 아니다.

그리고 대상판결에서 "형사소송법 제312조 제1항에서 정한 '검사

사건(일부 부인 포함)의 비율은 23.6%였다. 대략 4건 중 3건 이상이 자백사건인 셈인데, 이런 정식재판 사건보다 사건 수도 많고 자백사건도 훨씬 더 많은 약식명령 사건들까지 감안하면 부인사건 대비 자백사건의 비중은 더 높아진다. 자백사건의 수사기록에는 거의 예외 없이 사법경찰관의 조서가 들어있을 것이고 일부 사건에는 검사의 조서도 있을 것인데, 이 조서들은 증거동의나 진정성립 인정에 따라 모두 증거능력이 인정되었을 것이다.

가 작성한 피의자신문조서'란 당해 피고인에 대한 피의자신문조서만 이 아니라 당해 피고인과 공범관계에 있는 다른 피고인이나 피의자에 대하여 검사가 작성한 피의자신문조서도 포함되고"라고 하면서 '검사가 작성한 피의자신문조서'에 공범 조서는 포함하지 않는 것처럼 보던 종전의 견해를 변경한 부분은, 증거능력에 생긴 변화가 '검사가 작성한 피의자신문조서'의 개념 내지 포섭범위까지 변경되어야 하는 데 대한 논거가 될 수 있는지 모르겠다.

셋째, 공범 조서에 관한 종전 대법원 판결 중에는 "형사소송법 제312조 제3항의 규정이 검사 이외의 수사기관이 작성한 해당 피고인과 공범관계에 있는 다른 피고인이나 피의자에 대한 피의자신문조서에 대해서까지 적용된다는 입장을 확고하게 취하고 있다. 이는 하나의 범죄사실에 대하여 여러 명이 관여한 경우 서로 자신의 책임을 다른 사람에게 미루려는 것이 일반적인 인간심리이므로, 만일 위와 같은 경우에 형사소송법 제312조 제3항을 해당 피고인 외의 자들에 대해서까지 적용하지 않는다면 인권보장을 위해 마련된 위 규정의 취지를 제대로 살리지 못하여 부당하고 불합리한 결과에 이를 수 있기 때문이다"[36] 라는 논거를 제시하고 있기도 한데, 바로 그처럼 여러 명이 범죄에 관여한 사건은 서로 자신의 책임을 다른 사람에게 미루려 하는 게 일반적이므로 더더욱 공범 조서의 증거능력을 오로지 피고인의 선택에만 좌우되게 하는 해석은 피고인이 자신의 책임을 다른 사람에게 미루는 걸 오히려 조장하는 법리가 될 수 있다.

특히, 마약범죄 사건은 이러한 현상이 확연하여 상선과 하선 등의 공범 진술이 유무죄를 크게 좌우하는 사건인데, 종래의 판례 법리는 수시로 진술을 번복하고 거짓말에 거리낌 없는 사람들에게 거짓말에 대한 불이익은커녕 불합리한 혜택까지 줄 수 있는 논리이다. 법정에서의 진술이 무조건 신빙성 있는 건 아니므로 공범의 법정진술의 신빙성을 판단할 때 그의 법정진술 하나만 놓고 신빙성을 따져보기보다

36) 대법원 2020. 6. 11. 선고 2016도9367 판결.

는,[37] 종전 진술과 비교해 들어보면서 다른 사람에게 책임을 미루려는 공범의 심리에도 불구하고 과연 어느 진술이 더 신빙성 있는지를 따져보는 게 합리적인 심리방식일 것이다. 그리고 이렇게 A 진술의 신빙성을 따져보는 과정에서, 종전 A에 대한 재판에서 'A가 피고인으로부터 필로폰을 매수하였다'라는 사실관계가 판결로서 확정되어 있다는 점도 감안되어야 할 것이다.

4. 조사자 증언과 특신상태

대법원 2023. 10. 26. 선고 2023도7301 판결은, 마약 범죄전력으로 누범기간 중인 피고인이 공원 벤치에서 알 수 없는 양의 필로폰을 커피에 타 마시는 등의 방법으로 마약을 투약하였다는 혐의로 기소된 사안이다.

사법경찰관 A는 변호인 없이 피고인을 상대로 피의자신문을 진행하였는데, 피고인은 임의동행 직후의 첫 피의자신문에서는 범행을 부인하다 A가 소변의 임의제출을 종용하는 듯한 태도를 취하자 진술을 번복하여 '2021. 8. 4. 18:00경 김해시 ○○동 소재 △△공원 내 벤치에서 알 수 없는 양의 필로폰을 커피에 타 마시는 방법으로 투약하였다'라는 취지로 진술하였다. 그 후 A는 피고인의 휴대전화 발신기지국 위치를 확인하여 피고인이 '8. 4. 18:00경' 위 △△공원이 아닌 다른 곳에 있다가 '같은 날 22:46경' 위 △△공원 부근에 있었음을 확인하자, 피고인을 재차 소환하여 이러한 사실을 언급하며 '8. 4. 18:00경'이 아닌 '같은 날 22:46경'에 필로폰을 투약한 게 아닌지 물었고 이에 피고인은 기존 진술을 변경하여 공소사실 기재와 같이 '8. 4. 23:00경' 필로폰을 투약한 것 같다는 취지로 진술하였다. 피고인은 법정에서 A가 작성한 피의자신문조서의 내용을 부인하였고, A는 1심 법정에 출석하여 피고인이 조사 당시 강요나 회유 없이 자발적으로 공소사실 기재 필로폰 투약 범행을 자백하였다는 취지로 증언하였다.

---

37) 뒤의 주 43) 참조.

1심과 항소심은, A의 1심 법정에서의 증언이 증거능력 있음을 전제로 그의 증언과 피고인의 모발감정결과 등에 의하면 피고인이 공소사실과 같이 필로폰을 투약하였음을 충분히 인정할 수 있다고 판단하였다.

이에 대해 대법원은 먼저 특신상태에 관해 다음과 같은 법리를 설시하였다.

> 이러한 특신상태는 증거능력의 요건에 해당하므로 검사가 그 존재에 대하여 구체적으로 주장·증명하여야 하는데(대법원 2001. 9. 4. 선고 2000도1743 등 판결), 피고인의 수사기관 진술이 '특히 신빙할 수 있는 상태하에서 행하여졌음에 대한 증명'은 단지 그러할 개연성이 있다는 정도로는 부족하고 합리적인 의심의 여지를 배제할 정도에 이르러야 한다. 피고인이나 변호인이 그 내용을 인정하지 않더라도 검사, 사법경찰관 등 조사자의 법정증언을 통하여 피고인의 수사기관 진술내용이 법정에 현출되는 것을 허용하는 것은, 형사소송법 제312조 제1항, 제3항이 피고인의 수사기관 진술은 신용성의 정황적 보장이 부족하다고 보아 피고인이나 변호인이 그 내용을 인정하지 않는 이상 피의자신문조서의 증거능력을 인정하지 않음으로써 그 진술내용이 법정에 현출되지 않도록 규정하고 있는 것에 대하여 중대한 예외를 인정하는 것이어서, 이를 폭넓게 허용하는 경우 형사소송법 제312조 제1항, 제3항의 입법취지와 기능이 크게 손상될 수 있기 때문이다.

그리고 이러한 법리를 다음과 같이 이 사안에 적용하면서 원심과 다른 결론에 이르렀다.

> 경찰관 A의 제1심 증언은 피고인의 조사 당시 진술을 그 내용으로 하고 있으므로, 조사 당시 피고인이 진술한 내용의 신빙성이나 임의성을 담보할 수 있는 구체적이고 외부적인 정황이 존재한다는 점이 합리적인 의심의 여지를 배제할 정도로 주장·증명되어야 증거로 사

용될 수 있다.

그런데 피고인은 조사 당시 변호인의 동석 없이 진술하였고,[38] 피고인의 진술 중 범인만이 알 수 있는 내용에 관한 자발적, 구체적 진술로 평가될 수 있는 부분도 존재하지 아니한다.[39] 달리 피고인 진술내용의 신빙성 내지 임의성을 담보할 수 있는 구체적·외부적 정황을 인정할 사정이 발견되지 않는다.

오히려 피고인은 임의동행 직후 경찰관 A가 소변의 임의제출을 종용하자[40] 필로폰 투약 사실을 인정하고, 이후 경찰관 A가 발신 기지국 위치를 통하여 확인된 사실을 기초로 진술번복을 유도하자[41] 그에 따라 공소사실 기재와 같은 필로폰 투약범행을 인정한 것으로 보일 뿐이다. 이는 피고인이 조사 당시 그 진술내용을 신빙하기 어려운 상태에 있었다고 의심되는 정황이다.

따라서 경찰관 A의 제1심 증언은 그 증거능력이 인정된다고 보기 어렵다.

2007년 형사소송법 제316조 제1항 개정으로 조사자 증언 제도가 도입된 이후에도 대법원은 사법경찰관 작성 피의자신문조서를 피고인이 내용부인하는 경우 그 조사자의 증언 역시 증거로 쓸 수 없다는 종래의 해석론과 마찬가지의 취지에서, 조사자 증언에서의 특신상태

38) 수사단계에서는 구속영장청구 전 피의자심문이나 체포·구속적부심사 절차 외에는 국선변호인이 선정되지 않으므로, 피고인이 사선변호인 등을 선임하지 않으면 변호인 참여 없이 피의자신문이 이루어진다.

39) 마약 범죄전력에 따른 누범기간 중에 다시 중범죄를 재범하여 검거된 것이어서 무거운 실형이 예상되는 피고인이 자발적이고 구체적인 진술을 할 것이라 기대하기는 곤란하다.

40) 설령 피고인이 필로폰 투약 사실을 자백하더라도 소변이나 모발에 대한 감정 등 물적 증거 수집도 반드시 필요하다. 가급적 강제수사보다는 임의수사가 바람직하므로, 피고인에게 소변이나 모발을 임의제출할 의사가 있는지 확인할 필요가 있다.

41) '신문'의 사전적 의미는 '진술번복을 유도함'이 아니라 '캐어물음'이다. 피고인의 종전 진술이 휴대전화 발신기지국 위치라는 객관적인 자료와 배치되는 허위진술임이 확인되었으므로, 이 객관적인 자료를 근거로 다시 피고인을 신문할 필요가 있다.

를 엄격하게 해석함으로써 조사자 증언의 증거능력을 좀처럼 인정하지 않는 해석론을 펼치고 있고, 대상판결도 그 연장선상에 있는 판결이다.

특히 대상판결이 이러한 법리의 논거로 삼고 있는 "조사자의 법정증언을 통하여 피고인의 수사기관 **진술내용**이 법정에 현출되는 것을 허용하는 것은, (중략) 피의자신문조서의 증거능력을 인정하지 않음으로써 그 **진술내용**이 법정에 현출되지 않도록 규정하고 있는 것에 대하여 **중대한 예외를 인정하는 것**이어서"라는 설시 부분은, ① 수사기관에서의 '진술내용'이 법정에 나오면 안 되는 것이고, ② 마치 조서가 주된 증거방법이자 증거조사의 주된 대상이고 조사자 증언은 조서보다는 부차적인 지위를 차지하는 보충적인 증거방법으로 보는 듯한 뉘앙스를 준다.

구두주의나 직접심리주의 원칙에 충실한다면, ① 법정에 나오면 안 되는 것은 수사기관의 '**조서**'이지 수사기관에서의 '**진술내용**'이 아닐 것이며, ② 법정에 나오면 안 되는 것은 수사기관의 조서'**만**' 나오는 경우이지 그 원진술자나 조사자가 법정에 나오면서 수사기관의 조서에 담긴 '**진술내용**''**도**' 함께 나오는 것까지 금지되는 건 아닐 것이며, ③ 조서가 법정에 나오면 안 되니 조사자도 나오면 안 되는 게 아니라 조서보다는 조사자의 증언이 보다 권장되어야 하는 형식상 '**우량의**' 증거방법이라고 보아야 하는 게 아닐까 싶다. 수사기관이 제출하는 증거방법을 자꾸 '조서'라는 프레임에만 가둬놓고 조서만 공격하는 모양새이고, 조서는 절대 안 되니 당연히 조사자 증언도 안 되고 조서에 담긴 진술내용도 안 된다는 논리가 논리적인 논리인지는 의문이다. 조서가 되는지 안 되는지의 문제와는 전혀 별개의 문제로, 조사자 증언과 조서에 담긴 '진술내용'은 증거가 되는 것이다.

조사자 증언이 주로 활용되는 사례는, 대상판결의 사안과 같이 피고인이 수사과정에서 혐의를 자백하였다가 공판과정에서 이를 번복함에 따라 수사과정에서의 진술내용이 법정에 나올 길이 막히게 된 경우이다. 생각건대, 원진술자가 사망이나 질병 등의 사유로 법정에 나올 수 없어 제314조나 제316조 제2항에 따라 오로지 특신상태의 존재만으로 전문증거에 곧바로 증거능력을 부여하는 경우와, 제312조, 제313조, 제316조 제1항에 따라 원진술자가 법정에 나와 직접 증언하는 경우 사이에는 특신상태를 보는 기준을 서로 달리할 필요가 있다. 법정에서 원진술자의 말을 들어볼 기회도 없는 경우에는 전문증거를 쉽게 인정하면 안 되므로 사실상 유일한 증거능력 인정요건인 특신상태를 엄격한 기준 하에 인정할 실익이 있겠으나, 원진술자가 법정에 나와 증언하는 경우에는 바로 그 자리에서 원진술자에게 물어봐서 원진술 내용의 신빙성을 판단할 수 있으므로 굳이 그 원진술이 행해질 때의 상황이 어떠했는지에 대해 엄격한 기준을 갖다 대며 특신상태를 쉽게 부정할 실익이나 필요성 자체가 없는 것이다. 쉽게 말해, 원진술자가 법정에 나온 경우라면 사실 이는 전문법칙이 전면에 나서서 활약해야 할 상황도 아니고 우리는 그 원진술자에게 바로 진실을 물어보면 된다는 것이다.[42]

그리고 원진술자인 피고인이 법정에 나와 수사과정에서의 원진술을 번복한 경우에는, 그 번복진술이 신빙성 있는지를 판단하기 위해서라도 수사과정에서의 원진술을 법정에서 들어보고 그 원진술과 번복진술 중 어느 진술이 신빙성 있는지를 비교해서 판단해야 할 필요성이 있는 것이다. 원진술은 아예 들어보지 않고 번복진술 하나만 놓고 그게 신빙성 있는지 없는지를 따지는 건 어색하고 이상하다.[43] 미국이

42) 한제희, "특신상태의 의의와 판단기준", 형사판례연구 제21권, 한국형사판례연구회(2013), 548쪽.

43) 비슷한 취지에서, 증거는 다른 증거와 맞춰 보면서 그 신빙성을 가늠해 볼 수 있는데 전문법칙의 예외 인정 기준을 너무 높게 잡아서 전문증거를 사실인정 과정에서 없애 버리면 그것과 결합해 증명력이 높아질 수도 있는 다른 증거에까지 부정적인 영향을 미칠 수 있고, 증거가 2개 있는데 그중 하나를 빼버리면 다른 증거 하나만 가지고 재판을 해야 하는 곤란한 상황에 처하게 되며, 전문증거를 지나치게 제한하는 것은 당사자의 증거신청권을 부당하게 제한하는 것일 수 있다는

나 프랑스의 증거법이라면 당연히 이 원진술이 법정에 증거로 현출되었을 것이라는 점과 비교해 보면, 특신상태 허들을 높여놓고 우리나라 전문법칙은 이를 금지하고 있다는 식으로 굳이 해석할 필요가 없다고 생각한다.

더구나 조사자 증언은 조사자가 재판부나 배심원 앞에서 증언함으로써 협의의 증거조사 절차가 끝나게 되는 것인데, 재판부나 배심원이 원진술이 담긴 조사자의 증언을 다 듣고 나서 한참 후에야 판결서에서 비로소 이 증언이 증거능력 없다고 설시하는 현재의 재판실무도 적절하지 않다.[44] 조사자 증언의 특신상태를 부정해서 증거로 못 쓰게 하려면 재판 전에 미리 이를 결정하여 조사자가 아예 증인으로 배심원 앞에 서지 못하게 하거나, 조사자가 증인으로 나오되 피고인의 진술내용 그 자체에 대해서는 증언하지 못하게 하고 그 외에 조사자가 수사과정에서 경험한 다른 사실들에 대해서만 증언하게 하는 게 논리적일 것이다. 물론 이게 논리적이긴 하지만, 뭔가 많이 어색하고 부자연스러워 보인다.[45]

5. 자유심증주의의 한계

증거의 증명력 판단은 자유심증주의에 따르지만, 자유심증주의의 '자유'는 무한대의 '자유'가 아니라 일정한 제한을 받는다.

(1) 항소심의 1심 판단 번복 요건

대법원 2023. 1. 12. 선고 2022도14645 판결은, 항소심에서 추가 변

견해로, 김희균, 전문법칙의 이해와 오해, 박영사(2024), 30쪽.

44) 한제희, "조사자 증언 관련 특신상태의 판단과 증명", 형사판례연구 제22권, 한국형사판례연구회(2014), 486쪽.

45) 결국, 대상판결의 파기환송심(부산지방법원 2024. 2. 6. 선고 2023노4027 판결)은 대상판결 취지대로 A 증언의 특신상태를 인정하지 않았고, 그 외에 피고인의 모발감정결과만으로는 필로폰 투약시점이 구체적으로 특정되지 않는다는 이유로 무죄판결을 선고하여 확정되었다. 다만, 그 파기환송심에 병합된 피고인의 다른 사건(2022. 2.~3. 필로폰 2회 판매 및 2022. 8. 필로폰 1회 투약으로, 1심 징역 1년 6월 선고받고 피고인 항소)에 관한 피고인의 항소를 기각하였다.

론 없이 함부로 1심의 판단을 뒤집으면 안 된다는 취지의 판결이다.

피고인은 2020. 3. 30. 01:00경 자신의 집에서 1회용 주사기로 필로폰 약 0.05g을 A의 오른팔 부위에 주사하여 필로폰을 사용하였다는 혐의로 기소되었는데, 수사과정부터 공판과정에 이르기까지 일관되게 A에게 필로폰을 주사한 사실이 없다고 혐의를 부인하였다. 그런데 피고인과 A는 공소사실 기재 일시·장소에 함께 있었고, 그 무렵 피고인의 집에서 압수된 1회용 주사기 조각에서 필로폰 양성반응과 더불어 A의 DNA가 검출되었다. 한편, A는 2020. 11.경 위 혐의사실을 자백하고 수사기관에 자필 반성문을 제출한 후 교육조건부 기소유예 처분을 받았는데, 이후 피고인의 사건 1심 재판에 증인으로 나와 '피고인이 나에게 필로폰을 투약한 사실이 없고, 범행 당일이 잘 기억나지 않는다. 수사기관에서 진술한 것은 사실이 아니다'라고 증언하며 종전 진술을 번복하였다.

1심은, 2020. 10. 13. 압수된 A의 모발 감정결과에 따르면 공소사실 기재 일시 이전은 물론 그 이후에도 A가 필로폰을 여러 차례 투약한 사실이 인정되는 점, A의 수사기관 진술과 법정진술은 최초 경찰조사부터 법정에 이르기까지 일관성이 없어 그 자체로 믿기 어려울 뿐만 아니라 자신의 형사책임을 감경받을 목적으로 허위진술을 하였을 가능성을 배제하기 어려워 모두 믿을 수 없는 점 등을 이유로 피고인에게 무죄를 선고하였다.

반대로 항소심은, 제1회 공판기일에 추가적인 증거 제출 없이 곧바로 변론을 종결한 다음, 1심이 인정한 사정에 더하여 A가 공소사실 기재 일시경 피고인과 교제하는 사이였고 2020. 8.경부터 2020. 11.경까지 구금된 피고인을 수회 접견하고 영치금을 여러 차례 입금해주었던 관계임에도 피고인의 공소사실과 동일한 자신의 혐의사실을 자백하였던 점, A의 1심 법정진술은 자신의 범행을 인정하여 교육조건부 기소유예 처분을 받고 교육과정까지 이수한 행위와 배치되고 진술번복 경위 등이 합리적이라고 보기 어려운 점 등을 이유로 1심을 파기하고 피고인에게 유죄를 선고하였다.

대법원은 다시, 다음과 같은 이유로 항소심 판결을 파기환송하였다.

> 원심이 A의 수사기관 및 제1심 법정진술의 신빙성을 배척한 제1심의 판단을 뒤집기 위해서는 제1심의 판단을 수긍할 수 없는 충분하고도 납득할 만한 현저한 사정이 나타나는 경우이어야 한다. 그런데 원심이 지적한 사정은 모두 제1심에서 증거조사를 마친 증거기록에 기초하여 제1심 공판과정에서 이미 드러나 있었던 것이지 원심 공판과정에서 새롭게 드러난 것이 아니고, 제1심이 A의 수사기관 및 법정진술의 신빙성을 배척함에 있어 이미 고려했던 여러 정황 중 일부에 불과한 것일 뿐 제1심 판단을 뒤집을 만한 특별한 사정으로 내세울 만한 것에 해당한다고 보기도 어렵다. 특히 A의 수사기관 진술은 앞서 본 바와 같이 증거능력을 인정할 수도 없거니와, 설사 그 증거능력이 인정되더라도 제1심 법원이 증인신문 절차를 진행하면서 진술에 임하는 A의 모습·태도를 직접 관찰한 후 수사기관 및 법정진술의 신빙성을 모두 인정할 수 없다고 판단한 이상, 원심이 이를 뒤집어 A의 수사기관 진술의 신빙성을 인정할 수 있다고 판단하려면 제1심의 판단을 수긍할 수 없는 충분하고도 납득할 만한 현저한 사정이 나타나는 경우이어야 할 것인데, 원심이 유죄의 근거로 든 정황이 이러한 사정에 해당한다고 보이지 않는다.

종래 대법원은, "형사재판에서 항소심은 사후심 겸 속심의 구조이므로, 제1심이 채용한 증거에 대하여 그 신빙성에 의문은 가지만 그렇다고 직접 증거조사를 한 제1심의 자유심증이 명백히 잘못되었다고 볼 만한 합리적인 사유도 나타나 있지 아니한 경우에는, 비록 동일한 증거라고 하더라도 다시 한번 증거조사를 하여 항소심이 느끼고 있는 의문점이 과연 그 증거의 신빙성을 부정할 정도의 것인지 알아보거나, 그 증거의 신빙성에 대하여 입증의 필요성을 느끼지 못하고 있는 검사에 대하여 항소심이 가지고 있는 의문점에 관하여 입증을 촉구하는 등의 방법으로 그 증거의 신빙성에 대하여 더 심리하여 본 후 그 채부를 판단하여야 하고, 그 증거의 신빙성에 의문이 간다는 사유만으로 더 이상 아무런 심리를 함이 없이 그 증거를 곧바로 배척하여서는 아니된다"[46]라거나, "항소심 심리과정에서 심증 형성에 영향을 미칠 만한 객관적 사유가 새로 드러난 것이 없음에도 불구하고 제1심 판단을 재평가하여 사후심적으로 판단하여 뒤집고자 할 때에는, 제1심의 증거가치 판단이 명백히 잘못되었다거나 사실인정에 이르는 논증이 논리와 경험법칙에 어긋나는 등으로 그 판단을 그대로 유지하는 것이 현저히 부당하다고 볼 만한 합리적인 사정이 있어야 하고, 그러한 예외적 사정도 없이 제1심의 사실인정에 관한 판단을 함부로 뒤집어서는 아니 된다"[47]라고 하였다.

대상판결도 이러한 종전 법리의 연장선상에 있는 사례이다.

(2) '성인지 감수성', '성인지적 관점' 논증의 적용방법

대법원 2024. 1. 4. 선고 2023도13081 판결은, 자폐성 장애 등으로 사물변별능력이나 의사결정능력이 미약한 피고인이 지하철 안에서 여성 피해자의 옆자리에 앉아 피해자의 왼팔 상박 부위 맨살에 자신의 오른팔 상박 부위 맨살을 비비고 피해자가 이를 피해 옆좌석으로 이동하자 재차 피해자의 옆자리로 이동하여 같은 방법으로 피해자를 추행하여 성폭력범죄의처벌등에관한법률위반(공중밀집장소에서의추행) 혐의로 기소된 사안이다.

1심과 항소심은 추행의 고의를 부인하는 피고인의 주장을 배척하고 유죄를 선고하였는데, 특히 항소심은 ① 피고인의 지하철 내에서의 이동경로와 신체적 접촉 정도, 피해자와 목격자의 진술 내용을 고려하면 피고인 측의 소견서만으로 자폐성 장애에 따른 '상동행동'으로서 추행의 고의가 없었다고 단정하기 힘든 점, ② 피고인에 대한 심리평가결과와 수사과정에서의 답변에 비추어 피고인의 지적 또는 의지적

46) 대법원 1996. 12. 6. 선고 96도2461 판결.

47) 대법원 2017. 3. 22. 선고 2016도18031 판결.

상태가 자신이 한 행동의 사회적 의미를 전혀 이해하지 못하는 수준의 상태에 해당한다고 볼 정도는 아닌 점, ③ 피고인이 피해자의 맞은편에 앉아 있다가 피해자 옆으로 옮겨 앉은 후 범행을 한 점에 비추어 자폐성 장애로 인한 상동행동에 기인한 것이라고 보기 어려운 점 등을 유죄의 이유로 들었다.

대법원은 성범죄 사건 심리에서의 '성인지적 관점'과 관련하여 다음과 같은 법리를 제시하였다.

> 성범죄 사건을 심리할 때에는 사건이 발생한 맥락에서 성차별 문제를 이해하고 양성평등을 실현할 수 있도록 '성인지적 관점'을 유지하여야 하므로, 개별적·구체적 사건에서 성범죄 피해자가 처하여 있는 특별한 사정을 충분히 고려하지 않은 채 피해자 진술의 증명력을 가볍게 배척하는 것은 정의와 형평의 이념에 입각하여 논리와 경험의 법칙에 따른 증거판단이라고 볼 수 없지만(대법원 2018. 10. 25. 선고 2018도7709 판결 등 참조), 이는 성범죄 피해자 진술의 증명력을 제한 없이 인정하여야 한다거나 그에 따라 해당 공소사실을 무조건 유죄로 판단해야 한다는 의미는 아니다.
>
> 가) 성범죄 피해자 진술에 대하여 성인지적 관점을 유지하여 보더라도, 진술 내용 자체의 합리성·타당성뿐만 아니라 객관적 정황, 다른 경험칙 등에 비추어 증명력을 인정할 수 없는 경우가 있을 수 있다.
>
> 나) 또한 피고인은 물론 피해자도 하나의 객관적 사실 중 서로 다른 측면에서 자신이 경험한 부분에 한정하여 진술하게 되고, 여기에는 자신의 주관적 평가나 의견까지 어느 정도 포함될 수밖에 없으므로, 하나의 객관적 사실에 대하여 피고인과 피해자 모두 자신이 직접 경험한 사실만을 진술하더라도 그 내용이 일치하지 않을 가능성이 항시 존재한다. 즉, 피고인이 일관되게 공소사실 자체를 부인하는 상황에서 공소사실을 인정할 직접적 증거가 없거나, 피고인이 공소사실의 객관적 행위를 한 사실은 인정하면서도 고의와 같은 주관적 구성

> 요건만을 부인하는 경우 등과 같이 사실상 피해자의 진술만이 유죄의 증거가 되는 경우에는, 피해자 진술의 신빙성을 인정하더라도 피고인의 주장은 물론 피고인이 제출한 증거, 피해자 진술 내용의 합리성·타당성, 객관적 정황과 다양한 경험칙 등에 비추어 피해자의 진술만으로 피고인의 주장을 배척하기에 충분할 정도에 이르지 않아 법관으로 하여금 합리적인 의심을 할 여지가 없을 정도로 공소사실이 진실한 것이라는 확신을 가질 수 없게 되었다면, 피고인의 이익으로 판단하여야 한다.

이어서 대법원은 피고인이 상박을 피해자의 상박에 비빈 행동을 하게 된 것은 자폐성 장애로 인하여 피고인도 의식하지 못한 채 별다른 의미 없이 팔을 위 아래로 움직이는 '상동행동'의 일환일 가능성을 배제하기 어렵다는 점 외에, 다음의 이유를 들어 피고인에게 추행의 고의를 인정하기 어렵다고 보고 원심 판결을 파기·환송하였다.

> 피해자의 수사기관 및 법정진술은 자신이 직접 경험한 부분에 한정하여 이를 그대로 진술한 것일 뿐 허위·과장 등이 포함된 것으로 보이지 않으므로 일관성·합리성·타당성 등의 측면을 비롯하여 성인지적 관점에서 보더라도 그 신빙성을 인정함에 별다른 장애가 있는 것은 아니다. 반면, 피해자 진술에는 자신이 직접 경험한 사실만이 아니라 그러한 사실을 기초로 하여 피고인이 고의로 추행을 하였다고 판단한 주관적 의견이나 평가까지 상당히 포함되어 있는데, 앞서 본 바와 같은 목격자 진술에 따른 피고인의 자리 이동경로, 피고인이 제출한 증거에 따른 피고인의 자폐성 장애 및 중증장애 상태, 자폐성 장애로 인한 '빈자리 채워 앉기에 대한 강박행동' 및 '상동행동'의 가능성, 피해자와 목격자 모두 공소사실 기재 당시에는 위와 같은 사정을 전혀 알지 못한 채 피고인이 당연히 비장애인임을 전제로 하여 비장애인의 관점에서 그 행위를 평가한 점 등의 여러 정황을 더하여 보면, 피해자 진술만으로는 추행의 고의를 부인하는 피고인의 주장을 배척

하기에 충분할 정도에 이르렀다고까지 단정할 수 없으므로, 공소사실에 관하여 합리적인 의심을 할 여지가 없을 정도로 확신을 가질 수 있는 경우에 해당한다고 보기 어렵다.

2024년 1월에 선고된 대상판결에 대해서는, 일부 언론에서 성범죄 사건 재판에서 증거 없이 피해자의 일관된 진술에 근거해 유죄 선고가 내려지던 관행에 제동이 걸렸다고 하거나, 종전 대법원의 '성인지 감수성'을 강조한 판결을 정면으로 반박한 판결이라고 평가하기도 하였다.48)

생각건대, 대상판결은 사실상 피해자의 진술이 유일한 증거인 성범죄 사건의 형사재판에서 성인지적 관점에서 피해자 진술의 신빙성이 인정되더라도 피해자 진술만으로 공소사실 증명이 충분하지 않은 사례도 있다고 판단한 것에 불과하다. 즉, '① 성인지적 관점 → ② 피해자 진술의 신빙성 판단 → ③ 유무죄 판단' 순서의 논증과정에서 이른바 '성인지 감수성' 판결이 논한 '① → ②' 부분을 얘기한 게 아니라 '② → ③' 부분을 얘기한 것이므로, '성인지 감수성' 판결과 다른 취지의 판단을 한 사안은 아니라고 보인다.

Ⅲ. 공판절차 분야의 주요 판결

1. 공소 제기의 적법성

(1) 공소사실의 특정

① 대법원 2023. 7. 27. 선고 2023도6256 판결

"2021. 11. 하순 20:00경"이라는 범죄일시가 공소사실로서 특정된

48) 2024. 1. 21.자 경향신문 보도 <대법 "성범죄 무조건 유죄 안돼" 판결에…"성인지 감수성 오해" 비판> (https://m.khan.co.kr/national/court-law/article/202401211727001 2024. 2. 6. 최종 검색); 2024. 1. 19.자 세계일보 보도 <성범죄 재판, '피해 여성의 일관된 진술로 유죄' 선고 관행 제동> (https://www.segye.com/newsView/20240119504393, 2024. 2. 6. 최종 검색).

것인지 여부가 쟁점이 된 사건이다.

대상판결은 “공소사실의 기재는 범죄의 일시, 장소와 방법을 명시하여 사실을 특정할 수 있도록 하여야 한다(형사소송법 제254조 제4항). 여기서 범죄의 일시는 이중기소나 시효에 저촉되지 않는 정도로 기재하면 되며, 이와 같은 요소들에 의하여 공소사실의 특정을 요구하는 법의 취지는 피고인의 방어권 행사를 쉽게 해주기 위한 데에 있으므로, 공소사실은 이러한 요소를 종합하여 구성요건 해당사실을 다른 사실과 식별할 수 있는 정도로 기재하면 족하다. 따라서 공소장에 범죄의 일시, 장소 등이 구체적으로 적시되지 않았더라도 위의 정도에 반하지 아니하고, 더구나 공소범죄의 성격에 비추어 그 개괄적 표시가 부득이하며, 또한 그에 대한 피고인의 방어권 행사에 지장이 없다고 보이는 경우에는 그 공소내용이 특정되지 않았다고 볼 수 없다(대법원 2002. 10. 11. 선고 2002도2939 판결 등 참조)”라는 법리를 전제한 후, 다음과 같이 일부 범죄일시가 개괄적으로 표시되기는 하였으나 피고인의 방어권을 침해했다고 볼 수 없다는 이유로 공소사실을 유죄로 본 원심 판단을 수긍하였다.

> 피고인이 필로폰을 소지하였다는 이 사건 공소사실 중 제1심법원 대구지방법원 서부지원 2022고단xxxx 사건의 공소사실 제1의 가.항의 범죄 일시가 “2021. 11. 하순 20:00경”으로 다소 개괄적으로 표시되어 있기는 하다. 그러나 이는 범행으로부터 오랜 시간이 흐른 후에야 제보자에 대한 조사가 이루어져 그 일시를 정확하게 기억하는 것을 기대하기 어려웠기 때문으로 보인다. 또한 제보자의 진술 외에는 객관적인 증거를 확보하기 쉽지 않은 마약류 소지 범죄의 특성에 비추어 그 범죄 일시를 일정한 시점으로 특정하기 곤란하여 부득이하게 개괄적으로 표시할 수밖에 없었을 것으로 판단된다. 해당 부분은 범행 장소의 적시를 통해 다른 범죄사실과 구별될 수 있고, 그 일시가 비록 구체적으로 적시되지는 않았더라도 이중기소나 시효에 저촉되지 않을

정도이어서 피고인의 방어권을 침해하였다고 볼 수도 없다.

이 사안에서 비록 범죄 일시는 개괄적으로 기재되어 있고 범행 방법도 단순히 "필로폰 불상량을 소지하였다"라고만 기재되어 있어 이를 구체적인 기재라고는 볼 수 없지만, 범행 장소는 특정인의 집인 특정 아파트의 동까지 기재되어 있었고, 피고인이 이 사건 외에 달리 기소된 사건도 없고 공소시효도 넉넉히 남아있어 공소사실 특정이 문제되지 않을 수 있었다.

② **대법원 2023. 4. 27. 선고 2023도2102 판결**

피고인은 "2021. 6. 10. 19:00경부터 같은 날 20:00경 사이에 경북 ○○군 피고인의 집에서 1회용 주사기에 향정신성의약품인 메트암페타민 약 0.05g을 넣고 생수로 희석해 자신의 오른팔에 주사하는 방법으로 이를 투약하였다"라는 등의 공소사실로 2021. 10. 19. 징역 2년을 선고받아 2022. 4. 7. 그 판결이 확정되었다. 그 후 다시 "2021. 3.경부터 같은 해 6.경 사이에 경북 ○○군 피고인의 집에서 1회용 주사기에 향정신성의약품인 메트암페타민 약 0.05g을 넣고 생수로 희석하여 자신의 오른팔에 주사하는 방법으로 총 2회에 걸쳐 이를 투약하였다"라는 공소사실로 기소되었다. 피고인에 대한 검사 작성의 피의자신문조서에는 피고인이 '2021. 3.경부터 같은 해 6. 10. 19:00경 사이에 공소사실과 같은 방법으로 메트암페타민을 2회 투약하였다'라고 진술한 것으로 기재되어 있었다.

"2021. 6. 10."의 범행으로 이미 유죄 확정판결이 있는 피고인이 다시 "2021. 3.경부터 같은 해 6.경 사이"의 동종 범행으로 기소되자 공소사실이 특정되지 않았음을 주장하였고, 대법원은 다음과 같이 판시하며 피고인의 주장을 인용하였다.

선행판결의 범죄사실과 이 사건 공소사실의 범행 장소와 방법이 동일하고 범행 일시가 겹칠 가능성을 배제할 수 없다. 그 경우 선행판결의 범죄사실과 이 사건 공소사실 중 1회 투약 부분은 사실관계가 동일하다고 평가되어 선행판결의 효력이 이 사건 공소사실에도 미친다고 볼 수 있다. 그런데 이 사건 공소사실의 '일시' 기재만으로는 이 사건 공소사실이 선행판결의 범죄사실과 동일한지 판단할 수 없어 심판의 대상이나 방어의 범위가 특정되었다고 볼 수 없다. 피고인에 대한 검찰 피의자신문조서의 진술 기재대로 범죄 일시를 특정할 수 없는 부득이한 사정이 보이지도 않는다.

그렇다면 원심으로서는 검사에게 석명을 구하여 범행일시에 관하여 공소사실을 특정하도록 요구하여야 하고 그럼에도 특정하지 않는다면 공소를 기각하였어야 하는데 원심은 유죄의 실체판단을 하였다. 이러한 원심의 조치에는 공소사실 특정에 관한 법리를 오해하여 판결에 영향을 미친 잘못이 있다.

③ 대법원 2023. 6. 29. 선고 2020도3626 판결

성매매업소 운영자인 피고인과 종업원 A가 공모하여 성매매광고를 보고 방문한 손님들에게 대금 10만 원씩을 받고 태국인 여성 6명과의 성매매를 알선하여 성매매알선등행위의처벌에관한법률위반(성매매알선등) 혐의로 기소된 사안이다. 공소사실에 피고인의 범죄일시는 '2017. 10. 10.경부터 2017. 10. 12.경까지'로, A는 '2017. 10. 12.경'으로 기재되어 있었고, 이들이 단속을 당한 날인 2017. 10. 12.의 성매매알선행위는 구체적으로 특정되었으나 그 외의 다른 성매매알선행위의 구체적인 일시나 성매수자는 특정되지 않았다.

항소심은 2017. 10. 12.의 특정된 성매매알선행위 외의 나머지 공소사실에 관하여, 성매매알선 등 행위의 처벌에 관한 법률 제19조 제1항 제1호[49] 위반죄는 알선행위별로 범죄가 성립하고 각 알선죄 사이

49) 제19조(벌칙) ① 다음 각 호의 어느 하나에 해당하는 사람은 3년 이하의 징역 또는 3천만원 이하의 벌금에 처한다. 1. 성매매알선 등 행위를 한 사람
참고로, 같은 조 제2항 제1호는 다음과 같다.

에 실체적 경합 관계에 있음에도 이 부분 공소사실에 개별적인 성매매알선행위가 구체적으로 기재되지 않아 공소제기의 절차가 법률의 규정을 위반하여 무효인 때에 해당한다는 이유로 이 부분 공소사실을 유죄로 판단한 1심 판결을 직권으로 파기하고 공소를 기각하였다.

반면, 대법원은 위 성매매알선행위의 죄수는 실체적 경합이 아니라 포괄일죄라고 전제한 후, 다음과 같이 공소사실이 특정되었다고 판단하였다.

> 원심이 공소를 기각한 이 부분 공소사실에는 범행의 시기와 종기, 범행의 장소, 고용한 성매매 여성의 수가 특정되어 있고, 성매매 광고를 보고 연락한 불특정 다수의 남성 손님들에게 10만 원의 성매매 대금을 받고 성매매를 알선하였다는 내용으로 성매매알선의 방법 또한 특정되어 있다. 한편 구체적인 성매수자, 범행횟수 등이 기재되지 않았더라도 법원에 대하여 심판의 대상을 한정하고 피고인에게 방어의 범위를 특정함으로써 방어권 행사를 쉽게 하는 데에 지장이 없는 이상 공소사실이 특정되지 않았다고 볼 것은 아니다. 이러한 사정들을 앞서 본 포괄일죄의 공소사실 특정에 관한 법리에 비추어 살펴보면, 이 부분 공소사실은 특정되었다고 볼 수 있다.

(2) 공소시효 정지 규정의 소급효

대법원 2023. 9. 21. 선고 2020도8444 판결은, 아동학대범죄의 공소시효 정지를 규정한 아동학대범죄의 처벌 등에 관한 특례법 제34조 제1항의 해석에 관하여 그 시행 이전에 이미 아동학대범죄의 피해아동이 성년에 이른 경우는 공소시효가 정지되지 않는다고 본 사례이다.

피해아동(1993. 12. 출생)의 이모부인 피고인이 2007. 12.경부터 2011. 12.경까지 피해아동에게 신체적 학대행위를 하여 아동복지법위

---

② 다음 각 호의 어느 하나에 해당하는 사람은 7년 이하의 징역 또는 7천만원 이하의 벌금에 처한다. 1. 영업으로 성매매알선 등 행위를 한 사람

반(아동학대) 혐의로 기소되었다. 이 공소사실은 구 아동복지법(2011. 8. 4. 법률 제11002호로 개정되기 전의 것) 제40조, 제29조 제1호에 해당하는 행위로서 공소시효 7년에 해당하는데, 이 사건 공소는 위 범행 종료일로부터 7년 경과한 2019. 7. 22. 제기되었다.

그런데 2014. 1. 28. 제정되어 2014. 9. 29. 시행된 아동학대범죄의 처벌 등에 관한 특례법 제34조는 제1항에서 "아동학대범죄의 공소시효는 형사소송법 제252조에도 불구하고 해당 아동학대범죄의 피해아동이 성년에 달한 날부터 진행한다"라고 정하고, 부칙은 "이 법은 공포 후 8개월이 경과한 날부터 시행한다"라고 정하고 있을 뿐, 제34조 제1항의 소급적용에 대해서는 명시적인 경과규정을 두지 않았다. 이 규정은 아동학대범죄가 피해아동이 성년에 이르기 전에 공소시효가 완성되어 처벌대상에서 벗어나는 것을 방지하고자 그 진행을 정지시킴으로써 피해를 입은 18세 미만 아동을 실질적으로 보호하려는 데 취지가 있는 것으로, 이 사건의 피해아동은 1993. 12. 출생하여 2012. 경 이미 성년에 이르렀으므로 이 규정이 시행되기 이전에 이미 성년에 이른 피해아동 관련 범죄까지도 공소시효가 정지되는지가 문제되었다.

1심과 항소심은 공소시효가 정지되지 않는다고 보고 공소제기 당시 이미 공소시효가 완성되었음을 이유로 면소 판결하였고, 대법원 역시 같은 결론이었다.

> 위와 같은 법 문언과 취지를 앞에서 본 공소시효를 정지하는 특례조항의 신설·소급에 관한 법리에 비추어 보면, 아동학대처벌법 제34조 제1항은 완성되지 아니한 공소시효의 진행을 피해아동이 성년에 달할 때까지 장래를 향하여 정지시키는 것으로 봄이 타당하다(대법원 2016. 9. 28. 선고 2016도7273 판결 등 참조). 따라서 위 규정 시행일인 2014. 9. 29. 당시 피해아동이 이미 성년에 달한 경우에는 공소시효의 진행이 정지되지 않는다고 보아야 한다.

대상판결은 역시 공소시효 정지 규정의 소급효에 관해 판시한 대법원 2021. 2. 25. 선고 2020도3694 판결과 같은 취지의 판결이다. 2020도3694 판결은, 피고인이 2008. 3. 2.경부터 2009. 1.경까지 만 5세의 자녀를 상대로 6회에 걸쳐 학대행위를 한 혐의로 2017. 10. 18. 기소되었는데(공소시효 7년), 아동학대범죄의 처벌 등에 관한 특례법 제34조 제1항은 완성되지 않은 공소시효의 진행을 일정한 요건에서 장래를 향하여 정지시키는 것이므로 그 시행일인 2014. 9. 29. 당시 아직 공소시효가 완성되지 않은 피고인의 범죄에 대해서도 적용된다고 본 판결이다.

이 2020도3694 판결에 대해서는 공소시효를 정지하는 조항을 신설하거나 개정할 때 입법자가 소급효 인정 여부에 관하여 경과규정을 두지 않은 경우 각 사안마다 개별규정의 해석으로 소급적용 여부를 판단하는 대법원의 입장은 바람직하지 않으므로 전원합의체 판결로써 이를 정리할 필요가 있고, 공소시효 기간의 불이익한 변경의 경우 진정소급효는 부정하되 부진정소급효를 인정하는 명시적인 규정을 형사소송법에 둠으로써 이러한 논란을 해소하고 입법과정에서 발생할 수 있는 흠결에 대비해야 한다는 견해가 있다.[50]

2. 소송행위의 효력

(1) 반의사불벌죄에서 피해자의 성년후견인의 처벌불원의사 대리 가부

2023년에 선고된 형사소송법 분야의 두 번째 전원합의체 판결인 대법원 2023. 7. 17. 선고 2021도11126 전원합의체 판결은, 반의사불벌죄에서 피해자의 성년후견인이 처벌불원의사를 대리해서 표시할 수 있는지가 쟁점이 된 사안이다.

자전거를 운행하던 피고인이 과실로 보행자인 피해자 A를 들이받

50) 강동범, "2021년도 형사소송법 판례 회고", 형사판례연구 제30권, 한국형사판례연구회(2022), 623쪽.

아 뇌손상 등 중상해를 입게 한 사건에서, 이 사고로 의식불명이 된 피해자 A의 성년후견인으로 법률상 배우자인 B가 선임되었고, B의 법정대리권의 범위에는 '소송행위'가 포함되어 있고 법원의 허가를 받아 대리권을 행사하도록 되어 있었다. B가 피고인 측으로부터 합의금을 받고 1심 판결 선고 전에 A를 대리하여 처벌불원의사를 표시하였는데, 이 처벌불원의사가 유효한지 여부가 문제되었다.

대법원 다수의견은, 다음과 같은 이유로 반의사불벌죄에서 성년후견인은 명문의 규정이 없는 한 의사무능력자인 피해자를 대리하여 피고인이나 피의자에 대해 처벌을 희망하지 않는다는 의사를 결정하거나 처벌을 희망하는 의사표시를 철회하는 행위를 할 수 없다고 판단하였다.

> 교통사고처리 특례법 제3조 제2항에 따르면, 차의 운전자가 교통사고로 인하여 범한 형법 제268조의 업무상과실치상죄는 '피해자의 명시적인 의사'에 반하여 공소를 제기할 수 없도록 규정하므로, 문언상 그 처벌 여부가 '피해자'의 '명시적'인 의사에 달려 있음이 명백하다. 따라서 제3자가 피해자를 대신하여 처벌불원의사를 형성하거나 결정할 수 있다고 해석하는 것은 법의 문언에 반한다.
>
> (중략)
>
> 형사사법의 목적과 보호적 기능, 국가소추주의 내지 국가형벌독점주의에 대한 예외로서 반의사불벌죄의 지위 등을 감안하면, 반의사불벌죄에서 피고인 또는 피의자에 대하여 처벌을 원하지 않거나 처벌 희망의 의사표시를 철회하는 의사결정 그 자체는 특별한 규정이 없는 한 피해자 본인이 하여야 한다.
>
> (중략)
>
> 형사소송법은 친고죄의 고소 및 고소취소와 반의사불벌죄의 처벌불원 의사를 달리 규정하였으므로, 반의사불벌죄의 처벌불원 의사는 친고죄의 고소 또는 고소취소와 동일하게 취급할 수 없다.[51)]

51) 형사소송법 제236조는 "고소 또는 그 취소는 대리인으로 하여금 하게 할 수 있

(중략)

민법상 성년후견인이 형사소송 절차에서 반의사불벌죄의 처벌불원 의사표시를 대리할 수 있다고 보는 것은 피해자 본인을 위한 후견적 역할에 부합한다고 볼 수도 없다.

이 다수의견에 대한 대법관 5인의 반대의견 요지는 다음과 같다.

형사소송법은 반의사불벌죄에서 피해자의 의사능력이 결여된 경우 처벌불원 의사표시에 관하여 명시적인 규정을 두고 있지 않은 법률 흠결상태이다. 피해자가 의사무능력인 경우에도 피해자의 자기결정권을 구현하고 피해자의 복리·보호를 위하여 제3자가 피해자의 의사를 지원·보완하는 방법을 통해 처벌불원 의사표시를 하는 것이 필요하므로 피고인에게 유리한 방향으로 형사소송법의 관련 규정들을 유추적용할 필요성이 매우 크다. 그것이 본인의 의사와 잔존능력을 존중하여 가능한 최대한도에서 정상적인 사회의 구성원으로 활동할 수 있도록 새롭게 도입된 성년후견제도의 취지를 반영하는 해석이다.

따라서 반의사불벌죄에서 의사능력이 없는 피해자에게 성년후견이 개시되어 있는 경우 성년후견인이 가정법원의 허가를 받아 처벌불원의 의사표시를 할 수 있다고 보아야 한다.

대상판결에 대해서는, 반대의견에 동의하는 입장에서 신속한 피해회복과 사인에 의한 분쟁해결 촉진이라는 반의사불벌죄의 존재이유와 교통사고처리 특례법의 입법목적을 고려하여 의사무능력자인 피해자에게 소송행위를 할 수 있는 가능성을 부여하고 가해자인 피고인에

다"라고 하여 대리에 의한 고소와 고소취소에 관한 명시적 근거규정을 둔 반면, 반의사불벌죄에 대해서는 형사소송법 제232조 제3항에서 "피해자의 명시한 의사에 반하여 공소를 제기할 수 없는 사건에서 처벌을 원하는 의사표시를 철회한 경우에도 제1항과 제2항을 준용한다"라고 하여 고소취소 시한과 재고소 금지에 관한 규정만을 준용할 뿐 대리에 관한 위 제236조를 준용하지는 않았고 달리 대리를 허용하는 근거규정도 두지 않았다.

게는 유리한 규정을 유추적용할 수 있는 여지를 주어야 한다는 견해가 있다.[52)]

생각건대, 반대의견은 형사소송법이 고소와 고소취소에 대해 대리를 허용하는 규정을 두면서도 반의사불벌죄에 대해서는 이러한 규정을 두지 않은 것이 입법의 불비이자 법률의 흠결에 해당한다고 하나, 다수의견이 지적하였듯이 형사소송법이 반의사불벌죄에 대해 고소취소 시한과 재고소 금지에 관한 규정은 준용하면서도 고소와 고소취소의 대리에 관한 제236조는 준용하지 않은 점에 비추어 보면 이를 입법의 불비이자 법률의 흠결이라고 보기는 어려운 게 아닌가 싶다.

또한, 반대의견이 우려하는 대로 처벌불원의사의 대리표시를 허용하지 않을 경우 사안에 따라 불합리한 상황이 생길 순 있겠으나, 성년후견인이 의사무능력자인 피해자를 대리하여 피고인이나 피의자와 합의를 하였다면 이를 양형인자로서 고려하는 방법으로 개개의 사안에서 구체적 타당성을 충분히 기할 수 있을 것이다. 다수의견이 타당하다고 생각한다.

(2) 착오에 기한 항소취하의 효력

대법원 2023. 6. 1. 선고 2023도4109 판결은, 피고인이 항소취하서를 제출한 후 그 변호인이 피고인의 항소취하는 착오에 기인한 것이라고 주장한 사안에서, 항소취하가 착오에 의한 것이라고 보기 어려울 뿐만 아니라 피고인 스스로의 판단에 의해 항소를 취하한 이상 과실이 없다고 보기 어려우므로 피고인의 항소취하가 유효하다고 판단하였다.

> 피고인은 2022. 12. 7. 위와 같이 항소장을 제출한 후 2022. 12. 8. A구치소장에게 항소취하서를 제출하였는바, 원심 변호인은 2023. 2.

52) 김민경, “교통사고처리 특례법상 성년후견인의 처벌불원 의사표시 허용 여부 - 대법원 2023. 7. 17. 선고 2021도11126 전원합의체 판결을 중심으로”, 법과 정책연구 제23호, 한국법정책학회(2023), 68쪽.

17. 제출한 항소이유서에서, 위 항소취하는 항소를 취하하면 재판절차가 종료된다는 피고인의 착오에 의하여 이루어진 것이라고 주장하였다. 그러나 항소취하와 같은 절차형성적 소송행위가 착오로 인하여 행하여진 경우 그 행위가 무효로 되기 위해서는 그 착오가 행위자 또는 대리인이 책임질 수 없는 사유로 발생하였을 것이 요구되는바(대법원 1992. 3. 13. 자 92모1 결정, 대법원 1995. 8. 17. 자 95모49 결정 등 참조), 원심 변호인의 주장 자체에 의하더라도 피고인은 재판절차 종료를 위하여 스스로 항소취하를 하였다는 것이므로 위 항소취하가 착오에 의한 것이라고 보기 어려울 뿐만 아니라, 설령 착오에 의한 것이라고 하더라도 피고인이 스스로의 판단에 의하여 항소를 취하한 이상 과실이 없다고 보기 어려우므로 피고인의 항소취하는 유효하다(대법원 2011. 5. 26. 선고 2011도3956 판결 참조).

3. 공판 진행의 하자

(1) 공소장변경허가신청에 대한 허부 결정 누락의 위법성

대법원 2023. 6. 15. 선고 2023도3038 판결은, 검사가 1심 판결에 대해 양형부당을 이유로 항소한 다음 항소심 제1회 공판기일이 열리기 전에 먼저 기소된 업무상횡령 공소사실과 상상적 경합 관계에 있는 다른 업무상횡령 공소사실을 추가하는 취지의 공소장변경허가신청서를 제출하였으나, 항소심이 법정 외에서 공소장변경허가신청에 대한 결정을 하지 않고 공판조서 등 기록에도 공소장변경허가 여부에 대한 내용 없이 제1회 공판기일을 진행하여 변론을 종결하고 검사의 항소를 기각하여 1심 판결을 그대로 유지한 사안이다.

대법원은 공소장변경허가신청에 대한 허부 결정의 절차와 불복방법, 공판조서에 기재되지 않은 소송절차의 증명방법에 대해 다음과 같이 판시하였다.

나. 1) 법원은 검사의 공소장변경허가신청에 대해 결정의 형식으

로 이를 허가 또는 불허가 하고, 법원의 허가 여부 결정은 공판정 외에서 별도의 결정서를 작성하여 고지하거나 공판정에서 구술로 하고 공판조서에 기재할 수도 있다. 만일 공소장변경허가 여부 결정을 공판정에서 고지하였다면 그 사실은 공판조서의 필요적 기재사항이다(형사소송법 제51조 제2항 제14호). 공소장변경허가신청이 있음에도 공소장변경 허가 여부 결정을 명시적으로 하지 않은 채 공판절차를 진행하면 현실적 심판대상이 된 공소사실이 무엇인지 불명확하여 피고인의 방어권 행사에 영향을 줄 수 있으므로 공소장변경 허가 여부 결정은 위와 같은 형식으로 명시적인 결정을 하는 것이 바람직하다.

2) 판결 전의 소송절차에 관한 결정에 대하여는 특히 즉시항고를 할 수 있는 경우 외에는 항고를 하지 못하는데(형사소송법 제403조 제1항), 공소사실 또는 적용법조의 추가·철회 또는 변경의 허가에 관한 결정은 판결 전의 소송절차에 관한 결정으로서, 그 결정에 관한 위법이 판결에 영향을 미친 경우에는 그 판결에 대하여 상소를 하는 방법으로만 불복할 수 있다(대법원 1987. 3. 28. 자 87모17 결정, 대법원 2001. 7. 13. 선고 2001도1660 판결 참조).

다. 공판기일의 소송절차로서 판결 기타의 재판을 선고 또는 고지한 사실은 공판조서에 기재되어야 하는데(형사소송법 제51조 제1항, 제2항 제14호), 공판조서의 기재가 명백한 오기인 경우를 제외하고는, 공판기일의 소송절차로서 공판조서에 기재된 것은 조서만으로써 증명하여야 하고 그 증명력은 공판조서 이외의 자료에 의한 반증이 허용되지 않는 절대적인 것이다(대법원 2005. 12. 22. 선고 2005도6557 판결 등 참조). 반면에 어떤 소송절차가 진행된 내용이 공판조서에 기재되지 않았다고 하여 당연히 그 소송절차가 당해 공판기일에 행하여지지 않은 것으로 추정되는 것은 아니고 공판조서에 기재되지 않은 소송절차의 존재가 공판조서에 기재된 다른 내용이나 공판조서 이외의 자료로 증명될 수 있고, 이는 소송법적 사실이므로 자유로운 증명의 대상이 된다.

이와 같이 대상판결은 검사의 공소장변경허가신청에 대한 허가 여부 결정은 물론 추가 공소사실에 대한 심리와 판단이 없어 항소심 판결에 법리오해 등의 잘못이 있다고 판단하였다.

(2) 공시송달에 따른 궐석재판의 절차

대법원 2023. 10. 26. 선고 2023도3720 판결은, 피고인에게 소환장을 공시송달한 경우 궐석재판의 진행절차를 설명한 판결이다.

중국에 있는 식품업체 직원인 피고인은 한국의 수입상 A와 거래하면서 A의 관세포탈 범행을 방조하였다는 혐의로 기소되었다. 피고인은 2019. 12. 23. 베트남으로 출국하여 거주 중이어서 항소심은 형사사법공조 절차를 통해 피고인의 베트남 주소지로 2회 송달을 시도하였으나 송달불능되자, 2023. 1. 5. 피고인의 소환장을 공시송달하였다. 2023. 2. 1. 제5회 공판기일에 피고인이 출석하지 않자(1회 불출석) 다시 공시송달의 방법으로 송달한 후, 2023. 2. 8. 제6회 공판기일에도 피고인이 출석하지 않자(2회 불출석), 2023. 2. 15. 피고인의 출석 없이 개정하여 검사의 항소에 따라 1심 판결을 파기하고 유죄를 선고하였다.

이에 대해 대법원은 "형사소송법 제370조, 제276조에 의하면 항소심에서도 피고인의 출석 없이는 개정하지 못하고, 다만 같은 법 제365조에 의하면 피고인이 항소심 공판기일에 출정하지 아니한 때에는 다시 기일을 정하고 피고인이 정당한 사유 없이 다시 정한 기일에도 출정하지 아니한 때에는 피고인의 진술 없이 판결을 할 수 있게 되어 있으나, 이와 같이 피고인의 진술 없이 판결할 수 있기 위해서는 피고인이 적법한 공판기일 소환장을 받고 정당한 이유 없이 출정하지 아니할 것을 필요로 한다(대법원 2006. 2. 23. 선고 2005도9291 판결 참조). 한편 형사소송법 제63조 제2항에 의하면 피고인이 재판권이 미치지 아니하는 장소에 있는 경우에 다른 방법으로 송달할 수 없는 때에 공시송달을 할 수 있고, 피고인이 재판권이 미치지 아니하는 외국에 거주하고 있는 경우에는 형사소송법 제65조에 의하여 준용되는 민사소송법 제196조 제2항에 따라 첫 공시송달은 실시한 날부터 2월이 지나야 효력이 생긴다고 볼 것이다”라고 전제한 후 다음과 같이 판시하였다.

> 피고인에 대한 원심의 첫 공시송달의 효력은 실시한 날부터 2월이 지나야 효력이 생기는 것이므로, 피고인이 위 공시송달에 의한 소환을 받고서도 2회 연속 불출석하였다고 인정하기 위해서는, 첫 공시송달을 한 2023. 1. 5.부터 2개월의 기간이 지난 2023. 3. 6. 이후에 진행된 2회의 공판기일에 연속하여 불출석하였어야만 할 것이다. 그럼에도 불구하고 원심은 첫 공시송달일로부터 2개월의 기간이 지나기 전인 2023. 2. 1.과 2023. 2. 8.에 열린 공판기일에 피고인이 불출석하자 형사소송법 제365조 제2항을 적용하여 피고인의 진술 없이 공판을 진행하고 피고인이 출석하지 않은 기일에 판결을 선고하였다. 이러한 원심의 조치는 형사소송법 제365조에 어긋나고, 형사소송법 제370조, 제276조가 규정한 피고인의 출석권을 침해한 것으로서 소송절차가 법령에 위배되어 판결에 영향을 미친 잘못이 있다.

(3) 주위적·예비적 공소사실 관련 상소심의 심판 대상

대법원 2023. 12. 28. 선고 2023도10718 판결은, 동일한 사실관계에 대해 양립할 수 없는 적용법조의 적용을 주위적 및 예비적으로 청구한 사안에서 예비적 공소사실만 유죄로 인정되어 그 부분에 대해 피고인만 상고하였더라도 동일체 관계에 있는 주위적 공소사실도 함께 상고심의 심판 대상에 포함되고, 그 이후의 파기환송심도 마찬가지라고 본 사례이다.

행정복지센터에 근무하는 기간제 공무원인 피고인이 인감증명서 발급권한이 없음에도 인감증명서를 위조하여 공문서위조 혐의로 기소되었다. 1심은 피고인의 인감증명서 발급사실이 증명되지 않는다는 이유로 무죄를 선고하였고, 항소심은 예비적 공소사실로 허위공문서 작성을 추가한 공소장변경 허가 후 피고인에게 인감증명서 발급권한이 있다고 보고 주위적 공소사실(공문서위조)은 무죄, 예비적 공소사실(허위공문서작성)은 유죄를 선고하였다. 검사는 상고포기하고 피고인만 유죄 선고된 예비적 공소사실(허위공문서작성)에 대해 상고하였는데, 대법원은 피고인이 형법상 공무원에 해당하지 않을 여지가 있다는 이유로 피고인의 상고를 인용하며 원심을 파기환송하였다.

환송 후 항소심은, 주위적 공소사실(공문서위조)은 이미 심판 대상에서 벗어나 이를 다시 심리·판단하여 유죄를 선고할 수 없다는 이유로 환송 전 항소심의 무죄 판단을 그대로 유지하고, 예비적 공소사실(허위공문서작성)은 피고인이 형법상 공무원이 아니라는 이유로 무죄를 선고하였다.

이번엔 검사가 상고하자, 대법원은 예비적 공소사실과 함께 주위적 공소사실까지 전부 파기환송한 것이므로 환송 후 항소심은 주위적 공소사실에 대해서도 심리·판단하여야 한다는 취지로 판시하였다.

가. 원래 주위적·예비적 공소사실의 일부에 대한 상고제기의 효력은 나머지 공소사실 부분에 대하여도 미치는 것이고, 동일한 사실관계에 대하여 서로 양립할 수 없는 적용법조의 적용을 주위적·예비적으로 구하는 경우에는 예비적 공소사실만 유죄로 인정되고 그 부분에 대하여 피고인만 상고하였다고 하더라도 주위적 공소사실까지 함께 상고심의 심판대상에 포함된다(대법원 2006. 5. 25. 선고 2006도1146 판결 참조). 이때 상고심이 예비적 공소사실에 대한 원심판결이 잘못되었다는 이유로 원심판결을 전부 파기환송한다면, 환송 후 원심은 예비적 공소사실은 물론 이와 동일체 관계에 있는 주위적 공소사실에 대하여도 이를 심리·판단하여야 한다.

나. 앞서 본 사실관계를 위 법리에 비추어 보면 다음과 같이 판단할 수 있다.

1) 검사는 '피고인이 인감증명서를 작성하여 발급하였다'는 동일한 사실관계에 대하여 주위적으로는 형법 제225조, 예비적으로는 형법 제227조의 적용을 구하였고, 위와 같은 적용법조들은 서로 양립할 수 없다. 대법원은 예비적 공소사실에 대한 환송 전 원심판결이 잘못되었다는 이유로 이를 전부 파기환송하였으므로, 원심으로서는 주위적 공소사실에 대하여 이를 심리·판단한 후, 주위적 공소사실을 유죄로 판단하지 않는 경우에 한하여 예비적 공소사실을 심리·판단하였어야 한다.

2) 그럼에도 원심은 위 인감증명서 발급에 관한 주위적 공소사실에 대하여 실질적인 심리·판단을 하지 않은 채 환송 전 원심의 판단을 유지하고, 예비적 공소사실에 대한 판단으로 나아가 이를 무죄로 판단하였다.

3) 이러한 원심 판단에는 파기환송 후 항소심의 심판대상에 관한 법리를 오해하여 판결에 영향을 미친 잘못이 있다. 이 점을 지적하는 검사의 상고이유 주장은 이유 있다.

Ⅳ. 마치며

이제 간단히 요약해보기로 한다.

'비밀촬영', '몰래촬영'에 대해 대법원은 이익형량론에 따라 일정한 경우에는 그 영상을 증거로 쓸 수 있다고 보고 있다. 이와 비슷한 '비밀녹음', '몰래녹음'에 대해서는 먼저 통신비밀보호법 제14조 제1항에 대한 해석을 통해 증거능력 문제를 해결하고, 그 다음 순서로 이익형량론을 적용하여 판단할 수 있다.

압수수색 절차에서도 당사자 참여권 보장이 미흡하거나 압수조서와 압수목록을 작성하지 않았더라도 곧바로 위법수집증거가 되는 게 아니라, 이익형량론에 따라 다시 따져봐야 한다는 법리를 여러 판결에서 반복하였다. 2023년 형사소송법 분야 첫 번째 전원합의체 판결인

2022도7453 판결에서도 같은 문제가 쟁점이 되었고, 다수의견에 비해 이익형량론을 상대적으로 엄격하게 해석한 반대의견이 있었다.

디지털 증거의 압수수색 절차에서 관련성 유무가 쟁점이 되었던 사안들에서는, 대법원과 하급심 사이에 관련성의 인정범위를 바라보는 스펙트럼이 넓음을 알 수 있었다. 심급별로 재판부 사이에서도 관련성 여부 판단이 엇갈리는 현실에서 수사기관이 수사 초기 단계인 압수수색 현장에서 관련성 여부를 제대로 알아채는 건 쉽지 않은 일이라는 점까지 감안한다면, 관련성 이슈는 이익형량론이 보다 유연하게 적용되는 분야가 되어야 하지 않을까 싶다.

공범에 대한 사법경찰관 작성 피의자신문조서는 피고인의 내용부인으로 증거능력 없다는 종전 법리에 맞추어 공범에 대한 검사 작성 피의자신문조서에 대해서도 동일한 법리를 적용한 판결이 드디어 등장하였고, 조사자 증언에 대해 특신상태가 인정되지 않는다는 이유로 증거능력을 부정하는 판결도 꾸준히 이어지고 있다. 공범 조서 사안과 조사자 증언 사안 모두 원진술자가 법정에 나와 직접 진술한 경우였는데, 이런 경우에는 법정에서 바로 원진술자를 상대로 종전의 원진술과 번복된 법정진술의 신빙성을 비교점검해볼 기회가 있음에도 굳이 증거능력의 문턱을 높여놓고 오로지 법정에서의 진술만 갖고 사실인정을 하라는 해석론이 과연 합리적인 심리방법론일까 하는 아쉬움이 있다.

반의사불벌죄에서 피해자의 성년후견인이 처벌불원의사를 대리표시할 수 있는지에 관한 전원합의체 판결이 있었다. 명문규정의 문리적 의미대로 대리할 수 없다고 본 다수의견과 성년후견 제도의 취지를 반영해 관련 규정을 유추해석하여 대리가 가능하다는 반대의견이 있었다.

이 글에서 다루지 않은 판결 중에도 이론상, 실무상 중요한 것인데도 미처 살피지 못하고 간과한 판결이 있었을지 모르겠다. 특히, 대법원이 특별한 언급 없이 그대로 인용한 항소심 판결 중에 논의해볼 만한 쟁점을 가진 판결들이 눈에 띄었지만, 능력 부족으로 거기까진 미처 소개하지 못한 점에 대해 양해를 부탁드린다.

우리 연구회의 건강한 이론과 실무 연구는 올해 2024년 갑진년에도 계속되리라 기대한다.

[주 제 어]

대법원 판결, 형사소송법, 형사증거법, 위법수집증거 배제법칙, 디지털 증거, 압수, 전문증거, 증거능력.

[Key Words]

supreme court decision, the Criminal Procedure Act, criminal evidence rule, the exclusionary rule, digital evidence, confiscation, hearsay rule, admissibility.

접수일자 : 2024. 4. 18. 심사일자 : 2024. 6. 10. 게재확정일자 : 2024. 6. 25.

[참고문헌]

김희균, 전문법칙의 이해와 오해, 박영사, 2024

정웅석·최창호·김한균, 신형사소송법(제2판), 박영사, 2023

강동범, “2020년도 형사소송법 판례 회고”, 형사판례연구 제29권, 한국형사판례연구회, 2021

강동범, “2021년도 형사소송법 판례 회고”, 형사판례연구 제30권, 한국형사판례연구회, 2022

김민경, “교통사고처리 특례법상 성년후견인의 처벌불원 의사표시 허용 여부 - 대법원 2023. 7. 17. 선고 2021도11126 전원합의체 판결을 중심으로”, 법과 정책연구 제23호, 한국법정책학회, 2023

김희균, “영장 없이 촬영한 사진의 증거능력”, 법조 제65권 제9호, 법조협회, 2016

이창온, “2022년도 형사소송법 판례 회고”, 형사판례연구 제31권, 한국형사판례연구회, 2023

이창현, “정보저장매체 임의제출 후 집행과정의 참여권 보장과 증거능력”, 형사소송 이론과 실무 제15권 제4호, 한국형사소송법학회, 2023

지은석, “수사기관의 비밀촬영”, 형사법의 신동향 제79호, 대검찰청, 2023

한제희, “특신상태의 의의와 판단기준”, 형사판례연구 제21권, 한국형사판례연구회, 2013

한제희, “조사자 증언 관련 특신상태의 판단과 증명”, 형사판례연구 제22권, 한국형사판례연구회, 2014

한제희, “위법수집증거 배제법칙 운용의 개선방향”, 형사소송 이론과 실무 제9권 제2호, 한국형사소송법학회, 2017

한제희, “세관공무원의 마약 압수와 위법수집증거 판단”, 형사판례연구 제26권, 한국형사판례연구회, 2018

한제희, “최근 10년간 주요 대법원 판결 : 형사소송법 분야”, 한국형사판례연구회 창립 30주년 기념학술회의 자료집, 한국형사판례연구회, 2022

2024. 1. 12.자 한겨레 보도 <아동학대 입증 어려워진다...대법 “몰래 녹음, 증거능력 없어”> (https://www.hani.co.kr/arti/society/society_general/1123919.html, 2024. 1. 22. 최종 검색)

2024. 2. 4.자 파이낸셜뉴스 보도 <‘아이 가방 속 몰래 녹음’ 불법일까 합법일까, 다시 가열된 ‘제3자 대화 녹음’ 논란> (https://www.fnnews.com/news/202402041428126259, 2024. 2. 5. 최종 검색)

2024. 1. 21.자 경향신문 보도 <대법 “성범죄 무조건 유죄 안돼” 판결에…“성인지 감수성 오해” 비판> (https://m.khan.co.kr/national/court-law/article/202401211727001 2024. 2. 6. 최종 검색)

2024. 1. 19.자 세계일보 보도 <성범죄 재판, ‘피해 여성의 일관된 진술로 유죄’ 선고 관행 제동> (https://www.segye.com/newsView/20240119504393, 2024. 2. 6. 최종 검색)

[Abstract]

A review of criminal procedure law precedents in 2023

Je-Hee HAN*

Regarding 'secret filming', the Supreme Court believes that the video can be used as evidence in certain cases according to 'the theory comparing public and private interests'. Similar 'secret recordings' can be judged by first resolving the issue of admissibility of evidence through interpretation of Article 14, Paragraph 1 of the Protection of Communications Secrets Act, and then applying 'the theory comparing public and private interests'.

In the search and seizure process, the legal principle that even if the right to participate in the search and seizure process is insufficient or the seizure record and seizure list are not prepared does not immediately constitute illegally collected evidence, and must be reexamined according to 'the theory comparing public and private interests', has been repeated in several rulings.

In cases where relevance was an issue in the search and seizure process of digital evidence, it was found that there was a wide spectrum between the Supreme Court and lower courts regarding the scope of recognition of relevance. Considering that it is not easy for investigative agencies to properly detect relevance at the search and seizure site, which is the early stage of the investigation, in a reality where judgments on relevance are mixed even among courts at each instance, 'the theory comparing public and private interests' applies more flexibly to the issue of relevance.

In line with the previous legal principle that suspect interrogation

* Chief(Public Prosecutor), Yongin Branch of Institute of Justice(Ministry of Justice).

records prepared by judicial police officers for accomplices are inadmissible as evidence due to the defendant's denial of the contents, a ruling has finally appeared that applies the same legal principle to suspect interrogation records prepared by prosecutors for accomplices, and special guarantees of trustworthiness has been not recognized for the investigator's testimony.

There was a ruling on whether the victim's adult guardian can express on behalf of the victim, his intention not to be punished in cases of non-punishment. There was a majority opinion that held that representation was not possible according to the literary meaning of the explicit regulations, and a dissenting opinion that representation was possible by analogically interpreting the relevant regulations to reflect the purpose of the adult guardianship system.

刑事判例研究 總目次
(1권~32권)

[刑事判例研究(1)]

[刑事判例硏究(2)]

[刑事判例研究(3)]

[刑事判例研究(4)]

[刑事判例硏究(5)]

도주차량운전자의 가중처벌(특가법 제 5 조의 3) 소정의
도주의 의미해석과 그 한계 ………………………………………… 조상제
특가법 제 5 조의 3 의 도주운전죄 ………………………………… 이기헌
의붓아버지와 성폭력법상의 '사실상의 관계에 의한 존속',
그리고 '친족강간(incestuous rape)'의 범주획정문제 …………… 심희기
의료법상 의사의 진료거부금지와 응급조치의무 ………………… 정현미
변호사법위반죄에 있어서의 타인의 사무 ………………………… 강수진
사용권 없는 제 3 자의 캐릭터 상품화와 부정경쟁방지법
제 2 조 제 1 호 (가)목의 부정경쟁행위 ……………………………… 남성민
1996년의 형사판례 회고 …………………………………………… 이재상

[刑事判例硏究(6)]

형법의 시간적 적용범위에 관한 동기설의 문제점 ………………… 이승호
분업적 의료행위에 있어서 형법상 과실책임 ……………………… 정영일
개괄적 과실(culpa generalis)?
— 결과적 가중범에서의 결과귀속의 문제 — …………………… 장영민
정당방위와 긴급피난의 법리에 관한 사례연구 ………………… 조준현
추정적 승낙 ………………………………………………………… 이기헌
부작위에 의한 방조 ………………………………………………… 신양균
신분과 공범의 성립 ………………………………………………… 백원기
성전환수술자의 강간죄의 객체 여부 ……………………………… 정현미
출판물에 의한 명예훼손 …………………………………………… 오경식
형법 제310조의 실체면과 절차면 ………………………………… 손동권
승낙의 의사표시의 흠결과 주거침입죄의 성부 ………………… 하태훈
현금자동지급기의 부정사용에 관한 형법적인 문제점 …………… 김영환
부동산명의신탁과 횡령죄 ………………………………………… 박상기
권리행사와 사기죄 ………………………………………………… 강수진

사기죄의 기수
— 재산상의 손해발생의 요부와 관련하여 — ………………………… 안경옥
가장혼인신고가 공정증서원본부실기재죄에 해당하는지 여부 … 석동현
음주측정불응죄의 성립요건과 계속운전의 의사
— 음주측정불응죄에 관한 종전의 대법원판결과 최근의
헌법재판소결정 — ……………………………………………………… 심희기
행정형벌법규와 양벌규정 ……………………………………………… 김우진
구체적 방어권과 공소장변경의 요부 ………………………………… 서정걸
수첩기재내용의 자백 여부와 보강법칙 ……………………………… 오영근
사진과 비디오테이프의 증거능력 …………………………………… 김대휘
녹음테이프의 증거능력 ………………………………………………… 강동범
1997년의 형사판례 회고 ……………………………………………… 이재상

[刑事判例研究(7)]

유추금지와 목적론적 축소해석 ……………………………………… 장영민
보호관찰과 형벌불소급의 원칙 ……………………………………… 이재홍
의료과실과 과실인정조건 ……………………………………………… 박상기
중지미수의 성립요건 …………………………………………………… 하태훈
과실범의 공동정범 ……………………………………………………… 이용식
합동범에 관한 판례연구 ……………………………………………… 정영일
합동절도의 공동정범 …………………………………………………… 이호중
경합범과 상상적 경합 …………………………………………………… 이기헌
집행유예기간중 발각된 범죄에 대한 집행유예선고의 가능 여부 … 백원기
소위 의사살인죄 ………………………………………………………… 허일태
자동차를 이용한 폭행과 '위험한 물건의 휴대' …………………… 강용현
특정범죄가중처벌등에관한법률 제 5 조의 3 도주차량운전자의
가중처벌조항의 해석
— 도주의 의미를 중심으로 — ………………………………………… 조준현

노동자집단의 평화적인 집단적 노무제공의 거부행위와
위력업무방해죄 …… 심희기
기업비밀침해죄
— 산업스파이 사건에 대하여 — …… 오경식
신용(현금)카드부정사용의 유형별 범죄성립과 죄수 …… 손동권
특수강도죄의 실행의 착수시기 …… 여훈구
부동산명의신탁과 횡령죄 …… 백재명
유가증권위조죄 해석상의 문제점 …… 오영근
이혼소장의 각하가 고소권에 미치는 효력 …… 김기준
철야조사에 의하여 얻은 자백의 증거능력 …… 봉 욱
1998년의 형사판례 회고 …… 이재상

[刑事判例硏究(8)]

법률의 착오에서 정당한 이유의 판단기준 …… 정현미
(오상)과잉방위에 대한 책임비난 …… 손동권
불능미수범에 있어서 위험성의 의미 …… 허일태
공동정범의 실행의 착수와 공모공동정범 …… 이용식
무형적·정신적 방조행위 …… 백원기
의사의 응급의료의무와 치료의무 …… 조상제
죄수의 결정 …… 이기헌
양벌규정과 업무주 및 행위자의 책임 …… 박강우
징벌적 추징에 관하여 …… 김대휘
공범간에 취득한 이익이 다른 경우의 취득방법
— 외국환관리법 및 관세법상의 몰수·추징의 법적 성격과
추징방법을 중심으로 — …… 서보학
형법 제310조와 의무합치적 심사 …… 김재봉
주거침입죄의 성립범위 …… 오영근

지명채권양도인이 양도통지 전에 채권의 변제로서 수령한 금전을 자기를 위하여 소비한 경우 횡령죄 또는 배임죄의 성립 ········ 이민걸
불법원인급여와 횡령죄 ········ 장영민
공문서등부정행사죄 ········ 박상기
형벌법규의 경합과 그 적용 — 형법과 행정형법 경합을 중심으로 — ········ 박기석
검사가 증거로 제출하지 아니한 수사기록 등에 대한 열람·등사의 가부 ········ 석동현
강제적 성범죄에 대한 효율적 형사사법집행을 위한 제언 ········ 이승호
약물사용죄와 공소사실의 특정 ········ 이은모
축소사실에 대한 공소장변경 없는 유죄인정 — 비친고죄의 공소사실에 대하여 친고죄의 유죄를 인정하는 경우 — ········ 이호중
항소심에서의 공소장변경과 고소취소의 효력 ········ 천진호
자백의 임의성과 그 입증 ········ 박광민
증거능력이 없는 증거에 의한 사실인정과 무해한 오류 ········ 최병각
사인이 비밀리에 녹음한 녹음테이프의 증거능력 ········ 하태훈
불이익변경 여부의 판단기준 ········ 한영수
'강조되어야 할 예외'로서의 재정신청제도 ········ 조 국
1999년의 형사판례 회고 ········ 이재상

[刑事判例研究(9)]

1990년대의 형사판례 — 책임·미수·공범론을 중심으로 — ········ 오영근
1990년대 재산범죄에 관한 대법원판례의 동향 ········ 박상기
1990년대 형사증거법에 관한 주요판례 및 동향 ········ 김희옥
1990년대 선거법판례의 동향 ········ 강용현

피고인에게 불리한 판례의 변경과 소급효금지원칙 ………………… 허일태
인과과정에 개입된 타인의 행위와 객관적 귀속 ……………………… 정현미
상관의 명령에 복종한 행위 ……………………………………………… 하태훈
'공모'공동정범에 있어서 공모의 정범성 ……………………………… 천진호
무형적·정신적 방조행위의 인과관계 …………………………………… 이용식
목적범에 관한 판례연구 ………………………………………………… 정영일
명예훼손죄에 있어서의 공연성 ………………………………………… 김우진
'사실상의 신임관계'에 기초한 배임죄 처벌의 한계 ………………… 안경옥
장물인 현금 또는 자기앞수표의 예금과 장물성의 상실 여부 ….. 여훈구
간 첩 죄 …………………………………………………………………… 김성천
영장청구 기각결정에 대한 불복방법 …………………………………… 오세인
음주측정을 위한 '동의 없는 채혈'과 '혈액의 압수' ………………… 한영수
공소권남용과 주관적 요건 ……………………………………………… 김재봉
검사작성 피의자신문조서의 성립진정과 증거능력 …………………… 조 국
법정증언을 번복하는 진술조서의 증거능력 …………………………… 이재홍
사법경찰관 작성 검증조서에 기재된 피의자 진술의 증거능력 ….. 이승호
항소심에서의 공소사실변경으로 인한 특수문제 ……………………… 손동권
공소사실의 축소인정과 '현저한 정의와 형평기준' …………………… 심희기
2000년의 형사판례 회고 ………………………………………………… 이재상

[刑事判例硏究(10)]

건축법상 불법용도변경과 형법의 시간적 적용범위 ………………… 허일태
양벌규정의 해석 …………………………………………………………… 김대휘
고의의 본질과 대법원 판례의 입장 …………………………………… 박상기
개괄적 과실(culpa generalis) 사례의 결과귀속 ……………………… 조상제
정당방위의 사회윤리적 제한
—부부 사이의 정당방위의 제한— ……………………………………… 박강우
유책한 도발과 정당방위 ………………………………………………… 정현미

[刑事判例研究(11)]

[刑事判例研究(12)]

[刑事判例研究(14)]

노동조합및노동관계조정법상 안전보호시설과 명확성원칙 ……… 이상원
무면허 의료행위에 있어서의 의료행위의 개념 ……………………… 황만성
2005년도 형법판례 회고 …………………………………………………… 오영근

[刑事判例研究(15)]

부진정결과적 가중범의 성립범위와 죄수 ……………………………… 김성룡
예방적 정당방위의 성립가능성 ………………………………………… 김혜경
경찰관의 무기사용에 대한 정당방위의 성립여부 …………………… 김태명
승계적 종범의 성립범위 ………………………………………………… 이용식
음란물에 대한 형사규제의 정당성 및 합리성 검토 ………………… 주승희
형법 제310조의 적용범위 ……………………………………………… 권오걸
경영판단과 배임죄의 성부 ……………………………………………… 박미숙
배임행위의 거래상대방의 형사책임 …………………………………… 신양균
긴급체포의 전(前)단계로 남용되는 불법적 임의수사에 대한
통제 ……………………………………………………………………… 조 국
마약투약사범에 대한 공소사실 특정 ………………………………… 남성민
위법수집 증거물의 증거능력 …………………………………………… 안성수
공판중심주의와 참고인진술조서 ……………………………………… 최병각
사법경찰관작성 피의자신문조서와 탄핵증거 ………………………… 이완규
피의자의 진술을 내용으로 하는 사법경찰관의 진술의
증거능력 ………………………………………………………………… 금태섭
아동전문 인터뷰어와 성추행피해아동의 인터뷰 진술녹화
비디오테이프의 증거능력과 증명력 …………………………………… 심희기
상소권회복제도의 몇 가지 문제점 …………………………………… 천진호
공시송달과 상소권회복청구 ……………………………………………… 김정원
항소이유서 미제출과 직권조사사유 …………………………………… 김우진
2006년도 형법판례 회고 ………………………………………………… 오영근

[刑事判例研究(16)]

과잉방위의 적용범위 …… 정현미
소아성기호증과 책임판단 문제 …… 김혜정
하나의 자유형에 대한 일부집행유예 …… 이천현
협박죄의 범죄구성요건 유형 …… 하태훈
업무방해죄에서 업무의 개념과 범위 …… 변종필
강도죄와 절도죄의 경합 …… 한영수
위임범위를 초과한 타인의 현금카드사용 현금인출의 형사적 죄책 …… 조 국
위임범위를 초과한 현금인출행위의 형사법적 죄책 …… 김성룡
타인명의 신용카드 부정사용행위에 대한 죄수판단 …… 김태명
진술거부권과 진술거부권 불고지의 효과 …… 안성수
피의자의 방어권보장 및 증거보전을 이유로 한 구속영장기각결정의 문제점 …… 이선욱
압수·수색영장 청구의 분리기각결정에 관한 고찰 …… 류장만
사인작성 컴퓨터문서의 진정성립 입증과 증거능력 …… 이완규
위법수집증거물의 증거능력 …… 전주혜
해외주재 영사작성 진술기재서면의 성질과 증거능력 …… 이완규
피고인 제출증거의 증거능력과 증거조사 …… 신용석
특별누범의 처단 …… 김대휘
조세범처벌법 제 9 조 제 1 항의 '조세포탈'의 의미 …… 김희철
2007년도 형사판례 회고 …… 오영근

[刑事判例研究(17)]

침해범/위험범, 결과범/거동범, 그리고 기수/미수의 구별기준 …… 김성돈
부작위범 사이의 공동정범 …… 김성룡
방조범의 성립범위 …… 김혜경
형법 제39조 제 1 항의 의미 …… 이천현

재벌그룹 회장에 대한 집행유예의 선고
— 경합범가중처벌규정의 문제점을 포함하여
사회봉사명령의 개념에 대한 해석론— ……………………………… 한영수
사회봉사명령의 의의 및 한계 ……………………………………………… 이규훈
자살방조죄의 성립범위 ………………………………………………………… 임정호
상해행위를 통한 공갈행위 ……………………………………………………… 김정환
인권옹호명령불준수죄의 위헌 여부 ………………………………………… 문성도
자기무고 공범성립의 범위에 대한 검토 …………………………………… 정혁준
수사상 임의동행의 허용 여부와 적법성 요건 …………………………… 김택수
피의자신문시 변호인참여권
— 형사소송법 제243조의 2의 해석을 중심으로— ……………… 전승수
변호인의 피의자신문 참여권 ………………………………………………… 김대웅
독수과실의 원리 ………………………………………………………………… 조 국
진술거부권 불고지로 인한 위법수집증거 배제와 그 불복방법 …… 안성수
마약류 투약범죄에 있어서 공소사실의 특정과 피고인의
방어권 보장 ……………………………………………………………………… 원혜욱
공범인 공동피고인의 법정진술의 증거능력과 증명력 ……………… 정웅석
성폭법상 카메라등 이용촬영죄에서의 구성요건 해석 문제 …… 이승준
성폭력처벌법 제 8 조의 입법취지와 장애인 성폭력
피해자 보호 ……………………………………………………………………… 박미숙
2008년도 대법원 형법판례 회고 …………………………………………… 오영근
[형사판례연구회 제200회 기념]
형사판례연구회를 회고하며 …………………………………………………… 이재상
'형사판례연구' 200회에 대한 계량적 회고 ………………………………… 박상기

[刑事判例硏究(18)]
무의미한 연명치료중단의 형사법적 검토 ……………………………… 안성준
운동경기 중 발생한 상해와 형사책임 …………………………………… 김우진

성전환자의 강간죄 객체성립 여부 ………………………………………… 이주형
업무방해죄의 법적 성질과 결과발생의 요부(要否) ………………… 김태명
횡령한 부동산에 대한 횡령죄의 성립 여부 …………………………… 김대웅
전환사채의 저가발행과 배임죄 ………………………………………… 황정인
무주의 일반물건 방화자의 형사책임 …………………………………… 이경렬
문서위조죄에서의 복사와 행사의 개념 ………………………………… 김혜경
공소장일본주의에 대한 비판적 고찰
—직권주의와 당사자주의의 충돌과 그 조화 ……………………… 백원기
탄핵증거의 요건, 조사방법과 입증 …………………………………… 안성수
반대신문권과 수사기관 조서의 증거능력 및 증명력 ……………… 이완규
위법수집증거배제법칙의 적용기준에 대한 비교법적 연구 ……… 이윤제
상소심 법원의 원심 증거조사과정 평가방법 ………………………… 오기두
항고전치주의와 재정신청기간 ………………………………………… 전승수
국민참여재판에서의 축소사실인정 …………………………………… 이정민
교통사고처리특례법 제4조 제1항의 위헌결정에 대한
형사정책적 검토 ………………………………………………………… 오경식
위치추적 전자장치 부착명령의 위헌성 유무 ………………………… 이춘화
특별법상 추징의 법적 성격 …………………………………………… 이승현
2009년도 형법판례 회고 ………………………………………………… 오영근

[刑事判例研究(19)]
형의 실효의 법률적 효과 ……………………………………………… 김정원
영업범의 개념과 죄수관계
-포괄일죄 또는 실체적 경합 성립여부- ………………………… 김혜경
불법적·반윤리적 목적의 승낙과 상해 ………………………………… 황태정
심신장애 판단과 감정 …………………………………………………… 박미숙
고소인이 간통죄의 제1심 판결 선고 후 피고소인과
다시 혼인한 경우 등과 간통고소의 효력 …………………………… 박진환

권리·권한실행 의사표시의 협박죄 성립 ………………………………… 강우예
배임죄와 사기죄의 경합관계 ……………………………………………… 류전철
부동산 명의수탁자의 횡령죄 주체성 …………………………………… 이창섭
전직한 종업원의 영업비밀 사용과 업무상 배임죄 ………………… 최호진
절도죄의 객체로서 재물의 '재산적 가치'에 대한
검토 ……………………………………………………………………………… 박찬걸
협박의 의미와 대상 ………………………………………………………… 한영수
성풍속범죄에 대한 비판적 고찰 ………………………………………… 이경재
진술거부권 행사와 증거이용금지 및 피의자신문권과의
관계 ……………………………………………………………………………… 이완규
위치추적 전자장치 부착명령과 불이익변경금지 …………………… 권태형
증언절차의 소송법 규정위반과 위증죄의 성립여부
－증언거부권 불고지를 중심으로－ …………………………………… 이희경
디지털 증거의 진정성립부인과 증거능력 부여 방안 ……………… 김영기
건설산업기본법 위반죄(부정취득)와 배임수재죄의
관계 ……………………………………………………………………………… 김정환
환자의 전원(轉院)에 있어서의 의료과실 ……………………………… 황만성
아이템 거래 판결에 대한 고찰 …………………………………………… 이원상
2010년도 형법판례 회고 …………………………………………………… 오영근

[刑事判例研究(20)]

[특집] 형사판례연구회 20주년 기념학술회의
형사판례연구회 20주년을 맞이하여 ……………………………………… 박상기
2000년대 초기 대법원판례의 동향
－형법총칙 관련 대법원판례를 중심으로－ ………………………… 천진호
2000년대 초기 대법원판례의 동향
－주요 재산범죄 관련 대법원판례를 중심으로－ ………………… 박형준

2000년대 초기 대법원판례의 동향
　－수사절차와 증거 관련 대법원판례를 중심으로－ ··············· 전승수

[일반논문]

위헌결정 형벌규정의 소급효 ··· 이정념
전자장치 부착요건의 해석범위와 한계 ·· 황태정
통신비밀보호법위반죄와 정당행위
　－통신비밀 침해한 결과물의 언론보도와 정당행위를
　　중심으로－ ··· 이희경
비밀누설죄에서 대향자의 공범성립가능성
　－대향범성과 자수범성을 중심으로－ ·· 김혜경
사이버 공간 범죄와 온라인서비스제공자(OSP)의 형사책임
　－2006. 4. 28. 선고 2003도4128 판결을 중심으로－ ··············· 김영기
쟁의행위로서 파업의 업무방해죄 성립여부에 관한 고찰 ·········· 백원기
파업과 업무방해죄 ··· 박상기
배임수재죄에 있어서 '사무의 내용'에 관한 고찰
　－'재산상 사무'로 제한해야 하는가?－ ······································ 김봉수
사전수뢰죄에 있어서 청탁의 법리에 대한 재해석
　－대법원 1999.9.7, 99도2569 판결을 중심으로－ ····················· 오경식
제3자로부터 위법하게 수집된 증거의 증거능력 ························ 한제희
공소제기 후 검사가 수소법원 이외의 지방법원 판사로부터
　발부받은 압수·수색 영장에 의해 수집한 증거의
　증거능력 유무 ··· 김형두
진술증거의 전문증거성과 진정성 문제의 구별 ··························· 이완규
면허외 의료행위와 관련한 의료인의 형사법적 책임 ·················· 장연화
공직선거법 제250조 제2항 허위사실 공표죄의 구성요건과
　허위성의 입증 ··· 윤지영
2011년도 대법원 형법판례 회고 ·· 오영근

[刑事判例研究(21)]

상당인과관계설의 상당성 판단기준을 위한 상당성의 구체화 작업 시도
－피해자의 도피행위를 중심으로－ ·· 이경재
의사의 설명의무위반의 효과와 가정적 승낙의 법리 ················ 김성돈
편면적 대향범에 가담한 자에 대한 형법총칙상 공범규정의
적용가부 ·· 김태명
무수혈과 관련된 의료과실치사죄 ·· 허일태
업무방해죄에 있어서 업무의 보호가치에 대한 검토
－대법원 2011. 10. 13. 선고 2011도7081 판결을 중심으로－ ···· 박찬걸
공동주택의 공용공간에 대한 주거침입죄의 해석 ······················ 홍승희
형법에서 사자의 점유 ·· 김성룡
횡령죄의 미수범 성립여부 ·· 김봉수
횡령죄의 기수성립에 관한 논의 구조
－횡령죄의 구조－ ·· 이용식
수수된 금품에 직무관련성이 있는 업무에 대한 대가와 직무관련성이
없는 업무에 대한 사례가 혼재되어 있는 경우의 형사상 취급
－대법원 2011. 5. 26. 선고 2009도2453 판결을 중심으로－ ······ 권순건
현실거래에 의한 시세조종과 매매유인 목적
－ 2012. 11. 29. 선고 2012도1745 판결 사안
('도이치증권 v. 대한전선' 사건)을 중심으로－ ······················ 김영기
온라인게임 계정거래와 정보훼손죄 성립여부 ···························· 최호진
강제채혈의 성질 및 허용요건 ·· 김정옥
검사의 신문과정상 참여수사관의 역할과 한계 ·························· 이완규
진술과 기록의 증거능력 ·· 최병각
변호인 작성의 법률의견서의 증거능력 ·· 김우진
특신상태의 의의와 판단기준 ·· 한제희
'과학적 증거'의 증거법적 평가 ·· 이정봉

소년법상 보호처분의 성격과 전자장치부착명령
요건과의 관계 ···························· 김혜정
2012년도 형법판례 회고 ···························· 오영근

[刑事判例硏究(22)]

계속범의 본질 －불법성의 내적 강화－ 와 유형화 ···························· 김혜경
공범관계의 해소(解消) ···························· 류전철
보호감독자에 의한 미성년자약취죄와 국외이송약취죄
－베트남 여성의 자녀 약취 사건－ ···························· 윤지영
허위사실적시에 의한 명예훼손죄의 적용에서 전제사실의
미확정으로 인한 문제점 고찰 ···························· 이원상
'명의수탁자의 처분과 횡령'의 불가벌적 사후행위 ···························· 이경렬
동독 내에서 서독에 적대적인 간첩활동을 한 동독 주민의
형사처벌 여부(소극) ···························· 김영규
자발적 성매매 처벌의 위헌성 여부 ···························· 이경재
성폭법상 신상정보 공개·고지명령 소급 적용의 범위 ···························· 남선모
음주운전자에 대한 보호조치와 음주측정불응죄의
성립관계 ···························· 김택수
정보저장매체의 압수·수색
－휴대전화(스마트폰)의 압수·수색－ ···························· 원혜욱
피의자신문의 성질과 수인의무 ···························· 이완규
가명진술조서의 증거능력
－조서 작성 절차와 방식의 적법성을 중심으로－ ···························· 전승수
공판조서의 증거능력에 대한 위헌여부에 대한 연구
－형사소송법 제315조 제3호 위헌소원－ ···························· 오경식
조사자 증언 관련 특신상태의 판단과 증명 ···························· 한제희
전자증거의 진정성과 전문법칙의 적용 ···························· 심희기
2013년도 형법판례 회고 ···························· 오영근

[刑事判例研究(23)]

법률적 무효와 이미 존재했던 사실상태의 형법적 취급 ………… 이근우
미필적 고의에 관한 약간의 고찰 ……………………………………… 장영민
진정부작위범의 법리적 구성 …………………………………………… 김혜경
자본시장 불공정행위의 죄수와 부당이득 산정
－대법원 2011. 10. 27. 선고 2011도8109 판결을 중심으로－ …· 김영기
强制醜行罪를 둘러싼 몇 가지 문제점 …………………………………… 이경재
컴퓨터 등 사용사기죄에서 권한 없는 정보의 변경과
재산처분의 직접성 ……………………………………………………… 김성룡
대물변제예약 부동산의 이중매매와 배임죄의 형사불법적 구조
－배임죄 해석의 나아갈 방향에 대한 논란－
－배임죄에 대한 과도한 제한해석의 우려－
－배임죄의 핵심 코어에 관하여－ ……………………………………… 이용식
의료법 위반행위와 사기죄의 성립 여부 ………………………………… 우인성
횡령죄의 본질과 불가벌적 사후행위에 관한 비판적 고찰 ……… 백원기
부동산 명의수탁자 상속인의 횡령죄 성립 여부 ……………………… 천진호
파업에 대한 업무방해죄 적용의 문제점 ……………………………… 박상기
범죄목적을 숨긴 출입은 주거침입인가?
－대법원 1984. 12. 26. 선고 84도1573 전원합의체 판결－ …· 최준혁
인터넷 검색광고의 부정클릭과 부정한 명령입력 …………………… 최호진
문서 부정행사죄의 불법과 권한중심 해석 …………………………… 황태정
위증죄 성립에 있어 증언거부권 미고지의 성격과 의미 ………… 강우예
압수물의 범죄사실과의 관련성과 적법한 압수물의
증거사용 범위 …………………………………………………………… 이완규
경찰관 상대 모욕 현행범인 체포의 요건 ……………………………… 한제희
독수과실의 원리 보론(補論) ……………………………………………… 조 국
국제우편물에 대한 세관검사와 통제배달 ……………………………… 전승수
내부스캘퍼의 거래와 자본시장법 위반 ………………………………… 안성수

2014년도 형법판례 회고 ·· 오영근

[刑事判例硏究(24)]

외국에서 집행받은 형의 선고와 형법 제7조의 개정방향
 －대법원 2013. 4. 11. 선고 2013도2208 판결, 헌법재판소 2015. 5. 28.
  선고 2013헌바129 전원재판부－ ·· 전지연
부작위에 의한 살인죄의 공동정범의 성립요건 ·························· 김태명
사실상 인과관계 및 법적 인과관계와 객관적 귀속 ···················· 김종구
고의와 법률의 부지의 구별
 －대법원 2014. 11. 27. 선고 2013도15164 판결과 관련하여－ ··· 김영환
위법성조각사유의 전제사실의 착오에 대한 대법원판례의 이해구조
 －오상을 이유로 하는 위법성조각과 정당방위상황의 인정－
 －판례의 시각에 대한 학계의 이해부족－ ································· 이용식
실행의 착수와 구성요건 실현을 위한 '직접적인' 전 단계행위 ··· 안경옥
의무범과 행위자의 특정
 －우리나라 대형사고 판례의 '행위자의 특정'을 중심으로－ ··· 조병선
사후적 경합범에 대한 고찰 ··· 최병각
입찰방해와 컴퓨터등사용사기죄, 사기죄의 직접성 ····················· 한상훈
위임범위를 초과하여 예금을 인출한 경우의 죄책 ······················ 이승호
명의신탁 부동산의 처분과 재산범죄의 성립 여부 ······················ 우인성
배임 경영자에게 적용되는 업무상 배임죄의 구성요건요소로서의
 재산상 손해와 이익(이득액) ·· 손동권
배임죄에서 '타인의 사무'의 해석과 민사법리의 관계 ················ 류전철
대물변제예약체결 채무자 소유 부동산의 제3자에 대한 처분행위는
 배임죄에 해당하는가 ·· 백원기
공전자기록 위작·변작죄에서 위작·변작의 개념 ························· 강동범

[刑事判例硏究(26)]

[刑事判例研究(27)]

[刑事判例研究(28)]

[刑事判例研究(30)]

[刑事判例硏究(31)]

[刑事判例硏究(32)]

한국형사판례연구회 2023년도 발표회

○ 第356회 형사판례연구회(2023.01.09)

이강민 교수: 헌법불합치 결정을 받은 형벌규정의 효력

조은별 교수: 실질적 피압수자 개념에 대한 비판적 검토

○ 第357회 형사판례연구회(2023.02.06)

김혜정 교수: 2022년도 형법판례회고

○ 第358회 형사판례연구회(2023.03.06.)

이창온 교수: 2022년도 형사소송법판례회고

김태명 교수: 책략절도와 사기죄의 구분

○ 第359회 형사판례연구회(2023.04.10)

이근우 교수: 헌법재판에서 명확성 원칙의 판단기준

최준혁 교수: 음주운전 2회 가중처벌 위헌 헌법재판소 결정과 그 이후

○ 第360회 형사판례연구회(2023.05.01)

강우예 교수: 중지미수의 자의성 개념에 대한 몇 가지 법이론적 재검토

윤지영 박사: '명예에 관한 죄'의 최신 판례 및 이슈 검토

○ 第361회 형사판례연구회(2023.06.12)

한상훈 교수: 형법 제17조의 유래와 "위험발생" 및 "연결"에 대한 재해석

조인현 박사: 미성년자 약취, 유인죄 규율 범위

○ 제362회 형사판례연구회(2023.06.12.)
대법원형사법연구회와 공동학술행사
▹ 제1세션 "스토킹처벌법과 관련된 실무상 쟁점"
발표: 박소정 판사
지정토론: 심영주 박사

▹ 제2세션 "과실범의 인과성 판단과 과실의 경합"
발표: 김혜경 교수
지정토론: 함현지 판사

○ 제363회 형사판례연구회(2023.10.16)
김대원 교수: 형법 제1조제2항의 적용 관련 변경된 대법원 판례에 대한 비판적 고찰
이상한 박사: 회사의 CCTV 촬영에 대한 방해행위와 업무방해죄

○ 제364회 형사판례연구회(2023.11.13)
황태정 교수: 범죄구성원리로서의 신의칙과 한계
김영미 검사: 전자증거 수색의 제한

○ 제365회 형사판례연구회(2023.12.4.)
최호진 교수: 정당행위 판단기준 간의 관계

한국형사판례연구회 회칙

1997. 11. 03. 제정
2006. 12. 04. 개정
2007. 12. 10. 개정
2011. 12. 05. 개정
2013. 12. 02. 개정

제 1 장 총 칙

제 1 조 [명칭]
본회는 한국형사판례연구회(이하 '본회'라 함)라 한다.
제 2 조 [주소지]
본회는 서울특별시에 주소지를 둔다.
제 3 조 [목적]
본회는 형사판례를 연구하고 회원 상호간의 의견교환을 장려·촉진·지원함으로써 형사법학 및 형사판례의 발전을 도모함을 목적으로 한다.
제 4 조 [사업]
본회는 전조의 목적을 달성하기 위하여 다음의 사업을 한다.

1. 형사판례연구
2. 월례연구발표회 및 토론회 개최
3. 학술지 '형사판례연구' 및 기타 간행물의 발간
4. 기타 본회의 목적에 적합한 사업

제 2 장 회 원

제 5 조 [회원]
본회의 회원은 본회의 목적에 찬동하는 자로서, 다음 각 호에 따라 구성한다.

1. 정회원은 판사, 검사, 변호사, 대학의 전임강사 이상의 자, 박사학위 소지자 기타 이와 동등한 자격을 갖추었다고 인정되는 자로서 정회원 3인 이상의 추천과 이사회의 승인을 얻은 자로 한다.
2. 준회원은 대학원 박사과정 이상의 연구기관에서 형사법학 및 유관분야를 연구하는 자로서 정회원 1인 이상의 추천과 이사회의 승인을 얻은 자로 한다.
3. 기관회원은 대학도서관 기타 형사법학을 연구하는 유관기관으로 정회원 3인 이상의 추천과 이사회의 승인을 얻은 기관으로 한다.

제 6 조 [권리의무]

회원은 본회의 각종 사업에 참여할 수 있는 권리를 가지며 회칙준수, 총회와 이사회 의결사항의 이행 및 회비납부의 의무를 진다.

제 7 조 [자격상실]

회원 중 본회의 목적에 위배되거나 품위를 손상시키는 행위를 한 자는 이사회의 결의에 의하여 제명할 수 있다.

제 3 장 총 회

제 8 조 [종류와 소집]

① 총회는 정기총회와 임시총회로 하고, 회장이 이를 소집한다.

② 정기총회는 매년 하반기 중에 소집함을 원칙으로 한다.

③ 임시총회는 회장이 필요하다고 인정하거나, 이사회의 의결이 있거나, 재적회원 2/5 이상의 요구가 있을 때에 소집한다.

④ 총회의 소집은 적어도 회의 7일 전에 회의의 목적을 명시하여 회원들에게 통지하여야 한다. 다만 긴급하다고 인정되는 사유가 있는 때에는 예외로 한다.

제 9 조 [권한]

총회의 의결사항은 다음과 같다.

1. 회칙의 제정 및 개정에 관한 사항

2. 회장·부회장 및 감사의 선임에 관한 사항
3. 예산 및 결산의 승인에 관한 사항
4. 기타 회장이 이사회의 의결을 거쳐 회부한 사항

제10조 [의결]
총회의 의결은 출석회원 과반수의 찬성으로 한다.

제4장 이 사 회

제11조 [구성 및 소집]
① 이사회는 회장, 부회장 및 이사로 구성한다.
② 회장·부회장은 당연직 이사로서, 각각 이사회의 의장·부의장이 된다.
③ 이사회는 회장이 필요하다고 인정하거나 이사 3인 이상의 요구가 있을 때에 회장이 소집한다.

제12조 [권한]
이사회는 다음 사항을 심의·의결한다.
1. 사업계획에 관한 사항
2. 재산의 취득·관리·처분에 관한 사항
3. 총회의 소집과 총회에 회부할 의안에 관한 사항
4. 총회가 위임한 사항
5. 기타 회장이 회부한 본회 운영에 관한 중요사항

제13조 [의결]
이사회의 의결은 재적이사 과반수의 출석과 출석이사 과반수의 찬성으로 한다.

제14조 [상임이사회]
① 회장은 이사회의 효과적인 운영을 위하여 이사 중에서 총무, 연구, 연구윤리, 출판, 섭외, 재무, 법제, 홍보의 업무를 전담할 상임이사를 위촉할 수 있다.
② 상임이사회는 회장, 부회장, 상임이사로 구성한다.
③ 회장은 상임이사회를 소집하고 그 의장이 된다.

④ 이사회는 필요하다고 인정되는 경우에는 그 권한을 상임이사회에 위임할 수 있으며, 회장은 긴급하다고 인정되는 사유가 있는 경우에는 이사회의 권한을 상임이사회로 하여금 대행하게 할 수 있다.
⑤ 상임이사회의 의결은 재적상임이사 과반수의 출석과 출석상임이사 과반수의 찬성에 의한다.

제5장 임 원

제15조 [종류]
본회에 다음의 임원을 둔다.
1. 회장 1인
2. 부회장 4인
3. 이사 5인 이상 40인 이내
4. 감사 2인

제16조 [임원의 선임]
① 회장은 부회장 및 상임이사 중에서 이사회의 추천을 받아 총회에서 선임한다.
② 부회장은 이사 중에서 이사회의 추천을 받아 총회에서 선임한다.
③ 이사는 회장의 추천을 받아 총회에서 선임한다.
④ 감사는 이사회의 추천을 받아 총회에서 선임한다.

제17조 [임원의 직무]
① 회장은 본회를 대표하고 회무 전반을 관장한다.
② 부회장은 회장을 보좌하고, 회장 유고시에 그 직무를 대행한다.
③ 이사는 이사회의 구성원으로서 중요 회무를 심의·의결한다.
④ 감사는 본회의 사업과 회계를 감사하여 정기총회에 보고한다.

제18조 [임원의 임기]
① 임원의 임기는 2년으로 하되 중임할 수 있다.
② 임원이 궐위된 때의 후임자의 임기는 전임자의 잔임기간으로 한다.

제19조 [고문]
① 본회의 발전을 위하여 약간 명의 고문을 둘 수 있다.

② 고문은 이사회의 의결을 거쳐 회장이 위촉한다.

제20조 [간사]

① 회장의 명을 받아 회무를 처리하기 위하여 간사 약간 명을 둘 수 있다.

② 간사는 회장이 임명한다.

제21조 [위원회]

① 본회에 편집위원회와 연구윤리위원회를 둔다.

② 본회 사업의 효율적인 추진을 위하여 이사회의 의결을 거쳐 필요한 분과위원회를 둘 수 있다.

제 6 장 재 무

제22조 [재정]

① 이 회의 재정은 회원의 회비, 기부금, 보조금 및 기타 수입으로 한다.

② 회비의 액수는 이사회가 정한다.

제23조 [예산과 결산]

재정에 관한 수입과 지출은 매년도마다 예산으로 편성하여 총회의 결의를 얻어야 하고 결산은 다음 연도 총회에 보고하여야 한다.

부칙(1997. 11. 03)

제 1 조

발기인 및 발기인 3인 이상의 추천을 받아 이 회의 회원이 되기를 승낙한 자는 제 5 조 제 2 항의 규정에 불구하고 회원이 된다.

부칙(2006. 12. 04)

제 1 조 [시행일]

이 회칙은 이사회의 승인이 있은 날부터 시행한다.

부칙(2007. 12. 10)

제 1 조 [시행일]
이 회칙은 이사회의 승인이 있은 날부터 시행한다.

부칙(2011. 12. 05.)

제1조 [시행일]
이 회칙은 이사회의 승인이 있은 날부터 시행한다.

부칙(2013. 12. 02.)

제1조 [시행일]
이 회칙은 이사회의 승인이 있은 날부터 시행한다.

한국형사판례연구회 편집위원회 규정

1997. 11. 03. 제정
2006. 12. 04. 개정
2007. 12. 10. 개정
2013. 12. 02. 개정
2021. 06. 07. 개정

제 1 조 [목적]

이 규정은 한국형사판례연구회(이하 '본회'라 함) 회칙 제 4 조 제 3 호에 규정된 학술지 기타 간행물의 발간을 위한 편집위원회(이하 '위원회'라 함)의 구성과 운영에 관한 사항을 정함을 목적으로 한다.

제 2 조 [구성]

위원회는 편집위원장을 포함한 10인 이내의 편집위원으로 구성한다.

제 3 조 [편집위원의 선임 및 임기]

① 편집위원장은 본회의 출판담당 상임이사로 한다.

② 편집위원은 본회의 회원 중에서 이사회가 선임한다.

③ 편집위원의 임기는 2년으로 하되, 연임할 수 있다.

제 4 조 [업무]

위원회의 주요업무는 다음 각 호와 같다.

1. 본회의 학술지 '형사판례연구'의 편집 및 출판
2. '형사판례연구' 원고의 접수 및 게재여부 심사
3. 기타 간행물의 편집 및 출판
4. 편집위원회의 업무와 관련된 지침의 제정

제 5 조 [운영]

① 이 위원회는 위원장 또는 편집위원 과반수의 요구가 있는 경우에 위원장이 소집한다.

② 이 위원회의 의결은 편집위원 과반수의 출석과 출석위원 과반수의 찬성에 의한다.

③ 편집위원장은 위원회의 업무를 효율적으로 수행하기 위하여 편집간사를 둘 수 있다.

제 6 조 [투고원고의 심사]

① 위원회는 '형사판례연구' 기타 간행물에 투고된 원고를 심사하여 그 게재여부를 의결한다.

② 위원회는 '형사판례연구'에 투고되는 원고의 작성 및 문헌인용방법, 투고절차 등에 관한 지침(투고지침)을 제정할 수 있다.

③ 위원회는 '형사판례연구'에 투고된 원고의 심사기준 및 절차에 관한 지침(심사지침)을 제정할 수 있다.

④ 제1항의 원고 게재여부에 관한 의결은 '可', '否', '수정후 재심의'로 나눈다.

⑤ '수정후 재심의'로 의결된 원고가 수정·투고된 때에는 위원회는 그 재심의를 위원장 또는 약간 명의 위원에게 위임할 수 있고, 재심의의 결정은 '可' 또는 '否'로 한다.

제 7 조 [형사판례연구의 발간]

① '형사판례연구'는 연 1회 발간하며, 발간일자는 매년 7월 31일로 한다.

② 학술대회 발표논문 기타 학회에서 개최하는 학술발표회에서 발표된 논문은 '형사판례연구'의 별책으로 발간할 수 있다.

제 8 조 [개정]

이 규정의 개정은 이사회의 승인을 받아야 한다.

부칙 (2006. 12. 04)

제 1 조 [시행일]

이 규정은 이사회의 승인이 있은 날부터 시행한다.

부칙(2007. 12. 10)

제 1 조 [시행일]

이 규정은 이사회의 승인이 있은 날부터 시행한다.

부칙(2013. 12. 02)

제 1 조 [시행일]

이 규정은 이사회의 승인이 있은 날부터 시행한다.

부칙(2021. 06. 07)

제 1 조 [시행일]

이 규정은 이사회의 승인이 있은 날부터 시행한다.

한국형사판례연구회 심사지침

2006. 12. 04. 제정

2007. 12. 10. 개정

제 1 조 [목적]

이 지침은 한국형사판례연구회 편집위원회 규정 제 6 조 제 3 항에 규정된 '형사판례연구' 투고원고에 대한 심사기준 및 절차에 관한 지침을 정함을 목적으로 한다.

제 2 조 [원고모집의 공고]

① 편집위원장은 매년 1월 중에 각 회원에게 전자우편으로 '형사판례연구'에 대한 원고를 모집하는 공문을 발송하고, 본 학회 홈페이지(http://www.kaccs.com)에 원고모집에 관한 사항을 게시한다.

② 원고모집을 공고함에 있어서는 투고절차, 논문작성 및 문헌인용방법, 심사기준 및 절차에 관한 기본적인 사항을 고지하여야 한다.

제 3 조 [원고접수]

① 편집간사는 원고를 접수하고, 각 투고자에게 전화 또는 전자우편으로 접수결과를 통보한다.

② 편집간사는 투고자의 인적사항, 논문제목, 접수일자, 분량 등을 기재한 접수결과표를 작성하여 투고원고를 편집위원장에게 송부한다.

③ 편집위원장은 투고원고가 편집위원회가 정한 투고지침에 현저히 위배된다고 판단하는 경우에는 투고자에게 수정을 요구할 수 있다.

제 4 조 [심사위원의 선정 및 심사원고 송부]

① 편집위원장은 각 투고원고에 대해 3인의 심사위원을 선정하고, 각 심사위원에게 심사기한을 정하여 심사원고를 송부한다.

② 심사위원을 선정함에 있어서는 해당분야에 대한 심사위원의 전문성을 고려하고 심사의 공정성을 기할 수 있도록 유의한다.

③ 심사원고에는 투고자의 인적사항이 기재되어서는 안 되며, 이미 기재되어 있는 경우에는 그 내용 가운데 인적 사항을 추론할 수 있

는 부분을 삭제한다.

제 5 조 [투고원고에 대한 심사]

① 심사위원은 투고원고를 심사하고 심사평가서를 작성하여 심사기간 내에 이를 편집위원장에게 송부한다.

② 심사위원은 투고원고를 심사함에 있어서는 다음의 각 호의 사항을 기준으로 한다.

1. 일반연구의 논문의 경우에는 주제의 창의성, 연구방법의 적절성, 내용의 완결성, 논문작성 및 문헌인용방법의 정확성, 연구결과의 학문적 기여도
2. 번역논문의 경우에는 번역의 필요성, 번역의 정확성 및 학문적 기여도

제 6 조 [투고원고에 대한 게재여부의 결정]

① 편집위원장은 심사위원의 심사평가가 완료된 후 투고원고에 대한 게재여부의 결정을 위한 편집회의를 개최한다.

② 편집위원장은 심사결과표를 작성하여 편집회의에 보고하고, 편집회의에서는 이를 토대로 게재여부를 결정한다. 다만 투고원고의 게재여부에 대한 최종결정이 있을 때까지 투고자 및 심사위원의 인적사항이 공개되지 않도록 유의하여야 한다.

③ 투고원고에 대한 게재여부의 결정은 다음 각 호의 기준에 의한다.

1. 3인의 심사위원 모두 게재 '可' 의견을 내거나, 2인의 심사위원이 게재 '可' 그리고 1인이 '수정후 재심의' 의견을 낸 때에는 게재 '可'로 결정한다. 다만 수정을 조건으로 할 수 있다.
2. 1인의 심사위원이 게재 '可' 의견을 내고 2인이 '수정후 재심의' 의견을 내거나 3인의 심사위원이 모두 '수정후 재심의' 의견을 낸 때에는 '수정후 재심의' 결정을 한다.
3. 투고원고에 대한 심사결과 심사위원 중 1인 이상이 게재 '否' 의견을 낸 경우에는 게재하지 아니한다. 다만 2인이 게재 '可' 의견을 내고 1인이 게재 '否' 의견을 낸 때에는 '수정후 재심의' 결정을 할 수 있다.

④ 수정원고에 대한 심사는 편집위원회 규정 제6조 제4항에 따라 편집위원장이 직접 또는 약간 명의 심사위원에게 위임하여 게재 '可' 또는 '否'로 결정한다. 다만 '수정후 재심의'결정된 원고에 대하여 투고자가 수정을 거부한 경우에는 '否'로 결정한다.

⑤ 편집위원장은 게재결정이 내려진 투고원고가 타인의 원고를 표절한 것이거나 이미 다른 학술지에 게재한 사실이 있는 것으로 밝혀진 때에는 게재결정을 취소한다.

제 7 조 [심사결과의 통보, 이의신청]

① 편집위원장은 편집회의 후 즉시 각 투고자에게 결정결과 및 이유 그리고 사후절차를 내용으로 하는 공문을 발송한다.

② 게재 '否' 결정을 받은 투고자는 편집위원장에게 이의신청을 할 수 있으며, 편집위원장은 이의신청에 대해서 인용 또는 기각여부를 결정한다.

③ 편집위원장이 이의신청에 대해 인용결정을 한 때에는 심사위원을 다시 선정하고 심사를 의뢰하여 그 결과에 따라 게재 '可' 또는 '否' 결정을 한다.

제 8 조 [최종원고의 제출, 교정 및 편집]

① 게재 '可'의 결정을 통보받은 투고자는 정해진 기간 내에 최종원고를 작성하여 편집간사에게 제출한다.

② 최종원고에 대한 교정 및 편집에 관한 사항은 편집위원장이 결정하며, 필요한 때에는 교정쇄를 투고자에게 송부하여 교정을 하게 할 수 있다.

제 9 조 [논문게재예정증명서의 발급]

편집위원장은 '형사판례연구'의 발행 이전에 최종적으로 게재가 결정된 원고에 대하여 투고자의 신청이 있는 경우에는 '논문게재예정증명서'를 발급한다.

제10조 ['형사판례연구' 게재논문의 전자출판]

'형사판례연구'에 게재된 논문의 전자출판과 관련된 사항은 편집위원회의 결정에 따른다.

부칙(2006. 12. 04)

제 1 조 [시행일]

이 지침은 '형사판례연구' 제15권 발행시부터 적용한다.

부칙(2007. 12. 10)

제1조 [시행일]

이 지침은 '형사판례연구' 제16권 발행시부터 적용한다.

한국형사판례연구회 투고지침

2006.12.04. 제정
2007.12.10. 개정
2011.12.05. 개정
2020.12.07. 개정

제 1 조 [목적]
이 지침은 한국형사판례연구회 편집위원회 규정 제 6 조 제 2 항에 규정된 '형사판례연구' 투고원고에 대한 논문작성, 문헌인용방법 및 투고절차에 관한 사항을 정함을 목적으로 한다.

제 2 조 [논문제출]
① 투고원고는 다른 학술지에 발표되지 않은 것으로서 형법, 형사소송법 및 행형법 등 형사법 분야에 관한 것이어야 한다.
② 투고자는 원고마감기한 내에 다음 각호의 파일을 온라인 논문투고 및 심사 시스템 홈페이지(https://kaccs.jams.or.kr)에 제출함을 원칙으로 한다.
  1. 원고파일, 단 원고파일에는 필자가 누구임을 알 수 있는 사항(성명, 소속, 직위, 연구비 지원 등)이 기재되어서는 안 된다.
  2. 논문투고신청서
  3. 논문연구윤리확인서 및 논문사용권 위임동의서
  4. KCI(한국학술지인용색인) 논문유사도검사 결과보고서
③ 원고파일은 한글 프로그램으로 다음 각 호의 형식에 따라 작성하여 제출한다.
  1. 용지종류 및 여백 : A4, 위쪽 35mm, 오른쪽 및 왼쪽 30mm, 아래쪽 30mm
  2. 글자모양 및 크기 : 휴먼명조체 11포인트(단 각주는 10포인트)
  3. 줄간격 : 160%
④ 투고원고의 분량은 원고지 120매 이하를 원칙으로 하며 이를 초과

하는 경우 초과게재료를 납부하여야 한다.

⑤ 투고원고가 이 지침에 현저히 위반되는 경우 편집간사는 투고자에게 수정을 요구할 수 있다.

⑥ 편집간사는 투고원고의 접수결과를 편집위원장에게 보고하고, 투고자에게 온라인 논문투고 및 심사 시스템으로 접수결과를 통보한다.

제 3 조 [논문작성방법]

① 투고원고의 작성에 있어서는 편집위원회 규정 및 이 지침에 규정된 사항을 준수하여야 한다.

② 투고원고는 다음 각 호의 내용으로 구성되어야 한다.

1. 제목(한글 및 외국어)
2. 저자명, 소속기관(한글 및 외국어). 저자(공동저자 포함)의 소속 기관은 각주 형태로 표기한다.
3. 목차
4. 본문(항목번호는 Ⅰ, 1, (1), 가, ①, A의 순서로 함)
5. 주제어(5단어 내외의 한글 및 외국어)
6. 초록(500단어 내외의 외국어)

③ 투고원고의 내용은 원칙적으로 국문으로 작성되어야 한다. 다만 외국인의 원고 기타 논문의 특성상 외국어로 작성되어야 하는 것은 외국어로 작성할 수 있으나 국문으로 된 번역문을 첨부하여야 한다.

④ 제 2 항 각 호의 외국어는 영어, 독일어, 프랑스어, 중국어, 일본어 중의 하나로 작성한다.

⑤ 저자가 2인 이상인 경우에는 책임저자와 공동저자의 구분을 명시하여야 한다.

제 4 조 [논문작성시 유의사항]

투고원고를 작성함에 있어서는 다음 각 호의 사항에 유의하여야 한다.

1. 국내외의 문헌을 인용함에 있어서는 최신의 문헌까지 인용하되 가급적 교과서 범주를 넘어서 학술논문 수준의 문헌을 인용하고,

교과서의 경우에는 출판연도와 함께 판수를 정확하게 기재한다.

2. 외국법에 관한 논문이 아닌 한 국내의 학술논문을 인용하여 국내 학설의 현황을 파악할 수 있도록 하고, 외국문헌은 필요한 한도 내에서 인용한다.
3. 이론이나 학설을 소개하는 경우 일부 문헌만을 근거로 삼지 않고 될수록 많은 문헌을 인용하여 다수설 및 소수설의 평가가 정확히 되도록 유의한다.
4. 기존의 학설을 비판하거나 새로운 학설을 주장하는 경우 그 근거되는 논의상황이 국내의 상황인지 또는 외국의 상황인지를 명확하게 구별하고, 자신의 주장이 해석론인지 형사정책적 제안인지도 분명히 제시한다.
5. 원고는 원칙적으로 한글로 작성하며 한자와 외국어는 혼동이 생길 수 있는 경우에만 괄호 안에 넣어서 표기한다.
6. 외국의 논문이 번역에 가깝게 게재논문의 기초가 되어서는 안 된다.

제 5 조 [문헌인용의 방법]

다른 문헌의 내용을 인용하는 경우에는 다음 각 호의 방식에 의하고, 각주에서 그 출처를 밝혀야 한다.

1. 인용되는 내용이 많은 경우에는 별도의 문단으로 인용하고, 본문과 구별되도록 인용문단 위와 아래를 한 줄씩 띄우고 글자크기를 10포인트 그리고 양쪽 여백을 4ch(칸)으로 설정한다.
2. 인용되는 내용이 많지 않은 경우에는 인용부호(“ ”)를 사용하여 표시한다.
3. 인용문의 내용 중 일부를 생략하는 경우에는 생략부호(…)를 사용하고, 내용을 변경하는 경우에는 변경표시([ ])를 하여야 한다.
4. 인용문의 일부를 강조하고자 할 때에는 국문은 밑줄을 쳐서 표시하고 영문은 이탤릭체를 사용한다.

제 6 조 [각주의 내용]

① 각주에서는 원칙적으로 한글을 사용하여야 하고, 인용되는 문헌이 외국문헌인 경우에도 저자명, 논문제목, 서명 또는 잡지명, 발행지, 출판

사 등과 같은 고유명사를 제외한 나머지는 한글로 표기한다. 특히 See, Cf, Ibid, Supra, Hereinafter, et al, etc, Vgl, Dazu, Siehe, a.a.O., f(ff), usw 등과 같이 외국어로 된 지시어는 사용하지 않는다.

② 인용문헌이 여러 개인 경우에는 각각의 문헌 사이에 세미콜론(;)을 표기하여 구분한다.

③ 문헌을 재인용하는 경우에는 원래의 문헌을 표시한 후 괄호 안에 참조한 문헌을 기재한 후 '재인용'이라고 표시한다.

④ 제1항 내지 제3항 및 제7조 내지 제11조에 규정된 이외의 사항에 대하여는 한국법학교수협의회에서 결정한 「논문작성 및 문헌인용에 관한 표준(2000)」에 따른다.

제 7 조 [인용문헌의 표시]

① 인용되는 문헌이 단행본인 경우에는 저자, 서명, 판수, 발행지 : 출판사, 출판연도, 면수의 순서로 기재한다. 다만 발행지와 출판사는 생략할 수 있다.

② 인용되는 문헌이 논문인 경우에는 저자, 논문제목, 서명(잡지인 경우에는 잡지명, 권수 호수), 발행지 : 출판사, 출판연월, 면수의 순서로 기재한다. 다만 발행지와 출판사는 생략할 수 있고, 월간지의 경우에는 권수와 호수 및 출판년도 대신에 'ㅇㅇㅇㅇ년 ㅇ월호'로 기재할 수 있다. 그리고 논문 제목은 동양문헌인 때에는 인용부호(" ")안에 기재하고, 서양문헌인 때에는 별도의 표시 없이 이탤릭체로 표기한다.

예) 김종서, "현행 지방자치관계법의 비판적 검토", 인권과 정의 1992년 3월호, 99쪽.

③ 서명 및 잡지명은 그 명칭의 전부를 기재하여야 한다. 다만 외국문헌의 경우 처음에는 그 전부를 표기하고 이후부터는 약어로 기재할 수 있다.

④ 저자가 두 명인 경우에는 저자명 사이에 가운데점(·)을 표시하고, 세 명 이상인 경우에는 대표 저자만을 표기한 후 '외(外)'라고 기재한다.

⑤ 인용문헌이 편집물인 경우에는 저자명 뒤에 '편(編)'이라고 기재한다.

⑥ 인용문헌이 번역물인 경우에는 저자명 뒤에 사선(/)을 긋고, 번역자의 이름을 기입한 뒤 '역(譯)'이라고 기재한다.

예) Karl Larenz·Claus-Wilhelm Canaris/허일태 역, 법학방법론, 2000, 120쪽.

⑦ 기념논문집, 공청회자료집 등은 서명 다음에 콜론(:)을 표시하고 그 내용을 표시한다.

예) 현대형사법의 쟁점과 과제 : 동암 이형국 교수 화갑기념논문집

제 8 조 [판례의 표시]

① 판례는 선고법원, 선고연월일, 사건번호 및 출처의 순서로 개재하되, 출처는 괄호 안에 표기한다.

예) 대법원 1996. 4. 26. 선고 96다1078 판결(공 1996상, 1708), 대전고법 2000. 11. 10. 선고 2000노473 판결(하집 2000(2), 652)

② 판례의 출처는 다음 각 호와 같이 약어를 사용하여 표시한다.

1. 법원공보(또는 판례공보) 1987년 125면 이하 → 공 1987, 125
2. 대법원판례집 제11권 2집 형사편 29면 이하 → 집11(2), 형 29
3. 고등법원판례집 1970년 형사·특별편 20면 이하 → 고집 1970, 형특 20
4. 하급심판결집 1984년 제 2 권 229면 → 하집 1984(2), 229
5. 판례카드 3675번 → 카 3675
6. 헌법재판소판례집 제5권 2집 14면 이하 → 헌집5(2), 14
7. 헌법재판소공보 제3호 255면 → 헌공3, 255
8. 판례총람 형법 338조 5번 → 총람 형338, 5

③ 외국판례는 당해 국가에서 일반적으로 사용되는 표기방법에 따른다.

제 9 조 [법령의 표시]

① 법령은 공식명칭을 사용하여야 하며, 띄어쓰기를 하지 않고 모두 붙여 쓴다.

② 법령의 이름이 긴 경우에는 '[이하 ○○○이라고 한다]'고 표시한 후 일반적으로 사용되는 약칭을 사용할 수 있다.

예) 성폭력범죄의처벌및피해자보호등에관한법률[이하 성폭력

특별법이라고 한다]

③ 법령의 조항은 '제○조 제○항 제○호'의 방식으로 기재하며, 필요한 경우에는 본문, 단서, 전문 또는 후문을 특정하여야 한다.

④ 법령이 개정 또는 폐지된 때에는 그 연월일 및 법령 호수를 기재하여야 한다.

예) 형사소송법(1995. 12. 29. 법률 제5054호로 개정되고 1997. 12. 13. 법률 제5435호로 개정되기 이전의 것) 제201조의2 제1항

⑤ 외국의 법령은 당해 국가에서 일반적으로 사용되는 표기방법에 따른다.

제10조 [기타 자료의 표시]

① 신문에 실린 자료는 작성자와 기사명이 있는 경우 저자명, "제목", 신문명, 연월일자, 면을 표시하고, 작성자와 기사명이 없는 경우에는 신문명, 연월일, 면을 표시한다.

예) 박상기, "부동산 명의신탁과 횡령죄", 법률신문, 1997. 10. 27, 14쪽.

② 인터넷 자료는 저자명, "자료명", URL, 검색일자를 표시한다.

예) 박영도 외, "법률문화 및 법률용어에 관한 국민여론 조사", http://www.klri.re.kr/LIBRARY/library.html, 2002. 6. 1.검색.

제11조 [동일한 문헌의 인용표시]

① 앞의 각주에서 제시된 문헌을 다시 인용할 경우에는 저자명, 주 ○)의 글(또는 책), 면의 순서로 표기한다.

② 바로 앞의 각주에서 인용된 문헌을 다시 인용하는 경우에는 앞의 글(또는 앞의 책), 면의 순서로 표기한다.

③ 하나의 각주에서 동일한 문헌을 다시 인용할 경우는 같은 글(또는 같은 책), 면의 순서로 표기한다.

제12조 [표 및 그림의 표시]

표와 그림은 <표 1>, <그림 1>의 방식으로 일련번호와 제목을 표시하고, 표와 그림의 왼쪽 아랫부분에 그 출처를 명시하여야 한다.

제13조 [편집위원회의 결정통보 및 수정원고 제출]

① 편집위원회는 투고원고에 대한 심사위원의 평가가 완료된 후 편집

회의를 개최하여 투고원고에 대한 게재여부를 결정하고 투고자에게 그 결과를 온라인 논문투고 및 심사 시스템으로 통지한다.

② 편집위원회가 투고원고에 대하여 '수정후 재심의' 결정을 한 경우 투고자는 정해진 기간 내에 수정원고를 제출하여야 한다.

제14조 [학회비 및 게재료 납부]

① 편집위원회에 의해 게재결정된 투고원고는 투고자가 당해 연도 회비를 납부한 경우에 한하여 학회지에 게재될 수 있다.

② 편집위원회에 의해 게재결정된 투고원고의 투고자는 다음 각 호의 구분에 의하여 게재료를 납부하여야 한다.

1. 교수 및 실무가: 편당 20만원
2. 강사 기타: 편당 10만원

③ 투고원고(외국어 초록 포함)의 분량이 원고지 120매를 초과하고 150매 이하인 경우에는 1매당 3천원, 150매를 초과하는 경우에는 1매당 5천원의 초과게재료를 납부하여야 한다.

제15조 [논문연구윤리 준수]

① 투고원고는 논문연구윤리 확인서에 포함된 논문연구윤리를 준수하여야 한다.

② 투고원고는 논문연구윤리 확인서를 제출한 경우에 한하여 학회지에 게재될 수 있다.

제16조 [논문사용권 등 위임동의서 제출]

투고원고는 논문사용권 및 복제·전송권 위임동의서를 제출한 경우에 한하여 학회지에 게재될 수 있다.

제17조 [중복게재의 제한]

① '형사판례연구'에 게재된 논문은 다른 학술지에 다시 게재할 수 없다.

② 편집위원회는 제 1 항에 위반한 투고자에 대하여 결정으로 일정기간 투고자격을 제한할 수 있다.

부칙(2006. 12. 04)

제 1 조 [시행일]
이 지침은 '형사판례연구' 제15권 발행시부터 적용한다.

부칙(2007. 12. 10)

제 1 조 [시행일]
이 지침은 '형사판례연구' 제16권 발행시부터 적용한다.

부칙(2011.12.05.)

제 1 조 [시행일]
이 지침은 '형사판례연구' 제20권 발행시부터 적용한다.

부칙(2020.12.07)

제 1 조 [시행일]
이 지침은 '형사판례연구' 제29권 발행시부터 적용한다.

한국형사판례연구회
연구윤리위원회 규정

2007. 12. 10. 제정

2008. 06. 02. 개정

제 1 조 [목적]

이 규정은 연구윤리위반행위의 방지 및 건전한 연구윤리의 확보를 위한 기본적인 원칙과 방향을 제시하고, 한국형사판례연구회(이하 '본회'라 함) 회원의 연구윤리위반행위에 대한 조치와 절차 등을 규정함을 목적으로 한다.

제 2 조 [연구윤리위반행위]

연구윤리위반행위는 다음 각 호의 하나에 해당하는 것을 말한다.

1. "위조" — 존재하지 않는 데이터 또는 연구결과 등을 허위로 만들어 내는 행위
2. "변조" — 연구의 재료·장비·과정 등을 인위적으로 조작하거나 데이터를 임의로 변형·삭제함으로써 연구의 내용 또는 결과를 왜곡하는 행위
3. "표절" — 타인의 아이디어, 연구의 내용 또는 결과 등을 정당한 승인 또는 인용 없이 도용하는 행위
4. "부당한 논문저자 표시" — 연구내용 또는 결과에 대하여 과학적·기술적 공헌 또는 기여를 한 사람에게 정당한 이유 없이 논문저자 자격을 부여하지 않거나, 과학적·기술적 공헌 또는 기여를 하지 않은 자에게 감사의 표시 또는 예우 등을 이유로 논문저자 자격을 부여하는 행위
5. "중복게재" — 과거에 공간된 논문 등 저작물을 중복하여 출판하는 행위

6. “조사방해·부정은폐”—본인 또는 타인의 연구윤리위반행위의 의혹에 대한 조사를 고의로 방해하거나 제보자에게 위해를 가하는 행위

제 3 조 [연구윤리위원회]

① 연구윤리위반행위의 조사·의결을 위하여 연구윤리위원회(이하 ‘위원회’라 함)를 둔다.

② 연구윤리위원회는 연구윤리위원장을 포함한 10인 이내의 위원으로 구성한다.

③ 연구윤리위원장(이하 ‘위원장’이라 함)은 본회의 연구윤리담당 상임이사로 한다.

④ 연구윤리위원(이하 ‘위원’이라 함)은 본회 회원 중에서 이사회가 선임한다.

⑤ 연구윤리위원의 임기는 1년으로 하며, 연임할 수 있다.

제 4 조 [연구윤리위원회의 조사]

① 위원장은 다음 각 호의 경우 위원회에 연구윤리위반 여부의 조사를 요청하여야 한다.

1. 제보 등에 의하여 연구윤리위반행위에 해당한다는 의심이 있는 때
2. 본회 회원 10인 이상이 서면으로 연구윤리위반행위에 대한 조사를 요청한 때

② 제보의 접수일로부터 만 5년 이전의 연구윤리위반행위에 대해서는 이를 접수하였더라도 처리하지 않음을 원칙으로 한다. 단, 5년 이전의 연구윤리위반행위라 하더라도 피조사자가 그 결과를 직접 재인용하여 5년 이내에 후속 연구의 기획·수행, 연구결과의 보고 및 발표에 사용하였을 경우와 공공의 복지 또는 안전에 위험이 발생하거나 발생할 우려가 있는 경우에는 이를 처리하여야 한다.

③ 연구윤리위반행위의 사실 여부를 입증할 책임은 위원회에 있다. 단, 피조사자가 위원회에서 요구하는 자료를 고의로 훼손하였거나 제출을 거부하는 경우에 요구자료에 포함되어 있다고 인정되는 내용의 진실성을 입증할 책임은 피조사자에게 있다.

④ 위원회는 제보자와 피조사자에게 의견진술, 이의제기 및 변론의 권리와 기회를 동등하게 보장하여야 하며 관련 절차를 사전에 알려주어야 한다.

제 5 조 [연구윤리위원회의 의결]

① 위원회의 연구윤리위반결정은 재적위원 과반수의 출석과 출석위원 3분의 2 이상의 찬성으로 의결한다.

② 조사·의결의 공정을 기하기 어려운 사유가 있는 위원은 당해 조사·의결에 관여할 수 없다. 이 경우 당해 위원은 재적위원의 수에 산입하지 아니한다.

제 6 조 [제보자의 보호]

① 제보자는 연구윤리위반행위를 인지한 사실 또는 관련 증거를 위원회에 알린 자를 말한다.

② 제보자는 구술·서면·전화·전자우편 등 가능한 모든 방법으로 제보할 수 있으며 실명으로 제보함을 원칙으로 한다. 단, 익명의 제보라 하더라도 서면 또는 전자우편으로 논문명, 구체적인 연구윤리위반행위의 내용과 증거를 포함하여 제보한 경우 위원회는 이를 실명 제보에 준하여 처리하여야 한다.

③ 위원회는 제보자가 연구윤리위반행위 신고를 이유로 부당한 압력 또는 위해 등을 받지 않도록 보호해야 할 의무를 지니며 이에 필요한 시책을 마련하여야 한다.

④ 제보자의 신원에 관한 사항은 정보공개의 대상이 되지 않으며, 제보자가 신고를 이유로 제 3 항의 불이익을 받거나 자신의 의지에 반하여 신원이 노출될 경우 위원회 및 위원은 이에 대한 책임을 진다.

⑤ 제보자는 연구윤리위반행위의 신고 이후 진행되는 조사 절차 및 일정 등을 알려줄 것을 위원회에 요구할 수 있으며, 위원회는 이에 성실히 응하여야 한다.

⑥ 제보 내용이 허위인 줄 알았거나 알 수 있었음에도 불구하고 이를

신고한 제보자는 보호 대상에 포함되지 않는다.

제 7 조 [피조사자의 보호]

① 피조사자는 제보 또는 위원회의 인지에 의하여 연구윤리위반행위의 조사대상이 된 자 또는 조사 수행 과정에서 연구윤리위반행위에 가담한 것으로 추정되어 조사의 대상이 된 자를 말하며, 조사과정에서의 참고인이나 증인은 이에 포함되지 아니한다.

② 위원회는 검증 과정에서 피조사자의 명예나 권리가 부당하게 침해되지 않도록 주의하여야 한다.

③ 연구윤리위반행위에 대한 의혹은 판정 결과가 확정되기 전까지 외부에 공개되어서는 아니 된다.

④ 피조사자는 연구윤리위반행위의 조사·처리절차 및 처리일정 등을 알려줄 것을 위원회에 요구할 수 있으며, 위원회는 이에 성실히 응하여야 한다.

제 8 조 [예비조사]

① 예비조사는 연구윤리위반행위의 의혹에 대하여 조사할 필요가 있는지 여부를 결정하기 위한 절차를 말하며, 신고 접수일로부터 30일 이내에 착수하여야 한다.

② 예비조사 결과 피조사자가 연구윤리위반행위 사실을 모두 인정한 경우에는 본조사 절차를 거치지 않고 바로 판정을 내릴 수 있다.

③ 예비조사에서 본조사를 실시하지 않는 것으로 결정할 경우 이에 대한 구체적인 사유를 결정일로부터 10일 이내에 제보자에게 문서 또는 전자우편으로 통보한다. 단, 익명제보의 경우는 그러하지 않다.

④ 제보자는 예비조사 결과에 대해 불복하는 경우 통보를 받은 날로부터 30일 이내에 위원회에 이의를 제기할 수 있다.

제 9 조 [본조사]

① 본조사는 연구윤리위반행위의 사실 여부를 입증하기 위한 절차를 말하며, 예비조사에서 본조사의 필요성이 인정된 경우 즉시 착수하여야 한다.

② 위원회는 제보자와 피조사자에게 의견진술의 기회를 주어야 하며, 본조사결과를 확정하기 이전에 이의제기 및 변론의 기회를 주어야 한다. 당사자가 이에 응하지 않을 경우에는 이의가 없는 것으로 간주한다.

③ 제보자와 피조사자의 이의제기 또는 변론 내용과 그에 대한 처리 결과는 조사결과 보고서에 포함되어야 한다.

제10조 [판정]

① 판정은 본조사결과를 확정하고 이를 제보자와 피조사자에게 문서 또는 전자우편으로 통보하는 절차를 말하며, 본조사에 의하여 연구윤리위반이 인정된 경우 즉시 하여야 한다.

② 예비조사 착수 이후 판정에 이르기까지의 모든 조사 일정은 6개월 이내에 종료되어야 한다.

③ 제보자 또는 피조사자가 판정에 불복할 경우에는 통보를 받은 날로부터 30일 이내에 본회 회장에게 이의신청을 할 수 있으며, 본회 회장은 이의신청 내용이 합리적이고 타당하다고 판단할 경우 이사회의 결정으로 임시 조사위원회를 구성하여 재조사를 실시하여야 한다.

제11조 [위원회의 권한과 의무]

① 위원회는 조사과정에서 제보자·피조사자·증인 및 참고인에 대하여 진술을 위한 출석을 요구할 수 있고 피조사자에게 자료의 제출을 요구할 수 있으며, 이 경우 피조사자는 반드시 이에 응하여야 한다.

② 위원회 및 위원은 제보자의 신원 등 위원회의 직무와 관련하여 알게 된 사항에 대하여 비밀을 유지하여야 한다.

제12조 [조사의 기록과 정보의 공개]

① 위원회는 조사 과정의 모든 기록을 음성, 영상, 또는 문서의 형태로 5년 이상 보관하여야 한다.

② 조사결과 보고서는 판정이 끝난 이후 공개할 수 있다. 단, 증인·참고인·자문에 참여한 자의 명단 등은 당사자에게 불이익을 줄 가능성이 있을 경우 공개하지 않을 수 있다.

제13조 [연구윤리위반행위에 대한 조치]
위원회가 연구윤리위반행위로 결정한 때에는 다음 각 호의 조치를 취하여야 한다.

1. 투고원고를 '형사판례연구' 논문목록에서 삭제
2. 투고자에 대하여 3년 이상 '형사판례연구'에 논문투고 금지
3. 위반사항을 한국형사판례연구회 홈페이지에 1년간 공고
4. 한국학술진흥재단에 위반내용에 대한 세부적인 사항 통보

제14조 [연구윤리에 대한 교육]
위원회는 본회 회원의 연구윤리의식을 고취시키기 위하여 연구수행과정에서 준수해야 할 연구윤리 규범, 부정행위의 범위, 부정행위에 대한 대응방법 및 검증절차 등에 관한 교육을 실시하여야 한다.

제15조 [규정의 개정]
이 규정의 개정은 이사회의 의결에 의한다.

부칙(2008. 06. 02)

제 1 조 [시행일]
이 규정은 이사회의 의결이 있은 날부터 시행한다.

한국형사판례연구회 임원명단

2024년 7월 현재

한국형사판례연구회 회원명부

2024년 7월 현재

〈학　계〉

성　명	직　위	근 무 처	우편번호	주　소	직장/자택 전화번호
강 기 정	명예교수	창원대 법과대학	51140	경남 창원시 의창구 창원대학로 20	055-213-2326
강 동 범	명예교수	이화여대 법학전문대학원	03760	서울 서대문구 이화여대길 52	02-3277-4480
강 석 구	선임연구위원	형사·법무정책연구원	06764	서울 서초구 태봉로 114	02-3460-5128
강 수 진	교수	고려대 법학전문대학원	02841	서울 성북구 안암동 145	02-3290-2889
강 우 예	교수	한국해양대 해사법학부	49112	부산 영도구 태종로 727	051-410-4393
권 오 걸	교수	경북대 법학전문대학원	41566	대구 북구 대학로 80	053-950-5473
권 창 국	교수	전주대 경찰학과	55069	전북 전주시 완산구 천잠로 303	063-220-2242
김 광 수	박사	서울대학교 법학연구소	08826	서울특별시 관악구 관악로 1 서울대학교 법학연구소 414호	
김 대 근	연구위원	형사·법무정책연구원	06764	서울 서초구 태봉로 114	02-3460-5175
김 대 원	초빙교수	성균관대 법학전문대학원	03063	서울 종로구 성균관로 25-2	02-760-0922
김 면 기	교수	경찰대학	31539	충청남도 아산시 신창면 황산길 100-50	041-968-211

성 명	직 위	근 무 처	우편번호	주 소	직장 자택 전화번호
김 봉 수	교수	전남대 법학전문대학원	61186	광주 북구 용봉로 77	062-530-2278
김 선 복	前교수	부경대 법학과	48513	부산 남구 용소로 45	051-629-5441
김 성 돈	교수	성균관대 법학전문대학원	03063	서울 종로구 성균관로 25-2	02-760-0343
김 성 룡	교수	경북대 법학전문대학원	41566	대구 북구 대학로 80	053-950-5459
김 성 은	교수	강원대 법학전문대학원	24341	강원 춘천시 강원대학길 1	033-250-6539
김 성 천	교수	중앙대 법학전문대학원	06974	서울 동작구 흑석로 84	02-820-5422
김 영 철	교수 및 대표 변호사	건국대 법학전문대학원 법무법인 대종	05029	서울 광진구 능동로 120 서울 종로구 새문안로5길 15길, 변호사회관 303호	02-2049-6047 02-733-0284
김 영 환	명예 교수	한양대 법학전문대학원	04763	서울 성동구 왕십리로 222	02-2220-0995
김 웅 재	교수	서울대 법학전문대학원	08826	서울 관악구 관악로 1	02-880-7564
김 유 근	선임 연구위원	형사·법무 정책연구원	06764	서울 서초구 태봉로 114	02-3460-5182
김 인 선	명예 교수	순천대 법학과	57922	전남 순천시 중앙로 255	061-750-3430
김 인 회	교수	인하대 법학전문대학원	22212	인천 남구 인하로 100	032-860-8965
김 잔 디	교수	우석대학교 경찰학과	27841	충청북도 진천군 진천읍 대학로 66 온누리관 3205호	043-531-2826
김 재 봉	교수	한양대 법학전문대학원	04763	서울 성동구 왕십리로 222	02-2220-1303

성 명	직 위	근 무 처	우편번호 / 주 소	직장/자택 전화번호
김 재 윤	교수	건국대 법학전문대학원	05029 서울 광진구 능동로 120	02-450-4042
김 재 희	교수	성결대 파이데이아 칼리지	14097 경기 안양시 성결대학교 53	031-467-8113
김 정 현	겸임 교수	숭실대 법학과	06978 서울시 동작구 상도로 369	02-820-0470
김 정 환	교수	연세대 법학전문대학원	03722 서울 서대문구 연세로 50	02-2123-3003
김 종 구	교수	조선대 법학과	61452 광주광역시 동구 필문대로 309	062-230-7532
김 진	교수	경희대 법학전문대학원	02447 서울 동대무구 경희대로 26	02-961-0468
김 태 명	교수	전북대 법학전문대학원	54896 전북 전주시 덕진구 백제대로 567	063-270-4701
김 택 수	교수	계명대 경찰법학과	42601 대구 달서구 달구벌대로 1095	053-580-5468
김 한 균	선임 연구위원	형사·법무 정책연구원	06764 서울 서초구 태봉로 114	02-3460-5163
김 혁 돈	교수	가야대 경찰소방학과	50830 경남 김해시 삼계로 208번지	055-330-1145
김 형 준	교수	중앙대 법학전문대학원	06974 서울 동작구 흑석로 84	02-820-5452
김 혜 경	교수	계명대 경찰행정학과	42601 대구 달서구 달구벌대로 1095	053-580-5956
김 혜 정	교수	영남대 법학전문대학원	38541 경북 경산시 대학로 280	053-810-2616
김 희 균	교수	서울시립대 법학전문대학원	02504 서울 동대문구 서울시립대로 163	02-6490-5102

성 명	직 위	근 무 처	우편번호	주 소	직장/자택 전화번호
남 선 모	교수	세명대 법학과	27136	충북 제천시 세명로 65	043-649-1231
노 수 환	교수	성균관대 법학전문대학원	03063	서울시 종로구 성균관로 25-2	02-760-0354
도 중 진	교수	충남대 국가안보융합학부	34134	대전 유성구 대학로 99번지	042-821-5297
류 경 은	교수	고려대 법학전문대학원	02841	서울 성북구 안암로 145	02-3290-1887
류 부 곤	교수	경찰대 법학과	31539	충남 아산시 신창면 황산길 100-50	041-968-2763
류 석 준	교수	영산대 법학과	50510	경남 양산시 주남로 288	055-380-9423
류 인 모	교수	인천대 법학과	22012	인천 연수구 아카데미로 119	032-835-8324
류 전 철	교수	전남대 법학전문대학원	61186	광주 북구 용봉로 77	062-530-2283
류 화 진	교수	부산대 법학전문대학원	46241	부산 금정구 부산대학로63번길 2	051-510-2506
문 성 도	교수	경찰대 법학과	31539	충남 아산시 신창면 황산길 100-50	041-968-2562
민 수 영	교수	경북대 법학전문대학원	41566	대구 북구 대학로 80	
민 영 성	교수	부산대 법학전문대학원	46241	부산 금정구 부산대학로63번길 2	051-510-2514
박 강 우	前교수	충북대 법학전문대학원	28644	충북 청주시 서원구 충대로 1	043-261-2622
박 광 민	명예교수	성균관대 법학전문대학원	03063	서울 종로구 성균관로 25-2	02-760-0359

성 명	직 위	근 무 처	우편번호	주 소	직장/자택 전화번호
박 기 석	교수	대구대 경찰학부	38453	경북 경산시 진량읍 대구대로 201	053-850-6182
박 미 숙	선임 연구위원	형사·법무 정책연구원	06764	서울 서초구 태봉로 114	02-3460-5166
박 상 기	명예 교수 前법무부 장관	연세대 법학전문대학원	03722	서울 서대문구 연세로 50	02-2123-3005
박 상 진	교수	건국대 공공인재대학 경찰학과	27478	충북 충주시 충원대로 268	043-840-3429
박 성 민	교수	경상대 법과대학	52828	경남 진주시 진주대로 501	055-772-2035
박 세 영	박사	한양대 법학전문대학원	07279	서울 영등포구 영등포로 12길8 1동 1401호	02-2220-1008
박 수 희	교수	가톨릭관동대 경찰행정학과	25601	강원 강릉시 범일로 579번길 24	033-649-7336
박 정 난	교수	연세대 법학전문대학원	03722	서울 서대문구 연세로50	02-2123-3005
박 찬 걸	교수	충북대 법학전문대학원	28644	충북 청주시 충대로 1	043-261-3689
백 원 기	교수	인천대 법학과	22012	인천 연수구 아카데미로 119	032-835-8328
변 종 필	교수	동국대 법학과	04620	서울 중구 필동로1길 30	02-2260-3238
서 거 석	명예 교수	전북대 법학전문대학원	54896	전북 전주시 덕진구 백제대로 567	063-270-2663
서 보 학	교수	경희대 법학전문대학원	02447	서울 동대문구 경희대로 26	02-961-0614

성 명	직 위	근 무 처	우편번호 / 주 소		직장 / 자택 전화번호
성 낙 현	교수	영남대 법학전문대학원	38541	경북 경산시 대학로 280	053-810-2623
소 병 철	국회 의원	더불어민주당	07233	서울 영등포구 의사당대로 1 의원회관 928호	02-784-4410
손 동 권	명예 교수	건국대 법학전문대학원	05029	서울 광진구 능동로 120	02-450-3599
손 지 선	이화여대 법학박사	이화여자대학교	03697	서울시 서대문구 연희로 27가길31	
손 지 영	전문 위원	법과인간행동연구소, 법무법인 케이에스앤피	06606	서울 서초구 서초중앙로24길16	02-596-1234
송 광 섭	교수	원광대 법학전문대학원	54538	전북 익산시 익산대로 460	063-850-6373
승 재 현	선임 연구위원	형사・법무 정책연구원	06764	서울 서초구 태봉로 114	02-3460-5164
승 이 도	재판 연구관	헌법재판소	03060	서울 종로구 북촌로 15	02-708-3492
신 가 람	박사 과정	연세대	03722	서울 서대문구 연세로 50	02-2123-8644
신 동 운	명예 교수	서울대 법학전문대학원	08826	서울 관악구 관악로 1	02-880-7563
신 양 균	명예 교수	전북대 법학전문대학원	54896	전북 전주시 덕진구 백제대로 567	063-270-2666
심 영 주	초빙 교수	인하대 법학전문대학원	22212	인천 남구 인하로 100	032-860-7920
심 재 무	교수	경성대 법학과	48434	부산 남구 수영로 309	051-663-4518
심 희 기	명예 교수	연세대 법학전문대학원	03722	서울 서대문구 연세로 50	02-2123-2344

성 명	직 위	근 무 처	우편번호	주 소	직장/자택 전화번호
안 경 옥	교수	경희대 법학전문대학원	02447	서울 동대문구 경희대로 26	02-961-0517
안 성 조	교수	제주대 법학전문대학원	63243	제주 제주시 제주대학로 102	064-754-2963
안 성 훈	선임 연구위원	형사·법무 정책연구원	06764	서울 서초구 태봉로 114	02-3460-5182
안 원 하	교수	부산대 법학전문대학원	46241	부산 금정구 부산대학로63번길 2	051-510-2502
안 정 빈	교수	경남대 법학과	51767	경남 창원시 마산합포구 경남대학로 7	055-249-2516
오 경 식	교수	강릉원주대 법학과	25457	강원 강릉시 죽헌길 7	033-640-2211
오 병 두	교수	홍익대 법학과	04066	서울 마포구 와우산로 94	02-320-1822
오 영 근	명예 교수	한양대 법학전문대학원	04763	서울 성동구 왕십리로 222	02-2220-0994
원 재 천	교수	한동대 법학과	37554	경북 포항시 북구 흥해읍 한동로 558	054-260-1268
원 혜 욱	교수	인하대 법학전문대학원	22212	인천 남구 인하로 100	032-860-7937
유 용 봉	교수	한세대 경찰행정학과	15852	경기 군포시 한세로 30	031-450-5272
윤 동 호	교수	국민대 법학과	02707	서울 성북구 정릉로 77	02-910-4488
윤 소 현	교수	건국대 법학전문대학원	05029	서울 광진구 능동로 120	02-450-4215
윤 용 규	명예 교수	강원대 법학전문대학원	24341	강원 춘천시 강원대학길 1	033-250-6517

성 명	직 위	근 무 처	우편번호	주 소	직장 자택 전화번호
윤 종 행	교수	충남대 법학전문대학원	34134	대전광역시 유성구 대학로 99번지	042-821-5840
윤 지 영	선임 연구위원	형사·법무 정책연구원	06764	서울 서초구 태봉로 114	02-3460-5136
윤 해 성	선임 연구위원	형사·법무 정책연구원	06764	서울 서초구 태봉로 114	02-3460-5156
은 숭 표	前교수	영남대 법학전문대학원	38541	경북 경산시 대학로 280	053-810-2615
이 강 민	교수	김포대 경찰행정학과	10020	경기 김포시 월곶면 김포대학로 97	031-999-4665
이 경 열	교수	성균관대 법학전문대학원	03063	서울 종로구 성균관로 25-2	02-760-0216
이 경 재	교수	충북대 법학전문대학원	28644	충북 청주시 서원구 충대로 1	043-261-2612
이 경 호	前교수	한국해양대 해사법학부	49112	부산 영도구 태종로 727	051-410-4390
이 근 우	교수	가천대 법학과	13120	경기 성남시 수정구 성남대로 1342	031-750-8728
이 기 헌	명예 교수	명지대 법학과	03674	서울 서대문구 거북골로 34	02-300-0813
이 동 희	교수	경찰대 법학과	31539	충남 아산시 신창면 황산길 100-50	041-968-2662
이 상 문	교수	군산대 해양경찰학부	54150	전북 군산시 대학로 558	063-469-1893
이 상 용	前교수	명지대 법학과	03674	서울 서대문구 거북골로 34	02-300-0817
이 상 원	교수	서울대 법학전문대학원	08826	서울 관악구 관악로 1	02-880-2618

성 명	직 위	근 무 처	우편번호	주 소	직장/자택 전화번호
이 상 한	초빙 교수	충북대학교 법학전문대학원	28644	충북 청주시 서원구 충대로 1	043-261-2620
이 상 현	교수	숭실대 국제법무학과	06978	서울 동작구 상도로 369	02-820-0475
이 상 훈	교수	한양대 법학전문대학원	04763	서울 성동구 왕십리로 222	02-2220-0997
이 순 욱	교수	전남대 법학전문대학원	61186	광주 북구 용봉로 77	062-530-2225
이 승 준	교수	연세대 법학전문대학원	03722	서울 서대문구 연세로 50	02-2123-6036
이 승 현	연구 위원	형사·법무 정책연구원	06764	서울 서초구 태봉로 114	02-3460-5193
이 승 호	교수	건국대 법학전문대학원	05029	서울 광진구 능동로 120	02-450-3597
이 영 란	명예 교수	숙명여대 법학과	04310	서울 용산구 청파로47길 100	02-710-9490
이 용 식	명예 교수	서울대 법학전문대학원	08826	서울 관악구 관악로 1	02-880-7557
이 원 상	교수	조선대 법학과	61452	광주광역시 동구 필문대로 309	062-230-6073
이 유 진	선임 연구위원	청소년정책 연구원	30147	세종특별자치시 시청대로 370 세종국책연구단지 사회정책동(D동)	044-415-2114
이 윤 제	교수	명지대 법학과	03674	서울특별시 서대문구 거북골로 34	02-300-0820
이 은 모	명예 교수	한양대 법학전문대학원	04763	서울 성동구 왕십리로 222	02-2220-2573
이 인 영	교수	백석대 법정경찰학부	31065	충남 천안시 동남구 백석대학로 1	041-550-2124

성 명	직 위	근 무 처	우편번호	주 소	직장/자택 전화번호
이 정 념	교수	숭실대 법학과	06978	서울 동작구 상도로 369 전산관 522호	02-820-0461
이 정 민	교수	단국대 법학과	330995	충남 천안시 동남구 안서동 29번지 단국대학교	041-550-3275
이 정 원	前교수	영남대 법학전문대학원	38541	경북 경산시 대학로 280	053-810-2629
이 정 훈	교수	중앙대 법학전문대학원	06974	서울 동작구 흑석로 84	02-820-5456
이 주 원	교수	고려대 법학전문대학원	02841	서울시 성북구 안암로 145	02-3290-2882
이 진 국	교수	아주대 법학전문대학원	16499	경기 수원시 영통구 월드컵로 206	031-219-1667
이 진 권	교수	한남대 경찰학과	34430	대전 대덕구 한남로 70	042-629-8465
이 진 수	교수	강원대 법학전문대학원	24341	강원특별자치도 춘천시 강원대학길1 법학전문대학원 법학관 407호	033-250-6517
이 창 섭	교수	제주대 법학전문대학원	63243	제주 제주시 제주대학로 102	064-754-2976
이 창 온	교수	이화여대 법학전문대학원	03760	서울 서대문구 이화여대길 52	02-3277-4098
이 창 현	교수	한국외대 법학전문대학원	02450	서울 동대문구 이문로 107(이문동 270)	02-2173-3199
이 천 현	선임 연구위원	형사·법무 정책연구원	06764	서울 서초구 태봉로 114	02-3460-5125
이 충 상	교수	경북대 법학전문대학원	41566	대구 북구 대학로 80	053-950-5456
이 태 언	前교수	부산외대 법학과	46234	부산 금정구 금샘로 485번길 65	

성 명	직 위	근 무 처	우편번호	주 소	직장/자택 전화번호
이 호 중	교수	서강대 법학전문대학원	04107	서울 마포구 백범로 35	02-705-7843
이 희 경	연구 교수	성균관대 글로벌리더학부	03063	서울특별시 종로구 성균관로 25-2	02-760-0191
임 정 호	연구 위원	형사 · 법무 정책연구원	06764	서울 서초두 태봉로 114	02-3460-5150
임 창 주	교수	서영대학교 사회복지행정과	10843	경기도 파주시 월롱면 서영로 170	031-930-9563
장 규 원	교수	원광대 경찰행정학과	54538	전북 익산시 익산대로 460	063-850-6901
장 성 원	교수	세명대 법학과	27136	충북 제천시 세명로 65	043-649-1230
장 승 일	강사	전남대 법학전문대학원	61186	광주 북구 용봉로 77	062-530-2207
장 연 화	교수	인하대 법학전문대학원	22212	인천 남구 인하로 100	032-860-8972
장 영 민	명예 교수	이화여대 법학전문대학원	03760	서울 서대문구 이화여대길 52	02-3277-3502
전 윤 경	교수	한양대 법학전문대학원	04763	서울 성동구 왕십리로 222, 한양대학교 제2법학관 507호	
전 지 연	교수	연세대 법학전문대학원	03722	서울 서대문구 연세로 50	02-2123-5996
전 현 욱	선임 연구위원	형사 · 법무 정책연구원	06764	서울 서초구 태봉로 114	02-3460-9295
정 도 희	교수	경상대 법학과	52828	경남 진주시 진주대로 501	055-772-2042
정 승 환	교수	고려대 법학전문대학원	02841	서울 성북구 안암로 145	02-3290-2871

성 명	직 위	근 무 처	우편번호	주 소	직장 자택 전화번호
정 영 일	명예 교수	경희대 법학전문대학원	02447	서울 동대문구 경희대로 26	02-961-9218
정 웅 석	교수	서경대 공공인재학부	02713	서울 성북구 서경로 124	02-940-7182
정 유 나	부연구 위원	형사·법무 정책연구원	06764	서울 서초구 태봉로 114	02-3460-5167
정 종 헌	교수	이화여대 법학전문대학원	03760	서울 서대문구 이화여대길 52	02-3277-2755
정 준 섭	교수	숙명여대 법학과	04310	서울 용산구 청파로47길 100	02-710-9935
정 지 훈	교수	서원대 경찰학부	28674	충북 청주시 서원구 무심서로 377-3	043-299-8608
정 지 혜	연구관	치안정책 연구소	31539	충남 아산시 신창면 황산길 100-50 경찰대학 치안정책연구소	041-968-2191
정 진 수	전 선임 연구위원	형사·법무 정책연구원			
정 한 중	교수	한국외대 법학전문대학원	02450	서울 동대문구 이문로 107	02-2173-3258
정 행 철	명예교수	동의대 법학과	47340	부산 부산진구 엄광로 176	
정 현 미	교수	이화여대 법학전문대학원	03760	서울 서대문구 이화여대길 52	02-3277-3555
조 국	前교수 前법무부장관 前국회의원				
조 균 석	교수	이화여대 법학전문대학원	03760	서울 서대문구 이화여대길 52	02-3277-6858
조 미 선	연구 위원	사법정책 연구원	10413	경기 고양시 일산동구 호수로 550	031-920-3550

성 명	직 위	근 무 처	우편번호	주 소	직장/자택 전화번호
조 병 선	교수	청주대 법학과	28503	충북 청주시 청원구 대성로 298	043-229-8221
조 은 별	교수	목포대 법경찰학부	58554	전남 무안군 청계면 영산로 1666(도림리 61번지)	061-450-2114
조 인 현	연구원	서울대 법학연구소	08826	서울 관악구 관악로 1	02-880-5471
조 준 현	前교수	성신여대 법학과	02844	서울 성북구 보문로 34다길 2	02-920-7124
조 지 은	교수	영남대 법학전문대학원	38541	경북 경산시 대학로 280	053-810-2625
조 현 욱	학술 연구교수	건국대 법학연구소	05029	서울 광진구 능동로 120	02-450-3297
주 승 희	교수	덕성여대 법학과	01369	서울 도봉구 쌍문동 419	02-901-8177
천 진 호	前교수	동아대 법학전문대학원	49236	부산 서구 구덕로 225	051-200-8509
최 민 영	선임 연구위원	형사·법무 정책연구원	06764	서울 서초구 태봉로 114	02-3460-5178
최 병 각	교수	동아대 법학전문대학원	49236	부산 서구 구덕로 225	051-200-8528
최 병 문	교수	상지대 법학과	26339	강원 원주시 우산동 660	033-730-0242
최 상 욱	교수	강원대 법학전문대학원	24341	강원 춘천시 강원대학길 1	033-250-6516
최 석 윤	교수	한국해양대 해양경찰학과	49112	부산 영도구 태종로 727	051-410-4238
최 우 찬	명예 교수	서강대 법학전문대학원	04107	서울 마포구 백범로 35	02-705-8404

성 명	직 위	근 무 처	우편번호	주 소	직장 자택 전화번호
최 준 혁	교수	인하대 법학전문대학원	22212	인천 남구 인하로 100	032-860-7926
최 호 진	교수	단국대 법학과	16890	경기 용인시 수지구 죽전로 152	031-8005-3290
탁 희 성	선임 연구위원	형사·법무 정책연구원	06764	서울 서초구 태봉로 114	02-3460-5161
하 태 영	교수	동아대 법학전문대학원	49236	부산 서구 구덕로 225	051-200-8573
하 태 훈	교수 원장	고려대 법학전문대학원 형사 · 법무 정책연구원	02841 06764	서울 성북구 안암로 145 서울 서초구 태봉로 114	02-3290-1897 02-575-5282
한 상 돈	교수	아주대 법학전문대학원	16499	경기 수원시 영통구 월드컵로 206	031-219-1667
한 상 훈	교수	연세대 법학전문대학원	03722	서울 서대문구 연세로 50	02-2123-5998
한 영 수	교수	아주대 법학전문대학원	16499	경기 수원시 영통구 월드컵로 206	031-219-1667
한 인 섭	교수	서울대 법학전문대학원	08826	서울특별시 관악구 관악로 1	02-880-7577
허 일 태	명예 교수	동아대 법학전문대학원	49236	부산광역시 서구 부민동 2가 1번지	051-240-8516
허 황	교수	동아대 경찰학과	49236	부산 서구 구덕로 225	051-200-8674
홍 승 희	교수	원광대 법학전문대학원	54538	전북 익산시 익산대로 460	063-850-6469
홍 진 영	교수	서울대 법학전문대학원	08826	서울 관악구 관악로 1	02-880-9139
황 만 성	교수	원광대 법학전문대학원	54538	전북 익산시 익산대로 460	063-850-6467

성 명	직 위	근 무 처	우편번호	주 소	직장/자택 전화번호
황 문 규	교 수	중부대 경찰행정학과	32713	충청남도 금산군 추부면 대학로 201	041-750-6699
황 윤 정	석사 과정	연세대	03722	서울 서대문구 연세로 50	02-2123-8644
황 태 정	교수	경기대 경찰행정학과	16227	경기 수원시 영통구 광교산로 154-42	031-249-9337
황 호 원	교수	한국항공대 항공교통물류 우주법학부	10540	경기 고양시 덕양구 항공대학로 76	02-300-0345

〈변 호 사〉

이 름	직 위	근 무 지	우편번호	주 소	직장/자택 전화번호
강 민 구	대표 변호사	법무법인 진솔	06605	서울 서초구 서초중앙로 148 김영빌딩 11층	02-594-0344
강 용 현	대표 변호사	법무법인 태평양	03161	서울시 종로구 우정국로 26 센트로폴리스 B동	02-3404-0184
고 제 성	변호사	김&장 법률사무소	03170	서울 종로구 사직로8길 39 세양빌딩	02-3703-1117
곽 무 근	변호사	법무법인 로고스	06164	서울 강남구 테헤란로 87길 36(삼성동 159-9 도심공항타워 14층)	02-2188-1049
권 광 중	변호사	권광중 법률사무소	06004	서울 강남구 압구정로 201, 82동 803호(압구정동, 현대 아파트)	010-9111-3031
권 순 범	대표 변호사	법무법인 솔	06605	서울시 서초구 서초중앙로 156, 5층	02-535-1177
권 순 철	변호사	SDG 법률사무소	05854	서울특별시 송파구 송파대로 201(송파 테라타워2) 218호	02-6956-3996

이 름	직 위	근 무 지	우편번호	주 소	직장/자택 전화번호
권 오 봉	변호사	법무법인 좋은	47511	부산 연제구 법원로 18 (거제동, 세종빌딩) 8층	051-911-5110
권 익 환	변호사	권익환 법률사무소	06646	서울 서초구 서초대로 260 (서초동) 703호	02-522-9403
권 태 형	변호사	김&장 법률사무소	03170	서울 종로구 사직로8길 39 세양빌딩	02-3703-1114 (3703-4980)
권 태 호	변호사	법무법인 청주로	28625	청주시 서원구 산남동 산남로 64 엔젤변호사 B/D 7층	043-290-4000
금 태 섭	변호사	금태섭 법률사무소	07233	서울 용산구 대사관로11길 8-13 101호	010-5282-1105
김 광 준	변호사	김광준 법률사무소	42013	대구 수성구 동대구로 351	053-218-5000
김 광 준	변호사	법무법인 태평양	06132	서울 강남구 테헤란로 137 현대해상빌딩 17층	02-3404-1001 (3404-0481)
권 순 건	변호사	법무법인 광장	04532	서울 중구 남대문로 63 한진빌딩 18층	02-6386-1961
고 흥	대표 변호사	법무법인 케이디에이치	06072	서울시 강남구 영동대로 735(청담동) 5층, 6층	02-6959-1889
김 남 현	변호사	법무법인 현대 노원분사무소	08023	서울 양천구 신월로 385 동진빌딩 302호	02-2606-1865
김 대 휘	대표 변호사	법무법인 화우	06164	서울 강남구 영동대로 517 아셈타워 22층	02-6003-7120
김 동 건	고문 변호사	법무법인 천우	06595	서울 서초구 서초대로41길 20, 화인빌딩 3층	02-591-6100
김 동 철	대표 변호사	법무법인 유앤아이	35240	대전 서구 둔산중로 74 인곡타워 3층	042-472-4433

이 름	직 위	근 무 지	우편번호	주 소	직장 자택 전화번호
김 상 헌	대표이사	NHN	13561	경기 성남시 분당구 불정로 6 NAVER그린팩토리	1588-3830
김 상 희	변호사	김상희 법률사무소	06596	서울 서초구 서초대로 49길 18 상림빌딩 301호	02-536-7373
김 석 우	대표 변호사	법무법인 엘케이비앤 파트너스	06595	서울 서초구 법원로 15 정곡빌딩 서관 지하1층~5층	070-7721-1262
김 성 준	변호사	김성준 법률사무소	01322	서울 도봉구 마들로 735 율촌빌딩 3층	02-3493-0100
김 영 규	변호사	법무법인 대륙아주	06151	서울 강남구 테헤란로 317 동훈타워	02-3016-8723
김 영 기	변호사	법무법인 화우	06164	서울 강남구 영동대로 517 아셈타워 18, 19, 22, 23, 24층	02-6182-8310
김 영 운	변호사	법무법인 정앤파트너스	06640	서울특별시 서초구 서초중앙로 52 영진빌딩 5층	02-583-0010
김 용 헌	파트너 변호사	법무법인 대륙아주	06151	서울 강남구 테헤란로 317 동훈타워 7,8,10-13,15,16층	02-563-2900
김 정 현	변호사	서울대 기획처	08826	서울특별시 관악구 관악로 1 (신림동) 서울대학교 기획처 법무팀	
김 종 형	변호사	법무법인 온세	06596	서울 서초구 서초대로49길 12, 405호	02-3477-0300
김 주 덕	대표 변호사	법무법인 태일	06595	서울 서초구 법원로3길 25 태흥빌딩 4층	02-591-0330
김 진 숙	변호사	법무법인 바른	06181	서울 강남구 테헤란로 92길 7 바른빌딩	02-3476-5599 (3479-2381)

이 름	직 위	근 무 지	우편번호	주 소	직장/자택 전화번호
김 진 환	변호사	법무법인 새한양	06595	서울 서초구 법원로 15, 306호(서초동, 정곡서관)	02-595-3031
김 희 옥	고문 변호사	법무법인 해송	06606	서울 서초구 서초대로 301 동익성봉빌딩 9층	02-3489-7100 (3489-7178)
김 희 철	변호사	김&장 법률사무소	03170	서울 종로구 사직로 8길39 세양빌딩	02-3703-5863
문 성 우	대표 변호사	법무법인 바른	06181	서울 강남구 테헤란로 92길 7 바른빌딩	02-3476-5599 (3479-2322)
문 영 호	변호사	법무법인 태평양	06132	서울 강남구 테헤란로 137 현대해상빌딩 17층	02-3404-1001 (3404-0539)
박 민 식	변호사	법무법인 에이원	06646	서울특별시 서초구 반포대로30길 34, 5층 (서초동, 신정빌딩)	02-521-7400
박 민 표	변호사	박민표 법률사무소	05050	서울시 서초구 반포대로 34길 14, 정명빌딩 401호, 501호	02-534-2999
박 영 관	변호사	법무법인 동인	06620	서울 서초구 서초대로74길 4 삼성생명서초타워 17층	02-2046-1300 (2046-0656)
박 지 영	변호사	법무법인 태평양	03161	서울시 종로구 우정국로 26 센트로폴리스 B동	02-3404-0483
백 승 민	변호사	법무법인 케이에이치엘	06647	서울 서초구 반포대로28길 33 (서초동)	02-2055-1233
백 창 수	변호사	법무법인 정률	06069	서울 강남구 학동로 401 금하빌딩 4층	02-2183-5500 (2183-5539)
봉 욱	변호사	김앤장 법률사무소	03170	서울시 종로구 사직로8길 39 세양빌딩	02-3703-4510
서 민 주	변호사	김&장 법률사무소	03170	서울 종로구 사직로8길 39 세양빌딩	02-3703-1773

이 름	직 위	근 무 지	우편번호	주 소	직장 자택 전화번호
서 우 정	변호사	김&장 법률사무소	03170	서울 종로구 사직로8길 39 세양빌딩	02-3703-1114 (3703-1788)
석 동 현	대표 변호사	법무법인 동진	06640	서울 서초구 서초중앙로 52 영진빌딩 5층	02-583-0010
선 우 영	고문 변호사	법무법인 케이원챔버	06234	서울 강남구 테헤란로 126, 13층	02-6956-8420
손 기 식	변호사	법무법인 두레	06596	서울 서초구 법원로 10 정곡빌딩 남관 405호	02-595-2233
손 기 호	변호사	유어사이드 공동법률 사무소	10414	경기 고양시 일산동구 장백로 208, 504호	031-932-0104
송 민 경	변호사	법무법인 율촌	06164	서울특별시 강남구 테헤란로 521, 파르나스타워 38층	02-528-5797
신 남 규	변호사	법무법인 화현	06646	서울 서초구 반포대로30길 29, 5층~10층(서초동, 마운틴뷰)	02-535-1766
신 용 석	변호사	법무법인 동헌	06595	서울 서초구 법원로1길 5 우암빌딩 3층	02-595-3400
안 미 영	변호사	법무법인 동인	06620	서울 서초구 서초대로74길 4, 17층 (서초동, 삼성생명서초타워)	02-2046-0860
여 훈 구	변호사	김&장 법률사무소	03170	서울 종로구 사직로8길 39 세양빌딩	02-3703-1114 (3703-4603)
오 기 두	변호사	오기두 법률사무소	16512	경기도 수원시 영통구 광교중앙로 248번길 7-21	
오 세 인	대표 변호사	법무법인 시그니처	06605	서울 서초구 서초중앙로 148, 3층 (서초동, 희성빌딩)	02-596-1333
원 범 연	변호사	법무법인 강남	06593	서울 서초구 서초중앙로 29길 10 백산빌딩	02-6010-8020

이 름	직 위	근 무 지	우편번호	주 소	직장 자택 전화번호
유 병 규	법무팀장	삼성SDS	05510	서울 송파구 올림픽로35길 125 삼성SDS 타워	02-6155-1500
윤 병 철	변호사	법무법인 화우	06164	서울 강남구 영동대로 517 아셈타워 22층	02-6182-8303
윤 영 석	변호사	법무법인 와이케이	06134	서울특별시 강남구 테헤란로 103	1688-7073
윤 재 윤	파트너 변호사	법무법인 세종	04631	서울 중구 퇴계로 100 스테이트타워 남산 8층	02-316-4114 (316-4205)
이 건 종	변호사	법무법인 화우	06164	서울 강남구 영동대로 517 아셈타워 22층	02-6003-7542
이 광 재	변호사	이광재 법률사무소	05044	서울 광진구 아차산로 375 크레신타워 507호	02-457-5522
이 기 배	대표 변호사	법무법인 로월드	06647	서울 서초구 서초대로 254 오퓨런스빌딩 1602호	02-6223-1000
이 명 규	변호사	법무법인 태평양	06132	서울 강남구 테헤란로 137 현대해상빌딩 17층	02-3404-1001 (3404-0131)
이 민 걸	변호사	법무법인 화우	06164	서울 강남구 영동대로 517 아셈타워 18, 19, 22, 23, 24층	02-6003-7785
이 상 진	변호사	법무법인 바른	06181	서울 강남구 테헤란로 92길 7 (대치동 945-27번지) 바른빌딩 리셉션: 5층, 12층	02-3479-2361
이 상 철	변호사	법무법인 민주	06593	서울시 서초구 서초중앙로 215 홍익대 강남관	02-2086-1709
이 선 욱	변호사	김&장 법률사무소	03170	서울 종로구 사직로 8길39 세양빌딩	02-3703-1114
이 승 호	변호사	법무법인 태평양	03161	서울 종로구 우정국로 26 센트로폴리스빌딩 B동	02-3404-6520
이 승 현	파트너 변호사	법무법인 지평	04527	서울 중구 세종대로 14 그랜드센트럴 A동 26층	02-6200-1804

이 름	직 위	근 무 지	우편번호	주 소	직장/자택 전화번호
이 완 규	변호사 법제처장	법제처	30102	세종시 도움5로 20	044-200-6900
이 완 형	변호사	김&장 법률사무소	03170	서울 종로구 사직로 8길39 세양빌딩	02-3703-1923
이 용 우	상임고문 변호사	법무법인 로고스	06164	서울 강남구 테헤란로 87길 36(삼성동 159-9 도심공항타워빌딩 14층)	02-2188-1000
이 용 주	前 국회의원				
이 유 경	뉴욕주 변호사	Danziger, Danziger & Muro, LLP	08105	서울 양천구 목동남로 2길 60-7 104-1002	
이 재 홍	변호사	김&장 법률사무소	03170	서울 종로구 사직로8길 39 세양빌딩	02-3703-1114 (3703-1525)
이 정 환	변호사	법무법인 태평양	03161	서울 종로구 우정국로 26 센트로폴리스 B동	02-3403-0403
이 종 상	변호사	법무법인 화우	06164	서울시 강남구 영동대로 517 아셈타워	02-6182-8526
이 훈 규	고문 변호사	법무법인 원	06253	서울 강남구 강남대로 308 랜드마크타워 11층	02-3019-3900 (3019-5457)
이 흥 락	변호사	법무법인 로고스	06164	서울 강남구 테헤란로 87길 36(삼성동 도심공항타워 8/14/16층)	02-2188-1069
임 동 규	대표 변호사	법무법인 아이엠	06595	서울 서초구 법원로3길 15, 201호 (서초동, 영포빌딩)	02-592-7001
장 종 철	변호사	김&장 법률사무소	03170	서울 종로구 사직로8길 39 세양빌딩	02-3703-1876
전 명 호	변호사	김&장 법률사무소	03170	서울 종로구 사직로8길 39 세양빌딩	02-3703-1097

이 름	직 위	근 무 지	우편번호	주 소	직장/자택 전화번호
전 승 수	변호사	법무법인 동인	06620	서울 서초구 서초대로 74길4, 삼성생명 서초타워 17층	02-2046-0842
전 주 혜	대표 변호사	법무법인 대륙아주	06151	서울시 강남구 테헤란로 317 동훈타워	02-3016-7415
정 구 환	변호사	법무법인 남부제일	07301	서울 영등포구 영신로34길 30	02-2635-5505
정 동 기	변호사	법무법인 바른	06181	서울시 강남구 테헤란로 92길 7 바른빌딩	02-3479-7521
정 동 욱	변호사	법무법인 주원	06050	서울시 강남구 언주로 711 건설회관 6층	02-6710-0325
정 석 우	변호사	법무법인 동인	06620	서울 서초구 서초대로74길 4 삼성생명서초타워 17층	02-2046-1300 (2046-0686)
정 소 연	변호사	법률사무소 보다	07332	서울 영등포구 여의대방로65길 23 1508호	02-780-0328
정 점 식	국회의원	국회	07233	서울 영등포구 의사당대로 1 국회의원회관	02-784-6327
정 지 영	변호사	김&장 법률사무소	03170	서울 종로구 사직로8길 39 세양빌딩	02-3703-5822
정 진 규	대표 변호사	법무법인 대륙아주	06151	서울 강남구 테헤란로 317 동훈타워	02-563-2900
조 상 준	변호사				
조 성 훈	변호사	김&장 법률사무소	03170	서울 종로구 사직로8길 39 세양빌딩	02-3703-4503
조 영 수	변호사	법무법인 로월드	06647	서울 서초구 서초대로 254 오퓨런스빌딩 1602호	02-6223-1000
조 은 석	변호사	조은석 법률사무소	06233	서울 강남구 테헤란로8길 8 (역삼동, 동주빌딩) 1302호	02-508-0008

이 름	직 위	근 무 지	우편번호	주 소	직장 자택 전화번호
조 희 진	변호사/ 이사장	정부법무공단	06174	서울특별시 강남구 테헤란로 108길 12 하나빌딩	02-2182-0000
차 맹 기	변호사	김&장 법률사무소	03170	서울 종로구 사직로8길 39 세양빌딩	02-3703-5732
최 교 일	대표 변호사	법무법인 해송	06606	서울 서초구 서초대로 301, 9층 (서초동, 익성봉빌딩)	02-3489-7100
최 근 서	변호사	최근서 법률사무소	06595	서울 서초구 법원로2길 15 길도빌딩 504호	02-532-1700
최 기 식	변호사	법무법인 산지	06725	서울 서초구 남부순환로 333길 20 2층	02-2055-3300
최 길 수	변호사	법무법인 에이프로	06596	서울 서초구 서초대로49길 18, 304호(서초동, 상림빌딩)	02-534-7701
최 동 렬	변호사	법무법인 율촌	06164	서울시 강남구 테헤란로 521 파르나스타워 38층	02-528-5200 (528-5988)
최 성 진	변호사	법무법인 세종	03155	서울시 종로구 종로3길 17 디타워 D2 23층	02-316-4114 (316-4405)
최 운 식	파트너 변호사	법무법인 대륙아주	06151	서울시 강남구 테헤란로 317 동훈타워 7, 8, 10-16층	02-3016-5207
최 익 구	변호사	서울동부지법 국선전담	05854	서울 송파구 법원로 114, B동 408호(문정동, 엠스테이트)	02-447-1230
최 인 호	대표 변호사	법무법인 와이케이	47596	부산광역시 연제구 월드컵대로 125, 더웰타워 17, 19층	051-853-4400
최 재 경	변호사	최재경 법률사무소	06164	서울 강남구 영동대로 511 삼성트레이드타워 4305호	02-501-3481
최 정 수	대표 변호사	법무법인 세줄	06220	서울 강남구 테헤란로 208 안제타워 17층	02-6200-5500
최 창 호	대표 변호사	법무법인 오킴스	06158	서울 강남구 도산대로 207 성도빌딩 6층, 11층	02-538-5886

이 름	직 위	근 무 지	우편번호	주 소	직장/자택 전화번호
최 철 환	변호사	김&장 법률사무소	03170	서울 종로구 사직로8길 39 세양빌딩	02-3703-1114 (3703-1874)
추 호 경	고문 변호사	법무법인 대륙아주	06151	서울 강남구 테헤란로 317 동훈타워	02-563-2900 (3016-5242)
한 경 환	변호사	법무법인 광장	04532	서울특별시 중구 남대문로 63	
한 영 석	변호사	변호사 한영석 법률사무소	06593	서울 서초구 반포4동 45-11 (화빌딩 502호)	02-535-6858
한 웅 재	변호사	LG화학	07336	서울 영등포구 여의대로 128 LG트윈타워	010-5290-3157
홍 석 조	회장	BGF리테일	06162	서울 강남구 테헤란로 405	02-1577-3663
황 인 규	대표이사	CNCITY 에너지	34800	대전 중구 유등천동로 762	042-336-5100
황 철 규	대표 변호사	법무법인 해광	06633	서울특별시 서초구 서초대로320, 6층, 9층	02-535-0090

〈법 원〉

이 름	직 위	근 무 지	우편번호	주 소	직장/자택 전화번호
권 창 환	부장판사	부산회생법원	47510	부산광역시 연제구 법원로 31	051-590-1114
김 광 태	부장판사	수원지방법원	13143	경기도 성남시 수정구 산성대로 451	031-737-1558
김 기 영	헌법 재판관	헌법재판소	03060	서울 종로구 북촌로 15(재동 83)	02-708-3456

이 름	직 위	근 무 지	우편번호	주 소	직장 자택 전화번호
김 대 웅	부장판사	서울고등법원	06594	서울 서초구 서초중앙로 157	02-530-1114
김 동 완	판사	사법연수원	10413	경기도 고양시 일산동구 호수로 550	031-920-3114
김 우 진	부장판사	서울고등법원	06594	서울시 서초구 서초중앙로 157	02-530-1114
김 정 원	사무차장	헌법재판소	03060	서울 종로구 북촌로 15(재동 83)	02-708-3456
김 형 두	헌법 재판관	헌법재판소	03060	서울 종로구 북촌로 15(재동 83)	02-708-3456
김 희 수	부장판사	의정부지방법원	10413	경기도 고양시 일산동구 장백로 209	031-920-6114
남 성 민	부장판사	서울고등법원	06594	서울 서초구 서초중앙로 157	02-530-1114
박 진 환	판사	대전고등법원	35237	대전 서구 둔산중로 78번길45	042-470-1114
오 상 용	부장판사	청주지방법원	28624	충북 청주시 서원구 산남로62번길 51	043-249-7114
우 인 성	부장판사	서울중앙지방법원	06594	서울시 서초구 서초중앙로 157	02-530-1114
유 현 정	부장판사	대전지방법원	35237	대전광역시 서구 둔산중로 78번길 45	042-470-1114
윤 승 은	부장판사	서울고등법원	06594	서울 서초구 서초중앙로 157	02-530-1114
이 규 훈	부장판사	서울가정법원	06749	서울시 서초구 강남대로 193	02-2055-7114
이 승 련	부장판사	서울고등법원	06594	서울 서초구 서초중앙로 157	02-530-1114

이 름	직 위	근 무 지	우편번호	주 소	직장/자택 전화번호
이 창 형	부장판사	서울고등법원	06594	서울시 서초구 서초중앙로 157	02-530-1114
임 경 옥	판사	수원지방법원	16512	경기도 수원시 영통구 법조로 105	031-210-1114
한 대 균	부장판사	서울중앙지방법원	06594	서울시 서초구 서초중앙로 157	02-530-1114
홍 은 표	부장판사	제주지방법원	63223	제주도 제주시 남광북5길 3	064-729-2000
황 민 웅	판사	광주고등법원	61441	광주광역시 동구 준법로 7-12	062-239-1114

〈검 찰〉

이 름	직 위	근 무 지	우편번호	주 소	직장/자택 전화번호
고 석 홍	검사	대구고검	42027	대구광역시 수성구 동대구로 366	1301
구 태 연	차장검사	울산지검	44643	울산광역시 남구 법대로 45	1301
김 기 준	단장	서울중앙지검	06594	서울 서초구 반포대로 158	1301
김 석 순	검사	의정부지검	11616	경기도 의정부시 녹양로 34번길 23	1301
김 승 연	검사	청주지검	28624	충북 청주시 서원구 산남로70번길 51	1301
김 영 태	검사	서울중앙지검	06594	서울 서초구 반포대로 158	1301

이 름	직 위	근 무 지	우편번호	주 소	직장/자택 전화번호
김 윤 섭	검사	수원고검	16512	경기도 수원시 영통구 법조로91(하동)	1301
노 진 영	검사	광주고검	61441	광주광역시 동구 준법로 7-12	1301
류 장 만	검사	부산지검	47510	부산 연제구 법원로 15	1301
문 성 은	검사	순천지청	06006	서울 강남구 압구정로 313, 62동 1107호	1301
박 수 민	지청장	대구지검 상주지청	37160	경북 상주시 북천로 17-9	1301
박 종 근	검사장	광주지검	61441	광주광역시 동구 준법로 7-12	1301
백 재 명	검사	서울고검	06594	서울특별시 서초구 반포대로 172	1301
손 명 지	검사	법무연수원 용인분원		서울 서초구 효령로5길 26-4 201호	1301
신 승 희	부장검사	광주지검 순천지청	57932	전남 순천시 왕지로 19	1301
심 우 정	검사	대검찰청	06590	서울특별시 서초구 반포대로 157	02-2110-3000
안 성 수	검사	서울고검	06594	서울 서초구 반포대로 172	1301
우 경 진	검사	창원지검 마산지청	51736	경남 창원시 마산합포구 중앙북1길 19, 102동 105호	1301
이 선 훈	검사	대구고검	42027	대구광역시 수성구 동대구로 366	1301
이 자 영	검사	서울중앙지검	06594	서울특별시 서초구 반포대로 158	1301

이 름	직 위	근 무 지	우편번호	주 소	직장/자택 전화번호
이 주 형	검사장	서울고검	06594	서울 서초구 반포대로 172	1301
정 혁 준	부장검사	의정부지검 남양주지청	12249	경기도 남양주시 다산중앙로82번안길 149	1301
최 순 호	부장검사	서울중앙지검	06594	서울특별시 서초구 반포대로 158	1301
한 연 규	부장검사	전주지검	54867	전북 전주시 덕진구 가인로 11	1301
한 제 희	검사	서울고검	06594	서울특별시 서초구 반포대로 172	1301
홍 완 희	부부장검사	서울동부지검	05856	서울특별시 송파구 정의로 30	1301
황 병 주	검사장	대전고검	35237	대전 서구 둔산중로 78번길15	1301

〈경 찰〉

이 름	직 위	근 무 지	우편번호	주 소	직장/자택 전화번호
박 민 우	경정	서울경찰청	03169	서울 종로구 사직로8길 31	02-2119-5330
황 정 인	경정				

刑事判例研究 〔32〕

2024년 7월 20일 초판인쇄
2024년 7월 31일 초판발행

편 자 한국형사판례연구회
발행인 안종만 · 안상준
발행처 (주) 박영사
서울특별시 금천구 가산디지털2로 53, 210호
전화 (733)6771 FAX (736)4818
등록 1959. 3. 11. 제300-1959-1호(倫)

편자와 협의하여 인지첩부 생략함

www.pybook.co.kr e-mail: pys@pybook.co.kr

ISBN 979-11-303-4933-6
978-89-6454-587-4(세트)

정 가 59,000원

ISSN 1225-6005 32